POUR UN DROIT DES AFFAIRES

Quand une approche pluridisciplinaire du droit s'impose

PATRICE SAMUEL ARISTIDE BADJI

POUR UN DROIT DES AFFAIRES

Quand une approche pluridisciplinaire du droit s'impose

L'Harmattan
Sénégal

10 VDN, Sicap Amitié 3, Lotissement Cité Police, DAKAR

http://www.harmattansenegal.com
senharmattan@gmail.com
senlibrairie@gmail.com

ISBN : 978-2-343-14555-6
EAN : 9782343145556

(…) *L'histoire ne s'efface pas en quelques contestations* », Claude Ducouloux-Favard, Actionnariat et pouvoir, D. 1995. 177

« *L'exigence universitaire réside dans un enseignement juridique volontairement pluridisciplinaire destiné à former des juristes complets. Seules des bases solides permettent une spécialisation efficace* ». (PHILIPPE NEAU-LEDUC, *Le Diplôme de Juriste Conseil d'Entreprise. - La merveilleuse aventure...*Cahiers de droit de l'entreprise n° 2, Mars 2007, entretien 2

DÉDICACES

À ma famille,

À ma tendre épouse VERONIQUE pour son soutien indéfectible,

À mes Maîtres à penser

REMERCIEMENTS

Je remercie tous ceux qui de près ou de loin m'ont soutenu, encouragé dans la rédaction de cet ouvrage. Il s'agit de ma tendre épouse, du Professeur Deen GIBIRILA et de mademoiselle Racky Thiam, doctorante en Droit privé, pour la mise en ordre de la bibliographie.

LISTE DES SIGLES ET PRINCIPALES ABRÉVIATIONS

AFEP :	Association française des entreprises privées
AOF :	Afrique Occidentale Française
AUA :	Acte uniforme relatif à l'arbitrage
AUPCAP :	Acte uniforme portant organisation des procédures collectives d'apurement du passif
AUPSRVE :	Acte uniforme relatif aux procédures simplifiées de recouvrement et voies d'exécution
AUS :	Acte uniforme portant organisation des sûretés
AUSCGIE :	Acte uniforme relatif au droit des sociétés commerciales et du Groupement d'intérêt économique
CA :	Cour d'appel
Cah. dr.entr :	Cahiers de droit de l'entreprise
Ch. Accus :	Chambre d'Accusation de la Cour d'appel de Dakar
Chron :	Chronique
CIMA :	Conférence Interafricaine des Marchés d'assurance
CCJA :	Cour commune de justice et d'arbitrage
CM :	Conseil des Ministres
COCC :	Code des obligations civiles et commerciales
CPCS :	Code de procédure civile sénégalais
Coll :	Collection
Dir :	Direction
Ed :	Edition
ERSUMA :	Ecole Régionale supérieure de la magistrature
Fasc :	Fascicule
F.C.P :	Fonds communs de placement
J.O.R.S :	Journal officiel de la République du Sénégal

LGDJ :	Librairie Générale de Droit et de Jurisprudence
LPA :	Les Petites Affiches
MEDEF :	Mouvement des Entreprises de France
Mél :	Mélanges
N.E.A :	Nouvelles Éditions Africaines
N° :	Numéro
OAPI :	Organisation africaine de la propriété intellectuelle
OCDE :	Organisation pour la coopération et le développement économique
OIT :	Organisation internationale du travail
OHADA :	Organisation pour l'harmonisation en Afrique du droit des affaires
O.R.S.T.O.M :	Office de la recherche scientifique et technique Outre-mer
PCA :	Président du Conseil d'administration
PDG :	Président Directeur Général
P.U.A. M :	Presses universitaires d'Aix-Marseille
PUF :	Presses universitaires de France
PUG :	Presses universitaires de Grenoble
RDC :	Revue des contrats
RSD :	Revue sénégalaise de Droit
RSE :	Responsabilité sociale de l'entreprise
Rev.soc :	Revue des sociétés
Rev.trav :	Revue de droit du travail
RRJ :	Revue de Recherche Juridique
RTDCOM :	Revue trimestrielle de droit commercial
RTDCOMP :	Revue trimestrielle de droit comparé
SA :	Société Anonyme
SCI :	Société civile immobilière
SICAV :	Sociétés d'investissement à capital variable
Spéc :	Spécialement
TIC :	Technologies de l'information et de la Communication
UEMOA :	Union Economique et Monétaire Ouest Africaine

SOMMAIRE

DEUXIÈME PARTIE

DE QUELQUES NOTIONS DE DROIT PRIVÉ

TROISIÈME PARTIE

DE LA MISE EN ŒUVRE DU DROIT

PRÉFACE

Une fois de plus, certainement pas la dernière, le Professeur Patrice BADJI de l'Université Cheik Anta Diop (UCAD) de Dakar, gratifie la communauté des juristes, universitaires et praticiens, d'un ouvrage « incontournable » intitulé : « Pour un droit des affaires. Quand une approche pluridisciplinaire s'impose ». *Élaboré à l'appui d'une abondante « prose juridique » française et africaine (notamment de l'espace OHADA), cet ouvrage contribuera certainement à mieux appréhender la culture juridique. Aussi, je ne saurais qu'en recommander vivement la lecture ou tout au moins, la consultation, tant il est riche d'enseignement.*

Son auteur se livre à une entreprise courageuse à laquelle s'étaient auparavant attachés des juristes de renom, à savoir la défense d'une discipline qui lui chère, le Droit des affaires, surtout lorsque ses adeptes se trouvent sous le feu des critiques. Son constat est clair : autant les non juristes considèrent parfois les juristes comme des « troubles fête », des personnes animées théories déconnectées de la réalité, autant les juristes ont toujours cru qu'en dehors du droit, aucune vérité ne saurait exister.

Pour combattre ces deux idées extrêmes et erronées, l'auteur situe en dehors de cette vision simpliste et surtout lorsque les clivages sont les fruits de querelles doctrinales stériles au sein des privatistes. Son propos est clair : aucune discipline de Droit privé n'est au-dessus d'une autre ; bien au contraire, celles-ci s'interpénètrent et se servent d'appoint mutuel.

C'est ainsi que dans la première partie, il invite à une connaissance du système juridique. Cela a été une occasion de revenir sur l'introduction à l'étude du Droit, les différentes conceptions ou approches du Droit non sans émettre son opinion sur l'importance du Droit coutumier dans l'ordonnancement juridique.

Les concepts à maîtriser sont le contrat, la responsabilité et le patrimoine qui, sur un plan philosophique, sont mus par l'idée de liberté. L'originalité de la démarche tient à la mise en évidence du particularisme de ces notions en droit des affaires.

Dans la troisième partie de son ouvrage, se référant à Emmanuel Kant, l'auteur démontre que le Droit ne reçoit d'effectivité que sa mise en œuvre. Justement dans cette application, il relève un renforcement des prérogatives des créanciers (pacte commissoire, sûretés fondées sur la propriété) qui s'accompagne bien évidemment d'une protection des débiteurs et d'une promotion des modes alternatifs de règlement des différends (certainement les législateurs OHADA et sénégalais connaissent le contenu de la Justice du XXIe siècle cher à leur homologue français).

Seulement, l'auteur constate qu'en raison de la mondialisation certaines professions sont menacées.

En définitive, le propos de l'auteur se résume ainsi : l'obligation pour tout juriste de maîtriser les fondamentaux certes, mais de s'élever en intégrant les autres normes de conduite sociale. À cet égard, le Professeur Claude Champaud n'a-t-il pas écrit que « tout juriste qui ne connait que le Droit n'est pas un bon juriste »[1] ?

Les « puristes » adeptes du plan binaire traditionnel ne seront pas « troublés » par cette division tripartite de l'ouvrage. Bien au contraire, cette approche en trois parties est tout à fait appropriée en ce qu'elle permet « d'équilibrer » l'ouvrage, alors que la division habituelle en deux parties risque de créer un déséquilibre.

L'ami, le collègue et l'universitaire que je suis, remercie vivement l'auteur, d'une part d'avoir commis cet ouvrage de référence, d'autre part, de lui avoir fait l'honneur d'en rédiger la préface.

Professeur Deen Gibirila,
Professeur Émérite de l'Université
de Toulouse 1 Capitole

[1] C. Champaud, Le droit des affaires, Que sais-je ?, PUF, 1978, p.5.

INTRODUCTION

1. L'intitulé peut paraître provocateur et pourtant nous sommes loin d'être le premier à défendre une discipline bien déterminée. Les Professeurs G. FARJAT[2] et G. PAISANT[3], pour ne citer qu'eux, se sont adonnés à ce noble exercice. Cette posture est également perceptible en droit processuel[4]. Il s'agit simplement d'une manifestation de la liberté de la plume professorale[5] d'autant plus exacerbée que par moment les critiques adressées aux juristes d'affaires relèvent beaucoup de l'idéologie, de la querelle doctrinale, de la démonstration et non d'une construction[6]. M. A. MABANCKOU, auteur du *sanglot de l'homme noir* ne serait guère surpris[7] ! Le

---

2 G. FARJAT, *Pour un droit économique*, 1e édition, PUF, 2004, 209 pages. Dans son ouvrage, Gérard FARJAT s'intéresse au « sens de la vie », réflexion qui d'après lui, est le cadet des soucis des économistes et des juristes qu'il considère comme des « positivistes » (p.11.). Du même auteur, *Le droit, l'économie et le fondamental*, RIDE, 2005, pp.431-455.

3 G. PAISANT, *Défense et illustration du droit de la consommation,* LexisNexis, 2015, 289 p.

4 W.BARANES, M.-A. FRISON-ROCHE, J.-H. ROBERT, *Pour le droit processuel*, Recueil Dalloz 1993 p. 9. En France, le professeur S. GUINCHARD ne partage pas l'approche comparatiste du droit processuel d'Henri Motulsky au motif que cette discipline subit l'influence du droit du marché et des droits de l'homme. Au même titre que les auteurs de cet article, L CADIET a pris la défense de celui que l'on peut considérer comme le père du droit processuel en France, non sans préciser la distinction qu'il y a lieu d'opérer entre le droit commun et la théorie générale.

5 PH. LETOURNEAU, *La plume professorale est libre* ! Recueil Dalloz 1995 p.273. Cet article a été rédigé pour défendre A. DIENER qui a écrit un ouvrage intitulé « Droit de la défiscalisation dans les DOM TOM » considéré par certaines entreprises comme comportant des propos dénigrants.

6 V. Y.GUENZOUI, *Les querelles doctrinales*, RTD Civ. 2013 p.47 selon qui « La controverse doctrinale met en scène des thèses en confrontation, alors que la querelle doctrinale apparaît dans une attaque contre la personne de l'auteur. La cible n'est donc pas la même : ici, on attaque l'idée ; là, on attaque l'homme ».

7 A. MABANCKOU, *Le sanglot de l'homme noir*, Fayard, 2012, p.13. Selon l'auteur, la « conscience noire » n'est en réalité qu'une démonstration, là où on se serait attendu à une construction afin de ne pas consacrer son énergie à faire le « bilan des valeurs nègres ».

professeur G. FARJAT écrivait ceci : « *cet ouvrage est de parti pris, et il l'annonce : pour un droit économique parmi d'autres qui sont possibles, et notamment le droit économique dominant qui anime la société contemporaine. Il implique des choix de sens, il retient certaines analyses, en réfute d'autres. Il propose une analyse critique*[8] ». En note de bas de page, il poursuit « *Mais pas davantage que beaucoup d'autres, qui ne l'annoncent pas. Alors que nous sommes dans un domaine où la neutralité est pratiquement impossible*[9] ». Ce défaut de neutralité irrigue tous les domaines du droit. DWORKIN ne disait-il pas que demander à un juriste d'être neutre, c'est exiger du voyageur arrivant au pôle Nord de repartir dans toutes les directions qu'il souhaitera… sauf au Sud[10] ? »

Avec toute la modestie et l'humilité nous allons essayer de replacer la discipline dans le vaste champ du droit privé et lui rendre ses lettres de noblesses[11]. Accusé d'affairisme[12], considéré comme n'étant pas du droit, parce ne faisant pas partie des matières fondamentales dans la formation d'un juriste, le droit des affaires est voué aux gémonies, cloué au pilori : dépit ou ignorance[13] ? Cet ouvrage arrivera-t-il à convaincre les sceptiques ? Rien n'est moins sûr. Mais il aura au moins le mérite d'avoir essayé. En revanche, il demeure constant que le droit OHADA mis au pinacle, est le droit des affaires en Afrique.

2. Tout privatiste sérieux reconnaît que l'on ne peut faire du droit des affaires sans revenir sur les fondamentaux[14]que sont l'introduction à

---

8 G. FARJAT, *op.cit.*, p.13.

9 G. FARJAT, Ibid.

10 R. DWORKIN, *La théorie du droit comme interprétation*, Droit et Société, 1985, p.99.

11 C'est à cela que s'est essayé P. DIENER (*Ethique et droit des affaires*, Recueil Dalloz 1993, p.17, n°11. A son avis, il suffit de restituer au droit des affaires sa véritable place dans l'ensemble d'un droit dont l'éthique fait partie intégrante.

12 P. DIENER, *Ethique et droit des affaires*, Recueil Dalloz 1993 p.17.

13 Pour J.-P. DOM, (*Les montages en droit des sociétés*, Joly, 1998, collection « Pratiques des affaires », p.10), l'amalgame entre affaires et affairismes n'a certainement pas facilité la reconnaissance d'un droit des affaires.

14 V. Par exemple M. GRIMALDI, *Enseignement du droit au XXIe siècle* : IIIe conférence sino-européenne des doyens de facultés de droit, Recueil Dalloz 2014, p.1864. V. J. PIAGET pour qui il y a trois sortes de pédagogies : de l'imitation, de la mémorisation et de la capacité à penser et de savoir (cité par **C.**THIBIERGE, *Enseigner le droit civil à l'aube du XXI*[e] *siècle*, RTD civ. 1998. 306).AddeP. BOURDON, *Enseignement secondaire-Il faut enseigner le droit dans les études menant au baccalauréat-Libres propo*s, La semaine juridique Edition Générale, n°4, 22 janvier 2018, p.71.

l'étude du droit, le droit des biens et le droit des obligations. Mais droit spécial signifie-t-il droit insignifiant ? La réponse est d'emblée négative. L'étudiant qui maîtrise les fondamentaux du droit se rendra très vite compte, une fois en entreprise ou ailleurs, dans la vie active,qu'au-delà du contrat de droit commun, il y a les contrats d'affaires[15] ; qu'au-delà du droit des contrats, il y a la technique contractuelle ; qu'il lui faut apprendre, en plus du droit des sociétés, les techniques et l'ingénierie sociétaire ou financière[16] ; que le droit des sociétés entretient des rapports étroit avec le droit des marchés financiers[17]. C'est à un jugement mesuré que nous appelons. Autant, il ne faut pas étouffer des vocations qui auraient pu naître et être utiles à nos pays, autant on ne doit pas faire comprendre à l'apprenant que le droit dont il s'est donné tant de mal à « maîtriser » les contours, durant son cursus ne lui sert à rien. Cette étude interpelle naïvement notre système d'enseignement[18].

Citons M. P. DIENER qui a écrit que nombre de juristes ont perdu de vue que le droit des affaires, dont la dimension technique appartient à son essence, est également, dans son existence, une technique

---

[15] V.F.-X. TESTU, in Dalloz Références Contrats d'affaires. *Adde* J. PAILLUSSEAU, *Les contrats d'affaires*, La semaine juridique Entreprise et affaires n°11, 12 mars 1987, 14893. L'auteur reconnaît la difficulté de définir les contrats d'affaires dans la mesure où il lui est pénible de cerner la notion « d'affaires ». Néanmoins, il écrit qu'en général, quand on parle de contrats d'affaires, on vise les contrats que les entreprises passent entre elles pour l'organisation de leurs relations économiques et financières.

[16] B. RAYNAUD, *Droit de l'ingénierie sociétaire*, Joly éditions, Lextenso éditions, 2014, 399 pages. ; J.-M. MOULIN, *Le droit de l'ingénierie financière*, Gualino, Lextenso éditions, 4e édition, 2013, 576 pages.

[17] V. KEUFFI

[18] Ce débat s'est posé en France suite à la sortie de l'ouvrage polémique de l'ancien président du conseil national des barreaux qui écrivait que les facultés de droit doivent se mettre au service des barreaux. C. JAMIN, *La cuisine du droit. L'École de droit de Sciences Po : une expérimentation française,* ouvrage commenté par P. ANCEL, RTD civ. 2013. 212.
Il faut également faire remarquer qu'en juin 2014, une conférence sino-européenne des Doyens de faculté s'est tenue à la faculté de droit d'Assas. Il y était discuté les défis à relever par les facultés de droit. Les différentes conclusions qui ressortent de cette conférence sont d'une part, le constat qu'il faut du temps pour former un juriste, permettre aux étudiants d'acquérir des connaissances fondamentales, associer des professionnels dans la formation des juristes, d'autre part, l'ouverture aux autres ordres juridiques, l'enseignant des droits de l'homme, l'intégration des TIC dans l'apprentissage. V. M. GRIMALDI, *op.cit.*

juridique concourant, comme l'ensemble de la technique juridique, à l'élaboration du droit en ce sens qu'elle opère une médiation nécessaire entre les préceptes généraux du droit, théoriques et abstraits, et des fins concrètes, précises[19].

Rappelons tout simplement que les « non affairistes »n'ont ni le monopole de la morale, de l'éthique, ni celui du cœur[20]. En effet, le droit civil s'intéresse à la protection du faible, tout autant que le droit du marché, même si la démarche est différente. Le juriste doit savoir par exemple que les ententes sont une manifestation de la liberté contractuelle[21]. Comment ignorer d'ailleurs que la gratuité existe en droit des affaires[22] ?

3. Pour l'instant, car nous approfondirons plus loin ces développements, il n'est pas inintéressant de noter que la mondialisation n'est pas un phénomène nouveau. Son apparition a contraint les Etats à s'unir[23]. Ce phénomène a été constaté en Europe et en Afrique[24]. Sur ce dernier continent cité, l'intégration a été politique, économique et juridique. L'OHADA, organisation pour l'harmonisation en Afrique du droit des affaires constitue une intégration juridique[25] ;

---

19 P. DIENER, *op.cit.*, n°3.

20 V. L'interrogation de PH. Le TOURNEAU, *Les professionnels ont-ils du cœur ?*D. 1990. 21.
L'auteur est un adepte de responsabilité professionnelle qui selon lui constitue un dépassement de la distinction droit civil et droit commercial, responsabilité délictuelle et contractuelle. L'honneur, l'amitié, la courtoisie, la patience, tiennent leur rôle dans la vie des affaires, écrit l'auteur.

21 V.C. JAMIN, *Loi n° 96-588 du 1er juillet 1996 sur la loyauté et l'équilibre des relations commerciales*, RTD civ. 1996. 1009. L'objectif de cette loi c'est d'instaurer un équilibre entre le secteur de la grande distribution et celui de la production. Selon l'auteur, cette loi épouserait la philosophie solidariste en vigueur en droit des obligations.

22 B. LECOURT, *La gratuité et le droit des affaires*, RTD Com. 2012 p.455.

23 V. J. I. SAYEGH et J. LOHOUES-OBLE, *OHADA, Harmonisation du droit des affaires*, Bruylant Bruxelles, 2002, Collection « Droit uniforme africain » p.1. Pour ces auteurs : *« il est indéniable que notre planète enregistre actuellement un vaste mouvement de mondialisation de l'économie et du droit en même temps que se maintient et se développe une dynamique de régionalisation des normes juridiques qui soutient ou tente de limiter le phénomène de globalisation »*.

24 Sur la nature de l'équilibre entre la mondialisation de l'économie et la diversité régionale, Voir E. CEREXHE, *L'intégration juridique comme facteur d'intégration régionale*, Revue burkinabé de droit, numéro spécial, n°39-40, 2001, p.21.

25 Pour E. CEREXHE, *ibid*, p.21, le système d'intégration se caractérise par le fait que les Etats y abandonnent une partie de l'exercice de leurs compétences au

pour certains, c'est d'ailleurs la forme la plus achevée d'intégration. En effet, la doctrine africaine a théorisée l'unification du droit depuis belle lurette[26].

Pourquoi le législateur OHADA a choisi l'expression « droit des affaires », sans la définir ?[27]Cette question n'est pas anodine puisque l'OHADA aurait pu être OHADAE[28], ou droit économique. Si pour la première dénomination, le problème peut ne pas se poser au regard de l'orientation prise par le législateur OHADA de s'intéresser au professionnel tout court[29], pour la seconde en revanche, la difficulté va demeurer vu le risque de changement de nature du droit OHADA. En effet, on ne le dira jamais assez, l'OHADA est un droit des affaires[30] et

---

profit d'institutions qualifiées parfois de supranationales qui expriment une volonté autonome, par des décisions prises dans certains cas à la majorité

26 M. ALLIOT, « *Problèmes de l'unification du droit africain* », Journal of african Law, vol. II, n°2, summer 1967. Pour cet auteur, il y a trois facteurs favorables à l'unité juridique africaine : l'unité des problèmes à résoudre, la possibilité d'adopter des législations révolutionnaires et l'exemple des premières expériences d'unification. Pour K. MBAYE (*L'unification du Droit en Afrique*, Revue sénégalaise de droit, 1971, p.67.) il y a trois autres notamment l'existence d'un droit africain traditionnel, l'islam et le fait colonial.

27 Pour le législateur, font partie du droit des affaires :
-le droit des sociétés
-le droit commercial général
-les procédures simplifiées de recouvrement des créances et voies d'exécution
-les sûretés
-les procédures collectives
-l'arbitrage
-le droit du travail
-le droit comptable
-le droit des transports.
Non seulement cette liste n'est pas exhaustive parce que le Conseil des Ministres de l'OHADA peut décider à l'unanimité d'inclure certaines matières, mais également, le droit des sociétés coopératives n'a pas été cité alors qu'il a fait l'objet d'un Acte uniforme le 15 décembre 2010, publié dans le Journal officiel OHADA, n°23, du 15.02.2011. À la décharge du législateur OHADA, faisons remarquer que l'absence du droit des sociétés coopératives se justifie par son entrée en vigueur postérieure au Traité de l'OHADA du 17 octobre 1993 révisé à Québec le 17 octobre 2008.

28 Organisation pour l'harmonisation en Afrique du droit des activités économiques.

29 Consécration du statut de l'entreprenant, bail à usage professionnel.

30 Parmi les rares définitions du droit des affaires dans l'espace OHADA, nous pouvons retenir celle de P. MEYER (*La sécurité juridique et judiciaire dans l'espace OHADA*, OHADATA, D-06-50, p.3) qui précise que le droit des

non un droit économique[31] ou un droit communautaire. Toujours est-il que le droit des affaires traduit une nouvelle vision du droit[32] et une approche pluridisciplinaire. Il ne faudrait pas se méprendre cependant dans la mesure où certains auteurs sont réfractaires à cette appellation[33]. Et pourtant, de l'avis de B. MERCADAL et P. GULPHE, comme les affaires, le droit des affaires est donc aujourd'hui partout et, à un moment ou à un autre, concerne chacun[34]

En France, les premières décennies du XXe siècle ont encore été celles du droit commercial. Puis, dans la seconde moitié du siècle, ce sont le droit des affaires, le droit de l'entreprise et le droit économique qui ont émergé et se sont affirmés. Ce ne sont que des aspects du droit des activités économiques[35] .La notion d'activité économiquerenferme toutes les activitéscommerciales, industrielles, artisanales, libérales, agricoles et civiles réalisées par des assujettis réalisant des opérations à titre indépendant[36]. Parler de droit des affaires plutôt que de droit

---

affaires a vocation à englober toutes les règles de droit relatives à l'entreprise et à la production et à la circulation des richesses économiques. On doit la rapprocher de celle d'Henri TEMPLE (*Quel droit de la consommation pour l'Afrique* ? Une analyse critique du projet OHADA d'Acte uniforme sur le droit de la consommation, OHADATA, D-05-26, p.2) pour qui le droit des affaires a pour objet d'organiser et de faciliter l'activité des entreprises et opérateurs économiques. L'une des remarques que l'on peut faire c'est l'utilisation sans la définir de la notion d'entreprise. La raison tient certainement au fait que l'entreprise est plus une notion économique que juridique. Cette situation n'exclut tout de même pas une tentative de définition de la part du législateur et des auteurs. En outre, la définition de Pierre Meyer, si pertinente soit-elle se rapproche de celle de droit économique avec son noyau dur que constituent les droits de la consommation, concurrence et distribution.

31 Sur la distinction droit des affaires et droit économique, V. C. CHAMPAUD. Dans le cadre de notre étude nous assimilerons les deux disciplines.

32 V. C. CHAMPAUD, *Le droit des affaires*, Que sais-je ? 1981, p.3.

33 C'est l'exemple d'Y. REINHARD et *alii*, *Droit commercial, Actes de commerce-Commerçants- Fonds de commerce- Concurrence- Consommation,*Lexisnexis, 2012, p.4, n°7. Pour ces auteurs, non seulement l'expression « droit des affaires » n'innove pas, mais la pluridisciplinarité n'est pas l'apanage des tenants du droit des affaires.

34 B. MERCADAL, P. GULPHE, *Magistrature et droit des affaires*, in Dix ans de droit de l'entreprise, p.1040.

35 J. PAILLUSSEAU, *Le droit des activités économiques à l'aube du XXIe siècle*, D. 2003. 260

36 E. KORNPROBST, *Associations (Régime fiscal),* Répertoire de droit des sociétés, février 1995 (mise à jour : janvier 2014).

économique, c'est avoir une vision plus globale de la vie juridique[37]. Le droit commercial peut alors apparaître comme un sous-ensemble du droit des affaires, se résumant aux seules règles applicables aux commerçants[38]. Vouloir remplacer le droit commercial par le droit des activités économiques de l'entreprise, c'est faire de l'entreprise l'acteur principal de la vie économique. On passerait également du droit commercial au droit des marchés ou au droit des professionnels. En effet, le droit du marché peut être un droit unificateur qui permettrait de surmonter les oppositions classiques entre le droit civil et le droit commercial, le droit de la consommation et le droit des obligations[39]. Si traditionnellement on distinguait le commerçant des autres acteurs de la vie économique, ce qui justifiait le clivage droit civil et droit commercial ; aujourd'hui, on oppose le plus souvent le professionnel au consommateur[40]. Les développements qui suivront feront état de la distinction droit des affaires et droit économique sans occulter la difficulté d'avoir une définition unanime et complète des différentes disciplines. C'est dire que l'OHADA doit régler la question de son identité. Cette affirmation pourrait surprendre plus d'un dans la mesure où dans le sigle de cette institution « D.A » renvoie à « Droit des affaires ». Mais c'est ignorer que certains auteurs nient le fait qu'on veuille faire de ce droit un droit communautaire ; le caractère conquérant de l'OHADA, de même que la naissance de certaines disciplines telles que le droit public des affaires, le droit public économique et le droit de la régulation[41]. Une chose demeure malgré tout certaine : c'est que le droit OHADA ignore les clivages droit public-droit privé, droit civil et droit commercial.

La mission de régulation incombe aussi aux autorités de régulation qu'aux autorités publiques. Elle ne coïncide pas forcément avec des

[37] C.CHAMPAUD, *Le droit des affaires*, PUF, « Que sais-je ? », 1981 ; J. PAILLUSSEAU, *Le big bang des affaires à la fin du XXe siècle ou les nouveaux fondements du droit des affaires* , JCP E 1988.I.3330.

[38] D. LEGEAIS, Droit commercial et des affaires, Dalloz Sirey, 2012, P.4, n°9.

[39] Y. GUYON, Synthèse du Colloque « Droit du marché et droit commun des obligations, RTDCom 1998, n°1.

[40] V. PH. LE TOURNEAU, Rapport de synthèse du Colloque, « Droit de la concurrence et droit privé », Cah.dr.entr. n°3, 2000, P.45 ; J.CALAIS-AULOY, *De la notion de commerçant à celle de professionnel*, in Mélanges P.DIDIER, ECONOMICA, 2008, P.81 cités par D. LEGEAIS, *op.cit.*, p.6.

[41] V. Lamy Droit public des affaires, Edition 2012, n°7 à 14.

frontières puisqu'elle vise un secteur économique bien déterminé[42]. Elle s'adresse à une organisation de marché qu'il est difficile d'enfermer dans les limites territoriales des autorités publiques[43].

A notre avis, l'OHADA est un droit des affaires qui est en train de s'orienter vers un droit des activités économiques[44].

Dans le cadre de notre réflexion, l'accent sera mis sur le droit OHADA même si nous demeurons conscient qu'il n'a pas vocation à englober tout le droit des affaires. Des disciplines telles que le droit fiscal en font partie. Mais étant donné que le droit des affaires de référence en Afrique c'est ce droit, quoi de plus normal que de s'y baser. De même, les règles du droit économique que nous convoquerons le plus sont celles de l'UEMOA et non de la CEDEAO. Idem pour les règles nationales. En effet, nous avons l'intention de nous appesantir sur le droit sénégalais notamment le Code des obligations civiles et commerciales, le Code de la famille etc…

Quel que soit la dénomination qu'on lui aura donné, ou les critiques qui lui sont adressées[45], le droit OHADA est en marche[46], et cela en attestent les fréquentes réformes pour rendre ce droit attractif. D'ailleurs certains auteurs préconisent des moyens de le rendre efficace[47].

4. Quels sont les objectifs de l'OHADA ? Il faut se référer au Préambule du Traité de l'OHADA pour s'en faire une idée précise. A l'examen, on se rend compte qu'il s'agit de lutter contre l'insécurité

---

[42] V. D. KEUFFI, *La régulation des marchés financiers dans l'espace OHADA,* L'Harmattan, 2010, p.31, n°8.

[43] V. F. MODERNE et G. MARCOU (Dir), *Droit de la régulation, services publics et intégration régionale*, p.18, cité par D. KEUFFI, ibid.

[44] V. J. PAILLUSSEAU, *Du droit commercial au droit des activités économiques*, in Pouvoir et liberté, Etudes offertes à Jacques Mourgeon, Bruylant, Bruxelles, 1998, p.93. ; D. SY, Chronique générale Droit public économique, in Annales africaines, 1989, 1990, 1991, pp.203 et s. L'auteur intègre dans le droit public économique les entreprises du secteur parapublic (les contrats-plan, les privatisations d'entreprises), le droit des investissements et les planifications.

[45] P. BOUREL, «*A propos de l'OHADA : libres opinions sur l'harmonisation du droit des affaires en Afrique*», D.2007.969, n°14

[46] F. ANOUKAHA, «*L'OHADA en marche*», Annales de la Faculté des sciences juridiques et politiques de l'Université de Dschang.2002.7,t.6, n°spécial.

[47] G. D. KENFACK, *Suggestions en vue d'accroître l'efficacité de l'OHADA*, Revue camerounaise de l'arbitrage, n°24, Janvier-Février-Mars, 2004, p.3. Pour cet auteur, il faut améliorer le rayonnement de l'OHADA et en améliorant son application.

juridique[48] et judiciaire[49]. En effet, l'insécurité juridique a été définie comme la situation d'incertitude dans laquelle peut se trouver un opérateur économique sur l'issue d'une éventuelle procédure à laquelle il pourrait être partie, et son impuissance à infléchir le cours de la justice dans le sens de l'équité si besoin était. Cette situation (résulte) de la confusion qui régnait dans les sources du droit insuffisamment fiables (…)[50]. Quant à l'insécurité judiciaire, elle résulte d'une incertitude, très critiquable et que personne ne conteste, pesant sur l'issue d'une action en justice. La qualité du travail de la justice, (dans les pays actuellement membres d l'OHADA) est souvent contestée. Cela résulte de facteurs divers mais convergents, parmi lesquels (…) la saturation des juridictions ; leurs moyens limités ; le statut et la rémunération des magistrats ; la nécessité de mettre à jour leur formation. (Elle) se manifeste de façons très diverses : décisions contestables, décisions en délibéré depuis plusieurs années, exécutions impossibles, négligences diverses, méconnaissance des règles de déontologie, accueil des moyens dilatoires les plus évidents et renvois à répétition qui finissent par décourager les demandeurs de bonne foi (…). A noter que ces reproches peuvent aussi s'adresser à des auxiliaires de justice négligents, voire peu scrupuleux[51].

Concernant l'insécurité juridique, il convient de préciser que sa dénonciation a été également faite sous d'autres cieux notamment en droit français. Des expressions diverses y ont été utilisées « déclin du droit[52] », « crise du droit[53] ». Toujours est-il que la sécurité juridique constitue une exigence[54], la première valeur sociale à atteindre[55], le

---

[48] Paragraphe 6 du Préambule du Traité de l'OHADA : « Conscients qu'il est essentiel que ce droit soit appliqué avec diligence, dans les conditions propres à garantir la sécurité juridique des activités économique ».

[49] Paragraphe 8 du Préambule : « Décidés à accomplir en commun de nouveaux efforts en vue d'améliorer la formation des magistrats et des auxiliaires de justice ».

[50] PH. TIGER, *Le droit des affaires en Afrique*, Paris, PUF, coll. « Que sais-je ? », 1999, p.18.

[51] PH. TIGER, *Le droit des affaires en Afrique*, *op.cit.*, p.21.

[52] G. RIPERT, *Le déclin du droit*, Paris, 1949, LGDJ, reprint 1998.

[53] J.-B. RACINE et SIIRIAINEN, *Sécurité juridique et droit économique*, Propos introductifs, *in Sécurité juridique et droit économique*, sous la direction de L. BOY et *alii*, Larcier, 2008, Coll « Droit/économique, international », p.5.

[54] A. CRISTAU, *L'exigence de sécurité juridique*, D.2002, p.2815.

[55] P. ROUBIER, *Théorie générale du droit*, Sirey, 1946, p.269 (reprint, Dalloz, 2005).

besoin juridique élémentaire[56]. Le juge européen communautaire ou des droits de l'homme n'est pas en reste. En effet, dès 1961, le principe de sécurité juridique a été érigé par la Cour de justice des communautés européennes, actuelle Cour de justice de l'Union européenne, en principe général du droit communautaire[57]. Quant à la Cour européenne des droits de l'homme, elle consacre la sécurité juridique en tant que principe « inhérent au droit de la convention européenne de sauvegarde des droits de l'homme » dans l'arrêt Marckx du 13 juin 1979[58].

Concernant l'insécurité judiciaire, des efforts ont été faits pour relever le niveau des magistrats et des avocats par l'institution de l'ERSUMA. Celle est chargée d'assurer la formation et le perfectionnement des magistrats et des auxiliaires de justice des Etats membres en droit harmonisé et en droit celui d'autres organisations d'harmonisation ou d'uniformisation (OAPI, UEMOA, CIMA)[59]. Cette formation nécessite des moyens et pose la question de sa régularité et du financement de l'OHADA.

5. Quels moyens le législateur OHADA compte utiliser pour atteindre ses objectifs ? L'accent est mis sur la production d'un droit simple, moderne et adapté à savoir les Actes uniformes qui sont d'application directe et immédiate nonobstant toute disposition antérieure ou postérieure contraire[60] et sur l'aspect institutionnel.

---

[56] J. CARBONNIER, *Flexible droit*, LGDJ, 7e édition. 1992, p.172.

[57] CJCE, 22 mars 1961, SNUPAT c/ Haute Autorité, Rec. CJCE, P.103 ; 13 juillet 1961, Meroni c/ Haute Autorité de la CECA, Rec. CJCE, p.319. V. également l'arrêt Bosch du 6 avril 1962, Affaire 13/61, *De Geus en Uitdenborgerd/Bosch*, Rec.CJCE, p.101.

[58] Marcks c/ Belgique, Affaire n°6833 74, Série A, n°31.

[59] J. I. SAYEGH et J. LOHOUES-OBLE,*op.cit.*, p.158, n°373.

[60] Article 10 du Traité de l'OHADA. Cette disposition constitue la preuve de la supranationalité du droit OHADA. Pour la CCJA, par dispositions contraires, il faut entendre tout texte législatif ou réglementaire qui contredit dans la forme, le fond et/ou l'esprit les dispositions d'un Acte uniforme (avis du 21 avril 2001 à propos de l'article 257 de l'Acte uniforme sur les procédures collectives d'apurement du passif). Si pour le fond (par exemple édicter des conditions nouvelles, impératives et restrictives pour le bénéfice par le débiteur du délai de grâce. Voir avis de la CCJA n°2/99/EP du 13 octobre 1999, Juridata n°J2-10/1999 relativement à l'article 16 du projet de loi malien) et l'esprit, l'avis de la CCJA peut être approuvé, il en est autrement concernant la forme. En effet, qu'entendre par cette expression ? En tout état de cause, une autre manifestation de la supranationalité de l'OHADA par rapport aux droits nationaux est sa portée abrogatoire mentionnée par exemple à l'article 35 de l'Acte uniforme relatif à l'arbitrage (Dans son avis, 001/2001 du 30 avril 2001, la CCJA, sollicitée par la

Relativement à ce dernier aspect, depuis le Traité de l'OHADA révisé en 2008 à Québec, on est passé de quatre (4) à cinq (5) institutions avec l'avènement de la Conférence des Chefs d'Etat et de Gouvernement[61].

6. Qu'est-ce que le juriste d'affaires peut apporter au système du droit qui se caractérise par la cohérence ? Telle est la question posée par J. PAILLUSSEAU. L'auteur répond en disant que c'est à travers la technique d'organisation que le juriste d'affaires peut peser sur le droit. Pour PAILLUSSEAU, l'organisation est au cœur de la réflexion, elle est au centre de l'action, elle est essentielle à la conception et à la compréhension des constructions juridiques[62]. Pour le juriste d'affaires, l'entreprise est l'objet du droit des affaires ainsi que les relations d'affaires entre les entreprises ; sa fonction essentielle c'est leur organisation juridique. En effet, le droit des affaires organise l'activité ainsi que les centres d'intérêts que celle-ci fait naître. Cette organisation peut être contractuelle ou légale[63].L'organisation juridique, ce n'est pas seulement une idée, ou une expression commode pour désigner un aspect ou une fonction du droit ; ce n'est pas non plus une simple technique, ou une simple ingénierie ; c'est, d'abord, un système logique et cohérent, c'est, ensuite, une certaine approche du droit[64].

Côte d'Ivoire pour se prononcer sur la portée abrogatoire de l'ensemble des Actes uniformes par rapport au droit interne des Etats partie à l'OHADA affirme que l'AUA doit être interprété comme se substituant aux lois nationales existantes en la matière, sous réserve des dispositions non contraires susceptibles d'exister en droit interne. Voir, G. DOUAJNI KENFACK, *La portée abrogatoire de l'acte uniforme relatif au droit de l'arbitrage*, Revue camerounaise de l'arbitrage, numéro spécial, Octobre 2001, p.28.), 336 de l'Acte uniforme portant procédures simplifiées de recouvrement et des voies d'exécution.

61 De notre point de vue, la compétence de cette institution est vague car l'expression « toute question relative au Traité » est loin d'être précise.

62 J.PAILLUSSEAU, *Les apports du droit de l'entreprise au concept de droit*, Recueil Dalloz 1997 p.97, op.cit, n°10 ; *La logique organisationnelle dans le droit. L'exemple du droit des sociétés*, Etudes offertes à J. BEGUIN, Droit et actualité

63 J.PAILLUSSEAU, *Le big bang du droit des affaires à la fin du XXe siècle (ou les nouveaux fondements et notions du droit des affaires)*, La Semaine Juridique Edition Générale n° 16, 20 Avril 1988, doctr. 3330, n°50.

64 J. PAILLUSSEAU, op.cit., n°15. L'auteur met en évidence cinq phases de l'organisation juridique :
-1°L'objet de l'organisation ;
-2°La finalité et les objectifs de l'organisation ;
-3°L'identification et l'appréciation des contraintes susceptibles d'avoir une incidence sur la conception et la construction de l'organisation ;

7. La compréhension du droit des affaires doit passer en partie par le fait de s'imprégner des disciplines telles que l'introduction à l'étude du droit, le droit des biens et des obligations[65]. En outre, on doit comprendre ce que l'on peut entendre par « Droit » et examiner les différentes approches de la discipline[66]. En effet, il peut paraître surprenant de chercher à connaître le droit. C'est certainement ignorer que cette matière est la notion la plus discutée en théorie du droit. De plus, il faut savoir d'où provient la règle de droit et comment assure-t-on sa mise en œuvre. Cela nous amènera à examiner d'abord les généralités sur le droit (**Partie 1**), quelques notions de droit privé (**partie 2**) et enfin nous nous intéresserons à la mise en œuvre du droit (**partie 3**).

4°Le choix des techniques d'organisation ;

5° La recherche de la cohérence interne et externe avec le reste du droit.

[65] Dans la partie générale du COCC, le législateur sénégalais, a eu une démarche cohérente pour la compréhension du droit des obligations. Le Code est scindé en deux livres qui traitent successivement des sources ou de la naissance de l'obligation et des suites réservées à celle-ci notamment son extinction et sa transformation.

[66] Le droit est aussi un système, c'est-à-dire un ensemble d'éléments reliés entre eux, qui ont une cohérence propre et une autonomie. V. P. ORIANNE, *Introduction au système juridique*, Bruylant, Bruxelles, 1982, 353 pages.

PREMIÈRE PARTIE

DES GENERALITES SUR LE DROIT

« Un Chef d'entreprise qui agit dans l'ignorance de l'ordre juridique applicable à son activité court à chaque opération un risque d'autant plus grave qu'il ignore l'existence ».

Philippe Malinvaud, *Le cadre juridique des relations économiques,* Librairies techniques, 1970, Collection « Droit et gestion », p.1.

8. Pour bien faire comprendre une notion, un concept[67], voire un système ou une règle, le choix de la méthode s'impose. Et lorsque l'on consulte certains ouvrages, on remarque que les auteurs, en traitant de la règle de droit, consacrent un chapitre aux définitions-droit objectif et droits subjectifs-, un autre aux caractères de la règle de droit, et un troisième au fondement de la règle de droit[68]. Le professeur PH. MALINVAUD assimile dans son ouvrage le droit objectif aux règles de droit[69]. Nous n'allons pas emprunter ces différentes démarches, mais plutôt celle d'un auteur ancien, P. COULOMBEL, qui, non seulement assimile droit objectif et ordre juridique, mais également considère la règle de droit comme un élément fondamental de l'ordre juridique, parmi tant d'autres[70]. Ainsi, dans cette partie, nous aurons trois titres réservés successivement à la détermination (TITRE 1), aux sources (TITRE 2) et aux différentes approches du droit (TITRE 3).

---

[67] Sur la distinction entre le concept et la notion, V.X. BIOY, « *Notions et concepts en droit* », in G. TUSSEAU (dir.), *Les notions juridiques*, Economica, 2009, p.21, spéc.p.25 et s.

[68] J. BONNARD, *Introduction au droit*, Ellipses, Paris, 1995, pp.6 à 12.

[69] V. PH. MALINVAUD, *Introduction à l'étude du droit*, Lexisnexis, Paris, 2011, 13e édition, 505 pages.

[70] P. COULOMBEL, *Introduction à l'étude du droit et du droit civil*, L.G.D.J, Paris, 1969, p.4.

TITRE 1

DÉTERMINATION DU DROIT

9. Parler de « détermination » du droit revient à se poser une question toute simple : qu'est-ce que le droit ? Comme nous allons le voir, si la question est simple, la réponse l'est moins malgré le fait que pour des raisons pédagogiques ou didactiques, on définit le Droit comme l'ensemble des règles dont l'objectif est l'harmonisation de la vie en société. On n'a pas ignoré non plus que le droit c'est l'ensemble des prérogatives dont se prévaut une personne et qui sont sous la protection du Droit objectif. Jean CARBONNIER parlait de Droit à majuscule et le droit à minuscule[71].

Nous examinerons successivement le droit objectif[72] (**CHAPITRE 1**) et les droits subjectifs (**CHAPITRE 2**). A travers cette distinction, le droit est pris tantôt dans le sens d'un ordre voulu et protégé par les pouvoirs publics, tantôt dans celui de prérogative dont jouit une personne qui vit en société. Cette prérogative est sous la protection du droit objectif[73].

---

71 J. CARBONNIER, *Flexible droit, Pour une sociologie du droit sans rigueur*, 10e édition, L.G.D.J, 2001, p.105.La Deuxième partie de son ouvrage est intitulé « *Grand Droit et petit Droit* ».

72 Le droit objectif est tiré du droit positif qui est l'opposé du droit naturel. Le droit naturel serait une sorte de droit universel, fixant les droits inaliénables et sacrés de l'Homme. La question de l'existence et de la nature du droit naturel a été posée. Pour N. BOBBIO (« *Quelques arguments contre le droit naturel* », Annales de philosophie politique, P.U.F., Paris, 1959, p.175) : « le droit naturel est un droit désarmé. Personne ne nie qu'il puisse exprimer une exigence, une proposition de droit futur. Mais, tant qu'il n'a pas trouvé la force de se faire valoir, ce n'est pas un droit dans le sens courant du mot ». V. PH. JESTAZ, *L'avenir du droit naturel ou le droit de seconde nature*, RTDCiv, 1983, pp.233 et s.

73 V.P. COULOMBEL, *Introduction à l'étude du droit et du droit civil*, L.G.D.J, Paris, 1969, p.3.

CHAPITRE 1

LE DROIT OBJECTIF

10. Le droit objectif désigne l'ensemble des règles juridiques qui régissent les hommes dans la vie en société, et dont le respect est sanctionné par l'autorité publique[74]. Ici, le droit est défini par rapport à son objet à savoir régir la vie en société. Ce droit est différent d'un pays à un autre[75] et a vocation à être en vigueur tant qu'il n'est pas dépassé par la désuétude ou sa mise hors circuit[76]. Nous pensons par exemple à l'abrogation d'une loi ; encore que celle-ci ne résume pas tout le Droit[77]. Le droit objectif évolue dans un système qui peut entretenir des rapports conflictuels ou pacifiques[78]. D'où l'importance de s'intéresser au droit comparé. En outre, selon les sociétés, les règles de droit peuvent être écrites, contenues dans des textes ou pas. Le juriste se rend vite compte de la distinction opérée entre le droit privé et le droit public. C'est la summa divisio (Section 1). Il en est de même de l'existence des éléments fondamentaux du droit objectif (Section 2).

SECTION 1 : LA SUMMA DIVISIO

11. Les rapports sociaux étant variés, il a fallu les classer pour les faire entrer dans une branche du droit bien déterminée. C'est pourquoi il

[74] J. BONNARD, *Introduction au droit*, Ellipses, 1995, p.6.

[75] On parlera par exemple du droit sénégalais ou français.

[76] V. Par exemple DUGUIT, *Traité de Droit constitutionnel,* 1927, T.I, pp.326-327. « J'entends par ordonnancement juridique ou d'un mot plus court et plus commode par ordre juridique l'état social existant à un moment donné d'après les règles de Droit s'imposant aux hommes du groupement social considéré et les situations juridiques qui s'y rattachent.. Cela rappelé, il y aura une modification à l'ordre juridique existant d'abord toutes les fois qu'une règle nouvelle sera formulée et toutes les fois qu'une règle existante sera supprimée ou modifiée, en un mot toutes les fois qu'il y aura une modification en plus ou en moins au droit objectif ».

[77] Le droit a d'autres sources au-delà de la loi.

[78] Il y a le système de la *commonlaw* et celui romano-germanique.

existe une *summa divisio* (1) C'est dire que le droit objectif n'est pas d'une seule pièce[79]. Recourant à un langage imagé, on peut dire du droit qu'il se présente comme un arbre qui se partage en plusieurs branches dont chacune se divise, à son tour en plusieurs rameaux[80]. De même, nous examinerons les différents éléments fondamentaux du droit objectif (2), les différentes conceptions du droit (3), et nous nous poserons la question de savoir si le droit peut être objet d'étude (4).

On distingue le droit public (Paragraphe 1) du droit privé (Paragraphe 2).

§1. Le droit public

12. Il réunit l'ensemble des règles qui intéressent les personnes publiques, telles que l'Etat ou les collectivités publiques. Il s'agit des règles relatives à l'organisation des personnes publiques et aux rapports qu'entretiennent celles-ci avec les particuliers[81]. Le droit public est composé du droit constitutionnel, du droit administratif, des finances publiques et du droit international public.

Le droit constitutionnel s'intéresse à l'organisation de l'Etat notamment les rapports entre par exemple le pouvoir exécutif, législatif et judiciaire. Le droit constitutionnel s'intéresse également au fonctionnement de ces différents pouvoirs et à la forme de l'Etat[82]. Pour en avoir une idée, encore faut-il consulter principalement la Constitution du 22 janvier 2001 plusieurs fois modifiée, les différentes lois constitutionnelles ou organiques en vigueur.

Le droit administratif réglemente l'organisation de l'Etat, des collectivités locales et des services publics ainsi que leurs rapports avec les particuliers. Le droit administratif se particularise par le fait qu'il soit essentiellement jurisprudentiel, même si la présence de lois n'est pas à exclure dans ce domaine[83] certes, mais par son autonomie par rapport au droit privé. Ce faisant, il dispose de règles différentes du

---

79 L. CADIET, *Procédure*, in Dictionnaire de la culture juridique, sous la direction de D. ALLAND, S. RIALS, PUF, 2003, p.1219.

80 L. CADIET, ibid.

81 J. BONNARD, *op.cit.*, p.15.

82 Voir par exemple article 103 *in fine* de la Constitution sénégalaise qui dispose que la forme républicaine de l'Etat du Sénégal ne peut faire l'objet d'une révision.

83 Voir loi n°65-51 du 19 juillet 1965 portant Code des obligations de l'administration (J.O. 1965, P.945).

droit civil, considéré comme étant le droit commun. Au Sénégal, la différence est moins prononcée qu'en France où il y a des juridictions administratives qui juge le fait de l'administration sauf si elle se comporte comme un particulier[84] ou viole les libertés individuelles[85].

Le droit des finances publiques réunit d'une part, les règles relatives au budget et à l'impôt et, d'autre part, les règles particulières applicables aux divers impôts directs et indirects, TVA, droits de douane, droits d'enregistrement[86].

Le droit international public régit les rapports interétatiques ainsi que l'existence, la compétence et les pouvoirs des organisations internationales[87]. Ces organisations internationales en question sont entre autres, l'Assemblée générale des Nations Unies, le Conseil de sécurité. Les sources du droit international public sont les conventions ou traités internationaux, la coutume et les principes généraux du droit.

13. Certains auteurs préfèrent écrire sur la justice communautaire plutôt que de donner une définition du droit communautaire[88]. Cette lacune est même visible dans les différentes communications prononcées lors d'un colloque consacré aux « droits communautaires africains[89] ». Ce qui demeure sûr c'est l'existence d'institutions chargées de matérialiser le droit communautaires telles l'UEMOA, la CEDEAO, la CEMAC et l'U.E en Europe. Il existe plusieurs principes de fonctionnement du droit communautaire : le principe de proportionnalité, de subsidiarité, d'applicabilité directe et de primauté[90]. Ni le principe de subsidiarité qui confère aux organisations d'intégration, le soin de prendre toutes les mesures utiles au niveau communautaire que ne pourraient prendre les Etats, ni celui de

---

84 On peut citer en revanche le cas de l'article 139 du Code des obligations de l'administration qui donne compétence au Tribunal régional nouveau TGI de connaître du contentieux des contrats administratifs.

85 V. J.NORMAND, *Le juge judiciaire, juge d'exception des atteintes portées par les autorités administratives aux libertés individuelles*, RTDCiv, 1998, p.181.

86 PH. MALINVAUD, *Introduction à l'étude du droit*, Lexisnexis, 2011, p.236, n°268.

87 J.-F. BOCQUILLON et M. MARIAGE, *Introduction au droit*, 2e édition, Dunod, 2008, collection «Manuel et applications », p.8.

88 H. GAUDIN, *Justice communautaire*, in Dictionnaire des droits de l'homme, PUF, 2008, pp.577-581.

89 Colloque sur « Les droits communautaires africains », Saly, les 27 et 28 avril 2006, Nouvelles annales africaines, n°1-2007, pp.13-255.

90 V. S.N.TALL, *La CEDEAO et l'UEMOA : concurrence ou complémentarité ?*, Nouvelles annales africaines, n°1-2007, p.45.

proportionnalité en vertu duquel les organes communautaires n'agissent pas de manière à excéder la mesure nécessaire à la réalisation des objectifs poursuivis[91], n'ont droit de cité en droit OHADA, bien au contraire, car non seulement le droit OHADA est complété par les législations nationales surtout concernant les règles de procédures, mais également nombreux sont ceux qui dénoncent la démesure de cette institution[92] .

§2. Le droit privé

14. Il réunit l'ensemble des règles de droit qui s'appliquent aux rapports des particuliers entre eux[93] mais également entre ceux-ci et les collectivités publiques se comportant comme tels. Le droit privé est divisé en branches comme le droit public. Il s'agit du droit civil[94], le droit commercial, le droit du travail, de la sécurité sociale et le droit judiciaire privé.

Le droit civil comprend les règles relatives à l'individualisation des personnes telles que l'état civil, le nom[95] et le domicile[96], à la famille qu'il s'agisse des rapports extrapatrimoniaux[97] ou patrimoniaux[98]. Le droit civil régit également le droit de propriété et ses démembrements ;

---

[91] S.N.TALL, IBID.

[92] P.G.POUGOUE et alii, *Actes uniformes*, in Encyclopédie du droit OHADA, Lamy, 2011, pp.25-30.

[93] J. BONNARD, *op.cit.*, p.16.

[94] V. R. KASIRER (ssdir.), *Le droit civil, avant tout un style* ? Thémis, 2003. Pour cet auteur, le droit civil, loin d'être une branche du droit privé, en constitue le tronc.

[95] V. Article 2 du Code de la famille qui dispose que la personne s'identifie par son ou ses prénoms et par son nom patronymique.

[96] V. Article 12 du Code de la famille.

[97] Il s'agit du mariage (article 100 du Code de la famille), du divorce (article 154 Code de la famille. A rappeler qu'il y a deux sortes de divorces : un divorce contentieux où l'on doit exciper au moins une des causes de divorce prévues à l'article 166 du Code de la famille et un divorce par consentement mutuel où règne une liberté surveillée des époux) de la filiation (article 188 et s du Code de la famille) et de la parenté et alliance (article 254 et s).

[98] Il s'agit du régime matrimonial (Article 368 et s du Code de la famille. Au Sénégal, il y a le régime de droit commun de la séparation des biens, le régime dotal et le régime communautaire de meubles et acquêts) et du droit des successions (Article 396 Code de la famille. En la matière, il y a des successions ab intestat de droit commun et celles de droit musulman). On note l'existence d'un pluralisme en la matière comme concernant les formes de mariage au Sénégal (mariage coutumier et civil).

de même que le contrat[99] et la responsabilité civile, qu'elle soit contractuelle ou délictuelle.

Faisons remarquer que le droit civil constitue le droit commun et qu'il est la base du droit privé. L'expression « droit civil » signifie « citoyen ». Elle provient du droit romain, qui distinguait le *jus civile*, applicable aux citoyens romains, et *jus gentium*, applicable aux peuples conquis.

Le droit commercial est l'ensemble des règles applicables aux commerçants et aux actes de commerce[100]. Une controverse a existé en droit français quant à la question de savoir si le droit commercial est le droit des commerçants (conception subjective) ou celui des actes de commerce (conception objective). Il faut faire remarquer que c'est cette dernière conception qui l'emporte quand on sait par exemple que lorsqu'un non commerçant tire une lettre de change, il va se voir appliquer le droit commercial sans pour autant avoir la qualité de commerçant. En outre, le droit commercial est de plus en plus dépassé par le droit des affaires ou le droit de l'entreprise et voire le droit économique, branche du droit relativement jeune qui regroupe le droit de la concurrence, le droit de la consommation et le droit de la distribution[101]. En effet, le droit des affaires inclut le droit fiscal, le droit financier, comptable et pénal. Il est vrai qu'un juriste d'affaires ne saurait ignorer les règles comptables et fiscales, de même que le droit des marchés financiers. Lorsque l'on regarde le droit OHADA, on peut affirmer qu'il revêt plusieurs appellations telles que le droit des affaires

---

99 Voir loi n°63-62 du 10 juillet 1963 relative à la partie générale du Code des obligations civiles et commerciales. On peut citer également la loi n°66-70 du 13 juillet 1966 portant Code des obligations (deuxième partie) relative aux contrats spéciaux. Faisons remarquer que cette dernière loi ne concerne que les contrats spéciaux civils et non commerciaux qui relèvent de la législation OHADA notamment l'Acte uniforme relatif au droit commercial général. V. Quelques écrits en droit des obligations au Sénégal ; R. DECOTITIGNIES, *Réflexions sur le projet de code sénégalais des obligations*, Annales africaines, 1962, n°1, p.171 ; G. RIVES, *Théorie générale des obligations en droit sénégalais*, Revue sénégalais de droit, 1971, n°10, p.5 et s ; R. DECOTTIGNIES, *L'apport européen dans l'élaboration du droit privé sénégalais* », Annales africaines, 1964, p.79 et s ;A. FARNSWORTH, « *Le nouveau Code des obligations du Sénégal* », Annales africaines, 1963, p.73 et s.

100 PH. MALINVAUD, *op.cit.*, p.229, n°259.

101 V. Actes du colloque organisé par le Centre de droit de la consommation de Montpellier et le Centre de droit de la concurrence de Perpignan dans RTDCom, 1998, p.1.

et celui des activités économiques notamment avec la consécration du statut de l'entreprenant[102].

Revenant aux actes de commerce, il convient de souligner qu'avec l'Acte uniforme portant droit commercial révisé, des innovations sont notées. D'abord le commerçant a été défini à travers la notion d'actes de commerce par nature[103]. Ensuite, les critères de l'acte de commerce par nature ont été posés. Il s'agit du critère de l'entremise et de la spéculation[104].En effet, on parle d'entremise lorsqu'une personne exerce une activité d'intermédiation ou lorsqu'elle s'intercale entre les activités de production et de consommation. Au regard de l'article 3 AUDCG, les opérations des intermédiaires de commerce, telles que la commission, le courtage, l'agence etc…sont des actes de commerce par nature. Il en est de même des opérations de transport.

Spéculer signifie tirer profit de l'exercice d'une activité. Faisons remarquer que les critères utilisés par le législateur sont alternatifs et non cumulatifs. Ce souci de clarté n'est pas sans inconvénients puisqu'on a l'impression que la notion d'actes de commerce par accessoire a disparu de la catégorie des actes de commerce[105].

En effet, lorsque l'on se réfère à l'article 3 de l'Acte uniforme portant droit commercial général, on peut constater ceci : ont, notamment, le caractère d'actes de commerce par nature (…) les contrats entre commerçants pour les besoins de leur commerce. Or cette phrase a été considérée comme étant la consécration des actes de commerce par accessoire. De ce fait, retrouver cette catégorie dans la liste des actes de commerce par nature a été interprété comme une

---

[102] Celui-ci est défini par l'article 30 AUDCG comme un entrepreneur individuel, personne physique qui, sur simple déclaration exerce une activité professionnelle civile, commerciale, artisanale ou agricole. Avec cette définition, on se rend compte que le législateur OHADA, s'inspirant largement de son homologue français ayant institué le statut d'auto-entrepreneur, a voulu prendre en compte l'activité de tout professionnel, indépendamment de sa profession. C'est pourquoi, on est passé du bail commercial au bail à usage professionnel (article 101 et suivants AUDCG). Dans l'Acte uniforme portant organisation des procédures collectives d'apurement du passif les procédures collectives ont été étendues aux artisans et agriculteurs.

[103] Aux termes de l'article 2 de l'Acte uniforme portant sur le droit commercial général, est commerçant celui qui fait de l'accomplissement d'actes de commerce par nature sa profession.

[104] Article 3 AUDCG.

[105] Il y a trois sortes d'actes de commerce : les actes de commerce par nature, par accessoire et par la forme.

négation ou suppression des actes de commerce par accessoire. Nous ne souscrivons pas à cette analyse car au-delà des actes de commerce par accessoire subjectif[106], il y a des actes de commerce objectif[107].

Il faudra noter le changement de terminologie dans l'AUDCG de 1997 et dans celui de 2010. Si en 1997, le législateur précise qu'ont le caractère d'actes de commerce notamment, en 2010, il est dit qu'ont notamment le caractère d'actes de commerce par nature. La rédaction de l'article 3 du premier Acte uniforme cité peut nous conduire à penser que tous les types d'actes de commerce sont concernés, sous réserve de l'article 4[108], tandis qu'à la lecture du second Acte uniforme, il est permis de retenir que seuls les actes de commerce par nature sont cités.

Doit-on dire que le critère d'entreprise n'a pas son importance ? Eu égard au fait qu'en général les actes de commerce par nature sont accomplis dans le cadre d'une entreprise, on ne peut que répondre par la négative. D'ailleurs l'article 3 dispose que les actes accomplis par les sociétés commerciales sont des actes de commerce par nature. Or nous savons que la société commerciale est l'habit juridique de l'entreprise. L'entreprise dans l'Acte uniforme portant organisation des procédures collectives d'apurement du passif, c'est toute personne physique ou morale visée à l'article 1-1. Il s'agit donc des personnes physiques exerçant une activité professionnelle indépendante, civile, commerciale, artisanale ou agricole, de toute personne morale de droit privé ainsi que de toute entreprise publique ayant la forme d'une personne morale de droit privé.

Un autre inconvénient de la clarté du législateur est le défaut d'harmonisation entre les articles 2 et 7 de l'Acte uniforme portant droit commercial général. Seuls les actes de commerce par nature confèrent la qualité de commerçant et pas les actes de commerce par la forme qui sont commerciaux en eux-mêmes, indépendamment de la qualité de celui qui s'y intéresse. C'est dire que tirer une lettre de change n'est pas une activité.

---

106 Ici, l'acte doit être accompli par un commerçant pour les besoins de son commerce.

107 C'est l'exemple d'un cautionnement donné par le dirigeant d'une société commerciale pour le compte de celle-ci.

108 Aux termes de cette disposition ont notamment le caractère d'actes de commerce, par leur forme, la lettre de change, le billet à ordre et le warrant.

Le droit du travail regroupe les règles relatives aux rapports individuels et collectifs nés à l'occasion de la relation de travail[109]. Un principe fondamental domine la théorie des sources du Droit du travail. En la matière tout, ou presque, est gouverné par un ordre public omniprésent qui s'exerce unilatéralement en faveur des salariés[110]. Seulement, il semble que la définition du salarié par son état de subordination soit de plus en plus délaissée au profit de celle de dépendance économique[111]. De même, on constate une tendance à la déréglementation ayant des incidences sur les sources du droit du travail[112]. En droit OHADA, on constate une difficulté à avoir un Acte uniforme sur le droit du travail[113].

Le droit de la sécurité sociale organise les rapports de sécurité sociale et les assurés sociaux[114].

15. La distinction droit privé et droit public n'est-elle qu'idéologique ? Il faut faire remarquer que beaucoup d'auteurs s'interrogent sur la nature, la pertinence et même l'avenir de cette distinction[115]. Pour le professeur J.M. AUBY, la distinction a

---

109 J.-F. BOCQUILLON et M. MARIAGE, *op.cit.*, p.8.

110 TH. HUGUES, *Contribution à la théorie des sources en droit du travail, I.-La réception des sources : un ordre statutaire*, JCP, 1974, I, 2649.

111 A. SUPIOT, *Les nouveaux visages de la subordination*, Droit social, 2000, p.131.

112 M. BONNECHERE, *Les tendances à la dérèglementation et leur incidence sur la théorie des sources en droit du travail*, Droit social 1990 p. 40.

113 P. REIS, *Le droit du travail dans le droit OHADA* (Organisation pour l'harmonisation en Afrique du droit des affaires), https://halshs.archives-ouvertes.fr/halshs-00721127/document, consulté le 18/03/2018 à 10h 48 ; J.L. CORREA, *L'éclairage sur un acte uniforme toujours attendu : L'Acte uniforme relatif au droit du travail*, Nouvelles annales africaines 2013, pp.201 et s.

114 J.-F. BOCQUILLON et M. MARIAGE, *ibid.*

115 V. E. DESMONS, *Droit privé, droit public*, in Dictionnaire de la culture juridique, PUF, 2003, p.522 et s. Pour cet auteur, Grotius qui voulait soumettre certains intérêts constitutionnels du souverain au droit privé s'est attiré la critique de Montesquieu et de Hegel. Les critères de distinction utilisés sont celui de personne, d'organe. Ainsi, là où le droit public est vu comme empreint d'autorité ou d'unilatéralité, le droit privé prône quant à lui le libéralisme. Mais c'est certainement oublier le mouvement de « publicisation du droit privé » ou de « privatisation du droit public ». C'est certainement la raison qui a poussé L. DUGUIT a théorisé l'idée d'une conception unitaire du Droit. Selon lui la technique contractuelle n'est pas l'apanage exclusif du droit privé pas plus que ne l'est la technique unilatérale pour le droit public.

néanmoins tout son sens sur un double plan : conceptuel et pratique[116]. C'est dire que les droits mixtes sont à cheval entre le droit public et le droit privé. En outre, certaines disciplines telles que le droit public des affaires et le droit économique ignorent ces clivages[117]. Pour C. CHAMPAUD, le droit économique n'est ni « privatiste », ni « publiciste ». Il se situe précisément hors de ces anciennes catégories et c'est ce qui justifie aussi bien la reconnaissance de son existence qu'une conception large de son domaine[118]. Le Professeur M.-A. FRISON-ROCHE cautionne cette définition. Pour elle, le droit économique peut être défini par provision comme l'ensemble des notions et raisonnements propres par lesquels le droit intervient dans le fonctionnement collectif de l'économie, comme il le fait à travers le droit de la concurrence, le droit de la faillite ou le droit des sociétés. Ce faisant, l'étrangeté s'accroît parce qu'il est un mixte nécessaire entre du droit et de l'économie[119]. L'auteur rejoint donc ce faisant les tenants d'une conception large du droit économique. Pour ces derniers, une règle est de droit économique dès lors qu'elle régit des relations humaines proprement économiques. De ce point de vue le droit commercial, une partie du droit civil, ou du droit public, sont des branches du droit économique dont l'existence a précédé de longs temps la conscience qu'en ont prise les juristes[120]. C'est dire qu'il y a une conception restrictive du droit économique qui étudie les problèmes posés par l'intervention de l'Etat dans l'Economie. Le droit économique serait rangé dans la catégorie du droit privé ou public en

---

[116] J.-B. AUBY, Le rôle de la distinction du droit public et du droit privé dans le droit français, in La distinction du droit public et du droit privé : regards français et britanniques, J.-B. AUBY, M. FREEDLAND,LGDJ, 2004, p.19.

[117] C'est l'exemple du droit pénal international. V. E. DESMONS, *Droit privé, droit public*, in Dictionnaire de la culture juridique, PUF, 2003, p.520.

[118] C. CHAMPAUD, *Contribution à la définition du droit économique*, D. 1967, Chron., p.217.

[119] M.-A.FRISON-ROCHE, S. BONFILS, *Les grandes questions du droit économique*, Introduction et documents, PUF, 2005, p.2.

[120] C. CHAMPAUD, *op.cit.*, p.216. L'auteur dresse sans exhaustivité la liste des tenants de cette conception large en France. C'est l'exemple de J. HAMEL (Vers *un droit économique,* in Economie contemporaine, nov.dèc. 1951), J. HEMARD (*Les sanctions en droit pénal économique*, in Etudes de droit contemporain, p.541), M. VASSEUR (*Le droit de la réforme des structures industrielles et des économies régionales*, Paris, 1959, p.516) et de R. SAVATIER (*La nécessité de l'enseignement d'un droit économique*, D. 1961, Chron. XXII).

fonction du rôle envahissant ou pas de l'Etat dans l'Economie[121]. La constante est qu'il demeure difficile d'avoir une définition unanime du droit économique. L'une des raisons tient à l'absence de résolution de certaines problématiques telles que les relations de hiérarchie entre le droit et l'économie[122], l'autonomie de la discipline[123]. Une autre constante réside dans le fait que le droit économique a du mal à s'insérer dans la distinction du droit public et du droit privé, et sans doute est-ce vain de vouloir le faire tenir dans l'un ou dans l'autre[124]. Il en est de même du droit de la régulation qui a pour objet de créer et de maintenir grâce au droit des grands équilibres dans des secteurs qui ne peuvent les produire par leur propre force[125]. Ce mot serait apparu en France dès le XVIIIe siècle pour désigner l'action tendant à maintenir en équilibre un système complexe[126]. Ainsi, la régulation de l'économie peut être entendue non seulement comme l'action tendant au maintien ou à l'instauration d'une concurrence effective, dès lors qu'elle n'existe

---

[121] C. CHAMPAUD, op.cit., p.216, cite J.-C. JEANTET, *Aspects du droit économique*, in Etudes de droit commercial offertes à J. HAMEL, Paris, 1961.

[122] M.-A. FRISON-ROCHE, S. BONFILS, *op.cit.*, p.5, écrivent que le droit n'est pas à la remorque de l'économie et il est beaucoup plus ambitieux que cela. A preuve, la loi du 15 mai 2001 sur les Nouvelles régulations économiques, celle du 17 janvier 2002 sur la Modernisation sociale, celles du 1er août 2003 sur la Sécurité financière et sur l'initiative économique, celle du 21 juin 2004 pour la confiance dans l'économique numérique. Pour les auteurs, on peut penser que l'avenir de l'économie sera juridique. L'une des raisons tient à l'encadrement du marché et au rôle des organes de régulation.

[123] C. CHAMPAUD, *op.cit.*, p.217, disait que le droit économique est plus qu'une discipline. C'est un ordre juridique répondant aux normes et aux besoins d'une civilisation encore en voie de formation. Ce n'est pas une nouvelle branche du Droit, mais un Droit nouveau. L'auteur est d'accord que l'entreprise constitue l'objet fondamental du Droit économique. Pour M.-A. FRISON-ROCHE, S. BONFILS, *op.cit.*, p.4, des auteurs tels que G. FARJAT (*La notion de droit économique*, in Droit et Economie, Archives de philosophie du droit, t.37, Sirey, 1992, pp.27-62) se sont plus appliqués à trouver une définition qui soit propre au droit économique par rapport au droit des affaires ou au droit commercial alors que le droit économique est plus une nouvelle façon d'appréhender les rapports entre le droit et l'économie qu'un ensemble de nouvelles règles, plus une façon de voir qu'un nouvel objet, en ce sens que le droit économique a l'ambition de rendre compte de la réalité économique davantage que ne l'avait l'ancienne conception du droit commercial, et, si ce n'est de suivre cette réalité, à tout le moins de s'adapter à elle.

[124] M.-A. FRISON-ROCHE, S. BONFILS, *op.cit.*, p.47.

[125] M.-A. FRISON-ROCHE, S. BONFILS, *op.cit.*, p.48.

[126] M. LOMBARD, *Droit public économique*, in Dictionnaire de la culture juridique, PUF, 2003, p.527.

pas spontanément, mais encore, de façon beaucoup plus large, comme l'ensemble des politiques tendant à conduire les acteurs économiques, soit par des incitations, soit par des mesures contraignantes à prendre en compte des impératifs auquel le seul jeu du marché ne suffirait pas à satisfaire, tels que la protection de l'environnement, la santé publique, l'accès de tous à des prestations essentielles, etc[127].

§ 3. Les droits mixtes

Le droit judiciaire privé organise la mise en œuvre des règles de droit privé devant les juridictions civiles, commerciales et sociales. Il s'agit d'un droit mixte comme le droit pénal, la procédure pénale et le droit communautaire. On les appelle droit mixte parce qu'ils comportent à la fois des éléments de droit public et de droit privé. C'est l'exemple de la procédure pénale, du droit pénal (ce droit met en relation un délinquant et l'Etat représenté par le ministère public plus particulièrement le procureur de la République[128]. Mais il ne faut pas oublier que la victime du délinquant peut être un particulier. C'est dire que l'infraction lèse à la fois les intérêts de la société que de la victime). Partant de l'idée selon laquelle le droit de punir appartient à l'Etat, certains auteurs ont retenu que le droit pénal est une matière de droit public. En revanche, vu que ce sont les tribunaux de l'ordre judiciaire qui mettent en œuvre le droit pénal, cette discipline est de droit privé.

On s'est posé la question de savoir si la procédure n'est rien d'autre qu'une pratique et non un droit ou une science en ces termes : « Le profane, de loin, y voit volontiers un formalisme vain, un terrain de manœuvres souvent dilatoires où, par esprit de chicane, l'homme subtil enlise ses mauvaises querelles[129] ». En France, le Code de procédure civile de 1806 a été qualifié par certains auteurs de Code de praticiens. Mais il est clair que l'existence des droits dont chaque sujet est ou se prétend titulaire ne serait qu'illusion si le droit procédural n'était pas là pour en assurer la réalisation[130]. Par opposition aux droits déterminateurs qui constituent la partie du droit objectif qui pose des

---

[127] M. LOMBARD, Ibid.

[128] Au niveau des Cours d'appel ce peut être le procureur général, l'avocat général. V. Loi organique 92-27 du 30 mai 1992 portant statut des magistrats notamment l'article 3. Cette loi a été abrogée par la loi organique n° 2017-10 du 17 janvier 2017 portant Statut des magistrats.

[129] G. CORNU et J. FOYER, cités par L. CADIET, in Dictionnaire de la culture juridique, op.cit., p.1219.

[130] L. CADIET, in Dictionnaire de la culture juridique, ibid.

règles de conduite sociale, qui définit les droits et obligations de chacun, qui autorise, prescrit ou prohibe certains comportements, le droit procédural est un droit sanctionnateur[131]. Le droit sanctionnateur est la partie du droit objectif dont le seul objet, la seule fonction est d'assurer la sanction des règles de droits déterminateurs[132].

Le droit comparé se saisit de la procédure civile ou droit judiciaire privé. Ainsi, l'approche a permis de mieux comparer, et l'étendue du pouvoir des juges dans la création du droit, et la diversité des moyens de l'exercer[133]. On peut définir le droit comparé comme l'application de la méthode comparative à tout ou partie de systèmes juridiques dans le but essentiel d'en améliorer la connaissance[134]. C'est grâce aux méthodes du droit comparé qu'un auteur a découvert l'existence d'une américanisation de la justice[135].

Le droit international privé met en relation deux personnes en conflit de nationalité différente ou ayant des biens ou des intérêts dans plusieurs Etats. La question à se poser est : quelle la loi applicable et le juge compétent en présence de ce contentieux. Au Sénégal, la loi n°72-61 du 12 juin 1972, portant Code de la famille, contient dans ses dispositions finales deux importantes section qui, venant après la réglementation des conflits de lois dans le temps, sont consacrées au droit international privé[136]. Le droit OHADA n'ignore pas le droit international privé en raison de la consécration des procédures collectives internationales et de l'application du Livre VIII de l'Acte uniforme portant droit commercial général aux contrats commerciaux internationaux.

---

131 L. CADIET, in Dictionnaire de la culture juridique, sous la direction de D. ALLAND et S. RIALS, PUF, 2003, p.1219.

132 L. CADIET, IBID.

133 Y.-M. LAITHIER, *Droit comparé*, Dalloz, 2009, p.36.

134 Y.-M. LAITHIER, *op.cit.*, p.2. Selon cet auteur, le droit compare n'est pas une branche du droit positif, mais une branche de la science juridique.

135 J.-F. KRIEGK, *L'américanisation de la justice, marque d'un mouvement de privatisation du droit et de la justice civile ?* Gazette du Palais, 05-04-2005, n°095, p.2.

136 P. BOUREL, *Le nouveau droit international privé sénégalais de la famille*, Revue sénégalais de droit, Juin 1973, n°13, p.5. Dans la Revue critique de droit international privé, 1973, p.386, l'auteur a fait « un bref commentaire », pour reprendre ses propos des articles 840 à 854. Nous n'avons pas pu malheureusement avoir accès à cet article les pages correspondantes ayant été déchirées, ce qui repose le débat sur la conscience estudiantine face au bien commun.

16. Le droit de l'environnement est un droit insaisissable, eu égard au fait qu'il ne se conçoit mieux qu'il ne se définit[137]. Au départ en France, ce droit relevait de la police administrative[138] avant de se privatiser[139]. C'est un droit transdiscipline dépourvu d'une réelle autonomie[140].Loi constitutionnelle n° 2016-10 du 05 avril 2016 portant révision de la Constitution en son article 25-1 consacre le droit de chacun à un environnement sain. Pourtant, dans la Constitution du 22 janvier 2001, le droit à un environnement sain est consacré ; ce qui a fait douter certains esprits chicaniers des véritables intentions du Gouvernement dans l'érection de ce droit en nouveau droit. C'est certainement occulter le caractère évasif et incomplet du régime juridique du droit à un environnement sain. Depuis la révision de la Constitution, même si des lacunes existent, il n'en demeure pas moins que le pouvoir constituant a été plus précis.

17. Quel intérêt y-a-t-il à opérer une distinction entre le droit public et le droit privé ? De façon simple, on peut répondre qu'au dualisme juridique doit correspondre le dualisme juridictionnelle. Mais cette conclusion doit être relativisée dans des pays tels que le Sénégal où le juge de droit privé est compétent pour connaître du contentieux administratif. C'est dire qu'il y a des juridictions de droit commun telles que le Tribunal de Grande Instance[141]. Cette compétence de droit commun du TGI constitue la clé de voûte du système sénégalais d'unité de juridiction[142].

La division du droit en plusieurs branches permet de comprendre que nous sommes en présence d'un système. L'étude des éléments fondamentaux du droit objectif a entre autres pour utilité la maîtrise des éléments fondamentaux du droit objectif.

---

[137] E. NAIM-GESBERT, *Droit général de l'environnement*, LexisNexis, coll. Objectif droit, 2e éd., 2015, p. 3.

[138] L. FONBAUSTIER, *L'efficacité de la police administrative en matière environnementale*, in L'efficacité du droit de l'environnement. Mise en œuvre et sanctions, O. BOSKOVIC (dir.), Dalloz, Thèmes et commentaires, p. 109 s.

[139] G. MARTIN, *Le droit économique aujourd'hui*, D. 2010, p. 1436 et s.

[140] Préface G. VEDEL, JCl. Environnement (1992), cité par M. MEKKI, *Responsabilité civile et droit de l'environnement Vers un droit spécial de la responsabilité environnementale ?*, Responsabilité civile et assurances n° 5, Mai 2017, dossier 4.

[141] Article 7 de la loi n°2014-26 du 03 novembre 2014 abrogeant et remplaçant la n°84-19 du 2 février 1984 fixant l'organisation judiciaire.

[142] D. SY, *Droit administratif*, CREDILA, p.121.

SECTION 2 : LES ÉLÉMENTS FONDAMENTAUX DU DROIT OBJECTIF

18. Dans le cadre de cette étude, nous allons examiner la règle de droit (PARAGRAPHE 1), les institutions (PARAGRAPHE 2), les situations juridiques et les procédures (PARAGRAPHE 3).

§1. La règle de droit

19. Il est difficile d'avoir une définition unanime de la règle de droit. Parfois également on se pose la question de savoir s'il faut tenir pour synonyme « *norme* » et « *règle de droit* ». Il faut néanmoins avoir présente à l'esprit l'idée selon laquelle le droit fait partie de l'ordre juridique. On appelle ordre juridique, l'ensemble structuré en système, de tous les éléments entrant dans la construction d'un droit régissant l'existence et le fonctionnement d'une communauté humaine[143]. L'ordre juridique est une espèce du genre plus général « ordre normatif » qui renvoie à tous les ensembles comportant des propositions énonçant des devoir-être adressées à des personnes humaines, c'est-à-dire des propositions normatives. On y trouve, à côté du droit, la morale, la religion, les mœurs mais aussi les jeux qui comportent, par définition, des règles constitutives énonçant ce que les personnes doivent faire si elles désirent jouer à tel ou tel jeu[144]. Il est tantôt pris dans le sens de système. La règle de droit est un modèle justiciable d'action consacré à l'organisation équilibrée de rapports sociaux respectueux de la qualité de chacun[145]

Nous étudierons les caractères de la règle de droit (A), les rapports de celle-ci avec les autres normes de conduite sociale (B).

A- Les caractères de la règle de droit

La règle de droit est générale, impersonnelle. La contrainte peut être un critère de distinction du droit des autres règles de conduite sociale. Elle se manifeste par la punition, l'exécution en nature (astreinte par exemple) et par équivalent, la réparation (dommages et intérêts ou

---

[143] C. LEBEN, *Ordre juridique*, in Dictionnaire de la culture juridique, PUF, 2003, p.1113.

[144] C. LEBEN, op.cit., p.1114.

[145] L. ROBERT-WANG, *Règle de droit*, in Dictionnaire de la culture juridique, sous la direction de D. ALLAND,S. RIALS, PUF, 2003, p.1326.

réparation en nature). Faisons remarquer que le droit peut exister sans contrainte tout simplement parce que les règles de droit sont respectées volontairement.

La contrainte est utilisée pour faire respecter les règles de droit. Seulement, par moment, on ne peut user de celle-ci en raison du fait que l'on ne peut prouver son droit. Or, comme on dit « il ne suffit pas d'exister, il faut prouver que l'on existe[146] ». On peut citer également la longueur, le coût des procès et le refus de la force publique d'exécuter des jugements.

Généralité, abstraction et obligatoriété sont les critères distinctifs de la règle de droit ou critère de juridicité[147]. Mais ces critères surtout celui de la contrainte ne fait pas l'unanimité de la part de la doctrine. Pour le professeur M.A.F.ROCHE, la règle de droit n'a de sens que respectée, le droit subjectif n'a d'existence qu'à travers l'effectivité dont bénéficie son titulaire[148]. Comme nous ne sommes pas dans l'ordre du respect spontané des lois et d'autrui, poursuit-il, la perspective d'un procès est au cœur du système. Même si l'on peut considérer le procès lui-même comme un phénomène pathologique, sa virtualité ne l'est pas. Le recours au juge est la condition, le critère même du juridique[149]. Des auteurs tels que M. MIAILLE, rejettent la sanction comme critère de juridicité dans la mesure où celle-ci n'est pas le propre du droit. Pour cet auteur, il y a une erreur sur le mot même « sanction » car contrairement à l'usage courant, la sanction ne s'identifie pas avec répression au sens littéral du terme de telle sorte que si le droit est toujours sanctionné, il n'est pas toujours assorti d'une sanction répressive[150]. Le Doyen Carbonnier abonde dans le même sens en ces termes : « or, il se pourrait bien qu'en dernière instance, la définition la moins improbable fût encore celle-ci : qu'est juridique ce qui est propre à provoquer un jugement, ce qui est susceptible de procès, justiciable de cette activité très particulière d'un tiers personnage que l'on appelle arbitre ou juge. Mais de ce que la possibilité toujours latente d'un

---

146 P. COULOMBEL, op.cit., p.42.

147 V. PH. MALINVAUD, *Introduction à l'étude du droit*, Lexisnexis, 13e édition, 2011, p.31, n°26.

148 M.-A. FRISON-ROCHE, *L'impartialité du juge*, Dalloz, 1999, p.53 ; Adde J.-F. BURGELIN, J.-M. COULON et M.-A. FRISON-ROCHE, *L'office de la procédure*, Mélanges P. Drai, Paris, Dalloz, 2000, pp.253-267.

149 M.-A. FRISON-ROCHE, Ibid.

150 M. MIAILLE, *Une introduction critique au droit*, Paris, François Maspero, 1976, p.100.

procès soit inhérente à la notion du juridique, il ne s'ensuit pas que la réalité du droit se confonde avec le contentieux[151].

Pour dire vrai, il existe plusieurs sortes de contraintes sociales. La seule différence avec le Droit est que celle qui émane des autres règles de conduite sociale n'est pas organisée de la même manière[152].

20. En fonction de sa force contraignante ; on distingue les règles impératives des règles supplétives. Les premières sont celles auxquelles on ne peut déroger par une volonté contraire des parties. Ce sont généralement des lois d'ordre public. Encore faut-il distinguer entre l'ordre public de direction d'essence dirigiste, ayant pour objet et pour effet la défense des intérêts supérieurs de la collectivité (ceux, notamment, de l'État et de la sécurité publique, des institutions économiques, concurrentielles, familiales, etc. ; intérêts incarnant les valeurs de la République, mais aussi garants d'une certaine moralité publique sur fond d'idéaux et de principes communément partagés)[153] ; et l'ordre public de protection attaché à la défense impérative des intérêts de l'une des parties, jugée faible – le consommateur, le salarié, le distributeur, le profane, le professionnel non averti, en un mot comme en cent, la personne vulnérable, etc.) l'exercice de la volonté de cette dernière ne garantissant plus la justice contractuelle[154]. Il faut juste rappeler que les règles impératives ne sont pas forcément d'ordre public. En revanche, toute règle d'ordre public est impérative.

B- La règle de droit et les autres règles de la vie sociale

La règle de droit n'est pas la seule règle qui organise la vie en société. À côté d'elle, il y a la justice, l'équité, la morale et la religion. L'une des raisons de distinguer le droit des règles de conduite sociale est à trouver dans l'idée que le droit est un système, en plus d'être un

---

151 J. CARBONNIER, *Flexible droit, pour une sociologie du droit sans rigueur*, 10e édition, L.G.D.J, 2001, p.23.

152 V. Le débat qui a opposé T. O. ELIAS (*La nature du droit coutumier africain*, Présence africaine, Traduit en Français en 1961) à Evans Pritchard qui soutenait que : « Au sens précis du terme, les Nuer n'ont pas de droit. Il existe des compensations conventionnelles en cas de dommage, d'adultère, de perte d'un membre…, mais il n'existe aucune autorité qui puisse statuer sur de telles questions, ni faire exécuter un verdict… » cité par COULOMBEL, op.cit., p.9.

153 V. G. PIGNARRE ,*Et si l'on parlait de l'ordre public contractuel ?*, Revue des contrats, 1e janvier 2013, n° 1, p. 251.

154 V. G. PIGNARRE, *ibid.*

art[155]. Un système peut se définir comme un ensemble de règles mises en corrélation de sorte qu'elles puissent fonctionner les unes par rapport aux autres, les unes avec les autres. L'idée de système suppose cette cohérence interne, dont l'antinomie et la lacune sont les ennemies, et cette autonomie par rapport à l'extérieur[156].

1- Le droit et la justice

21. Le droit entretient-il des rapports avec la justice ? Certains auteurs, citant l'exemple de la lésion répondent par l'affirmative[157]. Pourtant, le droit peut avoir un autre objectif que celui de la justice dont assurer l'ordre, la paix et la sécurité au détriment de la justice. L'exemple que l'on pourrait citer est celui de la révision judiciaire du contrat pour imprévision[158]. En France, la distinction justice et droit date du Moyen âge. En effet, tandis que la justice est de l'ordre des fins, le droit quant à lui est un moyen[159]. La justice est non seulement multidimensionnelle de sorte qu'un auteur a pu dire que la justice et la vérité sont deux pointes si subtiles que nos instruments sont trop mousses pour y toucher exactement[160], mais également a fait l'objet d'études. La justice est rendue sur la base d'un rituel. A côté de la justice étatique, se développent d'autres formes de justice. Autant, il y a un pluralisme juridique, autant il existe également un pluralisme judiciaire. Le professeur J. COMMAILLE distingue la justice méta-garant de la société, de la justice opérateur du social[161].

---

155 V. M.-A. FRISON-ROCHE, S. BONFILS, *op.cit.*, p.1. Dire que le droit fonctionne en système signifie qu'en premier lieu, il se construit sur des notions, des catégories, des raisonnements et des personnages (le juge, par exemple) qui lui sont propres. En second lieu, les règles et les solutions juridiques interfèrent les unes avec les autres, s'appliquent souvent d'une façon combinée à une situation, de sorte qu'on ne maîtrise vraiment bien une règle que si l'on a une perception nette de toutes les autres.

156 M.-A. FRISON-ROCHE, S.BONFILS, op.cit., p.9.

157 D. FASQUELLE, *Introduction au droit et au droit commercial*, in Droit de l'entreprise, L'essentiel pour comprendre, Lamy, 1998, p.6.

158 Affaire Canal de Craponne, Cass. Civ., 6 mars 1876, DP 1976, I, P..193, note GIBOULOT.

159 R. JACOB, *Symbolique de la justice et du droit*, in Dictionnaire de la justice, PUF, 2003, p.1461.

160 B. PASCAL, Pensées, Ed. Le Guern, Gallimard, collection « Folio classique », 2004, fragment n°41.

161 J. COMMAILLE, *Formes de justice*, in Dictionnaire de la culture juridique, PUF, 2003, p.746.

2- Le droit et l'équité

22. D'un autre côté, le droit entretient un rapport avec l'équité. En effet, l'équité renvoie au pouvoir modérateur du juge Ainsi, le juge peut accorder des délais de grâce au débiteur. De même, on a fait usage de l'expression « équité » au niveau de l'article 103 COCC. Pourtant le principe voudrait que le juge rende une décision en se basant sur le droit. Mais l'équité n'est pas ignorée du droit. C'est le cas lorsque l'arbitre statue en amiable compositeur. En France, le juge a cette possibilité. Faisons remarquer que l'équité est une notion rétive à toute définition consensuelle de la part des juristes. Tantôt, elle est prise dans le sens de la justice distributive, de la loi naturelle ou de justice[162]. Assimiler l'équité à la justice a été la position des stoïciens qui confondaient le droit d'avec la morale. C'est pourquoi, CICERON, influencé par ces derniers écrivait que « Sans équité, le droit n'est pas le droit[163] ». Dans son sens subjectif, équité renvoie à ce que le for intérieur considère, dans un cas particulier, comme conforme à la justice sans égard pour le droit strict[164]. Cette situation a entraîné des abus de la part des juges français qui, lorsqu'en 1298, le roi avait permis à la Cour de Parlement d'écarter une coutume déraisonnable sans avoir à en référer, ont revendiqué les mêmes prérogatives. Depuis, nous connaissons le célèbre dicton : « Dieu nous garde de l'équité des parlements ! ». On ne saurait également ignorer les critiques adressées au bon juge Magneaud. Les rédacteurs du Code civil ont donc préféré recourir à l'équité objective, moyen légitime de compléter les règles juridiques, ou de corriger l'application particulière d'une règle[165]. Avant eux, il y a eu les présocratiques tels qu'Aristote et Saint Thomas d'Aquin. Ainsi, Portalis disait que l'équité est le retour à la loi naturelle, dans le silence, l'obscurité ou l'opposition des lois positives[166]. En droit positif, l'équité a droit de cité tant dans les règles matérielles que processuelles. C'est au nom de l'équité que le juge peut octroyer des délais de grâce, forcer le contrat pour découvrir des obligations implicites, opérer un contrôle sur le contenu du contrat, opérer une interprétation objective du contrat. Les parties à une convention

---

[162] C. JARROSSON, F.-X. TESTU, *Equité*, in Dictionnaire de la culture juridique, PUF, 2003, p.635.

[163] Ciceron, *De officiis*, 2, 12, 42 cité par C. JARROSSON, F.-X. TESTU, ibid.

[164] C. JARROSSON, F.-X. TESTU, Ibid.

[165] C. JARROSSON, F.-X. TESTU, *Ibid.*

[166] Portalis, Discours préliminaire, cite par C. JARROSSON, F.-X. TESTU, *op.cit.*, p.636.

d'arbitrage peuvent à leur tour demander à l'arbitre de statuer en amiable composition. L'équité subjective suscite la méfiance d'où l'interdiction, en droit civil, faite au juge de réviser un contrat devenu onéreux pour une partie en s'y référant. Cette position jurisprudentielle a évolué en droit français avec l'article 1195 nouveau du Code civil. Ce qui demeure constant également c'est que l'équité objective est la réponse aux excès du droit, au *Summum jus, summa injuria*, ou à *Dura lex sed lex*[167].

3- Le droit et la morale

23. La morale diffère du droit du point de vue des sources, du contenu, de la finalité et des sanctions. En effet, le « morale » vient de « *mores* » qui signifie « mœurs ». L'objectif recherché par les règles morales est que tous les destinataires de ces règles se conforment aux préceptes jugés acceptables par tous. La règle de droit diffère de la règle morale en ce sens que les individus ne sont pas obligés en conscience. De même, les règles morales ne sont pas des règles de droit. Nous pouvons citer l'exemple de lésion qui sur le principe n'est pas une cause de nullité. Ainsi, un individu qui achète beaucoup plus cher que ne coûte en réalité un bien est certes lésé, mais ne pourra obtenir la nullité du contrat de vente que dans les cas expressément prévus par la loi. En principe, une personne dans le besoin ne peut obliger son frère riche à lui fournir de quoi il a besoin. Si la morale réprouve un défaut d'assistance de la part du frère nanti, le droit n'en a cure. C'est que l'obligation alimentaire en droit sénégalais, surtout celle qui est légale peut résulter de l'alliance (dans ce cas, elle ne vaut qu'entre époux et descendants au premier degré du conjoint), de l'indication de paternité, exister dans le mariage et à sa dissolution (entre époux et entre époux et leurs enfants). A côté de l'obligation alimentaire légale, nous avons l'obligation alimentaire conventionnelle prévue à l'article 266 et suivants du Code de la Famille. Tout au plus, le frère indigent pourrait bénéficier de cette situation. L'intérêt de dissocier le droit de la morale peut tenir à la liberté dans la mesure où une personne n'est plus obligée de faire ce que veut le groupe auquel il appartient tant qu'elle se conforme à la règle de droit, et à la sécurité des affaires. C'est la raison pour laquelle des conditions assez restrictives sont posées pour pouvoir prononcer la nullité d'un contrat[168]. Mais si le droit se distingue de la

167 C. JARROSSON, F.-X. TESTU, *op.cit.*, p.638.
168 V. P. COULOMBEL, *op.cit.*, pp.55-56.

morale, il n'en demeure pas moins pénétré de celle-ci[169]. Dire que le droit est pénétré de morale nous amènera à citer le rejet des clauses élusives de responsabilité en matière de responsabilité délictuelle[170], le rejet de la répétition lorsqu'on a payé une obligation naturelle ou lorsqu'on a promis de le faire, la sanction d'un contrat contraire aux bonnes mœurs, la répression de la fraude, la règle nul ne peut se prévaloir de sa propre turpitude, l'invocation de la bonne foi[171]. Des auteurs tels que Ripert et Josserand ont théorisé l'idée d'un lien indéfectible entre la morale et le droit[172]. Dans tous les cas, les rapports entre le droit et la morale constituent l'un des problèmes fondateurs de la philosophie du droit[173]. Une autre question posée est celle de savoir si la déontologie accède à la vie juridique. Les avis sont partagés en droit français. Toujours est-il qu'en droit boursier, la déontologie a un aspect moralisateur et protège tant les intérêts des épargnants que du marché[174]. De même, les règles de déontologie des professions réglementées sont obligatoires et sanctionnées sur le plan disciplinaire[175]. Afin de ne pas être un droit souple, les codes de déontologie doit être repris par un pouvoir réglementaire, logé dans un usage, une obligation contraignante, un engagement unilatéral du professionnel, une coutume ou grosso modo une règle contraignante[176]. Il faut dire que la distinction entre droit, éthique et morale est loin d'être

---

169 P. COULOMBEL, *op.cit.*, p.53.

170 Les clauses limitatives de responsabilité et pénales ne sont pas admises en cas de dol et de faute lourde du débiteur. Il en est de même en cas de dommages causés à la personne du créancier.

171 La bonne foi peut être invoquée dans le cadre de l'exécution ou en cas d'achat en toute bonne foi d'un bien n'appartenant pas au vendeur et d'apparence. Dans ces deux dernières hypothèses, il s'agit de la bonne foi ignorance d'une situation véritable.

172 G. RIPERT, *La règle morale dans les obligations civiles* ; JOSSERAND, *De l'esprit des droits et de leur relativité*, cités par G.-A. KOUASSIGAN, *L'homme et la terre*, O.R.S.T.O.M, 1966, collection « L'homme d'outre-mer », p.25 et 27.

173 O. PFERSMANN, *Morale et droit*, in Dictionnaire de la culture juridique, PUF, 2003, p.1040.

174 C. HANNOUN, *La déontologie des activités financières : contribution aux recherches actuelles sur le néo-corporatisme,* RTDCom, 1989, p.420, n°6.

175 PH. BRUNSWICK, *Position de la doctrine et présence dans la « Soft Law* »,Cahiers de droit de l'entreprise n° 1, Janvier 2016, dossier 5 spécifiquement la note de bas de page 8.

176 H. BARBIER, *L'incidence croissante des codes de déontologie sur la formation et le contenu du contrat*, RTDCiv 2017, p.636.

simple. Des autres tels que Norberto Bobbio utilise comme élément de distinction, les faits ou normes[177].

4- Le droit et la religion

24. Le droit entretient également un lien avec la religion. La République du Sénégal est laïque. Cette exigence de neutralité vis-à-vis de la religion est consacrée à l'article 1 de la Constitution du 22 janvier 2001 modifiée. Le fait que le pouvoir constituant ait décidé de mentionner la position de neutralité de l'Etat vis-à-vis de la religion traduit l'idée selon laquelle au Sénégal, malgré le nombre important de musulmans au sein de la population, il n'y a pas de religion d'Etat[178]. La laïcité au Sénégal diffère néanmoins de la conception que s'en font les français[179]. De même, on ne peut pas occulter le fait que par moment la laïcité est en danger. On peut le constater par le non-recours au droit de la famille institué par le législateur[180]. Pourtant, la liberté religieuse est consacrée à l'article 8 de la Constitution du 22 janvier 2001 et l'entrave au libre exercice des cultes réprimée par l'article 230 du Code

---

[177] N. BOBBIO, *De la structure à la fonction, nouveaux essais de théorie du droit*, traduit de l'italien et présenté par D. SOLDINI, Dalloz, 2012, p.15. Pour cet auteur, la structure est l'élément déterminant pour caractériser le droit. Elle s'intéresse à l'être là où la fonction a pour objet le devoir-être ou permet de répondre à la question de savoir comment le droit est fait plutôt que de savoir à quoi il sert.

[178] V. En droit français S. GUINCHARD, (*Procès équitable*, in Dictionnaire des droits de l'homme, sous la direction de J. ANDRIANTSIMBAZOVINA et *alii*, PUF, 2008, p.807) qui a écrit ceci : « *les sources occidentales en tout cas, de la garantie des droits ne s'en remettent pas à Dieu et n'invoquent plus l'origine divine de l'homme, œuvre de Dieu, pour déterminer les droits de l'homme et pour déterminer les droits de l'homme et pour mettre en œuvre un système de contrôle* ». Mais toujours selon l'auteur « Ceci étant, la société civile ne peut ignorer les sentiments religieux de ses éléments et la laïcité étant un principe constitutionnel d'organisation et de fonctionnement des services de l'Etat, donc du service public de la justice, le déroulement des procès peut être affecté par des considérations religieuses ».

[179] M. SY, *La laïcité, fondement de l'Etat démocratique*, Ethiopiques numéro 22 Revue socialiste de culture négro-africaine 1980, http://ethiopiques.refer.sn, consulté le 14-09-2017. Voilà ce qu'écrit l'auteur « On peut d'abord dire que non seulement l'Etat n'ignore pas la religion, mais entretient des relations normales avec les Eglises et les Confréries musulmanes. Il suffit de quelques exemples pour illustrer l'assertion ».

[180] V. M. NDIAYE, *Interpréter le non-respect du droit de la famille au Sénégal. La légitimité et les capacités de l'Etat en question, Droit et Société* 91/2015, pp.607-622.

pénal. C'est également le cas du droit français. C'est pourquoi, on ne saurait s'en tenir à une coupure absolue entre la conception française de la laïcité et celle sénégalaise[181].

Certains auteurs, ont pu écrire qu'en Afrique le droit s'identifiait à la religion d'où son respect par les individus. C'est le cas de MEEK qui écrit que « la crainte religieuse agit comme une sanction juridique puissante et il en va de même de toutes les réglementations économiques et sociales[182] ». D'autres, ont soutenu que l'observance du droit, en plus des sanctions religieuses est sous-tendue par des sanctions d'ordre social. On peut citer à cet égard S. HARTLAND qui a pu dire que « tous sont absolument certains de s'attirer un châtiment supranaturel et de s'aliéner la sympathie des autres membres du groupe, ce qui crée une atmosphère de terreur qui suffit à empêcher les infractions aux coutumes de la tribu[183] ». GUY-ADJETE KOUASSIGAN n'est pas de cet avis. Selon lui, il faut des moyens matériels de mise en exécution de la loi, des moyens de coercition dont les autorités responsables de l'ordre public doivent user pour remettre « les choses en état » chaque fois qu'il en est besoin[184]. L'auteur est arrivé à la conclusion selon laquelle les liens indéfectibles entre le droit et la religion ne sont pas une originalité ou une spécificité africaine. Pour s'en convaincre, il cite G. RIPERT qui affirmait, à propos du droit français « Dans la société actuelle la lutte est ardente pour le triomphe de certaines idées. Dans cette lutte, beaucoup qui sont croyants, soumis à d'autres force qui pèsent sur eux, ne sont pas des défenseurs de la morale chrétienne. D'autres, chrétiens sans la foi, combattent pour le triomphe d'une morale dont ils comprennent la valeur tout en refusant l'adhésion entière aux dogmes qui les imposent. C'est ainsi que la société moderne s'est christianisée sans tenir toujours le progrès des mœurs de ceux qui sont les plus ardents dans la croyance[185] ». On peut avoir, en plus de la compréhension de KOUASSIGAN, une autre qui consiste à mettre en évidence l'idée d'une morale déconnectée de tout

---

181 V. Par exemple J. ROBERT, *La liberté de religion, de pensée et de croyance*, in (Dir) R. CABRILLAC, *Libertés et droits fondamentaux*, Dalloz, 16e édition, 2010, p.398. La problématique des sectes, l'affichage ostentatoire des signes religieux a fait dire à l'auteur que la France se dirige vers une nouvelle laïcité.

182 C. K. MEEK, A Sudanese Kingdom, London, Kegan Paul, p.347.

183 S. HARTLAND, Primitive law, London, Methuen, 1924, p.214.

184 G.-A. KOUASSIGAN, *L'homme et la terre, Droits fonciers coutumiers et droit de propriété en Afrique occidentale*, O.R.S.T.O.M, 1966, p.24.

185 G. RIPERT, *La règle morale dans les obligations civiles*, n°18, p.31.

précepte religieux, en France. On peut d'ailleurs se référer aux propos de R. JACOB selon qui de nos jours, il semble que tout nouveau drapeau doive fatalement être bleu, cette couleur qui n'est consensuelle que parce qu'elle est neutre et froide[186].

25. Avec l'apparition de la finance islamique, la religion est devenue une source intéressante créatrice de valeur[187]. La finance chrétienne n'est pas non plus en reste. Elle est certes une finance éthique au même titre que l'investissement socialement responsable, la finance solidaire et la finance islamique, mais, elle s'en distingue par sa forte imprégnation des valeurs chrétiennes et non exclusivement catholiques[188].

5- Le droit et les comportements sociaux

26. Le droit entretient des rapports avec des comportements sociaux dont les règles de bienséance, de politique, de courtoisie. Le droit des obligations n'ignore pas ces différents comportements d'où la question de savoir si les actes de courtoisie, de complaisance, les engagements d'honneur et les actes d'assistance donnent naissance à des obligations ou sont des contrats. Les actes de pure courtoisie, par exemple, autoriser une personne à cueillir une fleur dans son jardin, ne génèrent pas des obligations. En droit français, la jurisprudence est néanmoins hésitante concernant les actes de complaisance. Si elle exonère de toute responsabilité le transporteur bénévole du fait de l'absence en principe d'un contrat, le médecin ou l'architecte qui donne un conseil à un autre en dehors de sa profession, elle considère en revanche que soigner gratuitement un malade est un contrat à titre gratuit[189]. En droit sénégalais, l'article 141 du COCC excluait le transport à titre gratuit du bénéfice des règles de la responsabilité du fait des choses[190].

---

[186] R. JACOB, *op.cit.*, p.1462.

[187] Le Lamy droit du financement, Partie 8 financements « éthiques »

[188] A. CUNY DE LA VERRYÈRE, *La finance chrétienne : une finance durable et solidaire d'un genre nouveau*, Revue de Droit bancaire et financier n° 5, Septembre 2015, étude 19 ; V. PH. MALAURIE, *La Bible, l'alliance et Droit, Réflexions d'un juriste chrétien*, R.R.J, 1998, -2, p.433. Selon lui « J'emploie cette expression parce qu'elle est commode, mais elle est inexacte : il n'existe pas de « juristes chrétiens », (...) je suis juriste et chrétien, non juriste chrétien ».

[189] PH. MALINVAUD, D. FENOUILLET, M. MEKKI, *Droit des obligations*, Lexisnexis, 13e édition, 2014, p.46.

[190] B. NIANG, *De la responsabilité du fait des choses*, RSD, 1973, numéro spécial, n°12, p.39. La tendance à la généralisation de l'assurance ainsi que la

Certainement sensible aux critiques des pratiques, il a modifié cette disposition. Ainsi, depuis la loi n°77-64 du 26 mai 1977, les règles de responsabilité du fait des choses et des animaux s'appliquent en cas de transport bénévole.

Il arrive que les parties mettent l'exécution de leurs engagements sous le coup de la loyauté s'engagent à exécuter loyalement leurs engagements. La nature juridique de cet engagement d'honneur varie en fonction des disciplines en présence. Si en droit international public l'engagement d'honneur est une obligation naturelle, en droit de la famille il n'a pas de force obligatoire, en revanche, en droit commercial, la chambre commerciale de la Cour de cassation a donné valeur contraignante à un engagement d'un acteur de la vie des affaires qui a décidé de ne plus copier les produits commercialisés par une société[191].

Doit-on réparer le dommage subi par une personne lorsqu'elle portait secours à une autre. La jurisprudence a refusé toute indemnisation car selon elle, il n'y a pas de contrat d'assistance. Puis elle a admis la réparation en ayant recours à la gestion d'affaires ou à la responsabilité délictuelle. Aujourd'hui, elle retient l'existence d'une convention d'assistance.

§2. Les institutions

L'institution serait plus populaire que celle de situation juridique même si sa définition demeure floue[192]. Elle englobe tout ce qui n'est pas contractuel[193]. Les institutions sont les pièces de l'ordre juridique. Ce sont les règles organisant un aspect de la vie sociale. On peut se référer à la définition d'HAURIOU à savoir un centre durable et organisé de la vie sociale où se forment les règles nécessaires à la vie de ce groupe. C'est l'exemple des associations, société, syndicat, de l'entreprise individuelle. On parle dans ce cas de droit corporatif. Pour Maurice HAURIOU, les institutions représentent dans le droit, comme dans l'histoire, la catégorie de la durée, de la continuité et du réel[194].

---

multiplication des occasions de transport bénévole ont poussé cet avocat à plaider pour la révision de l'article 141 du COCC.

191 Cass.com., 23 janvier 2007, RTDCiv 2007, p.340, obs. J. MESTRE et B. FAGES.

192 E. JEULAND, *L'énigme du lien de droit*, RTD Civ. 2003, p.455, n°18.

193 P. DIDIER, *Brèves notes sur le contrat-organisation*, in Mélanges F. TERRE, *L'avenir du droit*, P.636.

194 M. HAURIOU, *Aux sources du droit. Le pouvoir, l'ordre et la liberté*, Cahiers de la nouvelle journée, Paris, Bloud& Gay, 1933, pp.89 et 96-97.

L'institution est une idée d'œuvre ou d'entreprise qui se réalise et dure juridiquement dans un milieu social. Pour la réalisation de cette idée, un pouvoir s'organise qui lui procure des organes. D'autre part, entre les membres du groupe social intéressé à la réalisation de l'idée, il se produit des manifestations de communion dirigées par les organes du pouvoir et réglées par des procédures[195].

C'est un ensemble cohérent de normes juridiques relatives à un même objet, recouvrant une série de relations sociales unifiées par la même fonction[196]. Une institution forme un tout, relativement cohérent, pour un objet donné[197]. L'un des intérêts pour un juriste d'affaires d'avoir une idée sur la notion d'institution, réside dans une meilleure compréhension du débat sur la nature de la personnalité morale. Il s'est posé la question de savoir si la personnalité morale est une fiction ou une réalité.

Pour les tenants de la thèse de la fiction[198], la personne morale est une création de l'esprit. En revanche, il y a la thèse de la réalité qui emporte notre adhésion. En effet, dans des États tels que la France, une personne morale peut être condamnée sur le plan pénal. De même, le fait d'accorder la personnalité juridique aux personnes morales signifie qu'on leur reconnaît une existence. En France, en 1954, la Cour de cassation devait répondre à la question de savoir si, malgré le mutisme de la loi, les comités d'établissement avaient la personnalité morale. La Cour de cassation a répondu en ces termes : « Attendu que la personnalité civile n'est pas une création de la loi... Elle appartient, en principe, à tout groupement pourvu d'une possibilité d'expression collective pour la défense d'intérêts licites, dignes, par suite d'être juridiquement protégés[199] ». Si nous partons de l'article 98 AUSCGIE, nous pouvons affirmer que c'est la théorie de la réalité qui est consacrée. En effet, une fois immatriculée, la société commerciale jouit de la personnalité juridique et, partant dispose d'une dénomination sociale, d'une nationalité, d'un siège social et d'un patrimoine.

---

[195] M. HAURIOU, *L'institution et le droit statutaire*, Recueil de législation de Toulouse, 1906, p.174 ; *La théorie de l'institution et de la fondation* : in La cité moderne et les transformations du droit, Cahiers de la nouvelle journée, 1925.

[196] M. MIAILLE, op.cit., p.112.

[197] M. MIAILLE, ibid.

[198] Qui ne se rappelle pas de la célèbre formule de G. JEZE (*Cours de droit public*, Paris, 1924) : « Je n'ai jamais déjeuné avec une personne morale ».

[199] Civ. 28 janvier 1954, arrêt Comité d'établissement de Saint-Chamond.

§3. Les situations juridiques et les procédures

Successivement seront étudiées les situations juridiques (A) et les procédures (B).

A- Les situations juridiques

27. Elles font l'objet d'une définition de la part de P. ROUBIER. Pour cet auteur, « on entend sous ce nom un complexe de droits et de devoirs, de prérogatives et de charges qui se crée autour d'un fait ou d'un état ou d'un acte lequel engendre des effets juridiques[200] ». C'est l'exemple du lien d'instance, du lien conjugal et de filiation[201]. La situation juridique se distingue de la situation de pur fait dans laquelle l'état des choses créé n'est pas conforme à l'ordre juridique[202]. Nous pouvons citer l'exemple du concubinage, d'une personne qui s'installe dans la maison d'une autre sans titre.

28. Il demeure fréquent néanmoins qu'une situation de pur fait devienne une situation juridique. C'est l'exemple de la prescription surtout acquisitive qui, avec la loi 2011-07 du 30 mars 2011 portant régime de la propriété foncière ne profite qu'à l'Etat en matière immobilière. C'est également le cas de celui qui de bonne foi, acquiert un bien dont le vendeur n'est pas propriétaire. On dit bien qu'en fait de meubles possession vaut titre. Cette règle est consacrée dans la partie spéciale du COCC plus particulièrement à l'article 262.

B- Les procédures

29. Toute vie juridique est réglée par d'innombrables procédures[203]. Une procédure est une succession d'actes imposée par le Droit à ceux qui veulent obtenir un certain résultat juridique[204]. On peut citer l'exemple du mariage, de la constitution d'une société commerciale, du procès. La procédure c'est toute manière de procéder et de parvenir à un résultat juridique[205]. Sur le plan processuel, Dans son ouvrage le temps et le procès civil, Soraya A. MEKKI précise que le procès a deux

---

[200] P. ROUBIER, *Droits subjectifs et situation juridique*, Dalloz, 1963, p. 138.
[201] E. JEULAND, *op.cit.*, n°15.
[202] P. COULOMBEL, *op.cit.*, p.6.
[203] P.COULOMBEL, *op.cit.*, p.8.
[204] P.COULOMBEL, *ibid.*
[205] A. BENNINI, *La procéduralisation du droit des sociétés*, RTD Com. 2010 p.499, n°3.

composantes à savoir le litige et la procédure[206]. Le litige est la matière du procès, tandis que la procédure correspond aux différentes formalités accomplies afin que justice nous soit rendue. En droit judiciaire notamment privé, il n'est pas du tout aisé de distinguer le litige du conflit. Les avis des auteurs sont partagés. Dans le Code de procédure civile sénégalais, il arrive que le législateur utilise indifféremment ces deux termes.

SECTION 3 : LES DIFFÉRENTES CONCEPTIONS ET ÉTUDES MENÉES SUR LE DROIT

On s'intéresse ici au fondement philosophique du droit. Ainsi, on doit répondre à la question de savoir pourquoi la règle de droit est obligatoire et pourquoi les hommes sont tenus de l'observer (PARAGRAPHE 1). Il ne faudrait pas perdre de vue que le droit en tant que phénomène social, est observé de l'extérieur d'où l'examen des différentes études menées sur lui (PARAGRAPHE 2).

§1. Le fondement philosophique du droit

Le professeur F. TERRE a estimé que le droit avait deux finalités : traditionnelle et issue de la Révolution française. Les premières sont relatives à la justice, l'ordre et au progrès, tandis que les secondes à la liberté, égalité et fraternité, à la garantie de la propriété[207].

Deux courants se sont opposés : le courant idéaliste et le courant positiviste.

A- Le courant idéaliste

30. Le courant idéaliste considère qu'au-dessus du droit positif il existe un droit naturel. C'est à cela que le droit positif doit tendre sous peine d'être désobéi. La réplique d'Antigone à Créon résume la philosophie de l'idéalisme : *« Je ne pensais pas qu'il eût assez de force, ton édit, pour donner à un être mortel le pouvoir de violer les divines lois non écrites que personne ne peut ébranler »*. Il existe néanmoins plusieurs écoles du courant idéaliste : les naturalistes, les théologiens,

---

[206] S. AMRANI-MEKKI, Le temps et le procès civil, Nouvelle bibliothèque de thèses, Dalloz, 2002, p.10.

[207] R. POROY, *L'avenir du droit : optimisme malgré tout*, in Mélanges F. TERRE, L'avenir du droit, Dalloz, 1999, p.821.

les rationnels. C'est dire qu'il existe un droit naturel classique et un droit naturel moderne. La première s'est développée à l'antiquité et au Moyen-âge. On peut citer des auteurs bien connus : Aristote, Platon, Cicéron. Nous pouvons également citer Saint-Augustin pour qui l'unique fondement du droit est la théologie ou les écritures saintes. Pour Saint-Thomas d'Acquin néanmoins il est possible d'allier foi et raison[208]. Il semblerait d'ailleurs que le Pape Jean-Paul II, canonisé récemment, ait beaucoup d'admiration pour Saint-Thomas d'Acquin[209].

31. Le droit naturel moderne a pour chantres Grotius, Puffendorf, Thomasius, Rousseau, Montesquieu. Il est apparu au XVIIe et XVII e siècle. Pour ces philosophes du 18e siècle, il faut prendre pour cible l'homme à l'état de nature. Toujours selon eux, l'égoïsme de l'homme le pousse à vive en société et à respecter les engagements qu'il prend. Le droit naturel n'émanerait pas de Dieu, mais de la nature humaine. Ne sont pris en compte que la volonté et la liberté de l'homme. Leur théorie a été critiquée par Savigny[210] et Ihering (pensée allemande du 19e siècle), le positivisme juridique de Kelsen, le Marxisme[211] et la pensée protestante avec Jacques Ellul[212].

Le droit naturel a une importance philosophique, politique, mais moindre sur le plan juridique vu que les tribunaux n'appliquent pas ce droit mais plutôt le droit positif. Le juge doit être un positiviste et non un idéaliste. Mais il ne faut pas se méprendre car le juge peut octroyer des délais de grâce à un contractant qui éprouve des difficultés pour respecter les engagements pris. On fait référence à l'équité à l'article

---

208 V. A. VIALA, *Philosophie du droit,* Ellipses, 2010, collection « Cours magistral », p.36, n°13.

209 V. Son ouvrage *Fides et ratio*, Editions du Cerf, 1998.

210 C'est le tenant de l'Ecole historique Allemande. Il est contre toute idée de droit universel ; celui-ci étant contingent du lieu de sa production. C'est le produit de l'esprit populaire.

211 L'une des raisons tient au fait que pour le Marxisme, les idées des hommes sont contingentes de l'organisation de la production, de l'état de la société à un moment donné et que le droit naturel correspond à une vision conservatrice de la société. Enfin, pour les marxistes, les droits de l'homme sont revendiqués par la société bourgeoise et donc contraires à toute action révolutionnaire. V. P. COULOMBEL, op.cit., p.86.

212 J. ELLUL, *Le fondement théologique du droit*, Dalloz, 2008, p.10. Pour cet auteur, il ne peut être question de transformer en loi, et moins encore en loi juridique le contenu de l'Evangile. En revanche, il n'existe qu'un droit divin et non naturel. L'expression « juriste chrétien » quoiqu'employée est réfutée par plusieurs auteurs qui se disent « juristes et chrétiens ».

103 COCC. Grâce à son pouvoir modérateur, le juge peut octroyer des délais de grâce. Depuis l'avènement de l'Acte uniforme portant organisation des procédures simplifiées de recouvrement et voies d'exécution, l'article 39 est le texte à invoquer, en vertu de la portée abrogatoire dudit Acte[213].

32. Comment Socrate a pu préférer se donner la mort plutôt que de désobéir à une loi injuste ? Cette question, des disciples de Socrate, voire des sympathisants pourraient se la poser, mais pas les positivistes.

B- Le courant positiviste

Pour les positivistes, la loi est certes dure, mais c'est la loi. L'esprit humain ne peut œuvrer efficacement qu'en se livrant à une observation des phénomènes dans le temps et l'espace[214]. On dit bien *dura lex sed lex.* À ce niveau, il y a deux courants de pensée : le positivisme juridique d'une part et le positivisme sociologique. Les tenants du premier courant soutiennent que le droit n'est que l'émanation de l'arbitraire de l'Etat. En revanche, pour les adeptes du second courant, le droit est un fait social et il doit s'étudier « comme une chose », par la méthode d'observation[215]. Au sein du positivisme juridique ou étatique, nous avons des auteurs absolutistes tels que Jean Bodin, Machiavel, Bossuet, Hobbes. Au-delà des absolutistes, il des normativistes tels que H. KELSEN. Hegel farouche opposant à l'individualisme de Kant, Ihering sont également des positivistes, mais de nationalité allemande. En France, nous pouvons citer Carré de Malberg et G. Ripert. Il faut le relever, ces deux auteurs n'ignorent guère les influences morales et religieuses sur le droit[216].

Pour le positivisme scientifique, le droit découlerait de l'histoire, de l'économie ou de la sociologie. Le droit n'est plus alors une discipline autonome, mais le prolongement d'autres sciences[217]. Lorsqu'on lit Norberto Bobbio, on se rend compte que l'expression « positivisme

---

213 V. J. ISSA-SAYEGH, *La portée abrogatoire des actes uniformes de l'OHADA sur le droit interne des états-parties*, Revue burkinabé de droit, n° spécial, n° 39-40, p. 51Selon l'auteur, en ne faisant pas référence aux dispositions contraires du droit interne, cet article vise toutes les matières concernées par cet Acte uniforme. (...)Il en résulte que tous les textes de droit interne ayant le même objet n'ont plus cours.

214 H. BATIFFOL, *op.cit.*, p.6.

215 H. BATIFFOL, op.cit., p.8.

216 V. Par exemple, G. RIPERT, *Les forces créatrices du droit*, 1955.

217 Lamy droit de l'entreprise, L'essentiel pour comprendre, 1998, p.21, n°1-48.

juridique » n'est pas précise. Dans une première approche, on peut dire que la connaissance du droit est neutre. Ce faisant, les normes juridiques sont des faits et non des valeurs. Le « positivisme juridique » est alors une épistémologie ou une méthodologie[218]. La seconde approche consiste à voir dans le positivisme juridique, une théorie du droit. Dans ce sens, le « positivisme juridique » est constitué par un ensemble de thèses, plus ou moins fondamentales liées entre elles historiquement et rationnellement. Enfin, l'expression « positivisme juridique » peut désigner une idéologie de la justice. Il s'agit alors de désigner une éthique particulière, d'inspiration légaliste[219].

Les courants philosophiques sont la preuve que le droit peut être objet d'étude.

§2. Le droit peut-il être l'objet d'étude ?

33. La réponse à cette question ne peut être que positive. En effet, plusieurs sciences ont le Droit pour objet. Si nous consultons l'ouvrage de COULOMBEL, nous constatons qu'il s'agit du Droit positif, du droit comparé, de l'histoire du droit, de la philosophie du droit et de la sociologie du droit[220]. Ce sont les sciences auxiliaires du droit. Une science, dans la pensée majoritaire aujourd'hui, c'est un savoir qui s'organise, pour se vérifier et s'approfondir, dans un domaine de connaissance qui s'impose avec une certaine unité[221].L'importance de la comparaison pour l'esprit a été rappelée par R. DESCARTES en ces termes : « En vérité, quelque soit la différence des sujets, c'est par la même idée que nous connaissons tous ces êtres déjà connus, tels que l'étendue, la figure, le mouvement, et autres semblables, qu'il est inutile d'énumérer ici ; et nous n'imaginons pas différemment la figure d'une couronne, qu'elle soit en argent ou qu'elle soit en or. Cette idée commune ne passe d'un sujet à un autre qu'au moyen d'une simple comparaison, pour laquelle nous affirmons que la chose cherchée est, sous un rapport ou un autre, semblable, identique, ou égale à la chose donnée, en sorte que dans tout raisonnement ce n'est que par

---

218 N. BOBBIO, op.cit., p.17.

219 N. BOBBIO, op.cit., p.18.

220 P. COULOMBEL, op.cit., p.97.

221 R. LEGEAIS, *Grands systèmes de droit contemporains*, Approche comparative, LITEC, 2004, p.408.

comparaison que nous connaissons exactement la vérité »[222]. Nous ne montrons l'accent que sur les sciences ayant un lien direct avec le droit[223].

34. Le droit comparé est la science sociale réunissant les connaissances et précisant les méthodes qui permettent de procéder avec justesse à la mise en parallèle des systèmes de droit ou de certaines de leurs institutions, pour mettre en lumière leurs ressemblances ou leurs différences, soit à des fins de recherche fondamentale, soit à des fins de politique ou de pratique juridiques[224].Il est donc clair que dans toute société il existe un droit. Des auteurs classent le droit en trois familles : romano-germanique, *common law* et droits socialistes[225]. Il faut rappeler que les classifications de droit sont nombreuses de même que les critères utilisés pour y parvenir. Le critère de distinction entre la tradition « civiliste » et la *common law* tient au fait que le droit est davantage un savoir académique enseigné par des docteurs qu'un savoir-faire pratiqué et transmis par des professionnels[226]. Les traits les plus caractéristiques de la *common law* s'expliquent principalement par l'absence de tradition universitaire comparable à celle existant dans les pays d'Europe continentale[227]. Faute de professeurs, le droit était entre les mains des juges et autres praticiens[228]. Mais les choses semblent avoir évolué.

35. Les marxistes ont une conception différente du droit puisque pour eux, le droit à vocation à disparaître avec la lutte des classes. Il n'est donc que passager et est une arme dans la lutte des classes. Il est

---

222 R. DESCARTES, *Règles pour la direction de l'esprit, œuvres et lettres*, Edition de la Pléiade, p.96.

223 Les autres sciences sont les sciences économiques et les sciences biologiques. Quel privatiste s'intéressant au contrat ou à la propriété, au travail peut-il ignorer les sciences économiques ? En outre, le juriste qui est spécialiste du droit de la famille ne saurait faire fi désormais dans son raisonnement des sciences biologiques. Ce n'est pas étonnant que le droit français ait prévu des dispositions en ce sens. Les problématiques de la fécondation *in vitro*, de la maternité de substitution, du statut de l'embryon sont plus que d'actualité.

224 R. LEGEAIS, op.cit., p.409.

225 V. R. DAVID, C. JAUFFRET-SPINOSI, *Les grands systèmes de droit contemporains*, Dalloz, 11e éd., 2002, n°16 et s.

226 F. ZENATI, « *L'évolution des sources du droit dans les pays de droit civi*l », D. 2002, chron. P.15, spéc., p.16.

227 Y.-M. LAITHIER, *op.cit.*, p.34, n°20.

228 V. G. SAMUEL, *L'esprit de non-codification : le common law face au Code Napoléon,* Droits 2005, p.123, spéc., p.126 et s.

utilitaire. En effet, les marxistes expliquent la vie des sociétés humaines par la production des moyens d'existence et affirment que toute chose a son contraire qui le nie. C'est respectivement l'idée de matérialisme et de dialectique. Ainsi, la morale d'une société, sa religion, son art, sa littérature sont déterminés par cette lutte, sont des armes dans cette lutte. Il en est de même de son Droit[229]. Le droit serait l'arme de la classe dirigeante contre la classe dominée. C'est pourquoi, il disparaîtra avec la fin de la lutte.

36. La philosophie du droit se préoccupe de l'essence du juridique et s'efforce de cerner les fins et donc le fondement du droit[230] . En effet, les problèmes que l'on regroupe habituellement sous l'expression de « philosophie du droit » concernent le juriste préoccupé du fondement et de la valeur des études du droit positif[231]. Ils concernent aussi ceux qui, sans s'adonner à ces études, sont curieux de savoir ce qu'elles apportent à notre connaissance de l'homme et de la société[232]. Plusieurs réponses sont proposées : ceux qui se méfient de l'esprit, ceux qui font des jugements de valeurs, ceux qui considèrent la nature des choses et ceux qui prétendent que le droit est un phénomène observable. Cette finalité ayant été précisée, il convient de noter que la philosophie du droit est la terre d'élection des jugements de valeur sur le droit existant[233], elle recherche quelle doit être l'orientation du droit par rapport à telle ou telle échelle de valeurs, (…) développe une réflexion critique sur les théories scientifiques du droit et s'efforce de mettre en évidence leur caractère relatif et contingent[234]. Faut-il dans la philosophie du droit englober les théories[235], les fonctions du droit et

---

[229] P. COULOMBEL, op.cit., p.11.

[230] B. OPPETIT, *Philosophie du droit*, 1e édition, Dalloz, 1999, p.17, n°7.

[231] H. BATTIFOL, *La philosophie du droit*, PUF, 1e édition, 1960, p.3.

[232] H. BATTIFOL, *ibid.*

[233] B. OPPETIT, *op.cit.,* p.20.

[234] B. OPPETIT, *op.cit.*, p.19.

[235] Selon R. GUASTINI, (*Notes sur l'enseignement de la philosophie du droit*, in L'enseignement de la philosophie du droit, sous la direction de M. TROPER et F. MICHAUT, Actes du Colloque international, Bruylant, L.G.D.J, pp.120-121) quatre choses tombent dans le domaine de la théorie du droit : l'analyse logique du langage normatif, l'analyse des concepts juridiques fondamentaux, l'analyse structurelle des systèmes juridiques (sources du droit, typologie des règles de droit, hiérarchie entre les règles, critères de validité, lacunes et méthodes de leur comblement, antinomies et méthode pour leur solution, etc), l'analyse des techniques d'interprétation et d'argumentation employées par les juges et les juristes.

l'axiologie juridique ? C'est la démarche adoptée par M. FABRE-MAGNAN[236]. Quant à COULOMBEL, il classe la métaphysique, la méthodologie du droit et la psychologie juridique dans la philosophie du droit[237]. Le Doyen Carbonnier ne doit pas être en reste lui qui a écrit qu'il faut bien nous habituer à cette idée qu'un jour viendra où, dans les Facultés de droit, les codes et les recueils de jurisprudence céderont, au moins pour partie, la place à des instruments de laboratoire. (…) que le droit ne se contente plus d'être glose des textes, connaissance des lois, art de les faire ricocher les uns sur les autres, de les interpréter, de les étendre, de les restreindre, de les tourner ; il aspire à devenir, au moins dans l'une de ses branches, science d'observation, voire d'expérimentation. Il aspire à saisir, par-delà les textes, les phénomènes juridiques[238].

La méthodologie vient du mot *logos* qui signifie discours et de *hodos* qui traduit l'idée de cheminement. Cette discipline expose le cheminement à suivre pour parvenir au droit[239]. Comme le disait un auteur, la connaissance du droit ne se réduit pas à une bonne mémoire pour laquelle l'homme ne saurait rivaliser avec l'ordinateur. Elle suppose des méthodes appropriées fondées sur une logique, des raisonnements divers, des instruments techniques, des classifications, des qualifications, une terminologie riche et précise, des techniques d'expression adéquates[240].

Norbert Bobbio distingue le méthodologue qui se propose d'étudier les processus intellectuels utilisés pour mener à bien une recherche, suivant des finalités choisies et préalablement posées de l'idéologue qui s'efforce de défendre et de promouvoir une certaine vision du monde[241].

37. L'étude du droit positif est une science, c'est-à-dire une certaine forme de la connaissance de la réalité, connaissance intellectuelle et

---

[236] M. FABRE-MAGNAN, *Introduction au droit*, Que sais-je ? PUF, 2e édition, 2014, pp.83-96.

[237] P. COULOMBEL, *op.cit.*, p.102.

[238] J. CARBONNIER, *Flexible droit, Pour une sociologie du droit sans rigueur*, op.cit., p.415.

[239] X. DIJON, *Méthodologie juridique*, L'application de la norme, 1996, Kluwer Editions Juridiques de Belgique, p.1.

[240] J.L. BERGEL, *Méthodologie juridique*, in Dictionnaire de la culture juridique, op.cit., p.1021.

[241] N. BOBBIO, *De la structure à la fonction, nouveaux essais de théorie du droit*, Dalloz, 2012, p.14.

raisonnée qui procède d'une méthode[242]. Cette affirmation n'a rien d'anodin dans la mesure où l'érection du Droit en science a été contestée par des auteurs qui soutiennent que le rôle du juriste est d'appliquer simplement les textes ou que le juriste doit trancher les affaires avec honnêteté et bon sens. Mais c'est certainement oublier que les juristes se méfient de l'équité[243] et que le droit ne prévoit pas tout. Ce qui laisse au juge une marge de manœuvre de l'interprétation. Ainsi, les procédés scientifiques dont fait usage la science du Droit sont : un vocabulaire précis, des constructions intellectuelles à partir des textes (classifications, les fictions, des hypothèses sur la nature des institutions), un raisonnement logique (selon la lettre[244] et l'esprit du texte[245]). Afin que le Droit prenne mieux en compte les réalités sociales, la méthode de la science du Droit positif a évolué. Ainsi, si la méthode employée au XIX e se caractérisait par le fait que les textes ont toujours été vus comme l'unique source du droit et que le seul souci du juriste est la logique. Mais les distances à l'égard du fétichisme des textes, le développement de la sociologie ont fait prendre conscience aux juristes des limites de leur position. Des auteurs tels que F. GENY ont prôné des nouvelles méthodes d'interprétation des textes.

Comme nous le disions, la méthode en vigueur au XIX e siècle en France est l'exégèse. Elle vient du mot grec qui signifie « *explication* ». Elle est vulgarisée par des grands noms du droit français tels que DEMOLOMBE, AUBRY et RAU. En effet, puisque tout le droit réside dans la loi écrite, pure manifestation d'un vouloir souverain frappé dans un texte, l'école de l'exégèse s'attache à l'analyse grammaticale et systématique de la lettre de la loi, pour en dégager la volonté du législateur[246]. DEMOLOMBE disait « les textes avant tout ». Quant à BUGNET, il disait ceci « *Je ne connais pas le droit civil, j'enseigne le Code Napoléon*[247] ». C'est que pour ces exégètes, le Code civil est assimilé à la loi[248]. Ainsi, en interprétant le Code Napoléon comme la

---

242 P. COULOMBEL, op.cit., p.104.

243 On connaît bien l'adage « *Dieu nous préserve de l'équité des juges* ! ».

244 On fait usage dans ce cas du raisonnement *a contrario*.

245 C'est le raisonnement par analogie et a fortiori qui est privilégié dans cette occurrence.

246 X. DIJON, op.cit., p.123, n°389.

247 Cité par J.-L. HALPERIN, *Exégèse (Ecole),* in Dictionnaire de la culture juridique, PUF, 2003, p.684.

248 M. BOULET-SAUTEL, J.-L. HAROUEL, *Glose et exégèse*, in Dictionnaire de la culture juridique, PUF, 2003, p.767.

seule expression licite du droit, l'Exégèse n'a fait que se conformer au principe révolutionnaire de la souveraineté nationale[249]. La volonté du législateur doit être recherchée dans les travaux préparatoires en cas d'obscurité de la loi. C'est la raison pour laquelle le professeur PH. MALINVAUD a écrit que contrairement à la présentation qui en est parfois faite, la méthode exégétique ne se ramène pas à l'interprétation littérale du texte. Bien au contraire, elle tend, au-delà de la lettre du texte, à rechercher l'intention du législateur, la *ratiolegis*, et donc à faire prévaloir l'esprit de la loi sur la lettre du texte[250]. Pour argument, l'auteur cite la technique d'interprétation subjective ou explicative du contrat. Il arrive à la conclusion selon laquelle, la définition que donne le Professeur G. CORNU de l'exégèse est la meilleure. Pour ce dernier, l'exégèse est une « *méthode d'interprétation de la loi dont le principe est de rechercher ce qu'a voulu dire l'auteur du texte à partir de celui-ci, du contexte, des travaux préparatoires et de l'objectif général de la loi, d'en dégager le sens d'après l'intention du législateur, afin d'en régler la portée sur la ratio legis, de manière à appliquer la règle dans la plénitude de sa raison d'être, en en faisant au besoin prévaloir l'esprit sur la lettre*[251] ». Malgré cette tentative de réhabilitation des mérites de la méthode exégétique, nous ne manquerons pas d'exposer les critiques qui lui ont été adressées.

39. Ainsi, cette méthode d'interprétation va être critiquée par les adeptes de l'Ecole historique allemande. Les raisons de l'abandon de cette méthode tiennent au fait que le Code civil n'était plus considéré comme le code de Napoléon, mais celui d'une nation toute entière, à l'avènement des arrêtistes, de l'économie et du droit administratif. Mais l'effet majeur de la fin de la domination des civilistes fut la chute du gouvernement de Jules Ferry, en 1885. Un renouveau dans les idées républicaines s'imposait et les idées individualistes mentionnées dans le Code civil devaient laisser la place à un besoin d'harmonie, sans compter l'industrialisation rapide et anarchique visible en France[252]. Le changement de méthodologie était plus que jamais nécessaire et c'est ce qu'a fait François Gény qui publia en 1899 un ouvrage intitulé *Méthode d'interprétation et sources en droit privé positif*. Il faut relever que

---

[249] M. BOULET-SAUTEL, J.-L. HAROUEL, ibid.

[250] PH. MALINVAUD, op.cit., p.114, n°128.

[251] G. CORNU, Association H. CAPITANT, 7e édition, cité par PH. MALINVAUD, op.cit., p.115.

[252] C. JAMIN, *Dix-neuf cent : crise et renouveau dans la culture juridique*, in Dictionnaire de la culture juridique, PUF, 2003, p.382.

François GENY préconise la stricte interprétation de la loi en tenant compte des *desiderata* du législateur au moment de la production de la norme. En revanche, si une situation nouvelle se présente et qu'il s'avère que la loi existante ne lui est pas adaptée, il faut recourir à la libre recherche scientifique. Gény dans cette hypothèse recommande l'étude de la jurisprudence et le recours aux sciences auxiliaires du droit telles que la sociologie, la psychologie ou l'économie politique. Bien sûr, cette démarche n'a pas convaincu tout le monde dont Edouard Lambert, qui, comme substitut à la libre recherche scientifique a préconisé le droit comparé.

Avant de clore cette étude, il faut faire remarquer que SALEILLES, préfacier de l'ouvrage de F. GENY, était contre la méthode exégétique. Pour lui, le pêché de l'Ecole de l'exégèse[253] c'est, malgré ses qualités avait le défaut capital d'enfermer dans un réseau d'abstractions, n'existant que dans la pure pensée, une science qui est avant tout une science sociale,la science sociale par excellence[254].

En outre, le juge français peut, en fonction des circonstances privilégier telle méthode au détriment de l'autre. Il faut relever qu'après la libre recherche scientifique, il n'y a plus eu après la seconde Guerre mondiale d'école. Le juge, pratiquant une sorte d'éclectisme, choisit son bien partout où il le trouve[255]. Pourtant, B. OPPETIT écrit que F. GENY est le chantre de l'éclectisme lorsqu'il a dégagé deux pôles dans le travail du juriste : le donné et le construit[256]

39. L'épistémologie du droit ne doit pas être en reste. C'est l'ensemble des savoirs qui se forment sur le droit ou des propositions élaborées sur son contenu[257].

40. Le recours à l'histoire est d'une importance capitale et PORTALIS l'a rappelé en ces termes « Quelle tâche que la rédaction d'une législation civile pour un grand peuple ! L'ouvrage serait au-dessus des forces humaines s'il s'agissait de donner à ce peuple une institution absolument nouvelle et si, oubliant qu'il occupe le premier

---

[253] On s'est posé la question de savoir si on doit parler d'Ecole de l'exégèse. V. J.-L. HARPELIN, op.cit., p.683, qui demeure convaincu de l'existence de cette école.

[254] J.L.HALPERIN, *Exégèse (Ecole)*, in Dictionnaire de la culture juridique, op.cit., p.681.

[255] X. DIJON, *Méthodologie juridique, L'application de la norme*, Kluwer, 1996, p.129.

[256] B. OPPETIT, *Philosophie du droit*, Dalloz, 1e édition, 1999, p.72, n°55.

[257] C. ATIAS, *Epistémologie juridique*, Dalloz, 1e édition, 2002, p.7, n°8.

rang parmi les nations policées, on dédaignait de profiter de l'expérience du passé et de cette tradition de bon sens, de règles et de maximes, qui est parvenue jusqu'à nous et qui forme l'esprit des siècles (..). Les Codes se font avec le temps ; à proprement parler, on ne les fait pas[258] ». L'histoire du droit étudie la naissance, le développement, les transformations, la disparition des institutions juridiques[259].

41. Kelsen disait que la science juridique est normative, tandis que la sociologie est une science explicative. Le point de départ c'est le rapport entre la règle et le comportement. En effet, le sociologue utilise les règles de comportement qu'il rencontre chemin faisant pour expliquer pourquoi certains individus se comportent d'une certaine façon (…) Le juriste, quant à lui, utilise les mêmes règles pour définir si les comportements sont licites ou illicites, c'est-à-dire pour établir pourquoi il faut se comporter d'une façon plutôt qu'une autre[260].

La dimension objective du Droit, une fois appréhendée, celle subjective ne doit pas être en reste.

---

258 PORTALIS, *Discours préliminaire*, in FENET, Recueil complet des travaux préparatoires du Code civil, 1827 (réimp. Osnabruck, Zeller, 1968), t.I, p.466.

259 P. COULOMBEL, op.cit., p.99.

260 N. BOBBIO, op.cit., p.85.

CHAPITRE 2

LES DROITS SUBJECTIFS

Ce sont les prérogatives reconnues à une personne sur une chose ou à l'encontre d'une autre personne. Ces prérogatives sont protégées par le droit objectif. La question qui s'est posée est celle de savoir si les droits subjectifs existent. Le professeur L. DUGUIT répond par la négative en disant ceci : « le problème du droit subjectif se ramène à ceci : y-a-t-il certaines volontés qui ont, d'une manière permanente ou temporaire, une qualité propre qui leur donne le pouvoir de s'imposer comme telles à d'autres volontés[261] ?

De même, il y a eu trois conceptions des droits subjectifs. Pour K. Von Savigny, le droit subjectif est un pouvoir de l'individu dans les limites duquel règne sa volonté, et cela, « du consentement de tous[262] ». En revanche, R. Von Ihering soutient que les droits subjectifs sont des intérêts juridiquement protégés[263]. Enfin, il y a une théorie mixte qui accepte dans la définition des droits subjectifs, tant la volonté que l'intérêt[264] . Cette thèse mixte c'est celle de Léon Michoud et de Raymond Saleilles[265]. Mais Michoud a donné la primauté à l'intérêt, et Saleilles, au pouvoir[266]. Nous allons voir les titulaires des droits subjectifs (SECTION 1), la classification des droits subjectifs (SECTION 2), les sources et preuve des droits subjectifs (SECTION 3).

---

261 L. DUGUIT, *Traité de droit constitutionnel*, 3e éd, T.1, Paragraphe 2, p.15.

262 K.VON SAVIGNY, *Traité de droit romain*, t.I, trad.fr.ch Guenoux, Paris, Firmin Didot Frères, 1840, § IV, p.7.

263 R. VON IHERING, *L'esprit du droit romain dans les diverses phases de son développement*, 3e édition, t.IV, p.328.

264 L.THIERRY, *Conflits entre droits subjectifs, libertés civiles et intérêts légitimes*, Larcier, 2005, collection de thèses, p.43, n°16.

265 L. MICHOUD, *La théorie de la personnalité morale et son application au droit français*, 3e éd. Par L. Trotabas ; R. SALEILLES, *De la personnalité juridique*, 2e éd., préface H. CAPITANT.

266 P. KAYSER, *Les droits de la personnalité, aspects théoriques et pratiques*, RTDCiv, 1971, p.449, n°4.

SECTION 1 : LES TITULAIRES DES DROITS SUBJECTIFS

42. Il s'agit des personnes physiques et des personnes morales. Les personnes en question sont celles qui sont redevables d'obligations et titulaires de droits. On parle de personnalité juridique c'est-à-dire de l'aptitude à être titulaire actif ou passif de droits subjectifs que le droit objectif reconnaît à chacun[267]. Pour une meilleure compréhension, nous allons examiner d'abord le statut des personnes physiques (PARAGRAPHE 1), ensuite celui des personnes morales (PARAGRAPHE 2).

§1. Les personnes physiques

Cette personnalité juridique s'acquière pour les personnes physiques à la naissance et prend fin au décès[268].Avant la naissance et dès la conception, l'être humain peut être sujet de droit. On dit que l'enfant conçu est considéré comme né dès lors qu'il y va de son intérêt. Le législateur sénégalais fait de la vie, une condition d'acquisition par l'enfant simplement conçu de la personnalité juridique. La période de la conception est fixée légalement et de façon irréfragable entre le 180e et le 300e jour avant la naissance. Avoir la possibilité d'être titulaire de droits ne suffit puisqu'il faut être capable d'exercer soi-même les droits ainsi obtenus. C'est tout le sens de l'incapacité d'exercice. Aux termes de l'article 273 du Code de la famille, sont frappées d'une incapacité d'exercice les personnes auxquelles la loi enlève l'aptitude de participer au commerce juridique pour les protéger contre leur inexpérience ou la défaillance de leurs facultés intellectuelles. L'inexpérience concerne le mineur non émancipé tandis que la défaillance des facultés intellectuelles nous amène à nous tourner vers les majeurs incapables. Les incapacités de jouissance ou d'exercice constituent une limite à l'attribution de la personnalité juridique. Le législateur sénégalais a consacré des incapacités de jouissance à l'article 659 et suivants du Code de la famille. Il y a également l'interdiction de la vente entre époux prévue à l'article 377 du Code de la famille. Dans cette hypothèse, la vente est nulle.

---

[267] J. PAILLUSSEAU, *Comment les activités économies révolutionnent le droit et les théories juridiques, Révolution dans les approches et raisonnements juridiques*, Recueil Dalloz 2017, p.1004, n°6.

[268] Voir article 1e du Code de la famille

Dans certaines situations, il existe un doute quant à l'existence d'un individu. C'est l'absence et la disparition. L'absent est, aux termes de l'article 16 du Code de la famille L'absent est la personne dont le manque de nouvelles rend l'existence incertaine. Le disparu est la personne dont l'absence s'est produite dans des circonstances mettant sa vie en danger, sans que son corps ait pu être retrouvé[269].

Les personnes physiques, c'est-à-dire les êtres de chair et de sang doivent être individualisées. Ces éléments d'individualisation sont le nom, le prénom, le domicile, le sexe et l'état civil. De façon originaire, le nom s'attribue par la filiation. Le nom peut néanmoins faire l'objet d'un changement. Le domicile est soit légal, soit volontaire. L'égalité des sexes est consacrée dans le droit positif sénégalais. Son attribution a refait surface en France avec le transsexualisme.

Les personnes physiques doivent aussi être protégées. Cette protection concerne essentiellement leur intégrité physique, morale. En effet, l'individu a un droit au respect de son corps humain. C'est tout le sens de l'indisponibilité et de l'inviolabilité du corps humain. L'article 16-1 du Code civil français dispose que le corps humain est inviolable et que lui, ses éléments et ses produits ne peuvent faire l'objet d'un droit patrimonial. Ainsi, les deux alinéas suivant de l'article 16-1 du Code civil consacrent deux principes fondamentaux découlant du respect dû au corps humain : l'inviolabilité et l'indisponibilité[270]. Le principe d'inviolabilité protège le corps humain contre autrui ce qui explique que le suicide ne fasse l'objet d'aucune incrimination légale, pas plus que l'automutilation[271]. Toujours en France, on constate un élargissement de la protection à travers l'article 16-4, alinéa 1, 2 et 4. L'article 16-4 protège l'espèce humaine en interdisant l'eugénisme, le clonage et la transformation des caractères génétiques dans le but de modifier la descendance de la personne. Les atteintes au corps humain sont interdites que la victime ait consenti ou pas. C'est pourquoi, l'homicide, les coups et blessures sont sanctionnés pénalement[272]. Au plan civil, l'atteinte au corps humain peut donner lieu à des versements de dommages-intérêts que les dommages soient matériels ou moraux. Au rang des dommages matériels nous avons les frais médicaux, le manque

---

[269] Article 16 du Code de la famille.

[270] R. CABRILLAC, *Le corps humain*, in Libertés et droits fondamentaux, 16e édition, Dalloz, 2010, p.179, n°284.

[271] R.CABRILLAC, ibid, n°285.

[272] V. Article 280, 294 du Code pénal sénégalais.

à gagner notamment l'incapacité totale, partielle, permanente ou temporaire de travail. En revanche, au sein des dommages moraux nous retrouvons le pretium doloris, le préjudice d'affection ou le préjudice esthétique.

L'excision constitue une atteinte à l'intégrité physique. Cette pratique coutumière qui consiste à mutiler les parties intimes des jeunes filles sans leur consentement pour les inciter à être fidèles à leurs futurs époux, est désormais interdite. En 1999, le Sénégal a voté la loi n°99-05 pénalisant la pratique de l'excision au Sénégal d'où l'introduction d'un article 299 bis dans le Code pénal

Le consentement de la victime dont l'intégrité physique est atteinte n'efface guère l'infraction. C'est pourquoi, des individus qui s'adonnent à des pratiques sadomasochistes[273] ne peuvent échapper à la sanction étatique en exhibant comme moyen de défense la vie privée et ce, même si la liberté sexuelle est consacrée[274]. Il existe cependant des dérogations au principe de l'inviolabilité du corps humain pour des raisons d'intérêt général et d'ordre médical.

43. L'indisponibilité du corps humain signifie que le corps humain ne peut faire l'objet de convention : selon la formule consacrée, le corps humain est hors du commerce juridique[275]. Il se déduit en France de l'article 1128 du Code civil et est plus large que le principe de non-patrimonialité consacré à l'article 16-1 alinéa 3 du Code civil[276].

L'individu a un droit à l'intégrité morale. A à croire certains, il s'agit d'un droit pour un individu d'imposer au tiers l'image qu'il aimerait que ce dernier ait de lui[277]. A titre d'exemple, nous pouvons citer le droit à la vie privée, le droit à l'image, à l'honneur, au secret.

Au-delà des personnes physiques, titulaires des droits subjectifs, nous avons les personnes morales.

---

[273] F.MAGNAN, *Le sadisme n'est pas un droit de l'homme*, D.2005, p.2973.

[274] D. ROMAN, *Le corps a-t-il des droits que le droit ne connaît pas ? La liberté sexuelle et ses juges : étude de droit français et de droit comparé*, D.2005, p.1508 ; M.F. MAGNAN, *Le domaine de l'autonomie personnelle, Indisponibilité du corps humain et justice sociale*, D.2008, p.31.

[275] R. CABRILLAC, op.cit., p.185, n°293.

[276] J. PENNEAU, *Corps humain - Bioéthique*,Répertoire de droit civil, septembre 2012 (actualisation : août 2017)

[277] A. LEPAGE, *Personnalité (Droits de la),* Répertoire de droit civil, septembre 2009 (actualisation : avril 2017)

§2. Les personnes morales

44. Pour les personnes morales, elles accèdent à la vie juridique soit lors de leur immatriculation[278], soit lors de leur déclaration pour ce qui est des associations[279]. Il faut faire remarquer que les individus se regroupent soit dans un but lucratif, soit dans un but non lucratif. Mais si l'objectif de l'association ce n'est pas de faire du profit, il n'en demeure pas moins qu'elle peut s'adonner à cette activité sans pour autant pouvoir distribuer les fruits de celle-ci à ses sociétaires.

Trois éléments caractérisent les personnes morales : un groupement de personnes, d'activités ou de biens (fondations), animé par un intérêt propre[280], un groupement doté de la personnalité juridique.

Il existe plusieurs catégories de personnes morales : les personnes morales de droit public et de droit privé. Parmi les personnes morales de droit public, figure en premier lieu l'Etat, ensuite les collectivités locales. Au rang des personnes morales de droit privé, il y a les sociétés commerciales qui se distinguent des associations par la recherche du profit[281]. Ce critère de distinction est consacré à l'article 764 du COCC. Nous pouvons également citer les sociétés civiles dont le régime juridique a pour siège les articles 763 et suivants et le GIE.

Les personnes morales de droit public sont investies d'une mission d'intérêt général et titulaires de prérogatives de puissance publique[282]. Il faut juste relever que la personnalité juridique n'est pas une condition d'existence des personnes morales de droit privé. On le voit avec la consécration des sociétés sans personnalité morale telles que les sociétés en participation, les sociétés de fait et créées de fait. Dans tous les cas, il faut noter au sein des personnes morales de droit privé, les masses de biens telles que les fondations.

---

[278] Article 98 de l'Acte uniforme relatif aux sociétés commerciales et Groupement d'intérêt économique (AUSCGIE).

[279] Voir l'article 813 et s du Code des obligations civiles et commerciales (COCC).

[280] Il s'agit d'un intérêt collectif voire d'un intérêt social, s'il s'agit d'une société commerciale.

[281] Faisons remarquer qu'il n'est pas interdit aux associations de rechercher lors de leurs activités du profit. Mais ce profit ne peut être partagé entre sociétaires.

[282] G. WICKER, J-CH. PAGNUCCO, *Personne morale*, Répertoire de droit civil, septembre 2016

Les personnes morales, à l'instar des personnes physiques jouissent de droits de la personnalité[283]. Elles présentent cette caractéristique singulière d'être à la jonction du droit des biens et du droit des personnes[284].

Avant de clore ces développements, il convient de préciser que l'expression « *personne* » utilisée dans notre ordre juridique sans autre précision n'est pas si évidente à identifier[285].

SECTION 2 : LA CLASSIFICATION DES DROITS SUBJECTIFS

Les droits subjectifs comprennent les droits patrimoniaux et extrapatrimoniaux[286]. Nous traiterons donc d'une part des droits patrimoniaux (PARAGRAPHE 1) et d'autre part des droits extrapatrimoniaux (PARAGRAPHE 2).

§1. Les droits patrimoniaux

45. Les droits patrimoniaux sont ceux qui sont dans le commerce juridique. Comme le précise l'article 74 du Code des obligations civiles et commerciales, la prestation promise doit être possible et porter sur des choses qui sont dans le commerce juridique[287]. Le législateur sénégalais traite ce faisant de l'objet de l'obligation qui renvoie à ce que les parties se sont promises. Parmi les droits patrimoniaux, il y a les droits réels et personnels. Ces droits composent le patrimoine, au-delà

---

283 V. Cass. Crim, 12 juin 1956, Bull.crim, n°461. Pour la chambre criminelle de la Cour de cassation : « l'allégation ou l'imputation diffamatoires visées par l'article 29 de la loi du 29 juillet 1881 s'appliquent aussi bien aux personnes morales qu'aux personnes physiques ». V. L. DUMOULIN, *Les droits de la personnalité des personnes morales,* Rev.sociétés, 2006, p.1.

284 G. GOUBEAUX, *Personnalité morale, droit des personnes et droit des biens*, Etudes Roblot, LGDJ, 1984, p.199.

285 V. J. ROCHFELD, *Les grandes notions du droit privé,* PUF, 1er édition, 2011, p.12. Tout être humain est-il une personne juridique ? La réponse à cette question, loin d'être évidente est controversée.

286 V. J. DABIN, *Le droit subjectif,* Dalloz collection Bibliothèque Dalloz, novembre 2007.

287 Cette disposition est le pendant de l'article 1128 du Code civil. Pour une étude, V. G. LOISEAU, *Typologie des choses hors commerce juridique*, RTDCiv, 2000, p.47.

des droits intellectuels qui confèrent un monopole d'exploitation qui porte sur la clientèle ou les œuvres de l'esprit[288].

Nous étudierons tour à tour les droits réels (A), personnels (B) et les droits que l'on a du mal à classer dans une catégorie(C).

A- Les droits réels

46. Les droits réels sont des droits qui confèrent à une personne un pouvoir direct sur une chose. L'expression « droit réel » vient du latin «*jus in re*». Le droit de propriété[289] vient du latin «*propius*» qui signifie propre, sans partage. C'est le droit réel principal par excellence. Le droit réel confère un droit de suite et un droit de préférence.

Le droit de suite permet au titulaire du bien de revendiquer celui-ci en quelques mains qu'il se trouve. Le droit de préférence quant à lui, permet d'être préféré aux autres revendiquant. Après avoir opéré une classification des droits réels (1), nous allons étudier l'objet des droits réels (2).

1- La classification des droits réels

Il existe deux catégories de droits réels : les droits réels principaux (a) et les droits réels accessoires (b).

a- Les droits réels principaux

On dit d'un droit réel qu'il est principal parce qu'il se suffit à lui-même. L'exemple type est le droit de propriété(α). Au-delà, il y a les droits réels démembrés (β).

α-Le droit de propriété

Dans le cadre de cette étude, nous examinerons le droit de propriété, droit réel principal, ses attributs, caractères, son étendue, ses limites, sa preuve, sa perte ainsi que les modes particuliers de droit de propriété.

Comme nous l'avons dit, l'exemple type du droit réel est le droit de propriété. Il est prévu en droit français à l'article 554 du Code civil. Au Sénégal, c'est un droit constitutionnel[290]. Le droit de propriété a même servi d'exemple explicatif de la différence de niveau de développement

---

[288] V.J.-F. BOCQUILLON, M. MARIAGE, *Introduction au droit*, Dunod, 2008, p.107.

[289] Pour Proudhon (*Qu'est-ce que la propriété* ?, 1840, édition Rivière, 1926), la propriété n'est rien d'autre que du vol.

[290] Article 8 de la Constitution du 22 janvier 2001.

entre les pays du Nord et du Sud[291]. Il n'a pas selon certains, la même signification en Europe qu'en Afrique[292]. Ils sont confortés dans cette opinion par d'autres tels que OLOWALE selon qui« Le caractère absolu et souverain du droit de propriété heurte nos conceptions, cadre mal avec notre existence communautaire. Chez nous, la propriété privée était connue sur des bases semblables aux bases occidentales en ce qui concerne les choses mobilières, mais il ne pouvait exister sur la terre que des droits différents, des démembrements du droit de propriété généralement multiples et superposés à l'image de la hiérarchie sociale». D'autre part, le même Rapport justifie la création de ce domaine parce que « l'État a, seul, vocation à organiser, contrôler et garantir pour le bien de tous, l'usage de l'ensemble des terres. » Cette logique reflète l'état d'esprit des rapports à la terre dans la plupart des droits traditionnels africains qui« ne relèvent pas des mêmes notions que le droit européen, même considérées dans la perspective de l'idée du droit anglais selon laquelle tout le sol du Royaume-Uni est la propriété de la couronne et que chaque propriétaire tient son droit de celle-ci[293]. »Remarquons que la relativité du droit de propriété n'est pas l'apanage exclusif des législateurs africains[294].

47. Le décret du 26 juillet 1932, portant réorganisation du régime de la propriété foncière en Afrique occidentale française était applicable au Sénégal et ce, jusqu'en 2011. Il faut faire remarquer que les textes concernant la propriété foncière au Sénégal sont au-delà de ceux cités précédemment, les articles 544 à 702 du Code civil français, les textes qui régissent la copropriété au Sénégal notamment la loi n°88-04 du 16 juin 1988 fixant le statut de la copropriété des immeubles bâtis, la loi n°76-67 du 2 juillet 1967 relative à l'expropriation pour cause d'utilité publique et aux autres opérations foncières d'utilité publique, le décret

---

291 V.B. DEFFAINS, *Introduction à l'analyse économique des systèmes juridiques*, *Revue économique*, 2007/6 Vol. 58, p. 1149-1162.

292 V. C. PLANÇON, *Droit, foncier et développement : les enjeux de la notion de propriété, Etude de cas au Sénégal*, Revue Tiers monde, 2009/4-n°200, pp.837-851.

293 Cité par C. PLANÇON, *op.cit*, p.841.

294 Voir J.-P.CHAZAL, *La propriété : dogme ou instrument politique ? Ou comment la doctrine s'interdit de penser le réel*, RTDciv, 2014, p.763. Pour cet auteur, selon la conception américaine, le droit de propriété est à la fois une chance et une menace. De même, dans ce pays, ce qui a détruit le caractère absolu du droit de propriété, c'est le droit de la concurrence et le développement économique. Il constate qu'en droit français, malgré quelque remise en cause, le droit de propriété revêt toujours son caractère absolu.

n°77-563 du 3 juillet 1977 portant application de la loi n°76-67 du 2 juillet 1976 relative à l'expropriation pour cause d'utilité publique et aux autres opérations foncières d'utilité publique, les articles 246 à 334 de l'AUPSRVE relatifs à la saisie immobilière et l'AUS pour les dispositions relatives au pacte commissoire et aux hypothèques.

48. L'exposé des motifs de la loi 2011 sur la propriété foncière permet de se poser la question de savoir si les articles 540 à 702 sont toujours applicables au Sénégal. En effet, il est permis de lire ceci dans l'exposé des motifs « *L'article 19 du décret foncier soumet les immeubles et les droits réels qui s'y rapportent, d'une façon générale, aux dispositions du Code civil et des lois françaises encore applicables au moment de son avènement. Il va de soi que cette disposition doit être révisée en fonction de l'évolution juridique qui s'est produite depuis l'accession du Sénégal à la souveraineté. En matière immobilière notamment, les lois et codes sénégalais particulièrement le Code des Obligations civiles et commerciales, le Code de la Famille et le Code de Procédure civile ont remplacé les lois françaises* ».

D'abord faisons remarquer que le décret auquel fait allusion la loi de 2011 est le décret du 26 juillet 1932 portant réorganisation du régime de la propriété foncière en AOF. Ensuite, le législateur recommande de prendre en considération le contexte d'après indépendance. Enfin, il précise qu'en matière immobilière, les lois sénégalaises ont remplacé celles françaises. L'article 18 de la loi 2011-07 de mars 2011 va dans ce sens puisqu'il dispose que sont applicables aux immeubles et aux droits réels qui s'y rapportent, d'une manière générale, les dispositions des lois et règlements en vigueur. Les avis sont partagés sur cette question.

Selon un auteur, à l'exception de l'article 555, les articles 544 à 702 du Code civil français sont encore applicables au Sénégal, le décret de 1932 puis la loi du 30 mars 2011 qui l'a abrogé, renvoyant au Code civil français, pour la définition du Droit de propriété, des autres droits réels, de ses démembrements et des servitudes[295]. En outre, dans l'affaire Abdou NIANG contre Fatou Gora MBODJI, la Cour suprême décide que la Cour d'appel a violé la loi par mauvaise application des dispositions des articles 555 du Code civil français et 10 du COCC en ordonnant la démolition des impenses réalisées par un tiers sur un terrain qu'il croyait lui appartenir, sans rechercher si les documents dont

[295] F. ZEITOUN, *Le droit immobilier au Sénégal, foncier, vente, location, urbanisme, construction. L'essentiel de ce qu'il faut savoir pour réussir votre opération*, L'harmattan, 2015, pp.74-75.

il se prévaut constituent un titre putatif, c'est-à-dire un titre translatif de propriété dont il ignorait les vices[296]. Doit-on parler d'ignorance de la loi 2011 portant régime de la propriété foncière par le juge sénégalais ?

Si nous lisons les propos du professeur Cheikh Abdoul Wakhab Ndiaye, nous allons conclure par l'affirmative car voilà ce qu'il écrit : « En abrogeant, par son article 96, le décret de 1932, la loi de 2011 interdit désormais toute référence au droit français [297]». L'auteur se base sur le fait que désormais dans la loi de 2011, aucun renvoi n'est fait au Code civil et l'article 2 de la loi n°2014-26 du 03 Novembre 2014 abrogeant et remplaçant la loi n°84-19 du 02 février 1984 fixant l'organisation judiciaire en vertu de laquelle les juridictions appliquent, pour toutes les matières la loi et les règlements en vigueur. L'auteur invite les juges à faire œuvre prétorienne pour combler le vide. Nous avons une position nuancée du fait de la dispersion des textes réglementant les différents droits réels. En effet, l'article 19 du décret de 1932 disposait que sont applicables aux immeubles immatriculés et aux droits réels qui s'y rapportent d'une façon générale, les dispositions du Code civil et des lois françaises lorsque lesdits immeubles et droits réels sont en la possession d'indigènes ayant conservé leur statut. Les règles du droit coutumier local non contraires au décret étaient également applicables. Il est vrai que l'indigénat n'existe plus au Sénégal et ce, eu égard à l'ordonnance n° 60-56 du 14novembre 1960 fixant l'organisation judiciaire de la République du Sénégal, ainsi que les principes fondamentaux applicables aux litiges de droit privé, mais non seulement l'article 830 du Code de la famille ne cite pas le décret 1932 parmi les textes abrogés du fait bien évidemment que celui-ci ne fait pas partie des matières qui font l'objet du Code de la famille, mais également l'article 19 de la loi de 2011 ne cite que les droits réels immobiliers sans en préciser le régime juridique. Ce vide législatif et non juridique doit être comblé, d'où un renvoi implicite aux textes spéciaux. C'est ainsi que s'il est vrai que dans la loi n°2009-23 du 8 juillet 2009 portant Code de la construction un régime juridique de la servitude de vue et de mitoyenneté est consacré[298], les autres démembrements de propriété ne sont pas concernés. C'est l'exemple de

---

[296] Arrêt n°45 du 6 mai 2015, in Bulletin des arrêts de la Cour suprême, n°9-10, Année judiciaire 2015.

[297] C.A.W. NDIAYE, *Droit sénégalais des contrats immobiliers*, L'harmattan, 2017, p.18 note de bas de page 40.

[298] Voir l'article L46 pour les servitudes mitoyenneté et L47 pour les servitudes de vue.

l'usufruit. Dans ce cas, quel doit être le régime applicable à ce droit réel ? Il faut également consulter la loi n°76-66 du 2 juillet 1976 portant Code du domaine de l'Etat pour se rendre compte que le législateur cite les servitudes de passage parmi les éléments du domaine public artificiel. De même qu'est-ce qui justifierait le recours aux règles du droit civil pour mettre en évidence les conditions de l'immobilisation par destination si toute référence à celui-ci demeure interdite ?

On n'applique que des lois qui existent or si par exemple des droits réels immobiliers ne sont pas expressément consacrés que faire ? La règle est connue, le juge doit répondre aux requêtes sous peine d'être sanctionné pour déni de justice.

49. En tout état de cause, les attributs du droit de propriété sont l'*usus*, le *fructus* et l'*abusus*.

α-1-Les attributs du droit de propriété

L'usus, le fructus et l'abusus sont les trois prérogatives du droit de propriété. L'usus renvoie au droit d'user de la chose, c'est-à-dire de s'en servir, d'en retirer l'utilité que cette chose peut procurer, le fructus est le droit de percevoir les fruits ou les revenus périodiques de la chose, les produits également. Ce qu'il faut noter c'est que la valeur de la chose n'est pas diminuée. À titre d'exemple on peut citer les loyers d'une maison. Il existe plusieurs catégories de fruits : naturels, industriels et civils.

L'*abusus* consiste dans le droit d'aliéner la chose soit en la vendant, soit en la donnant à titre gratuit. C'est grâce à l'abusus que le droit de propriété se distingue de l'usufruit qui est un droit exercé sur la chose d'autrui. Ce faisant, nous avons un usufruitier et un nu-propriétaire. La disposition est soit physique, soit juridique

α-2-Les caractères du droit de propriété

50. Les caractères du droit de propriété sont au nombre de trois : il s'agit d'un droit absolu, exclusif dans la mesure où le propriétaire peut interdire à une autre personne de tirer profit de sa chose, un droit perpétuel en ce sens qu'il ne se perd pas par le non-usage, d'où sa transmissibilité à cause de mort. Tous ces caractères comportent des limites. D'abord, il faut préciser qu'au caractère absolu s'oppose l'idée de sanction de tout abus d'un droit. Ensuite, certaines entreprises disposent d'un droit légal de passage sur le fonds d'autrui. Nous pouvons citer le cas des exploitants des réseaux de télécommunications.

Le droit de ces différents acteurs est consacré par le Décret n°2005-1182 du 06 Décembre 2005 relatif aux prérogatives et servitudes des exploitants des réseaux de télécommunications ouverts au public. Cette servitude et ses prérogatives portent sur le domaine public et les propriétés privées.

α-3-L'étendue du droit de propriété

Seront examinés les articles 552, 546 du Code civil, les rapports de voisinage ainsi que les différentes propriétés.

Aux termes de l'article 552 du Code civil, la propriété du sol emporte la propriété du dessus et du dessous. Fort de ce droit, le propriétaire peut, au-dessus, faire les plantations et constructions qu'il juge à propos. Au-dessous, il peut faire des constructions, fouilles, tirer de ces fouilles tous les produits qu'elles peuvent fournir. Toutes ces différentes prérogatives s'exercent dans sous réserve de dispositions spéciales.

Le propriétaire peut étendre son droit aux accessoires qui s'incorporent à son bien[299]. Ainsi, l'article 546 du même Code dispose que la propriété d'une chose, soit mobilière, soit immobilière, donne droit sur tout ce qu'elle produit et sur ce qui s'unit accessoirement, soit naturellement, soit artificiellement. C'est le droit d'accession. Il existe plusieurs catégories d'accession : l'accession par production et par incorporation. Dans la première hypothèse, on dit que le propriétaire d'un bien meuble et immeuble devient propriétaire des fruits et produits de ce bien. Dans la seconde hypothèse, l'accession résulte tant de la nature que de l'industrie de l'homme.

Le caractère exclusif signifie que la propriété est protégée contre toute emprise ou ingérence d'autrui. Seulement comme le disait un auteur, le voisinage engendre d'inévitables contraintes[300]. Ces contraintes peuvent prendre la forme de servitudes de voisinage telles que le bornage et de la clôture, du respect de certaines distances (plantations, constructions, jours et vue), les servitudes de passage en cas d'enclave ou tenant au régime des eaux. Dans l'hypothèse où le voisin aurait violé son droit notamment en cas d'abus de droit de propriété et de trouble de voisinage, sa responsabilité sera engagée. Le trouble anormal est sanctionné pour excès et non pour abus. Il est sanctionné en France non par référence à l'article 1382 du Code civil,

---

[299] B. BELLOIR-CAUX, *Dictionnaire de droit des biens*, Ellipses, 2013, p.15.

[300] PH. SIMLER, *Les biens*, 2e édition, PUG, 2001, p.72.

mais au principe général de droit selon lequel nul ne doit causer à autrui un trouble anormal de voisinage[301]. Le fondement de la théorie du trouble anormal de voisinage est discuté en droit entre ceux qui pensent que c'est le risque, la garantie et ceux qui s'en tiennent à l'idée de faute.

L'intérêt privé peut céder devant l'intérêt général. C'est ainsi que la plupart du temps, l'Etat peut contraindre le pollueur à remettre en l'état le site exploité. De même, des biens peuvent faire l'objet d'une expropriation pour cause d'utilité publique, nationalisés, réquisitionnés, confisqués ou être grevé d'un droit de préemption.

51. Les modalités particulières du droit de propriété sont l'indivision, la mitoyenneté (propriété commune à des fonds voisins et la copropriété) et la copropriété. Il s'agit des manifestations des propriétés collectives. Plusieurs personnes peuvent avoir un droit de même nature sur un même bien. Les propriétés collectives se distinguent de la propriété démembrée où les attributs du droit de propriété sont séparés entre plusieurs personnes alors qu'en matière de propriété collective, le droit leur est entièrement attribué[302].

L'indivision n'est pas ignorée en droit des sociétés. Ainsi, aux termes de l'article 858 AUSCGIE, les associés peuvent décider de mettre certains bien en indivision et que l'un des associés sera, à l'égard des tiers, propriétaire de tout ou partie des biens qu'il acquiert pour la réalisation de l'objet social. Tant que la société n'est pas dissoute, aucun associé ne peut demander le partage des biens indivis, sauf clauses contraires des statuts. Qui doit avoir la qualité d'actionnaire lorsque les actions de la société sont soumises à indivision ? Pour Y. FLOUR, les indivisaires ont la qualité d'associés parce qu'ils ont la propriété des titres et réalisent des apports[303]. On ne peut qu'être d'accord avec cette opinion dans la mesure où l'indivision prévue à l'article 858 AUSCGIE est d'origine conventionnelle et par conséquent, les indivisaires ont d'abord acquis la qualité d'associés avant de décider de mettre certains biens en indivision.

---

301 Civ ;2e , 19 novembre 1986, Bull.civ. II, n°172.

302 V. VALETTE-ERCOLE, *Fiches de droit des biens*, Ellipses, 2007, p.150.

303 Y. FLOUR, *Qu'est-ce qu'un actionnaire* ? Rev. sociétés 1999. 569.

α-4-L'acquisition de la propriété

La propriété s'acquiert de façon originaire ou dérivée. Cette distinction est utilisée par certains auteurs relativement à l'acquisition de la qualité d'associé[304].

-L'acquisition originaire

Dire que l'acquéreur a une propriété initiale ou originaire signifie qu'il n'est l'ayant cause de personne. Sa propriété n'est pas la conséquence d'un transfert mais d'un fait juridique auquel la loi attache des conséquences particulières[305]. C'est l'exemple de l'accession, de l'occupation et de la possession.

L'occupation consiste dans l'appréhension effective d'une chose qui n'appartient à personne[306]. Une distinction est faite en droit français selon qu'il s'agisse de l'occupation de meubles non encore appropriées ou de meubles ayant cessé d'être appropriés. L'accession mobilière ou immobilière ayant été déjà examinée, nous mettrons l'accent sur la possession. Il existe une possession mobilière notamment lorsque le possesseur acquiert le bien *a non domino* et une possession immobilière ou usucapion qui ne profite au Sénégal qu'à l'Etat. L'acquisition a non domino signifie que le possesseur a acquis le bien d'un vendeur, donateur ou toute autre personne qui n'est pas le véritable propriétaire. Pour que la possession joue, il faut que le bien soit susceptible d'appropriation, que le possesseur conserve certaines qualités et que la possession soit utile. La possession se distingue de la détention précaire car dans ce dernier cas, le détenteur détient le bien d'autrui et n'a pas l'intention de devenir propriétaire de ce bien ainsi détenu. C'est l'exemple du locataire, des emprunteurs, mandataires. Pour que l'on parle de possession, il faut la réunion de deux conditions : l'*animus* et le *corpus*.

La prescription acquisitive ne profite à l'Etat que lorsque les occupants légitimes ont abandonné l'immeuble pendant trente années consécutives.

---

[304] P. LE CANNU, *L'état d'actionnaire à l'épreuve du droit des sociétés. L'acquisition de la qualité d'actionnaire*, Revue des sociétés 1999, p. 519.

[305] D. FASQUELLE, M.-A. FASQUELLE-LEONETTI, *Droit des personnes et droit des biens*, 2e édition, Vuibert, 1998, p.73, n°111.

[306] N. REBOUL-MAUPIN, *Droit des biens*, 4e édition, Dalloz, 2012, p.313, n°408.

-L'acquisition de la propriété par transfert

Le transfert peut se faire par acte unilatéral ou par convention. Le transfert peut se faire par fait juridique comme en matière de succession *ab intestat.*

52. Le droit de propriété se transfère grâce à des procédés contractuels à savoir une vente, un échange, une donation. Le contrat, mécanisme de transmission et, donc, de valorisation des biens est l'une des conditions économiques de la propriété[307]. Pour connaître les dispositions relatives à la vente, à l'échange, il faut consulter respectivement les articles 264 et 373 du COCC. Pour ce qui concerne la donation, c'est l'article 654 et s du Code de la famille qu'il faudra examiner. En vertu du consensualisme, le transfert de propriété se fait de façon instantanée. Mais un certain formalisme est nécessaire par exemple pour le contrat de donation. De même, les parties peuvent décider de retarder le moment du transfert de propriété ou ont l'obligation de parfaire la vente. Le retard du moment de transfert de la propriété peut se faire *via* une clause de réserve de propriété. Une autre limite tient à la nature de la chose vendue notamment la vente de chose de genre ou de choses à fabriquer ou bien à la protection des tiers. C'est l'exemple de la vente immobilière qui ne devient opposable au tiers que grâce à l'accomplissement d'une mesure de publicité.

Le droit de propriété se transfère également par grâce à des procédés non contractuels tels que le testament, la succession, l'accession, l'occupation et la possession et la préemption[308] Le testament est un acte translatif unilatéral en vertu duquel une personne transfert ses droits à ses légataires. Sur le principe, il y a une sorte d'immédiateté de la transmission ; sauf que parfois, les légataires se trouvent dans une situation d'indivision. En principe, en l'absence ni de convention expresse, ni de dispositions spécifiques, nul ne peut être contraint à rester en indivision. Ce faisant, il peut provoquer le partage. On remarque qu'en droit sénégalais, l'indivision peut résulter d'une convention ou du décès. Elle peut donc être conventionnelle ou légale. Il résulte de l'article 505 du Code de la famille que le testament est une libéralité.

53. La propriété peut s'acquérir par succession. Dans ce cas, la personne décédée n'a pas laissé de testament. Le siège des règles

---

[307] D. MAINGUY, *Propriété et contrat*, Droit et patrimoine, n°91, Mars 2001, p.73.

[308] V. Article 46 du Code de l'urbanisme.

relatives à la succession en droit sénégalais, ce sont les articles 515 et suivants du Code de la famille. On y trouve les successions de droit musulman et celles de droit commun[309].

54. Le droit de propriété doit être prouvé. Cette preuve varie selon que la propriété est mobilière ou immobilière. En fait de meuble possession vaut titre lorsque le possesseur a acquis le bien a non domino. La propriété immobilière se prouve par titre. On peut à cet égard citer l'article 42 de la loi 2011 portant régime de la propriété foncière qui dispose que le titre foncier est définitif et inattaquable. Le droit de propriété est protégé par une action en revendication.

Le législateur français permet au possesseur d'exercer trois catégories d'actions : la dénonciation de nouvel œuvre, la réintégrande et la complainte.

55. Le droit de propriété se perd. La perte de la propriété d'une chose est le processus par lequel il est mis un terme au droit de propriété qu'avait une personne sur elle[310]. En matière mobilière, le droit de propriété disparait lorsque la chose est détruite et n'est pas remplacée. L'abandon est également une modalité de perte du droit de propriété.

β-Les démembrements du droit de propriété

Les démembrements de propriété qui constituent également des droits réels principaux sont l'usufruit[311], la superficie les servitudes[312], le droit d'usage et d'habitation, les baux à long terme notamment le bail emphytéotique et le bail à construction. Le législateur de l'OHADA à l'article 195 AUS cite les différents droits réels immobiliers, objet d'hypothèque et qui consiste en un démembrement du droit de propriété. Il s'agit de l'usufruit, du droit de superficie, du bail emphytéotique, du bail à construction ou de l'inscription de l'hypothèque.

L'usufruit est un démembrement du droit de propriété entre un usufruitier et un nu-propriétaire[313]. Si l'usufruitier a l'usus et le fructus, il ne dispose cependant pas de l'abusus qui demeure une prérogative

---

[309] Pour un examen approfondi V. A.S. SIDIBE, *Le pluralisme juridique en droit sénégalais des successions ab intestat,* thèse Paris II, 1987, 660 pages.

[310] V. VALETTE-ERCOLLE, *Fiches de droit des biens*, op.cit., p.65

[311] V. Définition à l'article 578 du Code civil.

[312] Article 637 Code civil. C'est une charge imposée à un bien immeuble par nature (terrain nu, maison, appartement).

[313] D. FASQUELLE, M.-A. FASQUELLE-LEONETTI, *Droit des personnes et droit des biens*, 2e édition, 1998, p.83, n°123.

exclusive du nu-propriétaire. L'usufruit et la nue-propriété sont deux droits réels. Ils coexistent sur la même chose[314]. L'usufruit est un droit temporaire, il peut porter sur un bien corporel, incorporel, consomptible ou non. C'est soit un droit mobilier ou immobilier. Tout dépend du bien qu'il grève. Ainsi, l'article 19 de la loi n° 2011-07 du 30 mars 2011 portant régime de la Propriété foncière cite l'usufruit parmi les droits réels immobiliers. Il en est de même du droit d'habitation, d'usage, du droit de superficie, de l'emphytéose, des servitudes et services fonciers, des privilèges et hypothèques.

Les valeurs mobilières, biens mobiliers incorporels peuvent faire l'objet d'un usufruit[315]. Le droit de vote appartient dans cette hypothèse au nu-propriétaire, sauf pour les décisions concernant l'affectation des bénéfices où il est réservé à l'usufruitier. Cette règle est loin d'être absolue parce qu'elle ne s'applique qu'en l'absence de clauses contraires des statuts[316].

Aux termes de l'article 637 du Code civil, une servitude est une charge imposée sur un héritage pour l'usage et l'utilité d'un héritage appartenant à un autre propriétaire. Elle ne peut grever et profiter qu'à un immeuble. Nous avons deux sortes de fonds, un fonds dominant dont la servitude est l'accessoire, et un fonds servant. Il faut que le fonds servant et dominant appartienne à deux propriétaires différents pour que la servitude puisse exister. La servitude diffère de l'usufruit en ce sens qu'elle a vocation à la perpétuité, attachée au fonds et non à la personne. Avec la loi n°2011-07 du 30 mars 2011 portant régime de la propriété foncière, le législateur précise que l'usufruit et les servitudes peuvent faire l'objet d'une publicité au livre foncier.

56. Dans le cadre du droit d'usage, le titulaire de ce droit a l'*usus* certes, mais non le *fructus.* Il peut certes user de la chose, en percevoir les fruits, mais dans la limite de ses besoins et ceux de sa famille et non pour en retirer des revenus[317]. Dans le cadre de l'habitation, le titulaire dispose d'un droit d'usage limité à une habitation familiale et à son bénéficiaire.

---

[314] D. FASQUELLE, M.-A. FASQUELLE-LEONETTI, Ibid.

[315] L. AYNES, *Usufruit et droit d'usage des actions de société*, Revue des sociétés, 1999, p.593. Il en est de même d'un prêt, dépôt, séquestre, location et crédit-bail. V. M.-H. GIRARD, *Prêt, dépôt, séquestre, location et crédit-bail d'actions de société*, Revue des sociétés, 1999, p.787.

[316] V. Les articles 128, 585, 807, 519, 527, 581, 582, 583, 584 et 648 AUSCGIE.

[317] B. HESS-FALLON, A.-M. SIMON, *Droit civil*, 8e édition, Dalloz, 2005, Aide-mémoire, p.65.

Le droit d'usage, d'habitation et de superficie sont considérés comme des diminutifs de l'usufruit[318] ou des droits réels voisins de l'usufruit[319]. Ce sont des droits viagers. Les droits d'usage et d'habitation ont pour objet des meubles ou immeubles.

Les droits de superficie sont des droits réels qu'un propriétaire appelé superficiaire, va exercer sur la surface d'un fonds, les plantations, ouvrages et bâtiments qui s'y trouvent dont le dessous appartient à un autre propriétaire, appelé tréfoncier[320].

L'emphytéose est un bail de longue durée. En général, ce sont les municipalités qui louent des terrains à des entreprises qui vont construire des stations balnéaires ou pour créer de l'emploi[321]. Le bail emphytéotique est prévu à l'article 39 de la n°76-66 du 2 juillet 1976 portant Code du domaine de l'Etat. Ce n'est pas à dire que ce contrat soit exclu dans les rapports entre particuliers[322].

Le bail à construction peut également être une technique contractuelle à laquelle ces municipalités peuvent avoir recours. Le bail à construction est prévu à l'article L113 issu de la loi n°2009-23 du 8 juillet 2009 portant Code de la Construction. Aux termes de cette disposition le bail à construction est le contrat par lequel le preneur s'engage, à titre principal, à édifier des constructions sur le terrain du bailleur et à les conserver en bon état d'entretien pendant toute la durée du bail.

Au-delà des droits réels principaux, il y a les droits réels accessoires

b-Les droits réels accessoires

Les droits réels accessoires sont dénommées également sûretés ou garanties. Ils sont l'accessoire d'une créance ou d'un droit personnel. Ils

---

318 D. PONTON-GRILLET, *Le droit d'usage et d'habitation : diminutif ou substitut du droit d'usufruit*, D. 1992, chron, p.235.

319 N. REBOUL-MAUPIN, *Droit des biens*, Dalloz, 4e édition , 2012, p.402, n°548.

320 N. REBOUL-MAUPIN, *op.cit.*, p.405, n°558.

321 B.HESS-FALLON, A.-M. SIMON, op.cit., p.66.

322 C.A. W. NDIAYE, *Droit sénégalais des contrats immobiliers*, op.cit., p.255. Selon l'auteur la durée à celle seule ne suffit pas à caractériser le contrat de bail emphytéotique. Il faut en plus de celle-ci, une volonté du bailleur et du preneur de conférer un droit réel à celui-ci, de le qualifier de bail emphytéotique ou que les caractéristiques de l'emphytéose existent dans le contrat. Ce faisant les articles 47 de la loi 2011 portant régime de la propriété foncière et 381 du COCC trouveront à s'appliquer.

permettent de garantir l'exécution des droits personnels[323]Ils confèrent à leurs titulaires un droit de suite et de préférence comme tout droit réel. Nous pouvons citer l'exemple du gage, de l'hypothèque, du droit de rétention, du privilège et du nantissement. Etant l'accessoire d'une créance, le droit réel accessoire se distingue du droit réel principal tel que le droit de propriété. Cependant, cette distinction a tendance à s'estomper en ce sens que le droit de propriété peut devenir lui-même un droit réel accessoire. A titre d'exemple nous pouvons citer la clause de réserve de propriété. Ici, la propriété est retenue à titre de garantie.

2- L'objet des droits réels

Faut-il parler de biens, choses et droits ? Certains auteurs assimilent les biens aux choses. C'est l'exemple de G. LOISEAU pour qui, de façon triviale les choses sont des entités susceptibles ou non d'appropriation et les biens, la chose appropriée[324]. Ce n'est pas le cas d'Y. STRICKLER pour qui, le bien s'attache à l'exercice du droit sur une chose et la chose considérée pour elle-même[325]. Pour Nadège, les choses deviennent des biens lorsqu'elles sont susceptibles d'appropriation privée. Ce qui est privilégié c'est le matérialisme des choses. Les critères proposés sont l'utilité, l'appropriation, la valeur et la saisissabilité[326]. En effet, si nous nous en tenons au critère d'utilité, nous allons dire que le commerce juridique est ce qui distingue les biens des personnes. Mais la « patrimonialisation » des droits de la personnalité[327]rend difficile cette distinction[328]. C'est l'exemple du

---

[323] V. VALETTE-ERCOLE, *Fiches de droit des biens*, Ellipses, 2007, p.14.

[324] G. LOISEAU, *Pour un droit des choses*, D. 2006. 3015.

[325] Y. STRICKLER, *Droit des biens : évitons la dispersion*, Recueil Dalloz 2007, p.1149.

[326] N. REBOUL-MAUPIN, *Droit des biens*, Dalloz, 4e édition, 2012, pp.12 et s.

[327] V. J-M. Bruguière, *« Droits patrimoniaux » de la personnalité*, RTD civ. 2016. 1. Selon cet auteur, La patrimonialisation correspond dans la suite de cet article aux demandes de redevances et de dommages intérêts formulées par une personne, à l'encontre d'une autre, exploitant son image, son nom ou sa voix, soit dans le cadre du contrat, soit dans le cadre d'une action en justice. Elle ne renvoie pas en revanche aux demandes de réparation des préjudices moraux formulées par des particuliers (car à ce compte-là, tout est patrimonial !). Nous considérons par ailleurs que, dans ce cadre, la patrimonialisation se traduit par l'octroi de droits patrimoniaux. Autrement dit patrimonialisation et droits patrimoniaux sont tenus pour identiques (La réalité du passage du droit « sanctionnateur » au droit « déterminateur » est certainement plus complexe. V. Contra J. ANTIPPAS, *Propos dissidents sur les droits dits « patrimoniaux » de la personnalité*, RTD com. 2012. 35

droit à l'image des biens[329].En 1995 en France, la Cour d'appel de Paris a décidé que tout propriétaire, par application de l'article 544 du Code civil a le droit le plus absolu d'interdire la reproduction à des fins commerciales de l'image de ses biens[330]. De même, les produits corporels ou du vivant sont considérés par moment comme des biens et il y a des difficultés pour donner un qualificatif à l'embryon ou au fœtus. Ce qui remet en cause la traditionnelle distinction personne et biens[331]. C'est le cas des centres d'intérêts et de l'animal. Au sein d'une famille, la problématique des biens peut se poser. Le droit qui prend en compte cette situation est dénommé droit patrimonial de la famille. Il comprend le régime matrimonial, les successions, les libéralités.

Les droits réels portent sur des biens meubles, immeubles, corporels, incoporels. Les choses peuvent être consomptibles, fongibles ou pas, appropriées ou non, publiques ou privées

a- La distinction principale

Les droits réels portent sur des biens meubles et immeubles (a-1). En outre, on peut être en présence de biens corporels susceptibles d'appréhension matérielle ou de biens incorporels, qui ne le sont pas (a-2).

a-1.Les biens meubles et immeubles

57. Les droits réels portent sur les biens meubles et immeubles. Les biens meubles sont ceux susceptibles de se mouvoir ou d'être déplacés. Il existe plusieurs catégories de biens meubles : les meubles par nature, par anticipation et par détermination de la loi.

La définition des meubles par nature est prévue à l'article 528 du Code civil. Aux termes de cette disposition, sont meubles par leur nature les animaux et les corps qui peuvent se transporter d'un lieu à un autre, soit qu'ils se meuvent par eux-mêmes, soit qu'ils ne puissent changer de place que par l'effet d'une force étrangère. Selon un auteur, cette disposition démontre à suffisance que les animaux sont certes des

---

[328] Des auteurs pensent qu'au lieu de distinction, il vaudrait mieux parler de « hiérarchisation » des valeurs (V. PH. MALAURIE, L. AYNES, *Droit civil, Les biens*, 4e Ed., Defrénois 2010, p.1).

[329] TH. REVET, *Image des biens*, RTD civ. 2004. 528.

[330] CA Paris, 12 avril 1995, JCP éd. G 1997, II, n°22806, note V. Crombez.

[331] V. H. BATIFFOL, *Problèmes contemporains de la notion de biens*, Archives Phil. dr., t. 24, 1979, p. 9 ;Adde, *L'évolution contemporaine du droit des biens*, 3e journées R. Savatier, Poitiers, 4-5 oct. 1990, 1991, PUF

meubles par nature, mais pas des choses[332]. Les corps qui peuvent être transportés d'un lieu à un autre sont les meubles corporels, que ce soit des meubles meublants ou par nature.

Les différentes catégories de meubles par détermination de la loi sont les obligations et actions qui ont pour objet des sommes exigibles ou des effets mobiliers, les actions ou intérêts dans les compagnies de finance, de commerce ou d'industrie, encore que des immeubles dépendant de ces entreprises appartiennent aux compagnies de finance, de commerce ou d'industrie. Sont aussi meubles par la détermination de la loi, les rentes perpétuelles ou viagères, soit sur l'Etat, soit sur des particuliers[333].

Dans le cadre des meubles par anticipation, les biens immeubles se métamorphosent en bien meuble. C'est l'état futur du bien qui est pris en compte et non celui actuel. Comme le dit J. L. BERGEL « alors que le bien est toujours en fait un immeuble par nature et sans attendre qu'il devienne réellement par détachement notamment de la terre un meuble, le droit admet qu'il puisse être d'ores et déjà ainsi considéré et qu'une nature juridique mobilière lui soit donc, par anticipation attribuée[334] ». Ce faisant, la vente est mobilière et non immobilière. Les biens concernés sont les récoltes sur pied, les produits des carrières et des mines, de même que les biens de l'article 532 du Code civil.

Quant aux biens immeubles ce sont ceux qui se caractérisent par leur fixité. Il s'agit de immeubles par nature, par destination et par l'objet auquel ils s'appliquent.

Les immeubles par nature sont le sol, le sous-sol ainsi que ce qui est fixé au sol tels que les végétaux, les constructions. Des choses mobilières peuvent avoir un lien étroit avec un immeuble par nature de telle sorte qu'elles en deviennent l'accessoire. On parle dans ce cas d'immeuble par destination à condition que le meuble affecté et l'immeuble auquel il est rattaché appartienne à la même personne et qu'il y ait un rapport de destination entre le meuble et l'immeuble. Dans la première situation, on parle d'unité de statut juridique ou de propriété. Dans la seconde hypothèse, on parle de lien de destination. Les procédés de destination sont au nombre de deux à savoir l'affectation d'un meuble au service et à l'exploitation d'un autre fonds,

---

332 N. R. MAUPIN, op.cit., p.53, n°69.

333 Article 529 du code civil.

334 J.-L. BERGEL, M. BRUSCHI, S. CIMAMONTI, *Traité de droit civil, Les biens*, n°29 cités par N. R-MAUPIN, op.cit., p.55.

l'attache à perpétuelle demeure entre le meuble et l'immeuble. Il faut juste préciser que ces procédés sont légaux et qu'à côté de la destination légale, il y a celle conventionnelle en droit français.

58. A côté des immeubles par nature, par destination, il y a ceux par l'objet auquel ils s'appliquent. Cette catégorie provient de la doctrine, jurisprudence et de l'article 526 du Code civil. Il existe trois catégories d'immeubles par l'objet auquel ils s'appliquent : les droits réels immobiliers, les créances immobilières et les actions immobilières. Les droits réels immobiliers sont les droits réels principaux sauf le droit de propriété à savoir l'emphytéose, les servitudes ou les droits réels accessoires sur un immeuble destinés à garantir une créance. C'est l'exemple du privilège, de l'hypothèque. Les droits réels immobiliers sont des droits réels dont une personne est investie sur un immeuble appartenant à quelqu'un d'autre[335]. Ils sont cités à l'article 19 de la loi 2011 portant régime de la propriété foncière.

Quel intérêt y a-t-il à distinguer les biens meubles des biens immeubles ? L'intérêt peut tenir à la détermination du juge compétent, à la nature de l'action en justice, aux conditions de validité du contrat et aux voies d'exécution, à la possession.

Le juge compétent en matière immobilière est celui du lieu de situation de l'immeuble. Cette règle est consacrée à l'article 34 du CPC sénégalais. C'est cette même disposition qui précise qu'en matière personnelle et mobilière, le défendeur est assigné devant le tribunal de son domicile, à défaut de celui-ci, devant le juge de sa résidence.

La validité des contrats immobiliers obéit à un formalisme. Le COCC en son article 380 impose l'immatriculation obligatoire de tout immeuble pour la validité des conventions constituant ou transférant des droits protégés par le régime de l'immatriculation foncière. Les conventions constituant un des droits protégés par le régime de l'immatriculation foncière sont l'hypothèque. Quant aux conventions transférant lesdits droits, nous pouvons citer la vente immobilière. Il s'agit d'un contrat solennel comme le précise l'article 383 COCC. Le législateur n'a pas manqué de mettre en exergue le moment du transfert de propriété du bien immeuble. Ainsi, aux termes de l'article 381 COCC, l'acquisition du droit réel résulte de la mention au titre foncier du nom du nouveau titulaire du droit. Cette situation est également prévue à l'article 277 COCC. Tel n'est pas le cas de la vente mobilière

335 J. BONNARD, *Introduction au droit*, Ellipses, 1995, p.186.

comme mentionné à l'alinéa 2 de la disposition précitée. En droit français, l'article 1196 issu de l'ordonnance du 10 février 2016 dispose que dans les contrats ayant pour objet l'aliénation de la propriété ou la cession d'un autre droit, le transfert s'opère lors de la conclusion du contrat.

En matière immobilière, la possession permet d'usucapier un immeuble tandis qu'en matière mobilière la règle c'est en fait de meuble possession vaut titre. A travers cette règle, on cherche à trancher le conflit de propriété dans la double vente successive d'un meuble[336].

La publicité pourrait être un élément de distinction entre les biens meubles et immeubles du fait de la quasi-systématicité de celle-ci concernant les biens immeubles. C'est l'exemple des droits réels immobiliers qui doivent être publiés aux livres fonciers. Cependant, la mise en place d'un registre du commerce et du crédit mobilier dont l'objet est, entre autres, d'assurer la publicité des droits réels mobiliers permet d'atténuer la distinction[337]. La remise en cause de cette distinction s'apprécie également dans l'abandon relatif de l'adage res mobilis, res vilis qui avait pour conséquence la distinction entre saisie mobilière et immobilière, l'admission de la lésion, la surveillance des actes accomplis par le protecteur des biens de l'incapable[338].

A côté des biens meubles et immeubles comme catégorie de biens, il y a les biens incorporels et corporels.

a-2.Les biens incorporels et corporels

L'objet des biens incorporels est immatériel. Il s'agit des œuvres de l'esprit et des droits de clientèle tels que les offices ministériels, les fonds de commerce. Le fonds de commerce est défini à l'article 135 AUDCG comme étant l'ensemble des moyens qui permettent d'attirer et de conserver la clientèle. Il y a deux éléments du fonds de commerce : des éléments obligatoires tirés de l'article 136 AUDCG puisqu'aux termes de ce texte « le fonds de commerce comprend nécessairement » la clientèle et l'enseigne ou la clientèle et le nom commercial, sans préjudice du cumul de la clientèle avec l'enseigne et le nom commercial, et des éléments accessoires qui sont soit mobiliers corporels, soit incorporels.

336 R. LIBCHABER, *Biens,* Répertoire de droit civil, n°138.
337 Pour l'utilité du RCCM, voir l'article 34 de l'AUDCG.
338 V. Article 302 du Code de la famille.

La nature juridique du fonds de commerce est controversée. Trois qualifications ont été retenues : la théorie de l'universalité de droit, de fait et celle de la propriété incorporelle. Dire que le fonds de commerce est une universalité de droit signifie que le fonds de commerce est un patrimoine autonome, un patrimoine d'affectation au sein de la personne physique ou morale commerçante. Ce faisant, on distinguerait les créances et dettes personnelles, de celles commerciales. Nous pensons que cette proposition est pertinente au regard de la définition du débiteur professionnel. Avant la loi n°2010-658 du 15 juin 2010 créant le statut d'entrepreneur individuel à responsabilité limitée, la jurisprudence française a émis des réserves à l'endroit de cette théorie. Georges DECOQ et Aurélie BALLOT-LENA, cautionnent cette position de la juridique car pour eux, le fonds de commerce n'est pas un patrimoine autonome ; il est un élément du patrimoine personnel du commerçant, ou de son patrimoine professionnel en cas de recours à un statut particulier[339]. Pour RIPERT et ROBLOT, le fonds de commerce est un véritable droit à la clientèle pareil à celui d'un inventeur sur son brevet. Mais le propriétaire du fonds dispose-t-il d'un droit sur sa clientèle libre de s'approvisionner ailleurs ? La réponse ne peut qu'être négative. Au bout du compte, on retient que le fonds de commerce est un bien autonome, un bien incorporel, un bien meuble[340]. L'universalité de fait n'a fait l'objet d'aucune définition venant de la loi ou de la jurisprudence[341]. Des auteurs tels que DERRUPE écrivent que le fonds de commerce est une universalité de fait[342] c'est-à-dire qu'il diffère des éléments qui le composent. J. DERRUPE a fait le commentaire de l'arrêt de la Cour de cassation qui décide ceci : « « *fonds de commerce est une universalité mobilière insusceptible de cession partielle* » en précisant ce qu'il faut entendre par insusceptible de cession partielle. Pour lui, d'une part, cette expression signifie que la cession d'éléments isolés détachés de l'universalité que constitue le fonds n'est pas une cession de fonds de commerce, d'autre part, la soustraction d'éléments

339 G. DECOCQ, A. BALLOT-LENA, *Droit commercial, Actes de commerce, commerçants, Fonds de commerce, baux commerciaux, concurrence, consommation*, 5e édition, Dalloz, 2011, pp.236-237.

340 G. DECOCQ, A. BALLOT-LENA, *op.cit.*, pp.239-240.

341 E. MEILLER, *L'universalité de fait*, RTD civ. 2012. 651.

342 L. Vogel, *Traité de droit commercial de G. Ripert et R. Roblot,* 18e éd., t. I, vol. 1, LGDJ, 2001, n° 546

essentiels à cette universalité font disparaître celle-ci[343]. Une consultation des dispositions de l'AUDG permet de savoir qu'on ne peut parler de cession de fonds de commerce que si les éléments essentiels font partie de la cession. S'évertuant à distinguer le fonds de commerce et les notions voisines telles que la société, la succursale et l'entreprise, le professeur Y. REINHARD écrit que le fonds de commerce est l'élément central de l'entreprise[344].

Si les choses incorporelles se conçoivent en esprit, elles se manifestent néanmoins dans les relations juridiques par une certaine valeur[345]. C'est la raison pour laquelle certains ont considéré l'information[346] ou le nom de domaine[347] comme un bien.

Les biens corporels sont ceux que l'on peut toucher. Les Romains parlaient de *res quae tangui possunt.*

b. La distinction annexe

On peut distinguer les biens en tenant compte des caractères physiques des choses. C'est ainsi que nous avons les choses consomptibles ou non, fongibles[348] ou non à savoir les corps certains et les biens meubles et immeubles dont nous avons déjà examiné le régime juridique. Cette classification demeure secondaire comparée à celle meubles et immeubles. L'intérêt de la distinction entre choses consomptibles détruites par le premier usage et les choses fongibles qui sont interchangeables tient à la restitution. Une chose consomptible est restituée en valeur tandis qu'une chose fongible l'est en nature. Restituer en valeur signifie donner une chose similaire, identique en qualité et en quantité, octroyer une valeur équivalente dont l'estimation

---

343 J. DERRUPPE, *Fonds de commerce. Nature juridique, Universalité mobilière, Cession partielle (non),* RTD com. 1994. 37.

344 Y. REINHARD, S. THOMASSET-PIERRE, C. NOURISSAT, *Droit commercial, Actes de commerce-commerçants-Fonds de commerce, concurrence-consommation*, Lexisnexis, 8e édition, 2012, p.366, n°592.

345 R. LIBCHABER, *Biens,* Répertoire de droit civil, n°60.

346 V.P. CATALA, *La propriété de l'information*, Mélanges Raynaud, 1985, Dalloz-Sirey, p. 97 ; pour le développement de la construction, Adde. J.-C. GALLOUX, *Ébauche d'une définition juridique de l'information*, D. 1994. Chron. 229 ; N. MALLET-POUJOL, *Appropriation de l'information : l'éternelle chimère,* D. 1997. Chron. 330 ; E. DARAGON, *Étude sur le statut juridique de l'information*, D. 1998. Chron. 63.

347 CEDH 18 sept. 2007, Paeffgengmbh c/ Allemagne, req. no 25379/04, no 21722/05 et no 21770/05, RTD civ. 2008. 503, obs. T. Revet).

348 Ce sont les choses que l'on pèse, compte et mesure.

se fera au jour de la restitution. Il y a deux sortes de consomptibilité : matérielle (destruction à la suite d'un usage) et juridique à savoir la disparition de la chose d'un patrimoine par aliénation[349].

Il convient néanmoins de relever que les critères de la fongibilité ont donné naissance à un débat au sein de la doctrine. Si pour certains, les critères de la fongibilité c'est l'espèce et non l'individualité des choses d'où leur assimilation aux choses de genre ou, pour d'autres, c'est le rapport d'équivalence entre deux choses différentes qui peuvent être données l'un pour l'autre[350].

L'intérêt de faire la distinction entre une chose fongible et non fongible ou corps certain tient au transfert de la propriété de la chose. Alors que les choses de genre se transfère au moment de leur individualisation, c'est-à-dire de leur livraison, sauf volonté contraire des parties, les corps certains le sont au moment de la conclusion du contrat. Un autre intérêt tient à la distinction garantie contre les vices cachés et l'obligation de délivrance conforme.

Une autre classification secondaire est celle que l'on fait entre les choses avec ou sans propriétaire. Il convient de relever en effet que certaines choses telles que les choses communes ne peuvent faire l'objet d'une appropriation, parce qu'ils sont à tous. C'est l'exemple de l'air, l'eau, de la lumière etc…

Il faudra distinguer les choses communes, des choses sans maîtres qui peuvent faire l'objet d'appropriation, mais de façon temporaire n'ont pas de maîtres ou *res nullius*, et les choses qui étaient déjà appropriées, mais abandonnées par leur ancien propriétaire sans intention de les reprendre qualifiées de *res derelictae*. Les règles du droit de l'environnement sont venues remanier quelque peu ces différentes distinctions en précisant par exemple que puisque l'eau est une propriété de tous, il faut la préserver ou en interdisant l'abandon d'objets polluants

On peut dissocier les biens privés soumis au Code civil et les biens publics qui appartiennent à l'Etat, aux collectivités publics et aux établissements publics. Si nous partons de l'article 1e de la loi n°76-66 du 2 juillet 1976 portant Code du domaine de l'Etat qui dispose que le domaine public et le domaine privé de l'Etat s'entendent de tous les

---

349 Rémy LIBCHABER, *Biens*, Répertoire de droit civil, n°58.

350 R. LIBCHABER, op.cit., n°51.

biens et droits mobiliers et immobiliers qui appartiennent à l'Etat, nous pouvons dire qu'il s'agit de biens publics

Les critères de distinction droit réel et droit personnel tiennent au fait que le droit réel est opposable à tous, mais en général, il ne le devient qu'après publication. Le droit personnel quant à lui est relatif et ne confère à son titulaire aucune priorité. Il n'a ni droit de préférence, ni droit de suite. Planiol et Saleilles se sont opposés relativement à cette distinction puisque le premier considère tous les droits comme personnels[351] et le second estime que tous les droits sont réels[352]. Pour les théories modernes, le droit réel n'est pas un droit, mais une relation de principe entre une personne et une chose. Au-delà, il a été question de savoir si la volonté peut créer d'autres droits réels.

59. Au-delà des droits réels, il y a les droits personnels.

B- Les droits personnels

Ces derniers mettent en rapport deux personnes : un sujet actif appelé créancier et un sujet passif dénommé débiteur. En effet, il se crée entre le débiteur et le créancier un lien de droit. Pour cela, on peut se référer à la définition de l'obligation donnée dans le COCC. Aux termes de l'article 1e du COCC, l'obligation lie un débiteur à son créancier en donnant à celui-ci le droit d'exiger une prestation ou une abstention. L'impression qui se dégage de la lecture de cette disposition c'est qu'il y a uniquement deux types d'obligations : une obligation de faire et une obligation de ne pas faire. Pourtant, à côté de celles-ci, nous avons l'obligation de donner, de somme d'argent et l'obligation en nature. En effet, cela ne saurait surprendre dans la mesure où le législateur sénégalais s'est largement inspiré de son homologue français qui, en définissant le contrat, fait apparaître trois types d'obligations : une obligation de faire, de ne pas faire, de donner. On peut se référer aux propos de J. CARBONNIER selon qui le Code Napoléon, dans son article 1101, où il essaie de définir le contrat, se sert de l'obligation comme d'un élément de la définition, mais il ne la définit pas elle-même[353]. Il la fixe sur son objet, donner, faire ou ne pas faire, évoque

[351] PLANIOL, *Traité élémentaire de droit civil*, 1e édition, 1897, t. 1, 4e édition, 1906, n°2159.

[352] SALEILLES, *L'obligation d'après le premier projet du Code civil allemand*, 1889.

[353] J. CARBONNIER, *Flexible droit, Pour une sociologie du droit sans rigueur*, L.G.D.J, 2001, 10e édition, p.324.

allusivement sa source, la volonté humaine, car les personnes s'obligent, ne sont pas obligées du dehors[354].

60. Avec l'ordonnance n° 2016-131 du 10 février 2016 portant réforme du droit des contrats, du régime général et de la preuve des obligations, la définition du contrat a évolué. Désormais, le contrat n'est plus une espèce de convention, mais peut avoir le même objet ou périmètre que la convention[355]. Faisons remarquer que l'expression « personnel » signifie en droit « incessible ». Les sources des droits personnels sont prévues à l'article 39 du COCC. Il résulte de cette disposition trois sources de l'obligation : le contrat, le délit et les quasi-contrats. Pour faire simple, les sources sont des actes et des faits juridiques.

61. La doctrine française avait décelé l'existence de nouveaux droits patrimoniaux nés du travail et de l'activité des particuliers, à savoir les droits intellectuels et les droits des clientèles civiles et commerciales en particulier[356].

En outre, nombreux sont les auteurs qui nient toute existence d'un droit mixte, toute en admettant une action mixte[357]. C'est dire que la catégorie est controversée.

C- La difficile distinction droit réel et droit personnel

Il s'agit des droits intellectuels (1) d'une part et des droits potestatifs d'autre part (2).

1- Les droits intellectuels ou la catégorie controversée

62. Il existerait une troisième catégorie de droits patrimoniaux à savoir les droits intellectuels ou de clientèle. Osons le dire, ces droits

---

354 J. CARBONNIER, ibid.

355 V. Néanmoins Y. BUFFELAN-LANORE, V. LARRIBAU-TERNEYRE, *Droit civil, Les obligations*, 15e édition, 2017, p.268, n°824. Selon ces auteurs, l'incertitude demeure néanmoins sur la distinction entre contrat et convention, même si l'enjeu est faible puisque les conventions obéissent en tant que de besoin aux règles du contrat. Ils relèvent qu'avant la version définitive de l'ordonnance du 10 février 2016, le contrat était défini comme un accord de volontés en vue de produire des effets de droits.

356 P. CATALA, *La transformation du patrimoine dans le droit civil moderne*, RTDCiv, 1966, p.199, n°19 ; G. MICHAELIDES-NOUAROS, *L'évolution récente de la notion de droit subjectif*, RTDCiv, 1966, p.222.

357 V. S. GUINCHARD et alii, *Procédure civile*, Dalloz, 2013, 3e édition, Collection « Hypercours », p.82, n°157.

sont rangés par certains parmi les droits extrapatrimoniaux[358]. Pourtant, pour le professeur COULOMBEL, il s'agit d'un ensemble de droits patrimoniaux très divers mais présentant un caractère commun qui permet de les regrouper dans une catégorie nouvelle[359]. Ce point commun, c'est d'assurer à leur titulaire un monopole permettant de rassembler, de conserver, d'exploiter une clientèle[360]. C'est pourquoi, le professeur COULOMBEL préfère parler de « droits de clientèle ». En outre, des auteurs soutiennent que les droits intellectuels constituent une remise en cause de la distinction droit réel et droit personnel, au-delà de la théorie objective de SALEILLES en vertu de laquelle il n'y aurait que de droits réels et de la théorie personnaliste selon laquelle tous les droits sont personnels[361]. Parmi ces droits intellectuels nous avons les activités de l'esprit (propriété littéraire et artistique, la propriété industrielle), les droits qui s'organisent autour de la clientèle, le droit au bail

2- Les droits potestatifs ou le dépassement de la distinction

63. Les droits potestatifs viendraient troubler la distinction droits réels et droits personnels. Les droits potestatifs sont des « pouvoirs par lesquels leurs titulaires peuvent influer sur les situations juridiques préexistantes en les modifiant, les éteignant, ou en en créant de nouvelles au moyen d'une activité propre unilatérale[362] ». L'élément déterminant dans la définition d'un droit potestatif c'est la situation juridique[363].

A titre d'exemple de droit potestatif, nous pouvons citer la clause de modification unilatérale qui offre à l'une des parties de modifier unilatéralement un élément du contrat notamment lorsque l'on veut adapter le contrat dans un environnement changeant[364]. Cette clause confère une prérogative contractuelle à son bénéficiaire pour adapter le

---

358 V. Par exemple PH. MALINVAUD, *Introduction à l'étude du droit*, Lexisnexis, 13e Ed, 2011, p.385, n°431.

359 P. COULOMBEL, op.cit., p.220.

360 P. COULOMBEL, op.cit., p.222.

361 D. FASQUELLE, M.-A. FASQUELLE-LEONETTI, *Droit des personnes et droit des biens*, 2e édition, 1998, p.63, n°96-97.

362 I. NAJJAR, *Le droit d'option. Contribution à l'étude du droit potestatif et de l'acte unilatéral*, Bibl. dr. privé, t. 85, 1967, n° 99

363 C. POMART-NOMDEDEO, *Le régime juridique des droits potestatifs en matière contractuelle, entre unité et diversité*, RTD civ. 2010. 209.

364 (Dir) J. MESTRE et J.C. RODA, *Les principales clauses des contrats d'affaires*, Lextenso éditions, 2011, p.623, n°1115.

contrat, qui relève d'un droit potestatif[365]. Elle diffère de la clause de résiliation unilatérale en ce que celle-ci porte sur la durée et non le contenu des obligations. La clause de résiliation est la stipulation contractuelle par laquelle une partie se réserve la faculté de mettre fin au contrat pour l'avenir, avant l'arrivée du terme extinctif, en cas de survenance d'un événement déterminé autre qu'une inexécution contractuelle[366]. Dans cette clause, nous sommes également en présence d'un droit potestatif. Il y a également l'option dans le cadre d'une promesse unilatérale qui n'est ni un droit réel, ni un droit de créance[367]. Les droits potestatifs existent également en droit de la famille. C'est le cas en matière d'adoption, de reconnaissance d'enfant naturel, du testament et de la renonciation successorale[368].

L'étude des droits patrimoniaux étant close, celle des droits extrapatrimoniaux mérite d'être entreprise.

§2. Les droits extrapatrimoniaux

64. Ce sont des droits subjectifs insusceptibles d'évaluation pécuniaire. Les droits extrapatrimoniaux sont indisponibles, intransmissibles à cause de mort de leur titulaire et imprescriptibles, que cette prescription soit acquisitive ou extinctive.

Nous allons voir d'abord les droits de la personnalité (A) ensuite les autres droits extrapatrimoniaux (B).

A- Les droits de la personnalité

Ils différent des droits personnels qui renvoient à la relation entre une personne et une autre de telle sorte que l'une peut réclamer à l'autre l'exécution d'une obligation. En France, les droits de la personnalité sont une création prétorienne[369] et doctrinale[370]. Selon un auteur, le développement des droits de la personnalité a pour facteur, l'intrusion

---

[365] (Dir) J.MESTRE et J.C.RODA, ibid ; Adde, J.ROCHFELD, *Les droits potestatifs accordés par le contrat*, in Le contrat au début du XXIe siècle, Etudes offertes à J. GHESTIN, LGDJ, 2001, p.747 s.

[366] (Dir) J.MESTRE, J.C.RODA, op.cit., p.929, n°1634.

[367] I. BEYNEIX, L.-C. LEMMET, *La négociation des contrats*, RTD com. 2016. 1

[368] C. POMART-NOMDEDEO, op.cit., RTD civ. 2010. 209

[369] DP 1903. 1. 5, concl. BAUDOUIN, note COLIN.

[370] Perreau, RTD civ. 1909. 501.

des technologies dans la vie privée des individus, les pouvoirs de la médecine sur le corps humain et internet[371].

Les droits de la personnalité sont selon une doctrine autorisée, en crise[372]. On dit que ces derniers sont attachés à la personne. Il est difficile de faire un catalogue des droits de la personnalité[373] tant les auteurs sont divisés. Pour A. PENNA néanmoins, on rangera dans la catégorie des droits de la personnalité, le droit à l'intégrité physique, morale et enfin le droit à la vie privée[374]. Il n'est d'ailleurs pas le premier[375]. On pourrait y ajouter le droit moral de l'artiste sur son œuvre, le droit de se défendre, de se donner le visage et la physionomie que l'on veut. Il faut préciser que les droits de la personnalité sont la manifestation de l'égoïsme humain tandis que les droits de la famille sont plus des fonctions à exercer que des droits.

65. Le droit au respect de l'intégrité physique constitue un droit de la personnalité. La question de son étendue se pose tant en public, qu'en droit pénal notamment avec la peine de mort, en droit privé, avec les soins appliqués sans consentement du malade, les prélèvements consentis d'organes, de sang, ou dans l'intérêt de la science.

Il n'est pas permis à une personne de s'immiscer dans la vie privée d'autrui. C'est la raison pour laquelle le domicile est inviolable (perquisition, saisie), les correspondances et les données à caractère personnel sont protégées, la personne a un droit à l'image. Ce dernier

---

371 J.- M.BRUGUIERE, *Dans la famille des droits de la personnalité, je voudrais...*, D. 2011. 28. Selon l'auteur, seules les personnes et ni l'homme ni l'espèce humaine devraient jouir des droits de la personnalité. Toujours selon lui, il y a un mélange de genre que le Code civil fait, non sans préciser que Le droit à la dignité vise en effet à lutter contre tout ce qui conduit à nier l'humain dans l'homme. Le droit à la personnalité vise à défendre tout ce qu'il y a de propre à la personne, ce qui constitue son individualité au travers de sa vie privée, son image, sa voix... Dit autrement, la dignité transcende chaque personne. La dignité touche tout ce que chaque personne partage avec le genre humain. La personnalité est bien plus étroite. L'auteur pense que le corps humain n'est pas un droit de la personnalité.

372 TH. HASSLER, *La crise d'identité des droits de la personnalité*, Petites affiches, 07 décembre 2004 n° 244, p. 3. Pour l'auteur, l'une des manifestations de la crise d'identité réside dans la patrimonialisation des droits extrapatrimoniaux. On peut également citer l'apparition de nouveaux droits de la personnalité.

373 A. PENNA, *Droits de la personnalité*, in Dictionnaire des droits fondamentaux, sous la direction de D. CHAGNOLLAUD, G. DRAGO, Dalloz, 2006, p.567.

374 A. PENNA, op.cit., p.568.

375 H. COING, *Droit à l'honneur et droit à l'information en droit allemand,* Mélanges P. ROUBIER, t. 2, p.399.

droit constitue un droit à l'intégrité morale au même titre que le droit pour l'individu d'être transsexuel[376], de préserver son honneur, sa réputation.

A l'instar des personnes physiques, les personnes morales jouissent des droits de la personnalité[377], mais avec une intensité variable. C'est ainsi que les personnes morales ne peuvent pas jouir d'un droit au respect de leur vie privée[378]. Cela ne fait que confirmer ces propos de KAYSER « certains droits de la personnalité ne peuvent, en revanche, être étendus aux personnes morales, et elles ne bénéficient pas d'un droit analogue, parce que le droit a un lien si étroit avec la personnalité humaine, qu'il ne peut exister que pour elle. C'est le cas pour le droit sur le corps et pour le droit sur l'image[379] ». Les droits de la personnalité ne constituent pas l'unique catégorie des droits extrapatrimoniaux. Au-delà de ceux-ci, il y en a d'autres.

B- Les autres droits extrapatrimoniaux

Il s'agit des droits politiques (le droit de vote par exemple), des droits de la famille[380] (droit à la fidélité de son époux, droit découlant de la paternelle tels que le droit garde, surveillance et éducation de l'enfant) et du droit moral de l'auteur. Le droit de vote est rangé dans la catégorie des droits civiques dont fait allusion l'article 25-3 issu de la loi **constitutionnelle n° 2016-10 du 05 avril 2016 portant révision de la Constitution[381].** Contrairement au droit français, en droit sénégalais on parle de puissance paternelle et non d'autorité parentale et ce n'est pas faute pour les féministes d'avoir essayé d'intégrer ce concept dans l'ordonnancement juridique[382].

---

376 D. ROMAN,*Le corps a-t-il des droits que le droit ne connaît pas* ?, D. 2005. 1508

377 L. DUMOULIN, *Les droits de la personnalité des personnes morales*, Rev. sociétés 2006. 1 ; Adde N. MATHEY, *Les droits et libertés fondamentaux des personnes morales de droit privé*, RTD civ. 2008. 205

378 TH. GISCLARD, *Les personnes morales ne peuvent pas se prévaloir de l'article 9 du code civil*, Dalloz IP/IT 2016. 309 ; ContraAix-en-Provence 10 mai 2001, D. 2002. 2299, obs. A. Lepage.

379 KAYSER,*Les droits de la personnalité*, RTD civ. 1971. 445, n° 35.

380 La question qui se pose est celle de savoir s'il s'agit des fonctions à exercer plutôt que des droits.

381 J.O. N° 6926 du jeudi 07 avril 2016.

382 F. K. CAMARA, *Le Code de la famille du Sénégal ou de l'utilisation de la religion comme alibi à la légalisation de l'inégalité de genre*, Nouvelles annales africaines, n°2-2008, p.32.L'auteure écrit que « curieusement, l'égalité si

66. Le droit moral de l'auteur constitue l'ensemble de droits extrapatrimoniaux d'un créateur sur son œuvre[383]. Aux termes de l'article L. 111-3, al. 1er, CPI : « La propriété incorporelle (...) est indépendante de la propriété de l'objet matériel ». L'œuvre est distinct du support[384].

67. En droit français, l'article 2 et 1de la loi n°2008-1484 du 22 décembre 2008 définissent respectivement les actes de disposition et d'administration. Dans la gestion du patrimoine, on distingue trois types d'actes : les actes conservatoires, de disposition et d'administration.

Certains auteurs nient toute existence de patrimonialisation des droits de la personnalité et préfèrent parler de droits de la notoriété[385].

SECTION 3 : LES SOURCES ET PREUVE DES DROITS SUBJECTIFS

A quoi sert-il d'avoir un droit si on n'est pas en mesure d'établir son existence devant un juge ? L'impossibilité de prouver un droit équivaut à l'absence de droit. L'adage idem est non esse et non probari (ne pas être ou ne pas être prouvé, c'est un tout) le traduit bien. La preuve double le droit, comme l'ombre suit le corps[386]

Successivement, nous traiterons des sources (PARAGRAPHE 1) et de la preuve des droits subjectifs (PARAGRAPHE 2).

---

scrupuleusement établie en matière de devoirs, cède brutalement lorsqu'il s'agit de désigner le détenteur de l'autorité parentale. Les termes utilisés perdent leur neutralité vis-à-vis du genre, et le législateur consacre sans sourciller le concept, inconnu de la tradition négro-africaine, de « puissance paternelle ». Le constat est que l'auteure utilise délibérément l'expression « autorité parentale » alors que celle-ci n'est pas encore consacrée en droit sénégalais.

383 E. U. GOUT, F.-J. PANSIER, *Petit lexique juridique, mots et expressions*, Larcier, 2013, collection Paradigme, p.93.

384 J.-M. BRUGUIERE, *Dans la famille des droits de la personnalité, je voudrais...* op.cit., n°19.

385 J.-M. BRUGUIERE, *« Droits patrimoniaux » de la personnalité*, RTD civ. 2016. 1

386 H. ROLAND, L. BOYER, *Adages du droit français*, 4e édition, LITEC, 1999, p.312, n°161.

§1. Les sources des droits subjectifs

68. Il s'agit des actes (A) et des faits juridiques (B).

A- L'acte juridique

L'acte juridique est une manifestation de volonté ayant pour objet ou pour effet de créer des effets de droit. Les actes juridiques peuvent être classés en fonction du nombre de parties à l'acte, de leurs effets et de la portée de leur application théorisée par L. DUGUIT, à savoir l'acte-règle (statuts, convention collective), l'acte-condition et l'acte subjectif tel que le contrat. Après la classification des actes juridiques, intéressons-nous à leurs conditions de validité. Il y a ce faisant, des conditions de fond et de forme. Les conditions de fond sont relatives au consentement, à la capacité, à l'objet et à la cause. Relativement aux conditions de forme, il convient de préciser qu'en principe, on privilégie le consensualisme. La preuve en que l'article 41 COCC est intitulé « consensualisme ». Mais de façon exceptionnelle, l'écrit ou d'autres formes peuvent être exigés pour la validité d'un contrat déterminé. Ces contrats sont appelés contrats solennels. C'est l'exemple des contrats immobiliers. Faisons remarquer que l'écrit est parfois nécessaire pour les besoins de preuve ou d'opposabilité.

Il existe une sanction des conditions de validité des actes juridiques : la nullité. Lorsque l'on se réfère au COCC, on constate que le législateur a choisi pour critère non la gravité de l'acte, mais le but recherché dans la sanction à savoir la protection soit de l'intérêt général, soit de l'intérêt particulier.

69. Il faut noter qu'il y a une nullité textuelle et une nullité virtuelle. Dans ce dernier cas, le juge qui aura remarqué que l'irrégularité est d'une gravité profonde, peut, en l'absence de texte, prononcer la nullité. C'est le cas lorsqu'une formalité substantielle a été violée. Lorsque l'irrégularité est très prononcée, certains préfèrent parler d'inexistence. Cette sanction entraîne pour conséquence le fait qu'elle n'a pas besoin d'être constatée par le juge, que le droit d'invoquer l'inexistence ne se prescrit pas et tout intéressé peut agir à cette fin.

L'annulation de l'acte produit des effets. Ainsi, l'acte nul est censé ne jamais avoir existé sauf pour les contrats à exécution successive, les contrats conclus avec un incapable. De même, si l'irrégularité ne concerne qu'une seule clause du contrat, toute la question qui se pose est celle de savoir si c'est l'acte tout entier qui sera anéanti ou la seule clause irrégulière. La réponse variera selon que la clause est essentielle ou secondaire. Dans la première hypothèse, la nullité de la clause entraînera celle de l'acte entier. En revanche, dans la seconde hypothèse, seule la clause sera frappée de nullité.

70. La nullité diffère de la réfection, de l'inopposabilité, de la rescision et de la résiliation ou résolution. La nullité et l'inopposabilité se distinguent par leurs effets. Ainsi, si irrégularité il y a, l'acte n'affecte pas la relation entre les parties. Seulement, les tiers ont le droit d'ignorer cette relation. C'est l'exemple de la contre-lettre qui est inopposable aux tiers. L'article 112 du COCC dispose que la contre-lettre n'est pas opposable aux créanciers des contractants. Elle ne leur nuit point. Qu'en est-il de la situation des ayants à titre particulier ? La réponse peut être trouvée à l'article 113 du COCC en vertu duquel La contre-lettre ne peut créer d'obligation à la charge des ayants cause à titre particulier des contractants, mais ils peuvent en invoquer le bénéfice.

L'inopposabilité est invoquée lorsque des conditions de publicité sont exigées pour protéger les tiers.

On est en présence d'une caducité lorsqu'un contrat régulièrement formé perd après cette formation un élément essentiel à sa validité ou nécessaire à sa perfection, du fait d'un événement extérieur à la volonté des parties[387]. Elle est consacrée par les articles 1186 et 1187 issus de l'ordonnance du 10 février 2016. Ainsi, la caducité peut être invoquée dans les ensembles contractuels. Avant l'ordonnance précitée, la jurisprudence française a décidé que le défaut d'option par le bénéficiaire d'une promesse unilatérale dans les délais prévus est sanctionné par la caducité[388]. Il en est de même de la défaillance d'une condition suspensive[389]. La résiliation est la sanction de l'inexécution d'un contrat à exécution successive, là où la résolution est celle d'un contrat instantané. Résolution et nullité diffère donc par le fait que cette dernière sanctionne les conditions de formation du contrat là où la première concerne l'inexécution ou s'apprécie en cas de survenance d'une condition résolutoire.

---

[387] Y. PICOD, *Nullité*, Répertoire de droit civil, mars 2013 (actualisation : octobre 2016), n°14.

[388] RTD civ. 2011. 532, obs. FAGES

[389] RTD civ. 1996. 608, obs. MESTRE

La rescision est la sanction d'une lésion définie comme un déséquilibre au moment de la formation du contrat. Elle n'est cause de nullité que dans les cas prévus par la loi.

En droit français, la jurisprudence sanctionnait par la nullité absolue le défaut de consentement et de pouvoir de représentation[390]. Pourtant, en 1992 et 2006, le juge a décidé que la nullité est relative[391].

L'absence de cause objective entraîne-t-elle la nullité absolue ou relative ? Si au regard du droit sénégalais, la nullité est relative, en droit français, il fut un temps où aussi bien la jurisprudence que la doctrine ont opté pour la nullité absolue en raison du fait que la cause est une condition essentielle de formation des contrats[392]. Cette option n'est plus d'actualité en tout cas au sein de la chambre civile de la Cour de cassation. Nous reviendrons plus en profondeur sur ces différents développements au titre réservé au contrat dans la deuxième partie.

En matière contractuelle, la réfection consistera à passer un nouveau contrat ayant le même objet que celui qui était irrégulier et qui disparaît. Il faut distinguer cette réfection, même rétroactive[393], de la régularisation du contrat, qui consiste, quant à elle, à maintenir le contrat initial en le perfectionnant[394].

La clause réputée non écrite diffère de la nullité en ce sens que cette dernière, lorsqu'elle est prononcée, signifie anéantissement de l'acte tandis qu'en présence d'une clause réputée non écrite, on considère que celle-ci est inexistante. Cette inexistence diffère de la théorie de l'inexistence soutenue au XIX. L'inexistence de l'acte était liée à l'absence de l'un des éléments essentiels à sa formation - volonté, objet ou cause -, tandis que la nullité visait les vices dont les éléments de

---

390 Civ. 1re, 23 nov. 1976, Bull. civ. I, n° 361. - Civ. 3e, 15 avr. 1980, D. 1981. IR 314, obs. Ghestin. - Cass., ass. plén., 28 mai 1982, Consorts Mégevand, D. 1983. 349, note GAILLARD.

391 (Civ. 1re, 25 mai 1992, n° 90-19.969 , Bull. civ. I, n° 156. - Civ. 1re, 2 nov. 2005, n° 02-14.614 , Bull. civ. I, n° 395 ; RTD civ. 2006. 138, obs. GAUTIER.

392 Civ. 16 nov. 1932, préc. - Civ. 1re, 17 déc. 1959, D. 1960. 294. - Civ. 1re, 10 févr. 1993, CCC 1993. Comm. 128, obs. LEVENEUR. - Civ. 3e, 2 déc. 1992, CCC 1993. Comm. 23, obs. LEVENEUR.

393 E. LANGELIER, A. VIROT-LANDAIS, *Mérites et limites du recours à la régularisation des actes viciés*, La Semaine Juridique Administrations et Collectivités territoriales n° 30-34, 27 Juillet 2015, 2245, n°4.Pour l'auteur la réfection n'est pas rétroactive.

394 J.-F. LAFAIX, *La régularisation en matière contractuelle*, Contrats et Marchés publics n° 8-9, Août 2017, étude 9

formation étaient atteints[395]. JAPIOT conteste cette théorie. Il existe une différence de régime entre la nullité et la clause réputée non écrite qui se manifeste à travers l'objet de la demande, la prescription et l'office du juge. Relativement à l'objet de la demande, si en matière de nullité on demande au juge de prononcer celle-ci, lorsqu'une clause est réputée non écrite, on demande au juge de la constater. L'action en nullité se prescrit contrairement à celle d'une clause réputée non écrite.

Il existe plusieurs catégories d'actes juridiques : unilatéraux, bilatéraux et multilatéraux. L'acte unilatéral provient de la manifestation de volonté d'une seule personne. L'acte bilatéral est celui qui provient de la manifestation de deux personnes. Quant à l'acte multilatéral, il est établi par plusieurs personnes unies par une communauté d'intérêts. C'est l'exemple de la convention collective.

B- Le fait juridique

71. Quant au fait juridique, il s'agit d'un événement ou un fait qui produit des effets de droit. Un auteur a distingué les faits de la nature tels que la naissance, la majorité, la parenté, le décès, et les faits de l'homme tels que le délit, le quasi-délit et le quasi-contrat. Au sein des faits de la nature, on peut citer la prescription de même que le cas fortuit ou la force majeure (foudre, tempête)[396].Un examen du Code de la famille et du COCC permet de s'en faire une idée précise. En effet, le titre II du Livre I du COCC est intitulé « Le délit », tandis que le Titre III du même Livre a pour dénomination « Les autres sources d'obligations ». Il s'agit des quasi-contrats.

§2. La preuve des droits subjectifs

Il convient de répondre aux questions suivantes : que doit-on prouver ? Qui doit prouver ? Par quels moyens doit-il le faire ? Nous étudierons d'abord l'objet de la preuve (A), ensuite la charge de la preuve (B), et enfin les différents modes de preuve (C).

A- L'objet de la preuve

Relativement à la première question, il faut faire remarquer que l'on doit prouver soit un acte juridique, soit un fait juridique.

---

395 J. KULLMANN, *Remarques sur les clauses réputées non écrites*, Recueil Dalloz 1993 p.59.

396 PH. MALINVAUD, op.cit., pp.399-401.

1- La preuve des actes juridiques

La preuve des actes juridiques obéit à un principe posé à l'article 14 du Code des obligations civiles et commerciales selon lequel toute convention dont l'objet excède vingt mille francs (20.000) doit faire l'objet d'une preuve par écrit. C'est ce que l'on appelle la préconstitution de preuve. Ce principe souffre néanmoins d'exceptions lorsque par exemple l'objet de la convention est inférieur ou égal à vingt mille francs (20.000), en cas de commencement de preuve par écrit, en cas d'impossibilité matérielle ou morale, dans un litige entre commerçants[397].

2- La preuve des faits juridiques

72. La preuve des faits juridiques s'établit par tout moyen sauf pour les actes d'état civil. Aux termes de l'article 29 du Code sénégalais de la famille, l'état des personnes n'est établi et ne peut être prouvé que par les actes d'état civil[398]. Pourtant, un examen de l'article 98 du même Code permet de se rendre compte du fait que les actions d'état peuvent être prouvées par la possession d'état. En effet, le principe est que ces actions soient fixées par, et pour reprendre l'expression de l'article 98, « *les moyens de preuve autorisés* ». Les moyens en question ne sont rien d'autres que les actes d'état civil. Celui qui prétend avoir l'état auquel il prétend doit établir qu'il s'est comporté de façon constante, a été traité par la famille et considéré par la société comme ayant celui-ci. On retrouve cette même exigence à l'article 199 du Code de la famille. Cette preuve se fait par tous moyens[399]. L'article 198 du Code de la famille intitulé « définition de la possession d'état » donne simplement des indications de la possession d'état à savoir une réunion suffisante de faits qui indiquent le rapport de filiation et de parenté entre un enfant et la famille à laquelle il prétend appartenir. Ces faits peuvent être l'entretien de l'enfant, son hébergement, sa scolarisation. L'aspect quantitatif est pris en compte. Dans tous les cas, la possession d'état peut être prouvée et constatée par témoins.

---

397 Article 13 COCC. Le législateur sénégalais utilise l'expression « en matière commerciale ». Est-ce à dire que le litige ne doit concerner que deux commerçants ou un commerçant et un non commerçant ? Rien n'est moins sûr.

398 L'article 197 alinéa 1

399 Etre titre de la possession d'état donne cependant des droits limités. A preuve l'article 137 du Code de la famille

B- La charge de la preuve

73. A la question de savoir qui doit prouver, l'adage *actor incumbit probatio* permet d'y répondre. Il est consacré à l'article 9 COCC[400]. Il existe une bilatéralisation de la charge de la preuve puisque toujours selon l'article 9 alinéa 2, celui qui se prétend libéré doit prouver que l'obligation est inexistante ou éteinte. Seulement, il existe deux exceptions à cet adage. D'abord le renversement de la charge de la preuve, ensuite la dispense de preuve. On parle de dispense de la preuve en présence d'une présomption légale. Celle-ci peut être simple ou irréfragable. Elle produit un renversement de la charge de la preuve. En revanche, les présomptions du fait de l'homme ne modifient pas la charge de la preuve.

C- Les modes de preuves

74. Ils sont prévus dans le COCC et le Code de procédure civile sénégalais (CPCS). On peut par exemple citer la descente sur les lieux, l'expertise. La descente sur les lieux est prévue à l'article 153 du CPCS. Quant à l'expertise, elle est prévue à l'article 156 du même Code.

L'article 12 du COCC cite les différents modes de preuve. Il s'agit de l'écrit, le témoignage, la présomption du fait de l'homme, l'aveu et le serment. On se rend compte que le législateur sénégalais a opté pour un système légal de preuve. Mais a-t-il hiérarchisé ces différents modes de preuve ? Nous ne le pensons pas au regard du fait qu'en 1963, le législateur était bien conscient de la situation selon laquelle la majeure partie des sénégalais n'avaient pas recours, dans le cadre de leurs transactions, à l'écrit. Les réalités sociologiques vont donc à l'encontre de tout privilège à accorder à celui-ci. Et d'ailleurs, l'écrit comme condition d'efficacité n'est exigé que lorsque la valeur de la transaction est supérieure à 20.000 francs. Si ce montant peut paraître relativement insignifiant de nos jours, il ne l'était pas à l'époque. Loin d'imposer l'écrit comme mode de preuve le plus important, le législateur l'encourage par moment, à défaut de l'exiger. Dans la même foulée, il n'a pas négligé la volonté des parties en matière de modes de preuves ; d'où la validité des clauses relatives aux modes de preuve[401]. En revanche, les conventions ayant pour objet de modifier la charge de la

---

[400] Aux termes de cette disposition : « celui qui réclame l'exécution d'une obligation doit en prouver l'existence ».

[401] Article 37 COCC.

preuve telle qu'elle est répartie par la loi sont nulles[402]. Le principe en matière d'actes juridiques c'est la préconstitution de preuve lorsque l'objet de la convention excède vingt mille francs (20000). Mais il peut arriver que le créancier ne puisse se procurer ou produire une preuve écrite de la convention. Dans ce cas, on peut prouver par tout moyen. Ce peut être une impossibilité matérielle ou morale. C'est également le cas en présence d'un commencement de preuve par écrit. L'article 16 COCC définit le commencement de preuve par écrit comme un écrit qui rend vraisemblable le fait allégué et qui émane de celui auquel on l'oppose, de son auteur ou de son représentant. Les déclarations faites par les parties lors d'une comparution personnelle ordonnée par le juge sont assimilées au commencement de preuve par écrit. En présence d'un commencement de preuve par écrit, témoignage et présomptions sont recevables. Il ne peut s'agir que de toute présomption, le législateur sénégalais n'ayant opéré aucune distinction.

75. Le témoin est une personne qui a constaté elle-même, par ses propres sens, le fait ou l'acte au sujet duquel elle porte son témoignage[403]. Les présomptions légales peuvent se définir comme les conséquences que la loi tire d'un fait connu. Ainsi, celui en faveur de qui la présomption légale a été posée n'a pas à prouver ces conséquences puisque par hypothèse la loi elle-même les présume[404]. L'article 10 du COCC parle de dispense de preuve de la part de celui qui devait établir les actes ou faits auxquels la loi a attaché une présomption. Ce n'est pas à dire que la présomption légale ne supporte pas la preuve contraire. Bien au contraire, celle-ci peut se faire par tout moyen. Mais, la preuve contraire peut être interdite dans les cas prévus par la loi ou limitée dans son objet ou dans les moyens de preuve laissés à la disposition des parties. C'est dire qu'il y a deux types de présomptions : les présomptions légales simples contre lesquelles la preuve contraire est toujours possible[405] et les présomptions légales irréfragables qui ne tolèrent aucune preuve contraire.

76. Il faut faire remarquer qu'il existe deux catégories d'écrit : l'acte authentique écrit émanant d'un officier public tel qu'un notaire, huissier de justice ou officier de l'état civil et l'acte sous-seing privé, écrit établi

---

[402] Article 38 COCC.

[403] G. GUERY, *L'essentiel du droit des affaires*, 7e édition, DUNOD, 1997, p.97.

[404] G.GUERY, Ibid, n°3.1.

[405] Voir la responsabilité des père et mère du fait de leurs enfants mineurs habitant avec eux en droit sénégalais.

par entre particuliers. Dans le COCC, ils ont pour siège respectivement les articles 17 et 19. La distinction entre ces deux actes tient à leur auteur d'une part et à leur force probante à l'égard de tous d'autre part. Comme le précise l'article 17 COCC, l'acte authentique doit être reçu par un officier public compétent instrumentant dans les formes requises par la loi. A défaut, l'acte va valoir comme acte sous seing privé s'il a été signé par les parties. L'acte authentique fait foi jusqu'à inscription de faux seulement de ce que l'officier a fait ou constaté personnellement conformément à ses fonctions car pour le surplus, l'acte fait foi seulement jusqu'à preuve contraire. S'il est signé, l'acte sous seing privé est valable. En présence d'un contrat synallagmatique constaté sous seing privé, il faut la formalité du double. En revanche, lorsque l'engagement unilatéral est constaté par un acte sous seing privé, c'est la formalité du bon pour qui est appliqué. Une lecture attentive de l'article 22 COCC permet de se rendre compte d'une certaine hiérarchisation des situations. En effet, l'acte sous seing privé contenant un engagement unilatéral doit être rédigé en entier de la main de celui qui le souscrit. Dans le cas contraire, celui qui s'engage doit écrire de sa main, outre sa signature, un bon pour ou un approuvé portant en toutes lettres, le montant de son obligation dont il fait preuve sauf s'il y a des témoins certificateurs. On parle de témoins certificateurs lorsqu'un illettré a participé à un acte et qu'il doive se faire assister de deux témoins lettrés. Dans tous les cas, l'acte sous seing privé fait foi de son contenu à l'égard de tous jusqu'à preuve contraire ; encore faudrait-il qu'il soit reconnu par celui auquel on l'oppose ou déclaré sincère par le juge.

77. L'examen de l'article 29 du COCC permet de conclure, contrairement à ce que nous avions dit précédemment, à une prévalence de l'écrit sur le témoignage et la présomption du fait de l'homme dans la mesure où ces différents modes de preuve ne sont admissibles que lorsque la préconstitution de preuve n'est pas obligatoire. On dit que la preuve par témoins ou par présomptions du fait de l'homme n'est pas recevable contre et outre le contenu d'un acte écrit. Les présomptions de fait sont des éléments connus qui peuvent servir d'indices à la preuve d'un élément inconnu[406]. Les enregistrements de la parole ne peuvent être retenus que comme commencement de preuve par écrit. L'aveu extrajudiciaire a la même valeur que la présomption du fait de l'homme.

---

[406] G. GUERY, op.cit., p.98.

En présence d'un témoignage ou d'une présomption du fait de l'homme, le juge a un pouvoir d'appréciation. Il en apprécie la gravité, la précision et la concordance. Le législateur sénégalais, a fait de l'article 31 COCC, le pendant de l'article 1353 du Code civil ancien.

L'aveu et le serment sont les autres modes de preuve prévus par la loi. Si l'aveu est une reconnaissance par une personne de la véracité d'un fait ou de l'acte qu'un adversaire invoque afin d'établir un droit contre elle, le serment est une affirmation solennelle de la véracité d'un fait ou d'un acte dont dépend l'issue du litige[407]. L'examen de l'article 35 COCC permet de se rendre compte que la force probante et la forme du serment résulte de la convention des parties passées devant le juge. Le fait de préciser que l'aveu judiciaire est recevable en toute matière ou que le serment peut être déféré en toute matière signifie que ces modes de preuve sont utilisés tant en matière d'acte que de fait juridique.

Refus du serment signifie aveu judiciaire sauf à référer le serment à l'adversaire ; refus de l'adversaire à qui le serment est référé de prêter serment signifie fausseté du fait allégué.

Pour finir avec les modes de preuve, relevons qu'il a deux sortes de serment : supplétoire (demandé par le juge comme complément de preuve) et décisoire (celui déféré par le plaideur à son adversaire).En outre, entre commerçants, la preuve est libre.

Après avoir identifié le Droit, il n'est pas non plus superflu de se demander d'où provient-il. C'est la question de ses sources que nous allons examiner.

---

407 G. GUERY, Ibid.

TITRE 2

LES SOURCES DU DROIT

Plusieurs définitions sont données à l'expression « sources du droit ». Il peut s'agir du fondement idéologique d'un système juridique, des forces créatrices du droit, des supports linguistiques, et des sources documentaires ou normes juridiques dotées de la force obligatoire[408]. L'auteur considère comme source la quatrième définition. La source formelle, cristallisation dans la bouche du chef, du dieu, du juge, du praticien ou du sachant et dans le comportement du peuple de ce droit qui, jusqu'alors était immatériel[409].Les sources matérielles sont le terreau culturel, économique, politique et social dont émane le droit au sens allégorique du terme un peu comme les nuages se forment par évaporation des eaux multiples que renferme le sol. A ce stade du processus créateur du droit celui-ci demeure imperceptible à l'œil le plus exercé, même si le raisonnement permet de s'avancer - à bien des risques et périls - à en prédire le contenu au départ d'une analyse de la composition du milieu qui l'a vu naître[410]. Au sein d'un Etat coexiste plusieurs sources du droit. C'est l'idée d'existence d'un pluralisme juridique dirigée contre la prétention de l'ordre étatique à vouloir concentrer la production du droit à l'égard de tous ses destinataires et donc à réguler l'ensemble des sphères sociales[411]. Au-delà du pluralisme, il y a la coexistence entre l'ordre juridique national

[408] V. PH. JESTAZ, *Sources délicieuses (Remarques en cascades sur les sources du droit*), RTDCiv 1993, p.73 cité par J. VANDERLINDEN, *Contribution en forme de mascaret à une théorie des sources du droit au départ d'une source délicieuse*, RTD civ. 1995. 69

[409] J. VANDERLINDEN, *Contribution en forme de mascaret à une théorie des sources du droit au départ d'une source délicieuse*, RTD civ. 1995. 69.

[410] J. VANDERLINDEN, Ibid

[411] O. BEAUD, *Ordre constitutionnel et ordre parlementaire. Une relecture à partir de Santi Romano, in* Revue Droits, t. 33, Ordre juridique 1/, p. 85.Adde J. MORET-BAILLY, *Ambitions et ambiguïtés des pluralismes juridiques, in* Revue Droits, t. 35, Ordre juridique 2/, p. 195 ; A.-J. ARNAUD, *Entre modernité et mondialisation. Leçons d'histoire de la philosophie du droit de l'Etat*, 2e éd., LGDJ, 2004, spéc. p. 267 s.

et international[412] ou entre ordres internationaux qui peut parfois être source d'insécurité juridique[413]. Nous pouvons citer à titre d'exemple les articles 8, 13 du Traité de l'UEMOA. Nous allons traiter d'une part des sources formelles (CHAPITRE 1) et d'autre part des sources informelles (CHAPITRE 2), même si d'aucuns parlent de sources formelles, réelles et idéales[414].

---

412 V. LASSERRE-KIESOW, *L'ordre des sources ou Le renouvellement des sources du droit*, D. 2006. 2279.

413 M. NAHM-TCHOUGLI, *L'intégration économique régionale en Afrique de l'Ouest : les cas de la CEDEAO, de l'UEMOA et de l'OHADA, De la recherche de la sécurité juridique au risque d'insécurité juridique*, Revue Togolaise des sciences juridiques, n°1, Juillet-Décembre 2011, pp.83 et s.

414 V. LASSERRE-KIESOW, Ibid

CHAPITRE 1

LES SOURCES FORMELLES

78. Elles comprennent les textes édictés pour régir la vie en société. Par textes, on entend les règles écrites émanant des autorités politiques et administratives, en principe nationales mais aussi parfois internationales[415].Il faut le dire, le principe en vigueur en la matière est celui de la hiérarchie des normes. Ainsi, nous avons au sommet de la pyramide la constitution, ensuite les accords internationaux, les lois qui de l'avis d'un auteur est une passion française[416]. Nous examinerons d'abord les textes nationaux (Section 1), ensuite les textes internationaux (Section 2).

Section 1 : Les textes nationaux

Il s'agit de la Constitution (Paragraphe 1), de la loi parlementaire (Paragraphe 2), des règlements (Paragraphe 3). La problématique de la loi dans le temps ne sera guère occultée (Paragraphe 4).

§1. La constitution

79. Il n'existe pas de définition unanime de la Constitution. Généralement en France, deux conceptions s'opposent : une conception normative et une conception politique. La conception normative recouvre celle matérielle et formelle. Dans la première conception, la Constitution est la Charte fondamentale. On peut la définir comme l'ensemble des règles ayant pour objet d'organiser le fonctionnement de

---

[415] PH. MALINVAUD, *Introduction au droit*, op.cit., p.51, n°63.

[416] M. COUDERC, *Les fonctions de la loi sous le regard du commandeur*, Actualités juridiques, n°70-2001, P.34. L'auteur est néanmoins conscient que la loi se dégrade et en proie à un certain réalisme. Ainsi, les crises de la loi sont l'insuffisance avec ses manifestations telles que l'anémie, la lacune, la carence, et le désordre du fait de son excessivité ou de la rage de tout dire pour reprendre une expression de J. CARBONNIER.

l'Etat[417]. On s'y intéresse donc au contenu du texte. Dans la conception formelle, on met l'accent sur la procédure d'édiction ou de modification des normes.

La conception politique perçoit la Constitution comme un régime politique, ou comme un système de gouvernement[418].

La constitution est mise en place, modifiée ou complétée par la loi constitutionnelle. La révision de la constitution est possible en passant par les articles51 et 103 de la Constitution. Ainsi, l'initiative de la révision appartient concurremment au Président de la République et aux députés. Le Premier Ministre peut proposer au Président une révision de la Constitution. Cette révision ne devient définitive qu'après approbation par référendum à moins que le Président de la République décide de soumettre le projet ou la proposition à l'Assemblée nationale.

Le Préambule a valeur constitutionnelle au Sénégal. En France, le Conseil constitutionnel a étendu son contrôle en donnant valeur constitutionnelle au bloc de constitutionnalité. Il s'agit du Préambule et des documents auxquels il renvoie. Valeur constitutionnelle a été reconnue aux principes fondamentaux reconnus par les lois de la République.

Les lois organiques précisent les règles d'organisation et de fonctionnement des différents pouvoirs publics. Elles sont votées dans les conditions de l'article 71 de la Constitution

La valeur juridique des lois organiques est discutée même si l'idée se fait jour qu'elles ont une valeur infra constitutionnelle et supa législative.

§2. La loi

Le mot « loi » est employé dans plusieurs vocabulaires : philosophique, scientifique, religieux. Il va au-delà du cadre juridique[419]Les relations entre l'ordre et la loi sont évoquées. Ainsi, la loi peut être à la fois le reflet de l'ordre ou moyen de celui-ci[420]. Nous disons dans nos développements précédents que la loi est une passion

---

417 J.-F. BOCQUILLON, M. MARIAGE, *Introduction au droit de l'entreprise*, 2e édition, DUNOD, 2000, p.19.

418 O. BEAUD, *Constitution et droit constitutionnel*, in Dictionnaire de la culture juridique, p.259.

419 F. SAINT-BONNET, *Loi*, in Dictionnaire de la culture juridique, op.cit., p.959.

420 F. SAINT-BONNET, p.960.

française. L'une des raisons à rechercher dans les écrits de Rousseau et de Portalis. Pour J. J. Rousseau, « il faudrait être des Dieux pour donner des lois aux hommes[421] ». Quant à Portalis, il estime que « les lois ne sont pas de purs actes de puissance ; mais des actes de sagesse, de justice, de raison » et que les « codes des peuples se font avec le temps ; mais à proprement parler, on ne les fait pas[422] ». L'exégèse s'explique donc par cette révérence quasi-divine à l'égard de la loi. En outre, les Révolutionnaires de 1789, convaincus que la monarchie a bafoué les droits des hommes ont assimilé la loi à la règle de droit.

Dans tous les cas, on définit le plus souvent la loi au sens formel et matériel. L'accent est mis ici sur la loi au sens formel. Celle-ci est élaborée sur la base d'une procédure bien déterminée, votée au Sénégal par l'Assemblée nationale. Nous parlons ici des lois parlementaires ou ordinaires parmi lesquels nous avons les lois de finances, les lois de programme, d'orientation et les lois-cadres.

Aux termes de l'article 67 de la Constitution, la loi est votée par le Parlement. La compétence de cet organe est prévue par cette même disposition. L'initiative des lois appartient au pouvoir exécutif et législatif. Selon PH. MALINVAUD, un texte ne devient obligatoire que s'il a été promulgué et publié. Peu importe en revanche qu'il ait été ou non intégré dans un code[423]. La promulgation est l'acte par lequel le Président de la République constate l'adoption d'une loi par le Parlement et ordonne aux autorités publiques de la respecter et de la faire respecter[424]. Aux termes de l'article 72 de la Constitution, le Président de la République promulgue les lois définitivement adoptées dans les huit jours francs qui suivent l'expiration des délais de recours visés à l'article 74.

La publication est l'acte qui a pour objet de porter un texte législatif ou réglementaire à la connaissance du public, par insertion dans un recueil officiel[425]. Une fois promulgué et publié, le texte devient obligatoire pour tous les citoyens. D'où l'adage nul n'est censé ignorer la loi. Bien que l'adage ne vise que la loi, la règle s'applique à l'ensemble des normes juridiques, qu'il s'agisse de lois, de décrets,

---

[421] Cité F. SAINT-BONNET, op.cit., p.963.

[422] Cité par F. SAINT-BONNET, *ibid.*

[423] PH. MALINVAUD, *Introduction à l'étude du droit*, op.cit., p.100, n°108.

[424] S. BISSARDON, *Guide du langage juridique*, vocabulaire, pièges et difficultés, 4e édition, LexisNexis, 2013, p.502.

[425] S. BISSARDON, Ibid.

d'ordonnances, d'arrêtés, etc[426]. Cette présomption irréfragable de connaissance de la loi est également une fiction dans la mesure où l'inflation législative empêche les juristes mêmes chevronnés de connaître tous les textes publiés. Il en est de même de la spécialisation de ceux-ci. Des exceptions d'ordre juridique existent. C'est l'exemple de l'admission de l'erreur commune, de l'erreur de droit et de l'hypothèse où la loi fait obligation par exemple au créancier saisissant d'insérer dans un acte de procédure un texte.

La loi fait l'objet d'un contrôle de constitutionnalité assuré par le Conseil constitutionnel (63 en 2001, et 92 en 2016). Les personnes habilitées à saisir le conseil constitutionnel par voie d'action sont certains parlementaires ainsi que le Président de la République. L'exception d'inconstitutionnalité est consacrée à l'article 91 de la loi organique n° 2017-09 du 17 janvier 2017 abrogeant et remplaçant la loi n° 2008-35 du 08 août 2008 sur la Cour suprême. Aux termes de cette disposition « Lorsque la solution d'un litige porté devant la Cour suprême est subordonnée à l'appréciation de la conformité d'une loi ou des stipulations d'un accord international à la Constitution, la Cour saisit obligatoirement le Conseil constitutionnel de l'exception d'inconstitutionnalité ainsi soulevée et sursoit à statuer jusqu'à ce que le Conseil constitutionnel se soit prononcé. Si le Conseil estime que la disposition dont il a été saisi n'est pas conforme à la Constitution, il ne peut plus en être fait application.

A travers cette disposition, on voit que le Conseil constitutionnel contrôle non seulement la conformité de la loi à la Constitution, mais également des accords internationaux à celle-ci.

Il faut juste faire remarquer qu'en vertu de l'article 92 issu de la loi constitutionnelle de 2016, l'exception d'inconstitutionnalité peut être soulevée devant la Cour d'appel ou Cour suprême.

Une loi peut sortir de la vie juridique par l'abrogation. Celle-ci est expresse, tacite lorsque le texte nouveau contredit l'ancien. Toute la question qui se pose est celle de savoir s'il peut y avoir abrogation par désuétude c'est-à-dire non application de la loi pendant des années. A notre avis en vertu du parallélisme des formes, une loi doit être abrogée par l'autorité qui l'a édicté et non par défaut d'application. C'est en tout cas la position du juge français[427].

---

[426] PH. MALINVAUD, op.cit., p.104, n°114.

[427] Cass.ch.réunies, 10 mars 1960 : JCP 1960, II, 11569 bis, note VIVEZ.

L'ordonnance peut être assimilée à une loi ordinaire. Dans ce cas, le parlement habilite par une loi le Président de la République à prendre des mesures qui sont normalement du domaine de la loi.

Toute loi promulguée, publiée peut faire l'objet d'une interprétation. Si certaines formes d'interprétation peuvent lier telles que celles émanant du juge, malgré l'absence de la force du précédent[428], d'autres ne sont que des sources d'interprétation. C'est l'exemple des interprétations de la doctrine.

80. A côté de la loi, nous avons le règlement qui émane des autorités administratives.

§3. Le règlement

Le règlement renvoie aux règles écrites qui émanent du pouvoir exécutif. En fonction de l'autorité dont elles émanent, on peut distinguer les décrets, les arrêtés. Il existe deux catégories de règlements : les règlements autonomes d'une part et d'application d'autre part. Les règlements autonomes sont pris en dehors du domaine réservé à la loi. Ils sont prévus à l'article 76 de la Constitution qui dispose les matières qui ne sont pas du domaine législatif en vertu de la présente Constitution, ont un caractère réglementaire. Les règlements d'application sont pris en application de l'article 67 de la Constitution.

En effet, l'exécutif adopte des règles générales et impersonnelles sous formes de règlements ou d'ordonnances. Leur différence d'avec la loi tient à leur place dans la hiérarchie des normes, à leur auteur et à leur nom[429]. Il faudra néanmoins distinguer les actes individuels de ceux réglementaires.

Le premier Ministre n'a un pouvoir décrétale que par autorisation du Président de la République.

Les arrêtés constituent une catégorie de texte émanant des autorités administratives.

La contestation de la validité d'un règlement s'opère par le biais d'un recours pour excès de pouvoir. Le contrôle du règlement peut également se faire par voie d'exception comme le précise la loi 2014 sur l'organisation judiciaire au Sénégal.

---

[428] V. Article 8 de la loi n°2014-26 du 3 Novembre 2014 abrogeant et remplaçant la loi n°84-19 du 2 février 1984 fixant l'organisation judiciaire.

[429] F. SAINT-BONNET, op.cit., p.964

81. La force des textes ne doit pas être négligée et amène à examiner la question de l'application de la loi dans l'espace et dans le temps, au-delà des différentes sortes de lois.

§4. La problématique de l'application de la loi dans le temps

82. L'adoption d'une loi nouvelle amène à se poser la question de savoir si elle abroge l'ancienne loi. C'est le problème de l'application de la loi dans le temps. Elle diffère de celle de l'application de la loi dans l'espace. En effet, cette dernière situation renvoie à deux réalités précises : l'invocation des règles du droit international privé d'une part et le fait que dans un même Etat, plusieurs lois différentes s'appliquent. Il faut souligner que le législateur sénégalais a tenté tant bien que mal à éviter cette situation à travers l'ordonnance n° 60-56 du 14 novembre 1960 fixant l'organisation judiciaire de la République du Sénégal, ainsi que les principes fondamentaux applicables aux litiges de droit privé.

83. Si en droit français, la solution aux conflits de loi dans le temps est visée à l'article 2 du Code civil, au Sénégal, c'est l'article 831 du Code de la famille qui mérite d'être invoqué. Ainsi, nous avons l'effet immédiat de la loi nouvelle, le respect des droits acquis.

Suivant la première règle, la loi nouvelle s'applique aux situations nouvelles. Mais qu'en est-il lorsqu'une situation commence sous l'empire d'une loi ancienne et ses effets se poursuivent sous l'empire de la loi nouvelle ? Suivant l'article 831 du Code de la famille, la loi nouvelle demeure applicable. Pourtant, en droit français, la doctrine et le législateur ont proposé des solutions. Pour la doctrine, il faut distinguer les droits acquis des simples expectatives. On a finalement adopté la théorie de l'application immédiate de la loi aux situations juridiques en cours. Ainsi, on accorde la primauté à l'applicabilité immédiate de la loi à toute situation, qu'elle soit contractuelle ou légale, pourvu qu'elle apparaisse après son entrée en vigueur. L'exception à cette règle demeure la survie de la loi ancienne pour les situations contractuelles en cours(le législateur sénégalais englobe les faits). Cependant, la loi nouvelle peut s'appliquer à une situation contractuelle en cours et ce, en vertu de son caractère d'ordre public[430]. Une loi est d'ordre public lorsqu'elle met en

[430] V. E. SAILLANT, *L'application des règles nouvelles aux contrats en cours*, AJDA 2014. 509. Selon l'auteur, il faut dissocier l'application de la règle nouvelle à des contrats en cours et l'effet immédiat de la règle nouvelle. En effet,

jeu l'intérêt général, celui de l'Etat et à laquelle on ne peut déroger par des conventions particulières[431]. Elle est certes impérative en ce sens qu'elle s'impose aux parties et que celles-ci ne peuvent y déroger par un accord contraire, mais toute loi impérative n'est pas d'ordre public.

Le domaine de la loi nouvelle ce n'est pas des situations entièrement consommées et ce, en vertu de la sécurité juridique. Ce principe de non-rétroactivité concerne les situations contractuelles ou extracontractuelles. Ainsi, d'abord si les situations juridiques contractuelles ou non ont déjà produits et épuisé leurs effets, sous l'empire de la loi ancienne, la loi nouvelle ne rétroagit pas. Ensuite, le principe de non-rétroactivité s'applique aux effets déjà passés lorsqu'une situation juridique est en cours sans avoir épuisé ses effets. Mais il arrive que la loi soit rétroactive. Ce principe connait des exceptions avec les lois rétroactives expressément ou par nature telles que les lois pénales plus douces, les lois interprétatives, les lois de compétence et de procédure.

La loi présenter une sécurité juridique[432]. Ce thème à la mode signifie accessibilité de la règle de droit à tous, stabilité, prévisibilité. La valeur juridique du principe de sécurité juridique varie d'une juridiction à une autre en France. En outre, toute inflation législative doit être évitée. Il faut faire remarquer que la loi est par moment concurrencée par la régulation, et qu'elle s'inscrit dans un contexte international ou communautaire.

84. La loi et la coutume entretiennent des relations de défiance et de complémentarité. R. DECOTTIGNIES disait que l'Afrique a perdu la foi en la coutume pour se consacrer à la loi[433]. Certainement parce qu'ils se sont aperçus que ce le droit coutumier africain n'était que faux semblant et vaine apparence[434]. Lors de la réforme du droit de la famille au Sénégal, on a dénombré soixante-huit coutumes[435].

---

l'application de la règle nouvelle à des contrats en cours n'est pas la même chose que l'effet immédiat de la règle nouvelle à des contrats en cours. La première est en effet potentiellement porteuse de rétroactivité, tandis que l'effet immédiat s'oppose justement à la rétroactivité, seuls les effets du contrat postérieurs à l'entrée en vigueur de la règle nouvelle étant soumis à elle.

431 E. U. GOUT, F.-J. PANSIER, *op.cit.*, p.146.

432 V. Sous la coordination de L. BOY, J.-B. RACINE, F. SIIRIAINEN, *Sécurité juridique et droit économique*, Larcier 2008, 586 pages.

433 R. DECOTTIGNIES, *Prière à Thèmis pour l'Afrique*, RSD, 1967, pp.5 et s.

434 R. DECOTTIGNIES, *op.cit*

435 Arrêté du 28 février 1961 (JORS, 18 mars 1961, p.359). V. Egalement M. ALLIOT, *Christianisme et droit traditionnel au Sénégal*, in Etudes d'histoire du

Aborder la question des textes comme sources du droit permet également de parler de la hiérarchie des normes. La hiérarchie des normes signifie qu'entre les normes, il existe un rapport de dépendance. C'est ce rapport qui fait que l'on parle de système juridique[436]. La hiérarchie des normes est une théorie développée par H. KELSEN dans ouvrage *Théorie pure du droit.* La version simplifiée de la hiérarchie des normes renvoie à l'idée selon laquelle les normes inférieures doivent être conformes aux normes supérieures[437]. Cette théorie simplifiée a été vivement critiquée par O. PFERSMANN qui se demande. Quant à la version développée, elle précise que l'ordre juridique est conçu comme un assemblage de normes posées, mais comme un système qui s'organise lui-même[438].

A côté des textes nationaux, nous avons ceux internationaux.

Section 2 : Les textes internationaux

Il arrive que les Etats concluent entre eux des accords. La Cour international de Justice, en 1962, a précisé que la terminologie était peu importante quant à la détermination d'un accord ou engagement international[439]. Ainsi, à la place de « Traité », on peut parler d'accord, de convention, de protocole etc.[440] aux termes de l'article 2, paragraphe 1er, a, de la Convention de Vienne du 23 mai 1969 sur le droit des traités *:* « L'expression traité s'entend d'un accord international conclu par écrit entre États et régi par le droit international, qu'il soit consigné dans un document unique ou dans deux ou plusieurs instruments connexes, et quelle que soit sa dénomination particulière[441] ». La place de traités et accords internationaux dans l'ordonnancement juridique est prévue à l'article 95 de la Constitution. Ainsi les traités internationaux sont négociés, ratifiés par le Président de la République. Leur approbation se fait par moment sur autorisation du Parlement.

---

droit canonique dédiées à Gabriel Le Bras ; Annales Africaines, 1964, p.108 ; R. DAVID, *La refonte du Code civil dans les Etats africains*, Annales africaines, 1962, p.162.

436 O. PFERSMANN, *Hiérarchie des normes*, in Dictionnaire de la culture juridique, op.cit., p.779.

437 O. PFERSMANN, op.cit., p.780.

438 O. PFERSMANN, ibid.

439 26 déc. 1962, *aff.Sud-Ouest africain,*Rec. CIJ p. 331)

440 V.D. CARREAU, *Traité international*, Répertoire de droit international, septembre 2010 (actualisation : juin 2015), n°5.

441 Rev. crit. DIP 1970. 552, V. *infra,* n°s 22 s.

Une lecture combinée de l'article 95de la Constitution avec le Préambule du Traité de l'OHADA s'impose.

Seront exposées en l'espèce les règles du droit international, celles du droit communautaire (Paragraphe 1) et les textes qui protègent les droits de l'homme (Paragraphe 2).

§1. Les textes internationaux ayant pour objet la création d'un droit des activités économiques

Le choix de l'expression « droit des activités économiques » se justifie par le fait qu'il y a un débat sur la nature du droit OHADA, entre ceux qui lui dénient la nature de droit communautaire et ceux qui pensent le contraire[442]. Aussi préférons-nous, à l'instar du professeur J. ISSA-SAYEGH distinguer l'intégration économique (A) de l'intégration juridique (B)[443].

A- Les textes ayant pour objet la création d'un marché commun

Le Marché commun est défini comme le marché unifié constitué entre les Etats membres, visé aux articles 4 et 76 du présent Traité. Telle est la définition prévue dans le Traité de l'UEMOA. L'article 4 met en exergue les différents objectifs de l'UEMOA parmi lesquels, il y a la création d'un marché commun basé sur les quatre libertés du droit communautaire à savoir la libre circulation des personnes, des marchandises, la libre prestation des services et la libre circulation des capitaux[444]. L'absence de ces différentes libertés dans le Traité de l'OHADA ainsi que dans les Actes uniformes nous a conduit à dire que celle-ci ne sécrète pas un droit communautaire qui se particularise par son autonomie par rapport au droit des Etats membres, son intégration ou incorporation au droit des Etats membres, sa primauté ou supériorité

[442] N. DIOUF, *La place du droit pénal dans le droit communautaire, in Colloque sur les droits communautaires africains*, Nouvelles annales africaines, n°1-2007, p.163. Selon l'auteur, le droit communautaire se développe aussi bien dans le cadre de l'OHADA que dans le cadre de l'UEMOA.

[443] J.ISSA-SAYEGH, J. LOHOUES-OBLE, *OHADA, Harmonisation du droit des affaires*, Bruylant, Bruxelles, 2002, pp.39 et s.

[444] A. LIMPENS, *Harmonisation des législations dans le cadre du Marché commun*, RTD Comparé, 1967, p.622.

par rapport au droit des Etats membres[445]. Nous allons étudier successivement le droit communautaire originaire (1) et dérivé (2).

1- Le droit communautaire originaire

Le droit communautaire originaire est constitué par les divers traités qui ont institué les Communautés européennes, puis modifié et complété ces textes[446]. On peut citer à cet égard les traités de l'UEMOA, de la CEDEAO et de la CEMAC. Les protocoles ne doivent pas être oubliés vu que dans le Traité de la CEDEAO, il est précisé que les protocoles sont des instruments d'application du Traité et ont la même force que celui-ci.

2- le droit communautaire dérivé

Le droit communautaire dérivé est constitué par les différentes normes édictées par les institutions européennes en application des traités. Ce sont les règlements, directives, décisions, recommandations et avis[447]. Ces actes sont édictés par le Conseil des Ministres de l'UEMOA. Le Conseil des Ministres de la CEDEAO édicte également des règlements.

a- Les règlements

Aux termes de l'article 43 du Traité de l'UEMOA, les règlements ont une portée générale. Ils sont obligatoires dans tous leurs éléments et directement applicables au sein des Etats membres. La même situation prévaut pour les règlements pris par le Conseil des Ministres de la CEDEAO. Cependant, le caractère obligatoire desdits règlements ne s'apprécie qu'après approbation par la Conférence des chefs d'Etats de la CEDEAO.

b- Les directives

Les directives lient tout État membre quant aux résultats à atteindre. Elles doivent être intégrées au droit national.

---

[445] J. MEGRET, *La spécificité du droit communautaire*, RTD Comparé, 1967, p.566.

[446] S. BISSARDON, *Guide du langage juridique, Vocabulaire, pièges et difficultés*, 4e édition, Lexisnexis, 2013, p.328.

[447] S. BISSARDON, op.cit., p.328.

c- Les avis, recommandations et décisions

Les avis et recommandations ne lient pas leurs destinataires. Ils ne font que fournir à ces derniers une ligne à suivre pour l'interprétation du droit communautaire ainsi que la compréhension de son contenu. Les recommandations et les avis n'ont pas de force exécutoire.

La décision n'est obligatoire que pour les destinataires qu'elle désigne. Ces derniers sont soit les Etats membres, soit des personnes physiques ou morales

B- Les textes ayant pour objet la création d'une intégration juridique

Il s'agit des textes CIMA, OAPI (1) et des textes de l'OHADA (2).

1- Les textes CIMA et OAPI

Ayant senti la nécessaire d'avoir un système unique de protection de la propriété littéraire et artistique et de la propriété industrielle, les Etats Africains ont créé l'Organisation Africaine de la propriété Intellectuelle en 1977 en remplacement de l'Office africain et malgache de la propriété intellectuelle.

Le 10 juillet 1992, a été signé à Yaoundé, le Traité instituant une organisation intégrée de l'industrie des assurances. Désormais, toutes les entreprises d'assurance et les opérations d'assurance auxquelles elles se livrent sont soumises aux dispositions des articles 300 à 329-2 du Traité CIMA.

2- Les textes de l'OHADA

Les textes de l'OHADA sont composés du Traité, des Actes uniformes, des Règlements et décisions. Le Traité de Port-Louis du 17 octobre 1993 a été révisé à Québec le 17 Octobre 2008. Avec cette révision, un nouvel organe est créé à savoir la Conférence des Chefs d'Etat et de Gouvernement. Une nouvelle catégorie d'actes de mise en œuvre du Traité a également vu le jour à savoir les décisions. A côté de la décision, acte pris pour l'application du Traité, nous avons le Règlement. Traité, Règlement et décisions forment le droit primaire de l'OHADA[448]

---

448 P.-G.POUGOUE et alii, *Règlements et décisions*, in Encyclopédie du droit OHADA, Lamy, 2011, p.1567.

Les Actes uniformes sont d'application directe et immédiate nonobstant toute disposition antérieure ou postérieure contraire et malgré la dénomination de l'institution[449]. Ils constituent le droit dérivé de l'OHADA.

§2. Les textes internationaux ayant pour objet la protection des droits de l'homme

La charte africaine des droits de l'homme et des peuples s'est largement inspirée de la Convention européenne des droits de l'homme. Afin de rendre effectives les règles qui y figurent, deux organes ont été institués : un organe non juridictionnel, la Commission africaine des droits de l'homme et des Peuples et un organe juridictionnel, la Cour africaine des droits de l'homme et des Peuples créée suivant protocole Additionnel adopté en 1998. Lorsqu'une requête individuelle est dirigée contre un Etat, la compétence de la Cour est subordonnée à la déclaration d'acceptation par l'Etat poursuivi. Cette situation est dénoncée comme étant une atteinte au droit à un procès équitable, notamment au droit d'accès à un prétoire[450]. La Cour de Justice de la CEDEAO, créée en 1991 et dont les compétences ont été étendues en matière de droit de l'homme en 2005 est en revanche plus accessible aux justiciables. L'élargissement de ses compétences et la possibilité donnée aux justiciables de la saisir directement ont permis à la Cour de Justice de la CEDEAO de rendre un nombre considérable de décisions et de marquer ainsi de son empreinte le combat qui est en train d'être mené pour le respect des droits de l'homme[451].

L'occasion a également été saisie pour démontrer que l'intégration économique n'est pas antinomique de la protection des droits de l'homme. Cette situation est certainement facilitée par le fait que la CEDEAO a une forte coloration politique.

L'étude des sources formelles ayant été épuisé, celle des sources informelles doit être à présent menée.

---

449 Pour une étude approfondie, V. P.G.POUGOUE et alii, *Actes uniformes*, in Encyclopédie du droit OHADA, Lamy, 2011, pp.34 et s.

450 R.DEGNI-SEGUI, *Les droits de l'Homme en Afrique Noire Francophone, Théories et réalités*, 2e édition, CEDA,2001, p.192.

451 S. TELIKO, *Le droit à un procès équitable*, Audience solennelle de rentrée des Cours et tribunaux 2012-2013, Rapport annuel de la Cour suprême, 2013, p.89.

CHAPITRE 2

LES SOURCES INFORMELLES

Ce sont les sources susceptibles d'influencer le droit formel. Il s'agit de la doctrine, jurisprudence, la pratique, la coutume[452] et les principes généraux du droit. Et les codes de bonne conduite ?

SECTION 1 : LA PRATIQUE

85. La pratique renvoie aux différentes habitudes nées des activités exercées par des acteurs bien déterminés : avocats, notaires, huissiers, juristes d'entreprises, l'administration. La pratique est un comportement ayant vocation à produire des effets de droit[453]. L'exemple le plus souvent cité est celui des notaires qui, pour la rédaction de leurs actes, utilisent des formulaires établis à l'échelon national[454]. On peut également citer l'exemple des contrats types, des conditions générales de vente, de la copropriété, du lotissement. Le droit OHADA n'ignore ni les usages, ni la pratique. A preuve l'article 239 AUDCG qui dispose que les parties sont liées par les usages auxquels elles ont consenti et par les pratiques qui se sont établies dans leurs relations commerciales. Le commentateur de cet Acte uniforme en a conclu qu'il y a deux catégories d'usages : ceux auxquelles les parties ont consentis et ceux objectivement applicables du fait qu'ils sont connus et régulièrement observés par les parties[455].La pratique diffère également des usages par

[452] F. GENY (*Méthode d'interprétation et sources en droit privé positif*, 1899) pourtant, met la coutume au rang des sources formelles, aux côtés, sinon à l'égal de la loi. Cité par J. CARBONNIER, *Flexible droit, pour une sociologie du droit sans rigueur*, op.cit., pp.131-132.

[453] C'est en ce sens que l'entendait B. GOLDMAN, Rapport général, in Le rôle de la pratique dans la formation du droit, Travaux de l'Association Henri Capitant, tome XXXIV, 1983, Economica, 1985, p. 163.

[454] PH. MALINVAUD, op.cit., p.197, n°224.

[455] A. P. SANTOS, *Acte uniforme du 15 décembre 2010 portant sur le droit commercial général*, in OHADA, Traité et actes uniformes commentés et

leur caractère plus récent[456]. Les usages en droit sénégalais ont pour siège les articles 259, 277 alinéa 3, 279 COCC. Aux termes de l'article 259 COCC, les usages peuvent être appliqués dans une région, une place ou diverses professions. Ils ont la valeur de règles supplétives mais encore faudrait-il qu'ils soient constants. De même, ils peuvent écarter les dispositions de la partie spéciale du COCC qui ne sont pas d'ordre public. Le législateur sénégalais consacre à l'article précité la catégorie d'usages conventionnels. Ces usages sont prouvés par tout moyen et en matière commerciale, on a recours aux attestations écrites établies par les Chambres de Commerce, d'Agriculture et d'Industrie. Il y a deux catégories d'usages : conventionnel et de droit. Ceux-ci se distinguent par la preuve, l'opposabilité et le contrôle opéré par le juge.

La pratique est en mesure de créer des normes desquelles le droit s'inspire. C'est l'exemple de la *soft law*[457] qui se manifeste par la mise en place de code de conduite, des codes d'éthique ou de déontologie. La loi Sarbanes-Oxley les a rendus obligatoires dans les sociétés cotées. On s'interroge néanmoins sur leur régime juridique[458]. Il s'est posé la question de savoir s'il s'agit d'une source du droit ou d'une modalité de mise en œuvre des règles de droit[459], lorsqu'il faut combler des lacunes textuelles par exemple.

86. La pratique, notamment commerciale ou des affaires a créé des contrats. Ils sont appelés contrats modernes contrairement à ceux identifiés par le Code civil de 1804. C'est l'exemple du contrat de crédit-bail, du contrat de franchise[460]. Le professeur D. LEGEAIS cite également le contrat de concession comme une création de la pratique contractuelle parce qu'aucune disposition particulière ne règle le régime

---

annotés, Juriscope, 2012, p.345 ; O. BALLAL, Les usages et le droit OHADA, P.U. d'Aix-Marseille, 2014, 279 pages.

[456] (Dir) N. MOLFESSIS, *Les pratiques juridiques source du droit des affaires*, Rencontres Les Petites Affiches, LPA 27 novembre 2003 cité par D.LEGEAIS, *op.cit.*, p.12, n°21 ; J.-M. LELOUP, *La création des contrats par la pratique commerciale,* Journée SAVATIER, PUF, Poitiers, 1987, p.167 ; J. PAILLUSSEAU, *Les contrats d'affaires,* JCP E 1987. I. 3275.

[457] V. Table ronde sur « *Le rôle créateur de la pratique dans l'élaboration de la norme juridique* », Gazette du Palais, 18 avril 2013 n° 108, p. 23.

[458] L. FLAMENT, *Le régime juridique des codes de conduites*, Cahiers sociaux, 01 octobre 2011 n° 234, P. 255

[459] N. MOLFESSIS, *Les pratiques juridiques, sources du droit des affaires, introduction*, Petites affiches - 27/11/2003 - n° 237 – p. 4.

[460] D. LEGEAIS, *Droit commercial et des affaires*, Sirey, 2012, 20e édition, p.484, n°957.

juridique de l'opération en droit interne français[461]. Cette opinion ne vaut pas pour le droit sénégalais du fait de l'existence d'un texte sur la concession. Il en est de même en droit communautaire notamment en droit UEMOA

Dans la pratique contractuelle, un certain nombre de clauses sont insérées dans les contrats. Sans prétendre à l'exhaustivité, nous pouvons citer :

-La clause d'exécution du contrat de bonne foi. La bonne foi est une notion à contenu variable. Ignorée du droit sénégalais relativement à l'exécution, elle est prévue en revanche en droit français par l'article 1134 du Code civil. Aux Etats unis, la Cour suprême du New Jersey a reconnu qu'il existe un devoir d'exécution de bonne foi dans la Common law[462]

-La clause de non renonciation est celle insérée par une partie au contrat pour faire savoir qu'elle ne renonce pas à ses droits malgré son absence de réaction lorsque ceux-ci sont violés[463]

-Les clauses de gestion d'un risque de *hardship*. Elles sont destinées à faire face à un déséquilibre du contrat. Il s'agit des clauses de révision, de renégociation et de libération[464]. Dans le premier cas, il s'agit de la possibilité donnée à une partie au contrat, en cas de survenance d'un événement, de rompre le contrat de façon unilatérale. La jurisprudence française admet cette possibilité[465] sous réserve de ne pas commettre un abus de droit.

La clause de libération vise à permettre à une partie au contrat qui souffre d'un déséquilibre contractuel, de se défaire de celui-ci. En l'espèce, lorsque les parties n'ont rien prévu, c'est l'article 96 du COCC[466] qui va s'appliquer[467]. On peut insérer donc dans le contrat, une clause de résiliation, une clause de force majeure[468]

---

[461] D. LEGEAIS, *op.cit.*, p.480, n°954.

[462] Affaire *Sons of Thunder Inc. v Borden Inc.,* 148 NJ 396 (1997)

[463] Exemple de clause de non renonciation : « Toute abstention d'une partie à se prévaloir d'un droit issu d'un contrat, ou tout atermoiement de sa part dans l'exercice de ce droit, ne pourra être interprété comme une renonciation, actuelle ou pour l'avenir, à se prévaloir dudit droit ».

[464] PH. STOFFEL-MUNCK, *Les répliques contractuelles*, Revue des contrats, 01 janvier 2010 n° 1, p. 430.

[465] Ass. plén., 1er déc. 1995, *Grands arrêts de la jurispr. civ.*, par F. TERRE et Y. LEQUETTE, 12e éd., t. 2, Dalloz, 2008, n° 152-155.

[466] Aux termes de cette disposition, le contrat légalement formé crée entre les parties un lien irrévocable.

-Les clauses relatives au litige. Il y a celles qui tendent à éviter la solution judiciaire et celles relatives à l'adaptation de cette solution aux besoins de contractants[469]. C'est également le cas des clauses relatives à la preuve.

Les clauses de confidentialité qui précédent généralement les contrats de référencement, d'affiliation et les transferts de techniques[470] et dont l'objet est la protection d'informations confidentielles connues lors de la négociation ou de l'exécution du contrat.

En droit judiciaire privé, il est établi que le constat d'huissier et la technique de passerelle proviennent de la pratique[471].

87. On ne peut pas s'empêcher de mettre en évidence les rapports qui existent ou doivent exister entre la pratique et la théorie. Selon B. CAILLAUD et P. Le CANNU, les rapports entre ces deux entités doivent être des rapports de complémentarité et non de dévalorisation de l'autre par l'affirmation de soi[472].

Il faut noter en effet l'apport de la pratique en termes de financement des sociétés grâce au fréquents recours aux montages financiers[473]. Dans tous les cas, cette ingéniosité doit se faire dans le strict respect des

---

467 Ex., CA Paris, 29 janv. 2009, *New Steel, RJDA* 2009, n° 586; *RTD civ.* 2009.529, obs. B. FAGES : un équipementier automobile s'approvisionne en acier auprès d'un fournisseur, *New Steel*, en vertu d'un contrat d'une durée d'une année. Devant l'envolée des prix des matières premières, le fournisseur prétend, à mi-contrat, répercuter sur son client la hausse de prix que lui appliquent les sidérurgistes. Le client refuse et le fournisseur cesse de l'approvisionner. Il est condamné, en référé, à reprendre l'exécution du contrat sous une astreinte de 25 000 euros par jour : « *New Steel n'est pas fondée à solliciter la renégociation du contrat [...] au motif d'un bouleversement de l'économie du contrat, dès lors que la convention des parties a force de loi et qu'il lui incombe de supporter les conséquences de son imprévision* ».

468 V. Cass. com., 8 juillet 1981, pourvoi n° 79-15626 ;*Bull. civ.* IV, n° 312.

469 L. CADIET, *Liberté des conventions et clauses relatives au règlement des litiges*, Petites affiches, 05 mai 2000 n° 90, p. 30.

470 J.M. MOUSSERON, « La renaissance prolongée du phénomène contractuel », in *Liber amicorum*, Commission droit et vie des affaires, 40e anniversaire, Bruxelles Bruylant, 1998, pp.663 et s.

471 Y. STRICKLER, *Procédure civile*, Paradigme, 2010, p.15, n°20.

472 B. CAILLAUD, P.L. CANNU, *Théoriciens et praticiens, réflexions sur l'interdépendance des juristes d'affaires*, in Mélanges J. DERRUPE, *Les activités et les biens de l'entreprise*, LITEC, 1991, p.1.

473 C.-A. VAILHEN, *Réflexions sur les montages récents d'ingénierie financière*, Mélanges C. CHAMPAUD, Dalloz 1997, pp.565 et s.

lois, en dehors de toute idée de fraude ou de déprotection de certains intérêts catégoriels de la société[474]

SECTION 2 : LA JURISPRUDENCE

En France, la jurisprudence apparaît au XIXe sous la poussée de trois facteurs : la suppression du référé législatif qui permit aux juges d'interpréter les lois, la motivation obligatoire des décisions de justice qui força le juge à dévoiler son raisonnement et la publication de recueils d'arrêts qui assura la diffusion des décisions juridictionnelles[475]. Avant la fin du 19e siècle, la jurisprudence a été vue comme une activité savante d'où provient la connaissance des juristes. A la fin de ce siècle, et la société évoluant, les solutions nouvelles devaient être trouvées dans les décisions des juges[476]. Longtemps considéré comme la bouche de la loi, le juge parvient, les données sociales évoluant, à se servir de la règle et à ne plus y être asservi[477]. Néanmoins, le débat sur le pouvoir normatif de la jurisprudence n'est pas toujours clos. En effet, l'étymologie du mot jurisprudence signifie la vertu de prudence appliquée au droit, la recherche du juste à réaliser et de l'injuste à éviter[478]. Ce faisant, la jurisprudence renvoyait à toutes les sources du droit qui expriment la prudence du droit et la justice. Mais cette conception est beaucoup plus acceptée dans les pays anglo-saxons que romano-germaniques. Toutes les décisions sont-elles créatrices du droit ? On distingue les arrêts d'espèce qui ne sont pas créatrices du droit des arrêts de principe qui comportent dans leur motivation des règles de droit dont on peut faire recours pour résoudre des problèmes semblables. Les critères de la jurisprudence peuvent renvoyer à la répétition et à la contrainte si l'on part de l'idée selon laquelle celle-ci constitue l'ensemble des décisions rendues dans un sens déterminé. Mais si pour les privatistes, afin de stabiliser la

---

474 D. COHEN, *La légitimité des montages en droit des sociétés*, in Mélanges F. TERRE,pp.261 et s.

475 M. DEGUERGUE, *Jurisprudence*, Dictionnaire de la culture juridique, p.884.

476 V. V. FORRAY, *La jurisprudence, entre crise des sources du droit et crise du savoir des juristes*, RTD Civ. 2009 p. 463.

477 C. GRIMALDI, *L'analyse structurale de la règle de droit au service du juge*, D. 2007. 1448. L'auteur rappelle les différents éléments constitutifs de la loi exposés par H. MOTULSKY à savoir la présupposition et la prescription.

478 M. DEGUERGUE, op.cit., p.883.

jurisprudence il faut l'intervention de plusieurs arrêts, les « administrativistes » optent quant à eux pour l'instantanéité.

Nous allons nous intéresser à la formation et au statut de la jurisprudence

88. Le pouvoir normatif de la jurisprudence est visé à l'article 4 du Code civil qui dispose que le juge qui refusera de juger, sous prétexte du silence, de l'obscurité ou de l'insuffisance de la loi, pourra être poursuivi comme coupable de déni de justice. Pourtant l'article 5 du même Code interdit au juge de prononcer par voie de disposition générale et réglementaire sur les causes qui lui sont soumises. C'est certainement ce qui a fait dire à un auteur qu'il y a des devoirs contradictoires du juge civil[479]. Le déni de justice est invoqué au Sénégal dans les textes du CPC et dans la loi organique n°2017 sur la Cour suprême.

Les exégètes et les réalistes ne voient pas d'un bon œil la jurisprudence. C'est ainsi que Laurent écrivait « En faisant le Droit, les auteurs et les magistrats usurperaient le pouvoir de ceux que la nation souveraine a investis de cette mission ». Pour MOURLON « Un bon magistrat humilie sa raison devant celle de la loi, car il est institué pour juger selon la loi, non pour la juger(…) En jurisprudence, il ne peut y avoir de raison plus raisonnable et d'équité plus équitable que la raison et l'équité de la loi[480] ». Quoiqu'il en soit, il arrive que la jurisprudence soit codifiée. A titre d'exemple, les nombreuses solutions jurisprudentielles insérées dans l'ordonnance du 10 février 2016.

SECTION 3 : LA DOCTRINE

La doctrine est-elle une autorité ou fait-elle œuvre créatrice ? Pour F. TERRE, la doctrine n'est qu'une autorité même si elle conforte le droit. Pourtant, il nie même l'existence de celle-ci au profit de celle de communauté juridique, non sans préciser ses différentes fonctions à savoir la description et l'appréciation[481]. Toujours est-il que la densité

479 V. R. LIBCHABER, *Les articles 4 et 5 du Code civil ou les devoirs contradictoire du juge civil*, in Le titre préliminaire du Code civil, Economica 2003, p.143.

480 M. BOULET-SAUTEL, J.-L. HAROUEL, *Glose et exégèse*, Dictionnaire de la culture juridique, p.767.

481 F. TERRE, *A propos de la doctrine de la doctrine de la doctrine*, RDA Février 2011, p.38.

de la doctrine varie d'une discipline à une autre[482]. Mais qu'en est-il de la doctrine commerciale ? Pour répondre à cette question, citons les propos d'un auteur : « la doctrine en droit commercial, elle, aurait vendu son âme au Diable, oublié le Beau Droit, pour rouler en BMW, s'habiller en Prada, et vivre dans les quartiers chics de la capitale. Technicienne ingénieuse et forcenée, elle produirait des solutions servant les intérêts de ses seuls maîtres : les sociétés commerciales, et serait tout particulièrement haïe de la doctrine en droit de la protection sociale, rêvant entre deux piquets de grève à un monde meilleur[483]. Pour faire simple, relevons que si certains auteurs excluent la doctrine des sources créatrices du droit[484], d'autres l'admettent, mais à titre de sources complémentaires informelles[485].

89. Les rapports entre la doctrine et la jurisprudence méritent d'être examinés. Pour un auteur : « le juge, pour se décider, et décider, ne se soucie guère de la doctrine, et que, dans le chaos des connaissances, des informations, des préjugés qui s'allient ou s'affrontent pour former son jugement, l'opinion des juristes ne joue à peu près aucun rôle. Constat mélancolique, qui nous invite à l'humilité : la doctrine n'influence pas la jurisprudence[486] ». Cette assertion n'est pas admissible d'autant qu'on fait comme si le juge était dans une bulle et qu'il doit rendre justice sans se soucier des critiques de la doctrine. Comme disait l'autre, c'est la doctrine qui pétrit la matière[487]. En droit sénégalais par exemple, le Procureur de la République, magistrat et non juge certes, a invoqué la thèse de LELIEUR FISHER qui considère que la règle non bis in idem constitue l'expression d'un droit subjectif à savoir celui de n'être poursuivi qu'une seule fois pour les mêmes faits pour demander l'annulation du procès-verbal de première comparution du 25 juin 2010, du placement sous contrôle judiciaire ainsi que de tous les actes

---

[482] V. Par exemple N. MOLFESSIS, *Remarques sur la doctrine en droit des contrats*, RDA Février 2011, p.51

[483] L. MERLAND et D. PORACCHIA, *La doctrine en droit commercial*, RDA Février 2011, p.

[484] V. J. BONNARD, *Introduction au droit,* Ellipses, 1995, P.39. Selon cet auteur, nul ne contestel'exclusion de la doctrine en tant que source créatrice du droit.

[485] PH. MALINVAUD, *Introduction à l'étude du droit,* Lexisnexis, 13e édition, 2011, P.161, n°180.

[486] J.-D. BREDIN, *Remarques sur la doctrine, M*élanges P. HEBRAUD, Université des sciences sociales de Toulouse, 1981, p.111.

[487] M. NICOLAS, *Remarques sur la doctrine en droit des contrats*, RDA, n°1, p.51.

subséquents. Il a été suivi par la Cour d'appel de Dakar[488]. C'est également le cas dans l'arrêt de la Cour d'appel de Dakar Société Air France c/ Vision Sénégal et autres. Pour la Cour d'appel, et rejetant l'argument d'AIR selon lequel la CNC est un organe administratif et seules ses décisions économiques ont un caractère juridictionnel et que la doctrine et la jurisprudence sont unanimes à reconnaître que leurs décisions n'ont aucune autorité de la chose jugée[489], la décision de la commission nationale de la concurrence a autorité de la chose jugée eu égard au caractère juridictionnel de celle-ci

90. La doctrine influence-t-elle le législateur ? En droit français, on peut répondre par l'affirmative. C'est l'exemple de Jean Carbonnier et d'Henry MOTULSKY. En effet, le Doyen Carbonnier a été rédacteur de plusieurs lois en France. Quant à H. MOTULSKY, il a été à l'origine de l'intégration dans le Code de procédure civile français, des principes directeurs du procès. Soit dit en passant que c'est le père du droit processuel en France. Sa vision relativement à cette discipline est que pour connaître les trois grandes procédures notamment la procédure civile, pénale et administrative, il faut en avoir une approche comparative. C'est pourquoi, il faut *« approfondir et comparer ou approfondir en comparant »*. Evidemment, sa démarche n'est pas partagée par tous les auteurs dont le plus en vue est S. GUINCHARD selon qui, les trois grandes procédures présentent des divergences telles qu'il devient difficile de les comparer. Mais c'était sans compter avec L. CADIET[490] et M.A. FRISON-ROCHE[491].

---

[488] V. Cour d'appel de Dakar, Ch. Accus. Arrêt n°142 du 26 août 2010, Ministère Public c/ Abdoulaye GUEYE, Bulletin des arrêts de la Cour d'appel de Dakar rendus en matière pénale, 2011, n°2, PP.128 à 130. Le sieur GUEYE a été inculpé du chef d'abus de confiance et placé sous contrôle judiciaire. L'inculpé a interjeté appel de cette décision devant la chambre d'accusation qui, après avoir ordonné un complément d'information, a prononcé un non-lieu à suivre contre Abdoulaye GUEYE et ordonné la main levée du contrôle judiciaire. La partie civile s'est pourvue en cassation contre l'arrêt de la Chambre d'accusation et avant que la Cour suprême ne se prononce, dépose une plainte avec constitution de partie civile devant le Doyen des juges d'instruction qui, dans le cadre de son information inculpe le sieur Abdoulaye GUEYE d'abus de confiance et le place sous contrôle judiciaire. Pour le conseil de ce dernier, cette deuxième inculpation viole la règle *non bis in idem.*

[489] CA Dakar arrêt n°148 du 24/04/2012 Société AIR France c/ VISION SENEGAL et autres, Bulletin des arrêts de la Cour d'appel de Dakar rendus en matière civile et commerciale, 2013, n°01, pp.11-20.

[490] L. CADIET, J. NORMAND, S. A. MEKKI, *Théorie générale du procès*, 2e édition, PUF, 2010, pp.9-14.

SECTION 4 : LES PRINCIPES GÉNÉRAUX DU DROIT

91. Le principe est celui qui prend la première place, la première part, le premier rang...Il est le Prince, le chef, la tête, le soldat de première ligne... Le principe est un commencement[492]. Relevons qu'il ne se laisse pas saisir facilement. G. RIPERT n'a pas manqué de le rappeler en ces termes « les principes juridiques sont abondamment mis à contribution pour ne rien exprimer, asservis à la rhétorique. Tel un homme public en appelle aux grands « principes de droit »- se gardant d'en nommer un seul- pour soutenir une pensée hostile ; mais en réalité, il recherche au travers de cette incantation politique des « vêtements magnifiques pour des opinions discutables[493] ». CONDILLAC n'est pas en reste « principe est synonyme de commencement ; et c'est dans cette signification qu'on l'a d'abord employé ; mais ensuite à force d'en faire usage, on s'en est servi par habitude, machinalement, sans y attacher d'idées, et l'on a eu des principes qui ne sont le commencement de rien[494] ». Selon P. MORVAN, il y aurait trois sens du mot principe : ontologique, logique et normatif. Pour avoir une idée du sens ontologique ou métaphysique du principe, il faudra se référer à Aristote dans son Ethique à Nicomaque. C'est ainsi que pour Aristote, Dieu est au nombre des causes et il est un principe, c'est-à-dire la cause efficiente, le premier moteur de l'univers[495]. En revanche pour Descartes, le *cogito ergo sum* est le premier principe[496].

Les principes de logique désignent d'une part un corps de règles issues d'une élaboration méthodique, réfléchie, disposées dans un ordre systématique et, d'autre part, les axiomes fondateurs de cet édifice rationnel[497]. Ainsi, les principes sont des idées bien coordonnées, des connaissances qu'il faut acquérir pour posséder la science toute entière,

---

491 M.-A. FRISON-ROCHE, W. BARANES, J. J. ROBERT, *Pour un droit processuel*, D. 1993, chron.p.9.

492 P. MORVAN, *Principes,* in Dictionnaire de la culture juridique, sousla direction de D. ALLAND, S. RIALS, PUF, 2003, p.1201.

493 G. RIPERT, *Les forces créatrices du droit*, Paris, LGDJ, 1955, n°132.

494 CONDILLAC, La logique ou les premiers développements de l'art de penser, an III, seconde partie, chap. VI.

495 ARISTOTE, *Ethique à Nicomaque*, Métaphysique, L. I cité par P. MORVAN, Principes, in Dictionnaire de la culture juridique, p.1201.

496 R. DESCARTES, *Discours de la méthode*, VIe partie cité par P. MORVAN, Ibid.

497 P. MORVAN, op.cit., p.1201.

la base nécessaire de toute étude sérieuse ou solide[498]. Ils ont ce faisant une finalité démonstrative au-delà de la finalité didactique à savoir l'apprentissage. Pour BEUDANT, les principes c'est ce que les débutants ont à apprendre ; c'est aussi ce que plus tard on a sans cesse besoin de se rappeler.

Le principe normatif est une norme juridique édictant un devoir-être[499].

92. Les principes ont-ils pour rôle de combler les lacunes du droit écrit ? C'est le point de vue de la thèse romantique en vertu de laquelle les principes normatifs ont un caractère transcendant, idéal et absolu. Ils renforcent d'une part la complétude, d'autre part l'unité, la continuité, la cohérence et l'harmonie du système juridique[500]. Cette approche n'est pas partagée par certains auteurs dans la mesure où soutenir que les principes s'appliquent en l'absence de texte revient à dire que les principes sont *contra legem.* C'est pourquoi un auteur écrivait qu'au moyen des principes, le juge parvient à « se substituer en quelque sorte au législateur, tantôt par une interprétation hardie des textes en vigueur, tantôt même en faisant abstraction des textes[501] ». Pourtant, il est connu de tous que seule la loi peut porter atteinte à un principe général du droit[502]. En outre, la thèse romantique conserve toute sa pertinente lorsque les principes jouent un rôle instrumental c'est-à-dire lorsqu'ils relient deux systèmes apparemment autonomes. Ainsi, la carence d'un ordre juridique contraint celui-ci à emprunter à d'autres ordres juridiques voisins, supérieurs ou inférieurs[503].

On peut citer la règle en fait de meubles possession vaut titre (article 262 COCC), la force obligatoire du contrat, l'effet relatif, le principe du contradictoire, de précaution

93. Le principe est-il une règle de droit ? PH. MALINVAUD répond par l'affirmative[504]. Selon lui, en droit français, les principes, dont

---

498 V. Les exégètes français tels que TOULLIER (Le droit civil français suivant l'ordre du Code civil), BEUDANT (Cours de droit civil français), DEMOLOMBE (Cours de droit civil) cités par P. MORVAN, op.cit., p.1202.

499 P. MORVAN, Ibid.

500 P. MORVAN, op.cit., p.1203.

501 P. LESCOT, JCP, 1966, I, 2007.

502 M. DEGUERGUE, *Principes généraux du droit*, Dictionnaire des droits de l'homme, sous la direction de J. ANDRIANTSIMBAZOVINA, PUF, 2008, p.800.

503 V. G. SELLE, *La notion d'ordre juridique*, RDP, 1944, p.85.

504 PH. MALINVAUD, *Introduction à l'étude du droit*, op.cit., p.163.

l'origine remonte à l'Ancien droit, prennent la forme d'adages en latin ou en français. Ils peuvent être intégrés dans des textes. Ce faisant, on passe d'un principe à une loi[505]. Portalis disait que « *l'office de la loi est de fixer, par de grandes vues les maximes générales du droit, d'établir des principes féconds en conséquences, et non de descendre dans le détail des questions qui peuvent naître sur chaque matière... La science du législateur consiste à trouver dans chaque matière les principes les plus favorables au bien commun*[506] ». Pourtant, des auteurs mettent en évidence la distinction entre les principes et la règle de droit. C'est l'exemple d'Alexandre VIALA pour qui les principes formalisent les valeurs, traduisent l'option éthique à la lumière de laquelle les règles peuvent être, quant à elles, interprétées puis appliquées ou écartées ; là où les règles de droit prescrivent des modèles de comportement auxquels les destinataires sont tenus de se conformer[507]. Les valeurs quant à elles se définissent comme des émotions et des préférences qui ne sont ni vraies ni fausses et ne font l'objet d'aucune connaissance objective[508]. Dans le cadre des théories de la valeur travail, la valeur est une activité estimable et estimée[509]

En France, le juge judiciaire ou administratif peut contrôler la compatibilité des lois aux conventions internationales. Cette situation vient modifier l'idée selon laquelle les principes généraux ont une valeur supra décrétale et infra législative[510]. Ainsi, le Conseil d'Etat a découvert un principe fondamental reconnu par les lois de la République alors que la doctrine majoritaire réservait cette compétence au seul Conseil constitutionnel, dans l'arrêt du 3 juillet 1996, Moussa

---

505 V. P. SARGOS, *Les principes généraux du droit privé dans la jurisprudence de la Cour de cassation. Les garde-fous des excès du droit* : JCP 2001, I, 306. – N. MOLFESSIS, *La notion de principe dans la jurisprudence de la Cour de cassation* : RTD civ. 2001, p.699.

506 Portalis, Discours préliminaire prononcé le 1er janvier 1801, lors de la présentation devant le Conseil d'Etat du projet du Code civil, cité par PH. MALINVAUD, *Introduction à l'étude du droit*, op.cit., p.163, n°183.

507 A. VIALA, Valeurs et principes (distinction), in Dictionnaire des droits de l'homme, sous la direction de J. ANDRIANTSIMBAZOVINA et *alii,* PUF, 2008, p.972.

508 A. VIALA, *Valeurs et principes*, Ibid.

509 D. MEDA, *Valeur*, in Dictionnaire du travail, sous la direction d'A. BEVORT et alii, PUF, 2012, p.831.

510 R. CHAPUS, *De la soumission au droit des règlements autonomes*, D.1960, Chron., p.119 ; *De la valeur juridique des principes généraux du droit et des autres règles jurisprudentielles,* D.1996, Chron., p.99.

Koné. En vertu de ce principe, l'extradition d'un étranger ne peut être accordée lorsqu'elle est demandée dans un but politique[511]. C'est dire qu'il y a plusieurs catégories de principes généraux : ceux émanant du Conseil constitutionnel, du Conseil d'Etat[512] et de la Cour de cassation[513]

SECTION 5 : LA COUTUME

La loi est la souveraine incontestée ; sur la jurisprudence et sur la doctrine on discute, en se demandant quelquefois si elles sont mieux que de simples autorités ; la coutume vient à son tour. Elle est admise en général, pourvu que ce soit à une place modeste. Il n'est pas surprenant que, dans une civilisation d'imprimés et de signatures, on lui demande ses papiers[514]. Pour apprécier la place de la coutume en droit sénégalais, on peut consulter les articles 111, 409, 830, 833, 837 du Code de la famille.

94. La coutume se distingue mal de l'usage du fait d'une absence de définition. Certains auteurs utilisent comme critère de distinction l'obligatoriété. Donc la coutume est un usage qui a atteint le stade de l'obligatoire. Cet usage doit être suffisamment fréquent, constant et régulier[515]. Pourtant, certains usages n'atteindront jamais le stade d'obligatoires tels que les usages mondains ; tandis que d'autres tels que les usages de commerce demeurent toujours obligatoires. Dans tous les cas, il y a des éléments de la coutume à savoir l'élément matériel et psychologique. En outre, le rôle et la force de l'usage seront envisagés.

95. Des auteurs ont noté l'évolution des sources du droit. Ainsi, d'une vision classique ou pyramidale, il faudra ajouter l'internationalisation, la procéduralisation, la fondamentalisation et la contractualisation du droit[516]. De même de plus en plus, l'idée conservation du fonds coutumier du droit africain chemine. Cette

---

[511] V. M. VERPEAUX, *Principes fondamentaux reconnus par les lois de la République*, in Dictionnaire des droits de l'homme, sous la direction de J. ANDRIANTSIMBAZOVINA, PUF, 2008, p.797.

[512] J.-M. MAILLOT, *La théorie administrative des principes généraux du droit. Continuité et modernité*, D. 2003.

[513] M. GRIDEL, *La Cour de cassation française et les principes généraux du droit privé,* D. 2002, chron, p.228 et 345.

[514] J. CARBONNIER, op.cit., p.131.

[515] PH. MALINVAUD, op.cit., p.167.

[516] M.F.MAGNAN, op.cit., p.65-75.

revendication demeure légitime eu égard aux propos du Professeur ALLIOT : *« la force du droit traditionnel c'est d'être africain ou malgache et son succès prouve l'attachement des populations à leur pays*[517] ».Il faut relever partant de ce point de vue que cette idée n'est pas nouvelle car même le juge Kéba Mbaye, fervent chantre de l'unification du droit en Afrique[518] n'a jamais nié l'idée d'un droit africain[519]. Cependant, l'accent sera mis sur les travaux du professeur STANISLAS MELONE[520]. C'est au nom des spécificités africaines que certains d'ailleurs se sont opposés à l'adoption de l'Avant-projet d'Acte uniforme sur le droit des contrats[521]. Avant d'émettre notre opinion sur ces différentes positions, nous exposerons, sans prétendre à l'exhaustivité les différents éléments des propos du professeur précité. Pour lui, dans le droit traditionnel, le contrat est d'abord un pacte d'amitié avant d'être une technique d'échanges. C'est la raison pour laquelle il est la plupart du temps solennel. Le mariage en est une illustration, de même que la présence de témoins comme condition de validité des conventions. L'auteur en conclut que cet aspect « social » du contrat permet d'éviter et les fraudes et les violences dans le contrat traditionnel[522]. Il faut préciser que ces propos de l'auteur concernent la responsabilité contractuelle. Pour ce qui concerne la responsabilité

---

517 M. ALLIOT, *Les résistances traditionnelles au droit moderne dans les Etats d'Afrique francophones et à Madagascar*, in J. POIRIER, Ed., Etudes de droit africain et malgache (1965), pp.235-256, spéc, p.256.

518 K. MBAYE, *L'unification du droit en Afrique*, Revue sénégalaise de droit, 1971, pp.65 et s.

519 K. MBAYE, *Le droit africain, ses voies et ses vertus*, Revue sénégalaise de droit, 1970, n°7, pp.5 et s.

520 S. MELONE, *Les résistances du droit traditionnel au droit moderne des obligations*, Revue sénégalaise de droit, 1977, n°21, pp.45-55.

521 Le professeur P.-G. POUGOUE et les autres, ont relevé que le texte proposé par le Professeur M. FONTAINE, manque de référence et de cohérence. Le manque de référence tient au fait que ce dernier ne prend pas suffisamment en compte les spécificités africaines. Pour cela, ils citent X. BLANC-JOUVAN (La résistance du droit africain à la modernisation, Actes du Colloque de Dakar 5-9 juillet 1977, Revue sénégalaise de droit, 1977) qui écrivait que « les pratiques et croyances ne peuvent pas se transformer subitement, sous l'action d'un législateur moderne (…), et qu'il est illusoire de penser que le droit peut changer plus vite, au risque même de détruire l'harmonie d'ensemble ». La cohérence d'ensemble de l'avant-projet est appréciée de même que celle avec les autres Actes uniformes OHADA (tous les contrats sont-ils concernés, qu'ils soient civils ou commerciaux ou seuls ces derniers sont visés ? V. *Actes uniformes*, in Encyclopédie juridique du droit OHADA, Lamy, 2011, pp.154-163.

522 S. MELONE, op.cit., p.47, n°10.

extracontractuelle, l'auteur fait siens les propos de Kalongo-MBIKAYI qui définit la responsabilité civile coutumière comme étant l'obligation qu'à un individu ou son groupe de réparer le dommage causé à autrui par lui-même, par les personnes avec lesquelles il a un lien de parenté ou encore par des animaux et les choses dont il a la garde[523]. Les conséquences découlant de cette situation s'apprécient dans le faible rôle de la faute, le droit de principe de la victime à la réparation du préjudice subi, l'intervention du groupe social dans la réparation du dommage.

96. Le faible rôle de la faute renvoie à l'idée selon laquelle on ne se préoccupe pas des conditions psychologiques de l'auteur du dommage pour déterminer sa responsabilité. Quant au droit de la victime à une réparation, il est basé non sur la compensation, mais la restauration de l'ordre ontologique d'autant que le droit à la réparation est selon un auteur « la marque de l'empreinte religieuse du droit sacré et de l'idée d'équivalence ontologique[524] ». Enfin, la collectivité est le débiteur le plus solvable.

En matière contractuelle, l'auteur démontre que le droit traditionnel se rapproche de la théorie allemande de la déclaration de volonté au détriment de celle de la volonté réelle ou psychologique prônée par le droit français.

Quelle que soit leur pertinence, les propos du Professeur MELONE peuvent nous laisser pantois pour deux raisons au moins : la conception que l'on peut ou doit se faire du contrat d'une part, et d'autre part la méthode. Il existe plusieurs conceptions du contrat : une conception juridique et économique. La conception juridique met l'accent sur la volonté souveraine des individus à se lier et à déterminer le contenu exact des obligations. On peut d'ailleurs s'interroger sur cette nouvelle conception du contrat. En effet, avant l'avènement du COCC, il a existé des contrats de berger, de tisserand ou de « *navetane* ». Mais à notre connaissance, on a privilégié l'intérêt individuel au détriment de celui du groupe vu que la force de travail à déployer demeure exclusivement celle de la personne qui s'engage même si la rémunération est le plus souvent partagée avec sa famille. Aucune originalité à ce niveau ; aucune démarcation vis-à-vis du contrat dit moderne. Pour ce qui est de la méthode, il faut rappeler une vérité d'évidence. Les lois sont votées

---

523 K. MBIKANYI, *La responsabilité extracontractuelle en droit zaïrois*, in Journal of African law, Vol.17, n°1, p.41.

524 S. MELONE, op.cit., p.48, n°21.

après un long processus de négociation avec les acteurs représentatifs destinataires de celles-ci. Imaginez un banquier qui va accepter de financer un crédit sur la base d'un contrat de tisserand ou de berger ! Quel risque ! Même les institutions de microfinance qui sont les défenseurs de l'économie solidaire ne le prendront pas ! Demander à avoir un droit des contrats africains signifie nier toute idée d'universalisme du droit des obligations[525]. Même la France qui nous sert de modèle encore n'a pas pu ignorer le cadre commun de référence dont l'objectif est l'harmonisation européenne du droit des contrats[526]. Ce désir d'harmonisation du droit des obligations date de longtemps[527]. On ne saurait au nom d'un relativisme culturel arrêter une œuvre d'intérêt général[528] ! C'est comme donner un coup d'épée dans l'eau ! C'est vouloir faire des chefs coutumiers des législateurs au détriment de nos parlements modernes[529] ! D'ailleurs l'harmonisation, voir l'uniformisation a de beaux jours devant elle en matière contractuelle. La résistance de la coutume est beaucoup plus prégnante dans les matières relatives à l'état des personnes.

---

[525] V. J. FLOUR, J.-L AUBERT, *Droit civil, les obligations, 1. L'acte juridique*, 7e édition, Armand Colin, p.37, n°64. Partant de l'idée selon laquelle la science n'a pas de patrie, SALEILLES, fortement charmé par les méthodes de codification allemande écrit que la matière des obligations se présente comme l'expression idéale de la logique juridique (in Etude sur la théorie générale de l'obligation d'après le premier projet de Code civil pour l'Empire allemand, 1re édition ; 1889, 3e édition, 1925, n°1, p.1. V. *Contra*, les auteurs précités pour qui, le rôle du contrat est par exemple fonction du régime libéral ou collectiviste mis en place (pp.38-39).

[526] Faisons remarquer que l'entreprise d'harmonisation date d'assez longtemps. C'est tout l'intérêt de prendre connaissance des projets de code des obligations et des contrats franco-italien, de la Convention de Vienne sur la vente internationale de marchandises du 11 avril 1980, des Principes UNIDROIT, des principes LANDO, du Code GANDOLFI. V.J.GUEST, *Les travaux préparatoires du projet de Cadre commun de référence sous la Présidence française du Conseil de l'Union européenne*, Recueil Dalloz 2009, p.1431.

[527] R. HOUIN, *Pour une codification européenne du droit des contrats et des obligations*, in Etudes offertes à L. J. DE LA MORANDIERE, Dalloz, 1964, pp.223 et s. Dans cet article, l'auteur souligne le souhait du dédicataire de ces lignes d'avoir une réglementation commune du fait de l'existence d'un Marché commun.

[528] Sur le relativisme culturel, V. A. VIALA, op.cit., p.65, note de bas de page 1.

[529] V. G.-A. KOUASSIGAN, op.cit., p.25.Selon l'auteur, il est normal qu'en Afrique noire, où les chefs investis du pouvoir législatif trouvent le fondement de leur autorité dans la religion, la règle de droit se confond souvent avec des préceptes religieux.

La coutume est liée, dans l'esprit des Africains, à un ordre mythique de l'univers[530]. La conséquence est que le non-respect de celle-ci entraîne une sanction de la part des esprits. Il en sera de même de la violation d'un contrat ou d'une autre obligation. Sans cautionner tout ce que dit le Professeur René DAVID, on peut convenir avec lui que par l'effet du nouveau droit dont se sont dotés les Etats africains, le droit coutumier s'est trouvé restreint en fait, dans l'Afrique française et à Madagascar, au seul domaine des rapports de droit privé intéressant la famille, le régime des terres, et les obligations de pur « droit civil[531] ». Encore que même dans ces domaines, la résistance a pris de l'eau ! Pour rappel, le Code civil dont on s'est largement inspiré, est un code de compromis[532].

97. GUY-ADJETE KOUASSIGAN, ayant affirmé qu'en Afrique la terre ne peut faire l'objet d'un droit d'appropriation privée, parce que l'homme n'apparaît, en effet, jamais comme individu isolé, comme une substance indépendante[533], a reconnu au moins deux choses. D'abord, que l'Afrique noire se présente à l'extérieur comme un monde compact et homogène mais il suffit d'y pénétrer pour se rendre compte de la diversité tant des milieux naturels que des groupements ethniques qui y vivent[534]. Ensuite, que tout comme la propriété au sens romain du terme, les paysans ont sur les arbres qu'ils ont plantés un droit absolu, exclusif, imprescriptible et perpétuel[535]. Il y a donc comme qui dirait une diversité d'Afrique et une sorte d'acculturation juridique non dissociable de toute idée d'influence. L'influence est définie comme une action exercée sur une personne ou une chose, et de nature à la modifier[536].A lire les intitulés des ouvrages des défenseurs de la préservation du fonds coutumier du droit en Afrique, on se rend compte davantage de la diversité des pratiques en Afrique[537].

---

530 R. DAVID, C. JAUFFERT-SPINOSI, *Les grands systèmes de droit contemporains*, Dalloz, 11e édition, 2002, p.441, n°466.

531 R. DAVID, C. JAUFFERT-SPINOSI, op.cit., p.449, n°473.

532 M. BOULET-SAUTEL, J.-L. HAROUEL, op.cit., p.766.

533 R. P. PLACIDE TEMPELS, *Philosophie bantoue*, Paris, in Présence africaine cité par G.-A. KOUASSIGAN, op.cit., pp.35-36.

534 G.-A. KOUASSIGAN, op.cit., p.15.

535 G.-A. KOUASSIGAN, op.cit., p.214.

536 V. Vocabulaire technique et critique de la philosophie d'A. Lalande, PUF, collection Quadrige, 4eédition., 1997, Vol. I, p.513.

537 R.P. PLACIDE TEMPELS, *Philosophie bantoue*, Paris, in Présence africaine, cité par G.-A. KOUASSIGAN, op.cit., p.36, note de bas de page 1 ; P. S. MELONE, La parenté et la terre dans la stratégie du développement ;

D'ailleurs pour revenir au propos du professeur MELONE, on sent que l'auteur fait beaucoup d'aveux symptomatiques du caractère très relatif de ses idées. Ses aveux tiennent dans l'idée de localisation du domaine des résistances[538], pour reprendre les termes de l'auteur, à l'identification des pays qui s'intéressent au droit coutumier[539] et au fondement de la responsabilité[540].

98. Le Doyen R. DECOTTIGNIES[541] est ferme à ce propos : « l'apport d'éléments empruntés à d'autres droits étant acquis, il s'agit d'en tirer le meilleur parti, de les faire fructifier avec les autres éléments du capital juridique mis à la disposition de la société africaine. C'est donc vers l'avenir que les juristes africains doivent résolument se tourner pour assumer pleinement la responsabilité qui est la leur ». Le charme de ce débat résiderait certainement dans l'existence de différentes approches du droit.

---

l'expérience camerounaise, Etude critique, Préface J. imbert. Ed. Klincksieck. 1972. 201 pages ; K. MBIKANYI, *La responsabilité extracontractuelle en droit zaïrois*, in journal of africanlaw. Vol. 17, n°1, pp.41 et s.

538 Selon MELONE (Les résistances du droit traditionnel au droit moderne des obligations, op.cit., p.45) : « Pendant longtemps, on peut s'en réjouir ou le déplorer. Les résistances du droit traditionnel au droit moderne ont été confirmées au droit des personnes, au droit de la famille, au droit des successions et au droit foncier ».

539 Le Professeur cite le Cameroun et la République Démocratique du Congo, ex-Zaïre.

540 Selon l'auteur, « la faiblesse de la faute dans le droit de la responsabilité s'explique par le seul fait que le droit traditionnel ne se préoccupe pas des conditions psychologiques de l'auteur du dommage pour déterminer la responsabilité civile ». Est-il besoin de rappeler que ce mouvement d'objectivation de la responsabilité civile s'observe en France, au Sénégal ? Toujours selon l'auteur : « A partir du moment où la conduite de l'auteur du dommage n'est plus considérée comme fondement de la responsabilité, à partir du moment où la société crée un droit au dédommagement, l'appel à la collectivité pour assumer ce dédommagement s'explique aisément la collectivité est naturellement le débiteur le plus solvable ce qui est une garantie dans la réparation ». Encore une fois, cette démarche n'est pas bien différente de celle pratiquée dans le droit moderne avec la mise en place d'un fonds de garantie par exemple.

541 R. DECOTTIGNIES, *La résistance du droit africain à la modernisation en matière d'obligations, Revue sénégalaise de droit,* 1977, n°21, p.60.

TITRE 3

LES DIFFÉRENTES APPROCHES DU DROIT

Quel droit faudrait-il enseigner ou continuer à enseigner à nos étudiants ? Poser cette question n'est pas dénué de sens au moment où la crise des universités fait douter de son utilité sociale certaine. Est-il vrai que beaucoup d'enseignement ressemblent plus à des cours de théologie qu'ils ne paraissent adaptés à la formation des juristes de notre temps[542] ? Le juriste peut-il être un ingénieur ? Le professeur J. PAILLUSSEAU est de cet avis. Pour lui, le juriste doit être une sorte d'architecte du droit non sans regretter que cette technique d'organisation ne s'apprend pas à l'Université alors qu'elle constitue la réalité de leur activité quotidienne[543]. La doctrine africaine soutient l'idée d'existence d'une ingénierie juridique[544]. Qu'on accepte l'existence de l'ingénierie juridique ou qu'on la réfute, le débat sur la manière d'enseigner aujourd'hui se pose. A ce niveau, on peut s'arrêter un instant sur les propos d'éminents civilistes. D'abord le professeur B. BEIGNIER écrivait ceci : « La nouvelle querelle qui agite les sections de droit privé étant celle qui divise « civilistes » et « affairistes », nouveaux Proculiens et Sabiniens. Est-il besoin de dire qu'elle est aussi stupide que la première guerre punique précédemment évoquée[545] » ? L'auteur poursuit en disant que « Les arguments échangés de part et

---

[542] C. CHAMPAUD, *Des droits nés avec nous, discours sur la méthode réaliste et structuraliste de connaissance du droit*, in Mélanges G. FARJAT, Edition FRISON-ROCHE, 1999, p.69. Selon cet auteur, le droit de la distribution, de la consommation, de la concentration, des contrats financiers spéciaux et de la concurrence possèdent les caractères intellectuels et factuels des « droits nés avec nous ». Ces « droits nés avec nous » sont le Droit économique d'une part et le droit des affaires d'autre part.

[543] J. PAILLUSSEAU, *Le droit est aussi une science d'organisation (et les juristes sont parfois des organisateurs juridiques*, RTDCom, 1989, p.3.

[544] M. DOUGOUNE, *L'ingénierie juridique pour soutenir la perspective d'une restructuration de l'entreprise en difficulté : OHADA, France, USA*, OHADATA D-16-02. L'auteur opère une distinction entre l'ingénierie juridique et sociétaire. V. Egalement le blog de B. MEUKE www.meuke.blogspot.com/

[545] B. BEIGNIER, *Le droit civil, droit privé fondamental*, RTD Civ. 1998 p. 289.

d'autre n'ont quasiment aucune valeur, faute d'être honnêtes. Les civilistes invoquent les traditions et les coutumes, les commercialistes jouent sur du velours en désignant la vie quotidienne et la « mondialisation ». Vanité à parts égales[546] ». Toujours selon l'auteur« Les commercialistes ne peuvent rien sans le travail de fond des civilistes mais ceux-ci seraient condamnés à un droit irréel sans la formidable activité de la vie des affaires. Les civilistes devraient prendre conscience de cette profonde mutation du droit privé[547] ».Partant de ce constat, il invite à un renouveau dans l'enseignement de ce droit. Le professeur BEIGNIER est conscient que le droit commercial est une matière d'application là où le droit civil constitue une matière matricielle. De même, c'est à travers le droit civil que se forme l'esprit du juriste, qu'il y apprend le rôle des concepts, les modes de raisonnement, les voies de l'interprétation, les secrets de la qualification[548]. Comment comprendre ce propos de B. BEIGNIER ? Si la connaissance du droit des affaires passe par la maîtrise des fondamentaux du droit civil, il n'en demeure pas moins que les deux matières ne doivent pas s'ignorer. Aucune coupure nette ne peut être opérée entre le droit civil et le droit des affaires car non seulement des auteurs s'interrogent sur le rôle des mécanismes de droit civil en droit des affaires[549], mais également, il y a en France de Centres de recherche, dénommés « *Droit civil des affaires* ». Il y a même des auteurs qui utilisent l'expression « droit civil de la concurrence » pour signifier la façon dont le droit des obligations fixe ce qui peut ou doit venir limiter le libre exercice de la compétition. Dans le premier cas, c'est le contrat qui fixe cette limite, dans le second cas, c'est la responsabilité[550]

Ensuite, nous pouvons citer A. TUNC qui exhortait ses collègues « à sortir du néolithique[551] ». Il voulait, par-là, leur dire qu'à une époque où s'ouvrait la conquête de l'espace interplanétaire, les

---

546 B. BEIGNIER, ibid.

547 B. BEIGNIER, op.cit.

548 B. BEIGNIER, op.cit.

549 V. Par exemple, TH. BONNEAU, *Rôle et place des mécanismes fondamentaux du droit civil en droit des affaires, De l'inutilité du droit contractuel pour assurer le respect des règles de marché*, RTD Com. 1999 p.257.

550 M.-A. FRISON-ROCHE, S. BONFILS, *Les grandes questions du droit économique, Introduction et documents*, PUF, 2005, p.325.

551 A. TUNC, *Sortir du néolithique*, Recueil Dalloz, 1957, p.71.

méthodes et les objets des enseignements juridiques demeuraient proches de ceux des temps où le droit naquit[552].

Depuis dix ans en France, l'on s'interroge sur le statut des cliniques juridiques. Celles-ci permettent de révolutionner les méthodes d'enseignement dans la mesure où ce sont des structures travaillant notamment en collaboration avec des avocats[553]. Pour clore sur ces développements, il faut faire remarquer que les auteurs n'hésitent pas à mettre en évidence les interactions et complémentarités entre le droit du marché et le droit commun des obligations[554]. Quelqu'un disait que la mission de l'Université est d'associer et non de scinder les disciplines[555]. Ainsi, dans son raisonnement, le juriste ne doit pas se cramponner qu'à la technique juridique et s'il lui arrivait de le faire, il ne doit pas ignorer d'autres modes de raisonnements tels que l'analyse substantielle du droit. Selon G. FARJAT, « l'analyse substantielle est une analyse de juriste. Il ne s'agit absolument pas d'une analyse sociologique (et encore moins marxiste) du droit comme pourraient le penser des esprits légers »[556]

Nous examinerons l'approche managériale (CHAPITRE 1), économique (CHAPITRE 2) et écologique du droit (CHAPITRE 3).

---

[552] C. CHAMPAUD, *Des droits nés avec nous. Discours sur la méthode réaliste et structuraliste de connaissance du droit,* op.cit., p.69.

[553] G. LAURENT, *Les cliniques juridiques mises à l'honneur dans le rapport sur « l'avenir de la profession d'avocat »,* Recueil Dalloz, 2017, p.1198.

[554] V. Colloque organisé par le Centre de droit de la consommation de Montpellier et le Centre de droit de la concurrence de Perpignan, RTDCom, 1998, pp.1 et s.

[555] R. SAVATIER, *Cohésion des Facultés de Droit et des Sciences Economiques*, in Etudes L. J. DE LA MORANDIERE, Dalloz, 1964, p.509.

[556] G. FARJAT, *Droit économique*, 2e éd., *op. cit.*, p. 738.

CHAPITRE 1

L'APPROCHE MANAGÉRIALE DU DROIT (*LAW AND MANAGMENT*)

Le risque juridique est le quotidien des juristes et plus particulièrement des avocats[557]. La stratégie est au cœur de l'entreprise. Ce terme d'origine militaire reçoit deux définitions :

-la stratégie est la partie de l'art militaire qui consiste à organiser la conduite générale d'une armée ou la défense d'un pays ;

-la stratégie est la manière d'organiser une action pour parvenir à un résultat[558].

Le droit est-il pris en compte dans la stratégie de l'entreprise ? Il faut dire qu'il fut un temps où le droit était très mal perçu par les milieux d'affaires (SECTION 1). Cette conception normative sous-jacente, largement dominante durant le XXe siècle reposait sur l'idée qu'une régulation naturelle des activités économiques conduit spontanément à l'optimum économique et social. Le droit y apparaît comme un obstacle à la coordination optimale des agents[559].

Cette approche est entrain cependant de céder le pas à celle qui voudrait faire du droit une arme d'organisation ou concurrentielle (SECTION 2).

---

557 S. DYENS, La nécessité de dresser une cartographie des risques juridiques, AJCT 2012. 131

558 H. BOUTHINON-DUMAS, *Les stratégies juridiques : essai sur les articulations entre droit, économie et management*, in Les stratégies juridiques des entreprises, sous la direction d'A. MASSON, Larcier, 2009, p.11.

559 T. BOYER, *Qu'est-ce qu'une (bonne) stratégie juridique ? D'une approche globale à une approche microjuridique,* in Les stratégies juridiques de l'entreprise, pp.155-156.

SECTION 1 : LA MAUVAISE PERCEPTION DU DROIT

Le droit est mal perçu par les hommes d'affaires qui reprochent souvent aux juristes d'être des empêcheurs de tourner en rond (**PARAGRAPHE 1**). Il arrive également que certains juridiques nostalgiques de l'approche protectrice du législateur, s'étonne de la nouvelle trajectoire prise **(PARAGRAPHE 2)**

§1. Le droit vécu comme une contrainte par l'entreprise

Les juristes avaient mauvaise presse auprès des dirigeants. C'est parce que le droit n'était pour l'entreprise que le contentieux[560]. Il faut faire remarquer que les confucéens soutiennent que le droit suppose des conflits : « promulguer des lois est une chose mauvaise, car les individus lorsqu'ils les connaissent en concluent qu'ils possèdent des droits et ils sont enclins à les faire valoir, délaissant du même coup les règles traditionnelles de convenance et de morale qui seules doivent guider leur conduite. Les procès se multiplient et chaque procès par son existence même est un scandale[561].

§2. La recherche d'une meilleure justice

99. Il est certes difficile de dire ce qu'est la justice d'autant que celle-ci est parfois un sentiment qui peut ne pas être partagé, mais aussi en raison de sa relativité. Ne dit-on pas que vérité au-delà, erreur en deçà et ce, malgré la tentative d'universalisation de la justice[562] ? C'est ainsi que des auteurs ont le sentiment que la justice, en tant qu'institution se soumet au diktat de l'entreprise avec la complicité du législateur. PASQUIER écrit ceci : « Aussi la question posée mérite-t-elle la plus grande attention : faut-il, ou plutôt fallait-il, car c'est avéré, donner une assise juridique aux stratégies d'« optimisation judiciaire », comme il existe des stratégies d'« optimisation fiscale » (G. Deharo, « Stratégie judiciaire et performance de l'entreprise », RTD com. 2013. 177), dont la justice est l'objet, l'entreprise l'auteur ? La réponse, même

---

560 J.PAILLUSSEAU, Les contrats d'affaires, op.cit., n°3.

561 D. RENE, *Les grands systèmes de droit*, Paris, Dalloz, 1964, p.532.

562 V. M. DELMAS-MARTY, *Réinventer le droit commun*, Recueil Dalloz, 1995, chron., p.2. Selon l'auteure, un droit commun n'est pas un droit unique. C'est un droit qui admet le pluralisme tout en refusant l'éclatement.

assortie de nuances, est incontestablement négative. Car l'alignement du temps de la justice sur le temps de l'entreprise désorganise radicalement les rapports qu'entretiennent le temps, le droit et l'entreprise. Cette désorganisation appelle la plus vive des réactions au regard du respect du droit fondamental d'accès à la justice »[563].

Toujours selon l'auteur, on confond le temps de la justice avec celui de l'entreprise au mépris des droits du salarié. Citant F. OST[564], il rappelle qu'en principe, le temps de la justice est un temps « social-historique ». Il est un temps de la *conciliation* entre les exigences du social et les valeurs propres du système juridique, telles la sécurité juridique ou la paix sociale. Le temps de l'entreprise est d'une nature différente. Il participe de la construction et du fonctionnement de l'organisation. De ce point de vue, le temps de l'entreprise n'est pas celui de la *conciliation*, mais celui de l'*anticipation*. Il est vrai, toutefois, que le droit n'est pas demeuré étranger à la définition du temps de l'organisation. Ainsi, le régime du temps de travail impose à l'organisation le respect des valeurs fondamentales que sont la santé et la sécurité du travailleur, le droit de participation constitutionnellement reconnu ou encore le respect des rythmes sociaux collectifs[565].

Le mouvement de déréglementation a suscité des réactions parmi lesquelles l'interrogation sur le sort à réserver au code du travail. On s'est en effet demandé s'il ne fallait pas brûler le code du travail[566]

Pourtant, il fut un temps en France où le juge a été accusé d'être contre l'entreprise[567], certainement, en raison du fait que, la majeure partie des règles du droit du travail étaient d'ordre public. Celui-ci se dégrade néanmoins de nos jours[568]. La réticence dans la confiance à accorder au droit n'a cependant pas empêché de l'intégrer dans la stratégie de l'entreprise.

---

563 TH. PASQUIER, *Faut-il caler le temps de la justice sur celui de l'entreprise* ?, Rev. trav. 2014. 153

564 V. F. OST, *Le temps du droit*, Édition Odile Jacob, 1999.

565 TH. PASQUIER, op.cit.

566 Actes parus in *Dr. soc.*, n° spéc. juill.-août 1986, pp. 559-604.

567 PH. WAQUET, *Le juge et l'entreprise*, Droit social 1996 p. 472

568 T. SACHS, *L'ordre public en droit du travail, une notion dégradée*, Revue de droit du travail, 2017, p.585.

SECTION 2 : LE DROIT INTÈGRE DANS LA STRATÉGIE DE L'ENTREPRISE

Claude Champaud écrivait qu'un juriste qui ne connaît que du Droit ne sait pas le Droit. La *law and managment* met en évidence l'idée de stratégie juridique que les entreprises mettent en place pour diverses raisons. Nous allons mettre en évidence les composantes de la stratégie juridique (**PARAGRAPHE 1**) d'abord, ensuite l'enracinement de la *law and managment* (**PARAGRAPHE 2**).

§1. Les composantes de la stratégie juridique

Il ne faut pas occulter une vérité d'évidence à savoir l'existence de plusieurs formes de stratégies juridiques[569].

Au départ, on a eu de la stratégie juridique une vision restrictive. Ainsi par exemple dans le procès, la stratégie judiciaire correspondait au mécanisme mis en place pour gagner un procès. Elle s'entendait également des options offertes par le droit à l'entrepreneur.

Pour J. PAILLUSSEAU, le droit n'a pas uniquement pour objet l'homme et se droits. Il a aussi pour objet l'organisation des activités humaines au moins dans une certaine mesure[570]. A la suite de PAILLUSSEAU, il y a eu l'approche *risk managment*. Une troisième approche s'est intéressée aux origines des stratégies juridiques. Elle est dite normative et l'objet de son étude n'est pas l'usage que font les entreprises du droit. Antoine Masson pense que ces trois conceptions, loin de s'opposer peuvent se combiner pour constituer une véritable stratégie juridique. Ce sont donc ces différentes approches que nous allons examiner.

100. Le procès constitue le lieu où se développent les diverses stratégies. On parle dans ce cas de stratégie judiciaire. En effet, les parties adverses essaient d'instrumentaliser le droit en leur faveur. Pour LoPucki et Walter O.Weyrauch, une stratégie judiciaire efficace doit viser, quatre composantes, à savoir les décideurs juridiques, les faits, la culture juridique et seulement de façon subsidiaire, le contenu du droit.

---

569 V. A. MASSON, M. SHARIF, *Les stratégies juridiques des entreprises*, Revue Lamy droit des affaires, Octobre 2010, n°53, p.56.

570 J. PAILLUSSEAU, *Le Droit est aussi une science d'organisation*, RTDCom, 1989, n°42, p.1 et s ; Du même auteur, *Les apports du droit de l'entreprise au concept de Droit*, D.1997, p 97.

Les stratégies judiciaires peuvent avoir pour objectif de gagner un procès. Mais on peut développer des stratégies visant à exploiter les effets du procès ou en amont du procès. Dans le premier cas, on peut citer les pratiques dilatoires, celles visant à obtenir des secrets de ses concurrents tels que la discovery, les délais d'action et de prescription. Dans la seconde hypothèse nous pouvons citer filialisation, la délégation de pouvoirs, les techniques de défausses (promesse de porte-fort, assurance couvrant les risques juridiques) ainsi que les techniques qui permettent d'arriver au procès dans une situation confortable (clauses attributives de compétences, de réserve de propriété)

101. La capacité plus ou moins importante d'une entreprise à déployer et à coordonner ses ressources efficacement, pour faire face à un environnement juridique et satisfaire ses objectifs économiques détermine sa performance juridique. Ici, on parle de stratégie juridique au singulier. Se trouve abordée la question du risque juridique réparti de façon simple en deux à savoir le risque ayant pour source l'incertitude juridique (changement, lacune d'une loi) et l'incertitude non juridique à savoir la réalisation d'un événement économique, technique ou humain. Ces risques sont qualifiés respectivement de risques d'origine juridique et de risques d'ordre juridique[571]. A côté de ces deux catégories de risques nous avons les risques non juridiques qui peuvent être évités ou réduits grâce au droit[572]. Il existe selon A. MASSON quatre risques d'origine juridiques : le risque politique à savoir possibilité d'évolution du droit dans un sens défavorable à l'entreprise, le risque de non-conformité lorsqu'une entreprise adopte de façon non-intentionnelle une attitude non conforme au droit parce que la norme en question est confuse ou contradictoire, le risque de non-compliance lorsque les mécanismes mises en place pour satisfaire une obligation de moyens sont insuffisants et enfin le risque de non-validité juridique à savoir la possibilité pour une ressource juridique possédée par l'entreprise soit invalidée. Le risque de non-compliance est différent de la gestion à la marge du droit où une entreprise choisit de façon délibérée de ne pas se soumettre à la règle de droit. C'est tout l'intérêt de la théorie de la violation efficace du contrat et de la règle *comply or explain.*

102. L'approche normative de la stratégie juridique s'intéresse aux ressources juridiques qui sont nées du dévoiement de la règle de droit. Le constat qui est fait est que les caractères de la précision, généralité,

---

[571] A. MASSON, M. SHARIF, op.cit., p.60.
[572] A. MASSON, M. SHARIF, Ibid.

cohérence, impersonnalité peuvent ne pas se retrouver dans une règle. Cette dernière approche s'intéresse à l'avantage comparatif d'une entreprise sur ses concurrents. Au regard de ces différents développements, on se rend compte que l'approche law and managment s'enracine de plus en plus.

§2. L'Enracinement de l'approche law and management

Avec la *law and managment*, le droit n'est plus considéré comme un obstacle au développement de l'entreprise. Bien au contraire, on profite des opportunités que nous offre ce dernier pour mener à bien les activités de son entreprise[573]. Dans une société anonyme, l'expression finance est utilisée pour désigner les actionnaires, tandis que celle de *managment* renvoie au conseil d'administration[574]. Avec la *law and managment*, il s'agira de répondre à la question de savoir comment le droit prend-il en compte le phénomène de l'importance croissante des sciences de gestion[575]. Une approche complémentaire de la *law and management*, a vu le jour. Il s'agit de la marketisation ou analyse gestionnaire du droit qui consiste à voir celui-ci comme un produit dont il faut appliquer les méthodes du marketing au profit des consommateurs du droit que sont les entreprises[576].

A- Les conditions de l'enracinement

On a l'impression lorsqu'on lit les écrits réservés à la stratégie juridique de l'entreprise que celle-ci a existé bien avant d'être systématisée. Ainsi en est-il de l'évitement du juge par le recours à l'arbitrage ou aux autres modes de règlements de différends, de l'utilisation de manœuvres dilatoires pour retarder un procès, du recours au juge pour instaurer ou restaurer des rapports de force[577]. Dans tous

---

[573] V. G. DEHARO, *Stratégie judiciaire et performance de l'entreprise : approche dynamique de droit processuel appliquée à l'entreprise*, RTDCom, 2013, P.177.

[574] V.CH. PATRICIA *et al.*, « Stratégies de vote en AG face aux résolutions externes »,Revue française de gestion, 2009/8 n° 198-199,pp. 277-296.

[575] G. DEHARO,*Law et management : l'influence des sciences de gestion sur la jurisdictio,*Gazette du Palais, 17 mai 2014 n° 137, p. 15

[576] P. De MONTALIVET, *La "marketization" du droit, Réflexions sur la concurrence des droits*, Recueil Dalloz 2013, p.2923.

[577] H. BOUTHINON-DUMAS, *Les stratégies juridiques : essai sur les articulations entre droit, économie et management*, op.cit., p.28.

les cas, les stratégies juridiques sont limitées par la bonne foi, l'abus de droit et la fraude[578]

L'enracinement de la *law and management* signifie l'acquisition d'une certaine compétence de la part des juristes d'entreprise qui non seulement doit connaître le droit qui intéresse celle-ci, mais également la réalité concrète de celle-ci[579]

B- La prise en compte de la compliance

Il est difficile d'avoir une définition unanime de la *compliance*. Celle-ci serait une auberge espagnole[580]. Elle peut signifier obligation de bien se comporter, de prendre en compte les intérêts d'autrui, d'où tout l'intérêt des chartes de bonne conduite rédigées unilatéralement par les entreprises. En revanche, pour d'autres, il s'agit d'un engagement à respecter toute la réglementation en vigueur. Si dans la première situation, la *compliance* est a-juridique, dans la seconde elle est trop juridique pour être utile. Le professeur M.A. F.ROCHE recommande d'avoir un droit de la *compliance* européen. Avec la *comply or explain* intégré en droit OHADA par l'article 831-2 AUSCGIE, on perçoit que le législateur n'ignore pas la *compliance*[581]. Il s'agit là d'une influence de la loi Sarbannes-Oxley[582].La conformité est très présente en droit des marchés financiers et selon un auteur, elle a tendance à supplanter la norme déontologique est donc une codification non-étatique de règles inhérentes à une profession. Celle-ci est comprise dans la conformité[583]. Mais son domaine tend aujourd'hui à s'élargir à toutes les entreprises[584]. Selon un auteur, Il est donc essentiel de mettre l'entreprise dans les conditions d'une prévention efficace et de l'inciter à se structurer, avec comme objectif la prévention des risques. C'est tout

---

[578] R. LABERNEDE, *Les limites aux stratégies juridiques : l'exemple de l'abus de droit*, in Les stratégies juridiques de l'entreprise, pp.473 et s.

[579] H. BOUTINON-DUMAS, Ibid.

[580] M. A. FRISON-ROCHE, *Le droit de la compliance*, D. 2016. 1871

[581] P. DURAND-BARTHEZ, *Le principe « appliquer ou expliquer » . - Réflexions sur ses fondements et sa mise en oeuvre dans le domaine du gouvernement d'entreprise*,Cahiers de droit de l'entreprise n° 2, Mars 2016, dossier 11.

[582] C. ROQUILLY, Contribution à la reconnaissance de l'influence du droit dans la stratégie d'entreprise, in Les stratégies juridiques, p.39.

[583] A.-D. MERVILLE, *La norme déontologique*, Revue de Droit bancaire et financier n° 3, Mai 2015, 34, n°5.

[584] C. COLLARD et alii, *La conformité réglementaire et les « programmes de compliance »*, Cahiers de droit de l'entreprise n° 2, Mars 2010, entretien 2.

l'enjeu de la compliance[585].Toujours selon cet auteur, le droit pénal serait le cœur de la compliance

[585] W. FEUGERE *La sanction adéquate en droit pénal des affaires*, Cahiers de droit de l'entreprise n° 1, Septembre 2017, dossier 4

CHAPITRE 2

L'APPROCHE ÉCONOMIQUE DU DROIT (*LAW AND ECONOMICS*)

Pour avoir une idée précise du droit, les travaux des sociologues, juristes et économistes peuvent être d'un grand apport. En effet, il faut faire remarquer que la connaissance des grands courants de pensée américains passe par l'étude de la *sociologicaljurisprudence* et du réalisme juridique américain qui a donné naissance à quatre orientations à savoir : droit et société, droit et économie, droit et littérature et *CriticalLegal Studies*[586]. Il s'agit là d'une approche différente du droit français qui peut faire émerger une sorte de concurrence des systèmes juridiques[587].

Avec l'apparition de l'ouvrage de Posner, l'analyse économique du droit est appréhendée comme un courant de pensée. L'analyse économique du droit ne concerne pas uniquement le droit substantiel ; même le droit processuel est visé, d'où le concept d'économie de la justice. L'économie de la justice appréhende donc le procès comme un échec de la coopération. En mettant en avant l'intérêt de la justice contractuelle, elle ne conteste cependant pas le rôle bénéfique de l'intervention du juge dans certaines circonstances, par exemple lorsqu'il s'agit de donner force exécutoire au jugement[588]. L'économie de la justice vise l'efficacité de la justice et considère celle-ci comme un marché.

La philosophie de la law and economics sera exposée (SECTION 1) d'abord, avant de mettre en exergue les réactions tant positives que négatives contre celle-ci (SECTION 2).

[586] F. MICHAUT, *Etats-Unis* (Grands courants de la pensée juridique américaine contemporaine), in Dictionnaire de la culture juridique, PUF, 2003, pp.661 et s.

[587] *La concurrence des systèmes juridiques est en marche* ! Entretien avec Jean-Marc Baïssus, directeur général de la Fondation pour le droit continental, Petites affiches, 28 février 2008 n° 43, P. 3.

[588] B. DEFFAINS, *op.cit.*

SECTION 1 : LA PHILOSOPHIE DE LA LAW AND ECONOMICS

Les tenants de la philosophie law and economics sont les juristes et les économistes américains (Paragraphe 1). Cette théorie est à distinguer de la law and finance et du droit économique (Paragraphe 2).

§1. Les travaux des économistes et juristes américains

Aux Etats unis, économistes et juristes sont des adeptes de l'économie du droit même si c'est de façon distincte. C'est ainsi que l'on est en mesure de distinguer les tenants de l'analyse économique du droit (A) et l'école institutionnaliste (B).

A- L'analyse économique du droit

On s'intéresse à la problématique de savoir si un changement dans la règle de droit apporte du bien-être social. Pour Posner, les agents sont des maximisateurs de leurs satisfactions lorsqu'ils prennent des décisions d'une quelconque nature. En outre, le droit impose un prix aux actions des agents[589]. Réticents à toute idée de rationalité parfaite, les tenants de l'économie comportementale ne partagent guère le point de vue de Posner.

B- La théorie institutionnelle

L'école institutionnaliste américaine étudie l'incidence des lois et décisions de justice sur le milieu social. Cette **théorie** part du postulat général selon lequel la rationalité individuelle de l'individu est limitée par un réseau de contraintes. Pour parvenir à une situation optimale, la prise de décision exige alors l'intervention d'une organisation. L'organisation constitue ainsi le support d'une rationalité collective qui est la condition d'une décision économique optimale[590]. Pour les tenants de l'institutionnalisme, les droits sont des intérêts juridiquement protégés. En outre, l'ordre social ne découlerait pas de l'ordre économique du marché, n'est ni un ordre spontané, mais le produit de l'action collective, des processus politiques et juridiques par lesquels

---

589 T.KIRAT, *Economie du droit*, La découverte, 2012, collection « repères », p.11.

590 J. GARCIA, *Le Conseil constitutionnel, juge de l'économie* ?, Constitutions 2015. 487

des droits et des obligations réciproques entre individus sont créés et mis en œuvre[591].

Comme on peut le constater, même aux États-Unis, fief de la théorie *law and economics*, les juristes américains ont une vision différente des relations entre le droit et l'économie[592]. Pour les uns, il faut s'intéresser à la manière dont le droit est produit, distribué et consommé, d'où l'idée d'un marché du droit au sens d'une demande et d'une offre, avec des consommateurs et des producteurs, tandis que pour les autres, seule l'économie est en mesure d'éclairer les situations concrètes que le juriste et (le juge) a à traiter[593]. L'économie peut permettre de connaître avec plus de précision la logique d'une décision de justice, et d'éclairer ainsi le décideur, le praticien du droit[594].

§2. La distinction entre la law and economics, le droit économique et la law and finance

Pour éviter toute confusion entre la *law and economics* du moins l'analyse économique du droit et le droit économique (A), un certain nombre de développements s'impose. De même, quand on sait que la law and finance est une nouvelle orientation de l'analyse économique du droit, il n'est pas inutile d'opérer une comparaison entre celle-là et celle-ci (B).

A- Law and economics et droit économique

Donner une définition du droit économique s'avère difficile tant les détracteurs de cette discipline qui s'est voulue une « antithèse du modèle juridique libéral » a été présentée par ses détracteurs comme consacrant une « lecture marxiste » du droit[595]. D'ailleurs des auteurs tels que MM. LUCAS de Leyssac et Parléani préfèrent parler de « droit du marché » plutôt que de droit économique[596]. Pour d'autres encore, le droit économique serait un avatar européen de l'analyse économique du

---

591 TH. KIRAT, op.cit., p.13.

592 V. Par exemple B. A. ACKERMAN, *Deux sortes de recherche en « Droit et Economie* » Revue de la Recherche juridique-Droit prospectif, 1986-1, p.31.

593 J. GARELLO, *Droit et économie : quel droit ? Quelle économie* ? Rapport général, RRJ. 1987-2, p.624.

594 J. GARELLO, Ibid.

595 V. G. J. MARTIN, L. BOY et *alii*, *Le droit économique aujourd'hui*, Recueil Dalloz, 2010, p.1436.

596 C.L. DE LEYSSAC, G. PARLEANI, Droit du marché, PUF, 2002, 1032 pages.

droit[597]. Pourtant, même les auteurs qui pensent qu'il faut un renouveau dans la conception du droit économique distinguent le droit économique de la *law and economics* en ces termes : « les juristes de droit économique ne sont pas plus des sociologues qu'ils ne peuvent être confondus avec les économistes de la *law and economics*, laquelle relève de l'économie : ils sont avant tout des juristes dont la tâche principale est la vérification empirique de la pertinence de la qualification juridique des faits, ce qui constitue le cœur de l'activité du juriste[598] ». En effet, plus qu'aucun autre, le droit économique se caractérise par sa méthode, l'analyse substantielle, qui est fondamentalement celle d'un droit transdisciplinaire[599]. Quelle expression utiliser : interdisciplinarité, transdisciplinarité ou pluridisciplinarité ? La distinction entre ces différents concepts n'est pas des plus aisées. François OST considère que dans l'interdisciplinarité, les sciences auxiliaires s'ordonnent autour d'une discipline maîtresse, qui les convoque en fonction de ses propres besoins, tandis que dans la transdisciplinarité c'est l'objet à construire qui crée la demande, autrement dit les savoirs que l'on va interroger aux fins de cette construction et qui peuvent donc être inattendus parce que cette création se déroule de manière empirique, sans plan préconçu[600]. G. J. MARTIN, L. BOY et autres optent pour la transdisciplinarité. La méthode du droit économique c'est l'analyse critique et substantielle. L'analyse critique menée par le juriste de droit économique signifie d'abord et plus simplement qu'il ne recevra ni « les faits », ni les

[597] JACQUEMIN ET SCHRANS, *Le droit économique*, Que sais-je ?, PUF, 1974.

[598] G. J. MARTIN, L. BOY et *alii*, *Le droit économique aujourd'hui*, op.cit. Le professeur G. FARJAT qui a toujours considéré le droit économique comme une nouvelle discipline scientifique, pratique, une nouvelle branche du droit, définissait celui comme le droit de la concentration ou de la collectivisation des biens de production et de l'organisation de l'économie par des pouvoirs privés ou publics. Pour les auteurs précités, il faut aller au-delà de cette définition en raison de la complexification des relations économiques (sophistication de la concentration à travers le capitalisme financier), la mondialisation de l'économie. Partant de ce constat, ils ont proposé la définition suivante « le droit économique est la discipline scientifique et pratique qui a pour objet l'étude des rapports économiques c'est-à-dire ceux qui organisent l'économie ou un secteur de cette économie par la centralisation des décisions et du pouvoir économique ». Le droit économique dépasserait donc largement les seuls droits de la concurrence et de la distribution.

[599] G. J. MARTIN, L. BOY et *alii*, op.cit.,

[600] F. OST, *Questions méthodologiques à propos de la recherche interdisciplinaire en droit*, Revue interdisciplinaire d'études juridiques, Bruxelles, 1971, n°6, p.1.

catégories juridiques comme des données incontestables, mais qui s'autorisera à réfléchir sur leur construction et à les confronter entre eux, ensuite qu'il s'interrogera sur la validité axiologique des règles, c'est-à-dire sur la cohérence du système par référence aux valeurs protégées, mais aussi sur les valeurs elles-mêmes que le droit protège[601]L'analyse substantielle ne signifie pas que le droit doit suivre les faits. Ce qui importe c'est ce qui constitue la « substance » des catégories et/ ou notions, la validité de ces dernières devant s'apprécier en évaluant la conformité de leur substance à celle du rapport social qu'elles entendent traduire[602].

Une différence existe entre le droit économique et la *law and economics*. L'analyse économique du droit est une réaction contre le formalisme juridique au profit du réalisme. Pour les tenants de cette école de pensée, le droit n'est pas une discipline autonome à vocation scientifique. Par conséquent, la véritable science est celle économique, la seule à même d'apporter des solutions aux questions juridiques[603]. A sa suite, un courant de pensée, la *law and finance* s'est développée.

B- La law and economics et la law and finance

Le courant *Law and finance* établit un lien entre la tradition juridique et le niveau de développement économique d'un Etat. Son objectif est d'évaluer la performance des normes. C'est le prolongement de la *law and economics*. « *The results show thatcommon-law countries generally have the strongest, and French civil-law countries the weakest, legal protections of investors, withGerman- and Scandinavian-civil-law countries located in the middle* ». C'est la conclusion tirée par Rafael La Porta, Lopez-de-Silanes et Andrei Shleifer, dans leur article "Law and finance[604]", après avoir comparé la législation de 49 pays. Cette théorie a influencé la banque Mondiale avec ses fameux rapports *Doing business.*A rappeler que les indicateurs de mesure du droit porte sur : créations d'entreprises, droit du travail, publicité foncière,

601 G. J. MARTIN, L. BOY et alii, op.cit.,

602 G. J. MARTIN, L. BOY et alii, op.cit.,

603 C. JAMIN, *Economie et droit*, in Dictionnaire de la culture juridique, PUF, 2003, p.580. M

604 Journal of Political Economy 1998, vol. 106, n° 6.

obtention des crédits, protection des investisseurs, exécution des contrats, droit des faillites[605].

SECTION 2 : LES RÉACTIONS SUSCITÉES PAR LA PHILOSOPHIE LAW AND ECONOMICS

Deux catégories de réactions face à la *law and economics* mérite d'être relevées : des réactions positives d'une part (PARAGRAPHE 1) et des réactions négatives d'autre part (PARAGRAPHE 2).

§1. Les réactions positives

Des Etats membres de l'OHADA tels que le Sénégal (A) ont réceptionné la méthodologie de la *law and économics* (A). Le législateur de l'OHADA, au départ réticent face à cette méthode, l'a finalement intégré (B).

A- Au niveau national

Dans le rapport de présentation du Décret 2014-1653 relatif à la médiation et à la conciliation, il est précisé que le présent décret fixe le cadre général ainsi que les règles de procédure de la médiation et de la conciliation conformément aux meilleures pratiques juridiques internationales y compris l'analyse économique du droit. On voit que le Sénégal prend une orientation économique en matière de résolution du contentieux, même si au regard de l'article 3 du décret, celui-ci s'applique à tout différend. Le pouvoir réglementaire fait également remarquer que des clauses de médiation et de conciliation peuvent être insérées dans un contrat. La composition du Conseil de direction du Comité national de médiation et de conciliation permet de conforter l'orientation économique du législateur[606]. En effet, celui-ci est composé en majorité de personnes issues du milieu des affaires : avocats, notaires, représentant de l'APIX, du patronat, de l'ONECCA etc… Le Comité national de médiation et de conciliation dispose d'un

---

[605] R. VATINET, Association Henri Capitant, *Les droits de tradition civiliste en question. A propos des Rapports Doing Business de la Banque mondiale*, Société de législation comparée, volume 1, 2006, 140 pages, RTDCiv, 2006, p.845.

[606] ARRETE MINISTERIEL n° 2381 en date du 20 février 2015 portant installation du Conseil de direction du Comité national de Médiation et de Conciliation, J.O. N° 6848 du Samedi 09 mai 2015

règlement de procédure approuvé par arrêté ministériel n°00245 en date du 11 janvier 2016.

B- Au niveau supranational

Les acteurs de l'espace OHADA en 2007, ont réagi face au mauvais classement que leur a attribué le rapport Doing business. Seulement, selon le rapport *Doing business* 2010 de la Banque mondiale, un nombre record de 131 pays du monde ont réformé leur réglementation des affaires en 2008-2009[607] . En outre, en 2012, la législation des Etats membres de l'OHADA a été évaluée conformément au Programme *Doing business* sans réaction défavorable à notre connaissance de la part des Etats concernés. Selon le Secrétaire permanent de l'OHADA, le nouvel Acte uniforme propose des réponses modernes et adaptées aux différentes insuffisances révélées par les études de diagnostic. Prenant en compte les préceptes de l'analyse économique du droit et les meilleures pratiques juridiques internationales, l'AUPC du 10 septembre 2015 révolutionne le paysage des procédures collectives dans l'espace OHADA[608]. Dans son article consacré aux procédures de prévention dans l'Acte uniforme révisé, le professeur F.M. SAWADOGO a rappelé le recours à l'analyse économique du droit dans le rapport de l'audit préalable de l'Acte uniforme originel de 1998[609]. L'analyse économique est désormais une donne intégrée par le législateur OHADA en vue d'une meilleure attractivité de celle-ci. Mais cette méthode a des contempteurs.

§2. Les réactions négatives

Le nouveau droit français des contrats saura-t-il ainsi convaincre les rédacteurs d'un futur rapport *Doing Business* ? La question, un peu provocatrice, a néanmoins son importance, dans le contexte bien connu de la concurrence des droits et de la tendance assez prégnante des partenaires contractuels étrangers à imposer plutôt la désignation d'une

---

[607] A. LIENHARD, *Doing Business 2010 - Mener à bien des réformes en ces temps difficiles*, Dalloz actualité 14 septembre 2009.

[608] D. COSSI. SOSSA, Avant-propos, in Dossier « Modernisation de l'Acte uniforme sur les procédures collectives, DROIT & PATRIMOINE n N°253 n° DÉCEMBRE 2015, pp.30 et s.

[609] F.M. SAWADOGO, *Les procédures de prévention dans l'AUPC révisé : la conciliation et le règlement préventif*,Droit& Patrimoine n N°253 n° DÉCEMBRE 2015

loi étrangère lorsque le rapport de force les y autorise. Le nouveau droit des obligations, bien ordonné et clarifié, devrait rassurer les contractants et favorisera, peut-être, un nouveau regard sur le droit français en ce domaine. A tout le moins, le monde juridique au-delà de nos frontières s'intéresse grandement à cette réforme, comme en témoigne la profusion de présentations et commentaires de la réforme sur l'internet, par des cabinets d'avocats étrangers[610]. Il semblerait que parmi les obsessions contemporaines, figure en bonne place la défense de l'attractivité internationale du droit français[611]. Une institution a vu le jour (B) et la doctrine française n'est pas restée insensible face à la théorie de la *law and economics* (A).

A- La doctrine française et la law and economics

Parler de la doctrine française c'est un peu forcer le traiter sachant que non seulement celle-ci n'est pas une entité[612], mais également, tous les auteurs ne sont pas réfractaires à la *law and economics*. L'accent sera mis donc sur les auteurs tels qu'A. BERNARD qui se demande si la *law and economics*est une science idiote[613]. Pour cet auteur, l'analyse économique est loin d'être une science, c'est une idéologie. D'autres ont mis en évidence les atouts tant structurels que substantiels du droit de tradition civiliste[614]. Il s'agit de l'accessibilité, de la flexibilité et de la sécurité. Parmi les atouts substantiels, il y a l'équilibre. G. CAVALIER est de ceux-là, lui qui a démontré que le droit français est basé sur des valeurs morales telles que la cohérence, la proportionnalité et la loyauté. La raison majeure est que les juristes civilistes étaient des prêtres. Ainsi, un rapprochement peut être opéré avec la théorie

---

610 B. MALLET-BRICOUT, *2016, ou l'année de la réforme du droit des contrats,* RTD civ. 2016. 463

611 L. USUNIER, *L'attractivité internationale du droit français au lendemain de la réforme du droit des contrats, ou le législateur français à la poursuite d'une chimère (Doing Business 2017, Égalité des chances pour tous, Rapport de la Banque mondiale, 14e éd., 25 oct. 2016)*, RTD Civ. 2017 p.343.

612 V. PH. JESTAZ, *L'entité doctrinale française*, D.1997, chr., p.167 ; L.. AYNES, P. GAUTHIER, F. TERRE, *Antithèse de l' « entité » (à propos d'une opinion sur la doctrine)*, D.1997, chron., p.229.

613 A. BERNARD, *LAW and economics: science idiote* ? Recueil Dalloz 2008 p.2806

614 M. GRIMALDI, B. FAUVARQUE-COSSON, *La promotion de notre système juridique s'organise : la constitution d'une Fondation pour le droit continental,* D. 2006. 996.

solidariste qui postule la prise en compte des intérêts de l'autre partie[615]. Les manifestations de cette théorie solidariste sont le devoir de coopération, l'abus dans l'exécution du contrat, le pouvoir modérateur ou régulateur du juge[616]. C'est également le cas de J.C. RODA qui considère que les droits européens influencent le droit anglo-américain[617].

L'analyse économique, nous le disions, a des adeptes qui parfois occupent des positions stratégiques ou de hautes fonctions. C'est le cas du président G. CANIVET qui a suscité la réaction de la doctrine lorsqu'il a affirmé qu'il y avait en France un grave déficit dans l'approche économique du droit » et qu'il s'agit « d'une question de responsabilité de l'université[618] ». Ainsi, pour R. ENCINAS DE MUNAGORRI, la thèse de G.CANIVET est imprécise, irréaliste et asymétrique[619].

Tout compte fait, comme écrivait un auteur, on ne convaincra pas des juristes français des bienfaits de l'analyse économique en leur faisant commenter des travaux d'économistes américains[620]. Mais comme le dit le professeur C. JAMIN, ce qui empêche en définitive l'analyse économique du droit de s'imposer en France, c'est donc bien une très ancienne tradition dogmatique qui privilégie l'étude des textes, mais aussi un vieux fonds moraliste qui n'a jamais été favorable à l'économie[621]. Pourtant, l'avant-projet TERRE sur le droit des obligations s'est largement inspiré de cette méthode.

---

615 G. CAVALIER, *Réflexions à partir de l'analyse économique de la culture (fiscale) civiliste*, Recueil Dalloz 2010 p.2018

616 V.D. MAZEAUD, *Le nouvel ordre contractuel*, RDC 2003. 295.

617 J.-C. RODA, *L'influence des droits européens sur le droit américain*, Recueil Dalloz 2014 p.157.

618 Préface, *in* L'analyse économique du droit dans les pays de droit civil, p. 1 et 2 cité par A. BERNARD, op.cit.,

619 R. E. DE MUNAGORRI, *L'analyse économique est-elle une source du droit ? Propos sur la doctrine du Premier président de la Cour de cassation*, RTD Civ, 2006, p.505. Pour cet auteur, les raisons de l'affrontement sur la question de l'analyse économique du droit tiennent à l'origine de la théorie, à l'interdisciplinarité et au fait que le juriste français est un littéraire qui cultive une certaine aversion pour les équations.

620 E. MACKAAY cité par J. GARELLO, *Droit et économie : quel droit ? Quelle économie* ?, op.cit., p.623.

621 C. JAMIN, op.cit., p.580.

B- La création de la fondation pour le droit continental, une réponse à la law and economics

La **Fondation** se donne pour mission de contribuer à mieux faire connaître les points d'excellence de cette tradition, qui englobe mais dépasse le seul **droit** français. A cet égard, l'expression de « droit continental » semble la plus appropriée, non seulement parce qu'elle est reconnue et utilisée dans de nombreuses langues étrangères, mais aussi parce qu'à côté des systèmes inspirés des codes civils français ou allemand, par exemple, elle a vocation à inclure les spécificités des droits d'inspiration islamique, de la famille du droitlatino-américain ou des différents droits, parfois très anciens, présents en Extrême-Orient[622]. Elle exerce son influence sur le législateur OHADA dans la mesure où elle a confié à trois professeurs la mission de rédiger un projet de texte en matière d'obligations, de preuve et de prescription, laquelle a abouti par la remise d'un « projet de texte uniforme portant droit général des obligations dans l'espace OHADA » fin 2015[623]

Après avoir étudié l'approche managériale, économique, il convient d'appréhender celle écologique.

[622] J.-M. BAÏSSUS, *La Fondation pour le droit continental*, D. 2007. 1776.

[623] C. GRIMALDI, *Projet de texte uniforme portant droit général des obligations dans l'espace OHADA*, Recueil Dalloz 2016 p.648 ; J.-M. BAÏSSUS, *La fondation pour le droit continental*, Recueil Dalloz 2007 p.1776

CHAPITRE 3

L'APPROCHE ÉCOLOGIQUE DU DROIT

Edgar Morin disait que la menace écologique ignore les frontières[624]. Il existe plusieurs sortes d'écologie : humaniste, utilitariste et fondamentaliste. L'écologie humaniste est centrée sur l'être humain, celle utilitariste intègre les animaux dans les considérations morales, l'écologie radicale renvoie quant à elle, à l'idée de rejet de tout ce qui est modernisme[625]. Ainsi, la nature serait un sujet de droit. La question que l'on peut se poser est celle de savoir si toutes les disciplines ne doivent pas être étudiées à l'aune de l'approche écologique (SECTION 2), au-delà des règles réservées strictement à la protection de l'environnement (SECTION 1).

SECTION 1 : VERS UN PASSAGE DE RÈGLES PROTÉGEANT L'ENVIRONNEMENT…

Les activités de l'homme ne sont pas toujours profitables à l'environnement et cela, les chefs d'Etats réunis à Johannesburg l'ont compris avec l'apparition du concept de développement durable. On ne peut nier cette opinion dans la mesure où en droit sénégalais par exemple, nous avons un Code de l'environnement, la loi 2009 sur la biosécurité qui consacre le principe de précaution. Ainsi, toute demande d'autorisation de prospection d'hydrocarbures, d'un permis de recherche d'hydrocarbures ou d'un contrat de services indique une notice d'impact sur l'environnement exposant les conditions dans lesquelles le programme général des travaux satisfait à la préservation de l'environnement[626]. Le Décret précité exige également de la personne titulaire d'une concession ou d'un contrat de services en

[624] E. MORIN, *L'An I de l'ère écologique*, Tallandier, 2007, p.37.

[625] B. OPPETIT, *Philosophie du droit*, 1e Dalloz, 1999, p.88, n°65.

[626] Article 8 du décret n°98-810 du 06-10 1998 fixant les modalités et conditions d'application de la loi n°98-05 du 08 janvier 1998 portant Code pétrolier.

période d'exploitation qui veut construire une canalisation pour le transport des hydrocarbures d'adresser au Ministre une demande accompagnée d'un rapport sur le projet de canalisation qui contient une étude d'impact sur l'environnement. Le Code minier de 2003 n'ayant pas permis une meilleure répartition des revenus entre l'investisseur et l'Etat, le Gouvernement du Sénégal a jugé nécessaire de le réformer d'où le vote de la loi n°2016-32 portant Code minier. Dans l'exposé des motifs de cette loi, nous pouvons remarquer que l'activité minière met aux prises trois intérêts catégoriels : celui de l'Etat, de l'investisseur et des communautés hôtes. La Constitution sénégalaise protège les ressources naturelles à l'article 25-1, 25-2, 25-3 issus du Décret n°2016-306 du 29 février 2016 portant publication du projet de loi portant révision de la Constitution. Le droit à un environnement sain est également consacré à l'article premier de la loi n°2001-01 du 15 janvier 2001 portant Code de l'environnement[627]. Ce code définit le dommage écologique comme tout dommage subi par le milieu naturel, les personnes et les biens et affectant l'équilibre écologique. Ce peut être : des dommages de pollution causés par l'homme et subis par des patrimoines identifiables et particuliers, des dommages subis par des éléments inappropriés du milieu naturel, des dommages causés aux récoltes et aux biens par le gibier. Il faut d'abord préciser qu'à l'expression « préjudice écologique » usitée en France, le législateur sénégalais préfère celui de « dommage » sans pour autant, à notre avis, vouloir opérer une distinction entre ces deux notions. Ensuite, faisons remarquer que les exemples de dommage écologique ne sont pas exhaustifs, le législateur, la doctrine ou la jurisprudence pouvant compléter la liste par d'autres éléments. Dans tous les cas, l'équilibre écologique c'est le rapport relativement stable existant entre l'homme, la faune et la flore, ainsi que leur interaction avec les conditions du milieu naturel dans lequel ils vivent. Notre opinion est loin d'être partagée à la lecture de l'article M. LUCAS qui écrit que si en droit administratif on a tardé à reconnaitre le préjudice écologique, c'est tout simplement parce qu'une confusion a été faite entre le dommage qui relève du fait et le préjudice, intérêt juridique lésé[628]. En effet, La matérialité d'un dommage ne saurait suffire à emporter la responsabilité

---

[627] V. Décret n°2001-282 du 12 avril 2001 portant application du Code de l'environnement.

[628] M. LUCAS, *Préjudice écologique et responsabilité. - Pour l'introduction légale du préjudice écologique dans le droit de la responsabilité administrative*, Environnement n° 4, Avril 2014, étude 6.

de son auteur, il faut encore qu'il soit qualifié de préjudice pour que ce dommage soit judiciairement réparable[629].

En droit français, suite à l'affaire *Erika*, la notion de préjudice écologique pur, c'est-à-dire sans caractère personnel, sans répercussion sur l'homme, un préjudice objectif[630]d'atteinte à l'environnement est apparu. La doctrine a préconisé la reconnaissance du préjudice affectant les biens et les personnes[631] à côté du préjudice écologique pur. Un rapprochement peut être opéré ce faisant entre le droit sénégalais et français dans la mesure où le code de l'environnement, au-delà du préjudice subi par la nature reconnaît celui des personnes physiques.

En droit français, on distingue deux types d'atteintes à l'environnement à portée collective. Ainsi une distinction est opérée entre le dommage de masse (un événement dommageable unique touche une multitude de personnes et l'atteinte à une grande cause[632]

SECTION 2 : A UNE THÉORIE GÉNÉRALE DE L'ANALYSE ÉCOLOGIQUE DU DROIT ?

L'approche ou l'analyse écologique du droit qui peut être définie comme l'étude de l'efficacité de la règle de droit au regard de l'impératif de limiter l'impact de l'activité humaine sur l'environnement[633]. Pour cet auteur, la méthode de l'analyse écologique a des similitudes avec celle de l'analyse économique du droit et intéresse au premier point le juriste, le scientifique et l'économiste. En outre, toutes les disciplines doivent être appréhendées à l'aune de l'approche écologique du droit. Il faut aller au-delà d'un simple examen des règles protégeant l'environnement pour étudier l'influence des règles dont l'objectif principal n'est pas la protection de l'environnement.

---

629 M.-P. CAMPROUX-DUFFRENE, *L'évaluation par le juge judiciaire du préjudice écologique en cas d'atteintes factuelles à l'environnement* : Dr. env. oct 2010, p. 334.

630 L. NEYRET, *Atteinte au vivant et responsabilité civile,* LGDJ, 2006 ; *La réparation des atteintes à l'environnement par le juge judiciaire*, D. 2008. 170.

631 V. R. O. SUTTERLIN, *Réflexions sur le destin du préjudice écologique "pur"* : D. 2012, p. 2675.

632 M. L. DEMEESTER, L. NEYRET, *Environnement,* Octobre 2013 (actualisation : avril 2017)

633 H. GUILLAUME, *L'analyse écologique du droit : un nouveau champ de recherche pour les juristes*, RTDCom, 2014, p.289.

Le contrat est devenu un instrument de protection de l'environnement. C'est l'exemple de l'obligation d'information environnementale qui oblige à avoir une nouvelle vision du contrat qui désormais ne satisfait pas que des intérêts égoïstes, mais aussi de l'ordre public[634]. Selon un auteur, on pourrait passer par la notion d'attente légitime qui découle de l'article 1135 ancien du Code civil ainsi que par l'obligation de conformité pour imposer le respect de l'environnement à une partie au contrat. Il en est de même de la qualité des prestations prévue à l'article 1166 issu de l'ordonnance 2016[635].

L'examen des différentes approches du droit peut nous mener à conclusion selon laquelle il n'existe pas de conception unitaire du droit. Le droit doit donc être appréhendé sous plusieurs angles : philosophique, économique, social etc…Comme disait l'autre, le Droit n'est pas un plaisir de l'esprit, il est fait pour être vécu[636]. Toutefois, il ne faudrait pas oublier que le droit, surtout français vit de constructions abstraites[637]. Le patrimoine, le contrat et même la responsabilité en font partie.

---

634 M. BOUTONNET, *Le contrat et le droit de l'environnement*, RTDCiv. 2008 p.1.

635 B. FAUVARQUE-COSSON, *L'entreprise, le droit des contrats et la lutte contre le changement climatique*, Recueil Dalloz 2016 p.324 ; Adde M. BOUTONNET, *Des obligations environnementales spéciales à l'obligation environnementale générale en droit des contrats,* Recueil Dalloz 2012 p.377; M. BOUTONNET, *La consécration du concept d'obligation environnementale*, Recueil Dalloz 2014 p.1335

636 R. SAVATIER, *Cours de droit civil,* t.1, LGDJ., 2e Ed., 1947, n°85.

637 J.PAILLUSSEAU, op.cit., p.1004, n°2.

DEUXIÈME PARTIE

DE QUELQUES NOTIONS DE DROIT PRIVÉ

« Plutôt de cloisonner le droit, ce qui empêche de surmonter les contradictions, soit ôte toute cohérence au système juridique, il vaut mieux s'attacher à l'esprit de la loi et à la cohérence des solutions, à l'harmonie du droit pris comme un tout. C'est pourquoi la dialectique du droit commun et du droit spécial n'est pas univoque. On ne doit pas avoir une vision arithméticienne du droit : l'esprit de finesse refuse d'admettre qu'il n'y ait ici qu'une voie et qu'une solution, préférant que le juge trouve dans l'arsenal des règles et dans les méthodes du droit les moyens de donner une solution juste et cohérente au problème qui lui est soumis ». (F. POLLAUD-DULIAN, *Du droit commun au droit spécial-et retour*, in Mélanges Y. GUYON, Dalloz, 2003, p.950.)

103. Qu'est-ce qu'une notion ? L'auteure à qui nous empruntons en partie cet intitulé reconnaît que ce sont les philosophes qui en font plus usage que les juristes[638]. Cette opinion peut être validée eu égard à l'œuvre de différenciation de la notion du concept. Toujours est-il que la notion peut être tantôt prise dans le sens de réalités préexistantes qu'il reviendrait aux hommes de dégager, révéler ou découvrir à l'aide de moyens strictement logiques[639]. Les notions sont donc immuables. Une autre opinion consiste à voir dans les notions des modèles de pensée qui s'adaptent à l'évolution de la société. En définitive, une notion s'impose comme une construction juridique inscrite dans des contextes politiques, sociaux, économiques, intellectuels qui sont sinon déterminants, à tout le moins fortement conditionnants pour leur configuration[640].

---

638 J. ROCHFELD, *Les grandes notions du droit privé*, PUF, 2011, p.1.

639 G. TUSSEAU, *Critique d'une métanotion fonctionnelle. La notion (trop) fonctionnelle de « notion fonctionnelle »*, RFDA, 2009, p.641.

640 G. TUSSEAU, *Critique d'une métanotion fonctionnelle.La notion (trop) fonctionnelle de « notion fonctionnelle »,* RFDA 2009, p.643, n°6 cité par J.ROCHFELD, op.cit., p.4.

Madame Nadège REBOUL a opéré une distinction entre la notion conceptuelle et la notion fonctionnelle[641]. Selon elle, tandis que la notion conceptuelle peut recevoir une définition complète selon les critères logiques habituels (son contenu est abstraitement déterminé une fois pour toutes), la notion fonctionnelle procède directement d'une fonction qui lui confère seule sa véritable unité[642]. Le critère de distinction est fondé sur l'absence ou l'existence de définition. Certains affirment que la notion fonctionnelle ne peut être définie que par rapport à sa fonction.

Dans son ouvrage de philosophie du droit, le professeur Bruno OPPETIT soutenait qu'au-delà des concepts techniques, il existe des concepts à charge idéaliste. C'est l'exemple de la propriété, du contrat et de la responsabilité[643]. Quant au Doyen Carbonnier, il a écrit que famille, contrat, propriété sont, de tradition, les trois piliers de l'ordre juridique[644]. De famille, il ne sera point question dans cet ouvrage, mais de contrat, de patrimoine et de responsabilité. Les règles de droit civil sont si importantes qu'aucune étude, même économique ne saurait être entreprise en les négligeant. Les professeurs M.-A. FRISON-ROCHE et S. BONFILS écrivaient qu'il est désormais acquis que l'économie, même non dirigée, ne fonctionne pas sans préalables juridiques essentiellement le droit de propriété et le droit des obligations[645]. De

---

641 Certains pourtant confondent ces deux notions. V. G.VEDEL, De l'arrêt Septfonds à l'arrêt Barenstein (La légalité des actes administratifs devant les tribunaux judiciaires), JCP 1948, I, 682.

642 N. REBOUL, *Remarques sur une notion conceptuelle et fonctionnelle : l'affectio societatis, Revue des sociétés,* 2000, p.425.

643 B. OPPETIT, op.cit., p.127, n°112. V. Néanmoins E. LE DOLLEY (dir), *Les concepts émergents en droit des affaires*, LGDJ, collection Droit et économie, 2010, 478 pages, pour qui, il y a des concepts organisationnels et des concepts instrumentaux. L'auteur distingue également le concept de la notion. *Adde* F. GENY, Science et technique en droit privé, Sirey, 1924, t. 4, n°277. Selon GENY, les concepts se traduisent dans les constructions de l'esprit, basées sur la transformation des réalités juridiques en idées pures. Proposer une représentation cohérente du droit positif, indiquer la solution applicable, tel est le but du concept selon F. ROUVIERE, *Prescription et forclusion : différence de nature ou de degré ?* RTD civ. 2017, 529.

644 J.CARBONNIER, op.cit., p.255.*Adde* G. FARJAT, Pour un droit économique, op.cit., pp.45-66. Le chapitre premier de l'ouvrage est intitulé « *Le droit économique et les catégories fondamentales du droit* ». Selon FARJAT, parmi les catégories premières il y a le contrat, la propriété, la responsabilité et l'ordre public.

645 M.-A. FRISON-ROCHE, S. BONFILS, op.cit., p.11.

plus en plus, on parle de propriété économique qui peut être définie comme le droit de disposer activement ou passivement de la totalité de la substance économique d'un bien dont la propriété appartient à autrui[646]. La substance est la destination donnée au bien par le propriétaire, c'est-à-dire son affectation réelle[647]. Nous pouvons citer l'exemple de la clause de réserve de propriété, du contrat de crédit-bail et de la fiducie[648]. Dans tous les cas, l'analyse économique du droit a pour objet d'étude la propriété, la responsabilité civile et le contrat. Les auteurs les plus en vue sont respectivement Densetz, Furuboth, Pejoich, Calabresi, Posner et Coase pour le contrat[649]. Trois notions seront étudiées, le patrimoine (Titre 1), le contrat (Titre 2) et la responsabilité (Titre 3).

---

646 G. BLANLUET, *Brèves réflexions sur la propriété économique*, Droit et patrimoine, n°91, Mars 2001, p.80.

647 G. BLANLUET, op.cit., p.81.

648 V.F. DOUET *Présentation de la loi instituant la fiducie*, Droit de la famille n° 6, Juin 2007, étude 26L'auteur dénombre trois types de fiducie : la fiducie sûreté dans laquelle le créancier a la qualité de bénéficiaire et en cas de défaillance du débiteur, les biens lui sont restitués. En revanche, si la dette est payée, les biens sont restitués au constituant ; la fiducie gestion et la fiducie transmission à titre onéreux. Dans la fiducie gestion, le fiduciaire gère les biens du constituant et les restitue au terme du contrat. Ici constituant et bénéficiaire sont une seule et même personne. Dans la fiducie transmission à titre onéreux, le transfert de propriété est conditionné à la survenance d'un événement déterminé ou l'écoulement d'un certain délai.

649 V. E. MACKAAY, *Tableau historique de l'analyse économique du droit*, RRJ.1987-2, p.637.

TITRE 1

LE PATRIMOINE

Le prolongement matériel de l'homme, c'est son patrimoine. C'est ce qu'il possède, c'est ce qu'il doit. Ce sont ses biens, au sens matériel et juridique du terme. L'affirmation des droits de l'homme, c'est aussi la reconnaissance et la protection de ses droits patrimoniaux, de ses intérêts et de ses biens[650].

104. Le patrimoine constitue l'ensemble des droits et dettes d'une personne évaluables en argent. A son actif, il y a les biens, et au passif, les dettes et obligations. C'est une notion dont on approfondit la connaissance en Licence 2. Le droit des biens est une branche du droit civil dont l'étude est nécessaire par tout étudiant en droit[651]. Au sein des biens de la personne, on distingue le droit réel du droit de créance.

Nous examinerons d'abord les contours et dimension du patrimoine (CHAPITRE 1), ensuite les théories sur le patrimoine (CHAPITRE 2)

---

[650] J. PAILLUSSEAU,*Les apports du droit de l'entreprise au concept de droit*,Recueil Dalloz 1997 p.97, n°5.

[651] N. R.-MAUPIN, *Droit des biens*, 4e édition, Dalloz, 2012, p.1.

CHAPITRE 1

LES CONTOURS ET DIMENSION DU PATRIMOINE

Que recouvre la notion de patrimoine ? Il est pertinent de cerner les contours du patrimoine (SECTION 1). Cependant, est-ce la même signification en droit des affaires (SECTION 2).

SECTION 1 : SIGNIFICATION DU PATRIMOINE

Le patrimoine a un lien avec l'économique (Paragraphe 1). De même, l'environnement a une importance telle que les Etats se sont résolus à le protéger (Paragraphe 2).

§1. Le lien entre le patrimoine et l'économique

Dans le langage commun, le patrimoine est multidimensionnel. On peut parler de patrimoine culturel, génétique, moral. En droit, le patrimoine est synonyme de richesses, fortune. Il est donc constitué de biens, que ceux-ci aient une valeur négative[652] ou positive. Le patrimoine est un ensemble de biens. Mais qu'est-ce qu'un bien ? C. GREGORCZYK avait mis en garde contre toute tentative de définition ; il a même parlé d'impossible définition[653]. Traditionnellement, on distingue les biens des personnes et on considère que les biens sont des choses[654]. Mais le statut de l'animal vient brouiller les pistes de cette opposition qui semblait bien établie. L'animal en France était, jusqu'en 1999 considéré comme une chose

[652] CHILSTEIN, Les biens à valeur négative, RTD civ. 2006. 663.

[653] C. GREGORCZYK, *Le concept du bien juridique : l'impossible définition*, Archives Phil. dr., t. 24, 1979, p. 259

[654] V. E. SABATHIE, *La chose en droit civil*, Thèse, Paris II, 2004. Cet auteur veut dépasser la conception matérielle de la notion de « chose ». Certains auteurs préfèrent tout simplement parler de « chose » au détriment de la notion de biens. V.W. DROSS, *Les choses*, 2012, LGDJ.

meuble. Mais sa particularité a été révélée par la loi n° 99-5 du 6 janvier 1999. Ainsi, l'article 528 du Code civil dispose que « sont meubles par leur nature les animaux et les corps qui peuvent se transporter d'un lieu à un autre, soit qu'ils se meuvent par eux-mêmes, soit qu'ils ne puissent changer de place que par l'effet d'une force étrangère[655] ». Avec la loi n° 2015-177 du 16 février 2015, un nouvel article est inséré dans le Code civil. Il s'agit de l'article 515-14 qui dispose que« les animaux sont des êtres vivants doués de sensibilité. Sous réserve des lois qui les protègent, les animaux sont soumis au régime des biens[656] ». A la distinction personnes et biens doit-elle se substituer celle tripartite personne, animal et biens ? C'est dire que la question est loin d'être simple à résoudre. Si l'on ne doit nier que l'animal mérite protection, on ne va pas pousser celle-ci jusqu'à assimiler les animaux aux personnes. En outre, partant de l'idée selon laquelle les animaux peuvent être vendus, nous concluons que ce sont des biens. Le corps humain peut-il être objet d'échange ? L'article 16-1 du Code civil permet de répondre par la négative puisqu'aux termes de cette disposition alinéa 3, le corps humain, ses éléments et ses produits ne peuvent faire l'objet d'un droit patrimonial. Les articles 16-5, 16-6 et 16-9 peuvent être cités en appoint de l'article 16-1. Il en est de même de la force de travail dans la mesure où le corps humain du salarié n'est pas acquis à l'employeur[657], de l'âme.

En revanche, il y a des biens patrimoniaux à dimension extrapatrimoniale tels que la clientèle. La jurisprudence française a décidé que celle-ci est incessible à titre onéreux[658]. Pourtant, en 2000, la Cour de cassation française a décidé que « si la cession de clientèle [médicale], à l'occasion de la constitution ou de la cession d'un fonds libéral d'exercice de la profession, n'est pas illicite, c'est à condition que soit sauvegardée la liberté de choix du patient[659] ».

---

[655] V. S. ANTOINE, *La loi no 99-5 du 6 janvier 1999 et la protection animale,* D. 1999. 167.

[656] V.J.-P. MARGUÉNAUD, *Une révolution théorique : l'extraction masquée des animaux de la catégorie des biens,* JCP 2015. 305. - N. REBOUL, *Nos amis les animaux... sont désormais doués de sensibilité : un tournant et des tourments* !, D. 2015. 573.

[657] V. A. SERIAUX, *Patrimoine*, Répertoire de droit civil, Juin 2016, n°29.

[658] Civ. 1re, 27 nov. 1984, D. 1986. 448, 1re esp., note PENNEAU, Gaz. Pal. 1985. 2. 638, note CHABAS, RTD civ. 1987. 91, obs. MESTRE.

[659] Civ. 1re, 7 nov. 2000, no 98-17.731 , D. 2000. 2400, note Y. AUGUET, JCP 2001. II. 10452, note F. VIALLA, Defrénois 2001, art. 37338, note R. LIBCHABER, RTD civ. 2001. 130, obs. J. MESTRE, et 167, obs. T. REVET.

La Cour européenne des droits de l'homme, qui n'est pas liée par les qualifications nationales, a une conception autonome de la notion de biens. Il apparaît que le bien est identifié à toute valeur détectée, quelle qu'en soit la dignité intrinsèque ou la réalité actuelle[660]. Pour R. LIBCHABER, les biens se caractérisent par leur valeur en tant qu'ils sont objets de désir, leur appropriabilité et la commercialité[661].

Relativement à la valeur, il faut juste préciser que celle-ci peut être négative ou positive même si l'idée de départ c'était d'attribuer le qualificatif de biens à tout objet de valeur positive. C'est l'exemple des déchets dont les industriels ont besoin pour faire fonctionner leur entreprise, de la cession de dettes et de contrat[662].

§2. Le patrimoine, un ensemble de biens à conserver et à transmettre

Le patrimoine est un ensemble de biens à conserver et à transmettre de génération en génération. Au Sénégal, le législateur à l'article premier de la loi n°2001-01 du 15 janvier 2001 précise que l'environnement est un patrimoine national, patrie intégrante du patrimoine mondial. Il faut relever qu'à travers ce code de l'environnement de 2001, le législateur sénégalais entend se conformer aux principes en vigueur en matière de protection de l'environnement à savoir le principe du développement durable.

Au Sénégal, les droits des citoyens à un environnement sain, sur leurs ressources naturelles et patrimoine foncier sont considérés comme des droits nouveaux. Ce fut également le cas en France où les droits issus de la loi constitutionnelle n° 2005-205 du 1ermars 2005 relative à la Charte de l'environnement sont considérés comme des droits nouveaux. Pour un auteur, présenter les droits issus de la loi constitutionnelle n° 2005-205 du 1ermars 2005 relative à la Charte de l'environnement (millésimée 2004 bien qu'adoptée par le Congrès en 2005) comme de nouveaux droits peut sembler une gageure tant

---

660 R. LIBCHABER, *Biens*, Répertoire de droit civil, Mai, 21016, n°4. *Adde*J. ROCHFELD, *Les grandes notions du droit privé,* 2011, PUF, p. 232 s. ; à actualiser avec C. QUÉZEL-AMBRUNAZ, *L'acception européenne du "bien" en mal de définition*, D. 2010. 2024

661 R. LIBCHABER, op.cit., n°15.

662 Sur la cession de contrat, le législateur sénégalais a été en avance par rapport à son homologue français qui n'a consacré cette notion qu'à partir de la réforme de 2016. Il en est de même de la cession de dette.

l'origine, le libellé et la portée de ces droits sont sujets à débats[663]. Les raisons du doute sont liées au fait que ces droits existaient déjà dans le Code de l'environnement français. La nouveauté réside ici dans leur formulation, mais surtout dans leur portée. Ils passent d'une valeur législative à une valeur constitutionnelle[664].

En droit des affaires, le patrimoine a toute son importance.

SECTION 2 : LE PATRIMOINE EN DROIT DES AFFAIRES

Le fonds de commerce est un élément du patrimoine du commerçant. En effet, l'entreprise commerciale regroupe plusieurs sortes de biens : des biens corporels tels que des immeubles, des biens incorporels comme les brevets, les marques ou encore les créances. Mais l'essentiel, sans lequel l'entreprise commerciale n'existe pas, est le fonds de commerce[665]. Cependant, pour M. MENJUCQ, si la protection de la clientèle demeure l'élément essentiel du fonds de commerce, l'entreprise est une notion plus large que celui-ci en ce sens qu'elle est centrée dans un souci d'organisation, qui prend en compte l'intérêt des salariés et des tiers. Au même titre que le droit au renouvellement du bail appelé « propriété commerciale », la propriété industrielle, la propriété littéraire et artistique, le fonds de commerce constitue une application particulière de la propriété[666]

Lorsqu'une entreprise est en difficulté, on s'intéresse également à son patrimoine. D'où l'importance des règles relatives à la vérification et admission des créances, aux droits du conjoint du débiteur et aux droits du vendeur de meubles, à la revendication et restitutions[667]. Au regard de l'article 100-1 AUPCAP le conjoint du débiteur en redressement judiciaire ou en liquidation est entendu ou dûment convoqué par lettre au porteur contre récépissé ou par lettre recommandée avec demande d'avis de réception ou par tout moyen laissant trace écrite avant toute décision autorisant la vente des biens de

663 M. PRIEUR, *Les nouveaux droits*, AJDA 2005. 1157.
664 M. PRIEUR, Ibid.
665 M. MENJUCQ, *Droit des affaires*, 4e édition, Gualino, 2004, p.46.
666 J.-F BOCQUILLON, M. MARIAGE, *Introduction au droit*, op.cit., p.165.
667 V.A. LIENHARD, *Le patrimoine de l'entreprise*, 2017, in Delmas Procédures collectives, Titre 10.

la communauté. Ce faisant, le conjoint doit certes être auditionné ou entendu, mais son consentement n'est pas requis pour la réalisation de l'immeuble. Il s'agit d'une codification de la jurisprudence française, qui se fondant sur l'article 1413 du Code civil consacre l'effet réel de la procédure collective sur les biens communs de sorte que tous les biens communs sont englobés dans le dessaisissement[668].

Les droits du vendeur de meubles et revendications ont été remaniés. Il s'agit surtout de la procédure de revendication. Ainsi, la revendication est adressée au syndic qui peut acquiescer à cette demande. L'objet de l'action en revendication ainsi que la nature juridique de l'action en revendication sont incertains[669]. Le titulaire du droit de propriété qui a un contrat publié est dispensé de revendiquer son droit[670]

La question de savoir qui est propriétaire de la société ou de l'entreprise est l'une des plus centrales qui se pose depuis la dispersion de l'actionnariat[671] (PARAGRAPHE 1). En outre, le patrimoine des associés, de la société et des investisseurs doit non seulement être protégés, mais gérés (PARAGRAPHE 2).

§1. Qui est propriétaire et de quoi est-il propriétaire ? La problématique de la propriété de l'entreprise

105. Il arrive que l'entreprise soit confondue à l'entrepreneur. C'est le cas lorsque celle-ci est de petite taille à telle enseigne que les rapports que l'entrepreneur tisse avec ses fournisseurs, le bailleur, sont directs. Cependant, si l'entrepreneur commence à prendre de l'ampleur, l'entrepreneur sentira le besoin de s'associer par exemple à d'autre. Cette constitution de société peut conduire à la disparition de l'entrepreneur car comme l'a écrit un auteur, avec la constitution d'une société pour servir de point d'ancrage au circuit des contrats servant de

---

668 Cass., ass. plén., 23 déc. 1994, n° 90-15.305 : Bull. ass. plén 1994, n° 7. – Cass. com., 16 nov. 2010, n° 09-68.459 : D. 2010, act. 2904, obs. LIENHARD.

669 C. MARECHAL, *L'acquiescement à la revendication*, Revue des procédures collectives n°3, Mai 2017, Etude 12 n°1.

670 C. HOUIN-BRESSAND, *Portée de la dispense de revendication en présence d'un contrat publié,* Revue de Droit bancaire et financier, n°4 Juillet 2017, comm.182.

671 V. Pour une étude détaillée S. VICENTE, *La question de la propriété de l'entreprise*, Cahiers de droit de l'entreprise n° 6, Novembre 2015, dossier 49.

support à l'entreprise, l'entrepreneur change de statut juridique et disparaît en tant que tel[672]. Ainsi, l'entrepreneur peut soit avoir la qualité de dirigeant, soit celle d'associé. Et lorsque les associés font un apport, ils perdent tout pouvoir de contrôle personnel et exclusif sur les biens qu'elles ont apportés en vue de constituer ou d'accroître le patrimoine de la personne morale[673]. Relevons qu'à compter de l'immatriculation, la société commerciale acquiert la personnalité juridique. Ce faisant, elle a une nationalité, une dénomination sociale, un siège social et un patrimoine social. Ce patrimoine social est composé d'un actif et d'un passif[674]. L'actif social est composé des biens apportés lors de la constitution de la société ainsi que des biens acquis par la suite. Quant au passif social, il représente la contrepartie de l'actif et incombe normalement à la personne morale seule[675]. Le patrimoine social est différent du capital social qui est un sous-ensemble de celui-là. Malgré son importance, le capital social n'a fait l'objet d'aucune définition. Tout au plus, le législateur s'est intéressé à sa composition. Le capital social est à la fois gage des créanciers sociaux et mesure du pouvoir des associés. De même, le caractère abstrait du capital social qui n'a pas la même importance suivant les sociétés et qui traduit imparfaitement par moment la santé financière de la société fait que l'on s'intéresse par exemple aux capitaux propres et aux comptes courants d'associés.

Alors que le capital est une notion abstraite caractérisée par son intangibilité, les capitaux propres représentent une réalité concrète, soumise à variation. Ils donnent la mesure de la fortune de la société[676]. En matière de financement, les financiers rivalisent d'ingénierie dans l'utilisation des concepts : le haut de bilan et le bas de bilan. Pour certains, le haut du bilan détaille le passif externe de la société : les dettes envers les banques, les fournisseurs, le fisc, voire les associés qui ont consenti des avances en compte courant. Le haut du bilan, c'est-à-dire les capitaux propres, représente le passif interne de la société (relation entre elle et ses associés[677]). Benoît RAYNAUD s'inscrit dans

---

672 J.-P. ROBE, *Le temps du monde de l'entreprise, Globalisation du système juridique*, Dalloz, 2015, p.65.

673 A. SERIAUX, op.cit., n°53.

674 D. GIBIRILA, *Droit des sociétés*, 5e édition, 2015, p.91, n°122.

675 D. GIBIRILA, op.cit., p.93.

676 M. COZIAN, A. VIANDIER, F. DEBOISSY, *Droit des sociétés*, 25e édition, Lexisnexis, 2012, p.142, n°249.

677 M. COZIAN, A. VIANDIER, F. DEBOISSY, op.cit., p.140, n°243.

cette logique lorsqu'il écrit que « cette problématique-à savoir celle de la conservation du pouvoir au sein de la société en dépit des apports extérieurs de capitaux nécessaires à son développement-est au cœur de l'ingénierie sociétaire, et tient un rôle central dans les opérations d'apports de capitaux propres, dites opérations de haut de bilan »[678]. Mais, poursuit-il, cette préoccupation n'est pas non plus absente en cas d'endettement ou de recours au crédit, comme de toute opération de bas de bilan[679]. Ainsi, pour B. RAYNAUD, les opérations de haut de bilan sont relatives à l'accès au capital social, aux opérations sur le capital social (modification, amortissement, portage de titres, démembrement de propriété des droits sociaux, location des droits sociaux), à l'introduction en bourse, au capital-investissement, l'aménagement des relations entre associés. En revanche, dans les opérations de bas de bilan, il y a le recours au crédit, de même que ses garanties, et la réorganisation du bas de bilan (l'externalisation des créances à savoir l'escompte, le bordereau Dailly, l'affacturage, la titrisation et l'externalisation des dettes dont la technique de *defeasance*). En effet, les opérations de réorganisation consistent toutes à améliorer la situation bilantielle de la société afin que celle-ci soit, d'une part, plus séduisante aux yeux d'éventuels investisseurs en lui permettant de présenter de meilleurs soldes intermédiaires de gestion et, d'autre part, plus rentable financièrement. La gestion du bilan peut se faire tant à l'actif qu'au passif[680].

Ceci étant précisé, il convient de relever que lorsque la société s'agrandit, il se pose la problématique de la titularité du pouvoir au sein de celle-ci. Le pouvoir se caractérise par le fait qu'il est confié à son titulaire dans un intérêt au moins partiellement différent du sien, ce qui vient fixer une finalité non-subjective à son exercice[681].Au départ, la société est la chose des actionnaires, puisqu'elle est essentiellement un contrat, un accord de volonté entre eux. La montée en puissance des dirigeants non-propriétaires est venue apporter un défi à la conception de la société comme contrat. Avec l'accroissement de la taille de

678 B. RAYNAUD, *Droit de l'ingénierie sociétaire*, op.cit., p. 20, n°51

679 B. RAYNAUD, Ibid.

680 J.-M. MOULIN, *Le droit de l'ingénierie financière*, Gualino, Lextenso éditions, 2013, p.507.

681 J.-PH. ROBE, op.cit., p.126. Adde E. GAILLARD, *Le pouvoir en droit privé*, Paris, Masson, 1985, p.21 ; C. DUCOULOUX-FAVARD, *Actionnariat et pouvoir*, D. 1995. 177.

l'entreprise, « leur » société leur a échappé[682]. L'*affectio societatis*, élément constitutif du contrat de société n'est pas d'une grande utilité lorsque celle-ci n'a pas une taille raisonnable. Dans le même temps, la gestion de l'entreprise, confiée à des *managers*, se professionnalise. Cette professionnalisation autonomise les dirigeants, qui, grâce aux techniques tirées du droit des sociétés, contrôlent l'assemblée d'actionnaires, tout en ayant une faible partie du capital social[683]. L'avènement des managers fut souvent facilité par des phénomènes de génération, poussant les fondateurs à la retraite et les conduisant à se chercher des successeurs en préférant la compétence aux relations de parenté[684]. Cette situation amène à se poser deux questions au moins : qui détient réellement la qualité d'associé ? Les associés exercent-ils réellement le pouvoir au sein de la société ? Celui-ci est-il exercé dans leur intérêt ?

Pour répondre à la première question, il faut juste relever que certains auteurs ont préconisé le recours à la théorie du contrat d'investissement[685]. Cette théorie conduit à opposer à l'actionnaire-associé (ou authentique car mû par un véritable *affectio societatis)*, l'actionnaire-investisseur, « avant tout bailleur de fonds[686] ». Une étude intéressante est menée à cet effet par le professeur F.XAVIER LUCAS[687].

Concernant la deuxième question, J.PH. ROBE écrit qu'en 1932, Berle et Means ont été les premiers à distinguer les propriétaires,

---

682 J.-PH. ROBE, op.cit., p.75.

683 G. FARJAT (*Pour un droit économique*, op.cit., p.47) écrivait ceci : « quel est donc le statut de ces grandes familles qui ont édifié des groupes d'envergure internationale, et qui les ont conservés, par rapport à ces groupes ? Et quel est le statut de ceux qui, sans propriété familiale d'origine, sont parvenus à la tête de groupes comparables, ou qui sont parvenus à les constituer ? La qualification qui serait sans doute la plus adéquate au regard des catégories du droit devrait être empruntée au droit public : celle de pouvoir. Mais cela supposerait une fusion du droit privé et du droit public qui n'est pas réalisée !

684 J.-PH. ROBE, op.cit., p.76.

685 cf. sur ce point, F.-X. LUCAS, *Du contrat de société au contrat d'investissement : RD. bancaire et fin. 2005, p. 50.* – Adde, *A.* COURET *: Bull. Joly Sociétés 2006, p. 95*).

686 M.-L. COQUELET, Nouvelle confirmation de la validité des promesses de rachat à prix plancher stipulée en faveur d'un associé bailleur de fonds, Droit des sociétés n° 6, Juin 2009, comm. 110.

687 F.-X. LUCAS, *Les actionnaires ont-ils tous la qualité d'associé ? - Brefs propos discursifs autour du thème de l'associé et de l'investisseur*, Revue de Droit bancaire et financier n° 4, Juillet 2002, étude 100035.

actionnaires détenant la propriété des actions et les dirigeants, employés des entreprises certes, mais qui la dirigent en fait. Et eu égard à la dilution des participations dans le capital de la société mère du groupe et de la passivité d'une bonne partie de l'actionnariat, ils finissent par se coopter eux-mêmes dans leur fonction[688].

Le professeur G. FARJAT se plaignait du fait que lorsque les économistes traitent de la gouvernance d'entreprise, il ne l'envisage que de façon chronologique en prenant soin de distinguer l'ère des managers du retour de l'actionnaire, mais en ignorant la notion de pouvoir[689]. L'idée sous-jacente demeure celle du rééquilibrage des pouvoirs confisqués par les dirigeants au sein de la société. Plusieurs mécanismes sont utilisés : les stock-options, l'institution des administrateurs indépendants et des différents comités etc. Ces différents mécanismes sont connus sous le nom du problème d'agence.

La doctrine, pour remédier à cette situation a préconisé le recours à la théorie de l'institution, par conséquent, on ne devrait plus considérer la société comme un contrat. Celle-ci serait un contrepoids au fait majoritaire et les dirigeants ne devraient plus prendre en compte que les intérêts de la société en tant que telle[690]. De même, le recours à l'institution permettrait de fixer une finalité à l'exercice de ce pouvoir autonome, qui leur échappe et échappe même (dans une certaine mesure) aux actionnaires : l'intérêt social[691].

106. Étant donné que l'entreprise n'est ni objet, ni sujet de droit, J.PH. ROBE a fait remarquer que les actionnaires ne sauraient être propriétaire de l'entreprise. Ils ne sont donc propriétaires que des actions[692]. Dire que l'entreprise n'est pas objet de droit n'est pas pertinent dans la mesure où une entreprise peut faire l'objet d'une cession lorsque son propriétaire est sous le coup d'une procédure collective. De même, l'entreprise est une notion fondamentale en droit économique et peut être coupable de pratiques restrictives ou anti-concurrentielles. Lorsque le législateur de l'OHADA dans l'AUPCAP

---

688 A. A. BERLE, G.G. MEANS, The Modern Corporation and Private property, Hacourt, Brace and World Inc., New York (1932) cité par J.PH. ROBE, op.cit., p.77.

689 G. FARJAT, op.cit., p.47.

690 V. Par exemple A. AMIAUD, *L'évolution du droit des sociétés par actions*, in Le droit privé au milieu du XXe siècle, Etudes offertes à G. RIPERT, tome 2, p.287, Paris, LGDJ, 1950, p.290.

691 J.-PH. ROBE, op.cit., p.78.

692 J.-PH. ROBE, op.cit., p.109.

entend par « entreprise » les personnes visées à l'article 1-1, il n'exclut pas les sujets de droit.

Une chose est d'être propriétaire d'un patrimoine, une autre est d'être en mesure de la protéger ou le gérer.

§2. La protection et la gestion du patrimoine

Le professeur J-PH. DOM s'est intéressé aux montages en droit des sociétés. Pourtant, ces techniques ne cessent d'être décriées notamment par la presse. L'auteur démontre cependant que l'acte juridique est la matière première du montage dans la mesure où face à une situation donnée, les parties en présence souhaitent construire un avenir. La situation donnée renvoie au contexte objectif, l'avenir aux buts définis à atteindre[693]. Nous allons nous inspirer de sa démarche pour examiner la question de la protection (A) et de la gestion du patrimoine (B).

A- La protection du patrimoine

Le patrimoine objet de la protection est soit celui des actionnaires, des investisseurs (1), soit celui de la société (2) d'où la dimension individuelle et sociale de la protection.

1- La dimension individuelle de la protection du patrimoine

Il existe des sociétés où les risques de l'associé sont limités et celles où la responsabilité est indéfinie et solidaire. Cependant l'associé de ce type de sociétés a les moyens de lutter contre ce risque (a). En outre, l'investisseur s'assure d'un retour sur investissement d'où l'examen de mécanismes qui ont vocation à protéger celui-ci (b).

a- La protection contre le risque de responsabilité indéfinie et solidaire

L'associé d'une société de personnes peut se protéger contre le risque de responsabilité indéfinie et solidaire en concluant une convention de croupier qui peut être définie comme l'accord par lequel un associé consent à partager les bénéfices et les pertes résultant de sa participation dans la société et ce, sans le consentement des autres

---

[693] J.P. DOM, *Les montages en droit des sociétés*, op.cit., p.13.

associés[694]. Elle peut être utilisée dans le cadre de sociétés de personnes lorsque le cédant ne peut obtenir le consentement de ses coassociés à la cession ou ne veut le solliciter[695]. Elle permet alors au cédant, ou cavalier, de se dégager des droits sociaux[696]. Le croupier n'a pas la qualité d'actionnaire certes, parce que la convention n'a pas pour effet de transférer même temporairement la propriété des titres au croupier, mais il a par exemple un droit à l'information sur la situation de la société, à la perception des produits financiers de son engagement, il peut céder avec le consentement de l'actionnaire, ses droits[697]. La convention de croupier prend souvent la forme d'une société en participation. Dans ce cas, le recours à la convention de croupier est destiné à dissimuler l'identité des participants personnes physiques ou morales, soit pour des raisons de discrétion et de secret des affaires, soit, parfois, pour des motifs moins avouables[698]. La doctrine était divisée dans cette occurrence sur la nature de la convention de croupier. En France, au XIXe siècle, la doctrine écrivait ceci : « l'apport est égal à la fraction réservée à chacune des deux parties, l'*affectio societatis* ne fait pas défaut, les intérêts du croupier et du cédant deviennent commun et l'intention de s'associer est dans la logique du contrat[699] ». Une partie de la doctrine qualifiée de moderne prétend par exemple qu'il manque à la convention de croupier deux éléments essentiels à savoir la mise en commun des prestations réciproques et l'affectio societatis[700]. Pourtant, la Cour d'appel, dans l'arrêt Erim a qualifié la convention de croupier de société en participation[701].

---

694 Y. GUYON, *Traité des sociétés*, 4eédition., LGDJ, n°269 et s cité par I. URBAIN-PARLEANI, La convention de croupier et société en participation, Revue des sociétés, 1999, p.753.

695 L'article 274 AUSCGIE peut être cité comme exemple. Heureusement que pour ne pas garder prisonnier l'associé, il peut être prévu une procédure de rachat.

696 Y. GUYON, op.cit., n°269.

697 I. URBAIN-PARLEANI, op.cit

698 J. J. DAIGRE, in La société en participation, instrument de coopération. Droit des sociétés, Actes pratiques 1994, n°17 cité par I. URBAIN-PARLEANI, op.cit.

699 ROBYN, *Du croupier d'associé*, Thèse, Lille, 1904.

700 SCHWING, *La nature juridique du droit du croupier*, Rev.sociétés 1935, p.152.

701 COUR D'APPEL DE PARIS (25e ch. B). *4 avril 1997. Erim c/ SA Société Pinault Printemps Redoute,* commenté par D. RANDOUX, Les dangers de la convention de croupier, Revue des sociétés 1997 p.783.

b- La protection de l'investissement

107. L'épargnant peut protéger son patrimoine en ayant recours au système de gestion collective à savoir les organismes de placement collectif en valeurs mobilières ou la gestion de portefeuille appelée contrat de gestion individualisée[702]. Au niveau de l'UEMOA la gestion privée est assurée par les sociétés de gestion du patrimoine, les établissements bancaires et les SGI établis au sein de l'UEMOA. Aux termes de l'article 147 des principes déontologiques, Les comptes de titres mobiliers ne peuvent être ouverts qu'auprès d'une SGI, ou des émetteurs pour les valeurs qu'ils ont émises.

L'article 78 des principes déontologiques et règlement général du conseil régional de l'épargne publique et des marchés financiers dispose que les OPCVM sont regroupés au sein de deux catégories : les SICAV et les FCP. En France, seules les SICAV, qui sont des actionnaires minoritaires du fait de la loi[703], ont la personnalité juridique. Elles prennent souvent la forme de sociétés anonymes soumises au droit commun des sociétés. La question qui est posée est celle de savoir qui du fonds communs de placements et des épargnants disposent de la qualité d'associés[704]. En principe la réponse est négative puisque ne peuvent avoir cette qualité que les personnes qui existent juridique. Mais comme on sait que pour des raisons d'ordre pratique tous les épargnants ne peuvent agir, certaines tâches sont confiées, en toute légalité au FCP vu que l'incapacité s'apprécie dans la personne du mandant et non du mandataire.

Le professeur Paul LE CANNU a parlé de la montée en puissance des teneurs de compte du fait de la dématérialisation des valeurs mobilières[705]. Les OPCVM sont des fonds d'investissements[706]

Afin de protéger leur épargne, des actionnaires peuvent se regrouper dans le cadre d'une association. Ainsi, en droit français, il existe des associations d'actionnaires et d'investisseurs. Au départ, elles ont été

---

[702] B. BOULOC, *La responsabilité en matière de gestion de titres*, Mélanges M. CABRILLAC, Litec, 1999, p.445.

[703] Elles ne peuvent détenir plus de 10% du capital de la même société émettrice.

[704] Y. GUYON, *Qu'est-ce qu'un actionnaire* ? , Rev. sociétés 1999. 551

[705] P. LE CANNU, *L'état d'actionnaire à l'épreuve du droit des sociétés. L'acquisition de la qualité d'actionnaire*, Revue des sociétés 1999 p. 519.

[706] Bourse, le guide de l'investisseur, Par la rédaction des propos utiles conseils boursiers et réflexions économiques depuis 1952, Quatrième édition, 2008, p.151.

constituées pour défendre les intérêts des porteurs d'actions ou d'autres catégories de titres. Puis, les associations ont eu pour objet de former, d'informer les actionnaires et investisseurs. La différence entre ces différentes associations réside dans le fait que la première catégorie d'associations n'est visible que dans les sociétés cotées tandis que la seconde peut être créée dans tout type de sociétés[707].

2- La dimension sociale de la protection du patrimoine

Le patrimoine de la société peut être protégé contre les agressions externes (a) et internes (b).

a- La protection contre les agressions externes ou les défenses anti-OPA

Les procédures des OPA sont prévues à l'article 126 des principes déontologiques et règlement général du conseil régional de l'épargne publique et des marchés financiers. Quant à l'article 88 du Règlement général de la BRVM, il dispose que tout projet d'OPA ou d'OPE doit faire l'objet d'un visa préalable du Conseil Régional. L'offre publique d'Achat ou "OPA" s'entend de la procédure par laquelle une personne physique ou morale s'engage à acquérir à un prix déterminé une quantité de titres d'un autre émetteur. Quant à l'offre Publique d'Echange ou "O.P.E.», elle ne diffère de la procédure précédente qu'en ce que les titres visés par l'initiateur de l'offre sont payés en d'autres titres et non en numéraire. Ces différentes définitions sont prévues à l'article 126 précité.

Lors des restructurations, une société mère peut émettre des BSA, OBSA, ORA afin de contrer les attaques d'un assaillant d'où l'importance du groupe d'actionnaires dans les groupes de sociétés[708].

Il y a deux types de défenses anti-OPA : des défenses préventives qui interviennent avant toute offre publique et des défenses en cours d'offre. Au sein des premières nous pouvons citer la déclaration du franchissement de seuil (L233-7 du Code de commerce), la limitation du nombre de droits de vote (L225-125 du Code de commerce), l'autocontrôle (L225-206 du Code de commerce), la conclusion de pacte de non-agression, le rachat d'actions de la société cible pour

---

[707] B. LE BARS, *Associations d'actionnaires et de défense des investisseurs*, Répertoire de droit des sociétés, janvier 2011

[708] M. PARIENTE, *Les actionnaires des sociétés liées du groupe*, Revue des sociétés 1999 p.805.

annulation, les actions de préférence sans droit de vote, la fidélisation de l'actionnariat par la majoration des dividendes ou d'actions gratuites, l'émission de titres au porteur identifiables.

Au rang des défenses en cours, il y a le fait que ni le Conseil d'administration, ni le conseil de surveillance, les DG ou l'un des DG délégués de la société cible ne peuvent utiliser des méthodes susceptibles de faire échouer une offre, hormis la recherche d'autres offres, sans l'approbation préalable de l'assemblée générale extraordinaire. En outre, s'il est vrai qu'en matière d'augmentation du capital social, l'AGE peut déléguer ses pouvoirs au conseil d'administration, toute délégation d'une mesure dont la mise en œuvre est susceptible de faire échouer l'offre, hormis la recherche d'autres offres, accordée par l'assemblée générale avant la période d'offres, est suspendue en période d'offre publique.

En droit des sociétés commerciales OHADA, une telle suspension n'est pas consacrée de façon expresse. Le législateur ne répute non écrite que les clauses contraires conférant au conseil d'administration ou à l'administrateur général, le pouvoir de décider de l'augmentation de capital.

Dans tous les cas, il y a une sorte de neutralisation des restrictions statutaires aux OPA à travers l'exclusion des clauses d'agrément et la limitation temporelle des clauses d'inaliénabilité.

L'article L233-7 dispose si les actions d'une société ayant son siège social en France sont admises aux négociations sur un marché réglementé d'un Etat partie à l'Espace économique européen (…), toute personne physique ou morale qui possède un nombre d'actions représentant plus du vingtième, du dixième, des trois vingtièmes, du cinquième, du quart etc… du capital ou des droits de vote, informe la société dans un délai fixé par décret en Conseil d'Etat, à compter du franchissement du seuil de participation, du nombre total d'actions ou de droits de vote qu'elle possède. L'article 137 du Règlement général du Conseil Régional de l'Epargne publique et des Marchés financiers a à peu près le même contenu. Ainsi, toute personne physique ou morale qui se trouve, à un moment ou un autre, détenir seule ou de concert, une certaine fraction du capital ou des droits de vote d'une société cotée à la Bourse Régionale doit déclarer le montant de sa participation. Toujours au sens de cette disposition, Les seuils de capital et de droits de vote à atteindre ou détenir pour l'application de l'alinéa 1 ci-dessus sont fixés respectivement à 10 %, 20 %, et33, 33 %, 50 % et 66,67 %.

L'article L225-125 du Code de commerce est le pendant de l'article 543 AUSCGIE. Ce faisant, les statuts peuvent limiter le nombre de voix dont chaque actionnaire dispose dans une assemblée[709]. Le constat est que le principe de proportionnalité est remis en cause mais à la seule condition qu'on n'opère pas une discrimination entre les différents actionnaires. Quant à l'article L225-206, elle vise la situation qui consiste à interdire à une société de racheter ses propres actions. Pour ce faire, on peut consulter l'article 639 et suivant de l'AUSCGIE.

L'augmentation de capital est un moyen de défense efficace car elle a pour conséquence d'accroître la dimension de la société et donc d'obliger l'initiateur de l'offre publique à investir davantage[710]. Mais en droit français, toute délégation de pouvoir au conseil est suspendue en ca s d'augmentation de capital réservée. Toujours en droit français, les défenses préventives anti-OPA doivent être conformes à l'intérêt social et ne pas porter atteinte aux principes de libre jeu des surenchères et de loyauté dans la compétition[711].

b- La protection contre les agressions internes

Nous mettrons l'accent sur le droit de vote double, l'exclusion, le réméré sociétaire et la variabilité du capital social.

108. Aux termes de l'article 544 AUSCGIE, le droit de vote double peut être accordé par les statuts ou l'AGE ultérieure à toutes les actions entièrement libérées pour lesquelles il est justifié d'une inscription nominative depuis deux ans au moins, au nom d'un actionnaire. Ce droit s'applique à l'action et non à l'actionnaire, même s'il est vrai que le comportement de ce dernier n'est pas indifférent dans l'obtention de ce privilège de vote, puisqu'il récompense principalement la décision de ce même actionnaire d'avoir conservé et maintenu au nominatif ses actions pendant deux ans au moins[712]. L'avocat M. GAY voit également dans le droit de vote double une technique anti-OPA[713].

---

[709] Pour une vision critique de ce mécanisme, V. R. KADDOUCH, *La clause statutaire de plafonnement des voix*, La Semaine Juridique Entreprise et Affaires n° 15, 14 Avril 2005, 620.

[710] B. TREILLE, op.cit.

[711] A. COURET et alii, *Droit financier*, 2e édition, Dalloz, 2012, p.1017, n°1380.

[712] B. GAY, *OHADA : le droit de vote privilégié dans les sociétés par actions*, La Semaine Juridique Entreprise et Affaires n° 2, 14 Janvier 2016, 1017, n°12.

[713] V. Contra J.-PH. DOM, *Les montages en droit des sociétés*, op.cit., p.84, n°125. Selon l'auteur, pour lutter contre les agressions internes, la loi prévoit déjà

Relativement à l'exclusion d'un actionnaire, on sait que c'est une mesure grave puisqu'elle demeure contraire à l'article 545 du Code civil qui dispose que «Nul ne peut être contraint de céder sa propriété, si ce n'est pour cause d'utilité publique, et moyennant une juste et préalable indemnité ». Pourtant, les clauses d'exclusion existent depuis la réforme de l'AUSCGIE en 2014. L'utilité est d'exclure un associé qui n'a plus la qualité d'origine, d'évincer une personne morale associée en cas de changement de contrôle au sein de son propre capital social[714]. Cette utilité ne doit pas occulter le fait que nul ne pourrait être contraint par une clause d'exclusion s'il ne l'a pas initialement accepté (L227-19 du Code de commerce) et que la procédure d'exclusion doit préserver les droits de l'associé notamment la justification de motifs sérieux, objectifs, non arbitraires, le respect du contradictoire, la contrepartie financière.

L'article L227-19 précité est le pendant de l'article 853-22 de l'AUSCGIE. Aux termes de cette disposition, les clauses statutaires d'agrément, de préemption, de cession forcée et de changement de contrôle, ne peuvent être adoptées ou modifiées qu'à l'unanimité. Toute délibération prise en violation de cette règle est nulle.

Dans les sociétés à capital variable, les associés ont non seulement le droit de retrait, mais également ils peuvent être exclus par l'assemblée générale ou la collectivité des associés suivant une procédure prévue dans les statuts.

On peut se demander si le mécanisme de l'exclusion ne vient pas diluer le recours à la clause de variabilité ou au réméré sociétaire. M. JEANTIN demeure convaincu que la clause d'exclusion ôte tout intérêt à la clause de variabilité en ces termes « la question présente un intérêt pratique a priori réduit, dès lors que les deux avantages que présente la société à capital variable à savoir la reconnaissance d'un droit de retrait pour tout associé et d'une possibilité statutaire d'exclusion, peuvent être obtenus dans une société par actions simplifiée à capital fixe grâce à une stipulation expresse des statuts[715] ».

---

certains aménagements. Il en est ainsi notamment de faire bénéficier certains associés d'un droit de vote double.

[714] B. RAYNAUD, *Droit de l'ingénierie sociétaire*, Joly éditions, 2014, p.80, n°172.

[715] M. JEANTIN, *Constitution de la société par actions simplifiée*, in la société par actions simplifiée cité par J.PH. DOM, op.cit., p.88, n°131.

Dans l'euphorie des débuts, les sentiments d'amitié, d'amour conjugal, fraternel ou paternel justifie le partage apparent de pouvoir sociétaire, avec le temps, ces montages pouvaient se révéler embarrassants, voire dangereux pour le fondateur de l'entreprise sociale[716]. Même dans l'hypothèse où le dirigeant est majoritaire, poursuit C. CHAMPAUD, des actions contraignantes existent vis-à-vis du dirigeant. C'est l'exemple de l'expertise de gestion et des plaintes en abus de biens sociaux. Ce que ce dirigeant peut faire, c'est constituer une société commerciale avec des associés complaisants ayant souscrit d'ailleurs des apports avec les fonds provenant de ce dernier. Mais auparavant, les associés signent une promesse unilatérale de vente de leurs parts ou actions au dit dirigeant. Ensuite, après la levée d'option, le dirigeant procède à une rétrocession de ces droits sociaux aux personnes, parents ou amis, voire partenaire commercial, qu'il désirait associer nominalement dans son affaire. Cette seconde cession était assortie d'une clause de réméré[717].

Aux termes de l'article 334 du COCC, le vendeur peut, par une stipulation expresse insérée dans le contrat, se réserver pendant un certain délai le droit de reprendre la chose vendue sous les conditions définies ci-après. Ces conditions sont le fait que la clause soit limitée à trois ans à moins que le juge décide de la proroger.

B- La gestion du patrimoine

Nous traiterons ici des prêts intergroupe appelés également « pools de trésorerie » et de la *defeasance.*

109. Il arrive que les excédents de trésorerie de certaines sociétés soient mis à la disposition d'autres sociétés du même groupe qui ont un besoin important de financement. Il s'agit de la convention d'*omnium* ou de centralisation de trésorerie. Selon ces conventions, les filiales disposant d'une trésorerie excédentaire la mettent à disposition du groupe moyennant rémunération alors que celles éprouvant un besoin de trésorerie peuvent le satisfaire au sein du groupe, toujours moyennant rémunération mais sans les frais bancaires et commissions traditionnellement attachés aux opérations de crédit[718]. La question

---

[716] C. CHAMPAUD, *Qu'est-ce qu'un avantage juridique* ? in Stratégie juridique de l'entreprise, op.cit., p.89, n°25.

[717] C. CHAMPAUD, Ibid, n°89.

[718] B. RAYNAUD, *Droit de l'ingénierie sociétaire*, Joly éditions, 2014, p.165, n°409.

s'était posée de savoir si cette situation ne mettait pas en péril le monopole bancaire[719]. Le comité d'organisation des banques a répondu par la négative : « ... le Comité ne considérera pas comme fonds reçus du public ceux qu'une société financière recevra de la société mère ou de sa filiale si le patrimoine de la société réceptrice et celui de la société remettante sont si étroitement unis qu'ils ne constituent en réalité qu'un seul patrimoine... Et le problème se posera dans les mêmes termes si la société financière reçoit ses fonds de plusieurs sociétés auxquelles elle est unie par des liens de filiale à société mère ou par des liens qui assemblent les diverses sociétés d'un même groupe industriel ou commercial. Si tout le capital de la société financière appartient aux sociétés qui lui remettent des fonds, ou inversement, si la société financière détient l'intégralité du capital de ces sociétés, ou si le capital des diverses sociétés du groupe est entièrement possédé par l'ensemble des sociétés dudit groupe, les fonds que la société financière peut recevoir de ses sociétés mères, de ses filiales ou des autres sociétés du groupe ne sont certainement pas reçus du public. Par contre, l'existence d'une portion étrangère dans le capital, doit, en principe, être regardée comme manifestant une indépendance des patrimoines qui permet de considérer les fonds comme reçus du public[720]... »

Finalement, l'article L.511-7 du Code monétaire et financier permet de répondre par la négative. En droit sénégalais, les conventions de trésorerie sont prévues à l'article 14 de la loi 2008 portant réglementation bancaire.

110. La *defeasance* est une technique qui permet d'aider une entreprise à se désendetter en tant qu'« opération de gestion de passif de bilan », c'est-à-dire « [...] d'alléger [le] bilan [d'une société débitrice] en lui permettant de faire sortir une dette à long terme, généralement un emprunt obligataire, du bilan au profit d'un engagement hors bilan[721] ».

---

[719] V. A. VIANDIER, *Les opérations financières au sein des groupes de sociétés (Étude de deux confirmations récentes)*, La Semaine Juridique Edition Générale n° 18, 1er Mai 1985, doctr. 3188

[720] V. F. TERRE, *A propos des fonds reçus du public. Économie et comptabilité*, mars 1975, p. 22.

[721] G.-A. LIKILLIMBA,*L'agent des sûretés en droit OHADA*, RTD com. 2012. 475. Adde les auteurs cités par LIKILIMBA T. BONNEAU, *Droit bancaire*, 8e éd., 2009, n° 778 ; C. FERRY, *Défaisance économique et fiducie*, JCP E 1991. I. 23 ; C. GAVALDA ET J. STOUFFLET, *Droit bancaire - Institutions - Comptes - Opérations - Services*, 8eéd., n° 862 ; G. HIRIGOYEN, *Analyse comptable de la defeasance*, LPA 22 mars 1991, p. 4 ; J.-P. GIRARD, *Le point de vue du banquier sur l'opération de defeasance*, RD bancaire et bourse 1989, n° 12 ; C.

Pour H. LECUYER, c'est une façon de se débarrasser non de créances, mais d'une dette, comptablement, d'un élément qui figurait au passif du bilan, sur une tierce personne[722].

Les contours et la situation du patrimoine en droit des affaires ayant été cernés, il convient d'examiner les théories qui sous-tendent cette notion.

LARROUMET, *Sur la réalisation d'une defeasance en droit français*, *in Mélanges Breton-Derrida*, D. 1993. 193 ; P. PAQUET, *La défaisance en question*, Banque 1989. 1039 ; A. PEZARD, La *defeasance*, RD banc. fin. 1989, n° 12 ; G. BERLIOZ, Le point de vue du juriste sur l'opération de *defeasance*, RD bancaire et bourse 1989, n° 12 ; J.-M. MOULIN, *Le droit de l'ingénierie financière*, Gualino - Lextenso éditions, 3e éd., 2009, nos 1202 s.

722 Colloque « Le Fonds de Commerce : un centenaire à rajeunir ! » Le fonds de commerce, une notion pragmatique et pleine de vitalité : Débats Gazette du Palais -04/06/2009 - n° 155 - page 45

CHAPITRE 2

LES THÉORIES SUR LE PATRIMOINE

Deux théories méritent d'être étudiées, celles d'Aubry et de Rau, qui, malgré les critiques, emportent néanmoins et toujours l'adhésion de ceux qui préconisent la révision du titre réservé au droit des biens dans le Code civil (Section 1) et la théorie du patrimoine d'affectation, considérée comme une théorie moderne (Section 2).

SECTION 1 : LA THÉORIE CLASSIQUE DU PATRIMOINE

Le patrimoine constitue une universalité de droit. Ce faisant, il diffère des universalités de fait qui ne sont composées que de l'actif alors que le patrimoine est composé du passif et de l'actif. Le passif renvoie aux dettes, charges, obligations. Quant à l'actif, il correspond à tous les biens qui peuvent être évalués en argent, qu'il s'agisse de droits réels ou de droits personnels[723]Tout créancier a un droit de gage général sur le patrimoine du débiteur. Le patrimoine est également une émanation de la personnalité. Cela signifie que toute personne a un patrimoine, toute personne n'a qu'un patrimoine et tout patrimoine appartient à une personne. Cette théorie est celle d'Aubry et RAU. La théorie classique du patrimoine a été très critiquée. On lui a reproché par exemple de ne reposer sur aucune démonstration, même si elle a été pendant deux siècles la pierre angulaire de l'édifice juridique français[724]. C'est la raison pour laquelle on s'est tourné vers le patrimoine d'affectation.

[723] B. BELLOIR-CAUX, *Dictionnaire de droit des biens*, Ellipses, 2013, p.317.

[724] D. ALIBERT, *A la recherche d'une structure juridique pour l'entreprise individuelle*, in Dix ans de droit de l'entreprise, p.71.

SECTION 2 : LA THÉORIE MODERNE DU PATRIMOINE : LE PATRIMOINE D'AFFECTATION

En droit français, la présence du patrimoine d'affectation dans l'ordonnancement juridique se manifeste par la consécration en 1985 de l'entreprise unipersonnelle à responsabilité limitée, de l'entreprise individuelle à responsabilité limitée[725]. Pourtant, il a été soutenu que la société unipersonnelle est une monstruosité juridique[726]. Il convient de souligner que l'idée de patrimoine d'affectation n'est pas nouvelle en France ; et ce, en témoigne le rapport C. CHAMPAUD[727]. Une autre manifestation de la prise en compte du patrimoine d'affectation réside dans l'adoption de la loi n°2010-658 du 15 juin 2010 relative à l'entrepreneur individuel à responsabilité limitée[728]. Bien avant cela, nous pouvons citer la loi du 11 février 1994 relative à l'initiative et à l'entreprise individuelle dite loi Madelin qui impose à un créancier professionnel de saisir en priorité les biens affectés à l'activité professionnelle de l'entrepreneur individuel et non les biens de son patrimoine personnel, la loi du 1e août 2003 sur l'initiative économique dite loi Dutreil qui permet à l'entrepreneur individuel de déclarer insaisissable sa résidence principale, la loi du 4 août 2008 de modernisation de l'économie qui étend l'insaisissabilité à tous les biens fonciers bâtis et non bâtis non affectés à l'usage personnel de l'entrepreneur, la loi du 1er août 2003 d'orientation et de programmation pour la ville et la rénovation urbaine, la loi 2007-211 du 19 février 2007 qui a introduit la fiducie dans le droit français[729]. L'objectif recherché c'est la création d'une propriété fiduciaire. Ce patrimoine échappera aux créanciers personnels du fiduciaire et du constituant. Aux termes de l'article 2011 du code civil, la fiducie est « *l'opération par laquelle un ou plusieurs constituants transfèrent des biens, des droits ou des*

[725] A. LIENHARD, *Entreprise individuelle à responsabilité limitée : naissance du patrimoine d'affectation*, D. 2010. 252.

[726] F. DE SOLA CANIZARES, *L'entreprise individuelle à responsabilité limitée*, RTDCom, 1948, p.376.

[727] C. Champaud, *Rapport du groupe d'étude chargé d'étudier la possibilité d'introduire l'entreprise personnelle à responsabilité limitée dans le droit français*, RTD com. 1979. 579.

[728] JO 16 juin 2010, P.10984. ; V. B. SAINTOURENS, *L'entrepreneur individuel à responsabilité limitée, Commentaire de la loi n°2010-658 du 15 juin 2010*, Revue des sociétés, 2010, p.351.

[729] B. BELLOIR-CAUX, *Dictionnaire de droit des biens*, Ellipses, 2013, p.323.

sûretés, ou un ensemble de biens, des droits ou de sûretés, présents ou futurs, à un ou plusieurs fiduciaires qui, les tenant séparés de leur patrimoine propre, agissent dans un but déterminé au profit d'un ou plusieurs bénéficiaires ». Le législateur OHADA ignore-t-il la fiducie ? A en croire certains auteurs, si le contrat d'agent des sûretés emprunte à différentes figures contractuelles telles que le contrat de commission puisque l'agent de sûretés agit au profit des créanciers qui l'ont nommé mais en son nom propre, si bien que l'identité des créanciers pourra rester inconnue des tiers ; au contrat de fiducie (tel qu'il est connu en droit français) ensuite, puisque l'agent des sûretés pourra être amené à devenir propriétaire des biens remis en garantie qu'il devra alors détenir dans un patrimoine distinct de son patrimoine propre. Mais la comparaison doit s'arrêter là : l'agent des sûretés n'est ni un commissionnaire ni un fiduciaire et il convient de considérer le contrat d'agent des sûretés comme un contrat *sui generis*[730]. Pour arriver à la conclusion selon laquelle l'agent des sûretés n'est pas un commissionnaire, les auteurs précités se réfèrent à l'article 5 de l'AUS qui dispose que la sûreté ou autre garantie est constituée, gérée, aménagée par une institution financière ou un établissement de crédit (...) « au profit des créanciers de la ou des obligations garanties » et non, selon eux, pas pour leur compte. Est-ce suffisant pour dire que le contrat de fiducie n'est pas consacré en droit OHADA? Nous pensons que non d'autant que dans la définition de la fiducie que livre le droit français, on utilise, au même titre que l'article 5 de l'AUS, l'expression « au profit de » bénéficiaires pour le droit français et créanciers pour le droit OHADA. De plus, l'article 2328-1 du code civil, même s'il n'est réservé qu'à la sûreté réelle qui peut être constituée, inscrite, gérée et réalisée pour le compte des créanciers de l'obligation garantie par une personne qu'ils désignent à cette fin dans l'acte qui constate cette obligation, n'a pas un contenu bien différent de celui de l'article 5 AUS qui lui se contente de préciser que toute sûreté ou autre garantie de l'exécution d'une obligation peut être constituée, inscrite, gérée et réalisée par une institution financière ou un établissement de crédit. Au regard de l'article 2328-1 du code civil, un auteur a pu affirmer que tout au plus on peut noter que le législateur a visé à l'article 2328-1 du code civil une sorte de fiducie[731]. L'auteur poursuit, il s'agit d'autoriser les

[730] (Dir) P. CROCQ et alii, *Le nouvel acte uniforme portant organisation des sûretés, La réforme du droit des sûretés de l'OHADA*, Lamy 2012, p.55, n°43.

[731] S. PIGENT, *Premiers pas en fiducie dans le code civil, Etude de la loi n°2007-211 du 19 février 2007*, Avril 2007, AJDI, p.281.

créanciers à désigner, dans l'acte constitutif des sûretés réelles consenties par leur débiteur, une personne chargée de les gérer et, éventuellement, de les réaliser pour leur compte. Cet « agent des sûretés » aura ainsi une existence reconnue. Cette disposition était surtout attendue des praticiens de la finance[732]. Il demeure vrai que les règles de la fiducie en droit OHADA doivent être complétées dans le sens de leur précision. C'est le cas notamment de la qualité des constituants quand on sait qu'en France c'étaient uniquement les personnes morales soumises de plein droit ou sur option à l'impôt sur les sociétés[733]. Il en va également du lieu de résidence du constituant et du fiduciaire pour lutter contre l'évasion fiscale et la double imposition. Toujours est-il que les auteurs qui nient toute idée de contrat de fiducie en droit OHADA demeurent conscients de l'existence d'un patrimoine d'affectation en droit OHADA[734].

L'un des intérêts de s'imprégner du patrimoine d'affectation tient dans la détermination du critère de la personnalité morale. Le Doyen PERCEROU est de ceux qui pensent que le patrimoine d'affectation est l'un des critères de la personnalité morale[735]. Cette théorie se rapproche de celle qui voit dans la société une institution ou une personne morale[736]. Au-delà de la théorie de la personnalité morale, patrimoine d'affectation, d'autres théories de la personnalité morale existent telles que celle de la volonté propre au groupement et celle d'un intérêt collectif socialement protégé[737]. Le patrimoine d'affectation est-il une personne juridique ?

Au-delà de la propriété comme notion fondamentale en droit privé, nous avons le contrat.

---

[732] S. PIGENT, Ibid.

[733] L'article 2014 a été abrogé par la loi n°2008-776 du 19 février 2008.

[734] (Dir) P. CROCQ et alii, op.cit., p.66.

[735] R. PERCEROU, *La personne morale de droit privé : patrimoine d'affectation*, thèse polycopiée, Paris, 1951.

[736] V. M. HAURIOU, *L'institution et le droit statutaire*, Recueil de législation de Toulouse, 1906, p.174 ; E. GAILLARD, *La théorie institutionnelle et le fonctionnement de la société anonyme*, thèse Lyon, 1937 ; PORTEMER, *Du contrat à l'institution*, JCP., 1947.I.586 ; LEBLOND, *Les pouvoirs respectifs de l'assemblée générale du conseil d'administration et du directeur général adjoint dans la doctrine institutionnelle*, Gaz. Pal., 1957.I, doctrine 29 et s., R. SAVATIER, *Les métamorphoses économiques et sociales du droit civil d'aujourd'hui*, 1ere série, Panorama des mutations, 3e éd., n°95 et s.

[737] J. PAILLUSSEAU, *La société anonyme, technique d'organisation de l'entreprise*, Bibliothèque de droit commercial, tome 18, Sirey, 1967, pp.27-28.

TITRE 2

LE CONTRAT

111. Le contrat est un instrument incontournable dans la vie des affaires ou tout court dans la vie de tous les jours. Afin de bien en cerner l'étude, l'ouvrage d'Yves-Marie LAITHIER peut être d'une utilité sans faille. L'auteur dans son ouvrage consacré au droit comparé[738] traite des généralités sur le contrat (contrat et notions voisines, différentes conceptions du contrat, principes), de la phase précontractuelle (devoirs précontractuels et leurs sanctions), de la formation (conditions, sanction du non-respect), du contenu, de l'exécution et de l'inexécution du contrat. À côté des règles générales applicables au contrat (Chapitre 1), il est permis de relever l'existence de règles spécifiques. Mais on ne peut occulter l'évidence selon laquelle le contrat est un support juridique de l'entreprise (Chapitre 2).

[738] Y.-M. LAITHIER, *Droit comparé*, Dalloz, 2009, 255 pages.

CHAPITRE 1

LES RÈGLES GÉNÉRALES APPLICABLES AU CONTRAT

112. Le contrat fait partie de la famille des actes juridiques. L'acte juridique est une manifestation de volonté destinée à produire des effets de droit. Un examen de l'article 39 du COCC qui dispose que les règles du droit des obligations relatives à la conclusion, aux effets et à l'extinction des contrats sont applicables, sauf dispositions contraires, à tous les contrats, conventions et actes juridiques permet de comprendre que le contrat ne se réduit ni à la convention, ni à l'acte juridique. Les actes et les faits juridiques sont les principales sources des droits subjectifs. Les actes juridiques produisent des effets qui sont constitutifs (création d'un nouveau droit subjectif), déclaratifs (constater un droit qui existait avant), translatifs (transférer le droit d'une personne à une autre). La volonté est l'élément essentiel de l'acte juridique. Il existe plusieurs sortes d'actes juridiques : unilatéraux[739], les contrats, les conventions et les actes multilatéraux tels que le contrat de société et les délibérations prises lors des assemblées des sociétés ou associations. Dans ces deux dernières hypothèses, on parle d'actes unilatéraux collectifs[740]. Le législateur français, dans le cadre de la réforme du droit des contrats a défini non seulement les actes juridiques mais également les faits juridiques considérés comme des agissements ou des événements auxquels la loi attache des effets de droit. Il affirme à

[739] L'article 1100-1 nouveau du Code civil dispose que les actes juridiques peuvent être conventionnels ou unilatéraux. A la différence du contrat, l'acte unilatéral ne crée pas des obligations. Au sein des actes unilatéraux nous pouvons citer la problématique des engagements unilatéraux de volontés. A ce niveau, la jurisprudence française a contraint par exemple un organisateur de loteries trompeuses à délivrer le gain qu'il avait faussement annoncé (V.RTD civ. 1995. 886, obs. MESTRE).

[740] V. M. LATINA, *Contrats : généralités*, Répertoire de droit civil, mai 2017, n°170, spèc. 172.

l'article 1100 nouveau du Code civil que les obligations naissent d'actes juridiques, de faits juridiques ou de l'autorité seule de la loi.

Le contrat est un accord de volontés générateur d'obligations[741]. L'obligation étant définie comme un lien entre un débiteur et son créancier en donnant à celui-ci le droit d'exiger une prestation ou une abstention[742]. A travers cette dernière définition, il convient de dissocier l'obligation juridique qui lie ses intéressés de l'obligation naturelle qui dépend du bon vouloir d'une personne sans pour autant la lier. Avec la réforme du 10 février 2016, une obligation peut naître de l'exécution volontaire ou de la promesse d'exécution d'un devoir de conscience envers l'autre. On voit ce faisant que le législateur français consacre l'obligation naturelle.

En outre, on perçoit les différentes obligations à savoir l'obligation de faire ou de ne pas faire. Le législateur sénégalais n'a pas donné de définition de l'obligation de faire ou de ne pas faire. Il se contente de préciser que le débiteur d'une obligation de faire ou de ne pas faire doit exécuter complètement son obligation.

C'est à l'article 3 du Code des obligations civiles et commerciales que le législateur sénégalais mentionne pour la première fois l'obligation de donner à savoir l'obligation par laquelle le débiteur s'engage à transférer au créancier un droit, la propriété d'une chose, ou à constituer à son profit un droit réel notamment une hypothèque ou un usufruit[743]. Un examen de l'article 4 COCC permet de constater que le transfert de propriété, objet de l'obligation de donner laisse subsister l'obligation de livrer la chose qui elle, est une obligation de faire, même si un lien peut être établi en droit OHADA notamment dans la vente commerciale entre la livraison et le transfert de propriété des marchandises vendues[744]. L'obligation de donner emporte également celle de conserver la chose en bon père de famille. A quel moment le créancier acquiert le droit sur la chose ? L'article 5 COCC précise que c'est au moment de la délivrance[745] sauf volonté contraire des parties ou sous réserve des dispositions relatives à la propriété foncière et aux

---

[741] Article 40 du Code des obligations civiles et commerciales. Le contrat peut néanmoins créer autre chose que des obligations. Par exemple une personne morale. V. Les articles 763 COCC.

[742] Article 1e du Code des obligations civiles et commerciales.

[743] S. GJIDARA-DECAIX, *Précis de droit civil*, PUF, 2007, p.349, n°1.

[744] V. L'article 275 AUDCG qui dispose que la prise de livraison opère transfert à l'acheteur la propriété des marchandises vendues.

[745] V. Egalement article 276 COCC.

immeubles immatriculés[746]. Aux termes de l'article 276 COCC, l'exécution de l'obligation à délivrance assure le transfert de la propriété de la chose à l'acquéreur.

L'article 277 in fine du COCC quant à lui, précise que le mode de délivrance des effets mobiliers est fixé par la volonté des parties en fonction de la nature de la vente et des usages du commerce. L'expression « effets mobiliers » laisse penser que nous sommes ici en présence d'effets de commerce d'autant que la délivrance peut se faire par simple remise du titre. Mais lorsque l'on consulte les écrits de certains auteurs, on se rend compte que par « effets mobiliers », le législateur a entendu dire « en matière mobilière[747] ». A l'alinéa 2 de la disposition précitée on peut lire ceci « si l'objet de la vente est un immeuble, la délivrance est faite lorsque les formalités de publicité exigées par les dispositions particulières à la propriété foncière ont été satisfaites et que le titre foncier est établi au nom de l'acquéreur ».

Cette exception à la règle posée à l'article 5 du COCC est d'ordre légal. A titre d'exemple on peut également citer l'article 381 COCC. Concernant les exceptions d'ordre conventionnel, elles sont prévues aux articles 341 à 369 du COCC. C'est l'exemple de la vente à l'essai, à l'agrément, à l'échantillon etc…

Les obligations de donner à l'exception de celle de donner de l'argent, de faire ou de ne pas faire sont des obligations en nature. A côté, il y a l'obligation monétaire, obligation par excellence, qui est à la base du crédit[748]. La particularité est que le débiteur d'une obligation de somme d'argent doit être mis en demeure de s'exécuter. De même, des dommages et intérêts moratoires sont dus en cas de défaut d'exécution dans les délais et les saisies sont des voies normales. L'intérêt de la distinction entre les obligations en nature et de somme d'argent tient également à l'existence de deux procédures distinctes à savoir la procédure d'injonction de payer et l'injonction de délivrer et/ou de restituer.

Les obligations peuvent être classées d'après leur source, au-delà de leur classification d'après l'objet ou l'intensité. Aux termes de l'article 39 COCC les obligations naissent des contrats légalement formés, des délits générateurs de responsabilité civile et des faits énumérés au titre

---

[746] V. Article 277 COCC.

[747] L. SIDIME et *alii*, *De quelques contrats spéciaux*, in Encyclopédie juridique de l'Afrique, N.E.A, 1982, p.67.

[748] J. CARBONNIER, *Droit civil, Les biens, les obligations*, PUF, 2004, p.1928.

III du présent livre. Relativement à la classification en fonction de l'intensité, nous avons les obligations de moyens d'une part, et de résultat d'autre part.

En droit français, le contrat est désormais défini à l'article 1101 nouveau du Code civil comme un accord de volontés entre deux ou plusieurs personnes destiné à créer, modifier, transmettre ou éteindre des obligations. De même, le législateur français omet toute référence à la trilogie des obligations de faire, de ne pas faire et de donner.

113. L'utilité de la théorie de l'acte juridique se discute. C'est qu'il existe des législations qui l'ignore sans pour autant que cet état de fait n'ait contribué à rendre illisible le droit des contrats. C'est l'exemple des pays de la *common law*. Pour G. ROUHETTE, la théorie de l'acte juridique est une construction purement intellectuelle dont l'objectif est de permettre à chaque individu de savoir comment il contribue à la création du droit[749]. En Europe, on ne peut concevoir de contrat sans accord de volontés. J. GHESTIN écrivait que ce qui caractérise le contrat c'est son élément essentiel subjectif à savoir l'accord de volontés[750]. En droit américain, le contrat est d'abord une promesse. Mais ensuite, cette promesse doit être juridiquement obligatoire. Ce faisant, soit le créancier offre quelque chose en échange de la promesse dont il bénéficie, soit il accomplit une forme[751]. Il existe une conception réaliste du contrat qui définit le contrat comme une opération économique fondée sur l'équilibre objectif ou subjectif des valeurs échangées ; tout contrat n'est en définitive qu'un échange de valeurs[752]. Dans la *common law*, le contrat est « *consideration*[753] », un « *bargain* » à savoir un échange. Il peut également tirer sa force obligatoire de la confiance légitime suscitée par la promesse c'est-à-dire qu'il faut plus précisément que d'une part, l'auteur de la promesse ait pu penser qu'elle était digne de confiance, d'autre part, que son destinataire ait agit à son détriment et dans la limite du raisonnable sur la foi de la

---

749 G. ROUHETTE, « *La doctrine de l'acte juridique : sur quelquesmatériaux récents* », Droits 1988, p.29 ; Acte juridique, Encyclopoediauniversalis.

750 J. GHESTIN, *Contrat*, in Dictionnaire de la culture juridique, PUF, 2003, p.276. Pour cet auteur, les finalités objectives sont l'utilité (sécurité juridique, coopération) et le juste (égalité des prestations, bonne foi, sanction des clauses abusives).

751 Y.-M. LAITHIER, op.cit., p.95.

752 J. GHESTIN, op.cit., p.277.

753 Une chose de valeur qu'offre le créancier en échange de la promesse.

promesse[754]. Il ne faudrait pas occulter l'existence d'autres analyses qui portent notamment sur le contrat relationnel qui supposent une certaine durée de la relation contractuelle[755]. Il est situé dans le marché au même titre que le contrat transactionnel qui acquiert une dimension relationnelle par son intégration dans des contrats-cadres[756].

114. Le contrat se distingue des conventions non obligatoires telles que les engagements d'honneur, les actes de courtoisie, de complaisance notamment le transport bénévole et des conventions d'assistance. En droit français dans le cadre des actes de complaisance, l'acte devient juridique si l'aide n'est plus gratuite, mais rémunérée, ou en cas de réciprocité, d'entraide agricole. De même, dans les conventions d'assistance, la jurisprudence indemnise par exemple le sauveteur victime de sa bienveillance. Dans le cas de l'engagement d'honneur les personnes intéressés s'engagent à exécuter leur contrat de bonne foi, mais en évitant toute incursion du juge et du législateur dans leur relation. Mais la tendance dans la jurisprudence française est de ne pas faire échapper cette situation au droit. Ainsi, il a été jugé qu'une société contracte une obligation juridiquement contraignante en s'engageant, fût-ce moralement, à ne pas copier les produits commercialisés par une autre société[757]. Concernant les lettres d'intention, leur force contraignante ne se discute plus, l'article 2322 du Code civil les ayant désormais consacrées.

La compréhension du contrat nécessite l'examen du processus de formation (SECTION 1) et des effets du contrat (SECTION 2).

---

754 Y.-M. LAITHIER, op.cit., p.96, n°82. V. H. MUIR WATT, *Reliance et définition du contrat*, in Dialogues avec Michel JEANTIN, Dalloz, 1999, p.57.

755 J. GHESTIN, op.cit., p.279. Adde Y.-M. LAITHIER, *A propos de la réception du contrat relationnel en droit français*, D. 2006, Chron. P.1003.

756 J. GHESTIN, op.cit., p.280.

757 Cass. com., 23 janv. 2007, n° 05-13.189 : JurisData n° 2007-037051 ; Bull. civ. IV, n° 12 ; D. 2007, p. 442, obs. X. Delpech ; RTD civ. 2007, p. 340, obs. J. MESTRE et B. FAGES ; Defrénois 2007, p. 1027, obs. E. SAVAUX ; RDC 2007, p. 697, obs. Y.-M. LAITHIER.

SECTION 1 : LE PROCESSUS DE FORMATION DU CONTRAT

Quand est-ce que le contrat est réputé formé ? Un examen des articles 80 du COCC permet d'en avoir une réponse. L'analyse juridique selon laquelle le contrat se forme par la rencontre d'une offre et d'une acceptation tend à faire prévaloir l'idée d'une formation instantanée du contrat. La pratique révèle toutefois que l'échange des volontés est rarement instantané et qu'il s'inscrit le plus souvent dans la durée[758]A la conclusion immédiate du contrat (PARAGRAPHE 1), s'oppose la gradation dans la formation du contrat (PARAGRAPHE 2).

§1. L'immédiateté dans la formation du contrat

Aux termes de l'article 78 COCC« le contrat se forme par une offre ou sollicitation suivie d'une acceptation ».Il y a comme qui dirait une sorte d'immédiateté dans la formation du contrat. Mais on peut se poser la question de savoir s'il y a quatre ou cinq conditions de formation du contrat ? Interrogeons d'abord nos maîtres. Ainsi, pour P. BOUREL, l'article 47 du COCC dispose en effet que quatre conditions sont essentielles pour la validité d'une convention : le consentement, la capacité, un objet d'déterminé et une cause licite[759]. G. RIVES s'inscrit dans la même lancée que l'auteur précité lorsqu'il écrit que réglementer la formation du contrat, signifie donc uniquement s'assurer de l'existence, du contenu et de l'intégrité de la volonté ainsi que de sa conformité à l'ordre public[760]. L'auteur poursuit en affirmant ceci : « Néanmoins, nous en tenant à l'énumération légale, nous examinerons successivement les quatre conditions requises par le code sénégalais[761] ». Donc tous les commentateurs du COCC font état de quatre conditions, se basant bien sûr sur l'article 47 COCC. Il s'agit de conditions de fond. L'étude ne serait pas complète si l'on ignore le

---

[758] P. PUIG, *Contrats spéciaux*, 3e édition, Dalloz, 2009, p.107, n°119.

[759] P. BOUREL, *La formation du contrat en droit sénégalais, Réflexions sur la modernité du Code des obligations civiles et commerciales*, RSD, 1969, n°6, p.50.

[760] G. RIVES, *Théorie générale des obligations en droit sénégalais,* RSD, 1971, p.13, n°10).

[761] G. RIVES, Ibid.

propos de J.P.TOSI selon qui, la forme est une cinquième condition de validité dans l'hypothèse des contrats réels et solennels[762].

Que dit la loi ? L'article 47 du COCC intitulé « Enumération des conditions de validité du contrat » dispose que sont requis pour la validité :

1°Le consentement des parties ;

2°La capacité de contracter ;

3°Un objet déterminé et licite formant la matière du contrat et des obligations ;

4° Une cause licite pour le contrat et les obligations qui en découlent.

Même l'article 1108 ancien du Code civil dont on s'est inspiré précise ceci : « Quatre conditions sont essentielles pour la validité d'une convention ». L'article 1128 issu de l'ordonnance de 2016 n'en fait pas moins puisqu'il dispose que « Sont nécessaires à la validité d'un contrat : « 1° Le consentement des parties ; « 2° Leur capacité de contracter ; « 3° Un contenu licite et certain. »

L'énumération des trois conditions se justifie par la suppression « supposée » de l'objet et de la cause. Selon Y. BUFFELAN-LANORE et V. LARRIBAU-TERNEYRE, trois conditions et non plus quatre, comme auparavant, sont nécessaires à la validité d'un contrat[763].

En conclusion l'idée selon laquelle il y aurait cinq conditions de validité ne mérite d'être retenue qu'au regard des règles spéciales. C'est l'exemple de l'article 383 du COCC qui dispose que le contrat de vente immobilière doit être passé par devant notaire territorialement compétent. La démarche du législateur sénégalais et même français s'explique par la faveur accordée au consensualisme. En vertu de ce principe, aucune forme n'est exigée pour la formation du contrat[764]. Il traduit la prééminence donnée à la volonté dite « interne », ou volonté réelle, sur la volonté « déclarée » (volonté extériorisée et exprimée dans un langage juridique prédéterminé comme, par exemple, un écrit). Il manifeste une réaction face au droit romain, formaliste[765]. Ce principe

---

762 J.P.TOSI, *Le droit des obligations au Sénégal*, L.G.D.J, N.E.A, 1982, p.119, n°312 et s.

763 Y. BUFFELAN-LANORE et V. LARRIBAU-TERNEYRE, *Droit civil, Les obligations*, 15e édition, SIREY, 2017, p.318, n°980.

764 G. MANGIN, *Généralités sur les contrats civils et commerciaux*, in Les Nouvelles Éditions Africaines, Tome 2 , 1982, p.23.

765 Y. BUFFELAN-LANORE et V. LARRIBAU-TERNEYRE, op.cit., p.272, n°843.

est consacré à l'article 41 du COCC. Le législateur sénégalais présente le principe du consensualisme comme un aspect de la liberté contractuelle.

Nous verrons successivement les conditions de fond (A) et de forme (B) de la conclusion du contrat.

A- Les conditions de fond de formation du contrat

Il s'agit du consentement, de la capacité, de l'objet et de la cause[766].

1- Le consentement

115. Sans définir le consentement, le législateur sénégalais, en fait l'élément central du contrat. Ainsi, aux termes de l'article 58 COCC, il n'y a point de contrat sans consentement émanant de l'une et de l'autre partie. Par consentement il faut entendre une manifestation de volonté par laquelle on donne son approbation, son accord[767]. Le consentement doit exister, être libre et éclairé, c'est-à-dire exempt de vices. Un auteur a écrit que le droit civil du contrat, c'est le droit du consentement : la théorie du vice du consentement entend faire respecter la liberté et l'intelligence du contractant en les protégeant l'une et l'autre[768].

a- L'existence du consentement

116. Dire que le consentement doit exister signifie qu'il doit émaner de personnes jouissant de toutes leurs facultés mentales. L'article 59 du COCC dispose que le consentement doit émaner d'une personne

[766] Le fait que certaines dispositions dérogent à ce schéma classique ne doit pas nous pousser à nier la pertinence de celui-ci. C'est l'exemple des règles issues du Code de la famille. Il est vrai que ce Code consacre des contrats que l'on ne saurait ignorer surtout lorsque l'on opère une classification des contrats. C'est l'exemple du contrat de donation. Mais ceux-ci doivent obéir aux conditions de validité du contrat posées dans le COCC. Enfin, il ne faudrait pas ignorer que l'article 47 COCC ne se limite qu'aux conditions de fond de validité du contrat. Au-delà, il y a des conditions de forme surtout pour ce qui concerne les contrats immobiliers. L'interdiction de la vente entre époux est pour reprendre l'expression d'un auteur « *une incapacité spéciale* ». On se retrouve également en présence d'une « *incapacité spéciale* » quand un médecin ne peut acheter un bien à son patient mourant. V. P.-Y. GAUTIER, *Vente*, in Dictionnaire de la culture juridique, p.1511.

[767] J.-P. SCARANO, *Dictionnaire de droit des obligations*, Ellipses, 2004, p.64.

[768] PH. MALAURIE, *Le droit civil français des contrats à la fin du XXe siècle*, Mélanges M. CABRILLAC, 1999, p.194.

jouissant de ses facultés intellectuelles. En outre, à l'article 60 COCC, le législateur opte pour la liberté dans l'expression du consentement.

Le consentement doit être donné sur toutes les stipulations du contrat. Cependant, si les parties tombent d'accord sur les points essentiels, notamment sur la nature et l'objet des prestations promises, le contrat est réputé conclu (79 COCC). Au regard de l'article 264 COCC on peut dire sur la chose et le prix. A notre avis, les expressions « éléments principaux » et « points essentiels » (nature et objet des prestations promises) figurant dans les articles 79 et 80 du COCC sont synonymes[769].

117. La volonté interne des contractants doit être exprimée. Le consentement est soit exprès, soit tacite. Dans cette dernière hypothèse, on se pose la question de savoir si le silence gardé par le destinataire d'une offre vaut acceptation. La réponse à cette question est prévue à l'article 81 COCC. Ainsi, le silence vaut acceptation lorsque les relations d'affaires existant entre les parties les dispensent de toute autre manifestation de volonté. Selon J.P.TOSI, il s'agit d'une consécration de la jurisprudence française qui décide qu'en cas de relation d'affaires antérieures, lorsque les usages commerciaux réputent acceptation le défaut de réponse, le silence vaut acceptation[770]. Par contre, toujours selon TOSI, le législateur sénégalais a ignoré l'exception selon laquelle lorsque l'offre est faite dans l'intérêt exclusif du destinataire, le silence vaut acceptation. Cette exception est d'ordre jurisprudentiel. Ainsi, selon le juge français, si en principe le silence gardé par le destinataire d'une offre ne vaut pas acceptation, il est permis cependant aux juges du fait, dans leur appréciation souveraine des faits et de l'intention des parties et lorsque l'offre a été faite dans l'intérêt exclusif de celui à qui elle est adressée, de décider que son silence emporte acceptation[771]. Aux termes de l'article 4 du DECRET n° 2008-718 du 30 juin 2008 relatif au commerce électronique pris pour l'application de la loi n° 2008 -08 du 25 janvier 2008 sur les transactions électroniques[772] précise que toute fourniture non sollicitée assortie d'une demande de

[769] V. B. FAGES, *Droit des obligations*, 2e édition, L.G.D.J, 2009, p.72 pour qui, de façon objective, les éléments essentiels peuvent renvoyer en fonction du type de contrat à la chose, au prix, aux concessions réciproques dans la transaction, aux apports, l'affectio societatis, répartition des bénéfices ou des pertes dans le contrat de société.

[770] J.P.TOSI, op.cit., p.56.

[771] Req., 28 mars 1938, DP 1939, 1, 5, note P. VOIRIN.

[772] J.O. N° 6440 du Samedi 29 NOVEMBRE 2008.

paiement est interdite. Dans ce cas, le défaut de réponse du consommateur n'est pas considéré comme un consentement.

On peut se référer également au droit OHADA notamment à l'article 243 de l'AUDCG[773]. En effet, le législateur « communautaire » est plus précis que son homologue sénégalais que ne traite de la valeur du silence du destinataire de l'offre qu'à travers la mise en évidence d'exceptions. En tout état de cause, un examen approfondi de l'article 81 COCC permet de constater l'existence de plusieurs nuances. C'est ainsi que lorsque le contrat est conclu intuitu personae, l'acceptation pure et simple ne forme pas le contrat.

118. L'exigence d'existence d'un consentement est perceptible en droit français. Aux termes de l'article 1129 nouveau du Code civil, conformément à l'article 414-1, il faut être sain d'esprit pour consentir valablement à un contrat.

119. Les éléments du consentement sont l'offre et l'acceptation.

L'offre n'a pas fait l'objet de définition de la part du législateur sénégalais mais plutôt OHADA. Celui-ci s'est inspiré de la Convention de Vienne de 1980 sur la vente internationale de marchandises[774].

En effet, on est en présence d'une offre lorsque deux conditions de fond se trouvent réunies : la précision et la fermeté. L'offre est précise lorsqu'elle indique la nature du contrat et en détermine les conditions essentielles[775]. Le défaut de précision entraîne pour conséquence la qualification de l'offre d'invitation à l'offre. Aux termes de l'article 241 alinéa 2 de l'AUDCG, une offre est suffisamment précise lorsqu'elle désigne les marchandises et, expressément ou implicitement, fixe la quantité et le prix ou donne les indications permettant de les déterminer.

Le législateur sénégalais n'ignore pas le caractère précis de l'offre puisqu'il le vise à l'article 80 du COCC en vertu duquel l'offre lie le pollicitant si elle précise les éléments principaux du contrat proposé.

L'existence de l'offre signifie qu'elle doit comporter les éléments essentiels du futur contrat. En réalité, c'est répondre à la question de

---

[773] Selon l'article 243 AUDCG, le silence ou l'inaction ne peut à lui seul valoir acceptation.

[774] V. G. K. DOUAJNI, *L'influence de l'internationalité dans l'élaboration du droit OHADA*, Revue camerounaise de l'Arbitrage, n°27 Octobre, Novembre-Décembre, 2004, pp.3 et s.

[775] B. FAGES, *Droit des obligations*, 2e édition, L.G.D.J, 2009, p.75.

savoir sur quels éléments porte le consentement. En droit français, la réponse est donnée par l'article 1582 du Code civil.

Il faut juste préciser que toutes les propositions ne sont pas des offres. Ainsi en est-il de l'invitation à entrer en pourparlers, de l'appel d'offre, de la proposition précise mais qui comporte des réserves.

Avec l'ordonnance du 10 février 2016, le législateur français procède à une définition de l'offre en mettant en évidence à l'article 1114, ses caractères à savoir la fermeté et la précision. A défaut, il y a seulement invitation à entrer en négociation.

La nature juridique de l'offre varie. Ainsi, une offre faite au public, à une personne déterminée sans délai précis est un fait juridique. En revanche, l'offre faite à une personne déterminé et assorti de délai est un acte juridique[776].

En revanche, sa valeur juridique ou obligatoire est consacrée à l'article 80 alinéa 2 du COCC. Une offre devient caduque en cas de décès ou d'incapacité ultérieure de l'offrant. En outre, la loi prévoit que l'offrant peut rétracter son offre tant que celle-ci n'est pas acceptée, sauf dans l'hypothèse où l'offrant a fixé un délai pour l'acceptation ou que ce délai résulte des circonstances. Dans cette occurrence, la révocation ne peut intervenir qu'à l'expiration dudit délai.

Le délai qui résulte des circonstances doit-il être raisonnable ? Le législateur sénégalais ne l'ayant pas prévu de façon expresse, nous pensons qu'il faille répondre par l'affirmative car vu que l'offrant se trouve dans l'impossibilité de révoquer son offre en présence d'un délai qu'il n'a pas fixé, celui-ci ne doit être ni trop long, ni trop court. L'interprétation du juge du fond est sollicitée dans ce cas.

Le législateur sénégalais n'a pas prévu de sanction expresse de la violation de l'obligation de maintenir l'offre assortie d'un délai. Seulement, nous pensons que vu que nous sommes dans la phase précontractuelle, cette responsabilité est délictuelle[777]. En droit français, la rétractation de l'offre assortie d'un délai avant l'expiration de celui-ci empêche la formation du contrat et engage la responsabilité extracontractuelle de son auteur dans les conditions du droit commun. Dans tous les cas, le préjudice réparable n'est pas la perte de chance.

---

776 V. C. QUEZEL-AMBRUNAZ, *Fiches de droit des contrats*, Ellipses, 2013, p.55.

777 V. Néanmoins J.P.TOSI, op.cit., pp.53-54. Selon l'auteur, le juge peut prononcer une réparation en nature et décider que l'acceptation forme le contrat.

Quelle est la valeur de l'offre en cas de décès ou d'incapacité de l'offrant avant acceptation ? En France, un arrêt de la troisième chambre civile refusait de considérer caduque une offre de vente au décès de l'offrant[778]. Pourtant six ans plus tard, elle est revenue sur sa position en optant clairement pour la caducité de l'offre au décès de son auteur[779]. En 1997, la troisième chambre civile décide que si l'offrant assortit son offre d'un délai et décède pendant celui-ci, l'offre passe à ses héritiers[780]. Depuis l'ordonnance de 2016, le législateur français précise que l'offre est également caduque en cas d'incapacité ou de décès de son auteur. L'autre cas de caducité de l'offre est relatif à l'expiration du délai fixé par son auteur ou à défaut, à l'issue d'un délai raisonnable.

En droit sénégalais, les auteurs interprètent différemment l'article 80 alinéa 2 du COCC. Pour G. MANGIN, si avant acceptation de son offre, le pollicitant tombe en faillite, celle-ci devient caduque. La mort du destinataire de l'offre ne fait cesser celle-ci que si le pollicitant n'avait l'intention de faire cette offre qu'à lui. Si nous faisons une interprétation *a contrario*, nous arrivons à la conclusion selon laquelle l'offre demeure maintenue si le destinataire visé ne décède pas. Cette théorie ne nous permet pas de savoir si l'offre passe aux héritiers de l'offrant ou pas.

C'est pourquoi, il faut se référer à certains auteurs tels que G. RIVES et J. P. TOSI. Pour le premier, on devrait en effet décider que le décès ou l'incapacité du pollicitant, survenant pendant la période où l'offre a valeur obligatoire, n'entraîne pas la caducité de cette offre. Mais le code sénégalais rejette cette conséquence. L'offre ne peut donc pas être détachée de la personne de son auteur : n'ayant pas d'existence autonome, elle disparaît dès que la volonté dont elle est la manifestation est anéantie par la mort ou l'incapacité du pollicitant[781]. Pour le second, l'obligation assumée unilatéralement par l'offrant devrait en effet être transmise à ses héritiers[782]

120. L'acceptation n'a pas fait l'objet d'une définition de la part du législateur sénégalais contrairement à son homologue de l'OHADA et

---

778 Civ. 3e , 9 nov. 1983, Bull.civ. III, n°222.

779 Civ. 3e , 10 mai 1989, Bull.civ. III, n°109 ; RTDCiv 1990, p.70, obs. J. MESTRE.

780 Civ. 3e , 10 décembre 1997, LPA 1998, n°140, p.15, note Y. DAGORNE-LABBE.

781 G. RIVES, op.cit., p.17.

782 J. P. TOSI, op.cit., p.55, n°106.

français[783]. Ainsi, aux termes de l'article 243 alinéa 2 de l'AUDCG, constitue une acceptation, toute déclaration ou autre comportement du destinataire indiquant qu'il acquiesce à l'offre. L'acceptation expresse est celle qui se fait par écrit ou parlée. Elle peut être tacite. Il faut dire que ce caractère est difficile à identifier et relèvera par conséquent de l'appréciation souveraine des juges du fond. On peut cependant connaître les hypothèses où une acceptation peut être tacite notamment lorsque le pollicitant n'a pas imposé un mode déterminé d'acceptation. Dans tous les cas, l'acceptation doit être pure et simple au regard de l'article 81 COCC.

On le voit, une connaissance parfaite du contenu, des caractères et de la définition de l'offre et de l'acception nécessite le recours tant au COCC qu'à l'AUDCG. Ce texte, dans les contrats entre absents consacre la théorie de la réception parce que l'acceptation d'une offre prend effet au moment où l'expression de l'acquiescement parvient à l'auteur de l'offre. En droit français, le législateur, influencé par les principes du droit européen du contrat et la Convention de Vienne sur la vente internationale de marchandises consacre le système de la réception[784].

121. Dans les contrats électroniques cependant, nous pensons que c'est la théorie de l'émission qui prévaut à l'article 25 de la loi sur les transactions électroniques qui dispose que pour que le contrat soit valablement conclu, le destinataire de l'offre doit avoir eu la possibilité de vérifier le détail de sa commande et son prix total, et d'exiger la correction d'éventuelles erreurs, avant de confirmer celle-ci pour exprimer son acceptation. Cet article a presque le même contenu que l'article 1127-2 issu de l'ordonnance du 10 février 2016.

Le législateur craint que la validation de la commande soit le résultat d'une maladresse ou d'une erreur du client. Après une première manifestation de volonté, il est encore permis de modifier la commande ou d'y renoncer. Ce n'est que lors de la seconde manifestation de volonté que le contrat est formé[785].Ce dispositif peut être interprété

---

783 Aux termes de l'article 1118 issu de l'ordonnance du 10 février 2016, l'acceptation est la manifestation de volonté de son auteur d'être lié dans les termes de l'offre.

784 V.P. SCHLECHTRIEM, C. WITZ, *Convention de Vienne sur les contrats de vente internationale de marchandises*, Dalloz, 2008, 349 pages.

785 N. MATHEY, *CONTRAT. – Conclusion du contrat. – Dispositions propres au contrat conclu par voie électronique*, Fascicule unique, JurisClasseur Civil Code > Art. 1125 à 1127-6

comme une forme de rééquilibrage entre les deux parties. Le destinataire de l'offre se trouve en situation d'infériorité technologique et parfois intellectuelle à l'égard de l'émetteur de la proposition[786]. Le principe dit du double-clic constituerait « une forme de faculté de rétractation intervenant, non pas après la conclusion du contrat, mais au sein même de celle-ci[787] ».

Nous respectons néanmoins les points de vue contraires exprimés par des auteurs tant sénégalais que français[788], sans les partager parce tout simplement nous pensons qu'il y a deux phases : celle de la vérification avec éventuellement correction en cas d'erreur d'une part, et de la confirmation de la commande d'autre part. De même, il faudra s'en tenir à une interprétation littérale du texte.

Il faut préciser que même l'article 82 COCC a divisé la doctrine sénégalais entre ceux qui optent pour la théorie de l'émission[789] et les adeptes de la théorie de la réception[790] ou même ceux qui concluent à une mauvaise rédaction du texte ou à une consécration des deux solutions opposées. Pour G. MANGIN, le code sénégalais ne nous apporte pas de lumière sur ce point[791]. Pour d'autres encore, en fonction des circonstances, les deux solutions à savoir la théorie de l'émission et de la réception peuvent être admises, ou bien on peut considérer l'article 82 COCC comme étant une règle supplétive[792]. Le professeur TOSI a certainement été influencé par l'arrêt de la chambre commerciale de la Cour de cassation française qui a retenu la théorie de l'émission tout en affirmant que la solution est supplétive de la volonté des parties[793].

En plus d'exister, le consentement doit être exempt de vices.

---

786 N. MATHEY, ibid.

787 J. ROCHFELD, RTD civ. 2004, p. 574.

788 V. V. VALAIS, *La réforme du code civil : quels enjeux pour nos contrats ?* Dalloz IP/IT 2016 p.229.

789 V. G. RIVES, *Théorie générale des obligations en droit sénégalais*, *op.cit.*, p.17.

790 V. L. SIDIME et *alii*, *op.cit.*, p.51. Pour ces auteurs, lorsque la vente est conclue entre personnes non présentes, c'est au moment et au lieu où le vendeur prend connaissance de l'acceptation de l'acheteur que le contrat est formé.

791 G. MANGIN, *Généralités sur les contrats civils et commerciaux*, in Encyclopédie juridique de l'Afrique, N.E.A, 1982, p.25.

792 J. P. TOSI, op.cit., p.67, n°144.

793 Com. 7 janv. 1981, Bull.civ. IV, n°14, p.11 ;RTDciv. 1981, p.849, obs. F. CHABAS. Cette solution était déjà posée par Req. 21 mars 1932, DP 1933.1.65.

b- L'intégrité du consentement

122. Parler d'intégrité du consentement renvoie aux vices du consentement. La théorie des vices du consentement est l'un des piliers du droit des obligations[794]. L'article 61 du COCC dispose qu'il « *n'y a point de consentement valable si le consentement n'a été donné que par erreur, s'il a été surpris par dol ou extorqué par violence* ». Nous sommes ici en présence d'un triptyque. De même, les sanctions prévues sont curatives et non préventives. Le consentement doit être éclairé et libre.

b-1.Un consentement éclairé

123. L'erreur est une fausse appréciation de la réalité. A l'examen de l'article 62 alinéa 1 du COCC, on se rend compte que l'erreur doit être déterminante. De même, l'erreur doit entrer dans le champ contractuel, c'est-à-dire que le motif déterminant a pu être connu de l'autre contractant. On dit que le motif déterminant est entré dans le champ contractuel[795]. Selon G. RIVES, le motif déterminant n'est rien d'autre que la « cause » de la volonté d'où le rattachement de la théorie de l'erreur, vice du consentement, à celle de la cause[796]. Le législateur sénégalais n'a fait donc que suivre les canonistes qui, dès le XIIe siècle, ont écarté le formalisme du contrat en vigueur en droit romain au profit du but économique que poursuit le promettant lorsqu'il s'oblige. Ces différentes analyses ont été complétées par des auteurs tels que Dumoulin et Guy Coquille ; ce qui a permis à Domat d'établir au XVIIe siècle, une relation fondamentale entre l'erreur et la cause de l'acte. Un siècle plus tard, Pothier, écrivit que l'erreur n'est cause de nullité non seulement lorsqu'elle tombe sur la chose elle-même, mais également, lorsqu'elle tombe sur la qualité de la chose que les contractants ont eue principalement en vue et qui fait la substance de cette chose. Son célèbre exemple est celui des chandeliers de cuivre argenté que l'on a cru être d'argent massif. Pothier a été suivi par les rédacteurs du Code civil qui ont consacré sa théorie à l'article 1110 ancien du Code civil[797].

---

[794] P.-Y. GAUTHIER, *Vente*, op.cit., p.1514.

[795] G. RIVES, op.cit., p.14.

[796] G. RIVES, Ibid.

[797] V. Pour tous ces développements, P. CHAUVEL, *Vices du consentement*, in Dictionnaire de la culture juridique, p.1515. Selon cet auteur, le droit français a exclu la substance-matière au profit de la notion de « qualités substantielles ». Avec l'ordonnance 2016, on parle de « qualités essentielles ».

Pour J.P.TOSI, l'article 62 du COCC pose deux conditions : une condition de fond à savoir une erreur déterminante, et une condition de preuve notamment celle de l'erreur déterminante. L'erreur étant un fait juridique, peut être prouvée par tout moyen. Il ne faudrait cependant pas occulter la réalité selon laquelle, cette preuve est difficile à apporter. On peut ce faisant utiliser soit la méthode d'interprétation subjective ou *in concreto*, soit celle objective ou *in abstracto.* Toujours selon J.P.TOSI, l'article 62 alinéa 1er du COCC semble imposer l'appréciation *in concreto* tandis que l'alinéa 2 de la même disposition, l'appréciation *in abstracto.* A notre avis, l'auteur distingue là où la loi ne distingue pas. En outre, le fait de dire « une volonté déterminée par erreur » renvoie tout simplement au caractère déterminant de l'erreur. Quant au second alinéa, il met l'accent sur la preuve du caractère déterminant. Le fait de pouvoir connaître ce caractère peut dépendre de ce sur quoi les parties sont tombées d'accord, du milieu où elles évoluent, de leur mentalité et de la durée de leurs relations d'affaires. Toutes les méthodes d'interprétation peuvent donc être utilisées sans distinction.

Il y a des erreurs qui n'ont aucune incidence sur la validité du contrat. C'est le cas lorsque le motif n'est pas déterminant ou lorsque le motif est certes déterminant mais n'est pas entré dans le champ contractuel c'est-à-dire ignoré du cocontractant. On peut également citer l'erreur sur la valeur de la prestation. L'exclusion de ce dernier type d'erreur se justifie par le fait que la lésion n'est cause de nullité que dans les cas prévus par la loi.

L'erreur qui résulte d'une faute grossière de l'*errans* n'est pas non plus cause de nullité du contrat.

124. En droit français, l'article 1130 issu de l'ordonnance 2016 met en exergue le caractère commun des vices du consentement à savoir le caractère déterminant. Ce caractère doit avoir un impact sur le consentement. L'appréciation des vices du consentement se fait *in concreto* dans la mesure où le caractère déterminant est retenu eu égard aux personnes et aux circonstances dans lesquelles le consentement a été donné.

Toujours en droit français, il y a des erreurs qui vicient le consentement. C'est le cas de l'erreur-obstacle qui empêche le contrat de se former, l'erreur sur les qualités essentielles de la prestation due ou sur celles du cocontractant.

Les qualités essentielles de la prestation sont celles qui ont été expressément ou tacitement convenues et en considération desquelles

les parties ont contracté. Ce faisant, les qualités essentielles ne renvoient plus à la matière de la chose comme ce fut le cas dans la conception originaire du Code civil.

L'erreur peut porter tant sur la prestation fournie que reçue[798].

L'erreur sur les qualités essentielles n'est une cause de nullité que dans les contrats conclus en considération de la personne.

L'erreur doit donc être déterminante et excusable. Le fait d'être un professionnel ne signifie pas que l'erreur commise est toujours inexcusable[799]. Cependant, l'erreur qui résulte du dol est toujours excusable.

Les erreurs qui ne vicient pas le consentement sont celles qui portent sur une qualité non essentielle, sur la valeur de la prestation et sur les motifs.

125. Au-delà de l'erreur, il y a le dol. On peut se demander si le dol ou si c'est l'erreur qu'il provoque qui est vice du consentement ? Pour G. RIVES, le dol crée un vice du consentement, mais n'en est pas un lui-même[800]. Toujours selon l'auteur, ce texte semble adopter une conception restrictive de l'élément matériel du dol, puisqu'il ne vise que les manœuvres frauduleuses alors que l'on aurait pu y ajouter les allégations ou dénégations mensongères graves, le silence gardé sur un point que l'autre partie ne pouvait connaître en raison de son incompétence ou inexpérience[801]. Si le législateur sénégalais ne l'a pas fait, tel n'est pas le cas de son homologue français. En droit français, le dol est constitué par des manœuvres, des mensonges et la dissimulation intentionnelle par l'un des contractants d'une information dont il sait le caractère déterminant pour l'autre partie. Il s'agit de la réticence dolosive dont le fondement est l'obligation précontractuelle d'information

Dans tous les cas, le dol doit être déterminant. Cela se traduit par l'expression « pour l'amener à donner son consentement » visée à l'article 63 du COCC[802]. C'est la fameuse distinction entre dol

[798] O. TOURNAFOND, *L'erreur du contractant sur sa propre prestation*, Mélanges R. DECOTTIGNIES, pp.377 et s.

[799] Civ. 1e , 14 décembre 2004, comm. J. MESTRE et B. FAGES, RTDCiv, n°1, 2005, p.123.

[800] G. RIVES, *op.cit.*, p.15.

[801] G. RIVES, *Ibid.*

[802] V. Contra J.P. TOSI, op.cit.,p.79. Pour l'auteur, l'erreur sanctionnée par l'article 63 du COCC n'est pas forcément déterminante. En revanche, G. RIVES (Théorie

principal, cause de nullité et dol incident qui n'est pas une cause de nullité. Le dol, peut émaner d'un tiers. Il est constitutif d'un vice du consentement dans cette hypothèse lorsque les manœuvres exercées par le tiers contre l'une des parties ont été connues de l'autre.

Le dol est à la fois un vice du consentement et une sanction à la déloyauté. La sanction est donc la nullité, le versement de dommages et intérêts et la sanction pénale.

En plus d'être éclairé, le consentement doit être libre.

b-2. Un consentement libre

126. A l'instar du dol, G. RIVES soutient que la violence n'est pas véritablement un vice de consentement, mais c'est plutôt la crainte provoquée par la violence qui vicie la volonté. Ce faisant, peu importe la personne qui subit la violence, encore faudrait-il qu'elle suscite une crainte à cette partie[803].

Les conditions pour que la violence vicie le consentement c'est que la violence doit être déterminante et injuste.

Les éléments constitutifs de la violence sont d'ordre psychologique (la contrainte, la crainte) et matériel (violences physique, morale)

En droit français, la violence économique a été théorisée par la doctrine comme un mécanisme de correction des déséquilibres contractuels excessifs au même titre que la cause, la bonne foi et l'abus de droit[804]. On s'est demandé si le déséquilibre contractuel ne concerne que les rapports professionnels et consommateurs. Si traditionnellement, le déséquilibre ne s'appréciait que dans ce genre de rapports parce que l'on a estimé que l'égalité devrait régner entre professionnels, la doctrine a cependant mis en lumière l'existence de contrats de situation, là où la jurisprudence ne permettait pas aux professionnels d'invoquer l'article L132-1 et suivants du Code de la

---

générale des obligations, op.cit., p.15) a une position moins tranchée puisque selon lui, l'article 63 du COCC ne s'explique pas nettement en ce qui concerne le caractère déterminant du dol. Il est nécessaire à son avis que le dol commis par un contractant détermine le consentement de l'autre, autrement dit que l'erreur provoquée par le dol affecte le motif déterminant.

803 G. RIVES, op.cit., p.16.

804 B. MONTELS, *La violence économique, illustration du conflit entre droit commun des contrats et droit de la concurrence*, RTDCom, 2002, p.417.

consommation[805]. En 1986, G. VIRASSAMY a inventé quant à lui le concept de contrat de dépendance[806]. B. MONTELS a écrit que les articles 1111 à 1113 du code civil ne s'opposaient pas à une conception large car ce qui importait c'est l'altération de la volonté[807]. Des auteurs classiques ont proposé également vision large. C'est l'exemple de R. DEMOGUE[808]. La Cour de cassation n'avait pas admis cela. Avec l'ordonnance du 10 février 2016, la violence économique a été consacrée à l'article 1143 nouveau.

127. Des mécanismes de protection du consentement existent. Il s'agit du délai de réflexion et de rétractation. Le droit de rétractation signifie revenir sur son engagement pendant un certain délai[809]. Il permettrait au contractant d'avoir le temps de la réflexion[810]. L'article 1122 issu de l'ordonnance 2016 consacre un droit de réflexion de rétractation légale et conventionnelle.

On peut également citer l'obligation précontractuelle d'information[811]. La jurisprudence française opère une distinction entre l'obligation précontractuelle d'information et l'obligation contractuelle de renseignement. La première obligation permet de favoriser un consentement éclairé tandis que la seconde une bonne exécution des obligations principales. Nous en avons un exemple concret dans la vente commerciale en droit OHADA, notamment lorsque le vendeur qui n'est certes pas tenu de souscrire lui-même une assurance de transport, mais doit, à la demande de l'acheteur, lui fournir tous les renseignements nécessaires à l'élaboration d'un tel contrat d'assurance[812]. La sanction de la première obligation c'est la nullité, tandis que celle de la seconde c'est la responsabilité contractuelle. Dans

---

805 V. Pour les contrats de situation CABRILLAC, *Remarques sur la théorie générale du contrat et les créations récentes de la pratique commerciale*, in Mélanges G. MARTY, 1978, p.235 spécialement pp.238 et 239.

806 G. VIRASSAMY, *Les contrats de dépendance*, L.G.D.J 1986, n°226.

807 B. MONTELS, *op.cit.*, p.417.

808 R. DEMOGUE, *De la violence comme vice du consentement*, RTDCiv 1914, p.132, spécialement n°28.

809 (Dir) J.-P. SCARANO, *Dictionnaire de droit des obligations*, Ellipses, 2004, p.65.

810 L. GRYNBAUM, *Droit civil, Les obligations*, Hachette supérieur, p.33.

811 V.S. LEMARCHAND, *Le devoir général d'information : un impact majeur dans la formation des contrats informatiques,* Dalloz IP/IT 2016 p.233.

812 V. Pour le droit français, M. FABRE-MAGNAN, *De l'obligation d'information dans les contrats/ Essai d'une théorie*, LGDJ, 1992, préface J. GHESTIN, n°281 et s.

tous les cas, il existe plusieurs degrés dans l'obligation précontractuelle d'information. Nous avons la simple obligation d'information, la mise en garde et le devoir de conseil.

En France, le devoir de mise en garde est d'origine jurisprudentielle[813]. La mise en garde a pour objectif d'attirer sur un risque spécifique d'endettement[814]. Il se situe à un niveau plus élevé et comporte une immixtion plus pénétrante dans les affaires d'autrui[815]. L'obligation de renseignement simple se caractérise par sa neutralité et n'implique aucune impulsion à agir, le devoir de conseil implique une orientation positive de l'activité du partenaire[816].

L'article 1112-1 issu de la réforme de 2016 consacre un devoir général d'information. Pour certains, il n'y a pas une obligation pour l'autre partie de s'informer[817].

Le droit sénégalais n'ignore pas le droit de rétractation. C'est l'exemple de l'article L137 de la loi n°2009-23 du 8 juillet 2009 portant Code de la construction. On peut citer aussi l'article 12 du DECRET n° 2008-718 du 30 juin 2008 relatif au commerce électronique pris pour l'application de la loi n° 2008 -08 du 25 janvier 2008 sur les transactions électroniques. Le délai de rétractation est de sept jours ouvrages, sauf indication de motifs et sans pénalités. Dans l'hypothèse où le fournisseur de services et de produits n'a pas satisfait à ses obligations prévues à l'article 10 de la loi sur les transactions électroniques, le délai de rétractation sera de trois mois.

2- La capacité

128. L'article 47 COCC dispose que la capacité de contracter est une condition de validité du contrat. Il s'agit selon Pierre BOUREL aussi bien de la capacité d'exercice que de celle de jouissance[818]. La capacité

---

[813] J.-C. AULOY, H. TEMPLE, *Droit de la consommation*, 9[e]édition., 2015, Dalloz, Précis, n°363, p.379.

[814] A. GOURIO, note sous Cass.com., 13 janvier 2015, n°13-25856 : AJCA 2015, p.172.

[815] G. CORNU, *Observations*, RTDCiv 1972, p.240.

[816] G. VINEY, *Traité de droit civil, Les obligations, la responsabilité : conditions*, L.G.D.J, 1982, p.608.

[817] PH. FOURNIER, *Les apports de l'ordonnance en matière de pourparlers et d'avant-contrats*, Dalloz IP/IT 2016 p.236.

[818] P.BOUREL, *op.cit.*, p.50.

est l'aptitude à être titulaire d'un droit et à l'exercer[819]. Elle n'est pas le « pouvoir d'agir[820] ». Ainsi, un enfant n'a certes pas le pouvoir, mais il a la capacité de jouissance. De même, un mandataire a le pouvoir alors que sa capacité n'est pas en cause. On peut très bien consulter l'article 52 du COCC qui dispose que il n'est pas nécessaire que le représentant ait la capacité de passer l'acte pour lequel il a pouvoir ; il suffit qu'il soit capable de représenter autrui. On dit que la capacité est l'aptitude (égoïste) à exercer ses propres droits, tandis que le pouvoir serait l'aptitude altruiste à défendre les intérêts d'autrui (par exemple, le mandataire[821]). Dans tous les cas, l'incapable est protégé par la représentation[822], l'assistance, la nullité, la rescision pour lésion et la réduction pour excès lorsque l'acte n'est pas opportun même s'il a été fait au juste prix[823]. Dans tous les cas, pour pouvoir exclure un incapable de la sphère contractuelle, il faut prendre en considération trois catégories d'actes : les actes conservatoires, d'administration et de disposition. Un acte conservatoire est un acte nécessaire et urgent qui n'entraîne qu'une faible dépense compte tenu de la valeur du bien-par exemple, l'inscription d'une hypothèque[824]. L'acte d'administration est un acte de gestion normale et courante du patrimoine[825]. L'acte de disposition est un acte grave qui modifierait de façon permanente et irrévocable le patrimoine de l'incapable[826]. Philippe MALAURIE écrivait que toute personne qui accomplit un acte relatif au patrimoine d'un incapable n'a pas sur lui un pouvoir complet : qu'il s'agisse de l'incapable lui-même, de son représentant légal, tuteur ou administrateur, et à plus forte raison de son conseil[827]. Cette affirmation est vérifiable au regard des articles 302, 328, 329, 330 du Code de la famille.

En droit des contrats, le principe est que toute personne à qui la loi n'a pas interdit de contracter, peut le faire. Ici, l'article 57 COCC renvoie aux règles applicables à la capacité des personnes. Or ces règles

---

819 PH. MALAURIE, *Capacité*, in Dictionnaire de la culture juridique, PUF, 2003, p.160.
820 PH. MALAURIE, ibid.
821 PH. MALAURIE, op.cit., p.161.
822 V. Article 301 du Code de la famille qui dispose que l'administrateur légal représente le mineur dans tous les actes de la vie civile.
823 V. Article 364 du Code de la famille.
824 PH. MALAURIE, op.cit., p.164.
825 PH. MALAURIE, ibid.
826 PH. MALAURIE, ibid.
827 PH. MALAURIE, ibid.

se trouvent dans le Code de la famille. Le livre V du Code de la famille est consacré aux incapacités. L'article 273 du Code précité dispose que les personnes auxquelles la loi enlève l'aptitude à participer au commerce juridique sont frappées d'une incapacité d'exercice. Il s'agit des mineurs non émancipés et des majeurs sous tutelle, curatelle et sauvegarde de justice. Les incapables peuvent néanmoins faire des actes conservatoires comme rappelé à l'article 274 du Code de la famille.

3- L'objet

129. Le législateur sénégalais consacre deux catégories d'objets : l'objet du contrat et l'objet de l'obligation. Si l'objet du contrat renvoie à l'opération juridique voulue par les parties, dans le strict respect de la liberté contractuelle, l'objet de l'obligation quant à lui est relatif à ce que les parties se sont promis. C'est la prestation qui est due. Ce peut donc être une obligation de donner, de faire ou de ne pas faire. Il doit exister. Ainsi, si avant l'échange des consentements, il y a perte totale d'un corps certain, la vente est nulle de nullité absolue. Si la perte intervient après l'échange des consentements, on se retrouve en l'espèce dans le cadre de la répartition des risques consacrée à l'article 108 COCC. Ainsi, si l'une des parties dans un contrat synallagmatique se trouve dans l'impossibilité d'exécuter sa propre prestation, l'autre est déliée du contrat. S'il s'agit d'une obligation de donner, les risques de perte pèsent sur le propriétaire d'autant qu'en droit sénégalais le transfert des risques est lié à celui de la propriété. En revanche, s'il s'agit d'une obligation de faire ou de ne pas faire, le risque pèse sur le débiteur. L'objet doit être déterminé ou à défaut, déterminable, sous peine de nullité du contrat. S'il s'agit d'une chose de genre, la détermination se fait en tenant compte de l'espèce à laquelle appartient la prestation. Ce faisant, on va examiner la nature du bien, déterminer la quantité et la qualité. Si les parties ne précisent pas la qualité, l'article 284 COCC relativement au contrat de vente s'applique. Ainsi, la chose vendue doit être de qualité loyale et marchande, répondant à sa destination. Le prix doit être déterminé ou déterminable comme le précise l'article 269 COCC. Le prix peut-il être déterminé ultérieurement ? Le débat s'est posé en France surtout concernant la détermination du prix dans les contrats-cadre. En effet, les fournisseurs pratiquaient le prix en vigueur au jour de la vente. En 1978, la chambre commerciale de la Cour de cassation a jugé nuls ces contrats. Puis en 1994, la Cour de Cassation a jugé que la référence aux tarifs fixés par une partie suffit à rendre le prix déterminable[828]. Ainsi, l'abus dans la fixation du prix donne lieu à une responsabilité contractuelle. La sanction est soit l'indemnisation, soit la résiliation. L'objet doit être licite. L'article 74 COCC dispose que la prestation promise doit porter sur des choses qui sont dans le commerce juridique. Les choses hors commerce juridique sont celles qui sont dangereuses, qui ne peuvent faire l'objet d'appropriation, les marchandises contrefaites, les organes du corps humain. L'objet doit être possible. On dit bien qu'à l'impossible, nul n'est tenu. La prestation peut être actuelle ou future.

4- La cause

130. La cause est une notion polysémique. Il peut s'agir d'une cause efficiente ou d'une cause finale. La cause efficiente désigne le phénomène qui en produit un autre ; la cause finale est le but en vue duquel s'accomplit un acte[829]. On retrouve la notion de cause en droit des contrats, de la responsabilité civile et dans les quasi-contrats tels que l'enrichissement sans cause. Des courants se sont opposés concernant la cause. Ainsi, nous avons la conception abstraite de la cause, la théorie anti-causaliste. Le chantre de la cause abstraite est Domat. Pour lui, la cause est la même dans tous les contrats de la même espèce. Ce n'est pas le mobile individuel des contractants qui importe. A l'opposé, Planiol est quant à lui anti-causaliste. Selon lui, la théorie de la cause est fausse et inutile en ce sens qu'historiquement, le droit romain dont s'inspire le droit français est formaliste alors que règne désormais le consensualisme. De façon logique, la simultanéité des obligations dans les contrats synallagmatiques fait que celles-ci ne peuvent se servir mutuellement de cause. Le juge français opère un contrôle sur la cause notamment pour savoir si celle-ci existe ou est absente. Avec l'arrêt Chronopost ou Vidéocassette, on a assisté même à une subjectivisation de la cause c'est-à-dire le défaut d'intérêt qu'un contractant trouve dans le contrat. La cause n'est plus seulement la contrepartie objective de l'obligation, mais devient aussi l'intérêt personnel et subjectif que recherchait le débiteur[830]. Avant la réforme de 2016, le législateur français tenait à ce que la cause existe dans trois types de contrats tels que les contrats commutatifs (la cause renvoie à l'idée de contrepartie) , aléatoires (la cause de l'obligation c'est le

828 V. Civ. 1re , 29 octobre 1994, Sté Alcatel, JCP 1995, II, 22371, note GHESTIN.
829 PH. MALAURIE, *Cause*, in Dictionnaire de la culture juridique, PUF, 2003, p.173.
830 PH. MALAURIE, op.cit., p.176.

risque de perte et la chance de gagner) et à titre gratuit (la cause de l'obligation est l'intention libérale). De plus, la cause devait être licite et conforme à la morale. On fait allusion dans ce cas à la cause du contrat. Jusqu'en 1999, le juge français n'annulait le contrat pour cause illicite et immorale que lorsque l'immoralité ou l'illicéité était connue des cocontractants c'est-à-dire entrée dans le champ contractuel. A partir de cette année, cette condition n'est plus exigée[831]. L'illicéité ou l'immoralité peut être prouvée par tout moyen. L'article 1131 ancien du Code civil parlait également de fausse cause. Il s'agit d'une cause erronée de la part de celui qui s'oblige ou d'une cause simulée. Pour un auteur, en présence de la cause, il faut se poser se poser trois questions : celle de la contrepartie, de l'utilité ou équivalence et de sa conformité aux impératifs sociaux[832]

En droit sénégalais, dans le COCC, l'idée de cause est évoquée. D'abord à l'article 47 qui exige pour la formation du contrat une cause licite pour le contrat et les obligations qui en découlent, ensuite à l'article 76 et 77 du même Code qui traitent respectivement de la cause du contrat et de l'obligation. Si la cause du contrat est subjective, celle de l'obligation demeure objective. C'est le but immédiat poursuivi par les parties ; la cause proche ou la *causa proxima*[833]. La cause du contrat est la cause efficiente ou impulsive, la *causa remota* ou lointaine[834]

131. En droit français, parmi les conditions de validité du contrat, à la cause et à l'objet s'est substitué le contenu du contrat[835]. Il faut souligner que par moment, les auteurs confondaient la cause et l'objet de l'obligation notamment dans les contrats synallagmatiques à titre onéreux où la cause est définie comme la contrepartie espérée de son cocontractant par chacune des parties[836]. Ces difficultés ajoutées au fait

---

[831] Civ.1ere 7 octobre 1998, D. 1999, p.110, Observations PH. DELEBECQUE.

[832] J. ROCHFELD, *La cause*, Répertoire de droit civil, n°2.

[833] V. (Dir) J.-P. SCARANO, *Dictionnaire de droit des obligations*, Ellipses, p.38.

[834] V. (Dir) J.-P. SCARANO, *Ibid.*

[835] V. Les propos prémonitoires de P. DIENER, op.cit., n°5 « *Ultime dérive, certains prétendent éliminer la cause des actes volontaires de l'homme tendant à un effet de droit. Les opérations juridiques dans les affaires deviennent abstraites (abstraites de leur cause), déconnectées de leur dimension morale essentielle, ce qui est le plus sûr moyen d'échapper à tout jugement de valeur, alors que la cause, de l'essence du vouloir susceptible d'effets juridiques, et elle seule, détermine ce vouloir et garantit qu'il mérite la reconnaissance et la sanction du droit* ».

[836] V. J. ROCHFELD, *Cause*, Répertoire de droit civil, septembre 2012, Actualisation, juin 2016, n°31.

que le Code Gandolfi, les principes de droit européen des contrats, le projet de cadre commun de référence ont écarté l'exigence d'une cause pour la validité du contrat, ont été les éléments déclencheurs du remplacement de la cause et de l'objet par le contenu du contrat. Mais on peut se demander si la notion de but prévue à l'article 1162 du Code civil ne pourrait pas servir de succédané à la cause. L'objet quant à lui figure bien à l'article 1163 nouveau du Code civil[837].

132. la cause et l'objet ont disparu du droit des contrats au profit de la notion de contenu du contrat. Il existe désormais un double contrôle de conformité : celui de l'aptitude du contrat à réaliser sa finalité économique et celui de la conformité du contrat à l'ordre public. Concernant le premier contrôle, nous pouvons citer l'article 1170 issu de l'ordonnance du 10 février 2016 en vertu duquel toute clause qui prive de sa substance l'obligation essentielle du débiteur est réputée non écrite. Quant à l'article 1171 nouveau du code civil, il dispose que dans un contrat d'adhésion, toute clause qui crée un déséquilibre significatif entre les droits et obligations des parties au contrat est réputée non écrite.

Le second contrôle est mentionné à l'article 1102 alinéa 2 et 1162 de l'ordonnance française du 10 février 2016. Ce faisant, le contrat ne doit déroger à l'ordre public ni par ses stipulations, ni par son but. La cause a toute son importance dans les ensembles contractuels. Nous reviendrons sur ces notions en abordant la question de la justice contractuelle.

Le contrat, au-delà des conditions de fond, obéit parfois à un formalisme pour sa validité ou son efficacité.

B- Les conditions de forme

133. Le principe est celui du consensualisme sauf concernant certains contrats. Il faut dire que le formalisme a trois utilités : la validité, l'opposabilité et la preuve du contrat. Ces différents buts peuvent non seulement exister indépendamment les uns des autres, mais également combinés.

Le professeur TOSI distinguait le formalisme des actes générateurs d'obligation de celui des actes translatifs de droit réel. Dans la première

---

[837] V. D. MAINGUY, *Réforme du droit des contrats, du régime général et de la preuve des obligations*, La Semaine Juridique Entreprise et Affaires n° 7, 18 Février 2016, Act. 151

catégorie de formalisme, nous avons les contrats réels appelés « contrats de restitution » et les contrats solennels. En revanche, dans la seconde catégorie nous avons l'immatriculation et l'inscription au livre foncier ou RCCM.

134. Les contrats solennels sont des contrats qui ne sont valables qu'à condition d'avoir une forme écrite[838]. C'est l'exemple de la donation immobilière prévue à l'article 676 du Code de la famille, du contrat de vente immobilière ayant pour siège l'article 38 3du COCC. L'écrit peut prendre la forme d'un acte authentique ou sous seing privé. En droit des sociétés OHADA, nous savons que les statuts peuvent revêtir soit la forme notariée, soit la forme d'un acte sous seing privé avec obligation de déposer celui-ci au rang de minute chez le notaire. La remise de l'original des statuts ou d'une copie varie selon la nature de la société en présence.

Toujours en droit des sociétés, à côté des statuts, nous pouvons citer le protocole d'accord, le règlement intérieur, le préambule et les pactes d'actionnaires.

135. Un protocole d'accord est l'acte dressé entre deux ou plusieurs associés arrêtant les conditions de leur collaboration au sein de leur projet commun. Ce protocole n'engage que les signataires. S'il y a des décisions qui contredisent les protocoles, elles ne seront pas frappées par la nullité.

Le préambule est un document dans lequel les associés exposent leurs instructions, leurs espoirs, leurs convictions, mais aussi éventuellement la ligne générale de conduite qu'ils désirent respecter. S'il est localisé dans les statuts, le préambule aura la même valeur que celle-ci. C'est également le cas lorsque les associés ont entendu lui accorder ce statut ou lorsque le contenu du préambule conduit à cette assimilation et s'il sert à interpréter les statuts.

Le règlement intérieur a pour objet habituel d'organiser la vie quotidienne de la société. Il n'a pas la même valeur que les statuts parce qu'il ne fait pas l'objet de publicité, complète, comble les vides des statuts tout en leur étant soumis. Il s'intéresse aux modalités pratiques de fonctionnement de la société[839]. Cependant, en droit français, le juge a décidé que les pactes extrastatutaires ne doivent pas être contraires

---

[838] J. P. TOSI, op.cit., p.120, n°318.

[839] (CA Paris, 30 nov. 1993, JCP E 1994. II, no 575).

aux statuts et que cette violation constitue un trouble manifestement illicite permettant de saisir le juge des référés[840].

Les pactes extrastatutaires sont également des documents différents des statuts[841]. Leur régime juridique général est prévu à l'article 2-1 AUSCGIE. Nous reviendrons plus amplement sur ces conventions extrastatutaires, non sans souligner que celles-ci se distinguent du règlement intérieur qui provient d'un organe de la société là où la première catégorie d'actes est le fait d'associés ou de certains d'entre eux. En outre, certains auteurs écrivent que les différents actes précités ne sont ni de véritables statuts, ni de véritables contrats[842].

136. Le respect d'un formalisme informatif est une condition de validité en matière de vente de fonds de commerce. C'est ainsi que l'omission ou l'inexactitude des mentions requises à l'article 150 AUDCG peut entraîner la nullité de la vente. Cette nullité doit être demandée par l'acquéreur qui doit prouver non seulement que ces défauts ont substantiellement affecté la consistance du fonds cédé, mais également qu'il en subit un préjudice.

137. Le contrat réel serait un contrat formaliste parce que l'acte générateur d'obligation ne saurait consister qu'en l'accomplissement d'un fait matériel[843]. La remise, premier acte d'exécution ou mécanisme formant le contrat ? Tout est parti de deux dispositions apparemment contradictoires du COCC. En effet, l'article 525 du COCC a ceci comme contenu : « *le prêt est le contrat par lequel une des parties, le prêteur remet à une autre, l'emprunteur, une chose dont ce dernier pourra user, à charge de la restituer, en nature ou par équivalent* ». En revanche, l'article 527 du COCC dispose que « *le contrat de prêt se forme par l'échange des consentements. L'emprunteur toutefois n'est tenu d'exécuter ses obligations qu'après remise de la chose prêtée* ». Eu égard à l'alinéa 1 de l'article 527 du COCC, G. RIVES a conclu que le prêt est un contrat consensuel[844]. Il en va de même du contrat de dépôt. Le professeur TOSI, n'abondant pas dans le même sens, regrette

---

840 (Com. 29 janv. 2008, no 06-20.311 , Bull. civ. IV, no 24).

841 Pour toutes les définitions précitées V. S. SCHILLER, *Pactes d'actionnaires (Clauses statutaires et pactes extrastatutaires)*, Répertoire de droit des sociétés, février 2009 (actualisation : octobre 2016)

842 A. LECOURT, *Statuts et actes annexes*, Répertoire de droit des société juillet 2015 (actualisation : octobre 2015), n°73. *Adde*SCHILLER, *Pactes, statuts, règlement intérieur : quelle hiérarchie ?*, Rev. sociétés 2011. 331

843 J.P. TOSI, op.cit., p.119, n°315.

844 G. RIVES, *Théorie générale des obligations*, op.cit., p.13.

que le législateur sénégalais n'ait pas choisi de faire l'économie de ce détour inutile et que les contrats réels devraient être définis comme des contrats par lesquels on s'engage à remettre[845]. En droit français, dans une décision du 27 mai 1998, la Cour de cassation a décidé que le contrat de prêt consenti par un professionnel de crédit à un consommateur n'est pas un contrat réel[846]. La conséquence est que dès l'échange de consentement, l'établissement de crédit est tenu de verser la somme promise. Lorsque le contrat avait la nature de contrat réel, le banquier qui a signé une offre écrite de prêt et qui ne s'exécutait pas ne pouvait pas être contraint à verser la somme. Il ne pouvait qu'être condamné au versement de dommages et intérêts. Partant de ce constant, nous pensons que le contrat de prêt du COCC est un bien un contrat réel.

Les contrats de prêts conclus entre deux professionnels ou entre parties demeurent quant à eux des contrats réels.

138. L'article 380 du COCC dispose que l'immatriculation de tout immeuble est obligatoire pour la validité des contrats constituant ou transférant un des droits protégés par le régime de l'immatriculation. Cette disposition vise la vente immobilière et la constitution d'hypothèque. C'est également l'exemple de l'article 5 de la loi n° 2011-07 du 30 mars 2011 portant régime de la Propriété foncière, en vertu duquel l'immatriculation est obligatoire pour la validité des conventions constituant, modifiant ou transférant un des droits énumérés à l'article 19 de la présente loi.

L'immatriculation est l'acte de naissance d'un droit négociable sur l'immeuble. Si l'immeuble n'est pas immatriculé, il n'est pas négociable[847]. L'inscription est la mention au titre foncier de tout acte ayant pour conséquence de créer, transférer ou modifier un droit réel immobilier sur un immeuble immatriculé. C'est elle qui réalise la naissance ou le transfert du droit en cause, et non pas l'acte juridique qui la provoque : elle a un effet attributif, créateur de droit.

Le législateur sénégalais impose la publicité des droits réels immobiliers sous peine de ne pas exister, être conservés ou opposables aux tiers.

---

845 J.P. TOSI, op.cit., p.119, n°116.
846 Civ. 1e , 28 mars 2000, JCP 2000.II. 10296, conclusions J. SAINTE-ROSE.
847 J. P. TOSI, op.cit., pp.122-123.

Nous venons d'examiner l'hypothèse où le contrat se forme en un trait de temps. Pourtant, tel n'est pas toujours le cas.

§2. La gradation dans la formation du contrat

139. La conclusion du contrat définitif est parfois précédée de pourparlers, d'accords de négociation et d'avants contrats à savoir les promesses de contrat et le pacte de préférence.

Les pourparlers ainsi que les accords de négociation n'ont pas été consacrés en droit sénégalais. Pourtant, nul n'ignore leur importance. En outre, pour dire comme un auteur « le phénomène des accords préparatoires n'était pas ignoré dans le passé. Dans la plupart des pays, la théorie classique connaît notamment les promesses de contrat[848]. Pourparlers, avant-contrats et accords de négociation symbolise la phase de négociation du contrat[849]. Il y a une négociation sans contrat à savoir les pourparlers, et une négociation avec contrats regroupant avant-contrats et accords de négociation[850]. Pourtant, les négociations sont parfois définies comme la phase précontractuelle de discussion entre les parties concernant le contrat projeté[851]. Ne sont visées dans cette hypothèse que les articles 1112 à 1112-2 nouveau[852]. C'est dire que l'expression « négociation » est plurielle. En effet, si le contrat est pluriel, la négociation l'est aussi. Elle l'est tout d'abord sur un plan temporel. En effet, elle trouve place dans la période précontractuelle, dans la période contractuelle, mais aussi en cas de règlement de conflits liés à l'application des dispositions contractuelles. La transaction est ainsi par exemple l'expression de la négociation dans une phase de règlement amiable ou contentieuse des conflits contractuels[853]. A titre de rappel, il faut relever que l'article 1104 issu de l'ordonnance du 10 février 2016 distingue la négociation et la formation du contrat. Pourtant, au chapitre 2 de l'ordonnance précitée intitulé « La formation

[848] M. FONTAINE, La formation des contrats. Codifications récentes et besoins de la pratique, Liber amicorum, Commission droit et vie des affaires, 40e anniversaire, Bruxelles, Bruylant, 1998, p.686.
[849] I. BEYNEIX, *La négociation des contrats*, RTD Com. 2016 p.1.
[850] I. BEYNEIX, Ibid.
[851] Fiches d'orientation, 24 Avril 2017.
[852] V. Pour cette conception restrictive P. GROSSER, *La négociation dans l'ordonnance du 10 février 2016 portant réforme du droit des contrats, du régime général et de la preuve des obligations,* AJCA 2016, p.270.
[853] L. SIGUOIRT, *À la recherche de la négociation...* AJCA 2016, p.268

du contrat », les négociations sont intégrées dans la formation du contrat.

A- Les pourparlers

Les pourparlers constituent la phase précontractuelle s'écoulant de la prise de contact à la conclusion, durant laquelle, les contractants négocient les clauses et modalités de leur contrat[854]. Ceux-ci sont soit non formalisés (1), soit formalisés (2).

1- Les pourparlers non formalisés

Le législateur sénégalais a une conception classique de la formation du contrat qui voudrait qu'à une offre corresponde une acceptation pour former le contrat. Les premiers commentateurs du COCC n'y ont pas d'ailleurs fait référence[855].

En droit français, la situation est différente vu que depuis l'ordonnance du 10 février 2016, les négociations ont pour siège les articles 1112 à 1112-2 nouveaux du Code civil[856]. Mais comme le dit un auteur, si le code civil de 1804 n'avait rien prévu de spécifique en matière de négociation contractuelle, cette phase n'est pas pour autant un espace de non-droit[857] Avant d'ailleurs d'arriver à l'examen des articles précités, une simple lecture de l'article 1104 qui dispose que les contrats doivent être négociés, formés et exécutés de bonne foi, permet de déceler le mouvement en matière contractuelle. Le législateur sénégalais gagnerait à suivre les traces de son homologue français et OHADA qui à l'article 241 AUDCG distingue l'offre de l'invitation à l'offre. Les règles relatives à la période précontractuelle existent en droit OHADA. Nous pouvons citer l'article 235 et 249 AUDCG.

L'article 235 AUDCG dispose qu'en principe, les ventes de marchandises achetées pour un usage personnel, familial ou domestique ne sont pas régies par l'AUDCG, à moins que le vendeur, à un moment quelconque avant la conclusion ou lors de la conclusion, n'ait pas su et n'ait pas été censé savoir que ces marchandises étaient achetées pour un

---

[854] J.-P. SCARANO, *Dictionnaire de droit des obligations*, Ellipses, 2004, p.193.

[855] P. BOUREL et G. RIVES, op.cit.

[856] Pourtant, la doctrine française a toujours fait cas de la phase de négociation dans le contrat. V. J. ROJOT, *La gestion de la négociation*, RTD Com. 1998 p.447. Selon l'auteur, un négociateur adopte deux stratégies : une stratégie coopérative ou conflictuelle ; P. MOUSSERON, *Conduite des négociations contractuelles et responsabilité civile délictuelle*, RTD Com. 1998 p.243.

[857] I. BEINEX, *La négociation des contrats*, RTD Com. 2016 p.1.

tel usage. On peut, partant de cette disposition, interpréter l'expression « avant la conclusion » comme étant le fait de prendre en compte la phase des pourparlers. Quant à l'article 249 AUDCG, il dispose que les parties sont libres de négocier et ne peuvent être tenues pour responsables si elles ne parviennent pas à un accord.

Le principe de la liberté contractuelle régit les pourparlers. Ainsi, les parties peuvent librement rompre ceux-ci sans pour autant que leur responsabilité ne soit engagée. Mais dans un souci de moralisation des pourparlers, le juge sanctionne toute personne ayant rompu ceux-ci de mauvaise foi ou de façon illégitime à condition que les négociations aient été suffisamment avancées[858]. Toute la question est de savoir quel est le préjudice réparable lors de la rupture des pourparlers. Dans l'arrêt *Manoukian*, le juge a décidé que la victime de la rupture abusive des pourparlers ne pouvait obtenir indemnisation que des seules pertes subies, sauf les gains espérés tels que la perte de chance[859]. C'est le même principe qui a été visé en matière de faute dans la rupture des pourparlers précontractuels de cession d'actions[860]

Le législateur français à travers l'ordonnance du 10 février 2016 codifie cette jurisprudence à l'article 1112 alinéa 2. Il impose des devoirs aux parties à la négociation. Les devoirs précontractuels sont relatifs à l'obligation d'observer la bonne foi à toutes les phases de la négociation, au devoir d'information et de confidentialité[861]. L'information à livrer doit être déterminante pour le consentement de l'autre, c'est-à-dire avoir un lien direct et nécessaire avec le contenu du contrat ou la qualité des parties. De même, le destinataire de l'information doit légitimement ignorer celle-ci ou faire confiance à son cocontractant. Le législateur français prévoit deux sortes de preuve : celle de l'existence de l'obligation d'information d'une part, et celle de son exécution d'autre part dont la charge incombe respectivement le créancier et le débiteur de l'obligation d'information.

Il arrive que lors des négociations, les parties soient en possession d'informations confidentielles. Afin de sécuriser celles-ci, le législateur français précise qu'on ne peut les utiliser ou divulguer sans autorisation.

---

858 J. GHESTIN, *La responsabilité délictuelle pour rupture abusive des pourparlers*, JCP 2007. I. 155.

859 Com. 26 novembre 2003, D.2004, p.869 ; Civ. 3e , 7 janvier 2009, RTDCiv, 2009, p.113.

860 N. MATHEY, *Cession de droits sociaux : retour sur la rupture de pourparlers*, Rev. Sociétés 2004. 325

861 M. JAOUEN, *Négociations et obligation de confidentialité*, AJCA 2016, p.275

Il existe diverses sanctions aux manquements des devoirs précontractuels. En effet, on peut librement rompre les pourparlers certes, mais les circonstances de cette rupture peuvent être prises en compte pour engager la responsabilité délictuelle de celui qui les a rompus. Il en est de même de celui qui a manqué à son obligation de bonne foi. Cependant le préjudice à indemniser n'est pas la perte de chance. Qu'en est-il de celui qui a manqué à son devoir d'information ? Non seulement sa responsabilité peut être engagée, mais également la nullité du contrat pourra être prononcée.

Enfin, celui qui manque à son obligation de confidentialité verra sa responsabilité civile engagée.

Il arrive que lors des pourparlers, des accords soient conclus.

2- Les pourparlers formalisés

Nous avons l'accord de principe qui peut être défini comme l'accord qui constate l'aboutissement sur les points fondamentaux du contrat que l'accord qui trace la voie à la négociation. Si l'on veut une image l'accord de principe est tantôt les fondations, tantôt l'échafaudage[862]. Nous pouvons également citer les protocoles d'accord, les lettres d'intention. Le Professeur Philippe Le TOURNEAU opère une distinction entre l'accord de principe et le protocole d'accord en ces termes « l'accord de principe est un accord préliminaire par lequel les parties s'engagent à négocier de bonne foi un deuxième contrat, dont elles ne précisent ni les clauses essentielles ni, *a fortiori,* les clauses accessoires. Ce n'est que l'affirmation d'un engagement de négocier ». Alors que « le protocole d'accord consigne les conditions et obligations dont les parties sont convenues : c'est généralement un véritable contrat, mais un contrat partie, une sorte de contrat-cadre, sur lequel viendront éventuellement se greffer des contrats ultérieurs, précisant notamment des points sur lesquels les parties ne sont pas encore parvenues à un accord ou réglant certains aspects techniques particuliers[863] ». L'objet des accords de négociation c'est d'organiser celle-ci. Ils se distinguent du projet de contrat et des avant-contrats[864]. Ils comportent le plus souvent des clauses d'exclusivité interdisant l'engagement de

---

[862] V. B. BEIGNIER, *La conduite des négociations*, RTD Com. 1998 p.463. *Adde* I. NAJJAR « L'accord de principe » *D.* 1991. *Chron.* 57 et s; *RTD civ.* 1991. 330, obs. J. MESTRE.

[863] PH. LETOURNEAU, J.-Cl. Cont. et dist., fasc. 1820 « Ingénierie et transfert de maîtrise industrielle », n° 32 et s.

[864] B. BEIGNIER, *La conduite des négociations*, op.cit.

négociations parallèles et des clauses de confidentialité. La nature de la responsabilité est contractuelle[865]. Il faut dire que des auteurs ont souhaité que la responsabilité dans le cadre de la rupture des pourparlers soit de nature contractuelle[866].

Y. DAGORNE-LABBE distingue dans les accords de négociations, les accords partiels par lesquels les parties aux pourparlers fixent les points sur lesquels elles se sont déjà entendues et qui devront figurer dans le contrat définitif et les contrats intermédiaires ou temporaires à savoir des conventions qui définissent et organisent une situation provisoire dans l'attente de l'accord définitif[867].

Au-delà des accords de négociations, nous avons les avant-contrats.

B- Les avant-contrats

140. Si la phase des pourparlers est ignorée tel n'est pas le cas des avant-contrats. La couleur est d'emblée annoncée par l'article 83 du COCC. Un renvoi implicite est fait aux règles spéciales notamment celles relatives à la vente et aux droits réels portant sur les immeubles immatriculés. G. MANGIN a retenu que les Codes civils applicables en Afrique, à l'exception du Code des obligations sénégalais, n'ont pas parlé de façon générale des promesses de contrat[868].

C'est ainsi que le régime des promesses de contrats et du pacte de préférence est consacré. Certains auteurs n'hésitent pas à ranger dans les avant-contrats, les contrats-cadre[869]. En droit des sociétés, il faut distinguer le projet de société de la promesse de société.

Le projet de société ne lie pas définitivement les parties car s'il constate l'éventuelle création d'une société, il ne fait pas état des modalités nécessaires à l'établissement d'un contrat de société. A la différence du projet, la promesse engendre une obligation de constituer la société, sanctionnée par l'indemnisation du préjudice causé au

---

[865] V. Par exemple Com. 2 juillet 2002, RTDCiv, 2003, p.76, Obs, J. MESTRE et B. FAGES ; Paris, première chambre, 7 novembre 2002, inédit, RTDCiv, 2003, p.76, obs. J. MESTRE et B. FAGES.

[866] V. Rudolf vonJhering dans son article sur la culpa in contrahendo,traduit en français en 1893, *Oeuvres,* t. II, p. 1 à 100

[867] Y. DAGORNE-LABBE, *La formation du contrat*, Ellipses, 2001, pp.16-18

[868] G. MANGIN, *Généralités sur les contrats civils et commerciaux*, in Encyclopédie juridique de l'Afrique, N.E.A, 1982, p.25.

[869] V. P.PUIG, *Contrats spéciaux*, op.cit., pp.117-128.

bénéficiaire par le défaut de constitution de la société[870]. La promesse de société unilatérale provient d'une société déjà créée qui s'engage à accueillir en son sein au titre d'associé, le bénéficiaire de la convention. C'est le cas lorsqu'un créancier procure des fonds à une société, sous réserve qu'à une certaine échéance, il devienne associé pour le montant de sa créance ou à la suite d'une émission d'actions provenant d'une augmentation de capital par conversion d'obligations en actions. Le bénéficiaire, quant à lui, peut alors choisir de lever ou non l'option ainsi consentie. Il peut renoncer à devenir associé[871]. La promesse de société est synallagmatique, quand plusieurs personnes conviennent définitivement de mettre en commun des apports, afin de réaliser un objectif précis et d'en assumer les conséquences par le partage entre elles des résultats[872].

Nous traiterons successivement des promesses de contrat (1) et du pacte de préférence (2).

1- Les promesses de contrat

Nous allons voir dans un premier temps les différentes sortes de promesses (a) et la position du juge français et sénégalais dans un second temps (b).

a- Les différentes sortes de promesses de contrat

L'article 321 du COCC prévoit deux sortes de promesse de vente : synallagmatique ou unilatérale.

141. La promesse synallagmatique est celle par laquelle les deux parties sont d'accord, le vendeur pour vendre, l'acheteur pour acheter une chose déterminée pour un prix fixé[873]. La promesse synallagmatique est une vente parfaite lorsque le contrat peut être passé librement. Le principe du consensualisme emporte cette conséquence que la promesse synallagmatique de contrat vaut le contrat[874].

Dans le cas contraire, elle oblige les parties à parfaire le contrat en accomplissant les formalités nécessaires à sa formation. Dans quels cas le contrat ne peut être passé librement, s'interroge J.-P.TOSI ? L'auteur cite l'exemple du formalisme de validité et l'hypothèse où une formalité

[870] D. GIBIRILA, *Droit des sociétés*, 5e édition, 2015, p.70, n°91.
[871] D. GIBIRILA, op.cit., pp.69-70.
[872] D. GIBIRILA, Ibid.
[873] Article 322 du COCC.
[874] J.-P.TOSI, op.cit., p.61.

est nécessaire pour l'exécution du contrat telle que l'inscription du nom de l'acquéreur sur le livre foncier[875]. Toujours selon J.P.TOSI étant donné que le contrat est entièrement formé, il ne s'agit plus d'accomplir les formalités nécessaires à la formation du contrat comme le suggère l'article 323 du COCC. Il en conclut que l'expression « parfaire » n'a pas le même sens en fonction des différents articles. En effet, au niveau de l'article 323, il s'agit de parfaire la formation du contrat, tandis qu'à l'article 382, il ne s'agit plus que de parfaire son exécution. L'article 382 doit sans doute être expliqué par l'idée-peu classique, mais pleine de bon sens- que le contrat n'achève vraiment de se former qu'en produisant effet, qu'en s'exécutant[876]. En droit français, la réitération fait que la promesse synallagmatique de vente ne vaut pas vente parce que la formation définitive du contrat requiert la rédaction d'un acte authentique. C'est la réitération. Une autre modalité de la réitération consiste à subordonner le transfert de propriété à la signature d'un acte authentique. C'est dire que la règle posée à l'article 1589 du code civil est purement supplétive[877]. L'ordonnance du 10 février 2016 ne consacre pas de disposition spécifique à la promesse synallagmatique, visée cependant dans le Code civil à l'article 1589 qui concerne la promesse synallagmatique de vente[878].

L'efficacité de la promesse synallagmatique pose moins de difficultés que celle de la promesse unilatérale. En effet, la violation d'une promesse synallagmatique peut donner lieu à une exécution forcée en nature[879]. Si l'une de parties refuse de signer l'acte notarié,

---

875 J.-P. TOSI, pp.61-62. Relevons que l'auteur a également cité l'exemple du don manuel qu'il considère comme le seul vrai contrat réel et celui où une autorisation préalable du Ministre chargé des Finances est nécessaire. Nous ne sommes pas certains de l'actualité de cette autorisation issue d'une loi de 1977(J.O.R.S, 12 septembre 1977, p.1174) et qui concerne les transactions immobilières de vente, d'échange, de bail de plus de cinq ans.

876 J.-P. TOSI, Ibid.

877 Aux termes de l'article 1589 du code civil, la promesse de vente vaut vente, lorsqu'il y a consentement réciproque des deux parties, sur la chose et sur le prix.

878 Y. BUFFELAN-LANORE, V. LARRIBAU-TERNEYRE, op.cit., p.345, n°1071.

879 Civ. 3e, 25 mars 2009 : D.2009, AJ.1020.

elle peut y être contrainte sous astreinte par le juge[880]. Un jugement tenant lieu d'acte notarié peut être publié[881].

En droit sénégalais, dans une promesse synallagmatique de vente, lorsque le vendeur refuse de mettre la copie du titre foncier ou le certificat d'inscription à la disposition de l'acquéreur afin d'y inscrire la mutation du droit, celui-ci fait ordonner par justice la remise de ce document entre ses mains et la mention au titre foncier de la mention intervenue[882].

142. Au sens de l'article 324 du COCC, la promesse de vente est unilatérale lorsque le bénéficiaire de l'offre n'assume aucune obligation d'acheter, alors que le promettant est tenu de l'obligation de vendre. En droit français, le législateur a défini la promesse de vente unilatérale comme le contrat par lequel une partie, le promettant, accorde à l'autre, le bénéficiaire, le droit d'opter pour la conclusion d'un contrat dont les éléments essentiels sont déterminés, et pour la formation duquel ne manque que le consentement du bénéficiaire.

Aussi bien le législateur sénégalais que français considèrent la promesse unilatérale comme un véritable contrat dans la mesure où les éléments essentiels sont déterminés. Il s'agit du consentement, de la chose objet du contrat et du prix.

L'option consiste dans le fait d'accorder un délai au bénéficiaire pour décider de passer ou non le contrat définitif projeté[883]. Le contrat de promesse unilatérale peut être à titre gratuit ou onéreux. Dans cette dernière hypothèse, le contrat prévoit, au profit du promettant, une contrepartie au droit d'option offert au bénéficiaire[884]. Une indemnité d'immobilisation est parfois due au promettant. Celle-ci peut être définie comme la *somme d'argent que le bénéficiaire s'engage à payer au promettant s'il ne lève pas l'option à lui offerte, au terme du délai convenu*[885]. Sa nature juridique est diversement appréciée : tantôt elle est prise comme la contrepartie de « la double obligation souscrite par le

---

880 Civ. 3e , 20 décembre 1994, JCP G 1995. II. 22491, note C. LARROUMET ; D.1996. Somm. 9, obs. O. TOURNAFOND.

881 Cass.plén. 3 juin 1994, Bull. Ass. Plén., n°4. Ces différentes décisions relativement à l'efficacité de la promesse synallagmatique sont citées par P. PUIG, Contrats spéciaux, 3e édition, Dalloz, 2009, p.140, n°191

882 Article 386 alinéa 2 du COCC.

883 Y.BUFFELAN-LANORE, V. LARRIBAU-TERNEYRE, op.cit., p.343, n°1067.

884 O. BARRET, *Promesse de vente*, Répertoire de droit civil, janvier 2011 (actualisation : avril 2017), n°14.

885 O. BARRET, Ibid.

promettant de ne pas céder à autrui le bien objet de la promesse pendant la durée de l'option et de maintenir son offre pendant ce délai[886] », tantôt comme le prix de l'option[887]. La Cour de cassation décide quant à elle que l'indemnité d'immobilisation « constitue le prix de l'exclusivité consentie au bénéficiaire de la promesse[888] ». Elle se rapproche de la seconde proposition.

143. Le législateur sénégalais a consacré la promesse unilatérale d'achat. C'est une convention par laquelle une personne s'engage à acheter une chose si le vendeur consent à la vendre. Les auteurs admettent que la promesse unilatérale d'achat se rencontre rarement dans la pratique, mais assez souvent en droit des affaires. On peut citer l'exemple de la convention de portage[889] ou du *buy-back* c'est-à-dire la promesse faite par le vendeur de racheter le bien vendu, passé une certaine période d'utilisation par son acquéreur[890]. La promesse unilatérale d'achat est l'inversion parfaite de la promesse unilatérale de vente. Elle en épouse globalement le régime[891].

144. Il arrive que la doctrine et le juge raisonne par écrit interposé. Cette situation prévaut tant au Sénégal[892] qu'en France[893]. Dans ce

---

886 OLIVIER, note ss. Civ. 3e, 5 déc. 1984, Defrénois 1986, art. 33653, n° 35.

887 BÉNAC-SCHMIDT, note ss. Com. 8 févr. 1982, D. 1983. 57 ; *Le contrat de promesse unilatérale de vente*, 1983, LGDJ, n° 38 s ; D. MAZEAUD, *La révision de l'indemnité d'immobilisation*, JCP N 1992. I. 113, n° 18.

888 Civ. 1re, 5 déc. 1995, no 93-19.874 , Bull. civ. I, no 452 ; Defrénois 1996, art. 36354, no 62, obs. D. Mazeaud, et art. 36358, no 80, obs. Delebecque. - *Adde :* PIERRE, *Le prix de l'exclusivité dans les promesses de vente onéreuses…*, JCP 1996. I. 3981.

889 JEANTIN, Le portage d'actions, RD banc. fin. 1991. 122.

890 V.COLLART-DUTILLEUL et DELEBECQUE, *Contrats civils et commerciaux*, 8e éd., 2007, Précis Dalloz, no 105 ; Adde RAYMOND, *Analyse juridique du « buy back »*, JCP 1992. I. 3564.

891 O. BARRET, op.cit., n°32.

892 -M.N. MBAYE, *Les transactions immobilières au Sénégal*, Mélanges P.G. POUGOUE, CREDIJ, 2014, pp.519 et s, A.FAYE, *Le transfert de propriété dans la vente de l'immeuble en droit sénégalais,* Revue Droit Sénégalais, Université Toulouse, Presses universitaires de Toulouse 1 Capitole, n°8, novembre 2009, pp.257 et s ; B.DIALLO, *Promesse sous seings privés de vente d'immeuble immatriculé ne vaut ?* Observations sur CS Sénégal n°79 du 16 juillet 2008, Aliou Bathily c/ Abdoul Diallo, Revue Droit et ville, n°71, 2011, pp.175-197, n°31.

893 V. Colloque « L'exécution en nature ou par équivalent du contrat », Revue des contrats, février 2005, 227 pages surtout D. MAZEAUD, *Exécution des contrats préparatoires*, pp.61 et s.

dernier pays, les solutions jurisprudentielles relatives à la promesse de contrat et au pacte de préférence ont été codifiées.

b- Le juge et la promesse

La position du juge sénégalais et français sera abordée.

-La position du juge sénégalais

La Cour suprême du Sénégal et plus particulièrement la chambre civile et commerciale a construit toute une jurisprudence autour des promesses de vente. Ainsi, dans un arrêt, elle a eu à préciser qu'un acte dressé par un notaire territorialement incompétent ne peut constituer un acte authentique même s'il est signé par les parties[894]. En l'espèce, se prévalant d'une promesse de vente du 29 Septembre 1988 portant sur une villa sise à Castors, à Dakar, dressée par un notaire officiant à Ziguinchor, le sieur Richard Malo a assigné Albino Malo en perfection de la vente devant le Tribunal régional de Dakar. Ce dernier, se basant sur l'article 23[895] du DECRET n° 2002-1032 du 15 octobre 2002 modifiant le décret n° 79-1029 du 5 novembre 1979 fixant le statut des notaires[896], a déclaré nulle et de nullité absolue la promesse. Dans cette décision, le juge a tenu à préciser que l'acte établi par le notaire en dehors de son ressort territorial est nul s'il n'est pas revêtu de la signature de toutes les parties et vaut comme écrits sous signatures privées lorsqu'il est revêtu de la signature de toutes les parties contractantes. Il s'agit donc d'une conversion par réduction c'est-à-dire un acte nul, mais qui remplit les conditions requises pour la validité d'un autre acte, produisant un résultat semblable et conforme à l'intention des parties[897]. Les arguments avancés par la Cour d'appel de Dakar pour ordonner la perfection de la vente sont le fait que la présence du notaire ne soit exigée que pour établir un contrat et que le lieu de résidence du notaire peut ne pas être celui de situation de l'immeuble litigieux. Dans l'arrêt Thierry SANCHEZ contre les Epoux GAVARD-PIVET et BIANCOROSSO Vincent, la Chambre civile et

---

894 Chambre civile et commerciale, arrêt n°18, du 05 mars 2014, affaire Richard Malo c/inédit.

895 Aux termes de cette disposition, alinéa 1 « Les notaires ont le monopole des fonctions notariales et l'obligation d'assurer le service public notarial dans toutes les régions qui relèvent du ressort de la cour d'appel dans lequel est situé leur office ».

896 J.O. N° 6070 du samedi 26 octobre 2002. Ce décret a été modifié par DECRET n° 2009-328 du 8 avril 2009 (J.O. N° 6481 du Samedi 25 juillet 2009).

897 F. TERRE et *alii*, *Droit civil, Les obligations*, 9 éd., Dalloz, 2005, p.424, n°422.

commerciale de la Cour suprême a décidé que la stipulation de dédit n'exclut pas toute idée de perfection de la vente à savoir la signature d'un acte notarié, vu également que le prix de la vente a été payé dans les délais conventionnels[898]. Dans cet arrêt, on peut regretter l'irrecevabilité des moyens fondés sur les articles 101, 89, 96, 97 et 99 du COCC, au motif qu'ils violent l'article 35-1 de la loi organique 2008-35 sur la Cour suprême. De même, une précision s'impose, au regard de certaines décisions qui ne manquent pas de se référer au sens exact de l'article 323 COCC. Aux termes de cette disposition : « la promesse synallagmatique est une vente parfaite lorsque le contrat peut être passé librement. Dans le cas contraire, elle oblige les parties à parfaire le contrat en accomplissant les formalités nécessaires à sa formation. C'est ce qui résulte de l'arrêt de la Cour d'appel de Dakar n°758 du 24 juillet 1986 SOW c/ U.S.B[899]. Le juge a décidé qu'à défaut pour SOW de parfaire la vente de l'immeuble, le présent arrêt tiendra lieu d'acte de vente et sera transcrit tel quel au livre foncier étant entendu que l'astreinte courra jusqu'à la perfection de la vente par la signature par Souleymane Sow de l'acte authentique portant vente de l'immeuble ou jusqu'au prononcé de l'arrêt. Dans cette décision, la question des arrhes a été invoquée. Faisons remarquer qu'il existe deux catégories d'arrhes : les arrhes lors de la formation du contrat et les arrhes en présence d'un contrat définitif[900].

145. Dans l'arrêt Gérard NASRALLAH contre la Société civile immobilière PADRINO, la chambre civile et commerciale décide que le fait que le bénéficiaire de la promesse n'ayant pas levé l'option dans les délais ait remis la somme de dix (10) millions au promettant signifie que ce dernier a renoncé à se prévaloir de la caducité de la levée de l'option ; la renonciation étant, selon la Cour, un acte unilatéral abdicatif manifestant expressément ou implicitement, en connaissance de cause et d'une manière non équivoque, la volonté d'une partie

---

[898] Chambre civile et commerciale de la Cour suprême, arrêt n°15 du 19 février 2014, inédit.

[899] Revue EDJA, n°33, Avril-Mai-Juin, 1997, P.92. Pour la Cour d'appel : « Considérant qu'ainsi le 9 novembre 1981, l'USB a mis Souleymane Sow en demeure d'avoir à se présenter en l'étude de Maître A. Nicolas MBAYE l'effet de signer l'acte de vente portant vente. Considérant que Sow n'a pas satisfait à cette injonction ».

[900] V. J. DJOUDI, *Arrhes*, Répertoire de droit civil, Octobre 2008, Actualisation, juin 2016.

d'abandonner un droit ou une prérogative[901]. La Cour a également tenu à préciser que la perfection de la vente consiste à comparaître en l'étude d'un notaire instrumentaire. Dans l'arrêt SATREC contre Mamadou Fall, la Cour suprême décide qu'il appartient au débiteur d'une promesse de vente assortie d'une condition suspensive de garantir l'exécution de celle-ci[902]. L'impression qui se dégage de l'arrêt de la Cour d'appel de Dakar n° 627 rendu le 17 août 2009 selon qui « la SAI les Dunes » a simplement promis formellement de vendre à (et non vend)… qu'à ce stade on ne peut parler que de promesse unilatérale de vente » est que la promesse ne produit aucune conséquence juridique. En effet, toute tentative de la part de la Cour d'appel de dissocier la promesse unilatérale de vente du contrat définitif demeure vaine d'autant que l'arrêt des chambres réunies de la Cour suprême l'a déjà fait[903], par conséquent sa position viserait à éviter une divergence de jurisprudence[904] et que de l'arrêt de la Cour suprême l'ayant cassé[905], il résulte que la promesse de vente contenait ceci « *la SAI LES DUNES promet de vendre à M. Mamadou Ndoye qui accepte les appartements D41 et D42 au prix de quatorze millions de francs chacun* ». La Cour d'appel aurait dû dissocier la production d'effet juridique par la promesse de vente de celle du contrat définitif. C'est pourquoi, son arrêt a été cassé pour violation de l'article 100 du COCC.

Toujours selon la chambre civile et commerciale de la Cour suprême, dans l'affaire A. Moukhtar BAH contre Ndèye Bigué NDIAYE, le défaut d'accord sur le prix exclut toute existence de promesse de vente d'où l'impossible perfection de la vente[906].

146. Le juge sénégalais s'est prononcé sur la forme de la promesse ainsi que sur la nature de l'obligation qui découle de ce contrat. C'est ainsi par exemple que la Cour suprême a précisé que l'article 382 du

---

901 Chambre civile et commerciale de la Cour suprême, arrêt n°63 du 18 novembre 2009, inédit.

902 Chambre civile et commerciale de la Cour suprême, arrêt n°08 du 17décembre 2008, inédit.

903 Cour suprême, chambres réunies, arrêt n°11 du 19-06-2012, CBAO contre Société Express Transit, inédit.

904 P. DEUMIER, *Les divergences de jurisprudence : nécessité de leur existence, nécessité de leur résorption*, RTD civ. 2013. 557.

905 Chambre civile et commerciale, arrêt n°57 du 17 juillet 2013, inédit.

906 Chambre civile et commerciale, arrêt n°91 du 07 novembre 2012, inédit.

COCC n'impose pas que l'avant contrat soit passé devant notaire[907]. Pourtant, la Cour suprême, dans l'arrêt Aliou BATHILY contre Abdoul DIALLO avait décidé qu'en vertu de dispositions d'ordre des articles 258, 323, 382et 383 du COCC, la vente et la promesse synallagmatique de vente d'un immeuble immatriculé, ainsi que la procuration donnée pour conclure de tels actes doivent, à peine de nullité absolue, être passés par devant notaire. C'est pourquoi, l'arrêt de la Cour d'appel qui a ordonné la perfection de la vente d'un immeuble immatriculé sur la base d'un acte sous seing privé a été cassé pour violation des dispositions précitées. De même, dans l'arrêt n°53 du 02 juin 2010, la Cour suprême a décidé que le pouvoir de représentation en matière de vente immobilière doit être passé devant notaire[908].

Dans l'arrêt La Société Express Transit contre la Compagnie Bancaire de l'Afrique Occidentale, la Cour suprême a décidé, contrairement à la Cour d'appel que la promesse de vente d'un immeuble entraîne une obligation de donner et non de faire. C'est pourquoi, l'arrêt n°21 rendu le 15 janvier 2004 par la Cour d'appel de Dakar[909].

Le juge français n'est pas en reste, lui dont les positions ont été codifiées.

-La position du juge français

147. La troisième chambre civile de la Cour de cassation, en 1993, retenait qu'étant donné que le promettant est redevable à l'égard du bénéficiaire d'une obligation de faire, la révocation par le promettant de sa promesse pendant le temps laissé au bénéficiaire pour opter doit se résoudre en dommages et intérêts. Ce faisant toute exécution forcée en nature se trouve exclue. En outre, une option levée après la révocation de la promesse unilatérale excluait toute rencontre de volontés[910].Selon D. MAZEAUD, dans tous les arrêts qu'elle a rendus sur la question, que ce soit en 1993, 1996, 1997 ou en 2003, la troisième chambre civile de la Cour de cassation a affirmé que la promesse unilatérale et le pacte

---

907 ARRÊT N° 63 DU 18 JUILLET 2012 Affaire *société civile immobilière générale foncière et mounirradwanebourgi* c/ baba diao, juricaf.org/arret/ SENEGAL-COURSUPREME-20120718-63 consulté le 06-10-2017.

908 Arrêt n°53 du 02 juin 2010 Héritiers Ousmane Mbengue C/ La SAIM-Indépendance, Cour suprême, Chambre civile et commerciale, pp.115-116.

909 Arrêt n°19 du 16 janvier 2008, Cour suprême Bulletin des arrêts, année judiciaire 2007-2008, pp.13-14.

910 D. MAINGUY, *L'efficacité de l'efficacité de la rétractation de la promesse unilatérale de contracter*, D. 2011. 1460 ; RTD civ. 1994. 584, obs. J. MESTRE.

de préférence engendrent, à la charge du promettant, une obligation de faire[911]. Critiqué par la doctrine, le juge a néanmoins maintenu sa position en 2011[912]. Cependant, avec l'ordonnance du 10 février 2016, le législateur précise que la révocation d'une promesse n'empêche pas le contrat de se former.

Au-delà de la promesse comme avant-contrat, nous avons le pacte de préférence.

2- Le pacte de préférence

L'article 319 du COCC dispose que le droit de préemption d'origine conventionnelle résulte du pacte de préférence.

Le droit français, en plus du pacte de préférence comme engagement de priorité a prévu le contrat de réservation à l'article L.261-15 CCH dispose que : « la vente prévue à l'article L.261-10 (vente d'immeuble à construire) peut être précédée d'un contrat préliminaire par lequel, en contrepartie d'un dépôt de garantie effectué à un compte spécial, le vendeur s'engage à réserver à un acheteur un immeuble ou une partie d'immeuble ». Mais étant donné que le promoteur réservant s'engage à réserver, l'acheteur à verser un dépôt de garantie, le contrat de réservation n'a pas été qualifié de promesse unilatérale[913] ou synallagmatique de vente[914]. Ce n'est pas non plus un pacte de préférence

Le fait de soumettre le pacte de préférence aux règles des promesses de vente (b), ne permet pas d'occulter la discussion sur l'identité du pacte de préférence (a).

a- Une identité discutée

Préférer est-ce promettre ? C. PAULIN répond par la négative. Préférer, ce n'est pas promettre. Par la préférence, le débiteur - que l'on qualifie toutefois, habituellement, de promettant - ne donne pas son consentement au contrat. Il s'engage, pour le cas où il se déciderait à contracter, à proposer d'abord au créancier, à lui donner la préférence. En revanche, dans la promesse, le promettant donne son consentement au contrat ou tout au moins s'engage à le donner. Il semble donc

---

911 D. MAZEAUD, *Exécution des contrats préparatoires*, RDC février 2005, p.64.

912 Civ. 3e , 11 mai 2011, RTDCiv, 2011, p.532, obs. B. FAGES.

913 Civ. 3e , 27 octobre 1975, D. 1976, p.97, note FRANCK, JCP 1976.II.18340, note MEYSSON et TIRARD.

914 RTDCiv 1972, p.609, Obs. CORNU.

qu'entre préférence et promesse il existe la même différence qu'entre éventualité et décision[915]. Plus loin pourtant, l'auteur écrit que lorsque le promettant s'engage à respecter la préférence, le pacte de préférence se mue en promesse.

148. Le législateur sénégalais définit le pacte de préférence comme un droit de préemption conventionnel. Ce faisant, si le droit de préemption est un droit de préférence d'origine légale, le pacte de préférence est un droit de préemption d'origine conventionnelle. La différence tient à la source et sanction[916]. Mais peut-on réellement assimiler le pacte de préférence et le droit de préemption ? Des auteurs optent pour cette solution[917]. On peut rapprocher les auteurs qui voient dans le pacte de préférence un droit de préemption, de ceux qui considèrent que c'est un droit potestatif d'option[918]. Le professeur J.P. TOSI n'a pas pris position vu qu'il ne fait que reprendre la définition donnée par l'article 319 COCC. Seulement, lorsqu'il précise qu'il y a promesse de faire une offre de contrat si l'on se décide de contracter, on peut douter de sa volonté d'assimiler les deux situations juridiques.

À y regarder de près, le pacte n'oblige pas à conclure le contrat contrairement au promettant dans le cas d'une promesse de contrat[919].

C'est en tout cas la position de L. SIDIME pour qui, si le promettant dans une promesse unilatérale doit être capable, tel n'est pas le cas de celui dans un pacte de préférence puisque celui-ci ne crée pas une obligation de vendre. La capacité d'aliéner du promettant s'apprécie lors de l'exercice du pacte de préférence[920].

En effet, nous ne sommes pas sans ignorer que la détermination du prix de vente n'est pas une condition de validité du pacte[921]. Concernant les conditions de forme, c'est le principe du consensualisme qui s'applique en matière de pacte de préférence.

---

915 C. PAULIN, *Promesse et préférence*, RTD com. 1998. 511.

916 V. COLLART DUTILLEUL et DELEBECQUE, cités par P. PUIG, op.cit., p.111, n°132.

917 P.-H. ANTONMATTÉI et J. RAYNARD, Droit civil, Contrats spéciaux, 8e éd., 2015, Lexis Nexis, no 28

918 G. PILLET, *Pacte de préférence*, Répertoire de droit civil, octobre 2016, n°22.

919 V. Par exemple TH. PIAZZON, Retour sur la violation des pactes de préférence, RTD civ. 2009. 433.

920 L. SIDIME et alii autores, In Encyclopédie juridique de l'Afrique, p.49.

921 Gaz. Pal. 2002. 682, note Périer ; RTD civ. 2002. 88, obs. MESTRE et FAGES ; RTD civ. 2002. 115, obs. Gautier.

Pour L.SIDIME, la durée du pacte est librement fixée par les parties et en droit français, seul le défaut de fixation de la durée soulève des difficultés. En effet, la jurisprudence française a écarté toute idée de prescription extinctive, de résiliation unilatérale. C'est la raison pour laquelle un auteur a préconisé de faire de la durée une condition de validité du pacte[922]. Nous jugeons excessif d'assimiler le pacte de préférence au droit de préemption même si le législateur sénégalais ne s'inscrit pas dans la même logique. Au-delà des arguments sus-évoqués, nous pouvons faire cas du défaut de substitution comme sanction de la violation du pacte de préférence en droit sénégalais.

b- Un régime assimilé

L'article 319 du COCC énonce que le pacte est soumis aux règles des promesses de vente.

La nature de l'obligation du promettant est selon la jurisprudence, une obligation de faire. La raison est à trouver dans l'article 1126 ancien du code civil qui dispose que tout contrat a pour objet une chose qu'une partie s'oblige à donner, ou qu'une partie s'oblige à faire ou à ne pas faire.

En 1997, notamment le 30 Avril, la Cour de cassation décidé que le bénéficiaire d'un pacte de préférence ne peut pas être substitué dans les droits du tiers de mauvaise foi qui a frauduleusement conclu avec le promettant, le contrat projeté en violation du pacte[923]. A nouveau donc, la sanction de la rétractation du promettant se réduit à de simples dommages-intérêts au profit du bénéficiaire du pacte[924]. Il faut dire que la position du juge français n'était pas stable[925].

Avec l'arrêt de la Chambre mixte de la Cour de cassation du 26 mai 2006, diversement apprécié, et pouvant être vu par les adeptes de l'exécution forcée du pacte de préférence comme une victoire, il est manifeste que la violation de celui-ci peut donner lieu à une annulation[926] ou substitution au tiers si ce dernier connaissait

---

922 S. LEQUETTE, *Réflexions sur la durée du pacte de préférence*, RTD civ. 2013. 491.

923 J.C.P 1997.II.22963, obs. THULLIER ; RTD Civ, 1997, 685 obs. P.Y.GAUTHIER.

924 D. MAZEAUD, *Exécution des contrats préparatoires*, op.cit., p.62.

925 V. Y. BUFFELAN-LANORE, V. LARRIBAU-TERNEYRE, *Droit civil, Les obligations*, op.cit., pp.344-345.

926 Sur le fait que la nullité n'est pas une nouveauté, V.RTD Civ 1999, p.616, Obs. J. MESTRE.

l'existence du pacte et l'intention du bénéficiaire de s'en prévaloir[927]. Avant 2006, portant, lorsque le pacte était violé, on s'intéressait à la bonne ou mauvaise foi du tiers acquéreur. Ainsi, lorsque le tiers était de bonne foi, le droit de créance du bénéficiaire du pacte lui est inopposable en vertu du principe d'effet relatif des conventions[928]. C'est que pour la Cour de cassation le pacte ne confère au bénéficiaire qu'une créance de nature personnelle[929].

149. Le législateur a codifié la jurisprudence de la chambre mixte en vertu de laquelle le bénéficiaire de la préférence peut se substituer au tiers ou demander l'annulation du contrat conclu avec ce dernier à condition qu'il prouve que celui-ci connaissait l'existence du pacte ou l'intention du bénéficiaire de faire jouer la préférence. En effet, la nouveauté en matière de pacte de préférence est l'instauration d'une action interrogatoire, permettant de purger en amont certaines difficultés. Ainsi, un tiers peut demander au bénéficiaire présumé - mais encore faudrait-il que le tiers soupçonne son existence - d'un pacte de préférence s'il existe et s'il entend s'en prévaloir[930]. Si le bénéficiaire du pacte ne répond pas dans ce délai, il ne pourra se substituer au tiers ou demander la nullité du contrat. Au-delà de la substitution, réparation en nature, nous avons, la réparation par équivalent. C'est ainsi que le bénéficiaire du pacte peut agir contre le promettant défaillant. Donc nullité et substitution s'apprécient lorsque le tiers est de mauvaise foi.

Le pacte de préférence a droit de cité en droit des sociétés commerciales notamment à l'article 771-2 AUSCGIE.

Lorsque le contrat ne remplit pas toutes les conditions de validité, des sanctions sont prévues. Il en est de même si une condition de validité du contrat venait à disparaître après sa formation.

---

[927] P.-Y. GAUTHIER, Exécution forcée du pacte de préférence : un peu victoire à la Pyrrhus, beaucoup *probatiodiabolica*, D. 2006. 1861 ; D. MAINGUY, *Annulation et substitution : les deux mamelles de la préférence* ?, D. 2006. 1861.

[928] Civ. 3e , 24 mars 1999, RTDCiv, 1999, p.617, Obs. J. MESTRE cité par P.PUIG, op.cit., p.113.

[929] Com. 13 févr. 2007, RTD civ. 2007. 332, obs. MESTRE ET FAGES

[930] F. BARRIERE, Armand W. GRUMBERG, *L'incidence de la réforme du droit des contrats sur les opérations d'acquisition*, Revue des sociétés 2016 p.639.

§3. Les sanctions des conditions de formation du contrat

Lorsque les conditions de formation du contrat ne sont pas réunies, la nullité doit être prononcée. Cette sanction est celle qui est expressément mentionnée par le législateur sénégalais (A), contrairement à son homologue français qui, en plus de la nullité prévoit la caducité et la responsabilité

A- La nullité, unique sanction des conditions de validité du contrat expressément prévue en droit sénégalais

150. Si toutes ces conditions ne sont réunies, le contrat est nul. Cette sanction est prévue à l'article 84 du COCC[931]. En droit sénégalais, l'article 84 du COCC précité ne prévoit que la nullité comme sanction des conditions de formation du contrat.

Nous avons dit dans les développements précédents que la nullité diffère de certaines notions voisines telles que la caducité, l'inopposabilité, la résolution, la rescision-. Encore que pour cette dernière distinction, il faut faire remarquer que la rescision est une annulation selon certains auteurs[932]-, l'inexistence (clause regardée comme n'ayant pas figuré dans le contrat de sorte que l'on n'a pas besoin de saisir le juge pour le prononcer de la nullité, celle-ci peut être constatée à tout moment et par conséquent, absence de prescription) et la clause réputée non écrite prévue à l'article 1170 issu de l'ordonnance du 10 février 2016.

Il faut relever que par moment, le législateur facilite la tâche en réputant tout simplement non écrite une clause. C'est le cas en droit des sociétés, en droit des obligations.

Néanmoins, les critères de distinction sont loin d'être précis et ce, au regard des écrits de la doctrine. Dans tous les cas, un auteur distingue entre les clauses abusives et illicites[933]

151. En matière de nullité, il y a des qualifications non discutées et celles qui le sont telles que l'absence de consentement et l'absence de

---

[931] Aux termes de cette disposition « L'inobservation d'une des conditions de formation du contrat n'entraîne sa nullité ».

[932] J. FLOUR et *alii*, *Droit civil, Les obligations*, 1. L'acte juridique, 13e Ed, 2008, p.281, n°324.

[933] N. RZEPECKI, *Les clauses abusives et illicites*, Petites affiches 28/07/2017, n°150, p.8.

cause ou contrepartie (lorsque le prix n'est pas sérieux, la jurisprudence française n'hésite pas à prononcer la nullité absolue[934]).

Ces précisions faites, nous allons traiter des différentes sortes de nullité (1) d'abord, ensuite des effets de la nullité (2).

1- Les différentes sortes de nullité

Il s'agit de la nullité relative (a) et absolue (b). Il faut faire remarquer que le critère de distinction entre ces différentes formes de nullités c'est non la gravité du vice, mais la défense de l'intérêt particulier ou général. La nullité peut être totale ou partielle (c).

a- La nullité relative

Les cas de nullité relative sont la violence, l'erreur, la lésion et l'absence de cause objective.

Au départ, en droit français, l'absence de cause ou la fausse cause est rangée par la doctrine et la jurisprudence parmi les nullités absolues. Il en est de même de l'absence ou indétermination d'objet. Mais depuis les années 1999, elle a opté pour la nullité relative[935]. Cependant, le débat est loin d'être épuisé. La lésion n'est pas cause de nullité en principe. Il s'agit d'un déséquilibre des prestations promises dans le contrat au moment de sa formation. Elle entraine soit la nullité, soit la rescision du contrat

Le délai de prescription de l'action en nullité relative est de deux ans à compter de la formation du contrat avec des applications particulières notamment au point de départ de l'action. Ainsi, en cas de dol ou d'erreur, le délai de prescription est de deux ans à compter de la découverte de celui-ci. En cas d'incapacité ou de violence, ce délai commence à courir du jour où ces situations ont été découvertes. Le professeur J. P. TOSI, s'est demandé si concernant les autres cas de nullité relative, le délai court à compter du contrat ou du moment où la personne protégée a été effectivement en mesure d'exercer son droit de critique. Il en conclut qu'il appartiendra au juge d'opérer un choix entre l'impératif de sécurité, fondement de la prescription et de la nullité à

---

934 Civ. 16 nov. 1932, S.1934. 1.1, note ESMEIN ; D.1960.294. Une lecture de l'article 86 COCC permet de constater que le législateur sénégalais ne s'est pas rallié à cette jurisprudence.

935 Civ.1e , 9 nov 1999, Defrénois 2000, article 37107, n°10 ;Civ. 3e , 29 mars, D.2007, p.477.

savoir la protection[936]. Mais là où nous ne sommes pas d'accord avec lui, c'est lorsqu'il cite, à côté de l'inobservation des règles de forme des donations, de la violation d'une règle d'ordre public de protection, le défaut de consentement vu que nous pensons que cette situation entraîne la nullité absolue.

Un contractant n'exécute pas ses obligations, son cocontractant l'attrait devant le juge. A titre de moyen de défense, il peut lui opposer la nullité du contrat. Il s'agit de l'exception de nullité du contrat. A cet égard, l'article 90 du COCC dispose que l'exception de nullité absolue ou relative ne se prescrit pas. Il s'agit de la reprise de l'adage *quae temporalia sunt ad agendum perpetua sunt ad excipiendum.*

La confirmation de l'acte nul est permise. Elle doit cependant être distinguée de la réfection et de la régularisation (correction de l'irrégularité de la convention initiale en remplaçant la clause illicite par celle licite par exemple). Si aussi bien dans la réfection que dans la régularisation, un nouvel accord entre les parties demeure nécessaire, tel n'est pas le cas de la confirmation qui suppose un acte unilatéral et absence de retouche de la substance du contrat.

En droit français, la confirmation, l'action interrogatoire (1183) et la prescription sont des mécanismes d'extinction de l'action en nullité

L'action interrogatoire, au même titre que la constatation conventionnelle de la nullité constitue une nouveauté en droit français.

b- La nullité absolue

Le législateur sénégalais n'a pas prévu de façon expresse les cas de nullité absolue. Pour s'en convaincre, il faut consulter l'article 85 du COCC. Il s'agit de l'immoralité ou illicéité de la cause ; encore faudrait-il que le motif déterminant de la volonté soit contraire à l'ordre public ou aux bonnes mœurs. Le législateur sénégalais prend le soin de définir ce qu'est un motif déterminant à l'article 76 alinéa 2 du COCC. Ainsi, le caractère déterminant du motif est établi lorsqu'il résulte des circonstances de formation du contrat que les parties ne pouvaient ignorer la cause.

Les autres causes de nullité sont : objet indéterminé, illicéité de l'objet ou de la cause, immoralité de celle-ci, erreur-obstacle, non-respect du formalisme de validité, violation d'une règle d'ordre public de direction.

---

936 J.P. TOSI, op.cit., p.135, n°370.

Le défaut absolu de consentement : inexistence ou cas de nullité absolue ? La doctrine tant française qu'africaine est divisée. Pour G. MANGIN, il s'agirait plutôt d'une nullité relative, car c'est la protection d'intérêts particuliers qui est en cause[937]. Nous n'adhérons pas à cette opinion dans la mesure où le consentement est la pièce maitresse du contrat et toutes les autres conditions de fond tournent autour de lui. D'ailleurs qui ne se souvient de la critique faite au législateur sénégalais par P. BOUREL qui aurait mis sur le même pied le consentement et les autres conditions qui viennent tantôt pour l'étayer (capacité d'exercice, détermination de l'objet, cause réelle), tantôt pour neutraliser la force de la volonté au nom de l'ordre public (capacité de jouissance, objet licite, cause licite[938]). C'est pour nous sommes également surpris de constater que G. RIVES opte pour la nullité relative alors qu'il a écrit que le code sénégalais considère à tort l'objet, à égalité avec le consentement, comme une condition de formation du contrat. En réalité, poursuit-il, l'objet n'est autre que le contenu de la volonté, et les règles relatives à l'objet tendent simplement à préciser ce que les parties peuvent ou doivent vouloir[939].

152. La nullité absolue sanctionne la violation d'une condition de validité édictée dans l'intérêt général selon l'article 85 du COCC. Le législateur n'a pas défini ce qu'est l'intérêt général certes, mais nous pouvons dire que celui-ci touche l'ordre public, les bonnes mœurs. Il est de l'intérêt de tous que la loi soit respectée, les mœurs aussi. C'est pourquoi toute personne ayant un intérêt à agir, le Ministère public ou le juge qui se saisit d'office peuvent mettre en mouvement la nullité absolue. Contrairement à la nullité relative, la nullité absolue ne peut être confirmée. Le délai de prescription de l'action est de dix ans.

c- La nullité totale et partielle

153. La nullité diffère de l'inexistence et de la clause réputée non écrite. Certains considèrent que la clause réputée non écrite est, au-delà de la modification du contrat par le juge, une figure de la nullité partielle[940]. L'article 1184 issu de l'ordonnance 2016 reprend cette

---

[937] G. MANGIN, *Généralités sur les contrats civils et commerciaux*, in Encyclopédie juridique de l'Afrique, op.cit., p.34.

[938] P.BOUREL, *La formation du contrat en droit sénégalais, Réflexions sur la modernité du Code des obligations civiles et commerciales*, op.cit., p.52.

[939] G. RIVES, *Théorie générale des obligations*, op.cit., p.18, n°14.

[940] A. LECOURT, *Fiches de droit des obligations*, op.cit., p.150.

distinction. A travers cette disposition, le critère de distinction de la nullité partielle c'est le caractère déterminant ou pas de la clause. Dans le premier cas, le contrat entier disparaît, tandis que dans le second cas, la clause est réputée non écrite. En effet, l'article 1184 est une reprise de la jurisprudence ayant opéré une synthèse entre les articles 900 et 1172 ancien du Code civil. Pour éviter que la suppression d'une clause même non déterminante ne nuise aux intérêts des parties, celles-ci insèrent le plus souvent des clauses d'invisibilité.

Le législateur sénégalais, dans le COCC, aborde la question de la nullité partielle à l'article 94. Cette nullité porte sur des clauses accessoires. Ce faisant, les autres clauses demeurent valables. Le maintien du contrat est également une réalité lorsque la cause de nullité demeure la faute d'une partie

Le contrat nul produit des effets. Cette situation s'apprécie aussi bien en droit sénégalais que français.

3- Les effets de la nullité

L'article 91 du COCC et 1178 issu de l'ordonnance du 10 février 2016 posent la règle selon laquelle le contrat nul est censé n'avoir jamais existé. Cette rétroactivité devant entraîner restitution (a) connait des limites (b). Mais au préalable, il faut faire remarquer que nullité absolue et nullité relative ont les mêmes effets même si leurs conditions d'exercice ne sont pas identiques.

a- La rétroactivité

La rétroactivité produit des effets pour l'avenir notamment lorsque la nullité est prononcée avant exécution et pour le passé en cas de prononciation de celle-ci après exécution. Pour faire simple, on dira que si la nullité d'un contrat qui n'a jamais été exécuté est prononcée, il n'y aura guère de restitution. En revanche, s'il y a eu un début d'exécution, l'acte nul ne produira aucun effet pour le futur et les effets passés sont effacés.

Le législateur sénégalais précise bien que les parties doivent restituer ce qu'elles ont reçu. Les restitutions sont les conséquences obligées de l'annulation. Pour la première chambre civile de la Cour de cassation, les restitutions réciproques, conséquences nécessaires de la nullité d'un contrat de vente, peuvent être exécutées en nature ou en valeur[941] ».

---

[941] Civ. 1re, 17 juill. 1996, Bull. civ. I, n° 331

Si c'est une chose autre qu'une somme d'argent, la restitution se fera en nature et si celle-ci est impossible, en valeur. La restitution de somme d'argent obéit au principe du nominalisme monétaire. En droit français, les règles concernant la restitution sont prévues dans les articles 1352 à 1358-9 nouveau du Code civil.

154. La restitution se fera en nature pour les choses fongibles et par équivalent pour les corps certains notamment si la chose est perdue, détruite.

La restitution du côté du vendeur peut ne pas poser problème contrairement à l'acquéreur, surtout lorsqu'il a détruit l'objet ou l'a revendu ou tout simplement lorsque le bien ne peut être restitué en l'état. Dans ces différentes hypothèses, la restitution en valeur est admise.

Cependant, la restitution est par moment limitée et impossible. Elle est limitée en présence d'un contrat conclu par un incapable. Impossible, dans les contrats immoraux. En droit des sociétés, la nullité d'une société entraîne sa dissolution et non la rétroactivité.

b- Les obstacles à la rétroactivité

Ils tiennent à la nature du contrat. C'est ainsi que la nullité d'un contrat à exécution successive ne rétroagit pas. Ainsi, on ne peut pas faire comme si, dans un contrat de travail, le salarié n'a pas travaillé. Le défaut de restitution est invoqué en présence d'un contrat immoral. L'article 93 du COCC dispose que celui qui a exécuté un contrat contraire aux bonnes mœurs ne peut obtenir la répétition de sa prestation. L'adage *nemo auditur* ne s'oppose « pas à l'action en nullité mais seulement, le cas échéant, à l'exercice des actions en restitution consécutives à la nullité du contrat[942] ».

Un autre obstacle tient à l'incapacité. En effet, l'incapable ne doit quant à lui restituer que ce qui reste dans son patrimoine au moment de l'annulation du contrat.

En principe, lorsque les droits de l'auteur disparaissent de façon rétroactive, ceux de l'ayant cause à titre particulier ne subsistent pas dans la mesure où nul ne peut transmettre à autrui plus de droits qu'il n'en a lui-même. Mais la règle en fait de meuble possession vaut titre vise à protéger l'ayant cause à titre particulier. En outre, si le tiers est de bonne foi, les actes d'administration du bien demeurent valables.

---

[942] J. MESTRE, B. FAGES, *Conséquences de l'annulation*, RTD civ. 2003. 284.

Parfois, les actes de disposition sont parfois maintenus au profit de l'acquéreur de bonne foi. C'est la règle que nous venons d'évoquer. Ce sont les effets de la rétroactivité à l'égard des tiers.

Si le législateur sénégalais s'en tient à la nullité comme unique sanction de condition de formation, tel n'est pas le cas de son homologue français.

B- La responsabilité et la caducité, sanctions supplémentaires des conditions de formation et de disparition d'une condition de validité en droit français

Tour à tour nous examinerons la responsabilité découlant de la nullité (1) et la caducité (2).

1- La responsabilité découlant de la nullité

155. Aux termes de l'article 1178 alinéa 4 issu de l'ordonnance du 10 février 2016, « Indépendamment de l'annulation du contrat, la partie lésée peut demander réparation du dommage subi dans les conditions du droit commun de la responsabilité extracontractuelle ». C'est le cas en présence d'un dol ou d'une violence

La nature de la responsabilité tient au fait que nous sommes dans la phase de formation et non d'exécution du contrat.

La réparation se fait en principe par équivalent. Ainsi, celui qui a subi un préjudice du fait de la nullité doit prouver une faute, un dommage et un lien de causalité entre la faute et le dommage. C'est l'exemple de la victime d'un dol. La réparation peut néanmoins être en nature, en empêchant que la personne qui est à l'origine de la nullité puisse agir en nullité ou invoquer l'exception de nullité. Justement, c'est à travers cette réparation en nature en l'occurrence le maintien du contrat que le législateur sénégalais appréhende la problématique de la responsabilité consécutive à la nullité.

2- La caducité

La caducité ne sanctionne pas le défaut d'une condition de validité au stade de la formation du contrat, mais au contraire la disparition d'une telle condition postérieurement à la formation d'un contrat valable. C'est, par exemple, la non-survenance d'un évènement nécessaire à la perfection du contrat, telle une condition qui ne serait pas remplie.

L'article 1186 du Code civil se borne d'ailleurs à reprendre la définition classique[943].

En principe, la caducité ne rétroagit pas, même si elle met fin au contrat. Mais le législateur français laisse au juge le soin de décider ce qu'il faut en faire. C'est qu'à l'alinéa 2 de l'article 1187, il est dit que la caducité peut donner lieu à restitution dans les conditions prévues aux articles 1352 à 1352-9.

Une fois conclu conformément aux exigences légales, le contrat produit des effets.

SECTION 2 : LES EFFETS DU CONTRAT

156. Le contrat obéit à un certain nombre de principes à savoir la liberté contractuelle, la force obligatoire et l'effet relatif du contrat. Il faudra d'abord définir le principe. Les principes juridiques ne se laissent pas saisir facilement. Cela G. RIPERT l'a rappelé en ces termes : « Les principes juridiques sont abondamment mis à contribution pour ne rien exprimer, asservis à la rhétorique. Tel homme public en appelle aux grands principes du droit se gardant d'en nommer un seul pour soutenir une pensée hostile ; mais en réalité, il recherche au travers de cette incantation politique des vêtements magnifiques pour des opinions discutables[944]». Condillac n'est pas en reste. Pour lui « Principe est synonyme de commencement ; et c'est dans cette signification qu'on l'a d'abord employé ; mais ensuite à force d'en faire usage, on s'en est servi par habitude, machinalement, sans y attacher d'idées, et l'on a eu des principes qui ne sont le commencement de rien[945] ». Dans tous les cas, les auteurs décèlent trois sortes de principes : une conception ontologique, les principes de finalité et les principes normatifs.

Peut-on dire que le législateur français, dans le cadre de la réforme du droit des contrats a consacré des principes directeurs comme en procédure civile ? M. LATINA, répond par la négative, même s'il ne nie pas que la bonne foi, la liberté contractuelle et la force obligatoire

---

[943] M.-C. RIEU et alii auctores, *Les opérations de financement à l'aune de la réforme du droit des Contrats*, Revues des Juristes de Sciences Po n° 13, Mars 2017, 5

[944] G. RIPERT, cité par P. MORVAN, *Principes*, in Dictionnaire de la culture juridique, op.cit., p.1201.

[945] CONDILLAC, *La logique ou les premiers développements de l'art de penser,* an III, seconde partie, Chap. VI.

sont inscrites, depuis la réforme du droit commun des contrats, au « frontispice » du droit des contrats, dans un chapitre premier consacré aux « dispositions liminaires ». Toujours selon lui, si elles n'ont pas, officiellement, le rang de principes directeurs, leur place démontre qu'elles structurent le droit des contrats, qu'elles en constituent la charpente[946].

157. Concernant la liberté contractuelle, il convient de préciser qu'elle a tour à tour bonne et mauvaise presse vu que son état du moment appelle des remarques bien contradictoires, tel évoquant son anéantissement et tel autre son apogée[947]. C'est dire que la liberté est par moment refoulée, et parfois exaltée. Le refoulement de la liberté contractuelle est dû à la montée en puissance de disciplines qui promeuvent un ordre public de protection à savoir le droit du travail ou le droit de la consommation. On peut citer l'exemple de l'interdiction des clauses abusives. Le droit de la concurrence n'est pas en reste d'autant que les clauses de prix minimum de revente imposé sont interdites, de même que les pratiques discriminatoires sont interdites. Dans les années 1997, la jurisprudence qui subordonnait la validité du contrat-cadre à la fixation des prix des contrats d'application a évolué[948]. L'exaltation de la liberté contractuelle se manifeste à travers les groupes de contrats, l'indivisibilité du contrat. Il faut dire que la relation contractuelle peut parfois être instrumentalisée à travers la naissance de nouvelles formes de contrats tels que celui de concession, de franchise, de transfert de renommée, de non sollicitation, de partenariat ou de joint-venture[949].

Avec l'ordonnance du 10 février 2016, la liberté contractuelle est consacrée à l'article 1102 nouveau du Code civil. Les différents aspects de la liberté contractuelle tiennent au fond et à la forme. Quant au fond, il y a la liberté de contracter ou de ne pas contracter, de choisir son cocontractant, de déterminer le contenu du contrat. La liberté contractuelle quant à la forme, englobe les deux catégories de formalisme : de validité et d'efficacité (*ad probationem* ou d'opposabilité[950]). En France, depuis une décision du 13 juin 2013, la

---

[946] M. LATINA, *Acte juridique*, Répertoire droit civil, n°99.

[947] J.M. MOUSSERON, « La renaissance (prolongée) du phénomène contractuel », in *Liber amicorum*, , op.cit.

[948] RTD Com., 1997, p.1 et s.

[949] J.M.MOUSSERON, op.cit., p.672.

[950] Voir l'article 1173 nouveau du Code civil en vertu duquel les formes exigées aux fins de preuve ou d'opposabilité sont sans effet sur la validité des contrats.

valeur constitutionnelle du principe de la liberté contractuelle a reconnue. Et pourtant, ce ne fut pas d'abord le cas, le Conseil constitutionnel se refusant d'accorder cette valeur au dit principe, avant de le rattacher à la liberté d'entreprendre et au principe général de liberté consacré par l'article 4 de la Déclaration des droits de l'homme de 1789.

158. En droit sénégalais, la liberté contractuelle est prévue à l'article 42 COCC. Le législateur à notre avis n'a prévu que la liberté contractuelle quant au fond. Quant à l'article 41, il consacre le principe du consensualisme non sans en atténuer la portée avec l'écrit et les autres formalités à observer pour la validité du contrat. Nous pensons ici aux contrats relatifs aux biens immeubles et à la remise d'une chose. Relativement à la valeur du principe de la liberté contractuelle nous estimons qu'il s'agit d'une liberté constitutionnelle eu égard au fait que le Déclaration des droits de l'homme de 1789 constitue un instrument juridique auquel le Sénégal adhère dans le préambule de sa constitution ; celle-là ayant la même valeur que celui-ci.

Au-delà de la liberté contractuelle, nous avons la force obligatoire et l'effet relatif du contrat. Mais vu que la détermination de la qualité de partie et de tiers est loin d'être évidente (PARAGRAPHE 1), nous aborderons d'abord cette question avant d'examiner les effets du contrat à l'égard du juge et des parties (PARAGRAPHE 2).

§1. L'indétermination de la notion de partie et de tiers

La distinction tiers et parties au contrat est objet de querelles doctrinales[951], tant dans les règles matérielles (A) que procédurales (B).

A- Dans les règles matérielles

C'est en droit des obligations que la notion de partie et de tiers a suscité le plus de controverse (1). Toutefois, ce débat n'est pas absent en droit des sociétés commerciales (2).

L'article 1172 a d'abord rappelé le principe du consensualisme. Quant à l'alinéa 2 de cette disposition, il atténue ce principe à travers les contrats conclus *ad validitatem* et les contrats réels.

[951] V. D. CHOLET, *La distinction des parties et des tiers appliquée aux associés*, Recueil Dalloz, 2004, n°16, pp.1141-1148.

1- En droit des obligations

Pour GHESTIN, les parties au contrat sont ceux qui ont voulu par leur accord de volonté conclure le contrat[952]. Ce sont les personnes qui ont conclu le contrat, soit directement, soit par leur représentant conventionnel ou légal[953]. Il y aurait deux catégories de parties : celles contractantes et celles liées c'est-à-dire les personnes qui, bien que n'ayant pas donné leur consentement au contrat, sont cependant titulaires actifs ou passifs des effets obligatoires engendrés par ce dernier[954]. Partant de cette distinction, l'auteur est arrivé à la conclusion selon laquelle les tiers sont les personnes qui ne sont pas liées par le contrat et se bornent à subir ou à profiter de son opposabilité[955]. Pour J. GHESTIN, le critère déterminant d'identification des parties c'est la phase d'exécution du contrat. Sont qualifiées de parties durant la phase d'exécution, le commettant, dans le cadre d'un contrat de commission, le débiteur ayant ratifié l'engagement de celui qui s'est porté-fort pour lui, le bénéficiaire de la stipulation pour autrui, les ayant-cause universels ou à titre universels, la société nouvelle dans le cadre d'une fusion, les cessionnaires dans le cadre d'une cession de créance.

De même, il existerait une catégorie intermédiaire entre les parties et les tiers à savoir les ayant cause à titre particulier et les créanciers chirographaires. Le critère d'identification des parties est purement volontariste. Dit autrement, les parties sont les personnes qui ont accepté d'être liées par les effets du contrat aussi bien au moment de la formation qu'à celui de son exécution.

Les ayant cause universels sont les personnes assimilées aux parties.

159. Pour GHESTIN, les tiers sont toutes les personnes liées par les effets du contrat alors qu'elles n'y ont pas consenti

Des auteurs tels que J.L.AUBERT[956] ne partagent pas ce point de vue de GHESTIN. Il y aurait à son avis une distorsion entre le cessionnaire de contrat qui demeure tiers et l'ayant universel ou à titre universel qui est partie alors que dans les deux situations il y a

---

[952] J. GHESTIN, *La distinction entre les parties et les tiers au contrat*, La Semaine Juridique Edition Générale n° 48, 25 Novembre 1992, I 3628, n°1.

[953] J. GHESTIN, op.cit., n°2.

[954] J. GHESTIN, op.cit., n°3.

[955] J. GHESTIN, Ibid.

[956] J.-L. AUBERT, *A propos d'une distinction renouvelée des parties et des tiers*, RTD civ. 1993. 263.

substitution respectivement au cédant et au *de cujus*. Thibierge[957]a une position conciliante car si elle est d'avis avec GHESTIN qu'il faut avoir une conception élargie de la notion de partie, c'est plutôt le fondement ou le critère qui demeure discuté. Cette position conciliante n'a pas manqué de faire réagir J. GHESTIN qui a reprécisé sa pensée[958].

2- En droit des sociétés

Les dirigeants de sociétés notamment commerciales passent des actes au nom de celles-ci. Ce faisant les associés desdites sociétés deviennent tiers aux actes des sociétés ayant la personnalité juridique. En revanche, si la société n'a pas de personnalité juridique, ce sont les associés qui seuls peuvent être considérés comme parties[959]. Mais, il faut relever que les associés sont également membres ou parties au groupement d'affaires, ce qui n'est pas pour simplifier l'identification. L'intérêt de spécifier la qualité des personnes en présence tient entre autres, en droit français, au fait que selon la jurisprudence, seuls les tiers sont admis à prouver une faute détachable ou extérieure aux fonctions du dirigeant[960], au-delà de la validité des clauses d'agrément[961], de la

[957] C. GUELFUCCI-THIBIERGE, *De l'élargissement de la notion de partie au contrat... à l'élargissement de la portée du principe de l'effet relatif*, RTD civ. 1994. 275.

[958] J.GHESTIN, *Nouvelles propositions pour un renouvellement de la distinction des parties et des tiers*, RTD civ. 1994. 777.

[959] D. CHOLET, *La distinction des parties et des tiers appliquée aux associés*, op.cit., n°1.

[960] En droit français, c'est dès le début des années 1980 que cette jurisprudence a été amorcée (Cass.com. 8 mars 1982, Revue sociétés 1983, p.573, note Y. GUYON). En 1990, elle a clairement été formulée (Cass.com. 22 janvier 1991. V . B. PETIT et Y. REINHARD, *Responsabilité civile des dirigeants*, RTDCom 1997, p.282). Si la faute n'est pas séparable, seule la société se trouve engagée. Pourtant, avant cette jurisprudence, les dirigeants pouvaient non seulement être condamnés solidairement avec la société, mais également ils ne sauraient s'exonérer en rapportant la preuve qu'ils avaient agi dans les limites de leurs fonctions (Cass.com. 28 novembre 1961, JCP 1962, II, 12504, note J.R ; RTDCom 1962, p.425, obs. R. RODIERE). A l'égard de la société, peu importe que la faute soit détachable ou pas, la responsabilité du dirigeant est engagée en cas de faute gestion, d'infractions aux lois et règlements et de violation des statuts. La jurisprudence ainsi que le doctrine se semblent pas d'accord avec cette position notamment lorsque l'on exigible la preuve d'une faute détachable à l'associé car c'est comme si on le considérait comme un tiers (V. Par exemple, Cass. Com 15 janvier 2002, Bull. Joly 2002, p. 689, note S. SYLVESTRE). Voir également la jurisprudence qui refuse à l'associé d'exercer l'action oblique pour

distinction entre action sociale et individuelle, du régime de responsabilité du dirigeant, des effets du contrat conclu par la société à l'égard des associés[962]. Il existe une divergence entre les juges du fond pour qui les associés sont des tiers et la Cour de cassation qui adopte une position contraire. Si l'on part de l'idée selon laquelle la société est une technique de séparation du patrimoine personnel de celui professionnel, on n'hésitera pas à qualifier les associés de tiers[963]. De même, dans l'occurrence d'un contrat conclu entre l'associé et la société, celui-là est partie. Il en est ainsi lorsque l'associé exerce l'action *ut singuli*[964]. En droit OHADA, la faute séparable n'est pas exigée. En outre, la responsabilité solidaire de la société peut être mise en mouvement dans le cadre d'une action individuelle. Les notions de parties sont prévues aux articles suivants :10, 59, 149, 160-2, 247, 269-6, 280, 296, 319, 336, 353, 440, 581, 734, 744-1, 770, 771-2, 853-21 (partie est pris tantôt dans le sens d'associé, de contractant et de litigant). Quant à celle de tiers, elle est visée à l'article 17 AUSCGIE.

B- En procédure civile

160. De façon simple, les parties sont les demandeurs et défendeurs ou les personnes représentées à ces actes[965]. En outre, il faut dire que même en droit des procédures collectives, il existe une imprécision quant à la qualité de partie[966]. Selon Florence BUSSY, il existe deux domaines essentiels dans lesquels la notion de partie est utilisée : le

---

le compte de la société contre ses créanciers (Revue des sociétés 2003, p.291, note B. SAINTOURENS).

961 En droit français, la jurisprudence a prohibé les clauses d'agrément en cas de cessions entre associés (Cass.com. 10 mars 1976, Bull.civ. IV, n°95 ; JCP 1976, II, 18406, note A. RABUT ; Revue des sociétés 1976, p.332, note J. HEMARD ; RTDCom 1976, p.533 ; Adde R. ROBLOT, *L'agrément des nouveaux actionnaires*, Mélanges D. BASTIAN, Litec, 1974, t.1, p.283.

962 D. CHOLET, *La distinction des parties et des tiers appliquée aux associés*, op.cit., p.1142, n°5.

963 La société est également une technique de groupement des volontés individuelles.

964 G. CHESNE, *L'exercice ut singuli de l'action sociale dans la société anonyme*, RTDcom, 1962, p.347 spécialement le n°18 et s.

965 D. CHOLET, *La distinction des parties et des tiers appliquée aux associés*, op.cit., n°1.

966 F. DERRIDA, *La notion de partie dans les décisions relatives au redressement et à la liquidation judiciaires des entreprises*, D. 1989, chron. p.77.

contrat et l'instance[967]. La raison est que le contrat et l'instance constituent deux instruments de production de normes qui associent es intéressés à leur élaboration et ces intéressés ne sont personnes d'autres que les parties[968]

Florence BUSSY a proposé deux critères : être tenu par un lien d'instance d'une part, et engagé dans le litige qui forme la matière de l'instance.

Le fait d'être tenu par le lien d'instance renvoie au critère formel. L'auteur part de l'idée selon laquelle le lien juridique prend naissance lorsque les parties introduisent l'instance. Est partie celui qui introduit l'instance et ce, même s'il n'a pas le droit d'agir. Comme le disent MM. Cornu et Foyer, la notion de partie n'est qu' « une notion procédurale ». Est également partie, l'intervenant volontaire, le Ministère public partie principale.

Relativement au critère matériel, sont parties ceux qu'une prétention oppose.

La nature de lien d'instance est discutée, de même que sa naissance[969]. Est-ce un lien contractuel, quasi-contractuel, légal ? L'instance prend-elle naissance lors de l'enrôlement ou la notification de l'acte de procédure au défendeur ? Telles sont les questions posées et qui n'ont pas reçu de réponse de la part du législateur. A notre avis, l'instance est de nature légale, même si elle contient une part de contractuel. En outre, l'instance naît par la saisine officielle du juge.

161. Dans tous les cas, il y a comme disait l'ordre un désordre relativement à la notion de partie dû à l'action de substitution, à l'action de groupe[970].

§2. Les effets du contrat à l'égard des parties et du juge

162. A l'égard des parties et du juge, un principe prévaut à savoir celui de la force obligatoire du contrat. Ce principe, symbole de la

---

[967] F. BUSSY, *La notion de partie à l'instance en procédure civile*, Le Dalloz, 2003, n°21, p.1376.

[968] F. BUSSY, Ibid, n°1.

[969] V.J. MAROTTE, *La fin d'une instance... introuvable : condition de la recevabilité du pourvoi en cassation*, D. 1999. 231. Pour l'auteur ce débat est clos.

[970] J. THERON, *Ordre et désordre dans la notion de partie*, RTD Civ. 2014 p. 231.

sécurité contractuelle (A) est parfois tempérée au nom de la justice contractuelle (B).

A- La force obligatoire, symbole de la sécurité contractuelle

De sécurité contractuelle il est question en droit sénégalais. Pour s'en convaincre, citons G. RIVES qui écrivait que : « *ce principe de la force obligatoire qui découle de la théorie de l'autonomie de la volonté, s'inspire en outre du souci d'assurer la sécurité des transactions. Cette dernière raison, d'ordre économique, revêt une importance toute particulière dans un pays en voie de développement*[971] ». C'est ce même souci qui a animé le législateur par le rejet de principe de la lésion comme cause de nullité du contrat sauf dans les cas prévus par la loi ; par l'instauration d'un juste équilibre entre les intérêts de la personne dont le consentement est vicié et son cocontractant[972]. La sécurité contractuelle s'apprécie tant au moment de la formation que de l'exécution du contrat même si en l'espèce nous ne l'envisageons que dans cette dernière phase[973]. Au regard du droit français, il semble que la sécurité contractuelle constitue un sous-ensemble de la sécurité juridique. En effet, ce dernier droit intègre dans son rayon la sécurité juridique : la bonne foi, dol, l'impossibilité de rétracter une offre avant l'expiration du délai fixé par son auteur ou à l'issue d'un délai raisonnable lorsque celui-ci n'est pas fixé, l'efficacité des avants contrats (l'article 1123 permet au bénéficiaire d'un pacte de préférence d'engager la responsabilité du promettant qui a violé le contrat. Si le tiers connaissait l'existence du pacte et l'intention du bénéficiaire de s'en prévaloir, ce dernier peut également agir en nullité ou demander au juge de le substituer au tiers dans le contrat conclu. Quant à l'article 1124, il dispose que la révocation de la promesse pendant le temps laissé au bénéficiaire pour opter n'empêche pas la formation du contrat promis. Si le tiers connaissait l'existence de ce contrat de promesse, celui conclu avec ce tiers est nul), protection des parties faibles (Aux

---

[971] G. RIVES, op.cit., p.24, n°19.

[972] J.-P. TOSI, *Le droit des obligations au Sénégal*, L.G.D.J, 1981, p.71, n°159.

[973] V. Egalement P. BOUREL, in *La formation du contrat en droit sénégalais, réflexions sur la modernité du Code des obligations civiles et commerciales,* Revue sénégalaise de droit 1969, p.42, n°c pour qui l'analyse des intentions à laquelle conduit le système de l'autonomie de la volonté n'est donc souvent qu'une illusion. (…) Cette analyse aboutit selon l'auteur à des conséquences dangereuses pour la sécurité des relations juridiques.

termes de l'article 1143 lorsqu'une partie abuse de l'état de dépendance dans laquelle se trouve son cocontractant et obtient de ce dernier de lui un engagement qu'il n'aurait pas souscrit en l'absence d'une telle contrainte et e tire un avantage excessif, il y a violence économique, clauses abusives avec l'article 1171, 1170.

1- Les personnes assujetties à la force obligatoire

Il s'agit des parties (a) et du juge (b).

a- La force obligatoire et les parties

Trois idées sont à développer : l'exécution de bonne foi du contrat, l'irrévocabilité (mettre fin au contrat) et l'intangibilité (révision).

163. Qu'est-ce la bonne foi ? Le législateur sénégalais n'en donne aucune définition, même s'il n'ignore pas la notion.

164. L'intangibilité du contrat à l'égard des parties signifie que ce que la volonté a fait, seule la volonté peut le défaire. A l'égard du juge, c'est l'impossibilité pour ce dernier de modifier le contenu du contrat (force obligatoire à l'égard des parties). La révision du contrat, qui doit être entendue comme l'acte juridique par lequel les parties conviennent de changer, en cours d'exécution, un ou plusieurs de ses éléments qui les lient, sans pour autant y mettre fin[974].

L'ordonnance du 10 février 2016 a favorisé la remise en cause de la rigueur du principe d'intangibilité des conventions à travers un accroissement du pouvoir du juge, mais également des parties, d'imposer une révision contractuelle[975].Il s'agit de l'article 1195 issu de l'ordonnance du 10 février 2016.

165. L'unilatéralisme existe en droit des contrats et plusieurs vocables sont utilisés pour mettre en évidence cette manifestation : droits potestatifs, prérogatives, facultés ou encore pouvoirs[976]. Il s'agit

---

[974] N. LAHNANE, *L'inflexion nécessaire du principe d'intangibilité du contrat : étude comparée entre droit des sociétés et droit commun des contrats*, AJ contrat 2017, p.475 ; A. GHOZI, *La modification de l'obligation par la volonté des parties, Étude de droit civil français*, préf. D. Tallon, LGDJ, 1980, n° 26.

[975] N. LAHNANE, L'inflexion nécessaire du principe d'intangibilité du contrat : étude comparée entre droit des sociétés et droit commun des contrats AJ contrat 2017, p.475 ; Y. PICOD, « Le charme discret de l'imprévision à la française », AJCA 2015. 441

[976] V. L'ensemble des contributions hostiles à l'unilatéralisme in C. Jamin et D. Mazeaud (dir.), *L'unilatéralisme et le droit des obligations*, Economica, 1999 ; Adde P. LOKIEC, *La décision et le droit privé*, D. 2008. 2293.

de la puissance de la volonté unilatérale, qui se voit conférer par le contrat le pouvoir d'agir sur la situation existante, par exemple en modifiant ou en éteignant le contrat, ou de créer une nouvelle situation juridique, à l'instar du droit d'option dans les promesses unilatérales de contrat. Les droits potestatifs se caractérisent ainsi par un pouvoir arbitraire, soumis à la seule volonté individuelle, et un pouvoir de sujétion, permettant d'imposer des effets de droit au cocontractant[977]. Les manifestations de l'unilatéralisme sont visibles aux articles 1164, 1165, 1226.

On perçoit l'unilatéralisme dans les clauses d'acquisition d'entreprises[978]. Il faut rappeler que l'unilatéralisme peut être contractuel ou légal. Au sein de l'unilatéralisme contractuel nous pouvons citer la faculté de repentir à travers le dédit et le versement des arrhes (V. Egalement l'article 98 COCC, 330 COCC). Les arrhes se distinguent des acomptes (V.310 COCC). L'acompte est un paiement partiel et anticipé du prix de la vente n'ouvrant droit à aucune faculté de repentir

Il existe néanmoins un obstacle classique à l'unilatéralisme à savoir l'essence bilatérale du contrat, la force obligatoire et un contrôle de celui-là. C'est l'exemple de la prohibition des clauses créant un déséquilibre significatif dans le contrat d'adhésion.

Dans tous les cas, ce que les parties ont décidé s'impose au juge.

b- Laforce obligatoire et le juge

166. Étant donné que le contrat est la chose des parties, le juge doit en principe jouer un rôle passif en présence de celui-ci. Deux questions seront abordées en l'espèce : celle de la modification ou révision du contrat et celle de son interprétation.

167. le législateur sénégalais, s'inspirant de la jurisprudence française, rejette l'imprévision en matière civile vu qu'il l'admet en matière administrative. En effet, dans l'arrêt Canal de Craponne, le juge décide ceci « *dans aucun cas, il n'appartient aux tribunaux, quelque équitable que puisse leur paraître leur décision, de prendre en considération le temps et les circonstances pour modifier les*

---

[977] A. ETIENNEY-DE SAINTE MARIE, *La validité des prérogatives contractuelles après la réforme du droit des contrats*, Recueil Dalloz 2017 p.1312.

[978] J. GRANOTIER, *Le droit unilatéral de rompre le contrat : de la faculté de dédit à la clause de « break-up fees »*, D. 2014. 1960.

conventions des parties et substituer des clauses nouvelles à celles qui ont été librement acceptées par les cocontractants[979] ».

En droit français, la jurisprudence Canal de Craponne a été tempérée dans plusieurs décisions de justice qui font usage de la bonne foi[980] et de la cause[981]. En effet, six articles composent les effets du contrat entre les parties. Les articles 1193 à 1195 sont relatifs à la force obligatoire du contrat. L'innovation majeure réside dans le remaniement des règles de l'imprévision. L'article 1195 définit l'imprévision en ces termes : « Si un changement de circonstances imprévisible lors de la conclusion du contrat rend l'exécution excessivement onéreuse pour une partie qui n'avait pas accepté d'en assumer le risque, celle-ci peut demander une renégociation du contrat à son cocontractant ».

Si le principe de la renégociation est refusé ou en cas d'échec de celle-ci, la résolution conventionnelle peut être une option ou demander conjointement au juge d'adapter le contrat. Si dans un délai raisonnable aucun accord n'est obtenu, le juge peut réviser le contrat ou y mettre fin à la demande d'une partie. On note que le législateur accorde un choix aux parties qui peuvent mettre fin d'un commun accord le contrat ou saisir le juge à cet effet lorsque dans un délai raisonnable, elles n'ont pas trouvé un terrain d'entente

168. Le contrat ne peut être bien exécuté que s'il est lisible. A défaut, il mérite d'être interprété. L'interprétation est l'opération intellectuelle nécessaire pour clarifier un acte obscur ou équivoque. Un acte est obscur lorsque, par manque de clarté, son sens est indiscernable. Ici, le juge interprète les clauses les unes par les autres et tient compte des circonstances de la cause.Un acte est équivoque lorsque ses clauses, bien que claires considérées isolément, sont

---

979 Civ., 6 mars 1876, DP 1876. 1. 193 ; S. 1876. 1. 161

980 (Soc., 25 févr. 1992, n° 89-41.634, Bull. civ. V, n° 122 ; D. 1992. 390, note M. DEFOSSEZ ; *ibid.* 294, obs. A. LYON-CAEN ; RTD civ. 1992. 760, obs. J. MESTRE - Com., 3 nov. 1992, n° 90-18.547, Bull. civ. IV, n° 338 ; D. 1995. 85, obs. D. FERRIER ; RTD civ. 1993. 124, obs. J. MESTRE - Com., 24 nov. 1998, n° 96-18.357, Bull. civ. IV, n° 277 ; D. 1999. 9 ; RTD civ. 1999. 98, obs. J. MESTRE; *ibid.* 646, obs. P.-Y. GAUTIER.

981 Com., 29 juin 2010, n° 09-67.369, NP ; D. 2010. 2481, note D. MAZEAUD ; *ibid.* 2485, note T. GENICON ; *ibid.* 2011. 472, obs. S. AMRANIMEKKI et B. FAUVARQUE-COSSON ; RTD civ. 2010. 782, obs. B. Fages ; *ibid.* 2011. 87, obs. P. DEUMIER.

contradictoires de sorte que l'ensemble n'a plus de sens[982]. L'article 102 du COCC consacre cette situation.

Ainsi, un contrat clair et précis, ne peut, sous peine de dénaturation, être interprété. En la matière, la règle est qu'au-delà des termes du contrat, le juge doit interpréter la commune volonté des parties. On demande ce faisant au juge de rechercher la volonté réelle des parties, moins celle déclarée qui prévaut par exemple en droit allemand. Pourtant, dans la pratique des affaires, l'interprétation de la volonté déclarée est la méthode traditionnelle. Ces situations traduisent l'idée d'interprétation subjective. C'est également le cas en l'absence de volonté contraire où on opte pour une interprétation *in favorem*[983].

Dans certaines hypothèses, l'interprétation est objective. C'est le cas, en l'absence de volonté exprimée. Dans cette occurrence, on se réfère à la loi, bonne foi, équité et aux usages. Cette règle est consacrée à l'article 103 du COCC intitulé « *lacune dans le contrat* », pendant de l'article 1135 ancien du Code civil devenu article 1194 issu de l'ordonnance du 10 février 2016. Sur la base de cette disposition, le juge français a imposé des obligations aux parties alors qu'elles n'y avaient pas pensé ou ne les avaient pas prévues. C'est la technique du forçage du contrat[984]. L'obligation de sécurité a été découverte en 1911 grâce à cette disposition. Une autre obligation que l'on peut citer est l'obligation contractuelle d'information qui impose au débiteur de délivrer certains renseignements à l'autre partie et qu'il ne faudrait pas confondre avec l'obligation précontractuelle d'information. Cette obligation est complétée par une obligation de conseil à la charge de certains professionnels tels que les notaires, avocats, banquiers[985].

Afin de canaliser les pouvoir du juge, des clauses d'interprétation sont le plus souvent insérées dans le contrat[986]. En outre, la Cour de

---

[982] F. XAVIER TESTU, *Éléments de compréhension du contrat*, Dalloz référence Contrats d'affaires, 2010, Chapitre 37.

[983] V. En droit français, l'article L133-2 alinéa 2 du Code de consommation qui dispose qu'en cas de doute, les clauses des contrats proposés par les professionnels aux consommateurs s'interprètent dans le sens le plus favorable au consommateur ou au non-professionnel. V. B. BOULOC, *Conditions générales des contrats. Clause ambiguë. Interprétation. Sens favorable au consommateur*, RTD com. 2003. 559

[984] L. JOSSERAND, *Le forçage du contenu contractuel* , Etudes Ripert, LGDJ, 1950, t.II, pp.340 et s.

[985] C. LACHIEZE, Droit des contrats, op.cit., p.179, n°371.

[986] F. XAVIER TESTU, *Éléments de compréhension du contrat*, Dalloz référence Contrats d'affaires, Chapitre 37, 2010.

cassation française contrôle la dénaturation, la qualification du contrat et unifie l'interprétation des contrats types.

169. A l'article 238 AUDG, le législateur de l'OHADA propose une interprétation du contrat qui diffère de celle du COCC. C'est ainsi que lorsque la clause est ambiguë, la volonté d'une partie doit être interprétée selon le sens qu'une personne morale aurait déduit de son comportement. On peut affirmer qu'il s'agit d'une référence à un bon père de famille. Mais à l'alinéa 2 de la même disposition on se rend compte que la détermination de la volonté se fait in concreto c'est-à-dire en tenant compte des circonstances de fait notamment les négociations ayant eu lieu entre les parties, les pratiques qui se sont établies entre elles, les usages en vigueur dans la profession concernée.

170. Le contrat est la tentative la plus hardie qui se puisse concevoir pour établir la domination de la volonté humaine sur les faites, en les intégrant d'avance dans un cadre de prévision[987]. A travers cette affirmation, l'auteur veut démontrer que le contrat constitue un bel instrument de gestion du risque[988]. Il s'agit là d'une réanimation de la force obligatoire[989]. Ainsi, les parties peuvent se prémunir contre les aléas du temps en insérant dans leur contrat des clauses d'adaptation telles que les clauses d'échelle mobile et les clauses de *hardship.*

171. Tout comme la liberté contractuelle, la force obligatoire du contrat vacille entre refoulement et exaltation. En effet, s'agissant de l'atténuation de la force obligatoire du contrat, elle est le fait du législateur et du juge. Il arrive que dans un souci de protection d'une partie faible, le législateur remette en cause la force obligatoire du contrat. C'est l'exemple du droit de rétractation. Concernant le juge, il convient de citer un auteur selon qui « au cours des dernières années passées comme, probablement, des prochaines, le juge national sera le « serviteur » du contrat. Mais il a été-et sera-plus que jamais sollicité d'en être aussi le « censeur » veillant au respect des règles multipliées, à l'encontre de la liberté contractuelle… et davantage, peut-être, le « sauveur », modifiant le contrat lorsqu'une perturbation de son environnement en perturbe l'équilibre ou qu'une irrégularité en menace

---

987 M. HAURIOU, *Principes de droit public*, Libr. Sirey, 2e édition., 1916, p.106.

988 J.M. MOUSSERON, « *La gestion des risques par le contrat* », RTDCiv., 1988, p.481.

989 J.M.MOUSSERON, *La renaissance (prolongée) du phénomène contractuel, op.cit.*, p.677.

l'existence[990] » ; Le juge censeur est celui qui accorde des délais de grâce, assure la sauvegarde de l'équilibre du contrat, prononce la réfaction du contrat. Le juge sauveur du contrat est celui qui l'annule partiellement, substitue une clause régulière par celle qui ne l'est pas.

Ces différents développements, du moins certains d'entre eux pourraient être examinés dans la partie réservée à la justice contractuelle. C'est dire que le juge n'est pas forcément un arbitre qui se charge de compter les points en présence d'un contrat. Mais son rôle varie selon qu'on est en droit sénégalais et français. Au-delà de ce constat, on peut se poser la question de savoir quel est le fondement de la force obligatoire du contrat.

2- Le fondement de la force obligatoire

Parler du fondement de la force obligatoire du contrat revient à répondre à la question de savoir pourquoi celui-ci doit être respecté. Eu égard aux nombreuses théories échafaudées, un auteur en a conclu qu'il s'agit d'une véritable arlésienne[991]. Parmi les fondements les plus visibles, nous avons l'autonomie de la volonté (a), l'utile et le juste (b), les attentes légitimes (c).

a- L'autonomie de la volonté

Selon cette théorie, la liberté de l'individu a le pouvoir de créer sa propre loi. Elle est une conception du contrat. L'une des justifications réside dans le fait que dans la théorie du contrat social, la loi trouve sa force dans la volonté des sujets de droit.

Pourtant, Portalis disait que si l'on part de l'idée qu'il faut parer à tout le mal et à tous les abus, on accordera qu'une protection ruineuse aux citoyens et le remède sera pire que le mal. C'est une manière de mettre en évidence le rôle de la loi en matière contractuelle[992]

b- L'utile et le juste

L'autonomie de la volonté est combattue par des auteurs qui non seulement doutent de son existence, mais lui dénient toute possibilité de constituer un fondement de la force obligatoire du contrat. Dans cette

---

[990] J.M. MOUSSERON, *Technique contractuelle*, éd. Fr. Lefebvre, 1988, n°1362, p.531.

[991] M. LATINA, *Contrat*, Répertoire de droit civil, Mai 2017, n°135.

[992] V.A. BENABENT, *Droit des obligations*, 15e édition, L.G.D.J, 2016, p.40, n°33.

dernière hypothèse, nous pouvons citer J. GHESTIN qui écrivait que « *le rejet du dogme de l'autonomie de la volonté permet, en effet, de ne plus déduire le domaine des effets obligatoires du contrat de la délimitation du cercle des personnes qui les ont voulus. Il suffit alors de constater, ou plus exactement de rechercher, les personnes auxquelles le droit objectif doit opportunément appliquer les effets obligatoires du contrat, en fonction des principes d'utilité sociale et de justice contractuelle*[993] ».

172. Le fondement de la force obligatoire est, selon certains auteurs, et à la suite des économistes : l'utile et le juste. L'utilité doit être économique[994]. Toujours selon J. GHESTIN, mais cette fois-ci dans son article consacré à la distinction entre tiers et partie, c'est le droit objectif qui constitue le fondement de la force obligatoire[995].

Quelle est la position des commentateurs du COCC vis-à-vis de l'autonomie de la volonté ?

Pourtant, les tenants de la théorie réaliste rejettent la définition que GHESTIN donne du contrat. En effet, pour ce dernier, le contrat est un accord de volontés visant à produire des effets de droits, conforme au droit positif et qui s'intègre dans le cadre de certains principes généraux du droit et/ou de la morale[996]. Partant de cette définition, trois idées méritent d'être retenues : l'accord de volontés, la conformité a droit positif et l'intégration du contrat dans des principes généraux du droit tels que la justice, l'utilité, l'équité, l'intérêt général, la bonne foi. Comme le disait GOUNOT « Vainement donc on chercherait dans la notion de volonté libre le fondement du contrat. Il faut absolument faire intervenir l'idée d'une nécessité sociale objective ou quelque principe supérieur de justice (...). C'est en effet, nous l'avons vu, au nom du

---

[993] J. GHESTIN, op.cit., n°4. L'auteur ne nie toutefois pas l'importance du rôle essentiel de la volonté en tant que caractère du contrat par rapport aux autres sources de création d'obligations juridiques puisqu'il écrit qu'il ne peut y avoir contrat et parties à un contrat, liées en tant que telles par les effets obligatoires de celui-ci, que dans la mesure où ce lien obligatoire a fait l'objet d'une manifestation de volonté.

[994] J. GHESTIN, op.cit., p.279. L'utilité pour l'auteur se manifeste par la sécurité juridique et la coopération.

[995] J. GHESTIN, op.cit, n°1 : "*c'est le droit objectif, et non la volonté autonome des parties, qui détermine finalement les effets déclenchés par l'accord des volontés* ».

[996] J. GHESTIN, *La notion de contrat*, Droits, PUF, n°12, 1990, p.7 cité par P.-Y. GAHDOUN, *Les apports de la théorie réaliste de l'interprétation à la notion de contrat*, Recueil Dalloz 2005, p.1517.

bien commun que la société sanctionne le contrat. Or- et ceci ne peut faire l'ombre d'un doute- le seul contrat conforme au bien commun, le seul qui soit orienté vers la satisfaction maxima des besoins légitimes de chacun et de tous, le seul aussi qui unisse les hommes, qui stimule et régularise tout à la fois le jeu normal des activités individuelles en concours, c'est le contrat juste »[997].

c- L'attente légitime

La paternité de la théorie des attentes légitimes est attribuée au Doyen Carbonnier « ce qui fonde la force obligatoire du contrat, c'est l'attente du créancier, qui ne doit pas être déçue. Corollaire : le débiteur n'est obligé que dans la limite de ce qu'attendait le créancier, de ce à quoi il pouvait s'attendre raisonnablement[998] » La confiance faite par le créancier au débiteur. Elle fait écho à la théorie américaine de la reliance[999].Le concept de « reliance » est d'ailleurs plus intense que la confiance légitime ou les attentes légitimes et figure dans l'ordre juridique communautaire selon la Cour de justice des Communautés européennes[1000]. Dans les pays de la *commonlaw*, la *reliance* est mise en valeur par l'estoppel entendue comme l'incohérence comportementale d'une personne envers une autre partie dans le cadre d'une relation contractuelle, délictuelle ou informelle alors que dans les pays de droit civil, on fait plutôt recours à la bonne foi, au devoir de loyauté et de cohérence[1001].

Si la force obligatoire est le symbole de la sécurité juridique, la justice contractuelle est celui de la bienveillance.

B- La justice contractuelle, symbole de la bienveillance

Pour les jurisconsultes du 17e et 18esièclesla justice se trouve dans la commutativité et l'échange. De façon récente, les auteurs favorables à

[997] E. GOUNOT, *Le principe de l'autonomie de la volonté en droit privé- Contribution critique à l'étude de l'individualisme juridique*, thèse, Dijon, A. ROUSSEAU, 1912.

[998] J. CARBONNIER, *Introduction*, dans CADIET [dir.], L'évolution contemporaine du droit des contrats, 1986, PUF, p. 34 s.

[999] J. SCHMIDT-SZALEWSKI, *La force obligatoire à l'épreuve des avant-contrats*, RTD civ. 2000. 25.

[1000] B. FAUVARQUE COSSON (dir.), *La confiance légitime et l'estoppel* compte rendu de M.-H. MALEVILLE-COSTEDOAT, RTD civ. 2007. 826.

[1001] B. FAUVARQUE COSSON (dir.), *La confiance légitime et l'estoppel* compte rendu de M.-H MALEVILLE-COSTEDOAT, RTD civ. 2007. 826.

l'existence d'un principe de proportionnalité réclament plus de justice dans le contrat, en faisant jouer un rôle de premier plan à la cause. C'est certainement sans compter sur ceux qui craignent un arbitraire de la part du juge

Pour J.-Marie Guéguen, le déséquilibre fait perdre au contrat sa raison d'être, son utilité sociale. De même, la justice contractuelle résiderait dans la cause objective ou de l'obligation[1002].

173. Le droit des obligations se nourrit de concepts tels que la bonne foi, la loyauté. Il en est de même de celui d'économie du contrat. Pour parler d'absence de cause dans les ensembles contractuels, on peut faire allusion à la notion d'économie du contrat[1003]. C'est également le cas lorsque le juge français a opéré une subjectivisation de la cause objective. Ainsi, dans l'arrêt Cassettes Vidéo, le contrat de location de cassettes a été annulé pour défaut de contrepartie réelle parce que le preneur ne tirait aucune utilité de celui-ci[1004].

Le juge français est certainement sensible aux idées des tenants du solidarisme contractuel. Le professeur PUIG pense que le solidarisme contractuel n'est pas antinomique de la philosophie de l'analyse économique du droit en ces termes : « loin d'opposer ces deux approches du phénomène contractuel, il convient d'observer que la plupart des solutions alimentant la nouvelle devise contractuelle « loyauté, solidarité, fraternité » peuvent également se fonder sur une approche économique dont l'utilitarisme serait le maître mot[1005] ».

Une nouvelle conception de la cause est préconisée par la doctrine[1006]. Elle permet au juge de contrôler l'équilibre économique du contrat. Le prolongement de cette idée a permis à certains auteurs d'admettre l'existence d'un principe de proportionnalité, d'équilibre contractuel et de cohérence[1007].

[1002] J.-M. GUEGUEN, *Le renouveau de la cause en tant qu'instrument de justice contractuelle*, D. 1999. 352.

[1003] Sur l'inutilité de cette notion de même que l'insécurité juridique qu'elle risque d'engendrer, V. J. MOURY, *Une embarrassante notion : l'économie du contrat*, D. 2000. 382 et J. MESTRE, *L'économie du contrat*, RTD civ. 1996. 901.

[1004] J. MESTRE, B.FAGES, *Le texte de la clause invoquée était contradictoire avec l'économie générale du contrat* , RTD civ. 2000. 325.

[1005] P.PUIG, *Les techniques de préservation de l'exécution en nature*, Revue des contrats, février 2005, p.89, n°11.

[1006] J.MESTRE, obs. RTDciv. 1997, p.418 ;J.-P. CHAZAL, *Théorie de la cause et justice contractuelle. A propos de l'arrêt Chronopost*, JCP 1998, I, 152.

[1007] V. C. LACHIEZE, *Droit des contrats*, 3e édition, Ellipses, 2012, pp.117-118.

Et pourtant, l'immixtion du juge dans le contrat n'est pas bien vue par tous notamment ceux qui considèrent qu'on assiste à une subjectivation de la cause objective[1008]. Il y a donc comme disait un auteur, une querelle de la cause[1009].

Dans tous les cas, la cause est invoquée au moment de la formation du contrat, de son exécution (économie du contrat, obligation essentielle) et dans les groupes de contrats.

En consacrant le contrat d'adhésion à l'article 1171 nouveau, le législateur français se préoccupe de justice contractuelle tant à la formation qu'à l'exécution du contrat. Un auteur a rappelé que quelle que soit la conception du contrat retenue, on constate que dans chaque droit, un équilibre est recherché entre la liberté contractuelle d'un côté, et la justice contractuelle, de l'autre[1010]. Depuis la réforme, les articles 1170 consacrent la jurisprudence Chronopost et Faurécia.

A travers l'article 1170, le Code civil entend viser, et de manière tout à fait justifiée, les seules clauses qui abandonnent, directement ou indirectement, au seul bon vouloir du débiteur l'exécution de son obligation principale[1011]. Au même titre que les articles 1168, 1169, l'article 1170 se préoccupe d'équilibre financier.

L'obligation essentielle est visée à l'article 1170 nouveau. L'obligation essentielle est l'expression directe de la cause qui apparaît, elle, comme le critérium de l'obligation essentielle. Ce concept, initialement utilisé en tant qu'instrument de classification et de qualification des contrats, repose sur l'idée selon laquelle chaque contrat spécial se définit par des obligations nécessaires et irréductibles. Il est désormais mis en œuvre pour éviter que le contrat ne soit dénaturé dès sa formation. L'obligation essentielle prône le respect des termes du contrat, en refusant que les obligations souscrites soient anéanties par d'autres stipulations contractuelles accessoires et contradictoires[1012].

Quant à l'article 1171, il traite des clauses abusives. Désormais, ne sont pas visées que les relations professionnels et consommateurs et non-professionnels comme l'a fait le Code de consommation en France. Si la notion de clause abusive n'est pas mentionnée par le texte, l'on y

---

[1008] A. SERIAUX, note D.1997, p.121 ; C. LARROUMET, D.1997, chron. p.145.

[1009] C. LACHIEZE, *Droit des contrats*, 3e édition, Ellipses, 2012, p.117, n°249.

[1010] Y.-M. LAITHIER, op.cit., pp.97-98.

[1011] J. MESTRE, J. HEINICH, op.cit., p.6.

[1012] J.-M.GUEGUEN, *Le renouveau de la cause en tant qu'instrument de justice contractuelle*, D. 1999. 352

reconnaît, en effet, sans doute possible, sa définition, au mot près, énoncée par l'article L. 212-1 du code de la consommation (anc. art. L. 132-1)[1013]. Avec l'article 1171 qui dispose que dans un contrat d'adhésion, toute clause qui crée un déséquilibre significatif entre les droits et obligations des parties au contrat est réputée non écrite, le Code civil passe définitivement d'une conception formelle à une conception matérielle de la justice contractuelle[1014].

La question à se poser demeure celle de l'articulation entre l'article 1171, L L. 132-1 du code de la consommation et surtout L. 442-6, I, 2° du code de commerce d'autant que l'article 1105 n'a pas réglé tous les cas de figures susceptibles de se présenter

174. Le juge opère donc un contrôle du contenu du contrat. Ainsi, il intervient en présence d'une clause déséquilibrant le contenu du contrat (1170, 1171) et lorsque l'exécution fait naître un déséquilibre[1015]. Dans ce dernier cas, on pense à l'admission de la théorie de l'imprévision, au contrôle de la fixation du prix (1167, 1165) et la qualité de la prestation qui selon M. POUMAREDE constitue l'objet de l'obligation[1016].

Depuis les arrêts du 1e décembre 1995, la fixation unilatérale du prix n'est plus une cause d'annulation du contrat, mais peut engager la responsabilité civile du franchiseur si elle est abusive

Les articles 1143, 1195, 1170, 1171 traduisent l'idée d'excès en droit civil[1017].Le juge assure un contrôle de conformité à travers les articles 1170 et 1171[1018].La violence économique est désormais consacrée à l'article 1143 issu de l'ordonnance 2016. Avant la réforme, la violence n'avait que des aspects physique et morale[1019]. Les conditions d'invocation de cette violence sont la preuve de l'abus et celle d'un avantage manifestement excessif. Si le juge reconnaitle vice de

---

1013 M. POUMAREDE, *Le contenu du contrat*, RDI 2016. 331.

1014 F.-X. LUCARI, Fasc. 50 : CONTRAT. Contenu du contrat. Déséquilibre significatif du contrat, JurisClasseur Civil Code > Art. 1162 à 1171, Date du fascicule : 23 Janvier 2017Date de la dernière mise à jour : 23 Janvier 2017.

1015 V.M. POURAMEDE, *Le contenu du contrat*, RDI 2016. 331.

1016 M. POUMAREDE, op.cit.

1017 D. BAKOUCHE, *L'excès en droit civil*, L.G.D.J, Bibliothèque de droit privé, Tome 432.

1018 M. MEKKI, J.-M. DARROIS, J.-M. GAUVAIN, *Se conformer au nouveau droit des contrats. - Regards croisés sur les clauses potentiellement excessives,* La Semaine Juridique Entreprise et Affaires n° 25, 23 Juin 2016, 1373

1019 V. J. MESTRE, J. HEINICH, *Pour défendre l'attractivité du nouveau droit français des contrats*, Forum contractuel-Lettre n°3, p.1.

violence, il y aura annulation du contrat ou allocation de dommages et intérêts à la victime.

On note une ambivalence dans la démarche du législateur français. Si d'une part il y a une déjudiciarisation (rupture unilatérale, clause de fixation unilatérale du prix), d'autre part, le juge assure un contrôle a posteriori. En outre, il y a une judiciarisation de la matière contractuelle en raison des standards.

175. On peut s'interroger sur la pertinence de la notion de groupe de contrats avec la suppression de l'objet et de la cause d'autant que ces notions ont été utilisées par la doctrine comme critères d'identification de celle citée plus haut. Y. BUFFELAN-LANORE et V. LARRIBAU-TERNEYRE précisent que dans les groupes de contrats, plusieurs contrats sont liés, soit par l'identité d'objet, soit par l'identité de but, en ce sens que tous les contrats participent à une opération économique globale[1020]. Bien avant ces auteurs, nous pouvons citer TEYSSIE selon qui dans les ensembles de contrats interdépendants, les conventions se servent mutuellement de cause. La présence des chaînes de contrats sous-entend l'existence d'un objet identique dans chacun des contrats. Or, « divers contrats ont un même objet dès lors qu'ils organisent, à propos d'une même chose, autour d'une même prestation essentielle[1021] ».

Les critères d'indivisibilité sont discutés : la conception subjective qui met en avant le critère de la volonté des parties, la conception objective qui se fonde sur la cause[1022].

Le législateur français a prévu comme sanction de l'absence de cause dans les contrats interdépendants, la caducité (article 1186 alinéa 2). On peut citer l'exemple d'une convention de crédit adossée à une autre opération. On pense aux financements de projets, d'acquisition ou d'actifs, au sort du contrat de sous-traitance en cas de disparition du marché principal.

L'absence de cause s'apprécie également dans les contrats complexes tels que le crédit-bail. Que se passera-t-il si le bail ou la vente est nulle ? Le contrat de crédit-bail subira-t-il le même sort ? Si

---

1020 Y. BUFFELAN- LANORE, V. LARRIBAU-TERNEYRE, op.cit., p.308, n°971.

1021 B. TEYSSIE, *Les groupes de contrats*, cités par J.-P. DOM, *Les montages en droit des sociétés*, op.cit., p.24, n°30, p.26, n°35.

1022 R. BOFFA, *Cause, caducité, indivisibilité : un bel ensemble notionnel*, D. 2006. 2656.

dans un premier temps, le juge français a prévu comme sanction la nullité, puis dans un second la résiliation

C- Les remèdes à l'inexécution du contrat

176. D. TALLON fustigeait dans un de ses articles la présentation éclatée des conséquences de l'inexécution du contrat aussi bien au sein du Code civil que de la doctrine[1023]. En droit français, l'intérêt de distinguer entre les obligations de donner, de faire ou de ne pas faire résidait dans l'article 1142 ancien du code civil. Mais depuis la réforme du 10 février 2016, l'exécution forcée en nature est étendue aux obligations de faire et de ne pas faire. Désormais, la section 5 intitulé « *l'inexécution du contrat* », regroupe et régit, en effet, même si la responsabilité contractuelle est, sur un plan substantiel, quelque peu délaissée dans l'attente de la réforme du droit de la responsabilité civile, toutes les sanctions qui peuvent être fulminées en cas de manquement contractuel imputable au débiteur. Dans une perspective d'accessibilité du droit, l'apport est de taille car, dans le droit antérieur, le recensement des diverses sanctions de l'**inexécution** supposait une recherche qui devait se déployer au-delà du seul titre III du livre III du code civil, notamment dans le *Bulletin des arrêts de la Cour de cassation*[1024]. Ces différentes sanctions sont prévues à l'article 1217. On peut se demander s'il y a un ordre de priorité entre les différents mécanismes, un cumul possible entre les différentes sanctions, une possible option du créancier[1025].

Le législateur français prévoit une exception d'inexécution classique et l'exception d'inexécution anticipée. En présence d'une exception d'inexécution classique, l'inexécution doit être suffisamment grave. Ce caractère est également exigé en présence d'une exception d'inexécution anticipée.

177. L'exécution forcée en nature est consacrée par l'article 1221 issu de l'ordonnance du 10 février 2016 .Mais il faut une mise en

---

[1023] Denis Tallon, *L'inexécution du contrat : pour une autre présentation*, RTD civ. 1994. 223. L'une des conséquences de cette présentation dispersée demeure selon l'auteur la dictature de la responsabilité civile ou du délictuel sur le contractuel. C'est pourquoi, en s'inspirant de la *common law*, il préconise une autre présentation.

[1024] D. MAZEAUD, *L'exécution forcée en nature dans la réforme du droit des contrats*, D. 2016. 2477.

[1025] A. BENABENT, *Droit des obligations*, 15e édition, L.G.D.J, 2016, p.290, n°363.

demeure (1344). C'est à la fois une condition nécessaire et aussi une condition suffisante[1026]. Pour la jurisprudence française, il n'est pas nécessaire qu'il y ait un préjudice contrairement à la responsabilité contractuelle[1027].

Il y a des cas où l'exécution forcée est évincée : l'impossibilité. Cette impossibilité peut être matérielle, morale ou juridique. Les limites à l'exécution forcée s'impose en cas de disproportion manifeste entre son coût pour le débiteur et son intérêt pour le créancier. Si, par rapport au coût d'exécution, l'intérêt du créancier est minime ou nul, son exigence d'une exécution en nature caractérise un abus[1028].

Aussi, l'exécution forcée se manifeste-t-elle par la faculté de remplacement. Ce faisant, après mise en demeure, le créancier fait exécuter lui-même l'obligation ou détruit sur autorisation préalable du juge, ce qui a été fait en violation. Dans le premier cas, le créancier doit agir dans un délai raisonnable après mise en demeure et respecter un coût raisonnable. Dans le second cas, le préalable judiciaire est inévitable et la demande peut prendre la forme d'un référé.

Au-delà, le créancier a la possibilité de suspendre l'exécution de ses obligations tant que l'autre n'aura pas exécuté les siennes. Deux sortes d'exception d'inexécution existent : classique (1219) et par anticipation (1220).

La réduction du prix ou réfaction du contrat est quant à elle prévue à l'article 1223. Après mise en demeure, le créancier peut accepter une exécution imparfaite du contrat et solliciter une réduction proportionnelle du prix. Cette voie permet de maintenir le contrat mal exécuté en adaptant le prix et ce selon un processus qui ne passe pas obligatoirement par une phase judiciaire avec ses coûts et longueurs[1029].

La résolution est une arme mise entre les mains du créancier. C'est la sanction de l'inexécution d'une obligation. Si cette dernière est à exécution successive, on parle de résiliation. Pourtant, le législateur français utilise l'expression « résolution » non sans ignorer sa différence avec la résiliation et ce, de façon indifférente. La résolution est judiciaire, (1227), conventionnelle (clause résolutoire, 1224), ou unilatérale (1224).

[1026] D. MAZEAUD, op.cit., n°8.

[1027] Civ. 3e , 6 mai 1980, Bull.civ., III, n°91.

[1028] A. BENABENT, *Droit des obligations*, 15e édition, L.G.D.J, 2016, p.297.

[1029] A. BENABENT, op.cit., p.298, n°375.

L'exécution défectueuse d'un contrat peut à l'évidence causer un dommage au contractant qui n'obtient pas satisfaction. (...) Il est normal qu'il puisse obtenir réparation de ce dommage lorsque cette inexécution est imputable à son auteur[1030]. Le législateur français a prévu des aménagements contractuels notamment la clause pénale que le juge peut modérer ou réduire si elle est manifestement excessive ou dérisoire.

178. En droit sénégalais, il y a des sanctions spécifiquement prévues pour les contrats synallagmatiques. Il s'agit de la résolution judiciaire, de l'exception d'inexécution et de la théorie des risques.

179. L'exécution forcée en nature est-elle permise ? Poser une telle question n'est pas anodin eu égard à l'article 6 du COCC qui dispose quele juge peut en outre ordonner la destruction de ce qui aura été fait contrairement à l'obligation. L'astreinte peut également être citée de même que la faculté de remplacement

180. Dans la vente commerciale en droit OHADA, des sanctions sont également prévues. Elles demeurent communes à toutes les parties ou spécifiques à chaque partie. Les dispositions communes à toutes les parties sont la rupture du contrat, la résiliation unilatérale pour gravité du comportement d'une partie. Quant aux sanctions spécifiques, elles tiennent à l'exception d'inexécution anticipée, à la réfaction du contrat.

181. Au-delà des parties et du juge, le contrat produit des effets à l'égard des tiers.

§3. Les effets du contrat à l'égard des tiers

Entre les parties, le contrat est un acte juridique, mais à l'égard des tiers, c'est un fait juridique. Le contrat est opposable aux tiers (A) et par les tiers (B). Les questions afférentes à l'effet relatif dans les groupes de contrats (C) et aux exceptions de cet effet (D) seront abordées.

A- L'opposabilité aux tiers

182. Le contrat est opposable au tiers lorsqu'il crée une situation que les tiers ne peuvent ignorer. C'est l'exemple de la publicité de certains

---

[1030] A.BENABENT, op. cit., p.312, n°402.

droits. En droit français, ce principe est repris par les articles 1199 et 1200[1031].

L'article L57 du CTS prévoit les cas dans lesquels le nouvel employeur demeure solidaire à l'égard du salarié ayant rompu abusivement son contrat de travail. Trois hypothèses sont prévues :

-lorsqu'on prouve que le nouvel employeur a participé au débauchage ;

-quand il embauche un travailleur qu'il savait déjà lié par un contrat de travail ;

-quand, lorsqu'il a appris que le travailleur est lié par un contrat de travail, il a continué à l'occuper

B- L'opposabilité par les tiers

Trois questions seront abordées dans cette partie : la situation du tiers victime de l'inexécution du contrat, les différentes actions dont disposent les tiers.

L'opposabilité du contrat par les tiers s'exerce dans deux directions : de façon défensive pour échapper à une action à son encontre et de façon offensive lorsque le tiers cherche à mettre en œuvre la responsabilité d'une partie contractante[1032]. Lorsque l'on consulte l'article 1199 nouveau du code civil, on se rend compte que le tiers ne peut demander l'exécution du contrat. Mais comme le dit un auteur, refuser aux tiers la possibilité de demander l'exécution du contrat revient-il à leur refuser la possibilité d'invoquer la violation du contrat[1033] ?

L'arrêt de l'assemblée plénière révèle que le tiers peut invoquer la violation du contrat pour obtenir réparation de son préjudice. Ainsi, un locataire de murs ayant mis son fonds de commerce en location-gérance, le gérant du fonds de commerce réclame réparation au bailleur au motif qu'il n'entretient pas bien les locaux. « attendu que le tiers à un contrat peut invoquer, sur le fondement de la responsabilité délictuelle, un manquement contractuel dès lors que ce manquement lui a causé un

---

[1031] Y. B. LANORE et alii, op.cit., p.523. Pour ces auteurs, les faux tiers sont ayant cause à titre universel ou universel, les cessionnaires du contrat, l'ayant cause à titre particulier, les créanciers chirographaires.

[1032] R. BOFFA, *Opposabilité du contrat par le tiers : une leçon et des doutes*, D. 2013. 746.

[1033] C. COUTANT-LAPALUS, *L'impact des règles relatives à l'effet du contrat*, RDI 2016. 348.

dommage ; qu'ayant relevé, par motifs propres et adoptés, que les accès à l'immeuble loué n'étaient pas entretenus, que le portail d'entrée était condamné, que le monte-charge ne fonctionnait pas et qu'il en résultait une impossibilité d'utiliser normalement les locaux loués, la cour d'appel, qui a ainsi caractérisé le dommage causé par les manquements des bailleurs au locataire-gérant du fonds de commerce exploité dans les locaux loués, a légalement justifié sa décision[1034] ».

La décision de la chambre commerciale de la Cour de cassation du 18 janvier 2017 a opéré un possible retour à la relativité de la faute contractuelle[1035]. Ce principe a été consacré depuis longtemps en France et signifie que le tiers victime d'une inexécution contractuelle peut obtenir réparation sur le fondement de la responsabilité délictuelle[1036]. Mais il doit non seulement apporter la preuve d'un manquement contractuel, mais d'une faute délictuelle[1037]. Ce principe de la relativité de la faute contractuelle était alors perçu comme le prolongement naturel de l'effet relatif des conventions : de même qu'il ne pouvait solliciter l'exécution du contrat, le tiers ne pouvait se plaindre de son inexécution[1038].

La généralisation de la responsabilité des débiteurs défaillants à l'égard des tiers par l'article 1234 alinéa 2 issu du projet de réforme de la responsabilité civile rendu public en mars 2017 a suscité des réserves de la part de certains auteurs[1039]. Même dans le projet Terré, il a été préconisé que « la seule existence d'un dommage subi du fait de l'inexécution d'une obligation par un contractant n'engage pas la responsabilité délictuelle de celui-ci à l'égard du tiers ».

Les tiers peuvent être créanciers ou débiteurs par l'effet de la loi. C'est le cas en présence d'une cession de contrat ou lorsque la

---

[1034] RTD civ. 2007, p. 115, obs. J. MESTRE et B. FAGES, RTD civ. 2008, p. 485, obs. P. JOURDAIN ; RTD civ. 2008, p. 672, obs. B. FAGES. Pour le professeur MESTRE, la jurisprudence rend créanciers les tiers. Il s'agit selon lui d'un coup porté à la prévisibilité des engagements contractuels.

[1035] E. JUEN, *Le droit des tiers à la réparation du dommage causé par une faute contractuelle*, Revue des contrats, 15/09/2017, n°03, p.533.

[1036] V. par ex. req., 23 févr. 1897, S. 1898. 1. 65.

[1037] V. par ex. Civ. 1re, 7 nov. 1962, Bull. civ. I, n° 465.

[1038] F. CHENEDE, *La relativité de la faute contractuelle : revirement ou bris de jurisprudence à l'horizon* ?, AJ contrat 2017, p.377

[1039] J.-S. BORGHETTI, *La responsabilité des contractants à l'égard des tiers dans le projet de réforme de la responsabilité civile*, Recueil Dalloz 2017, p.1846.

continuation des baux est imposée à l'acquéreur d'une chose louée ou d'une action directe.

183. L'employeur peut subir une modification dans sa situation juridique. Dans ce cas, il se pose la question de savoir si le contrat en cours va subsister entre le personnel de l'entreprise et le nouvel employeur. Le législateur sénégalais répond par l'affirmative à l'article L66 CTS. Encore faudrait-il que tous les contrats de travail soient en cours au jour de la modification. Les mécanismes de la modification dans la situation juridique de l'employeur sont la succession, la reprise, la vente la fusion, la transformation de fonds et la mise en société.

L'action paulienne est une action en révocation des actes frauduleux préjudiciables au créancier. Elle profite au seul créancier. Les autres créanciers peuvent se joindre ou exercer de leur côté leur action.

L'action oblique est une action exercée par le créancier contre le débiteur de son débiteur pour pallier la carence de ce dernier.

L'action directe est une action du débiteur exercée par le créancier en son propre nom contre l'un des contractants de ce débiteur. Il s'agit, alors, véritablement, d'une atteinte au principe de l'effet relatif des conventions[1040].

C- L'effet relatif dans les groupes de contrat

184. On peut se retrouver dans la situation où il y a plusieurs contrats dont l'un au moins contient une clause de règlement des litiges telle qu'une clause attributive de compétence, une clause compromissoire ou de conciliation préalable. Les contrats en question sont des chaînes de contrats ou des ensembles contractuels. Il se pose dans ce cas la question de la qualification de l'ensemble contractuel ou de l'opposabilité de la clause[1041]. Il faut dire que de prime abord l'extension d'une convention d'arbitrage heurte le principe de l'effet relatif des contrats[1042]. Avant l'arrêt Besse, la Cour de cassation française a décidé que la nature contractuelle de la responsabilité doit être privilégiée. Ainsi, dans les chaînes de contrats, le sous-acquéreur dispose d'une action contractuelle directe contre le fabricant ou vendeur intermédiaire. A l'inverse, le fabricant ou vendeur peut opposer au

---

1040 C. QUEZEL-AMBRUNAZ, *Fiches de droit des contrats*, Ellipses, 2013, p.138.

1041 C. DERACHE, *La transmission des clauses de règlement des litiges dans les groupes de contrats*, La semaine juridique Entreprise Affaires, n°3, 19 janvier 2012, 1048

1042 D. COHEN, *Arbitrage et société*, L.G.D.J, 1993, p.292, n°559.

sous-acquéreur une action contractuelle. Si le contrat originel contient une clause de règlement des litiges, la reconnaissance d'une chaîne de contrats devrait conduire à opposer cette clause aux participants de la chaine[1043]. Ainsi, dans un arrêt de la première chambre civile de la Cour de cassation, l'arrêt de la Cour d'appel qui a décidé que dans une chaîne de contrats translatifs de propriété la clause compromissoire est transmise de façon automatique en tant qu'accessoire du droit d'action lui-même accessoire, du droit substantiel transmis sans incidence du caractère homogène ou hétérogène de chaîne n'a pas été cassé.

Pourtant, la Cour de Justice de l'UE a précisé que l'action opposant le sous-acquéreur au fabricant en vue d'obtenir la réparation du préjudice résultant de la non-conformité de la chose vendue n'est pas de nature contractuelle. On peut rapprocher cette jurisprudence de l'arrêt Besse qui opposait le maître d'ouvrage au sous-traitant. Néanmoins cette jurisprudence a été écartée dans les chaînes translatives de propriété[1044]

La chaîne communautaire de contrats désigne une succession de contrats translatifs de propriété ayant été conclus entre des opérateurs économiques établis dans différents États membres de l'Union européenne[1045].

Dans l'arrêt Pearvey, la Cour de cassation décide ceci « Dans une chaîne homogène de contrats translatifs, la clause d'arbitrage international se transmet avec l'action contractuelle sauf preuve de l'ignorance raisonnable de l'existence de cette clause. Dès lors, encourt la cassation l'arrêt qui déclare une telle clause inopposable à l'acquéreur final au motif inopérant qu'il ne l'a pas acceptée[1046] »

[1043] C. DERACHE, op.cit., n°8.

[1044] V.RTDCIV, 1993, p.131.

[1045] S. CLAVEL, Journal du droit international (Clunet) n° 4, Octobre 2013, comm. 20, Conflits de juridictions. – Règlement (CE) n° 44/2001. – Clause attributive de juridiction. – Opposabilité. – Chaînes de contrats. – Matière délictuelle. – Consentement.

[1046] *Cass. 1re civ., 6 févr. 2001 : 2001-008041 ; Bull. civ. 2001, I, n° 22 p. 15 ; JCP 2001, II, 10567, note C.* LEGROS *;* D. 2001, somm. p. 1135, obs. Ph. DELEBECQUE ; Rev. crit. DIP 2001, p. 522, note F. JAULT ; Revue trimestrielle de droit commercial et de droit économique, n° 2, avril-juin 2001, p. 413 à 415, obs. É. Loquin ; Rev. arb. 2001, p. 765, note D. COHEN. – Ch. SERAGLINI, Le transfert de la clause compromissoire dans les chaînes de contrats après l'arrêt Peavey : Gaz. Pal. 15 nov. 2001 n° 319, p. 6 ; Dr. et patrimoine juin 2001, n° 95 07-2001, obs. P. MOUSSERON ; Defrénois 2001, p. 708, note R. LIBCHABER ; JCP E et A 2001, n° 29, note D. MAINGUY et

La Cour d'appel de Paris a précédemment affirmé que : « les effets de la clause compromissoire s'étendent aux parties directement impliquées dans l'exécution du contrat dès lors que leur situation et leur activité font présumer qu'elles avaient connaissance de l'existence et de la portée de cette clause afin que l'arbitre puisse être saisi de tous les aspects économiques et juridiques du litige[1047] ». Pour Cécile LEGROS l'appartenance à un même groupe de sociétés favorise également l'extension car elle permet de présumer la connaissance de l'existence de la clause par les sociétés d'un même groupe. A ce niveau également la question de l'extension des effets de la convention d'arbitrage à l'égard d'une autre société du groupe se pose[1048]

185. Le législateur sénégalais traite de l'indivisibilité à propos de l'exécution des obligations ayant plusieurs sujets (article 239 COCC). L'article 237 du COCC précise les mécanismes de défense du débiteur poursuivi : opposer des exceptions qui touchent à l'objet et à la cause de l'obligation, les exceptions qui proviennent de leurs rapports personnels avec le créancier. On assiste à une tentative de définition de l'obligation indivisible à l'article 239 COCC.

On parle également d'indivisibilité en matière de paiement à l'article 175 COCC. Le législateur ignore néanmoins l'indivisibilité entre contrat. C'est, au sens large le lien qui peut exister entre deux contrats distincts de nature à produire des effets de droit[1049]. L'anéantissement en

---

J.-B. SEUBE. – J. MOURY, *Réflexions sur la transmission des clauses de compétence dans les chaînes de contrats translatifs* : D. 2002, p. 2744 cités par C. LEGROS, *Arbitrage international. – Chaînes de contrats. – Chaîne hétérogène. – Clause opposée au sous acquéreur et à son assureur subrogé par le vendeur intermédiaire et le fabricant. – Transmission de la clause. – Caractère accessoire de la clause compromissoire à l'égard du droit d'action transmis. Arbitrage international. – Groupe de société. – Clause d'arbitrage conclue par la société mère. – Extension de la clause compromissoire au profit des filiales. – Opposabilité d'une clause d'arbitrage par les filiales impliquées dans l'exécution du contrat*, Journal du droit international (Clunet) n° 3, Juillet 2007, comm. 18.

1047 CA Paris, 7 déc. 1994, n° 94/12322 et n° 94-12323 : Juris-Data n° 1994-024732 ; RTD com. 1995, p. 401, obs. É. LOQUIN ; Rev. arb. 1996, p. 67, note JARROSSON. – CA Paris, 30 nov. 1988. – CA Paris, 14 févr. 1989 : Juris-Data n° 1988-026606 ; Rev. arb. 1989, p. 691, note TSCHANZ. – CA Paris, 11 janv. 1990, n° 88-18457 : Juris-Data n° 1990-020365 ; Rev. arb. 1992, p. 95, note Cohen. – CA Paris, 17 déc. 1998 : RTD com. 1998, p. 580, obs. É. LOQUIN.

1048 D. COHEN, op.cit. , p.274, n°524.

1049 M. BARACHE, *Indivisibilité*, Répertoire de droit civil, janvier 2009, Actualisation Août 2017, n°76.

chaîne des contrats indivisiblement liés est une question suffisamment complexe pour que les parties aient tout intérêt à devancer les difficultés en prévoyant des clauses stipulant ou écartant l'indivisibilité[1050]. A travers la clause de divisibilité, les parties à un contrat stipulent que la disparition d'un contrat serait sans influence sur l'autre. Mais, la chambre mixte de la Cour de cassation, dans l'arrêt SAS Siemens lease services contre SARL Bar le Paris a décidé que les contrats concomitants ou successifs qui s'inscrivent dans une opération incluant une location financière, sont interdépendants ; sont réputées non écrites les clauses de contrats inconciliables avec cette interdépendance

D- Les exceptions à l'effet relatif

186. Il s'agit de la stipulation pour autrui et de la promesse de porte-fort. En droit français, il existe deux sortes de promesses de porte-fort : de ratification et d'exécution. Tel l'acquéreur d'un terrain qui se porte-fort de la ratification de l'acte par ses enfants mineurs à leur majorité, ou un indivisaire qui se porte-fort de la ratification de la vente par les autres indivisaires. Mais il peut également s'engager à garantir l'exécution par autrui d'une obligation contractuelle. Par exemple, des associés d'une société civile immobilière (SCI) peuvent s'engager à obliger la SCI à faire face au remboursement d'un prêt[1051]. Peut-on en dire autant du législateur sénégalais ? D'abord, il faut faire remarquer que la promesse de porte-fort est prévue à l'article 55 du COCC, donc loin des dispositions relatives à l'effet relatif du contrat. Ensuite, le promettant est une personne qui contracte sans pouvoir au sens de l'article 55 précité. Le tiers n'est lié que lorsqu'il ratifie le contrat. On est donc fondé à dire qu'il s'agit d'une promesse de porte-fort de ratification.

187. Au final, les caractéristiques du droit des contrats méritent d'être relevées. Pour cela, le professeur P.BOUREL doit être cité : « Lc droit dcs contrats n'échappe pas lui-même à cet impératif. Sans doute, plus que tout autre, est il dominé par une technique dont l'universalisme lui permet de se détacher du contexte humain ou économique propre à chaque Etat. Mais cette technique peut être mise au service d'une finalité politique. Il suffit de mentionner l'exemple des pays socialistes,

---

[1050] J.-B. SEUBE, *Haro sur les clauses de divisibilité* ! La Semaine Juridique Edition Générale n° 24, 10 Juin 2013, 674, Note sous arrêt.

[1051] C. COUTANT-LAPALUS, *L'impact des règles relatives à l'effet du contrat*, RDI 2016. 348.

où le contrat est défini comme un document permettant de renforcer la discipline gouvernementale de l'entreprise et du plan. On concevrait donc que, dans les pays en voie de développement, la réglementation contractuelle soit également livrée aux grandes options politiques.

Or, il est curieux de constater que le Code sénégalais des obligations civiles et commerciales ne traduit aucunement cette orientation du droit des contrats. Fidèle aux principes traditionnels de liberté et d'autonomie de la volonté, sur lesquels les rédacteurs du code civil francais de 1804 avait fondé tout l'édifice contractuel, la nouvelle législation semble contredire la volonté du Gouvernement de s'engager dans les voies africaines du socialisme en vue de promouvoir le développement économique et social du pays. Loin d'être un droit de promotion, le droit sénégalais des contrats se contente d'être un droit de correction, calqué sur son modèle francais.

Au plan de la formation des contrats, il est particulièrement symptomatique de constater que le Code des obligations, faisant preuve du plus rigoureux conservatisme réaffirme les vieux principes du Code civil français de 1804.

Cette fidélité à la tradition est en contradiction évidente avec l'évolution qui s'est produite depuis le XIXe siècle dans le droit des contrats. On sait que cette évolution a marqué très fortement de son empreinte la législation française en matière de contrat spéciaux. Sensibles à cet effort de rénovation, les rédacteurs du Code sénégalais des obligations n'ont pas hésité à transposer les solutions du nouveau droit francais dans la réglementation des contrats nommés. Il en résulte un certain déséquilibre entre les deux parties du Code, l'une tournée vers le passé par son attachement aux principes de 1804, l'autre orientée vers l'avenir, sous l'influence des reformes apportées en France au droit des contrats spéciaux ». L'auteur résume son propos aux pages 43 et 44 de son article : « *Les rédacteurs du Code sénégalais n'ont pas su éviter entièrement cette contradiction. Emprisonné dans le moule du droit français, leur œuvre présente le même aspect paradoxal. Celui de deux droits parallèles : un droit commun des contrats, figé dans un système aujourd'hui presque totalement abandonné, et un droit particulier des contrats spéciaux, plus adapté aux réalités nouvelles* ».

En droit français et pour rappel, l'ordonnance du 10 février 2016 poursuit trois objectifs : attractivité, lisibilité et prévisibilité[1052].

Lisibilité renvoie à la mise en place des différentes étapes du contrat, suppression de la cause certes, mais maintien de ses applications à l'article 1162 qui utilise l'expression « but », 1169 qui traite de la nullité du contrat à titre onéreux lorsque la contrepartie de celui qui s'engage est illusoire ou dérisoire, 1170 à travers la notion d'obligation essentielle et 1186 à propos de la caducité. Quant à l'attractivité, elle s'apprécie par exemple dans la consécration de la théorie de la réception dans les contrats entre absents et dans l'admission de la révision du contrat pour imprévision. Pour un auteur cependant, trois éléments caractérisent le droit des contrats : l'ordre public, les droits fondamentaux et la standardisation des contrats[1053].

188. Les principes dégagés par le chapitre premier intitulé « Dispositions liminaires » sont la liberté contractuelle, la force obligatoire et la bonne foi. Ils sont destinés à servir de cadre de référence au droit commun des contrats[1054]. Depuis la réforme 2016, des principes directeurs du contrat ont été intégrés dans le Code civil français. Ils ont une fonction technique, axiologique et pédagogique ou stratégique[1055] .

Selon Mustapha MEKKI, les objectifs poursuivis sont l'accessibilité, l'intelligibilité et l'attractivité du droit des obligations, dans le respect de deux valeurs principales : l'efficacité économique des transactions et la protection des parties faibles[1056]. Cependant, la réforme n'est pas encore bien ancrée puisqu'il faudra une deuxième lecture de l'Assemblée nationale française. Faute pour le texte d'être encore stabilisé, dans l'attente de la deuxième lecture de l'Assemblée nationale, voire de la réunion de la commission mixte paritaire, les juges devraient

---

1052 V. VALAIS, *La réforme du code civil : quels enjeux pour nos contrats* ?, Dalloz IP/IT 2016 p.229.

1053 Chronique droit des contrats sous la direction de J. GHESTIN et alii, La Semaine Juridique Edition Générale, n°48, 27 novembre 2017, Doctrine, 1269.

1054 B. CRESSARD, *Contrat de franchise et bonne foi, Repères et perspectives*, AJ Contrat 2017, p.163.

1055 M. MEKKI, *Les principes généraux du droit des contrats au sein du projet d'ordonnance portant sur la réforme du droit des obligations*, Recueil Dalloz 2015 p. 816, n°20 et s.

1056 M.MEKKI, *3 QUESTIONS Contentieux commercial et droit des contrats : nouveau droit, nouveaux risques*, La Semaine Juridique Entreprise et Affaires n° 13, 31 Mars 2016, 266.

cependant faire preuve de patience avant d'envisager toute évolution significative de leur jurisprudence[1057]. De même, on note un défaut de systématisation des valeurs morales[1058] ou de changement radical en dépit de la promotion des valeurs économiques[1059]

189. Quelle est aujourd'hui la mesure exacte de l'impact du droit commun sur les droits spéciaux ? Les principes fondateurs du droit civil ont-ils une vocation subsidiaire ou restent-ils prépondérants ? Aurélie Ballot-Léna, Emmanuelle Claudel, Béatrice Thullier et François-Xavier Train se sont posés cette question[1060] .Quels rapports doivent entretenir droit commun et droit spécial dans la réforme du droit des contrats en France[1061] ? Telle est la question que s'est posée un auteur[1062]. De façon simple, on répond qu'en cas de conflit, c'est la règle spéciale qui va l'emporter. Mais en droit français en tout cas, cet adage ne lie pas le juge[1063]. G. CORNU écrivait ceci « le doute et silence profitent au droit commun. La défaveur est sur le jus singulare[1064] ». En d'autres termes, l'adage, pour utile qu'il soit, ne suffit pas[1065]. Néanmoins, la tendance est à l'émergence de plus en plus de contrats très spéciaux ; laquelle n'est pas du goût de tous[1066]. Les

---

[1057] CHANTEPIE ET LATINA, *Ratification de la réforme du droit des obligations : analyse de la deuxième lecture du Sénat,* Recueil Dalloz 2018, p.309, n°3.

[1058] D. FENOUILLET, *Les valeurs morales*, in « Le nouveau discours contractuel »,Revue des contrats, n°03, p.589.

[1059] F. ROUVIERE, *Les valeurs économiques de la réforme du droit des contrats*, Revue des contrats,n°3, p.600.

[1060] A. BALLOT-LENA, E. Claudel, B. THULLIE, F.-X. TRAIN, *Droit civil de l'entreprise*, D. 2007. 1688. A l'instar d'autres, ces auteurs se prononcent sur les dangers ou l'utilité de la spécialisation du droitau détriment des solutions générales qui trouvent leur force dans le droit commun.

[1061] V. H. BARBIER,*L'essor des règles d'identification des conflits de normes en droit des contrats*, RTD civ. 2016. 837. Selon l'auteur, l'articulation des normes est devenue l'un des grands défis lancés au droitdes contrats ces dernières années.

[1062] N. BALAT, *Réforme du droit des contrats : et les conflits entre droit commun et droit spécial* ? – D. 2015. 699

[1063] V. G. LARDEUX, « *Specialia generalibus derogant* » *ou la simplicité apparente des fausses évidences*, RDC 2008. 1251

[1064] G. CORNU, *Droit civil. Introduction*, 8ᵉédition., Montchrestien, 1997, n°415.

[1065] F. POLLAUD-DULLIAN, *Du droit commun au droit spécial- et retour*, in Mélanges en l'honneur de Yves GUYON, Aspects actuels du droit des affaires, Dalloz, 2003,

[1066] V. B. OPPETIT, L'apparition de tendances régressives, *in* Droit et modernité, PUF, 1998, p. 113 s.,spéc. p. 116. *Adde* E. MORIN, « *Science avec conscience* », *une lecture, un projet*, RRJ 1984. 29, spéc. p. 31.

contrats spéciaux dont il s'agit sont les contrats de consommation, les contrats spéciaux civils ou commerciaux, les contrats de sociétés[1067]

Connaître les conditions de validité de la société prévues à l'article 47 du COCC est une nécessité quand on sait que la nullité du contrat de société peut découler de la violation de ces conditions ou de celles prévues dans l'AUSCGIE.

[1067] V.M. CHAGNY, *Le droit des pratiques restrictives de concurrence et la réforme du droit commun des contrats*, RTD com. 2016. 451 ; A.LECOURT, *L'impact de la réforme du droit des contrats sur le droit des sociétés : aspects théoriques et pratiques*, RTD com. 2016. 767.

CHAPITRE 2

LE CONTRAT, SUPPORT JURIDIQUE DE L'ENTREPRISE

La pertinence de l'intitulé de ce chapitre peut être sujet à discussion. En effet, comment dire que le contrat est le support juridique de l'entreprise quand on sait par exemple que la société est un contrat ? Le contrat est la matrice de nombreuses branches du droit et un précieux outil au service des activités économiques. Il est dès lors facile de comprendre les incidences que la réforme du droit des obligations peut avoir sur les principaux aspects du droit des sociétés[1068]. On veut simplement, à travers cet intitulé dire qu'il y a des instruments juridiques que le droit met à la disposition des personnes privées pour qu'elles organisent leurs activités[1069].

Plusieurs théories ont été avancées relativement à la notion d'entreprise parmi lesquelles celle qui voudrait que l'entreprise soit un nœud de contrats, plus particulièrement, les rapports entre actionnaires et dirigeants sont dominés par cette idée de relations contractuelles procédant d'une sorte de mandat[1070].

Par droit commun, il convient d'entendre les dispositions qui s'appliquent de façon générale, chaque fois qu'une règle particulière n'y déroge pas[1071]

[1068] M.MEKKI, *Les incidences de la réforme du droit des obligations sur le droit des sociétés : rupture ou continuité ?* , Rev. sociétés 2016. 483

[1069] J.-C. ROBE, *Le temps du monde de l'entreprise, Globalisation et mutation du système juridique*, Dalloz, 2015, p.50. Pour l'auteur les différents contrats forment un circuit.

[1070] A. COURET, *Le gouvernement d'entreprise : la corporate governance,* D. 1995. 163.

[1071] F. POLLAUD-DULIAN, *Du droit commun au droit spécial-et retour*, Mélanges en l'honneur d'Yves Guyon, Aspects actuels du droit des affaires, Dalloz, 2003, p.935.

L'un des intérêts de traiter du contrat en droit des affaires réside dans la réforme du droit des contrats intervenue en 2016 en France où, pour reprendre l'expression d'un auteur, on a assisté à une « affairisation » du droit commun des contrats, c'est-à-direla prise en considération de la dimension économique de la relation contractuelle[1072]. D'ailleurs certains auteurs se demandent si l'initiative de révision de l'ordonnance du 10 février 2016 s'est faite en faveur des praticiens de la finance[1073]. Il faut le dire, cette réforme aura par exemple des incidences sur les contrats d'acquisition[1074].

L'autre intérêt tient à la pertinence de la distinction entre contrat d'échange et contrat d'organisation, contrats de dépendance et de situation. Le contrat issu du code civil de 1804 est défiguré. En effet, là où la théorie classique du contrat, centré sur l'instant de l'accord des volontés tend à une affirmation absolue de la force obligatoire et de la personnalité du lien contractuel, le droit du marché, en ce qu'il renvoie aux besoins de l'entreprise, situe le rapport contractuel dans la perspective de l'activité de l'entreprise et de l'évolution dans le temps de ses besoins. Egalement, à l'opposé d'une conception purement personnelle, il met en évidence que le contrat est pour l'entreprise une source de richesse, et qu'à ce titre il apparaît naturellement comme étant un bien[1075]. Quoique par moment artificielle, une distinction mérite d'être opérée entre l'importance du contrat en droit des sociétés (Section 1) et les contrats d'affaires (Section 2).

[1072] B. MALLET-BRICOUT, *2016, ou l'année de la réforme du droit des contrats*, RTD civ. 2016. 463

[1073] X. DELPECH, *Vers une « réforme de la réforme » du droit des contrats au nom de la Finance ?*, AJ contrat 2017, p.352.Adde G. CANIVET, A. PIETRANCOSTA, D. SENECHAL , *Améliorer le droit des contrats…* AJ contrat 2017, p.505

[1074] F. BARRIERE, A. W. GRUMBERG, *L'incidence de la réforme du droit des contrats sur les opérations d'acquisition,* Rev. sociétés 2016. 639 ; *Adde*, J. MOURY, *La délimitation du champ de l'article 1195 du code civil, notamment en matière de cessions de droits sociaux*, Rev. sociétés 2017. 472

[1075] F. DEBOISSY, G. WICKER, *Droit du contrat et droit du marché : éléments pour une problématique*, Revue des contrats, 01-10-2006, n°4, p.1321.

SECTION 1 : LE CONTRAT EN DROIT DES SOCIÉTÉS

190. En titrant « le contrat en droit des sociétés », cela peut renvoyer directement aux conventions extrastatutaires ou même à la distinction contrats-échanges et contrats d'organisation, dont la société est l'une des caractéristiques avec la notion d'affectio societatis[1076].

Pourtant à y voir plus clair, il y a des contrats en droit des sociétés tels que le contrat d'émission qui lie une société émettrice et un investisseur à travers un contrat d'émission[1077]. On pourrait également penser à la théorie contractualiste en droit des sociétés. Dans tous les cas, le constat est que : « s'il est vrai que le droit des sociétés souffre d'une trop forte inflation législative, le vide juridique y est une expression dépourvue de sens, tant il est vrai qu'un minimum de réflexion permet de comprendre que les mécanismes fondamentaux du droit des obligations permettent de rendre compte et de comprendre la plupart des innovations de la pratique[1078] ». En outre, le contrat, pour l'entreprise, c'est la formalisation sur le plan juridique d'une relation économique et financière, ponctuelle ou permanente. En d'autres termes, c'est l'organisation juridique de cette relation[1079]. Il a donc plusieurs fonctions en droit des sociétés. Ainsi, le contrat est un vecteur (Paragraphe 1), une manifestation de la liberté (Paragraphe 2) et un mécanisme de transmission du pouvoir (Paragraphe 3).

191. En droit des sociétés, le contrat est un vecteur d'investissement, constitue la manifestation de la liberté contrat de même qu'un mécanisme de cession du contrôle de la société. Pour être plus exact et rigoureux, il faut relever que ces différentes études se recoupent en raison de la liberté contractuelle qui constitue la lame de fond. En effet, la prise de contrôle amicale ou inamicale est constatée par un contrat et

---

1076 V. P. DIDIER, Brèves notes sur le contrat-organisation, Mélanges F. TERRE, pp.635 et s.

1077 H. LETRÉGUILLYLA, *Responsabilité des émetteurs en matière d'information financière*, Revue de Droit bancaire et financier n° 6, Novembre 2004, dossier 100076.

1078 M. JEANTIN, *Droit des obligations et droit des sociétés*, Mélanges L.BOYER, Presses universitaires de Toulouse 1996, p.317.

1079 J. PAILLUSSEAU, *Les contrats d'affaires*, La Semaine Juridique Entreprise et Affaires n° 11, 12 Mars 1987, 14893, n°7.

par conséquent rendue possible grâce à la liberté contractuelle des parties[1080].

§1. Le contrat, vecteur d'investissement

192. L'investissement, qu'est-ce que c'est ? Pour REINARD et autres, dans les sociétés civiles ou commerciales, l'investissement initial, obligatoire, prend le nom d'apport[1081]. En droit des sociétés et du fait de la montée en puissance du capital-investissement, un auteur s'est posé la question de savoir la société est un contrat d'investissement[1082]. Cet auteur démontre à travers cette étude que la qualité d'associé s'est métamorphosée. En effet, les techniques de financement d'une société sont nombreuses. C'est ainsi que celle-ci peut avoir recours soit à la banque, à ses réserves, aux marchés financiers, à ses proches dans le cadre d'une love money ou au capital investissement. Il s'agit d'un moyen de financer la création, le développement ou la transmission d'une entreprise[1083].Le métier de capital investisseur consiste à prendre des participations majoritaires ou minoritaires dans le capital d'entreprises généralement non cotées[1084].Le capital investissement est un moyen de financer la création, le développement ou la transmission d'une entreprise. Le métier de capital investisseur consiste à prendre des participations majoritaires ou minoritaires dans le capital d'entreprises généralement non cotées. Il permet à des investisseurs financiers de s'associer à un entrepreneur en lui apportant des fonds propres ou quasi-fonds propres. En plus de sa contribution financière, il est attendu de

[1080] V. Par exemple J.-J. CAUSSAIN, Michel GERMAIN, *Pratique des cessions de contrôle dans les sociétés anonymes non cotées*, La Semaine Juridique Entreprise et Affaires n° 15, 9 Avril 1987, 14915. Selon l'auteur : « Il nous semble pourtant que l'expérience de ces dernières années, tant jurisprudentielle que législative, manifeste d'abord que l'opération est un contrat, où peut s'épanouir l'autonomie de la volonté, mais un contrat particulier dont l'objet est de céder le pouvoir sur une société : ce qui explique que les formes du droit des sociétés utilisées ne sont pas frauduleuses et que les cessions d'actions ne doivent pas être considérées comme l'apparence d'une autre réalité qui serait la cession d'entreprise ».

[1081] Y. REINHARD, S.THOMASSET-PIERRE, C. NOURISSAT, *Droit commercial*, op.cit., p.290, n°459.

[1082] M. BERTREL, *La société, « contrat d'investissement »* ?, RTD com. 2013. 403 ; Adde F. MASSON, Les métamorphoses de l'associé, Rev. sociétés 2016. 84.

[1083] D. ABELLARD et A. BORDES, *Le financement des fonds d'investissement*, Revue de Droit bancaire et financier n° 3, Mai 2008, dossier 19.

[1084] *Association Française des Investisseurs en Capital (AFIC) – Rapport d'activité 06/07.*

l'investisseur qu'il accompagne l'équipe dirigeante de la société cible pour toutes les décisions importantes, sans toutefois s'immiscer dans la gestion quotidienne[1085].

C'est à travers de fonds que l'activité de capital-investissement s'exerce. Il s'agit des fonds capital-risque, fonds capital-développement et fonds LBO.

Le capital-investissement comprend le capital-risque pour financer le démarrage d'une nouvelle entreprise, le capital-développement, le capital transmission (accompagner la transmission ou la cession de l'entreprise) et le capital-retournement pour financer le redressement d'une entreprise en difficulté[1086]. L'article 10 de la loi bancaire de 2008 définit le capital-risque comme une entreprise qui fait profession habituelle de concourir, sur ressources propres ou assimilées, au renforcement des fonds propres et assimilés d'autres entreprises.

Le portage peut être défini comme une opération dans laquelle une des parties acquiert temporairement une participation dans une société au titre d'un service qu'elle à une autre partie, le donneur d'ordre, qui lui assure la sortie, en s'engageant à racheter les titres ou à les faire racheter par un bénéficiaire[1087]. La question centrale à ce niveau est de savoir qui est actionnaire : est-ce le porteur ou le donneur d'ordre ? Une autre question est relative à la nature de l'opération. Certains qualifient la convention de portage de prêt garanti par la cession[1088] , tandis que

---

[1085] D. ABELLARD, *Le financement des fonds d'investissement*, Revue de Droit bancaire et financier n° 3, Mai 2008, dossier 19.

[1086] J. FASSI-FEHRI, *Guide juridique du capital-investissement*, Droit marocain, droit français, LexisNexis, 2014, p.3 ; François-Xavier LUCAS, *Les actionnaires face à leurs responsabilités ? Quelles responsabilités ? (1re partie),* Revue des procédures collectives n° 4, Juillet 2014, dossier 36 ; A. GOUEZEL, *Le domaine du privilège de l'argent frais et du privilège des créances postérieures en droit français et en droit OHADA*, Revue des procédures collectives n°2, Mars 2017, étude 8 ; TH. FAVARIO,*L'associé, financier de la société en difficulté*, Revue des procédures collectives n° 5, Septembre 2017, étude 17 ; A. LAGARRIGUE, Restructuration de la dette des entreprises en difficulté : quelques considérations fiscales, Droit fiscal n°19-20, 7 Mai 2015, 300 ; Z. SEKFALI, *Financements structurés et financements d'acquisitions d'entreprises*, Revue de Droit bancaire et financier n°3, Mai 2008, dossier 16.

[1087] F. POLLAUD-DULIAN, L'actionnaire dans les opérations de portage, Revue des sociétés 1999, p.765.

[1088] V. A. VIANDIER et M. JEANTIN, commentaire du jugement TGI 28 oct. 1986 préc., *RD bancaire et bourse* 1987.56.

pour d'autres c'est une prise de participation limitée dans le temps ou tout simplement un contrat *sui generis*[1089].

En abordant la problématique de la protection du patrimoine de l'épargnant, nous avons remarqué qu'un donneur d'ordre peut retarder son entrée dans la société et partant l'acquisition de la qualité d'associé en demandant au porteur qui, le plus souvent, est un établissement bancaire, d'acquérir des titres qu'il s'engagera à lui céder le moment venu. A travers ce montage, une personne peut prendre une participation ou acquérir le contrôle de la société. Nous avons utilisé l'expression générique d'associé pour montrer que l'opération de portage peut porter sur des parts sociales. Mais comme a tenu à le préciser un auteur, celle-ci est beaucoup plus fréquente dans les actions, le portage de parts sociales se révélant trop onéreux[1090].

192. Les sociétés peuvent avoir recours au crédit bancaire pour financer leurs activités. Mais, le constat est qu'en France, à partir du début des années 1980, à une économie d'endettement, se substitue une économie de fonds propres. C'est le recours au capital-investissement, dont le capital-risque est une composante et qui peut être défini comme l'ensemble des activités financières consistant à intervenir, de manière minoritaire et pour une durée n'excédant le plus souvent pas une dizaine d'années au capital de sociétés non cotées, c'est-à-dire de sociétés qui, sans avoir la possibilité d'accéder aux marchés financiers, ont cependant des besoins de financement de haut de bilan[1091]. Le capital-investissement constitue un vaste ensemble qui comporte le capital-risque pour les sociétés en phase de démarrage, le capital-retournement pour les sociétés en difficulté. D'autres auteurs y ajoutent le capital développement et le capital transmission destiné respectivement à financer le développement de l'entreprise et d'accompagner la transmission ou la cession de l'entreprise, transmission organisée selon le cas avec un effet de levier financier, on parle de leverage by out ou LBO[1092] Il ne vise que les sociétés non cotées d'où l'appellation en droit anglo-saxon de *private equity* qui s'oppose à l'introduction en bourse ou *public offer*[1093]. Le capital-

[1089] B. TREILLE, *Les conventions de portage,* Revue des sociétés 1997 p.721.

[1090] B. TREILLE, Les *conventions de portage*, op.cit

[1091] B. RAYNAUD, *Droit de l'ingénierie sociétaire*, Joly éditions, 2014, p.72, n°159.

[1092] J. FASSI-FEHRI, *Guide juridique du capital-investissement*, Droit marocain-droit français, Lexis-nexis, 2014, p.3.

[1093] B. RAYNAUD, Ibid.

investissement peut être exercé par des personnes physiques qui sont qualifiés de *business angels*[1094], ou des personnes morales ou des groupes n'ayant pas de personnalité morale.

Un auteur a fait remarquer que le développement du capital-investissement a contribué à l'épanouissement des garanties de passif dans les opérations d'augmentation de capital[1095]. Les garanties de passif consenties à l'occasion d'une augmentation de capital sont appelées à jouer en cas d'inexactitude des déclarations concernant la société émettrice et aux fins de protéger le souscripteur contre l'avènement, postérieurement à la souscription, d'un passif, d'une diminution d'actif ou d'une variation négative de l'actif net non comptabilisés dans les comptes de référence et dont l'origine serait antérieure à la souscription[1096]

194. En droit UEMOA, il existe la Directive n°02/2011/CM/UEMOA portant harmonisation de la fiscalité applicable aux entreprises d'investissement à capital fixe. Non seulement à l'article 1er de cette directive les entreprises d'investissement à capital fixe font l'objet d'une définition, mais également l'article 2 de cette même directive liste les différentes entreprises à capital fixe et parmi lesquelles figurent les sociétés de capital-risque.

Le financement d'une société se fait sur la base d'un processus. Un auteur parle de négociation d'une opération de capital-investissement basée sur la liberté contractuelle et qui porte sur le protocole d'investissement et le pacte d'actionnaires[1097]. En effet, les investisseurs financiers, les dirigeants de la société cible, actionnaires, banques d'affaires et le fonds d'investissement prennent contact et échangent de façon informelle. Après cela, il faut envisager la poursuite des négociations pour voir s'il faut conclure un accord d'investissement. Si l'investisseur financier souhaite poursuivre les négociations, il le

---

1094 Les business angelers sont appelés capital-risqueurs informels. V. C-A. ROBYN, *Les business angels*, Academia, Bruylant, p.27.

1095 L. JOBERT, *Les garanties de passif dans les augmentations de capital de sociétés anonymes*, La Semaine Juridique Entreprise et Affaires n° 39, 25 Septembre 2003, 1360.

1096 F. MONOD, *La garantie de passif donnée au souscripteur d'une augmentation de capital* : Dr. sociétés, Actes pratiques, déc. 1997, p. 3.

1097 R. KADDOUCH, *La négociation d'une opération de capital investissement à Singapour*, La Semaine Juridique Entreprise et Affaires n° 30, 23 Juillet 2015, 1370.

matérialise par une lettre d'intention. Faisons remarquer que lors des premiers contacts, les parties ont eu à échanger des informations qu'elles se doivent de sauvegarder à travers un accord de confidentialité. L'objet de la lettre d'intention est la poursuite des négociations. Elle doit être contresignée par les actionnaires ou dirigeants de la société cible qui manifeste ce faisant leur acceptation. Lorsque la lettre d'intention est contresignée, elle devient un contrat. Mais ce contrat peut selon les cas ne pas être engageant. C'est un accord de principe. Après la lettre d'intention, il y a le protocole d'investissement par lequel les parties matérialisent leur accord définitif[1098].

Il faut ajouter que dans la pratique l'investisseur se préoccupe de sa sortie et du dénouement de l'opération de capital-investissement dès son entrée dans le capital de l'entreprise et l'envisage, en général, dans un délai de 3 à 7 ans[1099].

195. Dans tous les cas, les investisseurs qui sont les sociétés de gestion ont des attentes particulières en matière de gouvernement d'entreprise. Leur rôle premier c'est la prise en compte des intérêts des clients qui leur ont confié leur argent. Ce faisant, elles ont un devoir fiduciaire dans la mesure où elles chercheront à augmenter la rentabilité financière des épargnants. A celle-ci s'ajoute un enjeu déontologique[1100]. Ces sociétés de gestion sont des actionnaires minoritaires et certains leur donnent le qualificatif de fonds d'investissement. Il s'agit des fonds communs de placement, des SICAV, des fonds de pension et des fonds d'investissements alternatifs ou *hedgefunds*. Les SICAV et FCP sont prévus à l'article 72 du Règlement général du Marché financier de l'UEMOA. Les fonds d'investissement investissent à la place de leurs adhérents et pour leur compte, en prenant une participation techniquement minoritaire dans le capital[1101]. On pourrait certainement ranger les fonds de pension parmi les fonds d'investissement. En effet, selon qu'ils ont ou pas la

[1098] J. FASSI-FEHRI, *Guide juridique du capital-investissement, Droit marocain, droit français*, Lexis-nexis, 2014, p.37.

[1099] G. ROULIN,*Le dénouement des opérations de capital-investissement*, Revue de Droit bancaire et financier n° 1, Janvier 2005, dossier 4.

[1100] P-H. de LA PORTE du THEIL, V. BONNET, *Les attentes des investisseurs en matière de gouvernement d'entreprise*, Cahiers de droit de l'entreprise n° 2, Mars 2016, dossier 12

[1101] I. PARACHKEVOVA, *Les obligations des fonds d'investissement au sein des sociétés cotées*, Revue des sociétés 2015 p.75.

personnalité juridique, les fonds de pension se rapprochent des FCP ou SICAV[1102]. Leur objectif est de gérer l'épargne complémentaire des salariés[1103].

196. Le professeur Abdoulaye Sakho n'a pas manqué de préciser la définition de l'investisseur professionnel. Il s'agit d'un actionnaire qui investit dans une grande société, souvent cotée[1104].Les raisons d'apparition de cet investisseur sont entre autres l'attitude absentéiste, la désertion de la société et le fait de confier leur argent à des professionnels.

§2. Le contrat, manifestation de la liberté

197. Le débat sur la nature institutionnelle ou contractuelle de la société connaît un regain d'intérêt avec la révision de l'Acte uniforme relatif au droit des sociétés commerciales et GIE. Des auteurs se sont interrogés sur l'étendue de cette liberté ainsi que sur celle de l'ordre public respectivement après et avant ladite révision. La liberté en question est d'abord celle des conventions extrastatutaires et des pactes d'actionnaires, ensuite celle de profiter du silence législatif pour développer des constructions purement volontaristes[1105]. En effet, les statuts ne comportent pas forcément tous les aspects des relations des associés. Ceux-ci auront donc recours aux pactes d'associés pour les compléter. La plupart des auteurs relèvent que ces pactes reposent sur les mécanismes de droit commun des contrats tels que la stipulation pour autrui ou la promesse de porte-fort. En règle générale, il y a deux catégories de pactes d'actionnaires : ceux relatifs à la cartographie du capital social d'une part, et ceux aménageant le pouvoir social d'autre part. Les pactes d'actionnaires relatifs à la détermination de la cartographie du capital social sont les clauses d'agrémcnt, de

---

[1102] CH. QUEMENT, *Les fonds de pension*, RDSS 1996 p.158.

[1103] Alice PEZARD, *Une loi sur les fonds de pension*, Petites affiches - 03/03/1997- n° 27 - page 4 ; Y. GUYON, *Aspects juridiques des fonds d'épargne retraite*, Petites affiches - 15/10/1997- n° 124 - page 14 ; Y. SAINT-JOURS, *Les aspects juridiques de l'épargne retraite d'entreprise instituée par la loi n° 97-277 du 25 mars 1997*, La Semaine Juridique Edition Générale n° 19, 7 Mai 1997, doctr. 4020

[1104] A. SAKHO, I. PARACHKEVOVA, *Propriété formelle et propriété substantielle en droit des sociétés et des groupes,* in Les déséquilibres économiques et le droit économique, Larcier 2015, p.130.

[1105] M. JEANTIN, *Le rôle du juge en droit des sociétés, Nouveaux juges, nouveaux pouvoirs* ? Mélanges en l'honneur de R. PERROT, Dalloz, 1996, p.151.

préemption, d'inaliénabilité, figeant la participation, d'exclusion, de sortie conjointe, anti-dilution, buy or sell.

Les clauses aménageant le pouvoir social sont les clauses relatives au conseil d'administration et les conventions de vote[1106].

Dans les sociétés anonymes, on ne peut envisager les clauses d'agrément que lorsque la société ne fait pas appel public à l'épargne. L'agrément est donné soit par le conseil d'administration, soit par l'assemblée générale ordinaire (765-3 AUSCGIE)

§3. Le contrat, mécanisme de transmission du pouvoir

198. La cession de contrôle est une opération qui a fait couler beaucoup d'encre. En effet, en l'absence de texte, il y a eu une théorie puis un régime juridique en partant de la jurisprudence et de la doctrine. Malheureusement, le contrôle n'a jamais fait l'objet d'une véritable définition de la part de la jurisprudence ainsi que des approches doctrinales[1107]. Si l'acquisition du contrôle est de nature commerciale, la détention du contrôle est traditionnellement considérée comme ayant une nature civile même si un auteur s'évertue à démontrer le contraire[1108]. Dans tous les cas, il existe une obligation de renseignements lors de la cession de contrôle[1109].Plusieurs manifestations de la prise de contrôle existent : la création d'un groupe de sociétés, les offres publiques, le ramassage en bourse, scission de la société mère, augmentation de capital social en numéraire réservée, le portage[1110]. Certains auteurs ajoutent la fusion et l'apport partiel d'actif

---

1106 B. RAYNAUD, Droit de l'ingénierie sociétaire, Joly, Editions, 2014, pp.74-86.

1107 D. PLANTAMP, *Le critère de la cession de contrôle*, RTD com. 1999. 819

1108 M. BERTREL, *La détention du contrôle d'une société commerciale relève-t-elle vraiment du droit civil ?* RTD civ. 2013. 759. Selon l'auteur, la commercialité de la société contrôlée déteint sur la nature de la détention.

1109 P. MOUSSERON, *L'obligation de renseignement dans les cessions de contrôle*, La Semaine Juridique Entreprise et Affaires n° 22, 2 Juin 1994, 362. A l'expression « information », l'auteur préfère celle « de renseignement » tout en ne négligeant pas de préciser que la distinction entre ces deux notions demeure floue.V.Y. PICOD, *Le devoir de loyauté dans l'exécution du contrat*, LGDJ 1989, Bibl. dr. privé, t. 208, préface G. Couturier, p. 13, n° 7 ; M. FABRE-MAGNAN, *De l'obligation d'information dans les contrats, Essai d'une théorie*, LGDJ 1992, Bibl. dr. privé, t. 221, préface J. GHESTIN, p. 4, n° 4 s.

1110 V. A. LECOURT, Groupes de sociétés, Répertoire de droit des sociétés, mars 2005, Actualisation en 2017, n°63.

notamment lorsque la société n'est pas cotée. On distingue donc une cession de contrôle en dehors du marché boursier, et une cession dans le marché boursier[1111]. Ainsi, le contrôle d'une société cotée peut se faire par la technique du ramassage en bourse ou achat d'actions de gré à gré, la négociation de bloc de contrôle, les OPA et OPE.

La prise de contrôle peut se réaliser par une offre publique rampante ou sans cette offre[1112].

La prise de contrôle est une opération de concentration au même titre que la fusion, ou la situation où sans transfert de biens, une entreprise exerce une influence déterminante sur une autre[1113].

199. La prise de contrôle peut se faire par un LBO. Ici, un ou plusieurs repreneurs prennent le contrôle d'une société avec un apport personnel aussi limité que possible, en produisant un effet de levier juridico-financier, grâce à la constitution d'une **société** dite « holding de reprise » et à un endettement maximum de cette dernière[1114]. Le LBO, pour *Leverage Buy Out*, est une opération de croissance externe qui consiste à acheter une société cible, saine financièrement, *via* une société holding (dite « Newco » ou « Holdco » pour *Holding Company*), ledit holding étant précisément créé à cet effet, par les repreneurs, et étant endetté autant que la capacité de remboursement de la cible le permet. Il s'agit donc de l'acquisition de contrôle d'une société cible, réalisée par des repreneurs non pas directement mais *via* un holding interposé qu'ils détiennent. Le LBO s'accompagne souvent

---

[1111] V. M. FLEURIET, *Pouvoir et finance d'entreprise*, droit et pratiques, Dalloz, 1977, 207 pages.

[1112] A. GENITEAU, *Les techniques juridiques de contestation de la politique sociale par des actionnaires minoritaires actifs*, in Les stratégies juridiques des entreprises, sous la direction d'A.MASSON, Larcier, 2009, p.197.

[1113] V.B.OPPETIT, *La cession de contrôle*, J.C.P 1970, I, 2366. Pour cet auteur,, « la prise de contrôle d'une société par acquisition de ses actions présente la supériorité essentielle sur une fusion par absorption de laisser intacte l'individualité juridique de chacune des deux sociétés, au lieu de les fondre dans une entité unique ». pourtant, pour C. BEBEAR, l'avantage semble également financier : « contrairement aux apparences, la croissance externe est le moyen d'expansion le moins coûteux » (*Claude Bébéar,* Président du groupe Axa : *L'Express, suppl. éco., 7 novembre 1986, p. 42).*

[1114] J.-P. BERTREL et M. JEANTIN, *Acquisitions et Fusions des sociétés commerciales* : Litec 2011, 2e éd., p.160 cité par M. BOURGEOIS-BERTREL, *De l'opportunité de recourir aux techniques dépourvues de la personnalité morale dans la perspective d'un LBO*, Droit des sociétés n° 10, Novembre 2015, étude 16.

de *management packages*, c'est-à-dire d'outils juridiques et surtout financiers destinés à permettre aux managers, qui sont les dirigeants de la cible (qui vont pouvoir détenir une partie du capital du holding, aux côtés des capital-investisseurs dits *private equity*), de tirer le meilleur profit de cette opération et des performances attachées à celle-ci, notamment en obtenant une partie de la plus-value en résultant, en général déconnectée de la quotité de capital détenue dans le holding.[1115].

Schématiquement, les fonds LBO s'associent à des personnes physiques qui sont les hommes clés de la société cible ou à des tiers extérieurs à la société cible capables néanmoins de d'assurer le management de celle-ci ou biens l'association se fait avec ces deux catégories d'acteurs. Les investisseurs financiers et leurs partenaires créent alors ensemble une société holding qui, juridiquement, va procéder à l'acquisition de la totalité ou de la majorité du capital de la cible, cette acquisition étant financée par les fonds propres apportés par ses actionnaires mais surtout par des emprunts contractés auprès de banques ou de fonds spécialisés[1116]. Lorsque les fonds LBO s'associent à des personnes physiques hommes-clés de la société-cible, on parle de L.M.BO. S'ils font appel à des tiers, on parle de LMBI. La combinaison de ces deux techniques donnent naisse à une BIMBO.

La question à se poser est celle de savoir comment protéger les banques prêteuses[1117]. Pour ce faire, il y a des clauses insérées dans les LBO[1118]. Il en est également de même pour les actions de préférence[1119]. Il convient de relever qu'à côté des fonds d'investissement, des banques prêteuses il y a les intérêts des managers avec qui les investisseurs financiers s'associent pour créer la holding de

---

1115 B. BRIGNON-BENJAMIN ROSSO, *Mise en place des Management Package dans le cadre des opérations LBO de reprise*, RTD com. 2017. 239.

1116 N.-L. RAVISY, M.-I. LEVESQUE, *Les accords conclus entre actionnaires dans les opérations de LBO*, Gazette du Palais - 27/05/2004 - n° 148 - page 9 ; D. DESCAMPS, *La conciliation d'intérêts dans la partie « haut de bilan » des LBO*, Revue de Droit bancaire et financier n° 1, Janvier 2007, prat. 1

1117 R. ALLOUCHE, R. RICHARD, *Les garanties dans les financements à effet de levier*, Revue de Droit bancaire et financier n° 3, Mai 2008, dossier 21. On peut utiliser ce que l'on appelle le security pacquage.

1118 D. MARCHETEAU et L. CHAMMAS, *Clauses utilisées dans le cadre d'un LBO*, La Semaine Juridique Entreprise et Affaires n° 35, 28 Août 2008, 2027

1119 R. Kaddouch, *LBO : actions de préférence ou pacte d'actionnaires* ?La Semaine Juridique Entreprise et Affaires n° 24, 15 Juin 2006, 1953

rachat. Trois types de clauses sont généralement conclues : de sortie, de direction, de fidélisation des managers

Comme le disait un auteur, quelle importante opération de rapprochement ou d'acquisition d'entreprise pourrait aujourd'hui se passer d'un accord spécifique visant à organiser la répartition des pouvoirs, encadrer le transfert des participations des divers partenaires ou encore stipuler les conditions de performance requises ? Il en est ainsi des pactes conclus dans le cadre d'opérations de *leverage buy-out* (LBO), contexte dans lequel est rendue la décision du 11 mai 2017, et dont la clarté des clauses de prix de cession de droits sociaux constitue un véritable enjeu[1120].

200. Lorsque la cession de contrôle n'est pas faite dans un marché boursier, sa réalisation peut se être progressive (promesses unilatérales de vente et/ou d'achat sous condition suspensive (audit des comptes, agrément du cessionnaire, c'est ce que l'on appelle la due diligence). Il faut faire remarquer qu'en la matière, vu que la cession de contrôle est une vente, plusieurs règles auront vocation à s'appliquer notamment les règles de droit commun et les règles spéciales. Par exemple, le juge français, dans une affaire a considéré que l'exercice de l'activité économique d'une société constitue « l'usage » des droits sociaux au sens des articles 1641 et s. c. civ. relatifs aux vices cachés. Elle admet également, certes implicitement, mais sans grand risque d'erreur d'interprétation, que la garantie des vices cachés peut être appliquée à la cession de contrôle dès lors qu'il y a effectivement un vice caché[1121].

Le professeur J.-J.CAUSSAIN et M. GERMAIN décrivent mieux cette situation. En effet, au-delà du fait que les caractères de la cession de contrôle constituent le point le plus discuté[1122],

201. Le prix est une donnée fondamentale en matière de cession de contrôle. Non seulement, il doit être déterminé, sérieux, mais également, la pratique remédie aux insuffisances de la loi à travers les clauses d'*earn out*, les clauses de garantie de passif. En effet, le

---

1120 M. MICHINEAU, *Contestation du prix de cession de droits sociaux en présence d'obligations convertibles en actions*, Rev. sociétés 2017. 623 ; AddeJ.-J. DAIGRE, *Pacte d'actionnaires et capital risque*, Joly soc. 1993. 157 ; N.-L. RAVISY, M.-I. LEVESQUE, *Les accords conclus entre actionnaires dans les opérations de LBO*, Gaz. Pal. n° 148, 27 mai 2004, p. 9 ; B. BRIGNON, B. ROSSO, *op. cit.*, p. 239.

1121 J. PAILLUSSEAU, *Les vices cachés dans la cession de contrôle*, D. 1996. 277.

1122 On s'est posé la question de savoir s'il s'agit d'une fusion, d'une cession d'entreprise ou d'action indifférente au changement de pouvoir qu'elle réalise

cessionnaire court plusieurs risques dont celui de la découverte d'un passif non apparent au moment de la conclusion, dépassement de la valeur réelle des titres acquis : risque du cessionnaire. Les techniques du droit commun qu'il pourrait utiliser sont

Au regard de ces faiblesses, le cessionnaire a recours aux garanties conventionnelles. Les clauses de garantie figurent dans les cessions de contrôle, non plus entre personnes physiques, mais entre sociétés, et plus encore de groupe à groupe ; elles constituent une pièce maîtresse du marché des fusions-acquisitions, des opérations de rapprochement se traduisant par des prises de participation même minoritaires ou des échanges de titres ; elles s'appliquent même aux opérations de reprise d'entreprises en difficulté, dans le cadre d'une procédure de redressement judiciaire, car les résultats de la vérification du passif ne sont pas nécessairement apaisants, pour dispenser celui qui prend le risque d'une reprise de l'affaire d'obtenir un minimum d'assurance comptable du dirigeant désireux de se défaire au plus vite des responsabilités de gestion d'une société en perdition[1123].

L'earn *out* est un mécanisme selon lequel une partie du prix d'achat est dépendant des futurs résultats de la société vendue. Pour le vendeur, il y a là une opportunité d'accroître le prix de vente. Pour l'acheteur, il y a quelque chance que le vendeur demeuré généralement en charge de la gestion s'efforce d'accroître les performances de la société pendant la période d'*earn out*[1124].

Les règles du droit commun visant à protéger le cessionnaire sont l'erreur, mais celle-ci n'est pas efficace en la matière vu que ce sont des professionnels avertis[1125], le dol, dont on n'est pas sûr que les professionnels soient tenus d'un devoir de conseil[1126], l'action en

---

1123 C. FREYRIA, *Réflexions sur la garantie conventionnelle dans les actes de cession de droits sociaux*, La Semaine Juridique Entreprise et Affaires n° 20, 14 Mai 1992, 146, n°2.

1124 A. COURET, *Les clauses d'earn out dans la jurisprudence*, Rev. sociétés 2010. 165 ; F-D. POITRINAL, *Cessions d'entreprise : les conventions de earn out*, La Semaine Juridique Entreprise et Affaires n° 1, 7 Janvier 1999, p. 18

1125 Des cessionnaires d'actions avaient demandé la nullité de la cession en soutenant qu'ils avaient crû acquérir une entreprise saine alors que celle-ci était en réalité malade. Les juges du fond et la Cour de cassation n'ont pas fait droit à leur demande puisqu'ils invoquent l'erreur sur la valeur et non sur les qualités substantielles. Or, celle-là n'est pas une cause de nullité. V. RTDCOM 1974, p.291 note R. HOUIN et R. SAINT-ALARY.

1126 (JCP 92. éd. E, I, 120, éd. G, 1, 3561, chron. A. VIANDIER et J.-J. CAUSSAIN. n. 13) Il est vrai néanmoins que le juge a décidé que constitue une

résolution pour vice caché n'est parfois pas applicable en raison d'une confusion sémantique entre les vices cachés ou le défaut de conformité[1127].

Les carences de ces différentes règles poussent les praticiens à avoir recours à d'autres techniques

SECTION 2 : LES CONTRATS D'AFFAIRES

202. Qu'est-ce qu'un contrat d'affaires ? À la note de bas de page, nous mettions en évidence l'inconfort du professeur PAILLUSSEAU dans la définition de la notion

Dans tous les cas, ces contrats sont soumis à la théorie générale des contrats, c'est-à-dire un ensemble de règles éprouvées, fixées par le législateur ou élaborées par la jurisprudence avec l'aide de la doctrine, qui valent pour les contrats en général indépendamment de leur nature particulière. Ce sont ces règles, constitutives des principes contractuels[1128]. Néanmoins, ils s'en démarquent sur certains points.

Le législateur de l'OHADA a prévu des contrats que l'on peut qualifier de commerciaux. Il s'agit des contrats de bail à usage professionnel lorsque les parties sont toutes des commerçants ou lorsqu'ils lient un commerçant et un non commerçant, de la vente commerciale, des contrats d'intermédiation. Pour autant, il n'a pas ignoré les contrats d'affaires même si c'est de façon très accessoire qu'il en parle. En effet, aux termes de l'article 234 AUDCG, les dispositions du présent livre s'appliquent aux contrats de vente de marchandises entre commerçants, personnes physiques ou personnes morales, y compris les contrats de fourniture de marchandises destinées à des activités de fabrication ou de production.

203. Le législateur sénégalais n'est pas non plus en reste. En effet, lorsque l'article 4 du décret n°70-1335 du 7 décembre 1970 réglementant les contrats d'exclusivité de vente ou d'achat utilise l'expression « circuits de distribution ». Pour PH. Le Tourneau, il y a plusieurs circuits de distribution : la distribution directe (VRP,

---

erreur portant sur les qualités substantielles des actions faisant l'objet d'une cession, la vente du fonds de commerce de la société dont les titres sont ainsi cédés, réalisée à l'insu des cessionnaires.

[1127] V. D. 1991, somm. 167, note TOURNAFOND.

[1128] F.X. TESTU, Dalloz référence Contrats d'affaires 2010

succursalisme), les intermédiaires divers et les réseaux verticaux de distributions[1129].

L'un des intérêts d'examiner l'étude des contrats d'affaires c'est de se rendre compte de la diversité des figures contractuelles puisqu'à côté des contrats nommés, il existe des contrats innommés, des contrats d'occasion et des contrats de situation.

Le professeur M. CABRILLAC a opéré une distinction entre les contrats de situation et d'occasion[1130]. Nous traiterons des contrats de distribution (PARAGRAPHE 1) et des contrats de coopération (PARAGRAPHE 2), non sans relever l'existence d'une catégorie intermédiaire à savoir les contrats d'intégration. L'intégration d'une entreprise a lieu lorsqu'elle met « une partie de son activité en relation exclusive avec une autre entreprise pour une période déterminée »[1131]. Le contrat d'intégration forme avec celui de coopération la catégorie des contrats de production.

§1. Les contrats de distribution

204. La société de consommation a engendré l'essor de la grande distribution commerciale. Pour l'essentiel, ce sont les grandes surfaces, les supermarchés ou hypermarchés qui diffusent les produits. Ceux-ci s'approvisionnent auprès de centrales d'achats. Ils peuvent également s'adresser à des centrales de référencement de fournisseurs[1132]. Les centrales d'achats prennent le plus souvent la forme de sociétés anonymes et constituent des intermédiaires entre les distributeurs affiliés et les fournisseurs. La nature des relations entre distributeurs affiliés et les centrales d'achat est contractuelle. C'est ce qui distingue la centrale d'achats du groupement à l'achat qui, au même titre que celle-ci, la centrale de référence et le centre commercial est un mécanisme de rationalisation de l'approvisionnement en marchandises.

[1129] C. BLOCH, D. KRAJESKI, PH. Le Tourneau, M. POUMAREDE, Chapitre 1 – Contrats de service Dalloz action Droit de la responsabilité et des contrats, n°5573.

[1130] M. CABRILLAC, Mélanges G. MARTY, 1978, p.235 ; D. MAINGUY, *Remarques sur la théorie générale du contrat et les créations récentes de la pratique commerciale*, Mélanges M. CABRILLAC, Litec, 1999, p.165.

[1131] G. FARJAT cité par P. OUDOT, *Droit commercial et des affaires*, GUALINO, 2e édition, 2010, p.126.

[1132] C. MASCALA, C. SAINT-ALARY-HOUIN, *Droit civil : les contrats civils et commerciaux*, 5e édition, L.G.D.J, 2008, p.165.

L'adhérent au groupement à l'achat est un associé. La forme de ce groupement est le plus souvent une coopérative

Tel que rappelé, le circuit de distribution permet le passage d'un bien de la production à la consommation. Plusieurs intermédiaires non ignorés tant par le droit OHADA que sénégalais interviennent (A). Si dans cette hypothèse l'intermédiaire travaille pour le compte d'autrui, il est de cas où les produits achetés auprès d'un fournisseur demeure la propriété exclusive du distributeur (B). C'est dire que la distribution se fait par des intermédiaires ou dans le cadre d'un réseau commercial.

A- Les contrats d'intermédiation

Ils naviguent entre certitude (1) et doute (2).

1- La certitude

Aux termes de l'article 169 AUDCG, l'intermédiaire de commerce est une personne physique ou morale qui a le pouvoir d'agir, ou entend agir, habituellement et professionnellement pour le compte d'une autre personne, commerçante ou non, afin de conclure avec un tiers un acte juridique à caractère commercial.

L'intermédiaire agit pour le compte de personnes. Celles peuvent être des commerçants ou pas. De même, l'intermédiaire agit habituellement et professionnellement dans l'intérêt d'autrui. L'acte juridique accompli pour autrui a un caractère commercial.

2- Le doute

L'intermédiaire est celui qui présente deux caractéristiques : il participe à la conclusion d'un contrat et il agit pour le compte d'autrui[1133].

Le courtier agit-il pour le compte d'autrui ? La réponse ne peut être que négative au regard de la définition du courtier et ce, même si l'article 171 AUDCG précise que le courtier, intermédiaire de commerce agit en son nom propre. Il faut peut-être revoir le contenu de l'expression « agir pour le compte d'une autre personne ».Une autre disposition à invoquer demeure l'article 175 AUDCG en vertu duquel les règles du mandat s'appliquent aux relations entre l'intermédiaire et

[1133] N. DISSAUX, *La qualification d'intermédiaire dans les relations contractuelles*, LGDJ, Bibliothèque de droit privé, 2007, spéc. n°s 698 et s cité par R.VABRES, *La valorisation du fonds de commerce par l'intermédiation*, RTD com. 2011. 215.

la personne pour le compte de laquelle celui-ci agit. Qu'est-ce qu'un contrat de mandat ? Le mandat est le « contrat par lequel une personne, le mandant, donne à une autre, appelée « mandataire », le pouvoir d'accomplir plusieurs actes juridiques[1134].L'accomplissement d'actes juridiques : tel serait le critère permettant de distinguer mandat et contrat d'entreprise. Dans cette perspective, le courtage se distingue nettement du mandat. Sa mission se réduit à la négociation d'un contrat, sans aller jusqu'à sa conclusion[1135].Elle n'aurait pour objet que l'accomplissement d'actes matériels, non juridiques[1136]. Mais le débat est loin d'être clos d'autant que N. DISAUX précité écrit qu'il ne faudrait pas faire de l'accomplissement d'acte juridique la condition d'existence du mandat. En outre, l'entremise signifie par exemple la constitution de dossiers, l'organisation de visites, la réalisation de publicités ou encore la prise de photographies. Bref, une série de démarches menées afin de séduire le *prospect* mais n'ayant pas en vue la création d'effets de droit. Des actes matériels donc[1137]. La Cour de cassation n'est pas en reste elle qui décide que « la qualité de courtier n'emport[ait] pas nécessairement celle de mandataire[1138] » . Pourtant, elle n'a pas hésité à utiliser l'expression « contrat de mandat » dans une autre décision[1139].

Au-delà, les articles 208, 209 et 211 AUDCG peuvent nous servir de référence.

Y-a-t-il suppression des articles 493 à 495 du COCC ? L'expression « agent commercial » peut certes être abandonnée mais pas la nature du contrat prévu par le droit national et liant un salarié à son employeur. Les VRP sont des intermédiaires qui vendent des produits au nom et pour le compte du fabricant sans assumer les risques des opérations qu'ils passent[1140]

1134 M. PLANIOL, *Traité élémentaire de droit civil*, t. II, 6e éd., LGDJ, 1912, n° 2232, p. 697.

1135 N. DISSAUX, *La qualification de courtage : l'un sous le multiple*, AJ contrat 2017, p.512

1136 C. GRIMALDI, « *Mandat et courtage* », *in* N. Dissaux (dir.), Le mandat : un contrat en crise ?, Economica, 2011, p. 79 s.

1137 N. DISSAUX, op.cit.,

1138 Civ. 1re, 18 oct. 2005, n° 03-12.229, Bull. civ. I, n° 366 ; RTD com. 2006. 470, obs. B. BOULOC

1139 Civ. 1re, 2 juin 2004, n° 02-17.510.

1140 B. GRIMONPREZ, *La vulnérabilité des distributeurs économiquement dépendants*, in Le droit à l'épreuve de la vulnérabilité, Bruxelles, Bruylant, 2011, p.319.

B- L'hypothèse où le distributeur est propriétaire des produits achètes

Le législateur français a réglementé les contrats-cadre. Leur domaine d'application privilégié est la distribution commerciale où ils permettent la mise en place et l'organisation de réseaux au sein desquels les partenaires sont liés par des obligations d'exclusivité[1141]. En droit français, tout un dossier a été consacré à l'impact de la réforme du droit des contrats sur les contrats de distribution[1142].

1- La nature des contrats

Les contrats-cadre se rencontrent dans de nombreux secteurs d'activités tels que le secteur bancaire, agricole, en droit du travail. Mais le domaine qui nous intéressent et celui de la distribution. Il s'agit du contrat d'approvisionnement exclusif, de distribution sélective, de concession exclusive et de franchise. Si chacun de ces contrats obéit à des règles spécifiques, ils constituent tous des contrats-cadre et sont soumis à certaines règles communes quant à leur validité et leur efficacité[1143]. Le contrat-cadre peut être défini comme un contrat qui a pour objet de définir les conditions dans lesquelles de futurs contrats d'application seront conclus et exécutés[1144]. Il se caractérise comme un contrat dont les objectifs sont généralement définis, mais sans que les termes essentiels de l'échange et spécialement l'objet et/ou le prix, soient encore déterminés, ou même déterminables par simple référence à ses stipulations. Le contrat-cadre implique généralement l'obligation de conclure des contrats d'application (des contrats d'achat par le distributeur des marchandises fournies par exemple)[1145].

Les conditions de validité sont relatives au consentement éclairé (obligation précontractuelle d'information), à la durée du contrat-cadre, au prix. Quant à l'efficacité du contrat-cadre, elle s'apprécie dans l'existence ou la supposée existence d'une obligation de contracter de

---

[1141] D. FERRIER, *Droit de la distribution*, 4e édition, LITEC, 2006 cité par P. PUIG, op.cit., p.118.

[1142] Dossier : *Contrats de distribution et réforme du droit des contrats : continuité ou changements* ? (I)AJ Contrat 2017, p.151

[1143] P. PUIG, *Contrats spéciaux*, op.cit., p. 119.

[1144] P.PUIG, op.cit., p.117, n°144.

[1145] D. LEGEAIS, *Droit commercial et des affaires*, 20e édition, SIREY, 2012, pp.473.

celui qui a consenti à un contrat-cadre, et dans l'opposabilité du contrat-cadre au tiers.

Avant 1995, la jurisprudence française a beaucoup tâtonné et dans le souci de protéger le distributeur contre la volonté unilatérale et arbitraire de son cocontractant, elle a exigé un prix déterminable selon des éléments objectifs. A compter de cette date, le juge a admis la fixation unilatérale du prix à condition qu'il n'y ait pas d'abus. Cet abus et non l'excès est sanctionné par la responsabilité. Les auteurs rappellent néanmoins le caractère limité de cette jurisprudence (seuls les contrats de distribution sont visés).

Il existe des éléments communs aux réseaux de distribution : l'obligation précontractuelle d'information, les contrats-cadre, le prix dans les contrats-cadre.

Très souvent, une clause de rendement ou de quota est insérée dans les contrats-cadre de distribution. Ainsi, en imposant au distributeur de parvenir à un résultat, le fournisseur cherche avant tout à l'inciter à la performance. Souvent, la non-réalisation de l'objectif peut suffire à entraîner la résiliation du contrat. Cette clause ne suscite de réelles difficultés que dans le secteur de la distribution automobile[1146].

2- Les différents types de contrats

Il s'agit du contrat de concession (1), de franchise (2) et de distribution sélective (3).

1. Le contrat de concession

En droit sénégalais, le contrat de concession est un contrat d'exclusivité réciproque de vente ou d'achat. En effet, aux termes de l'article premier du décret n°70-1335 du 7 Décembre 1970 réglementant les contrats d'exclusivité de vente ou d'achat. Cependant, il faut préciser qu'il s'agit d'une allusion indirecte. L'article 4 issu du décret précité peut nous servir d'appoint d'autant qu'il dispose que les contrats d'exclusivité ne peuvent être approuvés qu'aux conditions suivantes :

- (…)3° S'ils précisent clairement la zone dans laquelle s'appliquera l'exclusivité

Pour le professeur A. SAKHO, c'est l'article 3 et 1 alinéa 2 qui peuvent nous aider à en connaître la définition. Toujours selon lui, c'est

1146 A. RONZANO, *Clauses de rendement et contrats-cadres de distribution*, La Semaine Juridique Entreprise et Affaires n° 9, 29 Février 1996, 535.

assurément dans ce texte que l'on peut trouver une base formelle à la concession commerciale considérée comme un contrat de distribution et non comme un mandat commercial tel que l'envisageait l'article 478 du COCC[1147]

2. Le contrat de franchise

Le franchisé a pour mission de réitérer le concept mis au point par le franchiseur et de confirmer le succès commercial rencontré par ce dernier[1148]Un arrêt de la cour d'appel de Colmar a pu définir le contrat de franchisage comme étant celui qui « comporte la mise à la disposition du franchisé par le franchiseur d'un nom commercial, de sigles et symboles, d'une marque ainsi que d'un savoir-faire et d'une collection de produits et de services offerts d'une manière originale et spécifique et exploités suivant les techniques commerciales uniformes préalablement expérimentées et constamment mises au point et contrôlées[1149] ».

Le réseau du franchiseur est souvent protégé. Très fréquente dans les contrats de franchise en ce qu'elle a pour but de protéger l'identité commune et la réputation du réseau ainsi que le savoir-faire du franchiseur, la clause de non-concurrence - accessoire au contrat - permet d'interdire au franchisé, sous réserve de respecter certaines conditions, d'exercer une activité concurrente de celle du franchiseur. La clause de non-concurrence peut s'appliquer pendant la durée du contrat de franchise mais également après sa cessation. Il s'agit dans ce dernier cas d'une clause de non-concurrence post-contractuelle qui ne doit pas être confondue avec la clause de non-réaffiliation : « la clause de non-concurrence a pour objet de limiter l'exercice par le franchisé d'une activité similaire ou analogue à celle du réseau qu'il quitte, tandis que la clause de non-réaffiliation se borne à restreindre sa liberté d'affiliation à un autre réseau[1150] ».

[1147] A. SAKHO, op.cit., pp.67-68.

[1148] P. LE TOURNEAU, *Les contrats de franchisage*, Litec, 2e éd., 2007, spéc. n° 4.

[1149] Colmar, 9 juin 1982, *D.* 1982. 533, note J-J. BURST cité par TH. GRANIER, *Prix imposés, prix conseillés : le contrat de franchisage à l'épreuve du droit de la concurrence,* RTD com. 1991. 358.

[1150] M. MARCINKOWSKI, *La clause de non-concurrence post-contractuelle dans le contrat de franchise*, AJCA 2016, p.16. Pour l'auteur, les clauses de non-concurrence post-contractuelles posent plus de problème que celles en vigueur pendant les relations contractuelles. C'est la raison d'être de la loi n° 2015-990 pour la croissance, l'activité et l'égalité des chances économiques du 6 août 2015, dite Loi Macron venue préciser les conditions de validité de ces clauses de non-

Faisons remarquer que la clause de non-concurrence post-contractuelle et d'approvisionnement exclusif doit être conforme aux règles de la libre concurrence, limitées dans le temps et l'espace, proportionnées à l'intérêt du franchiseur.

205. Un auteur s'interroge sur l'application de la bonne foi dans le contrat de franchise d'autant que dans ce contrat, la confiance est nécessaire entre les partenaires commerciaux au regard du déséquilibre économique qui peut exister entre les cocontractants, de la nature de leurs relations et de la durée souvent longue des contrats[1151].Dans ce type de relation, poursuit l'auteur, la bonne foi apparaît comme une pièce à deux faces, l'une sur laquelle apparaît le devoir de loyauté alors que sur l'autre figure le devoir de coopération.

3. Le contrat de distribution sélective

En droit sénégalais, on peut à travers l'article 1er alinéa 4 du Décret n°70-1335 du 7 décembre 1970 réglementant les contrats d'exclusivité de vente ou d'achat déceler l'existence d'un contrat de distribution sélective. En effet, l'expression utilisée c'est « à ne vendre ses produits qu'à certains ». Or les personnes à qui on vend peuvent être soigneusement sélectionnées et qui dit sélection, dit exclusion, par conséquent, possibilité de refus de vente. Les critères de sélection doivent néanmoins être objectifs et ne pas donner lieu à une discrimination injustifiée.

206. En France, la cinquième chambre de la Cour d'appel de Paris a décidé que La revente dans des conditions médiocres, par un diffuseur non agréé, de produits destinés à un réseau de distribution sélective étanche juridiquement et licite au regard des règles de concurrence, constitue un acte de concurrence déloyale et de parasitisme, et oblige à une réparation sur le fondement de l'article L. 442-6-I, 6° du Code de commerce[1152].

---

concurrence post-contractuelles insérées dans certains contrats de franchise ; Adde C. JAMIN, *Clause de non-concurrence et contrat de franchise*, D. 2003. 2878.

1151 B. CRESSARD, *Contrat de franchise et bonne foi, Repères et perspectives*, op.cit.,

1152 J.-P. VIENNOIS, *Revente hors d'un réseau de distribution sélective*, Propriété industrielle n° 9, Septembre 2005, comm. 68

Le distributeur s'engage à respecter les directives du fournisseur, valoriser la marque, maintenir le niveau de qualité de ses magasins. A défaut, le contrat peut être résilié et non renouvelé[1153].

4. Le contrat d'approvisionnement exclusif

207. Le contrat d'approvisionnement exclusif est prévu à l'article 1e du Décret n°70-1335 du 7 décembre 1970 réglementant les contrats d'exclusivité de vente ou d'achat. Ainsi, le contrat d'exclusivité unilatérale d'achat est celui par lequel un commerçant s'engage d'une part à acheter exclusivement certains produits à un fournisseur qui demeure libre de vendre les mêmes produits à toute autre personne, et d'autre part à ne pas acheter de produits concurrents des tiers. Relevons que l'article 275 alinéa 1 du COCC consacre le contrat d'approvisionnement exclusif.

Les contrats les plus concernés sont ceux conclus entre brasseurs et détaillants, les contrats de pompiste de marque passés entre une compagnie pétrolière et ses pompistes.

Le distributeur, partie faible au contrat cherche à échapper à l'exclusivité d'achat, à faire tomber le contrat en invoquant le droit européen et l'absence de cause[1154]

Au-delà des contrats de distribution, il y a ceux de coopération.

§2. Les contrats de coopération

208. Certains auteurs distinguent deux formes de groupes de sociétés. D'une part des groupes de sociétés à structure sociale lorsque les sociétés du même groupe sont liées par des liens financiers, d'autre part des groupes de sociétés où les sociétés mères, les filiales et les autres entreprises sont reliées par des liens contractuels. C'est l'exemple des accords de *know how*, de sous-traitance, de location-gérance, de la distribution exclusive ou sélective[1155]. Le législateur OHADA a prévu

[1153] P. OUDOT, op.cit., p.134.

[1154] L. GUILLEMIN, *La défense du distributeur face à son fournisseur dans le contrat de bière*, D. 2013. 657. Selon cet auteur, dans la plupart des cas, la balance penche du côté du fournisseur.

[1155] A.LECOURT, *Groupe de sociétés*, Répertoire de droit des sociétés, mars 2015 (actualisation : avril 2017)

ces deux catégories de liens en droit des sociétés commerciales et GIE et en droit commercial général[1156].

209. Pour faire face au développement de la concurrence, les entreprises peuvent utiliser plusieurs techniques parmi lesquelles la concentration et la coopération. La concentration permet aux entreprises d'augmenter leur taille et leur capacité ou encore d'éliminer leurs concurrents en procédant, sous des formes diverses, à l'acquisition de tout ou partie du fonds de commerce ou du contrôle d'autres sociétés[1157]. Quant à la coopération, elle constitue une technique essentiellement contractuelle. Les accords de coopération ont été peu étudiés par la doctrine. Mercadal et Janin ont été les premiers à s'y intéresser .Les critères proposés n'agréent pas tous[1158]. Dans tous les cas, on peut ranger les contrats conclus entre l'Etat et les investisseurs dans la catégorie des contrats de coopération

A- Les contrats en présence desquels les parties sont dans une situation identique

Une fois identifiés (1), il faudrait procéder à la classification des contrats en question (2).

1- L'identification des contrats en question

Il s'agit des contrats de recherche et de développement, de co-traitance et de fabrication.

Une entreprise peut commander à une autre un travail de recherche déterminé moyennant une rémunération. Il y a donc d'une part un « donneur de recherche » notamment la partie qui prend l'initiative de la demande et un « preneur de recherche ».Ce contrat est un contrat d'entreprise. Il est conclu intuitu personae. En effet, l'entreprise individuelle se base sur la compétence et les compétences de la société de recherche.

Les contrats de recherche et de développement sont appelés contrats de recherche en commun. Il s'agit des accords conclus entre les entreprises visant à accomplir ensemble des recherches sur un ou plusieurs sujets déterminés.Ils ont fait l'objet d'une définition dans le

---

[1156] V. J. GATSI, *Filiale, succursale, groupe de sociétés*, in Encyclopédie du droit OHADA, Lamy, 2011, pp.793 et s.

[1157] M. DUBISSON, *Les accords de coopération dans le commerce international*, Lamy, EJT, 1989, p.1.

[1158] M. DUBISSON, op.cit., p.7.

droit de l'UEMOA. Ainsi, il s'agit des accords entre entreprises ayant pour objet : la recherche et le développement en commun de produits ou de procédés ainsi que l'exploitation en commun de leurs résultats ; l'exploitation en commun des résultats obtenus lors de recherches conjointes sur la base d'un accord antérieur ; la recherche et le développement en commun de produits ou de procédés, à l'exclusion de l'exploitation de leurs résultats dans la mesure où ils tombent sous l'interdiction de l'article 88(a) du Traité.

Les contrats de fabrication sont dénommés accords de spécialisation. Ce sont des accords par lesquels des entreprises s'engagent réciproquement, à des fins de spécialisation, soit à ne pas fabriquer elles-mêmes ou à ne pas faire fabriquer des produits déterminés et à laisser à leurs contractants le soin de fabriquer ces produits, soit à ne fabriquer ou ne faire fabriquer des produits déterminés qu'en commun.

La problématique de la compatibilité de ces contrats avec les règles de concurrence

2- Classification en fonction de la sensibilité au temps ou durée

Certains contrats de coopération sont de courte durée (a) là où d'autres s'étalent dans le temps (b).

a- Les accords précaires

Nous pouvons citer l'exemple du consortium. On parle également de groupement momentané d'entreprises. Le contrat de consortium est un contrat conclu entre deux ou plusieurs personnes physiques ou morales qui s'engagent à exécuter, chacune en ce qui la concerne, des prestations distinctes en vue d'une opération déterminée[1159]. La nature de la base de différentes entreprises demeure contractuelle. Cette précision de taille relève de la jurisprudence française.

Ils ont en général droit de cité dans les travaux publics, les assurances (co-assurance), les banques (pool bancaire). Ces dernières y recourent pour faire face à des engagements qu'elles ne pourraient surmonter seules[1160]. Le risque est que le créancier d'une société invoque l'existence d'une société créée de fait. Cela dans un souci de protection du créancier de l'un des membres devenu insolvable vu que

---

1159 P.OUDOT, *Droit commerciales et des affaires*,2e édition, Gualino, 2010, p.123.
1160 P. OUDOT, *Droit commercial et des affaires*, Ibid.

la responsabilité sera indéfinie et solidaire. Il semble que la jurisprudence française se montre réticence à cet argument.

Certains auteurs préfèrent l'expression co-traitance à celle de consortium. La co-traitance est un groupement opératoire et momentané d'entreprises, aux activités hétérogènes mais complémentaires (les spécialistes du sol, du béton armé, du chauffage, des procédés à mettre en œuvre, *etc.*), qui se choisissent elles-mêmes en fonction d'un vif *intuitu personæ (firmæ* ou *societatis).* Il est constitué dans le dessein d'obtenir et d'exécuter ensemble un marché (généralement après un *appel d'offres*). Celui-ci porte sur la réalisation d'un ouvrage important (barrage, pont, *etc.*), comme d'une unité commerciale (grande surface) ou industrielle[1161].

b- Les accords durables

210. La joint-venture est une technique de rapprochement des entreprises au même titre que la fusion, la prise de contrôle (par augmentation de capital, cession de gré à gré, offre publique) ou l'apport partiel d'actif. Ce dernier mécanisme est parfois même une étape fondamentale de la constitution de joint-venture[1162]. Le contrat de joint-venture crée-t-il une nouvelle entité ? Les avis sont partagés. C'est ainsi que M. DUBISSON écrit que la joint-venture ne désigne qu'une relation purement contractuelle. Ce faisant, l'accord n'entraîne en aucun cas la création d'une nouvelle entité juridique par les partenaires[1163]. En revanche, certains praticiens pensent que grâce à la joint-venture, il y a création d'une organisation totalement nouvelle. Pour MOUSSERON, l'opération comporte une pièce maîtresse, l' « accord de base » qui prévoit et enjoint le scénario à venir. Celui-ci organise des « satellites sociétaires » fréquents, des « satellites contractuels », toujours présents[1164].

[1161] C. BLOCH, D. KRAJESKI, PH. LE TOURNEAU, M. POUMAREDE, , Chapitre 1 – Contrats de service Œuvre collective sous la direction de Philippe le Tourneau, Dalloz action Droit de la responsabilité et des contrats 2014.

[1162] D. MARTIN, *Étude comparative des différentes modalités de rapprochements transfrontaliers*, Cahiers de droit de l'entreprise n° 6, Novembre 2011, dossier 37.

[1163] M. DUBISSON, *Les accords de coopération dans le commerce international*, Lamy, Paris, 1989, n°85 et s cité P.-A. GOURION, G. PEYRARD, *Droit du commerce international*, 3e édition, L.G.D.J, 2001, p.83.

[1164] P.MOUSSERON et alii, *Technique contractuelle*, Editions Francis Lefebvre, 2010, p.41.

La joint-venture internationale utilise le plus souvent la filiale commune. Les critères de la filiale commune sont prévus à l'article 180 AUSCGIE.

B- Les contrats en présence desquels les connaissances de l'entrepreneur peuvent être transmises

Le contrat d'entreprise est le fondement de ces contrats : maître d'ouvrage et entrepreneur

Il arrive que l'entrepreneur sous-traite ses travaux. Dans le COCC, la sous-traitance apparait à l'article 447, sous le nom de sous-entreprise[1165]. La sous-traitance est l'opération par laquelle un entrepreneur confie, par un sous-traité et sous sa responsabilité,à une autre personne, appelée sous-traitant, tout ou partie de l'exécution du contrat d'entreprise ou de marché conclu avec le maître de l'ouvrage[1166]. C'est un contrat d'intégration.

1- contrat d'ingénierie : se limiter à livrer des conseils

Certaines entreprises ont pour objet d'aider les opérateurs économiques à sélectionner les consultants. Ce contrat est un contrat de service au même titre que le contrat de conseil[1167]. L'ingénieur est celui qui, sans diriger directement une entreprise, est consulté chaque fois que se présente une difficulté[1168]. Le contrat de conseil est un contrat d'entreprise dans lequel un entrepreneur indépendant s'engage à faire quelque chose, moyennant rémunération, au profit d'un client. Ce sont des contrats dans lesquels les prestations promises sont d'ordre intellectuel, car les conseils, quels qu'ils soient, sont bien de cette facture[1169]. L'entrepreneur se propos d'indiquer à son client ce qu'il

---

[1165] A. SAKHO, *Les groupes de sociétés en Afrique, Droit, pouvoir et dépendance économique*, KHARTALA-CRES, 2010, p.64, n°101.

[1166] P.OUDOT,op.cit., p.126.

[1167] X. PERRON, *L'obligation de conseil,* Rennes, 1992. – N. REBOUL, *Les contrats de conseil,* préf. Ph. DELEBECQUE, PUAM, 1999. *Articles.* A. PIMBERT, *Contrats de conseil* , *J.-Cl. Contr. Distr.,* fasc. 2030 (2009). – R. SAVATIER, *Les contrats de conseil professionnel en droit privé français*, *D.* 1972. Chron. 137; « *La vente de services* », *D.* 1971. Chron. 223. – D. VEAUX, *Responsabilité de l'entreprise de conseil* », *CCC* 1992. Chron. 1.

[1168] M.-F. MIALON, *Contribution à l'étude juridique d'un contrat de conseil : le contrat de conseil en organisation d'entreprise*, RTDCiv, 1973, p.7. Adde G. VINEY, *La responsabilité des entreprises prestataires de conseils (Conseils en organisation, bureaux d'études et sociétés d'ingénierie*), JCP, 1975, I, 2750.

[1169] N. REBOUL, *Les contrats de conseil*, PUAM, 1999.

doit faire ou ne pas faire. (…) Il donne une opinion qui est de nature à influencer la décision de son co-contractant. Le conseil est directif[1170].

2- Contrat de communication de savoir-faire : transfert de connaissances techniques

Le législateur sénégalais en application des annexes de Bangui de 1977 apris un Décret n°89-1265 du 17 octobre 1989 fixant les modalités de contrôle et d'approbation préalables des contrats de transfert de droits de propriété industrielle, pour soumettre à contrôle et approbation les contrats de licence, les cessions, transmissions de brevets, modèles d'utilité et de propriété de marques ainsi que leurs modifications ou leurs renouvellements, du Ministre chargé de la Propriété industrielle.

Dans le code pétrolier (article 17 et 34), la formation du personnel est une exigence. Il en est de même du code minier (article 109). Ces différentes dispositions constituent une manifestation de la RSE. !

Le droit UEMOA donne une définition des accords de transfert de technologie. Il s'agit des accords entre entreprises, de licence de brevet ou de licence de savoir faire, les accords mixtes de brevet et de savoir - faire et les accords comportant des clauses accessoires relatives à des droits de propriété intellectuelle autres que les brevets.

3- Contrat de réalisation d'ensemble industriel : fourniture d'une usine clé en mains

À côté de l'ingénierie non-technique, dont la florissante ingénierie d'organisation (V. *JCl. Contrats-Distribution, supra Fasc. 1810, par Ph. le Tourneau)*, il existe l'ingénierie technique : c'est du reste la plus connue et la plus importante. Elle consiste à étudier et mener à bien des projets dans le domaine du bâtiment, de l'infrastructure ou de l'industrie, que ce soit la modernisation, l'extension ou la création d'une usine, ou de quelque grand ensemble plus vaste ; ou encore, la conception d'un navire, d'un avion, d'une centrale, d'un TGV, d'une plate-forme pétrolière, etc[1171].

[1170] F. COLLART DUTILLEUL, PH. DELEBECQUE, *Contrats civils et commerciaux*, 8e Dalloz, 2007, pp.706-707.

[1171] PH. LETOURNEAU, Fasc. 1820 : INGÉNIERIE ET TRANSFERTS DE MAÎTRISE INDUSTRIELLE. – Conception JurisClasseur Contrats - Distribution

TITRE 3

LA RESPONSABILITÉ

Il est nécessaire de s'intéresser à la responsabilité civile pour pouvoir apprécier ne serait-ce que la place qu'occupe le droit civil dans le droit des affaires[1172], les facteurs d'évolution de la matière[1173] ainsi que les rapports entre la responsabilité civile délictuelle et les droits subjectifs[1174]. Hors de nos frontières et plus particulièrement en France, la loi n° 2016-1097 du 8 août 2016 relative à la biodiversité consacre l'inscription du préjudice écologique dans le code civil[1175]. Il s'agit des articles 1242 à 1252 du Code civil[1176]. La responsabilité est non seulement préventive[1177], mais également, le législateur privilégie la

---

[1172] Appréhender la vitalité du droit commun dans le droit des affaires, savoir si l'originalité du droit des affaires affecte l'action de droit commun au profit d'actions spécifiques, si les concepts civilistes sont modifiés dans leur rencontre avec le droit des affaires, tels sont les différents raisons de l'étude menée par F. POLLAUD-DULIAN, *De quelques avatars de l'action en responsabilité civile dans le droit des affaires*, RTD Com. 1997 p.349.

[1173] L. MAURIN, *Le droit souple de la responsabilité civile*, RTDCiv, 2015, p.517. Selon l'auteur, la responsabilité civile peut évoluer en fonction des conjonctures : le juge et le droit souple permettent cette évolution.

[1174] T. AZZI, *Rapports entre droits subjectifs et responsabilité civile délictuelle*, RTDCiv 2007, p.227. Pour cet auteur, la responsabilité civile délictuelle permet l'application des droits subjectifs de même que leur apparition. Dans cette dernière hypothèse, l'exemple du droit au respect de la vie privée peut être cité.

[1175] L. NEYRET, *La consécration du préjudice écologique dans le code civil*, Recueil Dalloz 2017 p.924.

[1176] Dans la loi portant code de l'environnement, le législateur sénégalais définit le dommage écologique comme tout dommage subi par le milieu naturel, les personnes et les biens et affectant l'équilibre écologique. Plusieurs instruments juridiques, au-delà du Code de l'environnement protège celui-ci. Ainsi, il y a le Code minier communautaire (article 18), la loi n°98-05 du 08 janvier 1998 portant Code pétrolier (article 51, 28), le Code minier (loi n°2016-32 du 08 Novembre 2016 notamment l'article 102), la Directive C/DIR 3/05/09 du 27 mai 2009 de la CEDEAO portant sur l'harmonisation des principes directeurs et des politiques dans le secteur minier.

[1177] Voir l'article 1252 du Code civil issu de la loi n° 2016-1097 du 8 août 2016 relative à la biodiversité.

réparation en nature au détriment de la réparation par équivalent. Toujours en France, la loi n°2017-399 du 27 mars 2017 relative au devoir de vigilance des sociétés mères et des entreprises donneuses d'ordre met une obligation de vigilance à la charge de certaines sociétés. Ainsi, aux termes de l'article L.225-102-5 du Code de commerce, les sociétés assujetties à ce devoir de vigilance, dont les contours sont définis par l'article L.225-102-4 pourront voir leur responsabilité engagée « dans les conditions prévues aux articles 1240 et 1241 du code civil[1178].

Nous verrons la responsabilité de droit commun (CHAPITRE 1) d'abord ensuite la responsabilité en droit des affaires (CHAPITRE 2).

1178 A. DANIS-FATOME, *La responsabilité civile dans la loi relative au devoir de vigilance des sociétés mères et des entreprises donneuses d'ordre*, Recueil Dalloz 2017, p.1610. Cette responsabilité est de nature extracontractuelle. Ainsi, toute idée de faute présumée et de responsabilité de plein droit se trouve exclue. V. Dossier intitulé « *Le devoir de vigilance* », Droit social 2017, pp.792 et s.

CHAPITRE 1

LA RESPONSABILITÉ DE DROIT COMMUN

211. L'examen de la responsabilité surtout civile nous amène à passer en revue, sans prétendre à l'exhaustivité, ses conditions, objectifs ou fonctions et ses différentes formes de réparation[1179]. Un autre intérêt tient au fait que la responsabilité civile est avant toute chose un ensemble de règles de procédure civile[1180]. Il existe des conditions de la responsabilité civile.

Elles renvoient à ce qu'un auteur appelle la trinité dogmatique à savoir la faute, le dommage et le lien de causalité[1181].

Il y a deux constantes à savoir un dommage (Section 2), un lien de causalité (Section 3) et une variante à savoir le fait générateur (Section 1)[1182]. Il faut faire remarquer que la responsabilité civile a plusieurs fonctions et fondements (Section 4). Enfin, la réparation du préjudice sera examinée (Section 5).

SECTION 1 : LE FAIT GÉNÉRATEUR

212. Les événements susceptibles d'entrainer pour l'homme la charge d'un dommage sont le comportement personnel du responsable et les faits qui se rattachent à ce dernier d'une manière plus complexe[1183]. Il s'agit respectivement des articles 118 à 123 et 137 à 150 du COCC. Ce sont les divers faits générateurs de responsabilité.

[1179] V. Sur a question G. VINEY, *Quelques propositions de réforme du droit de la responsabilité civile*, RDA, Janvier, 2010, p.30.

[1180] L. RASCHEL, *Droit processuel de la responsabilité civile* : Paris, IRJS, 2008.

[1181] V.F. POLLAUD-DULIAN, *De quelques avatars de l'action en responsabilité civile dans le droit des affaires*,RTD Com. 1997 p.349 qui préfère parler de trilogie.

[1182] J.P.TOSI op.cit., p.189 n°524.

[1183] G. RIVES, *Théorie générale des obligations en droit sénégalais*, RSD, 1971, p.31, n°24.

Le fait générateur est la cause du dommage. Le fait personnel, le fait d'autrui et des choses constituent le droit commun de la responsabilité en droit français[1184]. Or, dans le COCC, ce que le législateur appelle droit commun de la responsabilité est afférent à la faute, au dommage, au lien de causalité. C'est ce qu'affirme A. TUNC en ces termes : « *(...) Mais il résulte aussi bien de l'ensemble du Code que de la définition donnée à la faute dans l'article 119 et des commentaires qui ont été publiés par les auteurs les plus autorisés, que les règles contenues dans le Titre II sont également applicables à la responsabilité contractuelle et à la responsabilité délictuelle. Pour les deux, le premier chapitre contient le « droit commun de la responsabilité »* (article 118-136), traitant de la faute, du dommage, de la relation de causalité et des dommages-intérêts, cependant que le deuxième chapitre a trait aux « régimes particuliers de responsabilité » (article 137-156), gouvernant la responsabilité du fait des animaux et du fait des choses, la responsabilité des parents, des commettants, des maîtres et artisans, et les conventions relatives à la responsabilité[1185]C'est pourquoi certains auteurs comme J.P.TOSI nient l'idée de responsabilité sans faute[1186]. Pourtant, G. RIVES écrit que les dispositions du code relatives à la responsabilité du fait des animaux et des choses (article 137 à 141) et à celle du fait d'autrui (article 142 à 150) sont seulement applicables en matière délictuelle[1187]. On peut en conclure que l'auteur nie toute possibilité de responsabilité contractuelle du fait d'autrui ou des choses. Heureusement qu'il nuance son propos en ces termes : « sur certains points toutefois le législateur sénégalais adopte pour ces régimes particuliers les mêmes règles qu'en matière de responsabilité contractuelle ou délictuelle du fait personnel, notamment en ce qui concerne la solidarité (article 136)[1188] ». En outre, à la page 34, de son article, l'auteur écrit qu'en matière contractuelle, le COCC contient des dispositions diverses qui prévoient par exemple la responsabilité du

---

[1184] A côté du droit commun existe en France des régimes spécifiques. Cette situation permet de s'interroger sur le critère de la responsabilité civile. Si pour d'aucuns c'est le lien de rattachement du dommage au responsable, pour d'autres, c'est l'anormalité ou le fait défectueux.

[1185] A. TUNC, *La responsabilité civile dans les trois récentes codifications africaines*, RTDComp, 1967, p.929.

[1186] V. Surtout à la page 199, n°550. Pour lui, le COCC ne consacre que trois sources de responsabilité : le fait des animaux ou des choses, le fait d'autrui et la faute. L'auteur confond le fait personnel d'avec la faute.

[1187] G. RIVES, op.cit., p.30, n°23.

[1188] G. RIVES, Ibid.

preneur pour les dégradations causées par le fait de ses ayant droit ou des personnes dont il répond[1189]. Seulement, le débiteur ne peut s'exonérer du dol ou de la faute lourde de ses préposés.

Nous étudierons le fait personnel (Paragraphe 1), le fait d'autrui (Paragraphe 2) et le fait des choses (Paragraphe 3).

§1. Le fait personnel

Nous verrons successivement les éléments constitutifs et la gravité de la faute (A), le régime de la responsabilité délictuelle (B).

A- Les éléments constitutifs et la gravité de la faute

213. Il est consacré par l'article 118 COCC qui dispose qu'est responsable celui qui par sa faute cause un dommage à autrui. En France, l'article 1382 remplacé par l'article 1240 du Code civil constitue le droit commun. Dès la fin du 19e siècle, les tribunaux et la doctrine ont assimilé le fait personnel et la faute. Les règles sanctionnant le fait personnel sont prévues par les articles 118 à 123 du COCC. Nous allons voir les éléments constitutifs de la faute d'abord, ensuite son régime.

En droit français, si le législateur n'a pas défini la faute, la jurisprudence a néanmoins déterminé les éléments constitutifs de la faute codifiés dans le COCC (1). Nous verrons ensuite les différentes sortes de fautes (2).

1- Les éléments constitutifs de la faute

214. Il s'agit de l'élément matériel à savoir un comportement répréhensible qui peut être volontaire (faute de commission) ou involontaire (omission, abstention) et juridique. Ainsi, le comportement illicite peut avoir pour source un texte de quelque nature que ce soit, un usage, une coutume, un principe de précaution, un code de déontologie, la violation des règles du jeu (sport). L'exercice abusif d'un droit est constitutif de faute. L'abus de droit est prévu à l'article 122 COCC. Deux critères sont proposés : l'intention de nuire ou critère subjectif et le détournement du droit de sa fonction sociale. Le juge apprécie in *abstracto* la faute. En effet, aux termes de l'article 120 du COCC, Le juge qualifie les faits constitutifs de la faute par rapport à la conduite

---

[1189] G. RIVES,op.cit., p.34, n°27. D'autres articles peuvent également être cités : 456 alinéa 2, 469 alinéa 2.

d'un homme prudent et diligent, en tenant compte des circonstances d'espèce. Les modes d'établissement de la faute en matière contractuelle varient selon qu'il s'agisse d'une obligation de moyen et de résultat.

En France, PLANIOL a été celui qui a mis l'accent sur l'illicite après avoir défini la faute comme le manquement à une obligation préexistante[1190]. L'illicéité équivaut à l'exigence d'un dommage injustement causé[1191].C'est cette définition qui a été reprise en droit sénégalais notamment à l'article 119 COCC. Des auteurs comme L. MAZEAUD et G. MARTY ne partagent pas ce point de vue. Pour G. MARTY, l'écueil réside dans l'impossibilité de définir avec précision quelles sont les obligations dont la violation constituerait l'élément fondamental de la faute[1192]. Quant à L. MAZEAUD, il pense que la référence à l'illicite est dangereuse, car elle risque de faire croire que celui qui agit en se conformant à une obligation légale ou réglementaire ne peut jamais engager sa responsabilité, ce qui constituerait une erreur certaine[1193]. Il préfère parlait d'écart de conduite. En effet, il y a des hypothèses où le fait personnel dommageable conduit à la responsabilité sans pour autant être fautif. C'est l'exemple de la responsabilité pour trouble de voisinage. En l'espèce l'illicéité réside dans le résultat anormal du fait et non dans le fait fautif. Au départ, en droit français, le fondement était la théorie de l'abus de droit. Aujourd'hui, la responsabilité est objective et toute référence à la faute demeure exclue, seul le dommage est pris en compte.

215. Il y a également l'élément moral ou subjectif de la faute. La prise en compte de cet élément tient à l'idée selon laquelle la commission d'une faute suppose un libre arbitre, une conscience. L'élément subjectif ou moral renvoie aux incapables ou personnes dépourvues de discernement.

L'élément moral a été rejeté par des auteurs tels qu'A. TUNC. Pour ce dernier, il semble impossible d'admettre une conception subjective et morale de la faute. Cette conception se détruit d'elle-même[1194].Ce deuxième élément a été contesté, essentiellement pour des raisons

---

1190 PLANIOL, *Traité élémentaire de droit civil*, t.II, 11e édition., n°863.

1191 P.BRUN, op.cit., n°10.

1192 G. MARTY, *Illicéité et responsabilité*, Etudes juridiques offertes à L. JULLIOT de la Morandière, p.339 et s.

1193 H. et L. MAZEAUD, Traité, t.I, 6e édition, par A. TUNC, n°389.

1194 Intervention au Colloque de Bâle de 1968 sur les fondements et les fonctions de la responsabilité civile, pp.203-204.

utilitaristes, afin de favoriser la réparation des dommages causés par des personnes privées de discernement[1195]. En effet, pour les rendre responsables et assurer ainsi à leurs victimes la réparation à laquelle elles peuvent légitimement prétendre, le droit a dû « tricher » avec la conception classiquement subjective de la faute[1196]. En droit français, nous avons la loi de 1968, la jurisprudence de 1984. La loi du 3 janvier 1968 a introduit dans le Code civil l'article 489-2. Aux termes de cette disposition, « Celui qui a causé un dommage à autrui alors qu'il était sous l'empire d'un trouble mental, n'en est pas moins obligé à réparation ». Le législateur sénégalais s'est largement inspiré de cette loi de 1968 en modifiant l'article 121 du COCC. Nous voilà ici en présence d'une responsabilité sans faute.

Il faut faire remarquer qu'à la conception subjective de la faute s'oppose la conception objective de la faute défendue par Henri et Léon MAZEAUD. Il ne faudrait pas oublier DEMOLOMBE et G. RIPERT. La jurisprudence, comme nous l'avons vu, n'est pas en reste après avoir opéré un revirement avec plusieurs arrêts rendus le 9 mai 1984[1197]. A travers ces arrêts, il y a consécration de la faute objective. On est passé d'une appréciation *in concreto* à une appréciation *in abstracto*. L'appréciation *in concreto,* c'est examiner l'état d'âme de l'agent, chercher si sa conscience lui reproche quelque chose. Apprécier la faute *in abstracto*, c'est, sans se livrer à une pareille recherche, se demander ce qu'aurait fait une autre personne dans les mêmes circonstances, procéder par comparaison à la conduite d'un type abstrait[1198].

216. L'ajout d'un troisième alinéa à l'article 121 dont l'alinéa 1er a consacré la jurisprudence NADAU permet d'écarter la question de l'imputabilité. Mais TOSI pense que le fondement de l'alinéa 3 n'est ni la responsabilité sans faute, ni une conception objective de la faute, mais le comportement objectivement illicite (p.200)

En droit français, on est arrivé à la conclusion selon laquelle la faute est protéiforme et qu'il ne saurait y avoir une définition unitaire[1199].

1195 C. RADE, *Ibid.*

1196 C. RADE, ibid.

1197 Ass. Plén., 9 mai 1984, D.1984, p.525. Il s'agit des arrêts Djouab, Fullenwart, Derguini, Gallibet et Lemaire.

1198 H. MAZEAUD, *La « faute objective » et la responsabilité sans faute*, Recueil Dalloz, 1985, chron., p.13. Pour l'auteur, la faute objective est distincte de la responsabilité objective. Elle n'est pas une responsabilité sans faute.

1199 P.BRUN, op.cit., n°14.

2- Les différentes catégories de faute

On est parti du principe de l'unité de la faute, c'est-à-dire que toute faute, sans distinction a pour conséquence d'engager la responsabilité de son auteur. Seulement, les fautes peuvent être classées en fonction de leur gravité. Ainsi, les fautes les plus graves sont la faute intentionnelle (faute délictuelle, dolosive), la faute inexcusable et la faute lourde. La faute est inexcusable lorsqu'elle est délibérée, impliquant la conscience la conscience de la probabilité du dommage et son acceptation téméraire, sans raison valable. Cette définition est valable en matière d'accident de travail, de transport aérien et maritime[1200].

Le législateur sénégalais à l'article L35 du Code du travail précise que l'employeur peut interdire à la fin du contrat, le salarié d'exercer une activité si la rupture du contrat de travail est due à une faute lourde. Si sur le principe le licenciement est précédé d'un préavis, tel n'est pas le cas en présence d'une faute lourde. Remarquons que le législateur ne donne aucune définition de la faute lourde. La chambre mixte de la Cour de cassation définit la faute lourde comme « une négligence d'une extrême gravité confinant au dol et dénotant l'inaptitude du débiteur à l'accomplissement de sa mission contractuelle[1201] ».

Les fautes les moins graves sont la faute d'imprudence ou de négligence. Il s'agit de la faute non intentionnelle qui s'apprécie in abstracto et qui peut être grave, légère et très légère. En droit français, on incluse dans les fautes d'imprudence ou de négligence la maladresse.

B- Le régime de la responsabilité délictuelle

217. Pour engager la responsabilité de l'auteur du dommage pour fait personnel, il faut prouver sa faute, l'existence d'un dommage et le lien de causalité entre la faute et le dommage. C'est dire que l'auteur du dommage peut tenter de démontrer que la faute n'est pas établie. Dans le cas contraire, il existe néanmoins des moyens de s'exonérer tels que la cause étrangère et la preuve d'un fait justificatif.

Comme exemple de cause étrangère nous avons la force majeure ou le cas fortuit. Il s'agit d'un événement insurmontable, extérieur et imprévisible (article 129 COCC). En droit français, avant la décision de l'Assemblée plénière du 14 avril 2006, la première chambre civile de la Cour de cassation, compétente en matière contractuelle privilégiait

---

[1200] V. Y. BUFFELAN-LANORE, V. LARRIBAU-TERNEYRE, op.cit., p.852.

[1201] CH. Mixte 22 avril 2005 : JCP 2005. II. 10066, note G. LOISEAU.

l'élément d'irrésistibilité dans la définition de la force majeure, tandis que la deuxième chambre compétente en matière délictuelle mettait en avant l'imprévisibilité. Pour l'Assemblée plénière et ce, quelle que soit la nature de la responsabilité, il faut prendre en compte l'irrésistibilité et l'imprévisibilité.

218. Le fait justificatif est celui qui ôte au comportement sa nature illicite. Il s'agit de la légitime défense, de l'ordre de la loi et du commandement de l'autorité légitime, de l'état de nécessité et du consentement de la victime. L'ordre de la loi, le commandement de l'autorité légitime, l'état de nécessité sont des faits justificatifs extérieurs à la victime.

La légitime défense fait disparaître la responsabilité. Celui qui est en légitime défense répond à une agression illicite. Mais la réponse doit être nécessaire, proportionnée à l'attaque. Les autres faits justificatifs n'ont pas été abordés par le COCC. Il faudrait se référer aux règles pénales applicables en la matière. A titre d'exemple l'article 315 du Code pénal pour l'ordre de la loi et le commandement de l'autorité légitime.

Dans le cas de l'état de nécessité, on choisit de commettre un dommage pour éviter un plus grand. Il faut néanmoins que celui causé soit moins important que celui que l'on cherche à éviter.

219. La faute de la victime atténue la responsabilité dans la mesure où elle a concouru à causer le dommage. Si elle présente les cas de force majeure ou fortuit pour l'auteur du dommage, elle fait disparaître celle-ci. Dans le Code CIMA, si la victime non conductrice subit un dommage corporel, on ne peut lui opposer sa faute que si elle a volontairement recherchée le préjudice. En cas de dommages aux biens[1202], la faute de la victime non conductrice permet d'atténuer ou d'exclure l'indemnisation.

A côté du fait personnel, il y a le fait d'autrui.

§2. Le Fait d'autrui

220. Dans cette responsabilité, l'action en réparation de la victime d'un délit ou quasi-délit est intentée contre le civilement responsable[1203]

[1202] Les biens en questions sont les véhicules et les objets transportés au sens de l'article 231 du Code CIMA.

[1203] SLIM, *Recherches sur la responsabilité du fait d'autrui en droit comparé*, RCA nov. 2000. 52

c'est-à-dire une personne autre que l'auteur du dommage. Ce faisant, le schéma traditionnel à savoir à une victime doit correspondre un responsable est rompu[1204]. A lire donc l'article 142 du COCC, on se rend compte que d'autres personnes différentes de l'auteur direct du dommage peuvent voir leur responsabilité engagée pour un dommage qu'elles n'ont pas causé. C'est l'exemple des parents du fait de leurs enfants mineurs, des commettants du fait de leur préposé, des maîtres et des artisans.

Mais vu que dans la responsabilité des parents du fait de leurs enfants mineurs, de même que dans celle des maîtres et artisans, le civilement responsable peut s'exonérer, tandis que dans la responsabilité des commettants l'exonération est très hypothétique, nous allons examiner ces deux situations : l'hypothèse où la responsabilité est basée sur une présomption de faute (A) et celle où il y a présomption de responsabilité (B). La responsabilité du fait d'autrui que prévoient les articles 142 à 150 du COCC repose soit sur la technique de la présomption de faute, soit sur l'idée de garantie[1205].

A- L'hypothèse où la responsabilité est basée sur une présomption de faute

Nous verrons d'abord la responsabilité des parents (1), ensuite celle des maîtres et artisans (2).

1- La responsabilité des parents

221. Aux termes de l'article 143 du COCC, est responsable du dommage causé par l'enfant mineur habitant avec lui celui de ses père, mère ou parent qui en a la garde. Ce texte pose les conditions pour que le père, la mère ou le parent soit responsable des dommages causés par l'enfant mineur. Ce faisant, il faut que l'on soit en présence d'un enfant mineur, qu'il y ait une cohabitation et un fait de l'enfant. Une fois ces conditions réunies, la responsabilité peut être mise en œuvre.

a- Les conditions de la responsabilité

-La minorité de l'enfant

L'enfant mineur est celui qui n'a pas dix-huit ans révolus. Sur le principe, et au regard de l'article 152 du Code de la famille qui dispose

[1204] V. J. JULIEN, *Responsabilité du fait d'autrui*, Répertoire de droit civil, n°1.
[1205] G. RIVES, op.cit., p.35.

que le mari est le chef de la famille, qu'il exerce ce pouvoir dans l'intérêt du ménage et des enfants, la puissance paternelle est exercée par ce dernier. Cette disposition tranche d'avec la situation qui prévaut en droit français où l'autorité parentale est exercée de façon conjointe par les père et mère même s'il y a des hypothèses où elle l'est de façon unilatérale par un seul parent. C'est pourquoi, l'alinéa premier de l'article 277 du Code de la famille en vertu duquel la puissance paternelle sur les enfants légitimes appartient conjointement au père et à la mère ne saurait tromper le lecteur puisqu'à l'alinéa 2 de la même disposition, il est mentionné que durant le mariage, la puissance paternelle est exercée par le père en sa qualité de chef de famille[1206]. En cas de divorce ou séparation de corps, c'est celui qui a la garde de l'enfant qui sera responsable.

En droit français, l'article 1384 alinéa 1 du Code civil devenu l'article 1242 nouveau pose un principe général de responsabilité du fait d'autrui. Certains auteurs pensent que ce principe général n'existe pas en droit sénégalais, point de vue qui est loin d'être partagé par nous. En effet, il faut bien comprendre la notion de principe général. Il s'agit de savoir si la liste des personnes citées à l'article 1242 nouveau est limitative ou pas. A travers l'arrêt Blieck, l'assemblée plénière de la Cour de cassation française, répond par la négative en engageant la responsabilité d'une association gérant un centre d'aide par le travail. Depuis cet arrêt, plusieurs décisions en France ont semblé préciser que la responsabilité du fait des mineurs et des handicapés incombe à la personne ou à l'organisme qui a un pouvoir d'organisation, de direction et de contrôle.

-La cohabitation avec l'enfant

Elle est symbolisée par l'expression « habitant avec lui ». En effet, on estime que le devoir de surveillance est lié à la cohabitation. Mais il arrive que celle-ci cesse de façon légitime ou illégitime[1207]. En droit français, la jurisprudence estime que la cohabitation ne cesse pas lorsque l'enfant est confié par exemple à ses grands-parents, est soumis à un régime d'internat, se trouve à l'école, sauf le cas où il est confié à un organisme qui a le pouvoir d'organisation du mode de vie de cet enfant. C'est dire qu'on est passé d'une cohabitation matérielle à une cohabitation juridique notamment avec l'arrêt Bertrand du 19 février

---

[1206] L'alinéa 3 de cette disposition précise les cas dans lesquels la puissance paternelle est exercée par la mère.

[1207] Fugue due à la faute des parents.

1997 en vertu duquel la responsabilité des parents n'est plus fondée sur une présomption de faute dans l'éducation ou la surveillance. Désormais, la cohabitation s'analyse en une résidence habituelle de l'enfant au domicile de ses parents.

-L'acte dommageable de l'enfant

On part de l'idée selon laquelle, même si elle n'émane pas de la lecture de l'article 143 COCC, cette condition est logique[1208]. En droit français, il fut un temps où le fait fautif de l'enfant était exigé. Puis, la jurisprudence s'est contentée d'un fait objectivement illicite sans connotation morale. Donc, on peut être en présence d'un enfant en bas âge incapable de discernement[1209] ou d'un enfant gardien d'une chose ; le dommage causé par l'enfant peut résulter d'un acte normal ou anormal.

b- La mise en œuvre de la responsabilité

A titre de rappel, il faut relever que la responsabilité des parents du fait de leurs enfants mineurs est une responsabilité pour faute présumée, c'est-à-dire que la victime n'avait donc pas à en rapporter la preuve, mais le parent conservait la faculté d'échapper à sa responsabilité en établissant la rectitude de son comportement[1210].C'est-à-dire qu'ils n'ont commis aucune faute d'éducation et de surveillance.

222. En droit français, c'est avec l'arrêt Bertrand que la responsabilité des parents est devenue objective. Désormais, pour s'exonérer les parents doivent établir une cause étrangère. Par rapport à qui faut-il apprécier la force majeure ? A l'enfant ou aux seuls parents ? Le juge français semble opter pour la seconde réponse.

Au-delà de la responsabilité des père et mère, nous avons celle des maîtres et artisans qui est assez basée sur une présomption de faute.

2- La responsabilité des maîtres et artisans

223. Elle est prévue à l'article 150 du COCC. Ainsi, le dommage doit être causé par les personnes qui ont été confiées aux maîtres et artisans pour leur formation professionnelle. L'acte dommageable doit être causé pendant le temps où les apprentis sont sous la surveillance

---

1208 V. J.-P.TOSI, op.cit., P.259, n°718.

1209 V. L'arrêt Fullenwarth du 9 mai 1984.

1210 J. JULIEN, *Responsabilité du fait des animaux*, Répertoire de droit civil, Actualisation, 2014, N°3.

des maîtres et artisans. A l'instar de la responsabilité des père et mère, celle des maîtres et artisans est fondée sur une présomption de faute et par conséquent, le maître et l'artisan peuvent s'exonérer en prouvant qu'ils n'ont pu empêcher le fait dommageable.

En droit français, vu que la jurisprudence n'a pas été saisie de la question de savoir si la responsabilité de l'artisan est objective ou pas, celle-ci est laissée en suspens[1211].

Il y a des hypothèses où la responsabilité est basée sur une présomption de responsabilité.

B- L'hypothèse où il y a présomption de responsabilité

224. La responsabilité dont il s'agit est celle des commettants du fait de leur préposé. Elle a pour siège les articles 146 à 149 du COCC. C'est l'idée de garantie qui sert de fondement à la responsabilité des commettants ou patrons du fait de leurs préposés. Il s'agit ici, comme en droit français, d'une responsabilité particulièrement stricte qui ne peut être écartée par la preuve de l'absence de faute dans le choix ou la direction[1212]. Le professeur J. P. TOSI abonde dans le même sens lorsqu'il écrit que la responsabilité des commettants s'explique donc par l'idée de garantie des victimes contre l'insolvabilité des préposés (ce qui explique à la fois l'absence de faculté d'exonération et le principe de la responsabilité personnelle du préposé[1213]). Il explique que le seul risque que supporte le commettant est celui de l'insolvabilité du préposé, mais pas celui des suites de son activité et du profit qu'il réalise, encore moins le risque de l'activité du préposé[1214].

[1211] P. MALINVAUD et *alii*, *Droit des obligations*, P.509, n°642.

[1212] G. RIVES, Théorie générale des obligations en droit sénégalais, op.cit., p.35.

[1213] J. P. TOSI, op.cit., p.261, n°728.

[1214] Le professeur A.S.SIDIBE (Quelques réflexions à propos d'un arrêt de la Cour d'appel de Dakar du 18 janvier 1988, faute du commettant et abus de fonction du préposé, Annales africaines, 1989-1990-1991, p.241) a relevé le caractère discuté du fondement de la responsabilité des commettants du fait de leur préposé. Ainsi, la doctrine classique mettait en évidence une double présomption de faute à savoir une faute dans le choix et une faute de surveillance. Pour d'autres auteurs, il s'agit du risque-profit (le commettant qui profite de l'activité du préposé en supporte les risques) ou la représentation (l'acte du préposé est l'acte du commettant). L'auteur conclut en ces termes : « ce régime de responsabilité paraît fondé sur l'idée de garantie selon laquelle, si une responsabilité est établie contre les commettants, c'est parce que les préposés ne sont généralement pas en mesure d'en assurer personnellement la réparation. Les commettants doivent donc garantir la solvabilité de leurs préposés ».

Nous allons examiner les conditions de la responsabilité du commettant d'abord (1), ensuite sa mise en œuvre (2).

1- Les conditions de la responsabilité du commettant

Elles sont au nombre de trois : l'existence d'un lien de préposition (a), le fait du préposé (b), le lien de l'acte dommageable avec les fonctions (c).

a- L'existence d'un lien de préposition

Entre le commettant et le préposé, il faut qu'il y ait un lien de préposition. Le législateur sénégalais, à l'instar de son homologue français, n'a donné aucune définition du lien de préposition. Il faudra donc se référer à la jurisprudence notamment française. Ainsi, selon le juge, le lien de préposition consiste dans le droit de donner au préposé des ordres ou des instructions sur la manière de remplir les fonctions auxquelles il est employé[1215]. Le juge retient une conception large du lien de préposition. Celui-ci peut provenir du contrat de travail, d'un mandat ou d'une relation de fait[1216]. Des questions se posent néanmoins : celle de savoir s'il peut y avoir un lien de préposition dans le cadre d'une indépendance intellectuelle et en matière de prêt de main d'œuvre.

Dans la première hypothèse, vu que le médecin n'est pas subordonné dans l'exercice de son art à l'hôpital, il ne devrait pas y avoir lien de préposition. Mais cette solution n'est pas celle de la jurisprudence française. Ainsi, le médecin salarié d'une clinique est subordonné à celle-ci dans l'organisation matérielle de son travail[1217]. Dans la seconde hypothèse, la question à se poser est celle de savoir si c'est l'utilisateur de la main d'œuvre ou l'employeur qui est responsable ou s'il y a eu un transfert d'autorité. La ligne directrice est que le juge français s'interroge sur qui avait le pouvoir de donner des ordres au préposé lors de la commission du dommage. Parfois, la responsabilité *in solidum* des commettants est retenue.

[1215] Civ. 4 mai 1937, GAJC, vol. 2, n°218.

[1216] V. Egalement Cass.crim., 7 novembre 1968, Bull.crim., n°291 : « les commettants ont le droit de faire acte d'autorité en donnant à leurs préposés des instructions sur la manière de remplir, à titre temporaire ou permanent, avec ou sans rémunération, fût-ce en l'absence de tout louage de services, les emplois qui leur ont été confiés pour un temps et un objet déterminés ».

[1217] Cass.1e civ, 26 mai 1999, D.1999, P.719.

225. Les notions de préposé et de fonction sont apparues en France au 16e siècle. A Rome, et dans l'ancien Droit, le maître devrait répondre du fait de son esclave, du fait que ce dernier est sa propriété. La loi des XII (12) tables permettait l'abandon noxal qui était également expérimenté en France jusqu'au 13e siècle[1218]. Mais avec la fin de l'esclavage en 1848, on est passé à la notion de fonction. L'article 1384 du Code civil découle de cette affirmation de DOMAT : *« ceux qui tiennent des vaisseaux marchands pour quelque commerce, ceux qui pour quelques trafics ont des magasins, boutiques ou bureaux ouverts, les banquiers et généralement tous ceux qui pour leurs commerces sur terre, ou sur mer se servent de commis, agents, et autres préposés, sont représentés en ce qui concerne ces commerces, par ceux qu'ils commettent, de telle sorte que le fait de ces préposés est le leur propre. Ainsi, ils sont obligés de ratifier ce qui a été traité avec leurs commis. Ainsi, ils répondent du fait, du dol, et des tromperies des personnes qu'ils ont préposées*[1219] ».

b- Le fait du préposé

226. Quel est le fait qui doit être imputé au préposé ? Lorsque l'on examine tant le droit sénégalais que français, aucune réponse ne transparaît des textes. Il faudra donc se référer à la jurisprudence notamment française qui exige un fait fautif du préposé qui doit être causal d'autant que le préposé dément peut être à l'origine de la responsabilité du commettant. En revanche, le préposé ne peut être un gardien de la chose. Ces deux qualités sont incompatibles[1220].

c- Le lien de l'acte dommageable avec les fonctions

227. Une lecture de l'article 146 COCC permet de se rendre compte que le commettant n'est responsable du fait de son préposé que lorsque celui-ci commet une faute dans l'exercice de ses fonctions. En effet, l'acte dommageable doit avoir un lien avec les fonctions du préposé notamment être commis pendant les fonctions auxquelles le préposé est

---

[1218] OURLIAC et GAZZANIGA, *Histoire du droit privé de l'an mil au Code civil*, 1985, Albin Michel, p. 275

[1219] *Les lois civiles dans leur ordre naturel*, 1re partie, livre I, titre XVI, section III, I.

[1220] V.RTDciv 1998, P.914, obs. JOURDAIN. Cependant pour J.-P. TOSI, le préposé peut, en cas d'abus de fonction, tout en étant sous l'autorité du commettant, avoir un pouvoir de commandement sur la chose. C'est également le cas lorsqu'il utilise un véhicule personnel (PP.263-264).

employé. C'est l'exemple de l'acte commis dans le lieu de travail, avec les moyens du travail ou pendant les heures du travail.

Il peut arriver cependant que l'acte soit étranger à l'exécution des fonctions mais avoir un lien avec celle-ci à savoir un acte facilité ou provoqué par les fonctions du préposé. C'est ce que l'on appelle un abus de fonction. Dans ce cas, la responsabilité du commettant n'est pas exclue en droit sénégalais, à condition qu'il y ait un lien de causalité ou de connexité avec l'exercice des fonctions. En droit français, la jurisprudence, notamment la chambre civile et la chambre criminelle n'ont pas accordé leur violon.

2- La mise en œuvre de la responsabilité du commettant

228. La victime a le choix entre agir contre le commettant ou contre le préposé ; ou bien contre les deux à la fois. Aux termes de l'article 149 du COCC, la responsabilité du commettant n'exclut pas celle du préposé. Dans tous les cas, ils sont responsables solidairement du dommage causé. Dans les rapports commettant et préposé, le premier peut exercer une action récursoire contre le second et ce, du fait de la subrogation dans les droits de la victime. La raison invoquée est que le préposé est le débiteur définitif de l'indemnité et l'auteur du fait dommageable[1221].

Il faut dire que traditionnellement en France comme au Sénégal, on a toujours pensé que dans ses rapports avec la victime, la responsabilité du commettant se substituait à celle du préposé. Pourtant, il semble qu'en droit français, cette vision des choses a évolué, et ce, depuis l'arrêt Costedoat du 25 février 2000[1222]. Dans cet arrêt, l'Assemblée plénière de la Cour de cassation précise que le préposé n'engage pas sa responsabilité à l'égard du tiers s'il agit sans excéder les limites de la mission qui lui a été impartie par son commettant. Ce faisant, ce n'est pas lui qui est responsable, mais son commettant et toute action récursoire s'avère impossible. Cependant, l'assureur responsabilité du préposé peut être poursuivi par le commettant.

Il existe néanmoins des exceptions à l'immunité civile du préposé et ce, dans trois hypothèses : lorsqu'il commet une infraction intentionnelle ; lorsqu'il commet une faute intentionnelle et dans l'hypothèse où il bénéficie d'une délégation de pouvoirs.

1221 S. PORCHY-SIMON, op.cit., P.363, n°758.

1222 Ass. Plénière du 25 février 2000, JCP2000, II, 10295, concl. R. KESSOUS, note M. BILLIAU.

Le juge français a transposé la solution connue en droit administratif notamment la faute de service des agents publics en droit civil. Mais il y a des limites à l'immunité, notamment avec l'arrêt Cousin et en cas de délégation de pouvoirs

§3. Responsabilité du fait des choses

229. En droit français, l'article 1385 et 1386 étaient les seuls textes à traiter du dommage causé par une chose et ce, pendant tout le XIXe siècle. Aux termes de l'article 1385 « le propriétaire d'un animal, ou celui qui s'en sert, pendant qu'il est à son usage, est responsable du dommage que l'animal a causé, soit que l'animal fût sous sa garde, soit qu'il fût égaré ou échappé ». Quant à l'article 1386, il dispose que « le propriétaire d'un bâtiment est responsable du dommage causé par sa ruine, lorsqu'elle est arrivée par une suite du défaut d'entretien ou par le vice de sa construction ». Ces différentes responsabilités ont pour source d'inspiration le Code d'Hammourabi ou les actions *noxale* causée par un fils de famille ou un esclave et *paupiere* pendant de celle-ci lorsque le dommage est causé par un animal[1223] . On est passé, toujours en droit français, d'une responsabilité pour faute présumée[1224], à une présomption de responsabilité[1225]. Cette jurisprudence a été convoquée pour justifier la solution Jand'heur. Certains auteurs sont allés même jusqu'à dire que l'article 1385 a permis d'élaborer un principe général de responsabilité du fait des choses[1226].

A la fin du XXIe, l'arrêt Teffaine a découvert à l'article 1384 alinéa 1er un principe général de responsabilité du fait[1227]. Désormais l'article 1385 constitue une application de l'article 1384, alinéa 1er. Dit autrement, en droit français, en cas de responsabilité du fait des choses inanimées, c'est l'article 1384 alinéa 1er qui s'applique, tandis que l'article 1385 et 1386 sont invoqués respectivement en cas de choses animés et de bâtiment en ruine. Faisons remarquer que les choses animées sont celles qui sont dotées d'une autonomie de mouvement[1228].

1223 V. J.-P. LEVY et A. CASTALDO, *Histoire du droit civil*, 2002, Dalloz, no 622.

1224 (Req. 23 déc. 1879, S. 1880. 1. 463)

1225 Cass. 27 oct. 1885, DP 1886. 1. 207 ; H. CAPITANT, F. TERRÉ et Y. LEQUETTE, GAJC, t. 2, 12e éd., 2008, Dalloz, no 196)

1226 V. V. J.-P. MARGUÉNAUD, *L'animal en droit privé*, 1992, PUF, p. 25 et s.

1227 Civ. 16 juin 1896, DP 1897. 1. 433, note R. Saleilles, S. 1897. 1. 17, note P. Esmein.

1228 J. JULIEN, *Responsabilité du fait des animaux*, Répertoire de droit civil, Octobre 2014, n°5.

La responsabilité du fait des choses obéit à des conditions (A) et produit des effets (B).

A- Les conditions de la responsabilité

Il nous fait savoir quelles choses sont concernées (1), examiner le fait de la chose (2) et la maîtrise de la chose (3).

1- Les choses en question

230. Qu'entendre par chose ? Pour J. P. TOSI, il ne faut pas distinguer là où la loi ne distingue pas et ce qui sera développé concernant les choses vaudra pour les animaux[1229]. Mais ce n'est pas à dire que le législateur sénégalais ait voulu assimilé l'animal à une chose pour des raisons tirées du contenu de l'article 137 du COCC-fait de l'animal ou de la chose dont elle a la maîtrise- et du droit français inspirateur du législateur sénégalais[1230]. L'article 1384 alinéa 1e a pour pendant l'article 137 COCC[1231]. G. RIVES assimile l'animal à la chose. Nous préférons la position du professeur K. BOYE selon laquelle les bâtiments et les animaux sont des choses particulières[1232].

En droit français, la jurisprudence ne tient pas compte de la nature physique ou juridique de la chose. De même, que la chose soit dangereuse ou pas, inerte, ou actionnée par la main de l'homme, l'article 1384 alinéa 1e devenu l'article 1242 alinéa 1 s'appliquera. C'est ce qui est dit dans l'arrêt Jand'heur selon qui l'article 1242, alinéa 1 repose sur la garde et non sur la chose elle-même[1233]. Faisons remarquer que la responsabilité du fait des choses est objective.

Mais il y a des choses qui sont exclues du domaine du principe général. C'est le cas des véhicules terrestres à moteur, des produits

---

1229 J.-P. TOSI, *op.cit.*, n°669 à 674.

1230 En droit français, l'article 1385 du code civil ancien devenu article 1243 du Code civil nouveau, prévoyait la responsabilité du propriétaire de l'animal ou celui qui s'en sert lorsque l'animal est sous sa garde, égaré ou échappé. Si au départ, le juge a perçu au sein de l'article 1385 une présomption de faute du gardien, il a plus tard opté pour une présomption de responsabilité qui ne peut être écartée que par la preuve de la cause étrangère. On s'est posée alors la question de savoir si cette solution devrait être étendue à l'article 1384 alinéa 1 devenu l'article 1242 du nouveau code civil qui ne visait que les choses inanimées.

1231 K. BOYE, *Responsabilités légales dispensant de la preuve d'une faute*, in Encyclopédie juridique de l'Afrique, p.309.

1232 K. BOYE, op.cit., p.308.

1233 A. LECOURT, *Droit des obligations*, 5e édition, op.cit., P.302.

défectueux, des choses sans maître (*res nullius)* ou abandonnées (*res derelictae*), du corps humain et des bâtiments en ruine.

231. En droit français, l'existence d'un principe général de responsabilité du fait des choses n'a pas fait disparaître les régimes spéciaux de responsabilité du fait des choses. C'est l'exemple de la responsabilité du fait des produits défectueux, du fait des animaux, des bâtiments en ruine et des accidents de la circulation. En effet, comme précisé, l'article 1385 du Code civil devenu article 1243 issu de l'ordonnance n°2016 consacrait le premier cas de responsabilité du fait des choses à savoir la responsabilité du fait des animaux et ce, avant que la jurisprudence ne découvre l'article 1384 alinéa 1er.

Ainsi, tout animal, à condition qu'il soit approprié, auteur d'un dommage occasionnera l'application de l'article 1385 du Code civil. Ici, on n'a pas besoin de prouver une quelconque faute du propriétaire puisque nous sommes en présence d'une responsabilité sans faute. Cependant, le propriétaire ne peut s'exonérer qu'en invoquant une cause étrangère à savoir la force majeure, le fait d'un tiers ou la faute de la victime.

Concernant la responsabilité du fait des bâtiments en ruine, elle était prévue à l'article 1384 devenu l'article 1244 issu de l'ordonnance n°2016.

Pour la jurisprudence un bâtiment renvoie à toute construction en matériaux durables élevée par l'homme et fixée au sol. Le bâtiment en ruine est celui qui est détruit partiellement ou totalement. Cette destruction doit être due à un défaut d'entretien ou à un vice de construction. Comme précédemment, le propriétaire ne peut s'exonérer que par la cause étrangère. Toujours en France, le droit de la responsabilité a évolué du fait de l'existence des lois d'indemnisation telle que la loi n°85-677 du 5 juillet 1985 dite « loi Badinter » et la loi n°98-389 du 19 mai 1998 relative à la responsabilité du fait des produits défectueux. Le fondement textuel de cette dernière responsabilité ce sont les articles 1245 et s issus de l'ordonnance n°2016. Elle institue une obligation de sécurité autonome à la charge des professionnels. La responsabilité du producteur ou du fournisseur est de plein droit.

En effet, les règles de la responsabilité civile étant limitées (difficulté dans la preuve des faits générateurs, invocation d'une cause d'exonération par le responsable), la problématique de la solvabilité n'est pas non plus à négliger. Toutes ces raisons ont conduit à l'adoption des lois d'indemnisation précitées auxquelles il faudra ajouter la loi du 4 mars 2002 relative aux droits des malades et à la qualité du système de santé.

Ce constat vaut aussi pour le droit sénégalais. C'est tout le sens du Code CIMA largement inspiré de la loi de 1985. Dans l'arrêt SIPLAST contre Malick Mbengue et les Assurances la Sécurité Sénégalaise, le juge a rappelé que les actions en responsabilité civile extracontractuelle se prescrivent par cinq ans à compter de l'accident aux termes de l'article 256 du Code CIMA. Se trouve donc exclues les règles du COCC[1234]. En droit français, la théorie du risque a inspiré le législateur qui a institué des régimes spéciaux de responsabilité tels que la loi du 5 juillet 1985 sur les accidents de la circulation, la loi du 4 mars 2002 relative au droit des malades. Ces régimes spéciaux sont considérés avec la responsabilité du fait des produits défectueux un système autonome de responsabilité. Ce faisant, la préoccupation d'indemnisation prend nettement le pas sur la question de l'imputation[1235].

2- Le fait de la chose

232. Aux termes de l'article 137 COCC, toute personne est responsable du dommage causé par (…) le fait de la chose dont elle a la maîtrise. Ainsi, la chose doit jouer un rôle actif dans la réalisation du dommage. La seule implication de la chose ne suffit pas. Le rôle actif signifie vice interne, chose placée dans une position anormale[1236], chose ayant eu ou pu avoir un comportement anormal. Ce rôle actif doit être prouvé. Cette preuve, étant difficile à apporter, la jurisprudence a présumé la causalité. C'est dire que la victime doit prouver seulement l'intervention matérielle de la chose dans le dommage[1237]. L'article 139 COCC présume la causalité. Ainsi, aux termes de cette disposition « l'existence simultanée du préjudice et de la maîtrise suffit à établir la responsabilité ». Cette présomption est simple et le propriétaire peut, pour s'exonérer prouver que la chose n'a joué qu'un rôle passif. En outre, la cause étrangère visée à l'article 139 alinéa 2 peut être invoquée.

1234 Bulletin des arrêts rendus par la Cour d'appel de Dakar en matière civile et commerciale, 2015, p.396.

1235 J. MOURY, op.cit., n°9.

1236 Cass.civ. 2e , 11 février 1999, Bull. civ., II, n°29.

1237 Cass.civ., 9 juin 1939, DH, 1939, P.449.

En droit français, lorsque la chose en mouvement entre en contrat avec la victime, il y a une présomption de causalité. Comme rappelé, le gardien peut prouver que la chose a joué un rôle passif. Le critère du rôle passif, c'est la normalité. La chose qui n'a eu qu'un rôle passif, c'est celle qui a eu un comportement normal-le rôle passif, c'est l'absence de faute[1238].

La garde du véhicule terrestre à moteur peut être obtenue à l'insu du propriétaire ou contre son gré. Dans ce cas, l'assureur est subrogé dans les droits du créancier de l'indemnité pourvu que ce dernier ait souscrit une assurance responsabilité civile.

3- La garde ou la maîtrise de la chose

233. Contrairement au droit français qui utilise l'expression « garde », en droit sénégalais, c'est celle de « maîtrise » qui y est employée. La maîtrise signifie utiliser personnellement la chose ou l'animal, ou le faire par l'intermédiaire d'un préposé.

Il y a des hypothèses où la maîtrise est transférée : le propriétaire confie la chose ou l'animal à une autre personne (pour TOSI, il s'agit d'une personne sur qui le propriétaire n'a pas de pouvoir) ou lorsqu'un tiers utilise la chose ou l'animal sans la volonté du propriétaire (propriétaire malveillant, voleur)

A travers l'arrêt Franck, la Cour de cassation française a opté pour une vision matérielle et non juridique de la garde[1239]. Ainsi, pour la jurisprudence, la garde est un pouvoir d'usage, de direction et de contrôle de la chose[1240].C'est dire que l'on peut être gardien sans être propriétaire.

La question qui s'est posée est celle de savoir si le mineur inadapté, le majeur incapable voire toute personne privée de discernement peut être gardien. La réponse est affirmative et ce, depuis l'arrêt Gabillet.

Une autre question s'est posée de savoir si plusieurs personnes pouvaient être gardiennes d'une même chose. A cette interrogation, le juge répond en précisant que la garde est alternative et non cumulative sauf dans certaines hypothèses où la garde commune est admise et ce, dans l'intérêt de la victime qui a plusieurs responsables *in solidum*. L'article 136 COCC consacre cette solution.

[1238] J. P. TOSI, op.cit., p.255, n°707.

[1239] Sous réserve de Cass.civ. 2e, 7 mai 2002, Bull.civ., II, n°93.

[1240] Arrêt Franck, chambres réunies du 2 décembre 1941, D.C. 1942, p.25.

234. La jurisprudence distingue entre la garde de la structure et celle du comportement certainement à la suite de B. GOLDMAN a proposé une analyse de la garde en distinguant la garde de la structure et celle du comportement[1241]. Pour TOSI, il s'agit d'une distinction de deux maîtrises à savoir le comportement de la chose, c'est-à-dire la manière dont la chose est utilisée, maniée et la manière dont elle est constituée.

B- Les effets de la responsabilité

235. Le gardien peut s'exonérer en prouvant que les conditions de l'article 137 COCC ou même 139 ne sont pas réunies. L'alinéa 2 de cette dernière disposition précise que la responsabilité peut être atténuée ou disparaître par la force majeure, le fait d'un tiers ou la faute de la victime. Ce faisant, le gardien prouve que la chose n'a pas joué un rôle causal dans le dommage[1242].

Avant l'arrêt Desmares, la faute de la victime peut être invoqué certes, mais depuis cet arrêt, seul le comportement de la victime qui présente un caractère d'irrésistibilité ou d'imprévisibilité peut exonérer totalement le gardien[1243]. Cette jurisprudence a perdu de tout son intérêt avec la loi de 1985 en France ce qui a fait que le juge est revenu à un partage de responsabilité entre la victime et l'auteur du dommage si la faute ne présente pas des cas de force majeure[1244]. Pour Y. LAMBERT-FAIVRE, l'arrêt Desmares est toujours pertinent pour régler la situation de la victime fautive dans le cadre de la responsabilité du fait des choses ou du fait des animaux. A titre d'exemple, l'auteur cite l'arrêt Tiengou rendu par la deuxième chambre civile de la Cour de cassation[1245]. Le présumé responsable peut s'exonérer en prouvant que le lien de causalité entre la chose gardée et le dommage a été rompu par une cause étrangère constitutive de force majeure à savoir un cas fortuit, un fait d'un tiers ou une faute de la victime. Cette responsabilité est fondée sur le risque.

[1241] B. GOLDMAN, *La détermination du gardien responsable du fait des choses inanimées*, Thèse Lyon, 1946.

[1242] P. SIMON, *Droit civil*, 2e édition, Vuibert, 2005, p.133.

[1243] Cass.civ. 2e , 21 juillet, 1982, D., 1982, P.449, note LARROUMET.

[1244] Ch. Mixte, 28 nov. 2008, RTDciv., 2009, P.129, note P. JOURDAIN.

[1245] Y. LAMBERT-FAIVRE, *L'évolution de la responsabilité civile d'une dette de responsabilité à une créance d'indemnisation*, Revue trimestrielle de droit civil, 1986 (1) janvier-mars 1987, p.5.

236. Les règles visant à modifier la relation de causalité (article 128 à 130) s'appliquent, de même que la coresponsabilité (article 136 COCC)

Comment s'exonère-t-on en cas d'accident de la circulation ? Il faut dire que la faute de la victime est invoquée selon que celle-ci n'est pas conductrice ou selon qu'elle l'est. En effet, les victimes non conductrices sont les piétons, les cyclistes, les passagers des véhicules. A ce niveau on distingue l'atteinte aux biens ou à la personne.

SECTION 2 : LE DOMMAGE

237. Le dommage tend à devenir l'alpha et l'omega de la responsabilité civile[1246] . Il est cité à l'article 118 COCC, 121 à propos de l'imputabilité, 124 etc. C'est dire toute son importance. Le législateur sénégalais utilise indistinctement les expressions « dommage » et « préjudice[1247] »là où la doctrine française admet une différence. Ainsi, tandis que le préjudice est la conséquence juridique et subjective de la lésion (et est donc un concept juridique) se concrétisant dans les répercussions subjectives du dommage sur la personne et/ou sur les biens de la victime[1248], le dommage serait le fait brut à l'origine de la lésion, tandis que le préjudice la conséquence de celle-ci[1249]. Dans la pratique, on tient pour synonymes ces deux expressions. Il existe deux catégories de préjudices : un préjudice patrimonial d'une part et un préjudice extrapatrimonial. Le préjudice patrimonial résulte de l'atteinte à un intérêt ayant une valeur patrimoniale reconnue par le droit : il peut s'agir de la destruction d'une chose ayant de la valeur, d'un manque à gagner, de la perte d'une espérance de gain ou de profit, etc[1250]. Les préjudices extrapatrimoniaux, quant à eux, résultent de l'atteinte à un intérêt qui n'est pas de nature patrimoniale, c'est-à-dire qui n'a aucune valeur marchande en lui-même, qui ne peut faire l'objet

---

[1246] PH. LE TOURNEAU, Répertoire de droit civil, n°20.

[1247] V. J.-P. TOSI, *Droit des obligations au Sénégal*, LGDJ, NEA, 1981, P.219, n°602. Pour conforter notre opinion.

[1248] PH. LE TOURNEAU, op.cit., n°22 et s.

[1249] En ce sens V. *Dommage* in Cornu, Vocabulaire juridique, éd. PUF ; GUILLIEN, VINCENT, GUINCHARD, MONTAGNIER, *Lexique des termes juridiques* : Dalloz, 14e éd., p. 220.

[1250] J.-S. BORGHETTI, *La réparation des atteintes à l'image de marque et à la réputation des collectivités locales. Réflexions à partir de l'affaire de l'Erika*, RDA, Janvier, 2010, p.55.

d'opérations juridiques, mais dont la lésion est néanmoins sanctionnée et indemnisée par le droit ; relèvent notamment des préjudices extrapatrimoniaux les souffrances physiques, psychiques ou morales de la victime, souffrances qui peuvent résulter par exemple d'une blessure subie par la victime elle-même, de la perte d'un proche ou encore d'une atteinte à l'honneur ou aux convictions[1251]. La classification tripartite (dommages matériels, corporels ou moraux) ou bipartie des dommages est loin d'être imperméable dans la mesure où si nous prenons le préjudice corporel, il a des incidences tant sur le plan patrimonial (frais médicaux, d'hospitalisation, perte de revenus du fait d'une incapacité temporaire de travail, perte d'obtenir un diplôme ou une promotion professionnelle) qu'extrapatrimonial. D'où la démultiplication des différents préjudices notamment le pretium doloris ou douleur physique éprouvée avant la consolidation, le préjudice esthétique (cicatrices, déformation physique), le préjudice d'agrément empêchant à la victime de se livrer aux plaisirs de la vie, le préjudice sexuel ou juvénile.

Il faut le dire, tout dommage n'est pas réparable car il doit revêtir certains caractères (PARAGRAPHE 2). Au préalable, nous allons étudier les différents types de dommages (PARAGRAPHE 1).

§1. Les variétés du dommage

Elles sont prévues à l'article 124 COCC. Pourtant l'intitulé de cette disposition c'est « Définition du dommage ». Il s'agit moins d'une définition que d'une catégorisation du dommage. Nous avons le dommage matériel d'une part (A) et le dommage moral d'autre part (B).

A- Le dommage matériel

On l'appelle dommage pécuniaire également. IL peut s'agir d'un gain manqué ou *lucrum cessans* (absence d'enrichissement. A titre d'exemple privation d'un salaire ou de subsides à cause d'un accident) ou d'une perte éprouvée ou *damnum emergens* (appauvrissement. Exemple, débourser de l'argent pour remplacer des objets endommagés). Ce peut être l'atteinte à un bien, la destruction ou détérioration d'un objet corporel[1252]. On parle dans ce cas de dommage en nature. Le dommage est en numéraire lorsqu'il y a atteinte aux deniers de la victime. On peut citer l'exemple du *lucrum cessans*.

[1251] J.-S. BORGHETTI, *ibid.*
[1252] J.-P.TOSI, op.cit., P.219.

Ce peut-être un préjudice purement économique par exemple la rupture abusive des pourparlers.

Faut-il inclure le dommage corporel dans le dommage matériel ? Tel semble être la position de certains auteurs eu égard au fait que le dommage corporel peut entraîner des conséquences patrimoniales ou extrapatrimoniales. Pour notre part, le dommage corporel est à exclure du dommage matériel du fait d'abord de son importance vu que c'est l'intégrité physique de la personne qui est atteinte, mais également d'une vision restrictive qu'il faut avoir de l'expression « matériel » c'est-à-dire un dommage aux biens et non perceptible par les sens. L'atteinte à l'intégrité corporelle peut entraîner des préjudices patrimoniaux tels que les frais engagés ou les pertes de revenus consécutives à l'accident ou des préjudices extrapatrimoniaux tels que le préjudice d'agrément (la victime ne peut continuer à exercer ses activités sportives ou jouir de ses loisirs), le *pretium doloris* ou prix de la douleur (souffrances physiques ou morales subies par la victime), le préjudice esthétique (souffrance morale éprouvée par la victime suite à une atteinte à son apparence physique), le déficit fonctionnel (un handicap qui crée des troubles dans les conditions d'existence de la victime).

B- Le dommage moral

Il s'agit d'un dommage touchant aux valeurs de la personne tels que la vie, l'honneur, la santé, le droit aux loisirs et aux divertissements etc. La réparation de ce type de dommage a donné lieu à une controverse (1), qui a amené le législateur sénégalais à prendre position (2).

1- Les éléments de la discussion

Peut-on demander une réparation pécuniaire pour un préjudice moral ? Telle est la question controversée en France où certains ont estimé que l'admission d'une telle indemnisation est à la fois choquante car on monnaie la souffrance et illogique puisque l'argent ne peut effacer un préjudice immatériel[1253]. Cette réparation équivaudrait à une peine privée ou à la sanction d'une faute lucrative. Il y aurait donc un rapprochement entre la responsabilité civile et la responsabilité pénale. Pourtant pour MAZEAUD et A. TUNC, la réparation vise non pas à

[1253] V. P. EISMEN, *La commercialisation de la douleur*, D. 1954, Chr. 113.

remplacer la valeur perdue, mais à compenser. Les dommages et intérêts ont donc un rôle satisfactoire[1254].

2- La position du législateur sénégalais

Le législateur sénégalais admet la réparation du préjudice moral. Ainsi, aux termes de l'article 124 COCC : « le dommage peut être (...) moral ».

Dans tous les cas, et au regard du fait que le préjudice constitue un fait juridique, il peut être prouvé par tout moyen sauf en matière contractuelle où la victime est souvent amené à mettre en évidence un acte ou une convention dont l'objet excède 20.000 francs sous réserve des exceptions légales. Ce faisant, la preuve du préjudice peut se faire au moyen d'une expertise, d'une constatation matérielle (constat fait par les huissiers), de pièces d'état civil (pour la réparation d'un dommage par ricochet), de présomptions judiciaires ou du fait de l'homme etc.

§2. Les caractères du dommage

238. Malgré la généralité de l'article 118 COCC, il faut se faire à l'idée que tout dommage n'est pas réparable. Ainsi, aux termes de l'article 125 COCC réservé au caractère du dommage, il est précisé que le dommage peut être actuel ou futur ; il doit toujours être certain et direct. On pourrait être tenté de penser que tous les caractères du dommage ne se valent pas, le législateur privilégiant le dommage direct et certain.

Deux catégories de caractères sont envisagées en droit sénégalais : celle découlant de l'article 124 COCC (A) et celles consacrées à l'article 125 du même Code (B).

A- La légitimité, caractère tiré de l'article 124 COCC

Le dommage légitime est celui qui ne heurte ni la loi, ni les bonnes mœurs, ni l'ordre public. Aux termes de l'article 124 COCC, le dommage est générateur de responsabilité s'il porte atteinte à un droit[1255]. Cette réserve vise l'hypothèse où l'attitude de la victime

[1254] Cités par Y. AGBOYIBOR, op.cit., P.348

[1255] Il s'agit de l'application à la responsabilité civile de l'article 1-2 issu du décret 2001-1151 du 31 décembre 2001 qui dispose que « tous ceux qui justifient d'un intérêt légitime peuvent, en prenant l'initiative d'une demande, obtenir du juge une décision sur le fond de leur prétention ».

directe ou immédiate est fautive et dans ce cas on peut lui opposer l'adage nemo auditur propiam suam turpitudinem, nul ne peut se prévaloir de sa propre turpitude et celle de la victime par ricochet ou médiate. A propos du droit à réparation de cette victime, la question posée est celle de savoir si celle-ci doit avoir un lien de droit avec la victime directe ou si la lésion d'un intérêt factuel suffit seule à obtenir réparation. De 1937 à 1970, la jurisprudence française décidait que pour obtenir réparation, il faut avoir un intérêt légitime. Mais à partir de l'arrêt Gaudras en France, la jurisprudence n'exige plus qu'il y ait entre la victime directe et par ricochet un lien de droit[1256]. La seule limite est qu'entre le demandeur et la personne décédée, on soit en présence d'une relation stable.

Monsieur Abdoul Wahab BERTHE est celui qui, en droit sénégalais s'est intéressé aux conditions de réparation du dommage par ricochet en droit sénégalais[1257]. Deux interprétations possibles de la condition d'atteinte à un droit sont retenues par la jurisprudence sénégalaise. Ainsi, l'atteinte à un droit a pu être considérée comme une atteinte à une prérogative ou droit subjectif d'une part, et d'autre part à une atteinte à une prérogative de fait à savoir la privation d'un soutien matériel. Dans la première hypothèse, la victime par ricochet a une créance alimentaire vis-à-vis de la victime directe. C'est pourquoi, la jurisprudence accorde à la victime par ricochet, sans que celle-ci apporte la preuve positive du dommage matériel qu'elle a subi.

Dans la seconde hypothèse, on a assisté de la part de la jurisprudence à un élargissement du cercle de personnes pouvant prétendre bénéficier d'une action en indemnité lorsque la victime immédiate a subi un préjudice dans la mesure où le lien de parenté n'est pas une condition nécessaire de réparation du dommage matériel par ricochet. Il faut que la victime apporte la preuve que la victime lui apportait un soutien matériel. Cette présomption est une présomption simple.

Toujours selon A. W. BERTHE, lorsque la victime directe survit, le conjoint n'a droit à la réparation que lorsque le préjudice moral est important. En revanche, si la victime directe décède, il existe une présomption de préjudice moral au profit de son conjoint, de ses enfants, de ses père et mère et de ses frères et sœurs.

1256 Arrêt Gaudras, Civ. 2e, 21 février 1970, D. 1970, P.201 ; RTDCiv, 1970, P.353, obs. DURRY.

1257 A.W. BERTHE, *Les conditions de réparation du dommage par ricochet en droit sénégalais*, RSD, n°33, Avril-Mai-Juin, 1984, pp.9 et s.

Doit-on admettre le préjudice consécutif à la naissance d'un enfant cas d'échec d'une IVG ou lorsqu'un médecin a commis une erreur dans le diagnostic ou un échographe n'a pas diagnostiqué une pathologie dont l'enfant était atteint et qui, si elle était découverte aurait permis à la mère d'interrompre sa grossesse ? En droit français, le Conseil d'Etat et la Cour de Cassation ont décidé que le préjudice consécutif à la naissance d'un enfant n'était pas un préjudice réparable sauf circonstances exceptionnelles telles que celle consécutive à un viol. Mais en 2000 et à travers l'arrêt Perruche, la Cour de cassation admet l'indemnisation de ce genre de préjudice. Vivement critiquée, cette jurisprudence a été remise en cause par la loi du 4 mars 2002 relative aux droits des malades et la qualité du système de santé. Désormais, les parents dont l'enfant est né handicapé ne peuvent prétendre qu'à une réparation du préjudice moral, à condition de prouver la faute du médecin.

Certains auteurs, traitent du dommage par ricochet et du préjudice écologique pur en abordant la problématique du caractère personnel du préjudice[1258]. En effet, c'est avec l'affaire ERIKA de la Cour de cassation du 25 septembre 2012 que le préjudice écologique pur est défini comme « l'atteinte directe ou indirecte portée à l'environnement ». C'est à ce niveau également qu'il évoque la question de l'action de groupe.

B- Le caractère certain et direct tiré de l'article 125 COCC

On verra tour à tour le dommage certain (1) et le dommage direct (2).

1- Le caractère certain

239. C'est un dommage non éventuel, non hypothétique. Il peut être actuel ou futur. Cette assertion est confirmée par l'article 126 COCC qui dispose que le dommage est certain lorsque, bien que n'étant pas réalisé sur le champ, il se produira nécessairement dans l'avenir. C'est pourquoi la perte de chance peut être indemnisée, à condition qu'elle soit certaine. Exemple, un avocat qui n'a pas formé appel dans les délais suite à une faute professionnelle est tenu d'indemniser son client qui a perdu la chance d'agir en justice.

1258 S. P-SIMON, *Droit civil, Les obligations*, 2e année, Hypercours, 7e édP.393, n°796.

En droit français, du fait de plusieurs facteurs tels que l'abandon de la coïncidence entre la réparation du dommage et la lésion d'un intérêt légitime juridiquement protégé, l'admission de l'idée selon laquelle les victimes par ricochet se prévalent d'un dommage personnel et direct, l'atténuation du caractère certain à travers la réparation de la perte de chance, certains auteurs en sont arrivés à la conclusion selon laquelle, seul le critère de certitude semble privilégié par la jurisprudence. Au-delà, certains auteurs sont même d'avis qu'il puisse y avoir réparation sans préjudice. Dans une décision, le juge a même admis que la seule constatation d'une atteinte à la vie privée ouvre droit à réparation[1259].

2- Le caractère direct

Aux termes de l'article 125 COCC, le dommage doit toujours être direct. Et qu'est-ce qu'un dommage direct ? L'article 127 du même Code en donne la réponse. Ainsi, le dommage est direct lorsqu'il découle de la faute, sans qu'aucun fait postérieur ait concouru à sa réalisation. Ici, les auteurs sont unanimes que le caractère direct résulte plus de la théorie de la causalité que d'une condition du dommage[1260]. Cette précision nous permet d'aborder le lien de causalité.

En droit français, en matière de préjudice concurrentiel, il y a une présomption de préjudice c'est-à-dire que celui-ci s'infère de la faute[1261]

SECTION 3 : LE LIEN DE CAUSALITÉ

240. Le législateur sénégalais ne traite de la relation de causalité que de façon indirecte. En effet, même si la Section III du Titre 2 intitulé respectivement de « la relation de causalité » et du « délit » comporte ce titre, il y est plus question de preuve de l'absence de causalité que de lien de causalité même. Il y a deux théories de la causalité : celle de l'équivalence des conditions (PARAGRAPHE 1) et celle de la causalité adéquate (PARAGRAPHE 2). Il faut le préciser, ces différentes théories sont celles des auteurs allemands.

1259 Cass. 1re civ., 5 nov.1996 : Bull. civ. 1996, I, n° 378 ; D. 1997, p. 403, note LAULOM ; ibid. somm. p. 289, obs. JOURDAIN ; RTD civ. 1997, p. 633, obs. HAUSER ; JCP G 1997, I, 4025, n° 5, obs. Viney).

1260 V. J.-P. TOSI, op.cit., p.222, n°611 ; Y. AGBOYIBOR, op.cit., p.346.

1261 B. LEHAIRE, *Un point de vue canadien et civiliste sur la réparation du préjudice concurrentiel dans la directive n° 2014/104/UE du 26 novembre 2014,* AJCA 2016. 168.

§1. La théorie de l'équivalence des conditions

Dans cette théorie, on prend en compte tous les antécédents sans lesquels le dommage n'aurait pas eu lieu. Cette théorie présente des avantages et des inconvénients. Comme avantage, on peut citer le fait que c'est une théorie favorable aux victimes. L'un des inconvénients est que l'on se retrouverait en présence de plusieurs causes.

Elle est usitée dans le cadre de la responsabilité pour faute.

En droit français, elle a eu pour adepte P. MARTEAU[1262].

§2. La théorie de la causalité adéquate

Dans cette théorie, même si plusieurs événements ont concouru à la réalisation d'un dommage, il n'en demeure pas moins que tous n'en sont pas la cause. Seuls ceux qui ont joué un rôle déterminant sont pris en compte. Il y a donc une hiérarchie à opérer entre les facteurs du dommage. Il peut s'agir d'une proximité temporelle qui n'accorde la qualité de cause qu'à la dernière condition (conséquence immédiate, *causa proxima*)[1263], d'une causalité efficiente ou directe où n'est prise en considération que l'importance du rôle joué par les différentes conditions dans la réalisation du dommage[1264]

Cette théorie a pour domaine de prédilection la responsabilité sans faute.

Le juge prend en compte, au gré des circonstances, ces différentes théories. En outre, il appartient à la victime de prouver le lien de causalité, preuve qui est loin d'être évidente, même si elle se fait par tout moyen. C'est pourquoi, la jurisprudence et la loi en France ont créé des présomptions de causalité (Exemple : dommage causé par un membre indéterminé d'un groupe ou en matière de contamination transfusionnelle). En outre, quel que soit la théorie de la causalité retenue, elle doit être directe et certaine.

[1262] P. MARTEAU, *La notion de causalité dans la responsabilité civile*, Aix-en-Provence, 1913.

[1263] G. VINEY, *Les obligations, La responsabilité : conditions*, L.G.D.J, 1982, p.411, n°340.

[1264] G. VINEY, Ibid.

§3. La causalité et les notions voisines

Les notions voisines en question sont l'implication et l'imputabilité.

A- Causalité et implication

L'implication est plus large que la causalité car en l'absence de lien causal, un véhicule peut être impliqué dans un accident de circulation. C'est dire qu'un conducteur peut être impliqué dans un accident, sans en être la cause. L'implication signifie participation quelconque du véhicule à l'accident[1265]. En droit français, on distingue selon qu'il y a un accident simple et le véhicule est entré en contact ou pas avec la victime et un accident complexe.

Le Code CIMA est plus un Code d'indemnisation que de responsabilité. Il s'est largement inspiré de la loi française de 1985. La différence entre causalité et implication tient au fait que le conducteur ne puisse opposer à la victime la force majeure que celle-ci soit une conductrice ou pas. Si la victime n'est pas conductrice, on distingue selon qu'il y a dommage aux biens où la faute de celle-ci peut atténuer ou exclure la responsabilité et dommage corporel où la faute de la victime ne peut être invoquée sauf lorsqu'elle est volontairement recherchée. Dans le droit CIMA, le débat s'est posé de savoir si la modification de l'article 200 dudit Code par le remplacement de l'expression « véhiculé impliqué » par celle de « causé par un véhicule terrestre à moteur » remettait en cause l'idée de responsabilité automatique soutenue par certains auteurs[1266].

B- Causalité et imputabilité

Dans l'imputabilité, on recherche le discernement du responsable alors que la causalité est objective. Aux termes de l'article 121 COCC « il n'y a pas de faute si l'auteur du dommage était par son état naturel dans l'impossibilité d'apprécier son acte ». La faute, partant de cette disposition, suppose une volonté libre et consciente. Ce faisant, les enfants en bas âge et les personnes privées de raison ne peuvent voir

---

1265 S. P.-SIMON, *Droit civil*, 2e année, les obligations, N°594.

1266 J. OBLE cité par B. EHI Marc, Le droit à réparation des victimes d'accident de la circulation dans le Code CIMA : quelle originalité ? OHADATA-07-09. L'auteur est tout de même réservé face à cette opinion car pour lui, l'automaticité dépend des situations en présence. Ce qui explique par moment le défaut d'autonomie de la responsabilité consacrée par le Code CIMA.

leur responsabilité engagée si elles causent un dommage à autrui. Le caractère choquant[1267] de cette situation a conduit à retenir la responsabilité du dément qui était sous l'emprise de stupéfiants ou d'alcool ou qui avait des périodes de lucidité au moment de la commission de l'acte. Par moment la responsabilité du surveillant du dément était engagée. En France, par une loi de 1968[1268], le législateur a retenu la responsabilité civile des déments. Il a été suivi dans ce mouvement par son homologue sénégalais qui, à travers la loi n°77-64 du 26 mai 1977 a complété l'article 121 par un nouvel alinéa 3. Désormais et en vertu de cet alinéa « Toutefois, tout acte peut obliger l'auteur du dommage à réparation ou être pris en compte pour l'exonération partielle ou totale prévue au présent titre ».

La preuve de la causalité peut se faire par de simples présomptions, elle peut être établie à l'égard d'un seul ou de plusieurs ayant contribué au dommage. Dans ce dernier cas, on parle d'obligation *in solidum* .Il y a néanmoins des hypothèses où la preuve ne peut être faite de façon certaine. C'est l'exemple des accidents de groupe fréquents en matière de chasse. Le juge français admet à cet égard l'idée de responsabilité collective. La faute collective n'est pas la somme des fautes des membres du groupe, mais celle du groupe pris comme un ensemble[1269]. Pourtant, en France, avant les années 1950, le juge rejetait l'action de la victime qui n'ayant pas identifié l'auteur du dommage certes, mais les membres du groupe, cherchait à engager la responsabilité in solidum desdites membres. Presque la quasi-totalité de la doctrine était favorable à cette jurisprudence. Il a fallu néanmoins les critiques de RIPERT pour que la notion de faute collective soit admise.

La problématique des causes successives se pose ? La solution est prévue à l'article 1151 du Code civil pendant de l'article 125 COCC. La preuve de la causalité varie selon que la responsabilité est à base de faute prouvée ou de plein droit.

[1267] V. J.P.TOSI, P.198, n°545 pour qui, non seulement il y avait un rapprochement entre responsabilité civile et pénale, mais également, il n'était pas équitable de laisser la victime sans indemnisation, surtout lorsque l'auteur du dommage était solvable.

[1268] IL s'agit de l'article 489-2 devenu l'article 414-3 qui dispose que « celui qui a causé un dommage à autrui alors qu'il était sous l'empire d'un trouble mental n'en est pas moins obligé à réparation ».

[1269] J. JULIEN, Chapitre 2, *Causalité*, Œuvre collective sous la direction de PH. Le Tourneau, 2014.

On peut également prouver la non-causalité. Dans ce cas, on fait allusion à la cause étrangère prévue à l'article 139 COCC

SECTION 4 : LES FONDEMENTS ET FONCTIONS DE LA RESPONSABILITÉ

241. Jusqu'à la fin du 19e siècle, la faute occupait une place centrale en droit français de la responsabilité civile et cela du fait que les rédacteurs du Code civil étaient très attachés aux idées judéo-chrétiennes. Des auteurs tels que Planiol et Ripert sacralisaient la faute. C'est l'exemple également du législateur qui à travers les articles 1240, 1241, 1242 à 1244 nouveau a consacré des présomptions de faute. Mais avec le développement du machinisme et dans un souci de protection de la victime, on a assisté à une certaine objectivation de la responsabilité d'où l'existence de responsabilité sans faute comme la loi Badinter du 5 juillet 1985 relative aux accidents de la circulation. Ainsi, on a eu recours à d'autres fondements de la responsabilité tels que le risque proposé par Saleilles et Josserand et la garantie idée prônée par Boris Stark. Nous allons les examiner d'abord (A), avant la problématique des fonctions de la responsabilité (B) ensuite.

§1. Les fondements et la responsabilité

Selon G. RIVES, la responsabilité du fait d'autrui que prévoient les articles 142 à 150 du COCC repose soit sur la technique de la présomption de faute, soit sur l'idée de garantie[1270]. Les fondements de la responsabilité sont la faute (A), le risque (B) et la garantie (C).

A- La faute

242. En droit français l'article 1382 devenu l'article 1240 nouveau, est le reflet d'une responsabilité subjective. La question s'était posée de savoir si la faute constitue le fondement unique de la responsabilité civile.

Pour certains auteurs, la faute a un caractère universel[1271].La conséquence est que la réparation doit se faire de façon intégrale.il faut relever qu'ici la faute peut être présumée ou prouvée.

[1270] G. RIVES, op.cit., p.35.

[1271] Hadi SLIM, *Approche comparative de la faute dans la responsabilité civile extra-contractuelle*, Responsabilité civile et assurances n° 6, Juin 2003, 18.

Des auteurs tels que PHilippe Le tourneau ont relativisé toute idée de disparition de la faute[1272]. L'intervention de THibierge va dans le sens de la conciliation des positions. Avec J. et de MAILLARD, elle établit une cartographie chronologique : la responsabilité pour faute correspondrait à un « temps des certitudes » ; celle pour risque, à un temps des solidarités ; les deux fusionneraient aujourd'hui dans une nouvelle forme de responsabilité, au carrefour de la faute et du risque, appelée « risque fautif » et comportant deux aspects, le premier de risque de faute et le second de faute de risque[1273]. Quoiqu'il en soit, la faute constitue indiscutablement un fondement rationnel de la responsabilité civile, même si le risque existe d'une porosité des frontières entre faute civile et faute morale[1274]. En effet, la faute a retrouvé sa verdeur en droit de l'environnement, dans les responsabilités professionnelle.

Dans ses Institutes, GAIUS a distingué l'obligation contractuelle de l'obligation délictuelle. Cette distinction reprise par le Code napoléonien consiste à appliquer un régime différent en fonction de la source de l'obligation. Dès lors, il existerait une responsabilité contractuelle à côté d'une responsabilité délictuelle[1275]. Il faudrait juste rappeler qu'en France, les régimes spéciaux de responsabilité civile tels que la responsabilité du fait des produits défectueux ignorent par moment cette distinction. A travers la définition de la faute, le législateur sénégalais à chercher à éluder cette dernière.

243. Pourquoi dépasser la responsabilité pour faute ? C'est à cause de l'avènement de nombreux accidents provoqués par l'industrialisation qu'une partie de la doctrine a souhaité que l'on opte pour le risque. Visiblement, elle a été entendue puisque ce dernier est très présent dans le cadre de la responsabilité du fait des choses.

Selon cet auteur, la responsabilité objective ou la socialisation des risques constituent une exception au régime de droit commun de la responsabilité civile. En outre, certaines valeurs telles que la solidarité, l'égalité et la justice sous-tendent le dommage corporel.

1272 PH. LE TOURNEAU, *La verdeur de la faute dans la responsabilité civile (ou de la relativité de son déclin)*, RTDCiv 1987, pp.505 et s.

1273 V. J. ROCHFELD, *Les grandes notions du droit privé*, op.cit., p.547.

1274 P.BRUN, op.cit., n°4.

1275 I. VINGIANO-VIRICEL, *La faute lucrative, une notion en construction en droit français*, RTDCom 2017, p.19.

B- Le risque

244. Le développement du machinisme a permis de révéler les faiblesses de ce genre de responsabilité basé sur le comportement de l'auteur du dommage. Des auteurs tels que Saleilles[1276] et Josserand ont préconisé un autre fondement de la responsabilité à savoir le risque. Ainsi, celui qui crée ou profite d'une activité doit en supporter les risques. Une telle responsabilité est dite objective qui, ayant pour seule visée l'indemnisation, repose non plus sur l'analyse d'un comportement mais sur une constatation matérielle : est responsable celui qui est objectivement à l'origine du dommage[1277]. La théorie du risque a été présentée en 1897 en France, matérialisée dans une loi du 9 avril 1898, consacrée en jurisprudence par l'arrêt jand'heur. Cette théorie a été critiquée et même les auteurs qui lui accordaient beaucoup trop d'importance ont fini par admettre qu'il y a un système traditionnel de responsabilité symbolisé par les articles 1382, 1384 alinéa 4 du Code civil et un système nouveau dont la philosophie transparaît de la lecture des articles 1384, alinéa 1, 5, 1385, 1386 et de la législation sur les accidents de travail.

Mais des auteurs tels qu'Eismen et Planiol se sont opposés à cette théorie. Pour Planiol, tout cas de responsabilité sans faute, s'il était réellement admis, serait une injustice sociale[1278]. Toujours selon l'auteur la théorie du risque serait fondée sur une idée fausse et injuste et inutile[1279].

245. Les inconvénients découlant de la théorie du risque ont fait que B. STARCK a proposé la théorie de la garantie. A son avis, la responsabilité sans faute prouvée a pour fondement la garantie donnée aux droits subjectifs de toute personne à sa sécurité et à la sécurité de ses biens[1280]. Le premier dommage auquel fait allusion l'auteur est un dommage corporel, c'est-à-dire une atteintes aux droits de toute

---

[1276] R. SALEILLES, *La réforme sociale*, 1898, p.647 et 648.

[1277] J. MOURY, *Le droit confronté à l'omniprésence du risque*, Recueil Dalloz 2012 p.1020.

[1278] M.PLANIOL, *Etudes sur la responsabilité civile*, Revue critique, 1905, p.277 et 1906, p.80.

[1279] G. VINEY, op.cit., p.67.

[1280] B. STARCK, *Essai d'une théorie générale de la responsabilité civile considérée en sa double fonction de garantie et de peine privée*, Thèse Paris, 1947, P.494 ; Domaine et fondement de la responsabilité sans faute, RTDCiv, 1958, P.475-515.

personne à la vie, à l'intégrité physique[1281], tandis que le second dommage est matériel c'est-à-dire une atteinte au droit de chacun à la jouissance paisible de ses biens[1282]

C- La garantie

Si les frères Mazeaud demeurent fidèles à la faute, Savatier quant à lui éprouve une sympathie pour la théorie des risques. Boris Stark est un adepte de la théorie de la garantie[1283]. En effet, Stark adresse les mêmes critiques à la théorie du risque et de la faute. Selon lui, l'attention est concentrée plus sur l'auteur du dommage en ces termes : « jusqu'ici, pour répondre à la question : pourquoi faut-il réparer les dommages causés à autrui, les réponses étaient recherchées du seul côté de l'auteur du dommage : parce qu'il a commis une faute, disent les uns ; parce qu'il profite d'une activité dont il doit assumer les risques, déclarent les autres[1284]... ». Certains auteurs plus récents considèrent que le fondement de la responsabilité c'est le droit universel à la sécurité. C'est l'exemple de C. RADE[1285]. Boris Starck a voulu dans sa thèse, se focaliser sur les droits de la victime et la notion de dommage. S'il n'exclut pas totalement la faute dans la mesure où elle peut avoir une fonction de peine privée, il considère néanmoins qu'elle n'est pas un élément nécessaire[1286].

246. Au regard des développements précédents, nous nous rendons compte que le fondement de la responsabilité est la faute, le risque et la garantie.

Autant les fondements de la responsabilité sont divers, autant ses fonctions épousent cette diversité.

1281 B. STARCK, op.cit., P.375.

1282 B. STARCK, ibid.

1283 V. J. CARBONNIER, *Droit civil, Les biens, les obligations*, op.cit., p.2254.

1284 Cité par G. VINEY, *Les obligations, La responsabilité : Conditions, Traité de droit civil*, sous la direction de Jacques GHESTIN, L.G.D.J, 1982, pp.70-71.

1285 C. RADE, D. 1999, Chron. 313 et 323.

1286 V. Sa thèse *Essai d'une théorie générale de la responsabilité civile considérée en sa double fonction de garantie et de peine privée*, Thèse Paris, 1947.

§2. Les fonctions de la responsabilité

247. Dans sa thèse publiée en 1947, B. STARK soulignait que la responsabilité civile a une double fonction : garantie et peine privée. Mais lorsqu'André Tunc a précisé que la responsabilité civile a une fonction indemnitaire, il a été suivi dans sa logique par une bonne partie de la doctrine. Cette situation a favorisé le déclin de la fonction moralisatrice de la responsabilité civile sacrifiée sur l'autel de la réparation[1287]. Il faut faire remarquer que le développement de l'assurance et la multiplication des cas de responsabilité de plein droit ont mis sur la sellette la fonction indemnitaire de la responsabilité civile.

248. S'interroger sur les fonctions d'une règle ou d'une institution, c'est s'interroger sur ces orientations. C'est essayer de découvrir les buts qu'elles poursuivent et qui expliquent la cohérence de la matière[1288].

De l'avis d'un auteur, dans l'avant-projet de réforme de la responsabilité civile, les fonctions de la responsabilité civile ont été regroupées à l'article 1232[1289]. Il s'agit d'indemniser de punir et de prévenir[1290].

A- La réparation, fonction principale de la responsabilité civile

249. L'objectif recherché ici est de sanctionner l'auteur du dommage. On veut rétablir la victime dans la situation antérieure

250. Traditionnellement, on opère une distinction entre la responsabilité pénale et civile à travers les notions de réparation et de répression. Mais en droit français, il semblerait que cette distinction se brouillerait d'autant que la responsabilité pénale se ferait parfois réparatrice. D'un autre côté, dans la responsabilité civile, on promeut

[1287] D. BAKOUCHE, *L'excès en droit civil*, L.G.D.J, p.240.

[1288] PH. DIDIER, *Les fonctions de la responsabilité civile des dirigeants sociaux*, **Rev. sociétés 2003. 238**

[1289] M. BOUTONNET, C. SINTEZ, C. THIBIERGE, *Consacrons les fonctions et les effets de la responsabilité civile* !, D. 2016. 2414.

[1290] L. NEYRET, *L'extension de la responsabilité civile en droit de l'environnement*, Responsabilité civile et assurances n° 5, Mai 2013, dossier 29.

des mécanismes de punition[1291]. Cette fonction sera abordée au niveau de paragraphe 2 de cette section.

B- Un but ou une fonction concurrencée

La réparation, but principal de la responsabilité est concurrencée par la fonction de prévention en raison de la crainte de la sanction pécuniaire qu'elle engendre. Mais ce rôle prophylactique ou dissuasif est battu en brèche par le développement de l'assurance de responsabilité et le principe de réparation intégrale qui s'oppose à établir une corrélation entre la gravité de la faute et le montant de l'indemnisation[1292].

1- La fonction punitive

La peine privée peut être définie comme la sanction civile qui atteint personnellement l'auteur d'un fait illicite et qui est établie au profit des particuliers victimes de l'illicéité[1293]. Ici la responsabilité a pour objet la dissuasion des comportements dommageables[1294]. L'âge d'or de la fonction normative est situé à la fin du 18e siècle et au 19e siècle. C'est certainement la raison pour laquelle un auteur a pu affirmer il y a une vingtaine d'années que la peine privée peut paraître aujourd'hui comme un anachronisme en ce qu'elle est condamnée à s'étioler, puis à disparaître[1295].

Le droit de la responsabilité civile en France sera modifié par loi et non par ordonnance. L'avant-projet a fait l'objet d'une consultation publique qui a pris fin le 31 Août 2016. Des mécanismes dissuasifs tels

---

[1291] J. ROCHFELD, *Les grandes notions du droit privé*, PUF, 2011, p.545.L'auteur cite L. CADIET, *Sur les faits et méfaits de l'idéologie de la réparation*, Mélanges P. DRAI, Dalloz, 2000, p.495 ; B. PAILLARD, *La fonction réparatrice de la responsabilité pénale,* préface J.-H. ROBERT, LGDJ, 2007.

[1292] V. G. VINEY, *Traité de droit civil, Introduction à la responsabilité*, L.G.D.J, 3eédition., 2008, n°40 cité par PH. BRUN.

[1293] M. CREMIEUX, *Réflexions sur la peine privée moderne*, Etudes offertes à P. KAYSER, PUAM, 1979, T.I, pp.276 à 281.

[1294] V. A. TUNC, *Les problèmes contemporains de la responsabilité délictuelle*, RIDComp 1967, p.757 ; S. CARVAL, *La responsabilité civile dans sa fonction de peine privée*, LGDJ, 1995, préface G. VINEY ; *Responsabilité civile et dissuasion des comportements antisociaux*, in Mélanges offerts à M. ANCEL, Pedone, 1975, pp.407 et s.

[1295] M. CREMIEUX, op.cit., p.261.

que l'amende civile[1296], alternative aux dommages et intérêts punitifs[1297], l'obligation de minimiser le dommage vont être intégrés dans la future loi[1298]. Pour ce qui concerne l'obligation de minimiser le dommage on peut citer les articles 1237 et 1263 qui disposent respectivement que « Les dépenses exposées par le demandeur pour prévenir la réalisation imminente d'un dommage ou pour éviter son aggravation, ainsi que pour en réduire les conséquences, constituent un préjudice réparable dès lors qu'elles ont été raisonnablement engagées » et « En matière contractuelle, le juge peut réduire les dommages et intérêts lorsque la victime n'a pas pris les mesures sûres et raisonnables, notamment au regard de ses facultés contributives, propres à éviter l'aggravation de son préjudice ».

On perçoit à travers l'amende civile proche des dommages et intérêts punitifs et l'obligation de minimiser le risque une influence du droit français par des principes issus de la common law[1299]. La « modération » du dommage ou « minimisation ou pour ceux que les

---

[1296] L'article 1266 prévoit que : « Lorsque l'auteur du dommage a délibérément commis une faute lourde, notamment lorsque celle-ci a généré un gain ou une économie pour son auteur, le juge peut le condamner, par une décision spécialement motivée, au paiement d'une amende civile. Cette amende est proportionnée à la gravité de la faute commise, aux facultés contributives de l'auteur ou aux profits qu'il en aura retirés. L'amende ne peut être supérieure à 2 millions d'euros. Toutefois, elle peut atteindre le décuple du montant du profit ou de l'économie réalisée. Si le responsable est une personne morale, l'amende peut être portée à 10 % du montant du chiffre d'affaires mondial hors taxes le plus élevé réalisé au cours d'un des exercices clos depuis l'exercice précédant celui au cours duquel la faute a été commise. Cette amende est affectée au financement d'un fonds d'indemnisation en lien avec la nature du dommage subi, ou à défaut, au Trésor public »

[1297] Les dommages et intérêts sont prévus dans le projet Catala à l'article 1371 et dont le contenu est le suivant : « L'auteur d'une faute manifestement délibérée, et notamment d'une faute lucrative, peut être condamné, outre les dommages et intérêts compensatoires à des dommages et intérêts punitifs dont le juge a la faculté de faire bénéficier pour une part le Trésor public. La décision du juge d'octroyer de tels dommages et intérêts doit être spécialement motivée et leur montant distingué de celui des autres dommages et intérêts accordés à la victime. Les dommages et intérêts punitifs ne sont pas assurables ».

[1298] TH. D'ALES, L. TERDJMAN, *L'introduction envisagée de mécanismes répressifs dans le droit de la responsabilité civile : le Rubicon sera-t-il franchi* ?, AJ contrat 2017, p.69

[1299] L. FERRY, D. LAPILLONNE, *Réforme de la responsabilité civile : influence des principes issus de la Common Law*, La Semaine Juridique Entreprise et Affaires n° 46, 17 Novembre 2016, 1598.

anglicismes n'effraient pas, sa « mitigation » a pour objectif d'inciter, voire d'obliger la victime à prendre les mesures raisonnables et nécessaires pour éviter son dommage ou en réduire les conséquences. Parce qu'elle permet d'économiser des dépenses inutiles (economic waste), elle est soutenue par l'analyse économique du droit. Mais elle repose aussi sur un principe de collaboration, de solidarité (de solidarisme même, peut-être ?)[1300] (…)

En effet, la fonction punitive se manifeste par l'appel à la sanction des fautes lucratives. Sont lucratives « des fautes qui rapportent plus qu'elles ne coûtent[1301] ». Cette faute est sanctionnée par l'article L.331-1-3 alinéa 1er du code de propriété intellectuelle. On la retrouve également en droit de la concurrence, consommation et de l'environnement. Il faut dire que c'est grâce à la faute lucrative qu'il y a eu un regain d'intérêt pour la peine privée[1302] . La peine privée est celle qui sanctionne une faute, en tenant compte de la gravité de cette faute, à la demande et dans l'intérêt exclusif de la victime[1303]Seules les fautes d'une certaine gravité (intentionnelles ou lourdes) sont *a priori* concernées[1304]. Il existe néanmoins des peines privées telles que la clause pénale, l'astreinte, l'exercice du droit de rétention, l'absence de restitution après annulation d'un contrat en vertu de l'adage nul ne peut se prévaloir de sa propre turpitude. Ce genre de peine privée permet de sanctionner une faute indépendamment du préjudice souffert par la victime[1305]

L'action de groupe constitue également une manifestation de la fonction punitive de la responsabilité civile. Elle est admise en droit français dans le domaine de la consommation. Son bénéficiaire n'est

---

[1300] ZOE JACQUEMIN, *Le juge et les dommages réparables : identification et réparation*, Revue des contrats, 07/12/2017, n°04, p.127.

[1301] P. JOURDAIN, *Rapport introductif*, in *Faut-il moraliser le droit français de la réparation du dommage ? : LPA 20 nov. 2002, p. 4 ;* V. aussi, D.FASQUELLE, *L'existence de fautes lucratives en droit français :* LPA 20 nov. 2002, p. 27.

[1302] E. DREYER, *La faute lucrative des médias, prétexte à une réflexion sur la peine privée*, La Semaine Juridique Edition Générale n° 43, 22 Octobre 2008, doctr. 201.

[1303] E. DREYER, op.cit, n°1.

[1304] *S.* PIEDELIEVRE, *Les dommages et intérêts punitifs : une solution d'avenir ? : Resp. civ. et assur. 2001, hors série juin, p. 69.*

[1305] *A.* JAULT, *La notion de peine privée : LGDJ, coll. Bibl. dr. privé, 2005, t. 442, n° 272, p. 175.*

personne d'autre que le consommateur victime. Malgré cela, il n'y a guère de consécration des dommages et intérêts punitifs en France[1306] .

Des auteurs français demeurent favorables à la consécration des dommages et intérêts punitifs[1307].

2- La fonction préventive

Cette fonction est préconisée par C. THIBIERGE[1308].De plus en plus, le problème du risque de développement avec son remède à savoir le principe de précaution se pose. Le point de départ serait l'arrêt Mercier qui consacre la responsabilité contractuelle du médecin. Si celui-ci est tenu de soigner le malade suivant les données acquises par la science au moment de son acte, on peut se demander si la découverte d'un meilleur traitement que celui prodigué contribuera à engager la responsabilité de ce médecin.

Le principe de précaution peut être cité en matière environnementale, de trouble anormal de voisinage[1309]. Il est défini dans la loi n° 2009-27 du 8 juillet 2009 portant sur la Biosécurité comme étant un principe selon lequel, en cas de suspicion, l'absence de preuves scientifiques ne doit pas être un prétexte pour retarder la prise de mesures préventives.

Si risque, il doit y avoir, c'est celui qu'il faut projeter dans le futur. C'est pourquoi on a parlé d'ultra-risque[1310]. En droit français, le principe de précaution n'était opposable qu'à l'Etat[1311] avant de s'étendre aux personnes privées[1312]. Lorsqu'on consulte la loi sur la

---

1306 M. BACACHE, *Action de groupe et responsabilité civile,* RTD civ. 2014. 450.

1307 E. JUEN, *Vers la consécration des dommages-intérêts punitifs, présentation d'un régime*, RTDCiv 2017, p.565

1308 C. THIBIERGE, *Libres propos sur l'évolution du droit de la responsabilité : RTD civ. 1999, p. 561 ; AddeC. Thibierge, Avenir de la responsabilité, responsabilité de l'avenir : D. 2004, p. 577.*

1309 CA VERSAILLES 2009-02-04 08/08775. La Cour d'appel a décidé que l'installation d'antenne relais à proximité de leur domicile a causé un sentiment d'angoisse aux époux intimés qui ne pouvaient se voir garantir une absence de risque sanitaire générée par ladite antenne, cité par R. BERNARD-MENORET, *Principe de précaution et responsabilité civile : ne pas confondre prévenir et guérir,* Gazette du Palais 26 juillet 2012 n°208.

1310 J. CARBONNIER, *Droit civil, Les biens, les obligations, op.cit.*, p.2264.

1311 V. P. JOURDAIN, *Principes de précaution et responsabilité civile*, Petites affiches - 30/11/2000- n° 239 - page 51.

1312 G. VINEY, *Principe de précaution et responsabilité civile des personnes privées*, D. 2007. 1542

Biosécurité, on se rend compte qu'aussi bien l'Etat que les personnes privées sont visées.

Les excès du principe de précaution ont contraint le législateur français, dans la loi du 19 mai 1998 portant sur la responsabilité des produits défectueux à écarter le risque de développement dans les articles 1386-12, alinéa 3, 1386-11-4°. Le producteur qui met un produit nouveau sur le marché n'a pas à assumer le risque d'un défaut qui est scientifiquement et techniquement indécelable, mais qui existe et qui se révélera plus tard[1313]

Cependant, un devoir de vigilance et d'accompagnement ont été mis à la charge du fabricant[1314].

Pourtant, une distinction est opérée entre prévention et précaution. En effet, tandis que la prévention s'attache à contrôler les risques avérés, la précaution vise à limiter les risques encore hypothétiques ou potentiels[1315]. C'est également le point de vue de Buffelan-Lanore[1316].

L'obligation de minimiser le dommage traduit également l'idée de fonction préventive de la responsabilité[1317].

251. Le professeur G. FARJAT a relaté les propos d'un de ses collègues belge qui critiquait le système français en ces termes. Prenant la défense du droit français, il cite l'ouvrage de MAITRE Grégory intitulé *« La responsabilité civile à l'épreuve de l'analyse économique du droit »* qui écrit qu'il semble possible de considérer que le fondement de la responsabilité réside dans l'incitation des responsables potentiels à la prévention adéquate et suffisante du dommage, par l'obligation qu'elle leur impose de prendre en charge la réparation intégrale du préjudice qu'ils seraient susceptibles de causer à autrui[1318].

Comment comprendre la notion de prévention ? Pour un auteur, la fonction préventive se décline de deux manières : la fonction-dissuasion et la prévention-anticipation. Dans la première hypothèse nous avons la

---

[1313] J. CALAIS-AULOY, *Le risque de développement : une exonération contestable*, in Mélanges M. CABRILLAC, op.cit., p.81.

[1314] V. Les articles 1386-12, alinéa 2 du Code civil.

[1315] L. CASAUX-LABRUNEE, *Le droit à la santé*, in Libertés et droits fondamentaux, (Dir) R. CABRILLAC et alii, 19e édition, 2013, p. 908.

[1316] Y. BUFFELAN-LANORE, V. LARRIBAU-TERNEYRE, op.cit., p.692.

[1317] V. G. VINEY, *Extrait de l'avant-projet de réforme du droit des obligations et de la prescription*, septembre 2005, p.141 et s citée par S. GJIDARA-DECAIX, *Précis de droit civil*, PUF, 2007, p.519.

[1318] M. GREGORY, *La responsabilité civile à l'épreuve de l'analyse économique du droit*, Paris, LG.DJ., collection Droit et économie, 2005, p.56.

fonction de peine privée de la clause pénale, les dommages et intérêts punitifs, l'amende civile. Dans la seconde hypothèse il y a l'obligation de minimiser le risque et la cessation de l'illicite.

Il faut dans la fonction préventive distinguer le risque avéré et le risque suspecté

3- La fonction de cessation de l'illicite

La cessation de l'illicite désigne, en un mot, toute sanction ayant pour objet ou pour effet de prévenir ou de faire cesser une situation de fait contraire au droit[1319]. Ici, les mécanismes punitifs et répressifs sont exclus. On voit bien qu'il s'agit d'effacer les effets d'une situation illicite sans forcément punir et l'on laisse de côté, par exemple, l'action civile ou la participation de la victime au procès pénal, car on cherche des remèdes à l'illicite, des mécanismes correcteurs qui ne se confondent, ni avec la réparation, ni avec la sanction[1320].C'est le fait générateur et non le dommage qui est visé. En droit français, on peut citer l'exemple des articles 9 du Code civil (art. 809, al. 1, NCPC) voir le Décret

La cessation de l'illicite est une forme de réparation en nature[1321]. Pourtant, pour PH. STOFFEL-MUNCK et C. BLOCH, il faut aller au-delà de ce simple constat et démontrer l'autonomie fonctionnelle de la cessation de l'illicite vis-à-vis de la réparation.

En droit sénégalais, l'article 151 de la loi n°2008 sur le droit d'auteur prévoit la cessation de l'illicite. C'est également le cas du Décret 2001-1151 du 31 décembre 2001[1322].

SECTION 5 : LA RÉPARATION

252. La réparation est définie comme une technique visant à replacer la victime, aux dépens du tiers responsable, dans la situation même où elle se serait trouvée si l'acte dommageable ne s'était pas produit[1323]. Elle suppose l'existence d'un préjudice. On la distingue de l'action en

---

[1319] PH. STOFFEL-MUNCK, C. BLOCH, in Pour une réforme du droit de la responsabilité civile, Collection « Thèmes et commentaires », Mars 2011.

[1320] C. BLOCH, *La cessation de l'illicite. Recherche sur une fonction méconnue de la responsabilité civile extracontractuelle,* thèse Aix-en-Provence, direction R. BOUT et M. BRUSCHI, 581 pages (dactyl.), commenté par E. PUTMAN, RTD Civ. 2008 p.192.

[1321] V. D. BAKOUCHE, *L'excès en droit civil*, op.cit., p.243, n°261.

[1322] Article 248.

[1323] Cass. Française, 28 octobre 1954, JCP 1955, II, 8765, note SAVATIER.

exécution qui peut être déduite entre autre de l'article 174, 195, 196, 197 du COCC. Pour faire simple, il faut dire avec un auteur qu'on exécute ce que l'on doit, c'est-à-dire ce qui a été promis par le contrat ; on répare le dommage que l'on a causé par sa faute ou sa négligence[1324].Nous allons voir successivement les modalités de la réparation (Paragraphe 1) et l'action en réparation (Paragraphe 2).

§1. Les modalités de la réparation

253. Selon un auteur, la réparation en nature met en œuvre implicitement la notion économique de valeur d'usage du bien, puisque l'idée est de permettre à la victime d'user de son bien de la manière au moins aussi effective qu'avant la survenance du dommage. En revanche, la réparation par équivalent s'attache plutôt à réaliser la notion de valeur d'échange, c'est-à-dire la valeur du marché, puisque le juge estime la perte de la victime à sa valeur comptable nette[1325]. Le principe posé à l'article 133 du COCC est celui de la réparation par équivalent (A), l'exception, la réparation en nature (B). C'est dire que dans une même disposition, on retrouve à la fois le principe et l'exception.

A- La réparation par équivalent

Aux termes de l'article 133 alinéa 1erdu COCC, le préjudice est en principe réparé par équivalence en allouant à la victime des dommages et intérêts.

Le législateur sénégalais, à travers cette disposition pose un principe qui est celui du versement à la victime par l'auteur du dommage ou le civilement responsable, des dommages et intérêts. Il existe deux catégories de dommages et intérêts : compensatoires et moratoires. Les deux visent le même objectif : la réparation du préjudice. Leur différence réside dans le fait que les dommages-intérêts moratoires réparent le préjudice causé par le retard mis par le débiteur dans l'exécution de son obligation[1326].

Les difficultés d'évaluation du dommage ont poussé certains à affirmer la suprématie de la réparation en nature.

[1324] P. REMY-CORLAY, *Exécution et réparation : deux concepts* ? in Exécution en nature, exécution par équivalent, RDC février 2005, p.5.

[1325] PH. DELEBECQUE, F. J. PANSIER, op.cit., p.282, n°402.

[1326] Y. AGBOYIBOR, *Aspects communs aux différents régimes de la responsabilité civile*, in Encyclopédie juridique de l'Afrique, pp.382-383.

B- La réparation en nature

La réparation en nature est, par opposition à la condamnation en dommages-intérêts, une mesure en nature visant à réparer le préjudice causé (fermeture d'établissement illicite, correction d'une séquelle inesthétique par voie chirurgicale...)[1327].La réparation en nature consiste pour le juge à ordonner des mesures qui permettent de rétablir des choses en leur état antérieur au dommage[1328].

A l'alinéa 2 de l'article 133 du COCC, il est précisé que les juges peuvent d'office prescrire au lieu ou en plus des dommages et intérêts toute mesure destinée à réparer le dommage ou à en limiter l'importance, le tout, en tenant compte de la liberté des personnes ou des droits des tiers. Le juge peut-il en se basant sur l'article 133 alinéa 2 précité accorder des dommages et intérêts punitifs ? Nous pensons que lorsqu'il adoptait le COCC, le législateur ne pensait pas à cette mesure certes, mais rien ne peut empêcher un juge audacieux de le faire d'autant qu'en plus des dommages et intérêts, toute mesure visant à réparer le préjudice peut être prise. Il faudrait lire l'article 133 alinéa 2 avec les lunettes d'aujourd'hui et de l'évolution contemporaine. Combien sont ceux à qui la commission d'une faute profite et que la réparation intégrale n'effraie pas ? Une autre forme de réparation en nature consiste dans la condamnation sous astreinte à publier une décision de justice, enlever une enseigne mal installée (article 6 alinéa 2 du COCC), cesser une concurrence illicite

§2. L'action en réparation

Nous étudierons d'abord les acteurs, les conditions (A) et les effets de l'action (B).

A- Les acteurs et les conditions de l'action

Tour à tour, nous étudierons les acteurs (1) et les conditions de l'action (2).

[1327] Y.AGBOYIBOR, *Aspects communs aux différents régimes de la responsabilité civile*, in Encyclopédie juridique de l'Afrique, p.381.

[1328] J. BONNARD, op.cit., p.109.

1- Les acteurs

Il s'agit du demandeur (a) et du défendeur (b).

a- Le demandeur

254. Les acteurs de l'action en responsabilité sont le demandeur qui est la victime personne physique ou morale. En la matière, il y a un principe de l'unicité des fautes civile et pénale. La saisine de la juridiction pénale n'est possible que si le préjudice a sa source dans une infraction. Aux termes de l'article 3 du Code de procédure pénale sénégalais, la partie lésée peut poursuivre devant la juridiction répressive, outre la réparation du dommage découlant du fait poursuivi, celle de tous autres dommages résultant directement de la faute de l'auteur de l'infraction. La question qui se pose est celle de savoir si l'action en réparation du préjudice subi se transmet à ses héritiers. Quand on sait que l'action en justice prend fin lorsque par le décès d'une partie en présence d'une action intransmissible, on peut affirmer *a contrario* qu'il y a des actions transmissibles. Le juge français admet la transmissibilité du dommage tant matériel que moral. En présence d'un dommage matériel, aucune distinction n'est opérée selon que le défunt avait intenté une action de son vivant ou soit mort sans l'avoir fait. Les chambres criminelles et civiles ont néanmoins été en désaccord relativement au dommage moral. Si pour les juges civils, le préjudice du défunt fait partie de son patrimoine, par conséquent est susceptible d'être transmis[1329], en revanche pour la chambre criminelle, les héritiers peuvent tout simplement continuer l'action intentée par la victime avant sa mort, ils ne peuvent pas en prendre l'initiative, celle-ci étant personnelle au défunt[1330]. Par un arrêt de la chambre mixte de la cour de cassation, la position des chambres civiles a été adoptée en ces termes « *Vu l'article 1382 du Code civil ; ensemble les articles 2, 3 et 10 du Code de procédure pénale et les articles 731 et 732 du Code civil ; Attendu qu'il résulte de ces textes que toute personne victime d'un dommage, quelle qu'en soit la nature, a droit d'en obtenir réparation de celui qui l'a causé par sa faute ; que le droit à réparation du dommage résultant de la souffrance physique éprouvée par la victime avant son décès, étant né dans son patrimoine, se transmet à ses héritiers*[1331] ».

[1329] Cass.civ., 18 janvier 1943, arrêt Charpin : DC 1943, p.45, note MAZEAUD.

[1330] Cass.crim., 28 janvier 1960 : D. 1960, p.574.

[1331] D. 1977, p.185, note Contamine6raynaud, RTDCiv., p.556, obs. G. DURRY.

255. Relativement à l'action personnelle des victimes par ricochet, nous avions précisé qu'elle peut bien être intentée. Il faudrait tout simplement rappeler qu'en la matière, la position du juge français a évolué. Si avant 1946, la réparation du dommage moral par ricochet n'était envisageable que lorsque la victime était décédée, à compter de cette date, le décès de la victime n'était plus exigée. Toute la difficulté est souvent de savoir limiter le cercle de ces victimes par ricochet[1332]. Si avant l'arrêt Dangereux, la chambre civile exigeait la démonstration d'un intérêt légitime juridiquement protégé, à partir de cette jurisprudence, le demandeur doit simplement apporter la preuve du dommage[1333].

La personne morale peut être demanderesse. En droit des sociétés, on parlera d'action sociale. Celle-ci est exercée en principe par le dirigeant. On parle dans ce cas d'action *ut universi*. Dans l'hypothèse où le dirigeant fautif ne le fait, des associés peuvent agir à sa place. C'est l'action *ut singuli*.

Au-delà du demandeur, comme acteur de l'action en réparation, nous avons le défendeur.

b- Le défendeur

C'est l'auteur du dommage, personne physique ou morale. Il demeure admis que l'action en responsabilité se transmet de façon passive aux héritiers. Dit autrement, le demandeur peut poursuivre ces derniers en cas de décès de l'auteur du dommage. Ils sont tenus solidairement du paiement des dommages et intérêts accordés au titre du délit ou quasi-délit.

On peut se retrouver en présence de plusieurs défendeurs. En l'espèce, la victime n'a pas à diviser les poursuites contre les coauteurs. Dans ce cas, l'article 136 COCC peut être invoqué. L'obligation *in solidum* entraine les mêmes effets principaux que la solidarité à savoir l'unicité de la dette de réparation, la pluralité de liens obligatoire et l'obligation et contribution à la dette.

Le défendeur à l'action peut également être le civilement responsable ou le gardien de la chose voire l'assureur contre qui la victime a une action directe.

[1332] PH. DELEBECQUE, F.-J. PANSIER, 4e édition, LITEC, 2008, pp.258-259.

[1333] D. 1970, p.201, note COMBALDIEU ; RTDCiv 1970, p.353, obs. DURRY.

2- Les conditions de l'action

Il y a des conditions de procédure (a) et des conditions de fond (b).

a- Les conditions de procédure

Il s'agit de la détermination du juge compétent, de la prescription

a-1-La détermination du juge compétent

Les règles déterminant la compétence du juge sont dispersées entre le Décret n°2015-1145 du 3 août 2015 fixant la composition et la compétence des cours d'appel, des tribunaux de grande instance et des tribunaux d'instance et le Décret de 1964 portant sur Code de procédure civile. Les règles de compétence d'attribution sont prévues par le Décret de 2015. Ce faisant, le tribunal d'instance ou de grande instance sera compétent en fonction du taux de compétence. Aux termes de l'article 34-3° du CPC sénégalais, la demande en réparation de dommage causé par un délit, une contravention ou un quasi-délit peut être portée devant le tribunal du lieu où le dommage s'est produit. En guise de rappel, faisons remarquer que la compétence d'attribution n'est pas susceptible de dérogation contrairement à celle territoriale. Mais encore faut-il que ces clauses aient été dûment acceptées par la partie à qui on l'oppose et désignent d'une manière assez précise la juridiction convenue, afin que la victime ne soit pas obligée de se livrer à des recherches coûteuses et longues qui pourraient l'exposer à la forclusion[1334]. La clause d'attribution est par ailleurs écartée en cas de pluralité de défendeurs[1335].

a-2-La prescription et l'autorité de la chose jugée

L'inaction du créancier pendant le délai fixé pour la prescription extinctrice libère le débiteur de son obligation.

Une victime qui a agi sur les fondements de la responsabilité et qui n'a pas obtenu gain de cause peut intenter à nouveau une action fondée sur une autre cause. Mais le défendeur peut lui opposer l'exception de chose jugée. De même, il y a autorité de la chose jugée au pénal. Ce faisant, le juge civil ne peut aller à l'encontre du contenu de la décision pénale. L'action civile ne peut être exercée au-delà de la prescription de l'action publique. Quant au juge civil, il doit surseoir à statuer jusqu'à

[1334] Y. AGBOYIBOR, *Aspects communs aux différents régimes de responsabilité civile*, in Encyclopédie juridique de l'Afrique, 1982, N.E.A, 1982, p.394.

[1335] CA. de Dakar, 21 mars 1980 cité par Y. AGBOYIBOR, Ibid.

ce qu'une décision intervienne. Cette hypothèse est envisageable lorsque la victime exerce l'action civile devant la juridiction civile séparément de l'action publique.

b. Les règles de fond

La victime doit avoir intérêt (b-1) et qualité à agir (b-2).

b-1-L'intérêt à agir

L'article 1-2 issu du Décret 2001-1151 du 31 Décembre 2001 dispose que tous ceux qui justifient d'un intérêt légitime peuvent saisir le juge d'une demande afin que celui-ci se prononce sur le bien-fondé de leurs prétentions. En effet, on sait bien qu'un intérêt doit, en plus de la légitimité, être né, actuel, sérieux. Or, de façon expresse, le législateur sénégalais ne vise que la légitime qui suppose un intérêt juridiquement protégé. Ce n'est pas à dire que les autres caractères de l'intérêt ne comptent pas. Dans tous les cas, en plus de l'intérêt, il faut une qualité à agir

b-2-La qualité à agir

C'est le titre juridique en vertu duquel une personne saisit le juge. En principe, il y a cumul entre l'intérêt et la qualité à agir. C'est le cas des actions banales. Mais on peut avoir intérêt sans qualité à agir et inversement, la loi n'attribuant celle-ci qu'à des personnes déterminées. Cette situation rappelée à l'article 1-2 du Décret 2001 demeure consacrée dans certains textes tels que l'Acte uniforme portant organisation des procédures collectives notamment lorsque le syndic agit dans l'intérêt collectif des créanciers ou dans l'Acte uniforme relatif au droit des sociétés commerciales et GIE lorsque l'action ut singuli est exercée par les associés qui ont vainement mis en demeure le dirigeant d'avoir à déclencher l'action sociale.

Que ce soit en matière contractuelle, délictuelle ou quasi-délictuelle, les parties au procès peuvent transiger. Dans ce cas, ce sont les articles 756 et suivant du COCC qui vont servir de base à ce contrat visant à mettre fin à une contestation par des concessions réciproques. Le recours aux autres modes alternatifs de règlement des différends n'est pas exclu.

B- Les effets de l'action

Nous traiterons de l'étendue de la réparation (1) et du moment de la réparation (2).

1- L'étendue de la réparation

En droit de la responsabilité, le principe de réparation est celui de la réparation intégrale (a) qui, il faut le souligner, est loin d'être absolu (b).

a- La réparation intégrale

« Le propre de la responsabilité civile est de rétablir, aussi exactement que possible, l'équilibre détruit par le dommage et de replacer la victime dans la situation où elle se serait trouvée si l'acte dommageable n'avait pas eu lieu[1336] ». C'est la raison pour laquelle les dommages et intérêts punitifs remettent en cause ce principe. En effet, le principe de réparation intégrale signifie que le responsable doit réparer le préjudice, rien que celui-ci et tout le préjudice. Le principe de la réparation intégrale impose en effet d'« inclure tous les éléments du dommage subis par la victime, même s'ils n'existent plus à la date de la décision[1337] »

La réparation intégrale pose le problème de l'évaluation du préjudice économique. Pour la jurisprudence, l'évaluation se fait au jour du jugement. Et le juge doit tenir compte des revenus qu'aurait eu le de cujus au jour de la décision[1338]. Le préjudice économique peut consister en une perte éprouvée, un gain manqué, la perte d'une chance, le préjudice écologique.

b- Les exceptions

Plusieurs mécanismes ou règles remettent en cause le principe de réparation intégrale. Il s'agit de l'obligation de minimiser le risque, des conventions de responsabilité, la réglementation du montant de la

---

1336 (Civ. 2e, 28 oct. 1954, n° 1767, Bull. civ. II, n° 328, JCP 1955. II. 8765, note R. SAVATIER, RTD civ. 1955. 324, obs. H. MAZEAUD et L. MAZEAUD. - Civ. 2e, 14 févr. 1982, JCP 1982. II. 19894, note J.-F. BARBIÈRI. - Crim. 12 avr. 1994, n° 93-82.579 , Bull. crim. n° 146

1337 Y. CHARTIER, *La date de l'évaluation du préjudice*, Resp. civ. et assur., mai 1998, spéc. p. 24).

1338 Évaluation du préjudice économique au jour de la décision, Cour de cassation, 2e civ. 11 octobre 2001, D. 2001. 3093

réparation par les lois et traités, l'instauration de barèmes et de plafonds.

Les intérêts légaux sont une exception à la réparation intégrale. Aux termes de l'article 8 alinéa 2 COCC les dommages et intérêts moratoires sont dus, sans que le créancier soit tenu de justifier d'aucune perte, et n'excédent pas, sauf convention contraire, les intérêts légaux.

256. L'obligation pour la victime de minimiser son dommage constitue une atteinte à la réparation intégrale. Mais en France, la Cour de cassation a relevé que la victime n'est pas tenue de limiter son préjudice dans l'intérêt du responsable[1339]. A travers cette décision, le juge refuse la mitigation of damage[1340]. C'est un principe selon lequel le juge devrait avoir le pouvoir et même le devoir de restreindre l'indemnisation des dommages en fonction de l'attitude de la victime, lorsque celle-ci n'a pas fait toute diligence pour réduire son préjudice[1341]. La raison est que ce principe n'est admis qu'en matière contractuelle. Pourtant des droits étrangers tels que le droit québécois, le droit suisse étendent l'obligation de minimiser le dommage à la matière délictuelle[1342].

257. Il existe des conventions sur la responsabilité. Certaines sont valables tandis que d'autres sont nulles. Les clauses valables sont prévues à l'article 151 COCC. Il s'agit des clauses limitatives de responsabilité et des clauses pénales. Ces clauses ne sont valables qu'à certaines conditions notamment lorsque la victime subit un dommage corporel ou comme le dit un auteur il faut d'une part que ces conventions ne mettent pas en jeu l'intégrité de la personne humaine et d'autre part que le dommage ne provienne pas d'un dol ou d'une faute lourde[1343]. Pour que cette nullité soit encourue, peu importe que le dol ou la faute lourde ait été commis par le débiteur ou par ses préposés[1344]. Le siège des clauses nulles est l'article 152 alinéa 1 COCC qui dispose qu'hors les cas prévus par l'article précédent, les dispositions

---

[1339] Civ.2e , 19 juin 2003, deux arrêts, JCP 2003.IV.2428 ; RTDCIV 2003, p.716, obs. P.JOURDAIN.

[1340] H. ADIDA-CANAC, *« Mitigation of damage » : une porte entrouverte* ?, D. 2012. 141.

[1341] Y. BUFFELAN-LANORE, V. LARRIBAU-TERNEYRE, *Droit civil, Les obligations*, 15e édition, op.cit., p.824

[1342] A. AKAM AKAM, *L'obligation de minimiser le dommage*, in L'obligation Etudes offertes à P.G. POUGOUE, L'harmattan, 2015, pp.65 et s.

[1343] G. RIVES, op.cit., p.40.

[1344] G. RIVES, ibid.

concernant la responsabilité de droit commun ou les régimes particuliers de responsabilité sont d'ordre public. Cette règle est à l'opposé du principe de validité admis en matière contractuelle et l'on aboutit donc à une dualité de régime des conventions sur la responsabilité[1345]. N'eût-été le fait que l'interdiction des clauses de responsabilité en matière délictuelle provienne de la jurisprudence française[1346] dont s'inspire largement le législateur sénégalais, on serait tenté de nier cette opinion de Georges Rives. En effet, le législateur édicte que toute convention demeure interdite en présence des règles de droit commun et spéciales de la responsabilité. Or, nous savons que la définition de la faute à l'article 119 COCC englobe tant la responsabilité contractuelle que délictuelle.

Les clauses de responsabilité se distinguent des clauses de différend et des clauses allégeant les obligations du débiteur ou aménageant le contenu du contrat.

Les clauses de responsabilité qu'elles soient élusives ou limitatives sont parfois interdites.

Les articles 257 à 266 des sections VII et VIII consacrées aux modalités d'indemnisation des préjudices recourent non seulement aux barèmes mais aussi établissent des plafonds (article 259, article 229, dernier alinéa) alors que dans le système classique de la responsabilité civile, la réparation doit être intégrale[1347].

[1345] G.RIVES, op.cit., p.41.

[1346] Cass. civ., 3 janv. 1933 : DH 1933, p. 113 ; RGAT 1933, p. 406, note M. PICARD. - Cass. civ., 18 juill. 1934 : DP 1935, 1, p. 41. - Cass. 2e civ., 17 févr. 1955 : JCP G 1955, II, 8951, note RODIÈRE ; D. 1956, jurispr. p. 17, note ESMEIN ; RTD civ. 1956, p. 137, obs. MM. MAZEAUD. - Cass. 2e civ., 28 nov.1962 : JCP G 1964, II, 13710 ; Bull. civ. 1962, II, n° 755 ; D. 1963, jurispr. p. 465, note BORRICAND ; RTD civ. 1964, p. 756, obs. RODIERE. La deuxième chambre de la Cour de cassation française a rappelé ceci : *« Attendu qu'en l'espèce, l'action intentée... était uniquement fondée sur les articles 1382 et 1383 du Code civil... que la cour d'appel a statué sur la base de l'article 1382 ; que la demande dont elle était saisie ne mettait donc pas en jeu les règles de la responsabilité contractuelle... mais seulement celles qui régissent la responsabilité quasi-délictuelle ; qu'en cette matière sont nulles les clauses d'exonération ou d'atténuation de responsabilité, les articles 1382 et 1383 du Code civil étant d'ordre public et leur application ne pouvant être paralysée d'avance par une convention »* (Cass. 2e civ., 28 nov. 1962, préc).

[1347] A.-M. ASSI-ESSO, CIMA, *Droit des assurances*, Bruxelles, Bruylant, p.388.

2- Le moment de la réparation

Deux thèses se sont affrontées : celle qui consiste à dire que la réparation a lieu au moment de la réalisation du dommage et une autre en vertu de laquelle la réparation se fera au jour du jugement. L'article 135 du COCC consacre cette dernière thèse. Cette solution consacrée par l'article 135 du Code des obligations civiles et commerciales préserve mieux les intérêts de la victime dans la mesure où elle permet au juge d'intégrer toutes les variations intrinsèques ou extrinsèques intervenues depuis la date de l'accident[1348]. Pour la jurisprudence française, « si le droit, pour la victime d'un accident, d'obtenir la réparation du préjudice subi existe dès que le dommage a été causé, l'évaluation de ce dommage doit être faite par le juge au moment où il rend sa décision[1349] ».

Que conclure ? En droit français, une réforme du droit de la responsabilité est demandée. Ainsi, en avril 2016, un avant-projet de réforme de la responsabilité civile élaboré par les services du Ministère de la Justice a été publié. Le 13 mars 2017, un nouveau projet est présenté par le Ministre de la justice à l'académie des sciences morales et politiques[1350]. Ce projet comporte soixante-douze articles et seulement vingt-neuf articles ne vont subir aucun changement (www.textes.justice.gouv.fr)

258. Le législateur français n'a pas encore reconnu la faute lucrative qui est une faute délibérément commise et profitable pour son auteur[1351]. C'est une faute dont les conséquences profitables pour son auteur ne seraient pas neutralisées par une simple réparation des dommages causés[1352]. Elle recouvre deux situations[1353].

[1348] Y. AGBOYIBOR, *Aspects communs aux différents régimes de la responsabilité civile,* in Droit des contrats et de la responsabilité civile, Encyclopédie juridique de l'Afrique, p.359.

[1349] (Cass. 2e civ. 21 mars 1983, Bull. civ. II, n° 88 ; 24 juin 1998, Bull. civ. II, n° 226)

[1350] V. N. DISAUX, *Quelles réformes pour la responsabilité civile* ? AJ Contrat 2017, p.169.

[1351] L. GRYNBAUM, *Une illustration de la faute lucrative : le « piratage » de logiciels*, D. 2006. 655

[1352] Avant-projet de réforme du droit des obligations (C. civ., art. 1101 à 1386) et du droit de la prescription (C. civ., art. 2234 à 2281) du 22 sept. 2005, Rapport de P. CATALA, *De la responsabilité civile, exposé des motifs* par G. Viney, p. 141 s., spéc. p. 148.

[1353] I. VINGIANO-VIRICEL, *La faute lucrative : une notion en construction en droit français*, RTDCom, 2017, p.19, n°3.

En revanche, la loi n°2016-1097 du 8 août 2016 relative à la biodiversité consacre l'inscription du préjudice écologique dans le code civil. Les modalités de la réparation du préjudice écologique sont prévues aux articles 1246 à 1252 du code civil. Au regard des articles 1251 et 1252 du Code civil, il s'agit d'une responsabilité préventive[1354].

Le législateur français entend apporter des précisions dans les domaines suivants : cohabitation, dommages et intérêts punitifs, la nature de l'action en responsabilité d'un tiers victime de l'inexécution d'un contrat (RTD civ. 2007. 115, obs. J. Mestre et B. Fages, RTD com. 2012. 393, obs. B. Bouloc) le statut du tiers victime d'un préjudice corporel, le trouble de voisinage, le préjudice écologique. L'avant-projet entend clore le débat sur l'existence de la responsabilité contractuelle en consacrant la responsabilité contractuelle[1355].

La responsabilité civile peut avoir une fonction de réparation, de prévention, de précaution ou de punition et même de cessation de l'illicite[1356]. Risque avéré et risque suspecté. En Europe, le principe de précaution a été consacré par l'UE et les conditions de sa mise en œuvre ont été même prévues. Toutefois, un véritable statut du principe de précaution est à rechercher d'autant que les juridictions européennes ont du mal à l'ériger en principe général du droit[1357].

259. Le droit de la responsabilité civile entretient des relations avec d'autres disciplines telles que le droit du travail, le droit de la concurrence (présomption de dommages, dommage économique), le droit des procédures collectives.

La compréhension du droit de la responsabilité peut passer par l'examen de l'ouvrage précité d'Yves-Marie Laithier[1358].

La doctrine française a joué un rôle déterminant et continue à le faire en matière de responsabilité civile. Pour s'en convaincre, il convient de se référer à l'Avant-projet CATALA, notamment la partie relative à la responsabilité civile de septembre 2005 (article 1340 à 1386) et au

---

1354 L. NEYRET, *La consécration du préjudice écologique dans le code civil*, Recueil Dalloz, 2017, p.924.

1355 V. N. DISAUX, op.cit.

1356 J. TRAULLE, *Responsabilité civile - Responsabilité civile et autres disciplines du droit privé (rapport introductif)*, Responsabilité civile et assurances n° 5, Mai 2017, dossier 2.

1357 E. BROSSET, *Le juge de l'Union et le principe de précaution : état des lieux*, RTD Eur. 2015 p.737.

1358 Y.-M. LAITHIER, *op.cit.*, notamment la troisième partie de son ouvrage intitulé « Droit des délits ».

projet de l'académie des sciences morales et politiques rédigé sous la direction scientifique de F. TERRE[1359]. Le législateur français ne saurait ignorer les Principes de droit européen de la responsabilité civile.

Comment ces différents principes seront-ils appliqués en droit des affaires ?

[1359] V. Pour une réforme du droit de la responsabilité civile, sous la direction de François TERRE, Dalloz, collection « Thèmes et commentaires », 2011.

CHAPITRE 2

LA RESPONSABILITÉ EN DROIT DES AFFAIRES

L'étude des rapports entre le droit commun et le droit spécial est intéressante à plus d'un titre. C'est ainsi que certains auteurs se sont intéressés par exemple à la place du droit civil dans le droit des affaires[1360] ou ont nié toute autonomie de cette dernière discipline à l'égard de la première[1361]. C'est dire que loin de s'ignorer le droit civil et le droit des affaires se complètent au bénéfice de la seconde discipline[1362].

La faute joue un rôle très important en droit des affaires alors qu'en droit commun elle demeure fortement concurrencée par la théorie du risque et de la garantie. Les raisons de cette prégnance sont fournies par Philippe Le Tourneau et Geneviève Viney. Il s'agit entre autres du lien fort entre la responsabilité et les affaires. Pour LETOURNEAU, « dans le monde des affaires, la responsabilité pour faute, tout autant contractuelle que délictuelle, à l'intérieur de l'hexagone et hors de nos frontières, demeure vivace. Là, les hommes se sentent responsables parce qu'ils se veulent libres. La responsabilité subjective individuelle est en quelque sorte la figure du libéralisme juridique, faisant pendant au libéralisme économique ». La liberté de la concurrence, principe fondamental s'il en est, nécessite les contrepoids complémentaires que

---

[1360] F. POLLAUD-DULIAN, *De quelques avatars de l'action en responsabilité civile dans le droit des affaires*, RTDCom, 1997, p.349.

[1361] V. F. GRUA, *Les divisions du droit*, RTDCiv, 1993, p.59 et s, spécialement le n°21 : « *l'autonomie est ici un mot vide de conséquences juridiques. Ce n'est qu'une manière de prendre acte de quelques divergences .Manière excessive, au demeurant, car l'autonomie impliquerait que la branche ait rompu toute attache avec le tronc, et ce n'est pas de la constatation de quelques divergences qu'on peut déduire que le droit commercial ne se nourrit plus que de lui-même* ».

[1362] M. AZAVANT, *La sanction civile en droit des sociétés, Ou l'apport du droit commun au spécial*, Rev. sociétés 2003. 441. L'auteur précise par exemple que les principes directeurs du procès civil à savoir l'obligation de motivation et le principe du contradictoire sont invoqués en droit des sociétés.

représentent d'une part le principe de loyauté commerciale et d'autre part le principe d'égalité. Dans cette perspective, la responsabilité pour faute constitue un instrument adéquat pour faire respecter ces principes d'équilibre. C'est dire alors que le rôle normatif de la responsabilité civile, que l'on redécouvre depuis quelques années en droit civil[1363] ».

Pourtant, l'article 146 COCC qui semble nier toute autonomie de la responsabilité des groupements remet en cause ce rôle du fait de l'existence d'une présomption de responsabilité.

La fonction de la responsabilité en droit des affaires est le plus souvent normative avec ces aspects préventif et dissuasif (action en concurrence déloyale, atteinte à la réputation de l'entreprise).Il semblerait que ce soit une responsabilité professionnelle d'un genre particulier[1364].

Nous allons examiner d'abord la responsabilité dans le cadre d'une société in bonis (SECTION 1), ensuite dans les sociétés en difficulté (SECTION 2).

SECTION 1 : LA RESPONSABILITÉ DANS LE CADRE D'UNE SOCIÉTÉ IN BONIS

La question de la responsabilité s'envisage en droit de la concurrence (Paragraphe 1) et en droit des sociétés (PARAGRAPHE 2).

§1. En droit de la concurrence

En partant de l'article 6 ancien du Code civil et 42 du COCC, on peut dire qu'il y a deux catégories d'ordre public : de protection et de direction. Le droit de la concurrence constitue aujourd'hui la principale composante de l'ordre public de direction[1365].

[1363] Cité par F. P.-DULIAN, *De quelques avatars de l'action en responsabilité civile dans le droit des affaires*, RTD com. 1997. 349.

[1364] Y. REINHARD, B. PETIT , *La responsabilité civile des dirigeants*, RTD com. 1997. 282.

[1365] A. B-LENA, E. CLAUDEL, B. THULLIER, *Droit civil de l'entreprise*, D. 2007. 1688.

A- La notion de dommage à l'économie

260. En lisant les écrits consacrés au préjudice économique, on se rend compte de la difficulté à avoir une définition unique du préjudice économique[1366]. Certains ont pourtant tenté une définition. C'est l'exemple de Maurice NUSSENBAUM pour qui, le préjudice économique renvoie à tous les préjudices liés à une activité économique de production ou de service. Cette notion exclut les dommages corporels mais inclut les préjudices financiers[1367]. Va-t-on l'assimiler à la notion de dommage à l'économie ? La réponse est négative.

En droit français, le dommage à l'économie est prévu à l'article L. 464-2 du code de commerce.

Au niveau de l'UEMOA, il faut voir l'article 5.3 du Règlement n°03/2002/CM/UEMOA. Aux termes de cette disposition, les mesures provisoires ne sont prises lorsque que si la pratique dénoncée porte une atteinte grave, irréparable et immédiate à l'économie générale.

L'expression « dommage » est utilisée à 22.4 du Règlement n°03/2002/CM/UEMOA mais pour préciser qu'au-delà des sanctions prononcées par la Commission de l'UEMOA, les juridictions nationales peuvent infliger une sanction à l'auteur du dommage subi.

Au niveau du Règlement n°2/2002/CM/UEMOA rien concernant l'expression « économie » et « dommage ». Pourtant, en partant d'une décision de la Cour de cassation qui précise que le dommage à l'économie est présumé par la loi dès lors que l'existence d'une entente est établie[1368]

B- Les différentes sanctions

Nous allons voir d'abord la nature des sanctions (1) avant d'étudier les faits justificatifs (2).

1- La nature des sanctions

261. Aux termes de l'article 3 du Règlement n°2-2002-CM/UEMOA, sont incompatibles et interdits tous accords entre entreprises, décisions d'associations d'entreprises et pratiques

---

[1366] G. CANIVET, *Le dommage à l'économie critère d'évaluation de l'amende en droit français de la concurrence*, RJDA, 1993, p.14.

[1367] M. NUSSENBAUM, *L'évaluation des préjudices économiques,* Revue de Droit bancaire et financier n° 3, Mai 2013, étude 13.

[1368] CA Paris 19 septembre 1990,BOCC du 26 septembre 1990 p.355..

concertées entre entreprises, ayant pour objet ou pour effet de restreindre ou de fausser le jeu de la concurrence à l'intérieur de l'Union, et notamment ceux qui consistent en une autre sanction est prévue dans le Règlement n° 3/CM/UEMOA. Il s'agit des amendes et des astreintes[1369]. L'amende est infligée par voie de Décision par la Commission de l'UEMOA à une entreprise ou association d'entreprises. Le montant de l'amende est déterminé en tenant compte de la gravité et durée de l'infraction.

La Commission de l'UEMOA peut également par Décision, infliger aux entreprises ou associations d'entreprises des astreintes pour les contraindre par exemple à mettre fin aux violations des règles de la concurrence.

Expression d'un certain dirigisme économique, le droit de la concurrence est traditionnellement présenté comme intrusif : les contrats ou les stipulations contractuelles qui le contrarient sont nuls (art. L. 420-3 C. com.) de nullité absolue, ou façonnés par l'autorité de concurrence par le biais des injonctions de façon à faire disparaître l'illicite qui les entache. Le **droit** de la concurrence contraint donc les volontés contractuelles. Une certaine brutalité lui apparaît consubstantielle. En cela, les sanctions du droit de la concurrence prennent place dans le droit commun[1370].En droit français, la nullité constitue également une sanction à une pratique anticoncurrentielle. Elle est prévue à l'article L.420-3 du code de commerce et serait destinée à supprimer l'illicite et ne se confond pas avec l'action en réparation du préjudice mise en œuvre par les tribunaux qui en est néanmoins le complément[1371]. Dans ce cas, il faudrait en plus se référer à l'article L.442-6 du même code.

262. Faut-il privilégier la réparation au détriment d'une autre forme de sanction ? Si nous prenons l'exemple du droit français, le recours à la réparation n'est envisageable qu'en présence de pratiques restrictives de concurrence. Toujours en droit français, quand une société mère détient 100% du capital de sa filiale ayant commis une infraction aux

---

1369 Ce sont des sanctions pécuniaires. Mais à lire l'article 5.5 du Règlement n°3/CM/UEMOA, on a l'impression que les sanctions pécuniaires sont différentes des astreintes.

1370 A. BALLOT-LENA, E. Claudel, B. THULLIER, F.-X. TRAIN, *Droit civil de l'entreprise*, D. 2007. 1688.

1371 F. VETU, *Application de la responsabilité civile pour faute à la violation du droit des pratiques anticoncurrentielles,* La Semaine Juridique Edition Générale n° 48, 26 Novembre 2003, II 10183

règles de la concurrence, il existe une présomption réfragable selon laquelle la société mère exerce effectivement une telle influence. En effet, ce n'est (...) pas une relation d'instigation relative à l'infraction entre la société mère et sa filiale ni, à plus forte raison, une implication de la première dans ladite infraction, mais le fait qu'elles constituent une seule entreprise au sens susmentionné qui habilite la Commission à adresser la décision imposant des amendes à la société mère d'un groupe de sociétés[1372] .Il appartiendra à la société mère de renverser la présomption et de démontrer que la filiale s'est comportée de façon autonome[1373]. Il s'agit ici d'une présomption d'imputabilité. La jurisprudence a rappelé cette règle[1374].

263. L'arrêt *Areva-Alstom* est plus intéressant en ce qu'il règle la question de l'imputabilité quand, lors d'une restructuration, la société mère change. C'est la mère au moment de la commission de l'infraction et non des poursuites qui voit sa responsabilité engagée[1375]. A lire les articles 101 et 102 du TFUE, on perçoit que l'auteur des pratiques anticoncurrentielles est l'entreprise. L'ordonnance n° 2017-303, 9 mars 2017, relative aux actions en dommages et intérêts du fait des pratiques anticoncurrentielles, art. 481-1 précise que les personnes qui composent l'entreprise devront répondre au civil de ses comportements anticoncurrentiels[1376].Les articles 481-2 et 481-7 du Code de commerce peuvent également être cités. Quant à l'article L481-3, il précise les différents dommages réparables. La reprise des solutions traditionnelles en matière de concurrence déloyale et de pratiques restrictives a poussé un auteur a préconisé la prise en compte d'autres préjudices tels que les investissements engagés en vain pour entrer sur un marché dont la

---

[1372] *CJCE, 10 sept. 2009, aff. C-97/08 P, AKzo.*

[1373] M. BEHAR-TOUCHAIS, *Imputabilité d'une pratique anticoncurrentielle de la filiale à sa mère et action privée*, Revue des contrats - 01/12/2014 - n° 04 - page 730.

[1374] (CJUE 20 janv. 2011, aff. C-90/09 P, Bull. Joly 2011. 318, note DECOCQ ; RLDA 2011/58, nº 3334, obs. Lecourt).

[1375] M. BEHAR-TOUCHAIS, Ibid.

[1376] M. BEHAR-TOUCHAIS, *Du débiteur de la réparation dans l'ordonnance du 9 mars 2017 relative aux actions en dommages et intérêts du fait des pratiques anticoncurrentielles*, Revue des contrats - 01/06/2017 - n° 02 - page 310 ; M. CHAGNY, *Responsabilité concurrentielle et civile de l'entreprise*, Contrats Concurrence Consommation n° 7, Juillet 2017, dossier 6.

victime est évincée, les frais engagés pour trouver des solutions alternatives, le préjudice de notoriété[1377]...

Il faut juste rappeler qu'en droit français, la doctrine, si elle s'accorde sur la responsabilité civile de la société mère pour infraction aux règles de la concurrence, se sépare quant au fondement de la responsabilité. Si pour certains, il ne peut s'agir que d'une responsabilité du fait d'autrui[1378], pour d'autres, il n'en est rien[1379]

En droit de la concurrence, il existe une présomption d'influence déterminante de la société mère sur la filiale. Il faut donc prouver que celle-ci détient la totalité du capital d'une filiale.

264. La sanction de la concurrence déloyale et des pratiques restrictives. Le professeur M.A.F.ROCHE parlait de droit civil de la concurrence pour nommer la concurrence déloyale[1380]. Quant à Y. PICOD, il considérait le droit de la concurrence déloyale comme un droit des boutiquiers, le petit droit de la concurrence, version XIXe siècle, un droit des concurrents dépourvu de toute vision stratégique, de tout choix politique[1381].

2- Les faits justificatifs

En droit commun de la responsabilité civile, les faits justificatifs ont pour objet d'ôter tout caractère fautif à l'acte de l'auteur du dommage.

1377 Y. PICOD, *Concurrence interdite - Concurrence déloyale et parasitisme*, octobre 2016 - octobre 2017,Recueil Dalloz 2017 p.2444.

1378 E. CLAUDEL, *Transposition de la directive du 26 novembre 2014 sur les actions en dommages et intérêts en droit de la concurrence : la porte est grande ouverte aux actions en réparation !* , RTD com. 2017. 305 ; M. Chagny et B. DEFFAINS, *Réparation des dommages concurrentiels*, Dalloz, essai. V. aussi G. DECOCQ, *Synthèse du droit français et européen en matière d'imputabilité et de responsabilité civile et pénale*, AJCA 2015. 56.

1379 M. BEHAR-TOUCHAIS et S. CARVAL, *Le débiteur des dommages et intérêts dus en cas de pratique anticoncurrentielle*, *in L'intensification de la réparation des dommages issus des pratiques anticoncurrentielles*, dir. M. B.T., D. Bosco et C. PRIETO.

1380 M.A.F.ROCHE, S. BONFILS, *Les grandes questions du droit économiques*, PUF, 2005, p.327.

1381 Y. PICOD, *Concurrence déloyale et pratiques anticoncurrentielles, affinités ou divergences, l'approche juridique*, RLC, 2008/15, n°1121. V. Contra N. HOBERDON, *Instrumentalisation et utilisation stratégique du droit de la concurrence déloyale, in Stratégies d'instrumentalisation juridique et concurrence*, sous la direction d'A. MASSON et alii, Larcier 2013, 311.

Ce n'est pas cela que vise le législateur communautaire, mais plutôt les exemptions individuelles ou par catégorie.

3- La procédure

Avec la loi n°2017-24 du 28 juin 2017 portant création des tribunaux de commerce et des chambres commerciales d'appel demeurent compétentes en matière de concurrence déloyale.

« *Pour des raisons pratiques, il est très improbable, voire impossible, que les consommateurs et les acheteurs réclamant des dommages et intérêts de faible ampleur intentent une action pour infraction au droit des ententes. Il faudrait donc examiner si des actions collectives ne permettraient pas de mieux protéger leurs intérêts* [1382]».En l'état actuel des choses, il faut donc constater que le droit français, s'il reconnaît aux consommateurs l'existence d'un droit à la défense collective de leurs intérêts, ne permet pas pour autant, du fait des limites imposées par les textes, une mise en œuvre effective de ce droit[1383]. En 2014, la loi Hamon a été votée.

En droit français, le nouvel article L. 423-1 du code de la consommation prévoit que « Une association de défense des consommateurs représentative au niveau national et agréée [...] peut agir devant une juridiction civile afin d'obtenir la réparation des préjudices individuels subis par des consommateurs placés dans une situation similaire ou identique et ayant pour cause commune un manquement d'un ou des mêmes professionnels à leurs obligations légales ou contractuelles : 1° À l'occasion de la vente de biens ou de la fourniture de services ; 2° Ou lorsque ces préjudices résultent de pratiques anticoncurrentielles [...]. L'action de groupe ne peut porter que sur la réparation des préjudices patrimoniaux résultant des dommages matériels subis par les consommateurs ».

L'hypothèse d'une action de groupe permettant aux consommateurs d'obtenir réparation d'un préjudice subi du fait de pratiques anticoncurrentielles est donc expressément prévue par la loi. Une telle

---

[1382] *Pt 2.5 du Livre Vert SEC (2005) 672 final.*

[1383] I. HOEPFNER-LEGER, *Les poursuites privées en matière de pratiques anticoncurrentielles : pistes de réflexion,* La Semaine Juridique Entreprise et Affaires n° 48, 30 Novembre 2006, 2710.

action doit alors être mise en mouvement par l'une des seize associations de consommateurs actuellement agréées[1384].

§2. En droit des sociétés

Les dirigeants personnes physiques (A) de même que les personnes morales et entités (B) peuvent voir leur responsabilité engagée.

A- La responsabilité des dirigeants personnes physiques

Seront examinées tour à tour la responsabilité civile (1) et la responsabilité pénale (2).

1- La responsabilité civile

Il arrive que dans l'exercice de son activité, le dirigeant voit sa responsabilité engagée. S'inspirant du droit français et certainement de la jurisprudence, le législateur de l'OHADA a une conception extensive de la notion de dirigeant d'autant qu'est Est par conséquent considéré comme dirigeant tout organe qui dispose d'un pouvoir de gestion, d'administration et de direction de la société, qu'il ait ou non la qualité de représentant légal de la société et que sa désignation ait ou non été publiée[1385]. En outre, il faut faire remarquer que l'évolution de la responsabilité civile a un impact sur l'entreprise. Sans faire dans la langue de bois, disons que cette évolution est plus visible en France qu'au Sénégal par exemple. Les sources de cette évolution sont la jurisprudence de façon traditionnelle et la loi de plus en plus. Les différents objectifs du législateur français à travers cette réforme sont la consolidation des acquis, la cohérence, la modernité et la compétitivité[1386]. La doctrine française n'est pas en reste avec les Projets Catala, Terré. Il faut le préciser, le législateur français n'est pas demeuré insensible à l'influence du Cadre commun de référence, des principes du droit européen de la responsabilité civile. Le domaine de la réforme concernera entre autres, l'aggravation de la responsabilité des dirigeants sociaux et des salariés, l'introduction des dommages et

---

[1384] Y. UTZSCHNEIDER, C. MUSSI, *L'action de groupe en droit de la concurrence, une intention louable à la mise en œuvre complexe*, AJCA 2014, p.222.

[1385] Cass. com., 26 janv. 1988, n° 85-17.684 : JurisData n° 1988-000113 ; Rev. sociétés 1988, p. 284, note Y. CHAPUT.

[1386] (Dir.,) N.FERRIER, A. PELISSIER, *L'entreprise face aux évolutions de la responsabilité civile*, Economica, 2012, p.2.

intérêts punitifs, l'admission des actions de groupe. Toujours est-il que pour l'entreprise, la responsabilité civile est un risque juridique qu'elle doit être en mesure de gérer[1387]

265. La morale n'est pas insoluble dans la vie des affaires. On attend donc du dirigeant qu'il se comporte par exemple de façon loyale envers la société ou les associés sous peine de voir sa responsabilité engagée. Mais il faut veiller à ne pas démultiplier les causes de responsabilité sous peine d'empêcher les dirigeants de prendre des risques qui par moment peuvent se révéler bénéfiques pour la société. Il faut donc trouver un équilibre[1388]. Selon la doctrine, la responsabilité civile a un triple rôle à savoir : sanctionner, indemniser et inciter les dirigeants à adopter un comportement exemplaire[1389]. En effet, pour faciliter la mise en jeu de la responsabilité civile des dirigeants, il faut permettre une action individuelle des associés en cas de faute de gestion et peut-être introduire l'action de groupe. Or la remarque que l'on fait est qu'aussi bien en droit français des sociétés qu'OHADA, l'action de groupe semble ne pas avoir droit de cité[1390]. En droit français, tout part de l'article L. 423-1 du Code de la consommation qui consacre l'action de groupe. Du coup, la question que l'on se pose est celle de savoir si la société, les associés sont des consommateurs. Si nous partons de l'idée selon, laquelle en droit français seules les personnes physiques peuvent prétendre avoir cette qualité, nous répondrons par la négative. En revanche, les associés sont considérés comme étant des consommateurs lorsqu'ils investissent dans les sociétés cotées. Un autre débat tient à la nature de la responsabilité du dirigeant : est-celle contractuelle ou délictuelle ? La doctrine est divisée entre les auteurs qui estiment qu'à l'égard de la société et des associés la responsabilité est contractuelle, en revanche à l'égard des tiers elle est délictuelle[1391], ceux qui

---

[1387] N.FERRIER, A. PELISSIER, *op.cit.*, p.6.

[1388] V.Par exemple Y.GUYON, M.BUCHBERGER, *Administration, Responsabilité civile des dirigeants*, JurisClasseur Sociétés Traité, Date du fascicule : 24 Février 2016Date de la dernière mise à jour : 24 Février 2016, n°1.

[1389] P. DIDIER, *Les fonctions de la responsabilité civile des dirigeants sociaux* : Rev. Sociétés 2003, p. 238).

[1390] V. MAGNIER, L'opportunité d'une class action en droit des sociétés : D. 2004, p. 554).

[1391] B. PIEDELIEVRE, *Situation juridique et responsabilités des dirigeants de sociétés anonymes (après L. 24 juillet 1966)* : Dunod, Paris, 1967, cité par S. MESSAI-BAHRI, *La responsabilité civile des dirigeants sociaux*, préf. P. Le CANNU : IRJS éditions, 2009, n° 364, p. 134.

n'entrevoient de responsabilité contractuelle que dans la SAS[1392], dans les rapports dirigeants et sociétés[1393] et ceux qui retiennent la nature délictuelle quelle que soit la qualité du demandeur[1394]. Dans tous les cas, la responsabilité civile du dirigeant a non seulement plusieurs sources, mais également elle est subsidiaire d'autant que les associés peuvent avoir recours à d'autres mécanismes que celle-ci notamment la révocation, l'action en responsabilité civile de la société.

Elle est prévue à l'article 161 AUSCGIE. Aux termes de l'article 161 AUSCGIE, sans préjudice de la responsabilité éventuelle de la société chaque dirigeant social est responsable individuellement envers les tiers des fautes qu'il commet dans l'exercice de ses fonctions. Cette disposition consacre deux sortes de responsabilité : celle de la personne morale et celle individuelle du dirigeant. Les tiers sont soit les créanciers personnels des associés, soit ceux de la société[1395].

Les fautes poursuivies sont les infractions aux lois, violation des statuts et fautes de gestion. Nous avons utilisé l'expression « lois » au sens large compte tenu du fait que le législateur de l'OHADA parle de « dispositions législatives ou réglementaires » applicables aux sociétés et plus particulièrement aux sociétés à responsabilité limitée et anonymes respectivement à l'article 330 et 740 de l'AUSCGIE. Le constat qui est fait est que dans les SNC et le SCS le législateur n'a pas prévu de façon expresse les causes de responsabilité du dirigeant d'autant que le fait de dire, en mettant en évidence les éléments caractéristiques d'une SNC, que les associés sont commerçants et répondent indéfiniment et solidairement des dettes sociales ou que les dirigeants d'une personne morale gérante encourent les mêmes responsabilités civiles et pénales que s'ils étaient gérants en leur nom propre, ne suffit pas à dire que le régime juridique est complet. Pour ce faire, un renvoi est fait aux règles communes à toutes les sociétés en

---

1392 V. notamment : H. AUBRY, *La responsabilité des dirigeants dans la SAS* : Rev. sociétés 2005, p. 793. - R. VATINET, *La réparation du préjudice causé par la faute des dirigeants sociaux, devant les juridictions civiles* : Rev. sociétés 2003, p. 247

1393 J.-P. BERDAH, *Fonctions et responsabilité des dirigeants de sociétés par actions* : Sirey, t. 27, 1971, n° 98).

1394 M. GERMAIN et V. MAGNIER, *Les sociétés commerciales* : LGDJ, 21e éd., 2014, n° 2316).

1395 V. Sur cette précision, B. LE BARS, *Responsabilité civile des dirigeants sociaux*, Avril 2004 (actualisation : avril 2017), Répertoire de droit des sociétés, n°94.

matière de responsabilité civile. On peut avoir une gêne dans l'argumentaire d'autant que l'article 161 AUSCGIE ne traite que de la responsabilité civile. C'est dire que l'expression « faute de gestion » n'englobera pas celle « d'infractions aux dispositions législatives et réglementaires ». Comme infractions aux dispositions législatives et réglementaires, nous pouvons citer l'abus de biens sociaux consacré à l'article 891 AUSCGIE. Le constat est que toutes les sociétés ne sont pas concernées par cette infraction. Se trouvent donc exclues les SNC et les SCS. On pourrait d'ailleurs s'interroger sur les raisons d'une telle exclusion. Est-ce-à-dire que ces sociétés ont moins besoin de transparence que les SARL, les SA et SAS ou est-ce par réalisme d'autant que ce genre de sociétés se rencontre difficilement dans la pratique ? De même, si l'action *ut singuli* est consacrée, ce n'est qu'à l'article 331 AUSCGIE que l'on précise le pourcentage exigé dans les SARL pour l'exercer. C'est ainsi que les associés représentant le quart (1/4) des associés

266. L'article L225-255 alinéa 1 du Code de commerce est le fondement textuel de la responsabilité personnelle du dirigeant en droit français. Vis-à-vis des tiers, c'est la théorie de la représentation légale qui prévaut, c'est-à-dire le mandataire social qui commet une faute dans l'exercice de son mandat engage la société et ne répond pas directement du dommage causé. La société, engagée par ses mandataires sociaux, sera donc responsable vis-à-vis des tiers[1396] d'où la consécration jurisprudentielle de la faute détachable. Dans cette hypothèse, les tiers doivent d'abord agir contre la société et cette dernière, par le biais d'une action récursoire, peut se retourner contre ses mandataires sociaux et à défaut pour ces derniers d'exercer l'action sociale, les associés pourront suppléer à cette carence par l'action *ut singuli*. Toujours en droit français, il s'était agi à un moment de voter une loi pour pouvoir engager directement la responsabilité des dirigeants pour des fautes subies par les associés et les salariés, mais sans succès[1397]. Pourtant, la jurisprudence a décidé que la faute d'une particulière gravité incompatible avec l'exercice des fonctions sociales peut engager la responsabilité du dirigeant même qui agit dans l'exercice de ses

---

1396 Hervé LETRÉGUILLY, *La responsabilité des émetteurs en matière d'information financière*, op.cit.

1397 Proposition de loi relative au renforcement de la responsabilité individuelle des dirigeants et mandataires sociaux dans les sociétés anonymes ainsi qu'à la transparence et au contrôle de leur rémunération dans les sociétés cotées, n° 1304, Assemblée Nationale et texte n° 286, 1 mai 2004.

fonctions. Faut-il exiger la démonstration d'une faute détachable des fonctions lorsque la faute du dirigeant est constitutive d'une infraction pénale ? La chambre civile et commerciale demeure favorable à cette preuve, tandis que la chambre criminelle n'admet pas cette exigence[1398].

Une autre question se fait jour à savoir qui supportera le coût financier de la défense en justice du dirigeant dont la responsabilité est certes mise en cause mais finalement retenue ou pas[1399]. Il arrive dans tous les cas que la société souscrive une assurance de responsabilité au profit du dirigeant pour les fautes qu'il pourrait commettre et qui seront préjudiciable à celle-ci, aux associés et aux tiers[1400].

267. La problématique de l'autonomie de la responsabilité personnelle du dirigeant peut être débattue d'autant qu'il y a des hypothèses où le droit commun s'applique. C'est le cas lorsque le dirigeant ne fait pas connaître aux tiers sa qualité. Cette situation peut se produire quand un commerçant conclut une série de contrats avec un tiers, tantôt en son nom personnel, tantôt pour le compte d'une société qu'il dirige. En fait, il sera parfois difficile d'opérer la distinction, et le cocontractant ne saura donc pas s'il doit se plaindre de l'inexécution auprès du dirigeant, pris en son nom personnel, ou auprès de la société, ou auprès des deux à la fois[1401]. Ici, la théorie de l'apparence, qui entraînera l'application du droit commun de même que la condamnation *in solidum* au profit de la victime, peut être invoquée[1402].

La responsabilité des dirigeants est également directement engagée en présence d'une société fictive ou d'une frauduleuse. La société fictive est celle dont les organes se confondent avec ceux du maître de l'affaire et qui agit comme le simple exécutant des directives qui lui sont données par lui[1403]. La société frauduleuse est celle que tous les

---

1398 Cass. com., 19 févr. 2003 : Dr. pén. juill.-août 2003, p. 1 note J.-H. ROBERT.

1399 JIL EL AHDAB, *La prise en charge financière par la société de la responsabilité de ses dirigeants : vers un modèle américain ?* Rev. sociétés 2008. 239.

1400 A. Cohen-Jonathan, K. HAERI, *L'assurance de responsabilité civile des mandataires sociaux de l'entreprise*, Rev. sociétés 2015. 487.

1401 Cass. 3e civ. 3 mai 1977, Bull. civ. III, n° 194 ; Cass. com. 19 oct. 1982, Bull. civ. IV, n° 319, citée par B. LE BARS, *Responsabilité civile des dirigeants sociaux*, Avril 2004 (actualisation : avril 2017).

1402 V. Civ. 3e , 3 mai 1977, Bull.civ., III, n°194, p.148.

1403 Cass. com. 28 nov. 1989, Rev. sociétés 1990.240 .

associés constituent afin de faire échec à une règle normalement applicable[1404].

Les dirigeants, qui sont en principe redevables d'une obligation de moyens, peuvent s'exonérer de leur responsabilité en prouvant l'absence de faute de gestion, l'existence d'une délégation de pouvoir, l'absence à une délibération justifiée par une maladie, un voyage dans l'intérêt de la société, le fait des associés, la force majeure. En droit de la responsabilité civile, la bonne foi du dirigeant ne peut être prise en compte par le juge que pour diminuer le montant des indemnités[1405]

Le dirigeant peut également faire l'objet de poursuite pénale. En effet, le risque pénal constitue une menace significative pour le dirigeant social[1406].

2- La responsabilité pénale

La Troisième partie de l'AUSCGIE est consacrée au droit pénal des sociétés. On aura remarqué qu'il existe plusieurs cas de responsabilité pénale du dirigeant tels que l'abus de biens sociaux consacré à l'article 891 AUSCGIE.- L'on sait que le délit d'abus de biens sociaux sanctionne l'acte de gestion par lequel le dirigeant fait prévaloir son intérêt personnel sur l'intérêt social, révélant ainsi un véritable conflit d'intérêts. Faute de définition légale de l'intérêt social, la jurisprudence a dû définir les contours de la notion[1407]. Le juge français a décidé que la contrariété à l'intérêt social ne suffit pas à elle seule pour parler d'abus de biens sociaux[1408]. De même, le dirigeant doit agir à des fins personnelles. Sur le principe, cette preuve doit être apportée. Mais, il arrive qu'elle soit présumée notamment lorsque le dirigeant a prélevé des fonds sociaux de façon occulte[1409].

En France, au départ, la Cour de cassation ne désignait la société que comme unique victime de l'abus de biens sociaux. L'action devait donc

[1404] Cass. com. 28 janv. 1992, JCP 1993. II. 21994, note TISSERAND, D. 1993.23, note J. PAGES.

[1405] CA Reims, 10 nov. 1975, Rev. sociétés 1976.307.

[1406] (Dir) PH. RACHBOURG, M. BOIZARD, *Ingénierie financière, fiscale et juridique*, Dalloz, 2009, n°101.11.

[1407] Y. MULLER, *Le droit pénal des conflits d'intérêts*,Droit pénal n° 1, Janvier 2012, étude 1.

[1408] *(Cass. crim., 22 mars 2017, n° 15-84.536, F-D : JurisData n° 2017-005089 ; Dr. sociétés 2017, comm. 89).*

[1409] *(Cass. crim., 13 déc. 2016, n° 15-86.654, F-D :JurisData n° 2016-026861 ; Dr. sociétés 2017, comm. 53).*

être exercée par l'intermédiaire de son représentant. Très vite, l'action des actionnaires a été admise. Dans un souci de protection des actionnaires, la justice française a admis que l'actionnaire d'une société mère pouvait exercer une action en responsabilité pour abus de biens sociaux d'un dirigeant d'une filiale[1410].

-Les dirigeants peuvent s'exonérer de leur responsabilité pénale par la technique de la délégation qui de l'avis d'un auteur a deux utilités fondamentales à savoir la représentation du chef d'entreprise dans la conclusion d'actes juridiques et l'exonération de responsabilité précédemment mentionnée[1411]

B- La responsabilité des personnes morales et des entités

Les sociétés commerciales acquièrent la personnalité morale une fois immatriculée. Seulement, le groupe de sociétés, même si son rôle est loin d'être négligeable en droit des sociétés n'a pas de personnalité juridique. Elle n'est qu'une entité non juridique, mais économique[1412]. En droit français, l'article 611-1 du règlement général de l'AMF énonçait« Sauf dispositions particulières, le présent livre s'applique à (...) Toute personne physique ou morale ou toute entité ». Ces dispositions ont été abrogées par le règlement UE n° 596/2014 du 16 avril 2014. Cette notion d'« entité » interpelle puisqu'il ne paraît

---

[1410] Cass. crim., 6 févr. 1996, Bull. crim. n° 60 ; Rev. sociétés 1997, p. 126, note BOULOC ; Bull. Joly 1996, p. 409, note BARBIERI ; JCP éd. E, 1996 II, n° 837, note RENUCCI et MEYER. Adde B. BOULOC, *Qu'est-ce qu'un actionnaire* ? Rev. sociétés 1999. 743.

[1411] N. FERRIER, Délégation de pouvoirs et groupe de sociétés, Revue Droit des sociétés, Juin 2017, Dossier 10. *Adde*, L. ATHLAN, J.-PH GILLE, *3 QUESTIONS La délégation de pouvoirs : un outil juridique de maîtrise des risques au service de l'entreprise*, La Semaine Juridique Entreprise et Affaires n° 38, 19 Septembre 2013, 672.Selon cet auteur, la jurisprudence n'est pas stabilisée dans le cadre de la délégation de pouvoirs au sein d'un groupe de société relativement à la question de l'autonomie juridique des filiales face au groupe. Il faut relever que trois critères ont été posés en la matière : le délégataire doit être compétent, avoir le pouvoir de subdéléguer, les moyens de faire face à la responsabilité pénale, l'autorité, le délégant doit être un mandataire social ayant un pouvoir de direction. Adde F. ROUSSEAU, *La répartition des responsabilités dans l'entreprise,* RSC 2010. 804.

[1412] V. R. RAFFRAY, *La notion de groupe de sociétés en droit français. Une réalité éclatée* ? Droit des sociétés, n°6, juin 2017,dossier 8. Pour l'auteur, lorsque l'on cherche à appréhender l'essence du groupe de société, on se rend compte que c'est une entité.

s'agir ni d'une personne physique, ni d'une personne morale. Il s'agirait donc d'une entité dépourvue de la personnalité juridique, tel qu'un groupement de sociétés par exemple[1413].

1- La responsabilité non pénale

L'article 146 COCC consacre-t-il une responsabilité autonome de la personne morale ? Telle est la question qui sera d'abord examinée (a), ensuite la responsabilité civile et environnementale du groupe de sociétés (b).

a- La responsabilité de la personne morale est-elle autonome ?

Aux termes de l'article 146 COCC, la responsabilité des personnes morales est engagée comme celle des commettants.

Si l'on se fie à cette disposition, le dirigeant est un préposé de la société commerciale et par conséquent, celle-ci est civilement responsable des dommages causés aux tiers ou associés dans l'exercice de leurs fonctions. C'est dire que la victime a le choix de poursuivre soit le dirigeant, soit la société ou les deux quitte à ce que cette dernière exerce l'action récursoire. C'est la thèse avancée par G. VINEY et P. JOURDAIN[1414]. Elle n'est pas partagée par F. DECLERE d'abord parce que les dirigeants peuvent être des associés de la société, ensuite parce que les préposés agissent sous l'autorité d'autrui, enfin en raison de la jurisprudence Costedoat qui n'admet de dérogation qu'en présence d'une faute intentionnelle du préposé condamné pénalement ou en présence d'un médecin en raison de l'indépendance professionnelle[1415]. C'est pourquoi, l'auteur plaide pour un retour à la responsabilité du fait personnel du dirigeant. C'est également la même position qu'adopte L. Michoud, en ces termes : *« Si, pour se conformer à la réalité sociale, le droit considère l'acte comme émané de l'être moral, il ne doit cependant pas enlever à son auteur immédiat la responsabilité qui en découle ; sinon la victime de la faute souffrirait de cette substitution de la responsabilité collective à la responsabilité individuelle, au cas où*

1413 F. STASIAK, *Groupe de sociétés et responsabilité pénale : de l'esquive à l'esquisse*, Droit des sociétés n° 6, Juin 2017, dossier 16.

1414 V. G. VINEY et P. JOURDAIN, *Les conditions de la responsabilité*, 2eéd., LGDJ 959, n° 857

1415 F. DESCORPS DECLERE, *Pour une réhabilitation de la responsabilité civile des dirigeants sociaux,* RTD com. 2003. 25

l'être moral se trouverait moins solvable que son organe. Le droit ne peut, sans injustice, lui infliger ce risque[1416] ».

A notre avis, deux situations doivent pouvoir être distinguées : celle où le dirigeant est salarié[1417], et celle où il ne l'est pas.

Dans la première hypothèse, il faut faire remarquer que l'AUSCGIE prévoit la possibilité pour le dirigeant d'être lié à la société par un contrat de travail. En droit français, le dirigeant social est tenu d'une obligation de loyauté et de fidélité vis-à-vis des associés et de la société[1418].Cette obligation de loyauté qui s'impose au dirigeant social l'empêche-t-elle également, durant l'exercice de son mandat, de conclure un contrat de travail avec une société concurrente[1419] ? Par un arrêt du 8 février 2017, la chambre commerciale de la Cour de cassation a décidé que « *le fait pour un dirigeant social d'avoir accepté un emploi au sein d'une société concurrente ne suffit pas à caractériser une déloyauté de sa part dans l'exercice de son mandat social* ». Pourtant, pour B. DONDERO, la décision ne saurait être interprétée comme une autorisation absolue d'exercer une activité salariée dans une entreprise concurrente[1420].

Dans la seconde hypothèse, et pour reprendre les propos de G. VINEY, l'organe ne peut, étant donné sa position éminente au sein de la collectivité, être considéré comme un préposé[1421]. C'est à se demander si on n'a pas prêté des propos à G. VINEY concernant la qualité de préposé. Qu'entendre par « organe » ? Ce sont les personnes qui représentent la société vis-à-vis des tiers, ceux auxquels les statuts ont confié la direction, les membres du collègue chargé de contrôler la direction[1422]. Il faut se placer sur le terrain de la responsabilité du fait

---

[1416] L. Michoud, *La théorie de la personnalité morale, Son application au droit français*, 2e éd., 1924, t. 2, LGDJ 240, n° 271.

[1417] F. COLLIN, *Le droit social du dirigeant d'entreprise. - (La problématique du contrat de travail du dirigeant social) [2e partie]*, Droit des sociétés n° 7, Juillet 2005, étude 7

[1418] V. L. GODON, *L'obligation de non-concurrence des dirigeants sociaux*, Bull. Joly 1999. 5 ; v. Paris, 18 févr. 2015, n° 14/11981, AJCA 2015. 226, obs. A. CONSTANTIN ; Com., 15 nov. 2011, n° 10-15.049, Rev. sociétés 2012. 292, note L. GODON; D. 2012. 134, obs. A. LIENHARD, note T. FAVARIO ; RTD com. 2012. 134, obs. A. CONSTANTIN ; *ibid.* 137, obs. A. CONSTANTIN.

[1419] P. PISONI, *Dirigeant social salarié d'une société concurrente : quid de l'obligation de loyauté* ? Rev. sociétés 2017. 290.

[1420] V. note B. DONDERO, Gaz. Pal. 21 mars 2017, p. 76)

[1421] G. VINEY, *Les obligations, La responsabilité : conditions*, op.cit., p.938.

[1422] G. VINEY, op.cit., pp.939-940.

personnel ou du fait des choses pour engager la responsabilité de la personne morale[1423].

b- La responsabilité civile et environnementale du groupe de sociétés

Lorsqu'une société appartenant à un groupe est in bonis, ses créanciers ne peuvent saisir que ses biens et non ceux des autres sociétés. Cependant, dans certaines hypothèses, il peut arriver que les créanciers veuillent élargir l'assiette de leur créance. C'est le cas en présence d'une fictivité, confusion de patrimoine, lorsqu'une société du même groupe s'immisce dans la relation contractuelle[1424]. Il peut arriver que le tiers soit abusé par une apparence d'unité dont les faisceaux d'indices sont la communauté d'implantation géographique, identité de dénomination, de dirigeants[1425]. Cette unité d'apparence est créée par la fictivité et la confusion de patrimoine. C'est également le cas lorsque la filiale perd en consistance juridique. Dans ce cas, elle n'a l'apparence que d'une succursale. On peut donc engager la responsabilité de la société mère si elle laisse croire aux créanciers de sa filiale que celle-ci n'est qu'une succursale[1426]. Il faut juste relever que selon la jurisprudence française, le seul fait pour une société de détenir le contrôle d'une autre ne suffit pas à la condamner à exécuter les engagements pris par celle-ci[1427].

Toujours en droit français, les sociétés mères ainsi que les entreprises donneuses d'ordre de grande taille peuvent voir leur responsabilité engagée pour manquement à leur devoir légal de vigilance. Cela demeure possible avec la loi L'article L225-102-4 issu de la loi la loi n° 2017-399 du 27 mars 2017. Afin de respecter cette obligation, il faut d'abord une mise en demeure, ensuite une injonction et enfin la responsabilité de l'auteur du manquement. Il faut dire que ce sont les multinationales qui sont visées par cette loi[1428]. Il tient son

---

1423 A. K. BOYE, *Règles légales dispensant de la preuve d'une faute*, in Encyclopédie juridique de l'Afrique, p.335.

1424 RTDCIV 1996, p.155, Obs. J. MESTRE.

1425 A. LECOURT, *Groupes de sociétés*, Mars 2015, Actualisation, Avril 2017, n°185

1426 Aix-en-Provence, 11 janv. 1985, Rev. sociétés 1987. 98, obs. GUYON.

1427 Com. 26 mars 2008, n° 07-11.619 , RTD com. 2008. 576, obs. CHAMPAUD et DANET ; Rev. sociétés, 2008. 812, note ROLLAND.

1428 P. DUFOURQ, Devoir *de vigilance des multinationales : quelles évolutions* ?, 1 mars 2017

origine du drame survenu au Bengladesh en Avril 2013 et renforce la responsabilité sociale de l'entreprise[1429]. Depuis longtemps, la problématique de la responsabilité environnementale a été posée. Plusieurs lois en France ont abondé dans ce sens : la loi du 1er août 2008 qui a transposé la directive du 21 avril 2004 sur la responsabilité environnementale qui a pour objectif de mettre en œuvre le principe du pollueur-payeur[1430], la loi Grenelle II.

2- Responsabilité pénale de la personne morale et du groupe

Le groupe n'a pas de personnalité juridique certes mais il arrive qu'au nom de l'intérêt collectif, il commette une infraction[1431]. Si nous examinons le droit sénégalais, nous nous rendons compte que sur certains aspects le législateur consacre la responsabilité pénale des personnes morales (a) dans d'autres ce n'est pas le cas ou du moins le doute est permis (b).

a- La certitude

Les paradis fiscaux existent et entrainent pour conséquence l'absence de contrôle de l'activité financière internationale. De même, il y a les *hedge funds* ou fonds spéculatifs qui sont très peu surveillés et à qui on reproche de participer au blanchiment de capitaux[1432].Depuis 1999, les Etats membres de l'UEMOA ont cherché à lutter contre le blanchiment des capitaux et le financement du terrorisme afin de protéger l'intégrité de leur système financier. Aux termes de l'article 42 de la loi uniforme 2004 sur le blanchiment de capitaux, les personnes morales autres que l'Etat, pour le compte ou au bénéfice desquelles une infraction de blanchiment de capitaux ou l'une des infractions prévues par la présente loi a été commise par l'un des organes ou représentants, sont punies d'une amende d'un taux égal au quintuple de celles encourues par les personnes physiques, sans préjudice de la condamnation de ces dernières comme auteurs ou complices des mêmes faits. L'institution d'une responsabilité pénale des personnes morales

---

[1429] Charley HANNOUN, La responsabilité environnementale des société-mères -, Environnement n° 6, Juin 2009, dossier 7.

[1430] *« L'exploitant s'entend de toute personne physique ou morale, publique ou privée, qui exerce ou contrôle effectivement, à titre professionnel, une activité économique lucrative ou non lucrative ».*

[1431] M. PARIENTE, *Les groupes de sociétés et la responsabilité pénale des personnes morales*, Rev. sociétés 1993. 247.

[1432] J.P. VALETTE, *Régulation des marchés financiers*, Ellipses, 2013, p.32.

constitue une accréditation de la thèse de la réalité de la personne morale[1433]. L'article 138 du Code minier consacre le principe de responsabilité pénale des personnes morales. Il s'agit des personnes morales autres que l'Etat, les collectivités locales, les établissements publics et les agences d'exécution et structures assimilées. Il faut que leurs organes ou représentants commettent des infractions pour leur compte

Dans la loi 2009 sur la biosécurité, on parle d'utilisateur. Celui-ci est une personne physique ou morale procédant à la mise au point, l'utilisation en milieu confiné, l'expérimentation, la production, l'importation, le transit, l'exportation, le transport, la mise sur le marché, la dissémination et la distribution d'organismes génétiquement modifiés ou de produits dérivés à l'exclusion des consommateurs directs. On pourrait se demander au regard du chapitre 1 du Titre IV intitulé « Responsabilité et sanctions pénales » s'il s'agit de toute les formes de responsabilité à savoir la responsabilité civile et pénale d'autant que le chapitre 1 en question a pour intitulé « Principe de responsabilité ». A notre avis, il ne faudrait pas distinguer là où la loi ne distingue pas.

En droit camerounais, l'article 74-1 du nouveau code pénal dispose : « les personnes morales sont responsables pénalement des infractions commises, pour leur compte, par leurs organes ou représentants. Les dispositions (…) ci-dessus ne sont pas applicables à l'Etat et à ses démembrements[1434] ».

b- Le doute

Le Code de l'environnement du Sénégal utilise des expressions telles que « personnes » (article 86), « exploitant » (Article 90) « propriétaire » (Article 91). Pourtant à l'article L15, on parle d'entreprises qui peuvent bénéficier d'une exonération sur les droits et taxes perçus dans le cadre de la lutte contre les pollutions et les nuisances dues à leurs activités. Ce faisant, ces différentes expressions renvoient-elles aux mêmes entités ? On peut répondre par l'affirmative.

268. La problématique de la responsabilité pénale du groupe de sociétés se pose en droit français : abus de biens sociaux, abus de

---

[1433] P. MOUSSERON, *Droit des sociétés*, Montchrestien, 2003, p.30.

[1434] V.ST. F. EFFEMBA EBALE, *Les entreprises pénalement responsables en droit camerounais selon la loi du 12 juillet 2016 portant nouveau code pénal,* Bulletin ERSUMA de pratique professionnelle, n°4/Décembre 2017, p.10.

position dominante, le groupe peut être auteur, complice, instigateur. Il y a une esquisse de responsabilité pénale : responsabilité des personnes morales, l'article 121-2 du Code pénal, la complicité (par provocation au sens l'article 121-7 du Code pénal et par instruction. Cependant, il ne faudrait pas oublier qu'il y a des obstacles.

Les obstacles à la responsabilité pénale des groupes de sociétés sont : l'absence de personnalité juridique (l'article 121-2 du Code pénal relatif à la responsabilité pénale des personnes morales qui suppose que celles-ci aient une existence juridique, irresponsabilité pénale fondée sur le groupe de sociétés (délégation intra-groupe, l'abus de biens sociaux)

Au bout du compte, il faut à l'instar d'un auteur retenir que si l'absence de personnalité juridique permet d'esquiver la responsabilité pénale du groupe de sociétés, l'évolution de certaines branches du droit permet d'esquisser une responsabilité pénale intra-groupe[1435].

269. Au sein d'un groupe de sociétés, il peut y avoir des prêts et avances éligibles le plus souvent au rang d'infractions d'abus de biens sociaux[1436]. A ce niveau, avec l'arrêt Rozenblum, l'intérêt du groupe est un fait justificatif de responsabilité pénale. Dans cet arrêt, le juge décide que « Pour échapper aux prévisions des articles 425-4° et 437-3° de la loi du 24 juillet 1966, le concours financier apporté par les dirigeants de fait ou de droit d'une société à une autre entreprise d'un même groupe, dans laquelle ils sont intéressés directement ou indirectement, doit être dicté par un intérêt économique, social ou financier commun, apprécié au regard d'une politique élaborée pour l'ensemble du groupe, et ne doit être ni démuni de contrepartie ou rompre l'équilibre entre les engagements respectifs des diverses sociétés concernées, ni excéder les possibilités financières de celle qui en supporte la charge[1437]... ».

[1435] F. STASIAK , *Groupe de sociétés et responsabilité pénale : de l'esquive à l'esquisse*, op.cit., n°4. L'auteur suggère à ce qu'un parallèle soit fait avec la responsabilité pénale du chef d'entreprise, contrepartie du pouvoir et de l'autorité, admise même sans texte spécifique lorsqu'un de leur préposé a commis une faute à l'occasion du fonctionnement de l'entreprise. Cette responsabilité suppose une infraction du préposé et une faute personnelle du commettant qui de surcroit est présumée et ne peut être combattue par ce dernier que par la preuve contraire (V. Plus précisément le n°23).

[1436] C. FREYRIA, J. CLARA, *De l'abus de biens et de crédit en groupe de sociétés*, La Semaine Juridique Entreprise et Affaires n° 19, 13 Mai 1993, 247.

[1437] Cass. crim. 4 fév. 1985, Rozenblum : Bull. crim. n. 54 ; D. 1985, 478, note D. Ohl ; Rev. sociétés 1985, p. 648, note BOULOC ; JCP 85, éd. E, II, 14614, note W. JEANDIDIER.

SECTION 2 : LA RESPONSABILITÉ DANS LE CADRE D'UNE SOCIÉTÉ EN DIFFICULTÉ

Le législateur de l'OHADA s'inspirant de son homologue français a distingué dans le cadre des procédures collectives le sort de l'entreprise de celui des dirigeants. Cette position n'a pas varié avec la réforme du droit des procédures collectives. Nous examinerons la responsabilité des dirigeants (Paragraphe 1), d'abord et la responsabilité du groupe ensuite (Paragraphe 2).

§1. La responsabilité des dirigeants

La situation des dirigeants n'est pas enviable surtout lorsque l'entreprise qu'il dirige connait des difficultés économiques. C'est ainsi que leur responsabilité civile (A) ou pénale (B) peut être engagée.

A- La responsabilité civile

L'action en comblement de passif est-celle une action autonome ? (1) Cette question mérite d'être élucidée avant celle du fonctionnement de l'action en comblement de passif (2).

1- La problématique de l'autonomie de l'action en comblement de passif

270. Le redressement judiciaire ou la liquidation des biens d'une personne morale peut faire apparaître une insuffisance d'actif. Dans ce cas, la juridiction compétente peut décider que les dettes de la personne morale seront supportés en tout ou partie avec ou sans solidarité, par tous les dirigeants ou certains d'entre eux. Il faut impérativement qu'il y ait une faute de gestion ayant contribué à l'insuffisance d'actif. Comment le juge est-il saisi ? A la requête du syndic, du Ministère public ou de contrôleurs dans les conditions de l'article 72 alinéa 2 ou même d'office. L'action en comblement de passif peut être exercée contre un dirigeant retiré. On peut s'étonner que l'article 183 alinéa 3 fasse cas d'assignation du syndic alors qu'à l'alinéa 2 on parle de « requête ».

271. Pour la doctrine française, il s'agit d'une action en responsabilité civile particulière. Son application n'exclut pas celle du droit commun[1438]. Ainsi, un cumul demeure possible[1439]. En effet, sous l'empire de la loi de 1967, on avait admis le cumul de l'action en responsabilité civile de droit commun contre les dirigeants avec l'action en comblement du passif de l'article 99. L'action en comblement du passif de l'article 99 de la loi de 1967 était une action spécifique venant doubler l'action du droit commun par des conditions plus favorables pour le demandeur, mais ne l'excluant pas. Aussi, la jurisprudence avait-elle admis que le syndic puisse agir contre les dirigeants fautifs soit sur le fondement de l'action spéciale en comblement du passif, soit sur le fondement des actions du droit commun ou du droit des sociétés, et que les tiers victimes des agissements des dirigeants pouvaient également agir sur le fondement des actions en responsabilité civile du droit commun et du droit des sociétés[1440]. La loi de 1985 en France a aligné le régime de l'action en comblement de passif à celui de droit commun c'est-à-dire qu'il fallait prouver une faute, une relation de causalité entre la faute et le dommage. Cette situation a conduit la doctrine à écarter le régime de droit commun au profit de l'action en comblement du passif[1441], proposition acceptée par la jurisprudence[1442].

272. Il faut dire que sur le principe, on note un décalage idéologique entre les deux matières. En effet, la notion de réparation qui est au centre du droit de la responsabilité civile n'a pas toujours intéressé le « droit de la faillite ». Ce droit ayant considéré le débiteur en difficulté comme un véritable criminel, s'est plus préoccupé de sa punition que de la réparation. C'est dire si, classiquement, le droit de la faillite se présente davantage comme un droit de la sanction que de la

[1438] G. VINEY, *Les obligations, La responsabilité : conditions*, op.cit., p.953, n°861.

[1439] V. M. JEANTIN, *Le rôle du juge en droit des sociétés*, in Mélanges R. PERROT, *Nouveaux juges, nouveaux pouvoirs ?* Dalloz, 1996, p.153. A la note de bas de page 7, l'auteur cite comme référence, Cass.com., 16 avril 1991, Rev.soc. 1992, p.102, note CHAPUT ; DAIGRE, *De l'inapplicabilité de la responsabilité civile de droit commun aux dirigeants d'une société en redressement ou en liquidation judiciaires*, Rev.soc. 1988, p.199.

[1440] Com. 22 mai 1957, RTD com. 1957. 1015, obs. R. HOUIN. - Com. 16 avr. 1991, Bull. Joly 1991. 705, note J.-J. DAIGRE.

[1441] J.-J. DAIGRE, *De l'inapplicabilité de la responsabilité civile de droit commun aux dirigeants d'une société en redressement ou en liquidation judiciaire*, Rev. sociétés 1988. 199.

[1442] V. Pour tous ces développements, E. MOUIAL BASSILANA, *Entreprises en difficulté (Responsabilités et sanctions)*, Répertoire de droit commercial, janvier 2017 (actualisation : juin 2017).

réparation[1443]. L'idée de réparation est cependant progressivement apparue au sein des procédures collectives à la faveur du passage d'un « droit de la faillite » à un « droit des entreprises en difficulté », lequel s'est montré plus soucieux d'atteindre des objectifs économiques, spécialement la prévention et le traitement des difficultés des entreprises, que de sanctionner le débiteur défaillant[1444]. En outre, la responsabilité civile a une fonction punitive.(...) Du point de vue idéologique, on peut donc constater un rapprochement entre le droit des entreprises en difficulté, plus préoccupé de réparation, et le droit commun, davantage tourné vers la sanction[1445]. Se basant sur la jurisprudence française qui en 1995, après une hésitation a rejeté toute possibilité de cumul de l'action en comblement du passif et des actions du droit commun de la responsabilité civile, confirmée à plusieurs reprises, l'auteur conclut que la responsabilité civile est soumise à l'influence juridique de la procédure collective. Cependant, il arrive que le droit des procédures collectives ait recours à la responsabilité civile de droit commun notamment lorsque l'ouverture de la procédure collective et l'insuffisance d'actif de l'entreprise débitrice sont commises par des tiers.

2- Fonctionnement de l'action en comblement de passif

Selon VINEY, l'action en comblement de passif a pour objet de renforcer l'efficacité de la procédure[1446].

En droit OHADA, l'article 181 AUPCAP, dispose que lorsque le redressement judiciaire ou la liquidation des biens d'une personne morale fait apparaitre une insuffisance d'actif, la juridiction compétente peut, en cas de faute de gestion ayant contribué à cette insuffisance d'actif, décider, à la requête du syndic, du ministère public ou de deux contrôleurs, ou même d'office, que les dettes de la personne morale sont supportées en tout ou partie, avec ou sans solidarité, par tous les dirigeants ou certains d'entre eux.

[1443] TH. MASTRULLO, *Responsabilité civile et droit des procédures collectives*, Responsabilité civile et assurances n°5, Mai 2017, dossier 9.

[1444] TH. MASTRULLO, Ibid.

[1445] TH. MASTRULLO, op.cit., n°2.

[1446] G. VINEY, *Droit civil, Les obligations, la responsabilité: conditions*, op.cit., p.955.

B- La responsabilité pénale

« Le droit pénal est aux affaires ce que la chirurgie est à la médecine : l'aveu d'une insuffisance de la technique[1447] ». Classiquement, le droit pénal des procédures collectives défendrait les intérêts des créanciers contre les actes frauduleux des dirigeants sociaux[1448].

Le droit OHADA n'est pas en reste lui qui a prévu comme infraction la banqueroute frauduleuse et la banqueroute simple. Les personnes concernées sont les dirigeants de fait ou de droit, toute personne ayant directement ou par personne interposée, administré, géré ou liquidé la personne sous le couvert ou au lieu et place de ses représentants légaux.

273. Quelle distinction faut-il opérer entre la banqueroute et l'abus de biens sociaux ? Celui-ci entend protéger les intérêts de la société et celui-là est traditionnellement réservé au maintien du gage des créanciers[1449].

L'intérêt du groupe est un obstacle à mise en œuvre de la responsabilité du groupe. Cependant, cet intérêt est exclu en matière de banqueroute[1450].

§2. La responsabilité du groupe

Nous verrons d'abord le principe (A), ensuite l'exception (B).

A- Le rejet judiciaire de la confusion ou unités d'intérêts comme motif d'extension d'une procédure collective

Le juge français demeure hostile à l'extension de la procédure collective dans les groupes de sociétés et ce, malgré ce qu'en pense la

---

1447 C. GAVALDA, *note JCP G 1967, II, 15248.*

1448 *J.-H.* ROBERT *et H.* MATSOPOULOU, *Traité de droit pénal des affaires : PUF, 2004, p. 583. – D.* DESURVIRE, *Banqueroute et faillite. De l'antiquité à la France contemporaine : LPA 30 août 1991, n° 104, p. 4. – H.* MATSOPOULOU, *JCl. Pénal des Affaires, « Banqueroute et autres infractions », Fasc. 10, 2008, n° 20. – M.-C.* SORDINO, *Le délit de banqueroute : Litec, 1996, p. 329.*

1449 M.-C. SORDINO, *Banqueroute par détournement d'actif et abus de biens sociaux: un conflit de qualifications... des solutions en "clair-obscur"*, in Mélanges M. CABRILLAC, op.cit., p.697,n°1.

1450 Revue des sociétés 2000, p.746.

doctrine[1451].La Cour de cassation l'a clairement rappelé dans un arrêt, « la prise en charge par une société des déficits d'une autre société et l'existence entre elles d'une communauté d'intérêts, d'objectifs, de moyens ne suffisent pas pour conclure à une confusion de patrimoine des deux sociétés... » justifiant l'ouverture d'une procédure collective[1452].

Dans sa décision du 26 mars 2008, la Cour de cassation a précisé qu'en l'absence de faute dans la prise de participation, la société mère ne peut financer les opérations de dépollution liées à l'activité de sa filiale ayant fait l'objet d'une liquidation judiciaire[1453]. On peut parler de consécration de cette jurisprudence avec l'article 512-17 du Code de l'environnement issu de la loi n° 2010-788, 12 juill. 2010 qui prévoit la responsabilité de la société mère pour les dommages écologiques causés par la filiale placée en liquidation judiciaire[1454]. L'article L. 512-17 du Code de l'environnement n'envisage la responsabilité de la mère qu'en cas de faute caractérisée commise par elle, ayant contribué à une insuffisance d'actif de la filiale contre laquelle *« une procédure de liquidation judiciaire a été ouverte ou prononcée »*. Et il ne sera possible que de mettre à la charge de la mère fautive que « *tout ou partie du financement des mesures de remise en état du ou des sites en fin d'activité*[1455] ».

L'arrêt Metaleurop est un indicateur de l'hostilité du juge français à l'extension d'une procédure collective au sein d'un groupe de sociétés. En effet, la Cour de cassation a cassé l'arrêt de la Cour d'appel de Douai. A travers cet arrêt, on se rend compte que le risque

---

1451 J. BEGUIN, *Les extensions de passif en droit commercial*, thèse 1965 ; F. DERRIDA, *L'unité d'entreprise est-elle une cause autonome d'extension de la procédure judiciaire ?*, Mélanges DERRUPPE, spéc. p. 30.

1452 Q.URBAN, *La « communauté d'intérêts », un outil de régulation du fonctionnement du groupe de sociétés*– RTD com. 2000. 1 (Com. 20 oct. 1992, RJDA 1/93, n° 59)

1453 *Cass. com., 26 mars 2008, n° 07-11.619 : JurisData n° 2008-043377 ; Bull. Joly Sociétés 2008, p. 908, note* F.-G. TREBULLE *; Rev. sociétés 2008, p. 812, note B.* ROLLAND. *– Comp. Cass. 3e civ., 16 mars 2005, n° 03-17.875 : JurisData n° 2005-027583 ; JCP G 2005, II, 10118, note* F.-G. TREBULLE.

1454 J. PEROTTO, N. MATHEY, *La mise en jeu de la responsabilité de la société mère est-elle une fatalité ? . - Regards croisés sur les groupes de sociétés et le risque de coemploi*, La Semaine Juridique Social n° 25, 24 Juin 2014, 1262.

1455 F.-G. TREBULLE, *Les frontières de l'entreprise vues au prisme des enjeux environnementaux*, Cahiers de droit de l'entreprise n° 5, Septembre 2017, dossier 29.

environnemental a été filialisé d'autant que la SAS Metaleurop Nord qui avait une activité particulièrement polluante de traitement des métaux a été mise en redressement judiciaire le 28 janvier 2003, puis en liquidation le 10 mars 2003. Saisi d'une demande en extension de procédure contre la société mère du groupe (la SA Metaleurop) et contre certaines sociétés sœurs, le tribunal de Béthune a rejeté la demande. Sur appel, la Cour de Douai désigne d'abord un expert avec mission d'apprécier l'autonomie de la filiale par rapport à sa mère. Ensuite, la Cour d'appel a prononcé l'extension de la procédure collective alors que la société mère a fait l'objet d'une procédure collective non sur la base de la fictivité, mais sur celle de la confusion. Son arrêt fut cassé parce que pour la Cour de cassation, la Cour d'appel n'a pas mis en évidence des relations financières anormales constitutives d'une confusion de patrimoines entre la société mère et la filiale[1456]. C'est une stratégie judiciaire[1457].

274. La défaillance d'une société peut néanmoins avoir un impact sur d'autres sociétés du groupe. C'est le cas dans l'hypothèse d'une extension de la procédure collective ouverte contre une société sur le fondement de la fictivité, de la confusion de patrimoine, d'action en comblement de passif. En effet, une société impose, directement ou indirectement à ses filiales ou sous-traitants, des conditions d'activité qui conduisent ces dernières à mettre sur le marché des produits présentant des risques pour l'Homme ou l'environnement ou à compromettre la sécurité et le bien-être au travail de leurs salariés. Or, dans tous ces cas, refuser d'admettre toute responsabilité de la société dominante conduit à des solutions inéquitables tant pour les victimes lorsque la société dépendante se révèle insolvable, que pour celle-ci lorsqu'elle ne jouit que d'une liberté théorique dans la définition de ses

---

[1456] O. BOURU, M. MENJUCQ, *Extension de procédure pour confusion de patrimoines et groupes de sociétés*, La semaine Juridique Edition Générale, n°26, 29 Juin 2005, II, 10088 ; B. ROLLAND, *Metaleurop : L'extension de procédure entre fictivité et confusion des patrimoines*.- Commentaires de CA Douai, 16 décembre 2004 et de Cass. Com., 19 avril 2005, La Semaine Juridique Entreprise bet Affaires n°20, 19 mai 2005, 721.

[1457] Didier Danet, « *Sécurité économique et intelligence juridique : le rôle des stratégies judiciaires* », *Revue internationale d'intelligence économique* 2010/2 (Vol 2), p. 277-293.

objectifs et dans le choix des moyens dont elle dispose pour les atteindre[1458].

B- La possible extension de la procédure collective

En droit français, il existe deux causes d'extension de la procédure collective : la fictivité (2) et la confusion de patrimoines (1).

1- La confusion de patrimoines

Il y a confusion dans deux cas : désordre généralisé des comptabilités et anomalie dans les flux financiers. Dans le premier cas, l'imbrication est telle que l'on ne sait pas plus qui est propriétaire, créancier ou débiteur. Dans le second cas, l'anomalie résulte le plus souvent du défaut de contrepartie à ces versements. Pour prétendre étendre la procédure collective, il faut prouver que l'une de ces situations précitées existe[1459]. Relevons que si au départ la Cour de cassation française retenait comme critère l'existence de flux financiers anormaux, elle a évolué vers les relations financières anormales[1460]. Il s'agit par exemple d'une avance de fonds sans remboursements ultérieurs, d'une renonciation à percevoir des loyers. Le caractère fuyant du critère de la confusion devrait permettre de se tourner vers la responsabilité de la société mère dans le cadre d'une action en comblement de passif[1461].

2- L'existence de sociétés fictives

On parle de société fictive lorsqu'au moins l'un des éléments constitutifs de la société fait défaut. Il peut s'agir donc d'un apport, de

---

[1458] G. VINEY, *L'influence souhaitable sur l'attribution des responsabilités des relations de dépendance entre sociétés,* Cahiers de droit de l'entreprise n° 5, Septembre 2017, dossier 33. Les attentes de l'auteure seront satisfaites avec la loi de 2017 sur le devoir de vigilance.

[1459] F. DERRIDA, *A propos de l'extension des procédures collectives de redressement ou de liquidations judiciaires,* in Mélanges CABRILLAC, op.cit., p.689.

[1460] O. BOURU, M. MENJUCQ, *Extension de procédure pour confusion de patrimoine et groupe de sociétés,* La semaine Juridique Edition Générale, n°26, 29 juin 2005, II, 10088.

[1461] V.R. RAFFRAY, *La notion de groupe de sociétés en droit français. Une réalité éclatée ?* Droit des sociétés n°6, Juin 2017, dossier 8, n°15 ; Adde J. VALLANSAN, *Le groupe de sociétés en droit des entreprises en difficulté,* Droit des sociétés n°6, Juin 2017, dossier 14.

l'affectio societatis[1462]. Ainsi, dès lors que les apports, la participation aux bénéfices et contribution aux pertes et affectio societatis sont réunis lors de la création de la société, la fictivité est exclue[1463].

En droit OHADA, la responsabilité de la société mère dirigeante de fait peut bien être engagée comme dirigeant de fait en cas d'action en comblement de passif. En droit français, la jurisprudence accorde ce qualificatif à la personne qui s'est immiscée dans les fonctions de direction[1464]. Elle a même consacré celui de dirigeant de fait par personne interposée[1465].

1462 F.DERRIDA, *A propos de l'extension des procédures collectives de redressement ou de liquidations judiciaires,* in Mélanges CABRILLAC, op.cit., p.688.

1463 Com.3 février 1998,D. Aff. 1998, 476, Obs. J.F.

1464 Com. 30 mai 2006, n° 05-14.958.

1465 RTD com. 2006. 892, obs. LEGEAIS ; Rev. sociétés 2006. 900, obs. PORACCHIA.

TROISIÈME PARTIE

DE LA MISE EN ŒUVRE DU DROIT

Le droit est lié à la faculté de contraindre (KANT, Métaphysique des mœurs, 1e partie, Doctrine du droit, 1797, trad. A. Philonenko, préface M.Villey, Vrin, 1993, p.105)

275. Si l'on viole ses droits, extrapatrimoniaux ou patrimoniaux, si l'on ne respecte pas ses intérêts, la logique du système de droit impose que le sujet de droit puisse obtenir de la société leur rétablissement ou des réparations. Ce qui commande l'existence d'un système judiciaire, de procédures et de voies d'exécution[1466].

Il existe deux sortes de réalisation du droit : une réalisation non contentieuse et une réalisation contentieuse. La réalisation n'est pas contentieuse lorsque les personnes respectent les obligations légales dont elles sont redevables. En revanche, lorsqu'elles ne le font pas, tout titulaire du droit violé peut saisir le juge pour faire respecter les droits du créancier. En partant de l'article 200 du COCC, on constate que le créancier a un droit de gage général. La sécurité juridique des obligations contractuelles est assurée par un certain nombre de mécanismes juridiques au premier rang desquels le droit de gage que possède tout créancier sur le patrimoine de son débiteur[1467]Cependant par moment celui-ci demeure insuffisant pour faire face à l'insolvabilité du débiteur surtout lorsque nous sommes en présence d'un créancier chirographaire. C'est la raison pour laquelle des garanties sont prises. Comme on le voit, la règle nul ne peut se faire justice à soi-même conserve tout son sens dans la mesure où des organes sont institués pour faire face à cette situation pathologique. Avant l'avènement du droit communautaire, le schéma de l'appareil judiciaire était très simple. Au sommet de la pyramide, il n'y avait qu'une seule juridiction suprême

[1466] J. PAILLUSSEAU, *Les apports du droit de l'entreprise au concept de droit*, n°6.

[1467] C. PEROT-REBOUL, *L'exécution forcée des instruments financiers*, Recueil Dalloz 2000, p.353.

que celle-ci prenne la dénomination de cour de cassation ou cour suprême. L'OHADA a perturbé cette stabilité

Les sources nationales des mesures de mise en œuvre du droit ont également subi les coups de butoir du législateur OHADA du fait de la portée abrogatoire de l'article 336 AUPSRVE plus brutale que celle de l'article 227 AUS.

276. Un auteur a parlé de difficile gestation d'une législation communautaire au regard de la résistance de certains juges nationaux à appliquer l'AUPSRVE[1468]. La transition est toute faite pour montrer que les règles de procédure civile demeurent toujours de la compétence des Etats partie[1469]. D'abord parce que l'OHADA n'a pas vocation à réglementer les modalités processuelles des instances[1470], ensuite, très souvent, les règles édictées dans le cadre de l'AUPSRVE ne peuvent accéder à une vie juridique autonome ; leur articulation avec la loi nationale des Etats parties est inévitable compte tenu d'innombrables renvois qui sont tantôt explicites, tantôt implicites[1471]En tout état de cause, en vertu de l'adage nul ne doit se faire justice à soi-même[1472], des organes de mise en œuvre du droit ont été institués.

Plusieurs enjeux se présentent dans le cadre de la mise en œuvre du droit : la préservation du crédit, la crédibilité de l'institution judiciaire.

[1468] M. DIAKHATE, *Les procédures simplifiées et les voies d'exécution : la difficile gestation d'une législation communautaire* , www.ohada.com, Ohadata D-05-10, p.1.

[1469] V. Par exemple l'avis de la CCJA sur la juridiction compétente pour constater une clause résolutoire insérée dans un contrat de bail à usage professionnel. V. F.O. ETOUNDI, *Tendances jurisprudentielles de la CCJA par thème juridique abordé*, in « Les tendances jurisprudentielles de la CCJA en matière d'interprétation et d'application du Traité OHADA et des Actes uniformes », Revue de droit uniforme africain, 2010, n°3, p.45.

[1470] H. TCHANTCHOU, *Défenses à exécution provisoire et sursis à exécution en droit OHADA*, OHADATA-D-12-79, p.4 cité par S.I.SOW, *Le traitement judiciaire des incidents de la saisie immobilière*, CREDILA, 2017, p.37, n°29.

[1471] N. DOUF, Acte uniforme portant organisation des procédures simplifiées et des voies d'exécution commenté, in J. ISSA-SAYEGH, P.G. POUGOUE et F.M. SAWADOGO (Dir), OHADA, Traité et Actes uniformes commentés et annotés, Juriscope, 4e édition, 2012, p.981 cité par S.I. SOW, *Le traitement judiciaire des incidents de la saisie immobilière*, op.cit., p.37, n°29.

[1472] Se faire justice à soi-même est une forme de justice privée qui aujourd'hui est de plus en plus délaissée parce que considérée comme relevant d'un âge reculé du fait de la vengeance qu'il entraîne. Ce n'est pas à dire que la justice privée est absente du droit privé. V. D. ALLAND, *Justice privée* (Droit de se faire justice à soi-même,) in Dictionnaire de la culture juridique, P.U.F, 2003, pp.907 et s.

A quoi cela sert de rendre des décisions de justice qui ne seront pas exécutées ? Quelle serait l'utilité du crédit si le créancier n'arrive pas à recouvrer sa créance ?

Le professeur J.L. BERGEL a écrit que quelles que soient la valeur de son inspiration et de ses sources et son adéquation à son environnement, la raison d'être de tout ordre juridique se mesure à « son effectivité ». (...) son application suppose certains instruments[1473].

L'examen des mécanismes de mise en œuvre permettra de comprendre les différents liens entre le droit national et les droits communautaires ainsi que ceux tissés par les organisations d'intégration économique et juridique.

Lorsque l'on examine les règles du droit OHADA, on se fait à l'idée que les pouvoirs de contrôle et de contrainte du créancier sont optimisés (**TITRE 1**). L'étude des organes de mise en œuvre du droit sera abordée dans un second titre (**TITRE 2**).

[1473] J.L. BERGEL, *Théorie générale du droit*, 3e édition, Dalloz, 1999, p.173, n°162. Selon l'auteur les instruments renvoient aux concepts, qualifications, assimilations, distinctions, institutions et catégories et langages juridiques.

TITRE 1 : L'OPTIMISATION DU POUVOIR DE CONTRAINTE ET DE CONTRÔLE DU CRÉANCIER

Le pouvoir de contrainte consiste pour le créancier à rendre effectif son droit en utilisant des procédures d'exécution pour obtenir le paiement de sa créance. Le pouvoir de contrôle, c'est le droit pour le créancier de connaître l'état du patrimoine de son débiteur[1474].

Osons-le dire, les armes dont dispose le créancier pour contraindre le débiteur à s'exécuter à son égard sont nombreuses et concernent plusieurs disciplines telles que droit des obligations, le droit des sûretés, les procédures collectives. Traitant des rapports entre les droits nationaux et internationaux, le professeur BOULOIS les a classés en rapports de substitution, d'harmonisation, de coordination et de coexistence[1475]. Le droit des procédures collectives s'inscrit dans cette logique[1476]. Il sollicite, en effet, autant le droit des obligations et le droit des sûretés, que la procédure civile et les voies d'exécution, le droit des sociétés et le droit du travail, autant de branches réputées techniques[1477]. Les procédures collectives entretiennent des liens avec le droit des biens à travers la clause de réserve de propriété, l'action en revendication. Le renflouement du capital de la société en difficulté est possible avec les techniques sociétaires. C'est l'exemple de l'article 119-2 AUPCAP

D'autres interactions demeurent celles qui existent entre le droit OHADA et les textes nationales surtout au niveau des règles relatives aux hypothèques.

1474 A. BOLZE, *Procédures collectives et sûretés*, Vuibert, 2006, p.8,n°6 et 7.

1475 J. BOULOIS, *Droit institutionnel de l'Union européenne : Paris, LGDJ, coll. Domat)*

1476 L.IDOT, *De la coordination au rapprochement : l'exemple du droit des entreprises en difficulté*, Europe n° 3, Mars 2017, alerte 10. *Adde* , P. GERBAULT, *Droit des sûretés et droit de l'entreprise : influences croisées*, Revue de jurisprudence commerciale, Avril 2002, p.160.

1477 L. IDOT, Ibid. *Adde* F.-M. SAWADOGO, *Les procédures de prévention dans l'AUPC révisé : la conciliation et le règlement préventif*, Droit et patrimoine N°253, Décembre 2015, p.32 et s.

Nous mettrons l'accent sur les sûretés (CHAPITRE 1) et les voies d'exécution (CHAPITRE 2). Mais le lecteur se référera avec beaucoup d'intérêts aux écrits plus complets en droit des sûretés[1478] et des voies d'exécution.

[1478] F. ANOUKAHA et alii, OHADA, sûretés, Bruxelles, Bruylant, 2002, 279 pages ; S.I.SOW, *Le traitement judiciaire des incidents de la saisie immobilière,* CREDILA, 2017, 523 pages ; Y. BODIAN ; ND. DIOUF, A.-M. H. ASSI-ESSO, *OHADA, recouvrement des créances*, Bruxelles, Bruylant, Juriscope, 2002, 254 pages. ; (Dir) P. CROCQ et alii, *Le nouvel Acte uniforme portant organisation des sûretés, La réforme du droit des sûretés de l'OHADA,* Lamy, 2012, 405 pages. ; Y. BODIAN, *La situation de l'État dans les procédures civiles d'exécution*, Thèse, UCAD, 2012, 509 pages.

CHAPITRE 1

LES SÛRETÉS

277. Le crédit est au cœur des affaires. Il est défini comme l'ensemble des techniques et des opérations au moyen desquelles la propriété d'un capital est momentanément transférée à un autre que son propriétaire à charge par lui de le restituer (ou son équivalent) à une date ultérieure[1479]. En effet, le financement des activités d'une entreprise peut se faire de deux manières : par le marché avec les différentes offres publiques, l'appel public à l'épargne et par le crédit[1480]. A propos de crédit, on distingue le crédit sans mobilisation[1481] et celui avec mobilisation[1482]. Des garanties doivent être prises afin de prévenir une éventuelle insolvabilité du débiteur. L'expression garantie est large. Elle peut renvoyer à la solidarité, au porte-fort, à l'indivisibilité, à la délégation, à l'action oblique, droit de

---

[1479] M. BELLAMY, *Malaise et déséquilibre du droit du crédit en France*, J.C.P. 1974, I, 2650.

[1480] Le financement peut se faire par la conclusion d'un contrat avec un tiers par l'Etat ou un de ses démembrements par lequel ces derniers confient au premier un mission d'intérêt général (M. Lyonnet du Montier, *Financement de projet et partenariats public-privé*, 2e édition, EMS, 2012, 389 P.). Le pays pionnier en la matière c'est l'Angleterre (P. Bloch, *Présentation synthétique du partenariat public-privé*, Revue de Droit bancaire et financier n° 2, Mars 2005, dossier 1). L'institution des PPI a entre autres pour objectif de remédier aux carences de la délégation de service public. On s'est posé en Afrique la question de savoir si le PPI est le meilleur mode de financement du secteur de l'énergie (R. Hariri et *alii*, *Les partenariats public-privé sont-ils la meilleure solution pour le financement de projets d'infrastructures dans le secteur de l'énergie en Afrique francophone ?,* Revues des Juristes de Sciences Po n° 8, Novembre 2013, 90).

[1481] Il s'agit du prêt d'argent, du crédit sur signature notamment l'aval, l'acceptation, le cautionnement bancaire, la garantie à première demande, le crédit documentaire et le crédit-bail.

[1482] Il s'agit de l'escompte, du bordereau Dailly et de l'affacturage.

regard du créancier sur le patrimoine de son débiteur[1483].Mais pour un auteur, la première garantie c'est le droit de gage général qui est un moyen d'assurer l'exécution de l'obligation[1484]. Les garanties inhérentes au droit des obligations concernent celles qui permettent de lutter contre le dépérissement du droit de créance, et d'autres qui créent un rapport nouveau d'obligation tels que la délégation imparfaite, la solidarité. Un avantage que le législateur OHADA a néanmoins sur son homologue français c'est d'avoir défini la notion de sûreté[1485]. En outre, tandis que le droit des sûretés est rangé en droit français dans les branches du droit civil, en droit OHADA, le droit des sûretés constitue une branche du droit des affaires. Ce qui demeure constant c'est que le droit des sûretés est un droit « dérivé » en ce sens qu'il se nourrit des techniques du droit des obligations (l'engagement de payer) et du droit des biens (la notion de droit réel accessoire)[1486]. Nous ne traiterons en l'espèce des sûretés *stricto sensu* comme garantie sachant que si toute sûreté est une garantie, l'inverse n'est pas vrai.

278. Les garanties en question sont les sûretés personnelles telles que le cautionnement, la garantie à première demande et les sûretés réelles. En 2011, le droit des sûretés OHADA a été modifié en s'inspirant largement du droit français. C'est dire que comme le droit français des sûretés, l'Acte uniforme portant organisation des sûretés tente de concilier deux objectifs : économique d'une part et social d'autre part. De même, à travers cette réforme, on constate que les sûretés réelles n'ont pas pour unique finalité de permettre à leurs titulaires d'être payés avant les autres créanciers car désormais on peut avoir recours à la sûreté-propriété[1487]. La propriété peut être retenue (clause de réserve de propriété) ou transférée (fiducie-sûreté) en droit des sûretés. Nous étudierons successivement les sûretés personnelles (**SECTION 1**) et les suretés réelles (**SECTION 2**).

[1483] Y. GUYON, *Le droit de regard sur le patrimoine et l'activité du débiteur considéré comme une sûreté*, RJ com. 1982, p. 1231 ; Mestre J., obs. RTD civ. 1986, p. 600.

[1484] D. PORACCHIA, F. RIZZO, *Les garanties intrinsèques au régime des obligations*, JurisClasseur Banque - Crédit – Bourse, Dernière mise à jour, 1e janvier 2016.

[1485] D. LEGEAIS, *Sûretés*, Répertoire de droit civil janvier 2016 (actualisation : octobre 2016).

[1486] L. AYNES, *Un droit en pleine évolution*, in Droit des sûretés : analyse d'un renouveau, Dossier, Droit et patrimoine, n°106, Juillet-Août 2002, p.44.

[1487] PH. DUPICHOT, *L'efficience économique du droit des sûretés réelles*, Petites affiches, 16 avril 2010 n° 76, p. 7

SECTION 1 : LES SÛRETÉS PERSONNELLES

279. Des auteurs français ont proposé une définition de la sûreté personnelle« *la sûreté personnelle consiste dans l'adjonction au rapport d'obligation principal d'un rapport d'obligation supplémentaire, permettant au créancier d'exercer les poursuites contre le garant, lequel est alors tenu pour un autre (le débiteur principal), et dispose d'un recours contre celui-ci, qui doit seul, finalement, supporter la dette*[1488] ». Ce recours du grand contre le débiteur principal est considéré comme le critère principal de a sûreté personnelle[1489]

280. Les garanties personnelles sont le cautionnement et la garantie et contre-garantie autonome. Leur définition est prévue à l'article 4 de l'AUS. Elles consistent en l'engagement d'une personne de répondre de l'obligation du débiteur principal en cas de défaillance de celui-ci ou à première demande du bénéficiaire de la garantie.

Dans le cadre du cautionnement et de la garantie autonome, le créancier a plusieurs débiteurs d'autant que le créancier répartit sur plusieurs patrimoines le risque d'insolvabilité. Nous allons voir les sûretés personnes expressément prévues par le législateur OHADA (**Paragraphe 1**) et celle qui ne l'est pas (**Paragraphe 2**).

§1. Les sûretés expressément prévues

Il s'agit du cautionnement (A) et de la garantie autonome (B). A ce niveau, on ne s'éloigne pas de l'article 12 AUS qui dispose que les sûretés personnelles régies par le présent acte uniforme sont le cautionnement et la garantie autonome.

A- Le cautionnement

Dans le cautionnement, il y a un débiteur principal, un créancier et une caution. La définition du cautionnement est prévue à l'article 13 AUS et elle révèle le caractère autonome de cette sûreté d'autant que dans le contrat conclu entre le créancier et la caution, l'effectivité de l'engagement de cette dernière n'est subordonnée qu'à la défaillance du débiteur. L'expression utilisée est « *si celui-ci n'y satisfait pas lui-même* ». Ce caractère accessoire est visé également à l'article 2, 17 et

---

[1488] P. MALAURIE, L. AYNES et P. CROCQ, *Droit civil, Les sûretés, la publicité foncière*, 2005, Defrénois, n° 111.
[1489] P. MALAURIE, L. AYNES et P. CROCQ, op.cit., n° 5.

23 de l'AUS. Comme l'écrit un auteur, la caution est un débiteur subordonné au débiteur principal, mais qui pourra être appelé à payer par le créancier sans passer par le débiteur principal[1490]. La conséquence de cette affirmation est traduite à l'article 17 alinéa 1 et 3 et 29 AUS.

L'obligation contractée par le débiteur peut être présente ou future. Le cautionnement n'est rien d'autre qu'un contrat conclu entre la caution et le créancier.

Tour à tour nous allons, et sans exhaustivité, examiner les règles de formation, les modalités, les effets et l'extinction du cautionnement.

281. Le cautionnement ne se présume pas. Il faut donc un écrit qui comporte la signature de la caution et du créancier ainsi que la mention de la somme maximale garantie, en lettres et en chiffres. Pour d'aucuns, il s'agit d'un formalisme de validité ; ce qui n'est pas pour nous convaincre au regard de l'article 13 AUS.

La caution doit présenter des garanties de solvabilité en tenant compte de tous les éléments de son patrimoine. A notre avis, cette condition est justifiée dans la mesure où on ne peut prétendre pallier la carence d'une personne si on n'est pas solvable. Il s'agit d'une question de bon sens et d'une mesure protectrice du créancier. Dans ce même souci de protection, le législateur OHADA permet au débiteur qui ne peut trouver une caution de remplacer celle-ci par toute sûreté réelle qui présente les mêmes garanties au créancier. En effet, la caution peut se faire cautionner par une autre. On parle dans ce cas de sous-cautionnement ou de certificat de cautionnement. Cette situation est prévue à l'article 21 AUS. Le législateur de l'OHADA consacre également le cautionnement réel. C'est l'hypothèse où la caution peut garantir son engagement en consentant une sûreté réelle sur un ou plusieurs de ses biens.

Il se peut également qu'après s'être engagé à payer à la place du créancier, la caution devienne insolvable. Dans ce cas, le débiteur doit fournir une autre caution ou une sûreté donnant les mêmes garanties au créancier. Cette règle n'est pas absolue.

282. L'article 18 AUS traite de l'étendue du cautionnement. Ce contrat, outre le principal, s'étend aux accessoires de la dette et aux frais de recouvrement de la créance. Cependant, le cautionnement peut être général.

[1490] A.BOLZE, op.cit., p.22.

Lorsque l'on parle de modalités du cautionnement, on pense au cautionnement solidaire et simple. Ainsi, le cautionnement est réputé solidaire. Si la convention des parties ou la loi de chaque Etat le décident, le cautionnement est simple.

283. Les effets du cautionnement sont mentionnés aux articles 23 à 35 AUS. En effet, en cas de non paiement du débiteur principal, la caution est tenue de payer. Pour pouvoir poursuivre la caution, le créancier doit mettre en demeure de payer le débiteur. Cette mise en demeure doit rester sans effet. Le législateur consacre ce faisant le bénéfice de discussion. C'est la situation où le créancier doit d'abord poursuivre le débiteur et ce n'est que dans le cas d'une insuffisance d'actif constatée après l'exécution sur les biens du débiteur que le créancier peut se retourner ensuite contre la caution[1491].

L'article 26 précise de quelle manière la caution est tenue. Ainsi, la caution est tenue de la même façon que le débiteur principal. Dans les mêmes conditions qu'un débiteur solidaire, la caution solidaire est tenue de l'exécution de l'obligation principale.

Afin de pouvoir poursuivre la caution simple ou solidaire, le créancier doit appeler en cause le débiteur principal.

Si la caution simple bénéfice du droit de discussion, sauf si elle renonce expressément à ce droit, tel n'est pas le cas de la caution judiciaire ou solidaire.

Les cautions d'un même débiteur peuvent mettre en œuvre la division de la dette entre les cautions solvables. Le bénéfice de division concerne le droit de poursuite du créancier et la question ne se pose qu'en présence de plusieurs cautions. Selon les principes, le créancier doit dans ce cas poursuivre chaque caution pour sa part, mais les inconvénients pratiques d'une telle solution conduisent le créancier principal à demander aux cautions d'y renoncer. Là encore, c'est devenu une clause de style dans les relations d'affaires[1492].

Avant de payer le créancier poursuivant, la caution doit aviser ou mettre en cause le débiteur principal. A défaut, elle perd son recours contre lui si ce dernier avait le moyen de faire déclarer la dette éteinte ou s'il avait payé dans l'ignorance du paiement de la caution. Cependant, tout ne sera pas perdu pour la caution puisqu'il conservera dans cette hypothèse son action en répétition contre le créancier.

[1491] A.BOLZE, op.cit., p.23.

[1492] A.BOLZE, op.cit., p.24, n°37.

La caution peut opposer au créancier toutes les exceptions inhérentes à la dette qui appartiennent.

Après avoir payé, la caution est subrogée dans les droits du créancier mais seulement pour ce qu'il a payé à ce dernier. Il a également un recours personnel contre le débiteur principal. La caution a un recours contre les cofidéjusseurs c'est-à-dire lorsque plusieurs personnes ont cautionné un même débiteur pour une même dette.

Elle a un droit d'action contre le débiteur principal même avant d'avoir payé. C'est un recours préventif et les cas sont mentionnés à l'article 35 AUS. Ce recours est dérogatoire au principe en procédure civile qu'il faut un intérêt né et actuel pour agir en justice[1493]

La caution a un droit à l'information. Dans le mois de la mise en demeure, le créancier doit informer la caution de la défaillance du débiteur principal sinon la caution ne saurait être tenue au paiement des pénalités ou intérêts de retard échus entre la date de cet incident et la date à laquelle elle en a été informée.

Dans le mois qui suit le terme de chaque semestre civil à compter de la signature du contrat de cautionnement, le créancier est tenu de communiquer à la caution un état des dettes du débiteur principal. A défaut, il est déchu des intérêts contractuels échus vis-à-vis de la caution. Comme le précise un auteur, pendant longtemps, l'information de la caution n'a tenu qu'une place bien modeste au sein du droit du cautionnement qui se résumait, pour l'essentiel, à la prise en compte d'un éventuel dol commis par le créancier. (…) En revanche, au cours des dix dernières années, l'information de la caution a connu un développement considérable qui se traduit par un foisonnement des textes qui est caractéristique d'un engouement législatif récent[1494]

284. Le cautionnement prend fin par l'extinction partielle ou totale de l'obligation principale. C'est lorsque le débiteur paie sa dette au créancier. Il faut ce faisant se référer aux dispositions du COCC sur l'extinction de l'obligation. Mais le législateur de l'OHADA cite nommément la dation en paiement et la novation

L'engagement de la caution peut disparaître indépendamment de l'obligation principale dans trois cas :

[1493] A. BOLZE, op.cit., p.25.

[1494] P. CROCQ, *Les développements récents de l'obligation d'information de la caution*, in Mélanges M. CABRILLAC, op.cit., p.349.

-lorsque, sur poursuites dirigées contre elle, la caution excipe de la compensation pour une créance personnelle ;

-lorsque le créancier a consenti une remise de dette à la seule caution ;

-lorsque la confusion s'opère entre la personne du créancier et de la caution.

Au-delà du cautionnement comme garantie personnelle, nous avons la garantie autonome.

B- La garantie autonome

285. La garantie autonome est définie à l'article 39 AUS comme l'engagement par lequel le garant s'oblige, en considération d'une obligation souscrite par le donneur d'ordre et sur instructions de ce donneur d'ordre, à payer une somme déterminée au bénéficiaire, soit sur première demande de la part de ce dernier, soit selon les modalités convenues. Nous avons trois personnes :le garant, le donneur d'ordre et le bénéficiaire. C'est une création de la pratique des affaires, notamment anglo-saxonne, pour couvrir entre banques le risque de défaillance de l'un de leurs clients intervenant sur un marché international. Elle porte sur des sommes astronomiques[1495]. Ce propos de l'auteur peut être conforté dans la mesure où l'article 40 alinéa 1 AUS précise que les garantie et contre-garantie ne peuvent être souscrites par les personnes physiques sous peine de nullité.

Quant au second alinéa de cette disposition, il relève le caractère autonome des engagements d'autant que les garanties et contre-garanties autonomes créent des engagements distincts des conventions, actes et faits susceptibles d'en constituer la base.

En consultant les ouvrages d'auteurs tels qu'A. BOLZE et PH. MALAURIE, P. CROCQ on se rend compte qu'ils donnent des exemples de garantie autonome. Ainsi, A.BOLZE a donné l'exemple d'une grande entreprise française de travaux publics qui obtient au Moyen-Orient, un marché pour la construction d'un aéroport. Le pays commanditaire accepte le contrat parce que la société française lui propose via sa banque une garantie autonome. Dans l'hypothèse où le pays commanditaire n'est pas satisfait de la manière dont se sont déroulées les opérations, il n'aura qu'à appeler la garantie qui lui sera

[1495] A. BOLZE, op.cit., p.35.

versée séance tenante par la banque[1496]. Quant à la seconde catégorie d'auteurs, ils donnent l'exemple d'une entreprise française qui envisage de réaliser un marché à l'exportation, notamment la construction d'une usine. Dans ce cas, l'Etat étranger souvent le maître de l'ouvrage, avant de lui octroyer le marché lui demande fournir une lettre de garantie. Celle-ci peut également être donnée par une banque de l'Etat du maître de l'ouvrage, contre-garantie par une banque de l'entreprise maître d'œuvre[1497].Dans le cadre de la contre-garantie, le bénéficiaire c'est le garant ;

286. En France, l'article 2321 du Code civil définit la garantie autonome. De cette définition, il s'infère qu'il y a trois acteurs : le garant, le donneur d'ordre et le bénéficiaire.

La lettre de garantie est née de l'exigence des banques et de la réticence des sociétés mères concernant la lourdeur qui entoure le cautionnement à savoir l'autorisation du conseil d'administration. En outre, la nature juridique de la garantie à première demande est discutée : s'agit-il d'un cautionnement particulier ou d'un contrat d'une autre nature ?.

Nous allons voir d'abord la formation, les effets et la fin de la garantie ou contre-garantie.

Relativement à la formation, on peut se poser la question de savoir qui peut souscrire à une garantie ou contre-garantie

Si cette précision doit être considérée comme une condition de fond, le fait qu'à l'article 41 AUS le législateur ait précisé que les garantie et contre-garantie autonomes ne se présument pas renvoie à une condition de forme. Il s'agit d'un formalisme de validité

Les effets de la garantie-autonome et contre-garantie sont mentionnés aux articles 42 à 48 AUS. Aux termes de l'article 42 AUS, le droit à garantie du bénéficiaire n'est pas cessible sauf clause ou convention contraire. C'est que ce droit est accordé intuitu personae[1498].Mais, il y a transmissibilité de la garantie ou de la contre-garantie.

[1496] A.BOLZE, Ibid.

[1497] L. AYNES, P. CROCQ, *Les sûretés, La publicité foncière*, 8e édition, L.G.D.J, 2014, p.162.

[1498] M.SAMB, *Garantie et conte-garantie autonomes*, in Encyclopédie du droit OHADA, op.cit., p.903, n°33.

Les instructions du donneur d'ordre, la garantie ou contre-garantie sont irrévocables. En revanche, il demeure néanmoins possible de révoquer les garanties et contre-garantie à durée indéterminée. Il s'agit là d'une application du principe de l'interdiction des engagements perpétuels[1499].

287. La garantie ou contre-garantie doit être exécutée.

La demande en paiement au titre de la garantie autonome doit résulter d'un écrit du bénéficiaire accompagné de tout autre document prévu dans la garantie. Cette demande doit indiquer le manquement reproché au donneur d'ordre dans l'exécution de l'obligation en considération de laquelle la garantie a été souscrite.

Le garant et le contre-garant disposent chacun de cinq jours ouvrés pour examiner la conformité de la demande en paiement aux termes de la garantie ou de la contre-garantie autonome. Cet examen se fait avant de transmettre la demande de paiement et les documents au donneur d'ordre. Pour rejeter la demande, le garant ou contre-garant doit au préalable notifier au bénéficiaire ou en cas de contre-garantie au garant l'ensemble des irrégularités qui motivent ce rejet.

288. Le donneur d'ordre peut faire défense de payer au garant. Mais encore faudrait-il que la demande de paiement du bénéficiaire soit manifestement abusive ou frauduleuse. Les droits du garant et contre-garant contre le donneur d'ordre lorsqu'ils ont payé conformément aux termes de la garantie ou de la contre-garantie sont les mêmes que celui de la caution.

Qu'en est-il du recours du donneur d'ordre contre le bénéficiaire ou le garant ou conte-garant ?

La cessation de la garantie ou contre-garantie est prévue à l'article 49 AUS. Elle intervient dans trois hypothèses :

-soit au jour calendaire spécifié ou à l'expiration du délai prévu ;

-soit la présentation au garant ou au contre-garant des documents libératoires spécifiés dans la garantie ou la contre-garantie autonome ;

-soit sur déclaration écrite du bénéficiaire libérant le garant de son obligation au titre de la garantie autonome ou déclaration écrite du garant libérant le contre-garant de son obligation au titre de la contre-garantie autonome.

[1499] I. L. MIENDJIEM, *Régime général des sûretés*, in Encyclopédie du droit OHADA, op.cit., p.1493.

§2. La lettre d'intention, sûreté personnelle non consacrée par le législateur OHADA

289. Les lettres d'intention qui ne sont pas prévues par le droit OHADA ont pour objet de sécuriser les engagements pris par les filiales auprès des banques[1500]. On peut citer un exemple de lettre d'intention souscrite par une société-mère au profit de sa filiale : « *Nous vous confirmons que nous ne nous désintéresserons pas de la bonne fin de cette opération. Nous prenons dès maintenant toutes les dispositions nécessaires pour que notre filiale soit en mesure de remplir toutes ses obligations à votre égard. Nous prenons en outre l'engagement irrévocable de ne pas céder tout ou partie de notre participation*[1501] ». En France, avant l'ordonnance n° 2006-346 en date du 23 mars 2006, la lettre d'intention était une création de la pratique contractuelle qui se caractérisait par sa souplesse. C'est pourquoi, certains auteurs se sont étonnés de sa consécration[1502] Si pour certains et ce, avant la réforme de 2006, la lettre d'intention n'est une garantie que lorsqu'elle génère une obligation de résultat, pour d'autres, aucune distinction ne doit être faite entre l'obligation de résultat et de moyen. Pourtant, la jurisprudence française a été convaincue par la première thèse[1503]. Malgré sa consécration, certains auteurs pensent que le régime juridique n'est pas précisé[1504]. L'article 2322 du Code civil définit la lettre d'intention comme « l'engagement de faire ou de ne pas faire ayant pour objet le soutien apporté à un débiteur dans l'exécution de son obligation envers son créancier ».

[1500] V.JEAN-LOUIS GUILLOT, *Pratiques bancaires, sources du droit des affaires*, Petites affiches, 27 novembre 2003 n° 237, p. 14

[1501] V. Y. REINHARD, Chroniques de législation et de jurisprudence françaises, RTDCom, 1999, p. 900.

[1502] D. HOUTCIEFF, *Les sûretés personnelles* : JCP E 2006, I, 3. - N. RONTCHEVSKY, *Les dispositions relatives au droit des sûretés personnelles* : D. 2006, p. 1303.

[1503]Defrénois 1999, art. 37008, p. 740, obs. D. MAZEAUD ; RTD civ. 1999, p. 833, obs. J. MESTRE ; RTD com. 1999, p. 424, obs. Cl. CHAMPAUD et Y. DANET ; Banque et droit, mai-juin 1999, 43, obs. N.R. - CA Paris, 21 juin 2000 et 16 juin 2001 : RD bancaire et fin. mars-avr. 2002, comm. 57, obs A.C.

[1504] D. LEGEAIS, *Lettre d'intention*, Fasc 741,JurisClasseur Banque - Crédit – Bourse.

SECTION 2 : LES SÛRETÉS RÉELLES

290. En matière de sûretés réelles, le législateur OHADA adopte une option exclusive d'autant que les seules sûretés réelles valablement constituées sont celles qui sont régies par cet Acte sauf disposition contraire de celui-ci. Ce n'est pas à dire qu'en dehors de l'Acte uniforme il n'y a pas d'autres sûretés. A preuve, l'article 4 AUS dispose que les sûretés propres au droit fluvial, maritime et aérien, les sûretés légales autres que celles régies par le présent Acte uniforme, ainsi que les sûretés garantissant l'exécution de contrats conclus exclusivement entre établissements de financement, peuvent faire l'objet de législations particulières. Dans tous les cas, les sûretés réelles consistent soit dans le droit du créancier de se faire payer par préférence sur le prix de la réalisation d'un bien affecté à la garantie de l'obligation de son débiteur, soit dans le droit de recouvrer la libre disposition d'un bien dont il est propriétaire à titre de garantie de cette obligation.

Nous allons parler des sûretés mobilières, immobilières (Paragraphe 1) et des privilèges (Paragraphe 2).

§1. Les sûretés mobilières et immobilières

Quel est le critère de distinction entre le gage et l'hypothèque ? Toutes les deux sûretés sont des droits réels accessoires et sont indivisibles. On peut dire que si le gage est mobilier, tel n'est pas le cas de l'hypothèque. Mais cette distinction n'est pas décisive puisqu'une hypothèque peut être mobilière et le gage immobilier. Il en est de même de la possession et de la publicité[1505]. Cette précision de Bolze, est certes valable dans certains cas en droit OHADA, mais pas dans tous.

291. Le titre 2 de l'AUS est consacré aux sûretés mobilières. Et les seules sûretés prévues sont : le droit de rétention, la propriété retenue ou cédée à titre de garantie, le gage de meubles corporels, le nantissement de meubles incorporels et les privilèges. Les sûretés réelles doit faire l'objet d'une publicité. Ainsi, le créancier, l'agent des sûretés ou le constituant demande l'inscription des sûretés mobilières. Cette inscription a lieu au RCCM dans le respect des règles de compétence territoriale. Pour ce faire, le créancier, l'agent des sûretés, le constituant présente au greffe un formulaire d'inscription dont le contenu est prévu à l'article 53 AUS. Après vérification du formulaire d'inscription, si

---

[1505] A. BOLZE, op.cit., p.14.

celui-ci est conforme au contenu de l'article 53, le greffier ou le responsable de l'organe compétent dans l'Etat partie, procède immédiatement à l'inscription sur un registre chronologique des dépôts. Si le formulaire est irrégulier, le greffier ou le responsable de l'organe compétent dans l'Etat partie rejette l'inscription. L'inscription qui est régulièrement soumise à publicité est opposable aux tiers. Si le requérant justifie de motifs sérieux et légitimes, la juridiction compétente ou l'autorité compétente peut donner mainlevée totale ou partielle de l'inscription.

Après la phase de la constitution de la garantie, il y a celle de la réalisation de celle-ci. L'interdiction de la clause de voie parée n'a pas empêché le recours au pacte commissoire. Celui-ci permet de contourner les lourdeurs du droit hypothécaire. Ainsi, dans une convention d'hypothèque, peut être inséré un pacte commissoire. La prévention du gaspillage des richesses se manifeste par l'exclusion de la résidence principale, le domaine du pacte commissoire, l'estimation impérative de l'immeuble par un expert, l'attribution d'une soulte au débiteur constituant.

Deux sortes de sûretés seront étudiées : celles qui confèrent une préférence (A) et celles fondées sur l'exclusivité (B).

A- Les sûretés conférant une préférence

Il s'agit des sûretés mobilières (1) et immobilières (2).

1- Les sûretés mobilières

Il s'agit du gage (a), du nantissement (b) et du privilège mobilier et du droit de rétention (c). Nous ne traiterons pas ici du privilège mobilier.

a- Le gage

Aux termes de l'article 92 AUS, le gage est le contrat par lequel le constituant accorde à un créancier le droit de se faire payer par préférence sur un bien meuble corporel ou un ensemble de biens meubles corporels présents ou futurs. Depuis la réforme de l'AUS, le gage ne peut porter que sur un bien corporel ou un ensemble de biens corporels, peu importe que ces biens soient présents ou futurs, alors qu'antérieurement à la réforme, le gage pouvait porter sur les biens corporels ou incorporels aussi divers et variés que le fonds de commerce ou les parts sociales[1506]

Nous avons deux régimes juridiques du gage : un régime de droit commun et des régimes spéciaux.

Relativement au régime général, nous allons voir la constitution, les effets et l'extinction du gage.

La créance garantie doit être présente ou future, déterminée ou déterminable. Le gage porte sur un bien meuble corporel.

Le législateur de l'OHADA s'est inspiré de son homologue français. En droit français, depuis la réforme du droit des sûretés, le gage n'est plus un contrat réel, mais un contrat solennel. Ainsi, l'article 96 AUS dispose qu'à peine de nullité, le contrat de gage doit être constaté dans un écrit.

De même, la dépossession du constituant n'est plus un élément déterminant[1507]. Ce faisant, l'article 97 AUS remplace l'ancien article 18 AUS qui précisait que le contrat de gage ne produit effet que si la chose gagée est effectivement remise au créancier ou à un tiers convenu. Désormais, l'opposabilité du gage s'apprécie par son inscription au registre du commerce et du crédit mobilier ou par la remise d'un bien gagé entre les mains du créancier gagiste ou d'un tiers convenu entre les parties.

Le contrat de gage produit des effets. Ainsi, le créancier gagiste bénéficie d'un droit de rétention notamment lorsque le gage est constitué avec dépossession, du droit de suite s'il a été dessaisi contre sa volonté et du droit de préférence.

Cependant, il ne peut user de la chose gagée ni en percevoir les fruits, il doit veiller et conserver la chose, il doit restituer la chose à l'échéance lorsque la créance garantie a été entièrement payée en capital, intérêts et accessoires.

Si le créancier n'est pas payé, il peut faire procéder à la vente forcée de la chose gagée, faire ordonner que le bien gagé lui soit attribué en paiement et enfin se faire attribuer de façon conventionnelle le bien gagé.

1506 Y. R.K. ELONGO, *Gage*, in Encyclopédie juridique de l'OHADA, op.cit., p.887, n°2.

1507 A. LIENHARD, *Réforme des sûretés : présentation de l'ordonnance du 23 mars 2006*, Dalloz Actualité, 5 avril 2006.

Le gage prend fin par voie principale ou accessoire selon les conditions prévues respectivement à l'article 17 et 16 AUS.

292. Les gages spéciaux sont le gage du matériel professionnel et des véhicules automobiles, le gage des stocks.

b- Le nantissement

L'immatériel envahit tout, l'immatériel envahit toute l'économie[1508]. La « civilisation » de l'immatériel produit des richesses qui ne tombent plus sous le sens[1509].

293. Aux termes de l'article 125 AUS, le nantissement est l'affectation d'un bien meuble incorporel ou d'un ensemble de biens meubles incorporels, présents ou futurs, en garantie d'une ou plusieurs créances, présentes ou futures, à condition que celles-ci soient déterminées ou déterminables. Le nantissement peut être conventionnel ou judiciaire.

L'article 126 AUS prévoit les meubles incorporels qui peuvent être nantis. Il existe donc cinq types de nantissements cités à savoir les créances, le compte bancaire, les droits d'associés, les valeurs mobilières et le compte de titres financiers, le fonds de commerce et les droits de propriété intellectuelle. La liste est-celle exhaustive ? Un auteur répond par l'affirmative[1510].

Le nantissement de créances peut s'apprécier dans la situation où une entreprise veut obtenir du crédit d'un banquier et nantit ses créances contre ses clients. Ce peut être le cas également du bailleur ou du vendeur.

Depuis l'adoption le 15 décembre 2010 d'un nouvel Acte uniforme portant organisation des sûretés, le législateur OHADA a adjoint aux droits d'associés et des valeurs mobilières, les comptes de titres financiers[1511].

1508 D. NORA cité par M. VIVANT, *L'immatériel en sûreté*, in Mélanges M. CABRILLAC, op.cit., p.405.

1509 E. PUTMAN, *Contentieux économique*, PUF, 1998, collection « Thémis », p.2.

1510 I. L.MENDIEM, *Le nantissement*, in Encyclopédie juridique du droit OHADA, op.cit., p.1134, n°10.

1511 L.I.MENDIEM, *Nantissement*, in Encyclopédie du droit OHADA, op.cit., p.1142.

Les titres financiers sont-ils distincts des valeurs mobilières ? Au regard de l'ouvrage de L. AYNES, la réponse semble être négative[1512]. Le professeur L.I. MENDIEM est de cet avis. Pour lui, du fait de la proximité des titres financiers avec les valeurs mobilières, le législateur OHADA a ajouté au nantissement des droits d'associés et valeurs mobilières les comptes de titres financiers[1513]. Mais il s'agit d'une apparence puisque l'auteur ne cesse d'utiliser l'expression « ajout », c'est-à-dire que les titres financiers viennent se greffer aux instruments déjà existants. L'article 744 AUSCGIE peut être consulté. Aux termes de cette disposition, les sociétés anonymes émettent des valeurs mobilières ainsi que d'autres titres financiers. C'est dire que les valeurs mobilières sont des titres financiers certes, mais au-delà, il y a d'autres titres financiers. Si toute valeur mobilière est un titre financier, tout titre financier n'est pas une valeur mobilière.

Concernant le privilège de fonds de commerce on peut dire qu'il y a des liens entre l'AUDG et l'AUS.

c- Le droit de rétention

Il a pour siège les articles 67 à 70 de l'AUS. Le législateur de l'OHADA n'a pas pris le soin de le définir. Ainsi, il peut s'entendre comme la faculté pour le créancier, qui détient un objet appartenant à son débiteur, d'en refuser, sous certaines conditions, la restitution jusqu'à complet paiement de sa créance. Le droit de rétention constitue un moyen de pression fort efficace, plus efficace même que l'astreinte, pour obtenir le paiement d'une créance[1514]. Il peut naître de façon autonome ou découler d'une sûreté réelle. L'expression « indépendamment de toute autre sûreté, sous réserve de l'application de l'article 107 alinéa 2, du présent Acte uniforme » permet de confirmer ce propos. Au regard de l'article 67 AUS, on voit que la détention doit être légitime.

1512 L.AYNES, PH. MALAURIE, *Les sûretés, la publicité foncière*, L.G.D.J, 8e édition, 2014, p.286, n°537. Selon l'auteur, les titres financiers comprennent les valeurs mobilières traditionnelles et les parts ou actions des OPCVM (fonds communs, SICAV).

1513 L.I. MENDIEM, *Régime général des sûretés*, in Encyclopédie du droit OHADA, op.cit., p.1501, n°147.

1514 G. PIETTE, *Rétention*, Répertoire de droit civil, mars 2013 (actualisation : juin 2013).

Les conditions de la rétention sont relatives au caractère de la créance, à la connexité entre la naissance de la créance et la détention de la chose et au défaut de saisie du bien avant d'être détenu.

En principe, le créancier doit conserver le bien retenu en bon état sauf s'il se fait autoriser la vente de celui par le juge statuant à bref délai.

En droit français, la Cour de cassation a décidé que « *le droit de rétention n'est pas une sûreté, et n'est pas assimilable au gage*[1515] ». Pour D. LEGEAIS, le droit de rétention n'est ni véritablement une réelle, ni une sûreté personnelle[1516].

On comprend donc la place qui lui est réservée dans certains ouvrages[1517]. Il faut rappeler que la question s'est également posée de savoir si le droit de rétention est un droit réel ou une sûreté réelle. En droit OHADA, le droit de rétention est bel et bien une sûreté réelle.

2- Les sûretés immobilières

294. Le titre 3 de l'AUS est consacré à l'hypothèque qui peut être légale, conventionnelle ou judiciaire. Ce titre comporte quatre chapitres. Le chapitre premier traite des dispositions générales. Ainsi, l'article 190 AUS définit l'hypothèque comme étant l'affectation d'un immeuble déterminé ou déterminable appartenant au constituant en garantie d'une ou plusieurs créances, présentes ou futures à condition qu'elles soient déterminées ou déterminables. Pour faire simple, un immeuble sert de garantie à une créance à condition qu'elle soit déterminée ou déterminable.

L'article 191 AUS consacre une identité de régime entre l'hypothèque conventionnelle et forcée, sauf disposition contraire.

Nous allons examiner les conditions de fond et de forme de l'hypothèque. Relativement aux conditions de fond, il faut relever que sur le principe, l'hypothèque ne peut porter sur des biens immeubles,

---

1515 RTD civ. 1997. 707, obs. CROCQ ; RTD com. 1998. 202, obs. MARTIN-SERF.

1516 D. LEGEAIS, *Sûretés*, Répertoire de droit civil, janvier 2016 (actualisation : août 2017)

1517 L. AYNES, P.CROCQ, *Les sûretés, la publicité foncière*, op.cit., p.203. La deuxième partie de leur ouvrage est intitulé « sûretés réelles », et après l'introduction, un chapitre préliminaire a été réservé au droit de rétention. Ainsi, les titres 1 et 2 ont été consacrés respectivement aux suretés réelles conférant un droit de préférence et un droit exclusif.

sauf pour certains biens meubles tels que les navires, les bateaux, aéronefs. Un examen de l'article 192 AUS permet de conforter les développements précédents. Aux termes de cette disposition, sauf disposition contraire, seuls les immeubles présents et immatriculés peuvent faire l'objet d'une hypothèque. D'autres biens tels que les fonds bâtis ou non, leurs améliorations ou constructions, survenues, et les droits réels immobiliers régulièrement inscrits selon les règles de l'Etat partie peuvent faire l'objet d'une hypothèque. Le législateur de l'OHADA renvoie à la loi nationale des Etats partie. Au Sénégal, il faut recourir à la loi n° 2011-07 du 30 mars 2011 portant régime de la Propriété foncière notamment en ses articles 19 et 20.

Mais comme le rappelle si bien G. A.KOUASSIGAN, en ce qui concerne les droits immobiliers, ils ne sont pas tous susceptibles d'hypothèque[1518]. Pour cet auteur donc, sont susceptibles d'hypothèque, le droit de propriété, le droit d'usufruit et l'emphytéose pendant sa durée. En revanche, ni le droit d'usage, d'habitation, ni les servitudes ne sont susceptibles d'hypothèque[1519].

Le bien objet de l'hypothèque doit être disponible. C'est dire que le constituant doit être propriétaire du bien hypothéqué, capable. Enfin, faisons remarquer que l'hypothèque est aussi bien spéciale qu'indivisible. Dire que l'hypothèque est spéciale signifie que la créance garantie et l'immeuble doivent être identifiés[1520]. Ce caractère résulte de la définition de l'hypothèque.

Les conditions de forme renvoient à la forme de l'acte d'hypothèque et à sa publicité. Selon le professeur J.I.SAYEGH, la convention d'hypothèque est un acte solennel, c'est-à-dire que sa validité est subordonnée à l'accomplissement d'un formalisme : un écrit et une inscription[1521]. Aux termes de l'article 195 AUS, tout acte conventionnel ou judiciaire constitutif d'hypothèque doit être inscrit conformément aux règles de publicité édictées par l'Etat partie où est situé le bien grevé et prévues à cet effet. L'inscription a une durée déterminée et ne saurait dépasser trente ans. L'hypothèque régulièrement publiée prend rang du jour de son inscription.

1518 G.A.KOUASSIGAN, *Les hypothèques*, in Encyclopédie juridique de l'Afrique, Les Nouvelles Editions Africaines, 1982, p.169.

1519 V.J. ISSA-SAYEGH, *Commentaire de l'Acte uniforme portant organisation des sûretés*, Juriscope, 2016, p.952. L'auteur cite d'ailleurs G. A.KOUASSIGAN.

1520 A. BOLZE, *Procédures collectives et sûretés*, op.cit., p.66, n°160.

1521 J. ISSA-SAYEGH et alii, *OHADA, sûretés*, Bruxelles, Bruylant, 2002, p.181.

Aux termes de l'article 201 AUS, tout acte relatif à une hypothèque (…), est établi, selon la loi nationale du lieu de situation l'immeuble, par acte notarié ou par acte sous seing privé suivant un modèle conforme aux règles de l'Etat partie concerné et publié comme l'acte par lequel cette hypothèse est consentie ou constituée.

Ces différentes dispositions traitant de la publicité de la convention d'hypothèque et de la forme des actes modificatifs, il convient de se référer à l'article 205 AUS qui dispose que l'hypothèque conventionnelle est consentie, selon la loi nationale du lieu de situation de l'immeuble par acte authentique ou sous seing privé. Si une procuration est donnée à un tiers pour conclure une convention d'hypothèque en la forme notariée, elle doit revêtir cette forme.

L'hypothèque produit des effets. Ainsi, il confère à son titulaire un droit de suite et de préférence. En outre, si créancier n'est pas payé, il peut pratiquer une saisie immobilière

Selon le Professeur Y.K. ELONGO, les effets de l'hypothèque doivent s'apprécier dans les rapports entre créancier et constituant (avant la réalisation de l'hypothèque, lors de la réalisation de celle-ci à savoir la saisie immobilière, l'attribution judiciaire et conventionnelle), dans les rapports entre le créancier hypothécaire et les autres créanciers (droit de préférence) et dans les rapports entre le créancier et les tiers détenteurs (droit de suite)[1522].L'une des innovations réside dans la consécration de l'attribution judiciaire de l'immeuble hypothéqué et le pacte commissoire (il y a des conditions tenant aux personnes et à l'immeuble hypothéqué). Dans le premier cas, il y a un assouplissement de la prohibition traditionnelle de la clause de voie parée qui est de nature à faire échec aux règles de la saisie immobilière qui sont impératives[1523].

Il existe des dispositions générales applicables aux hypothèques et relatives à la définition de l'hypothèque, à l'identité de règles entre les hypothèques conventionnelles et forcées, aux immeubles, fonds et droits réels qui peuvent faire l'objet d'hypothèque. C'est celles que nous venons d'exposer. Au-delà, nous avons l'hypothèque conventionnelle, légale et judiciaire.

Comme nous l'avons dit, l'hypothèque conventionnelle est prévue à l'article 203 AUS. Deux questions vont nous intéresser à ce niveau :

1522 Y.R.K.ELONGO, *Hypothèque*, in Encyclopédie du droit OHADA, pp.926 et s.
1523 A. BOLZE, op.cit., p.67, n°169.

celle de la propriété et de la capacité du constituant. Il faut que le constituant soit propriétaire de l'immeuble ou du droit immobilier qu'il entend hypothéquer : ce qui interdit l'hypothèque de la chose d'autrui et rend aléatoire l'hypothèque de la chose indivise[1524]. Une lecture de l'article 203 AUS précité nous permet de conclure que non seulement on ne peut hypothéquer la chose d'autrui, mais également le constituant doit être capable. Pratiquement, la solution est heureuse, car l'hypothèque est un acte plus dangereux que la vente, le débiteur ayant l'illusion de conserver son immeuble, alors qu'il ne peut le vendre, ni facilement, ni à son prix[1525]. De façon exceptionnelle, l'hypothèque peut être consentie sur des immeubles à venir dans les cas prévus à l'alinéa 2 de l'article 203 AUS.

A côté de l'hypothèque conventionnelle, nous avons l'hypothèque forcée qui est celle conférée, sans le consentement du débiteur, soit par la loi, soit par une décision de justice. Cette définition est mentionnée à l'article 209 AUS et permet de comprendre qu'il y a des hypothèques forcées prévues par l'AUS et celles qui le sont par la loi des Etats parties.

L'hypothèque judiciaire est également appelée inscription provisoire d'hypothèque. L'article 213 envisage le cas où le créancier cherche à protéger une créance en péril, ce que ne dit pas le texte mais se déduit, par analogie, des dispositions relatives à la saisie conservatoire édictées par l'acte uniforme sur les voies d'exécution[1526].

B- les sûretés fondées sur l'exclusivité

Aux termes de l'article 71 AUS, la propriété d'un bien mobilier peut être retenue en garantie d'une obligation par l'effet d'une clause de réserve de propriété. Elle peut aussi être cédée en garantie d'une obligation aux conditions prévues par le présent chapitre.

Nous allons voir d'abord la propriété cédée (1) et retenue à titre de garantie ensuite (2).

1- La propriété cédée à titre de garantie

295. Avec la révision de l'Acte uniforme portant organisation des sûretés, il y a la consécration des sûretés fondées sur la propriété. Ainsi,

---

1524 L. AYNES, P.CROCQ, *Les sûretés, la publicité foncière*, op.cit., p.335.

1525 L.AYNES, P. CROCQ, op.cit., p.337.

1526 J.I.-SAYEGH, Commentaires sous article 213 AUS, Juriscope 2016, p.962.

la propriété peut être cédée ou retenue à titre de garantie. Ce regain d'intérêt pour la propriété semble contredire les propos tenus par le professeur G. FARJAT selon qui « contrairement à ce qui est souvent affirmé, la catégorie fondamental du droit dans l'architecture juridique des sociétés développées contemporaines n'est pas la propriété mais le contrat. La propriété est essentiellement beaucoup plus une condition-fondamentale- de la société libérale qu'une machine de l'ingénierie juridique au service de l'économique[1527] ».

Aux termes de l'article 79 AUS, la propriété d'un bien actuel ou futur, ou d'un ensemble de biens, peut être cédée en garantie du paiement d'une dette, actuelle ou future, ou d'un ensemble de dettes aux conditions prévues par la présente section. Celle-ci est intitulé « Propriété cédée à titre de garantie ». Le législateur y traite successivement de la cession de créance à titre de garantie et du transfert fiduciaire d'une somme d'argent. On s'attendait néanmoins à ce que la section première du chapitre III intitulé « *propriété retenue ou cédée à titre de garantie* ». Tel n'est pourtant pas le cas puisque ladite section a pour titre « *réserve de propriété* ».

296. La cession de créance à titre de garantie consiste à céder une créance actuelle ou future en vue du paiement d'une dette actuelle ou future (…) Elle s'inspire de la cession de créance par bordereau Dailly connue en droit français et est réglementée par les articles 80 et s de l'AUS[1528]. Le législateur OHADA n'en a pas donné une définition certes, mais il transparait de l'article 80 que la cession de créance est une opération tripartite qui met aux prises un tiers débiteur cédé, une personne morale nationale ou étrangère cessionnaire et un cédant (c'est le bénéficiaire du crédit), créancier du tiers.

La cession de créance doit être constatée par écrit et pour être opposable aux tiers, publiée au RCCM

297. Le transfert fiduciaire d'une somme d'argent est la convention par laquelle un constituant cède des fonds en garantie de l'exécution d'une obligation.

La constitution du transfert fiduciaire se fait par l'inscription des fonds sur un compte bloqué. Le transfert doit être constaté par écrit. Il

---

1527 G. FARJAT, *Pour un droit économique*, op.cit., p.47.

1528 Y. R. K. ELONGO, *Propriété retenue ou cédée à titre de garantie*, in Encyclopédie du droit OHADA, op.cit.,p.1447, n°21.

devient opposable aux tiers à la date de sa notification à l'établissement teneur de compte.

La réalisation du transfert fiduciaire dépend du paiement ou défaut de paiement de la part du débiteur. Ainsi, si à l'échéance le constituant s'acquitte de ses obligations, les fonds lui sont restitués. A défaut et huit jours après avoir averti le constituant, le créancier peut se faire remettre les fonds cédés.

La cession fiduciaire est l'hypothèse où la propriété est remise à titre de garantie. La fiducie se définit comme l'opération par laquelle une personne, le constituant, transfère des biens, droits ou sûretés à un fiduciaire qui, les tenant séparés de son patrimoine propre, agit dans un but déterminé au profit d'un ou plusieurs bénéficiaires[1529] Il existe deux sortes de fiducie : la fiducie-gestion et la fiducie-sûreté[1530]. En effet, la fiducie met en évidence l'utilité du droit de propriété en droit des sûretés. Celui peut être cédé définitivement ou de façon temporaire. Certains auteurs nient toute idée de fiducie en droit OHADA[1531].

D'autres par contre, citent la vente à réméré parmi la propriété transmise à titre de garantie.

2- La propriété retenue à titre de garantie

Il s'agit de la clause de réserve de propriété dont le régime juridique est consacré aux articles 72 à 78 AUS.

La connaissance complète des règles de la clause de réserve de propriété suppose un examen de certaines dispositions de l'AUDG (276 AUDCG) et de l'AUPCAP.

La clause de réserve de propriété concerne les biens meubles. Ainsi, son effet est de suspendre le transfert de propriété jusqu'au complet paiement de l'obligation qui en constitue la contrepartie. Nous sommes donc en présence d'un débiteur d'une obligation de donner qui ne l'exécute pas tant qu'il n'est pas entièrement payé. La réserve de propriété doit être constatée par un écrit au plus tard au jour de la livraison du bien sous peine de nullité. La clause peut être insérée dans

---

[1529] C. JACOMIN , Fiducie : *un instrument juridique à découvrir et à pratiquer*, Revue de Droit bancaire et financier n° 4, Octobre 2013, prat. 5, p.1.

[1530] V. D. REINHARD et A. ALBERTINI , *Fiducie : L'avocat et la fiducie.-Guide pratique de bonne conduite*, La Semaine Juridique Edition Générale n° 41 - n° hors-série, 10 Octobre 2011, p.2.

[1531] (Dir), P. CROQ, *Le nouvel Acte uniforme portant organisation des sûretés, La réforme du droit des sûretés de l'OHADA*, Lamy, 2012, p.55.

un écrit qui régit les opérations présentes ou à venir entre les parties. On peut prendre l'exemple du contrat-cadre. La réserve de propriété, pour être opposable aux tiers doit être régulièrement publiée au RCCM. Dans ce cas, les articles 51 à 66 s'appliquent. Que se passe-t-il lorsque le créancier ne reçoit pas un paiement complet à l'échéance ? Dans cette occurrence, il peut demander la restitution du bien pour recouvrer le droit d'en disposer. Que se passe-t-il lorsque le bien est vendu ou détruit ? Il y a le respect du droit de propriété sur la créance qu'a le débiteur à l'égard du sous-acquéreur ou sur l'indemnité d'assurance subrogée au bien.

La réserve de propriété est donc indiscutablement une véritable sûreté. L'hésitation demeure cependant permise pour le crédit-bail. Certes, il s'agit d'une illustration de la propriété-retenue à titre de garantie, au même titre que la réserve de propriété. Mais, c'est avant tout une opération de crédit dont le régime emprunte à plusieurs contrats : la vente, le louage, le prêt[1532]. Le professeur Y. Kalieu Elongo fait le même constat. Selon elle, le crédit- bail n'a pas été intégré dans la liste des suretés prévues et organisées par l'Acte uniforme sur les sûretés aussi bien avant qu'après la réforme[1533].

§2. Les privilèges

Le législateur de l'OHADA dans l'AUS n'a prévu que deux sortes de privilèges : les privilèges généraux (A) et les privilèges spéciaux (B). Ce genre de sûretés confère aussi un droit de préférence.

A- Les privilèges généraux

Aux termes de l'article 179 AUS, les privilèges généraux confèrent un droit de préférence exercé par leurs titulaires selon les dispositions prévues par les articles 225 et 226 du présent Acte uniforme. Le législateur prévoit l'articulation entre les textes spéciaux qui créent des privilèges généraux et l'article 180 de l'AUS

Un autre constat est qu'il y a deux catégories de privilèges généraux : ceux soumis à publicité et ceux qui ne le sont pas.

1532 D. LEGEAIS, *Sûretés*, op.cit.,

1533 Y.R.K. ELONGO, *Propriété retenue ou cédée à titre de garantie*, op.cit., p.1448, n°33.

B- Les privilèges spéciaux

Ces privilèges ont pour objet des biens meubles. Sont concernés le vendeur de meuble, le bailleur d'immeuble, le transporteur terrestre, le commissionnaire etc. Ils sont dits spéciaux car ils portent toujours sur un meuble précis ou sur un ensemble de biens meubles déterminé par le législateur pour garantir des créances bien définies[1534]

[1534] F. ANOUKAHA et alii, *OHADA, sûretés*, Bruxelles Bruylant, 2002, juriscope, p.153, n°398.

CHAPITRE 2

LES PROCÉDURES SIMPLIFIÉES DE RECOUVREMENT ET LES VOIES D'EXÉCUTION

« *Si le droit des obligations se présente comme le moteur de la vie des affaires, c'est sans doute le droit des procédures d'exécution qui en constitue le carburant*[1535] ».Selon PH. THERY, les spécialistes du droit judiciaire privé ont travaillé à détacher l'action du droit. (...) Or, pour l'exécution, une séparation d'avec le droit substantiel n'est pas concevable. (...)L'exécution est tributaire des règles de fond ; pas de saisie immobilière sans publicité foncière ni droit hypothécaire ;pas de saisie-vente sans article 2279 ; pas de saisie de parts sociales sans droit des sociétés[1536]

298. On s'est toujours posé la question de savoir si à la terminologie procédure civile, doit être préférée celle de « droit judiciaire privé [1537]».Si certains auteurs sont demeurés fidèles à l'appellation « *procédure civile* », d'autres tels que L. CADIET préfèrent celle de « Droit judiciaire privé ». Ainsi, l'auteur distingue le droit judiciaire privé organique du droit judiciaire dynamique. Mais là n'est pas le propos car nous allons emprunter au Professeur Y. STRICKLER sa définition du droit judiciaire privé. La dénomination de procédure civile présente toutefois un inconvénient, qui réside dans son caractère restrictif[1538]. Car, poursuit-il, s'interroger sur la marche à suivre suppose une vision globale de la procédure et invite à envisager tant les autorités qui ont pour mission de rendre la justice, que l'étendue des pouvoirs juridictionnels des différentes juridictions au travers des règles de compétence, sans omettre l'étude des conditions dans lesquelles une personne peut obtenir la sanction de ses droits (c'est la théorie de

---

[1535] C. HUGON, *Regards sur le droit des voies d'exécution, in « Exécution en nature, exécution par équivalent*, RDC, Février 2005, p.194.

[1536] PH.THERY, *La place des procédures civiles d'exécution*, RTDCiv, 1993, p.1.

[1537] V. L.CADIET, in Dictionnaire de la culture juridique, p.1229.

[1538] Y. STRICKLER, *Procédure civile*, Paradigme, 2010, p. 3.

l'action, qui répond à la question : quand peut-on agir en agir ?) ainsi que l'exécution effective de la sentence rendue (ce sont les voies d'exécution : comment mettre en œuvre la décision de justice obtenue en sa faveur ?). C'est en raison de ce contenu, conclut l'auteur, constaté plus large que certains préfèrent à la dénomination de procédure civile celle de droit judiciaire privé, sans pour autant l'évacuer[1539].

L'AUPSRVE se particularise par son caractère formaliste d'où le recours assez fréquent à la nullité comme sanction (8, 25, nullité de la décision autorisant la saisie conservatoire (59), contenu du PV de saisie (64, 67), contenu de l'acte de conversion de la saisie (69), contenu de la lettre recommandée (75, 76), acte d'huissier (77), commandement de payer (92), inventaire (109), de la poursuite (254), du cahier des charges (267), de la sommation (270), de l'adjudication (284),, de l'acte d'appel (301). Mais pour certaines situations, le prononcé de la nullité demeure conditionné par le fait que l'irrégularité cause un préjudice aux intérêts de celui qui l'invoque (297). La déchéance est également une sanction (297, 299, 311), de même que la caducité (79, 86, 137, 160, 238)

L'AUPSRVE contient deux livres : un livre réservé aux « procédures simplifiées de recouvrement » **(SECTION 1)** et un autre afférent aux voies d'exécution **(SECTION 2)**. Pour approfondir la matière, le lecteur devra se référer à la doctrine spécialisée en droit des voies d'exécution. C'est dire que nous ne nous contenterons que de développements sommaires.

SECTION 1 : LES PROCÉDURES SIMPLIFIÉES

299. La place de l'injonction dans le droit aujourd'hui tend à montrer l'existence et le développement d'une technique d'exécution originale. L'injonction poursuit une finalité spécifique. Elle n'est pas seulement un commandement. Elle impose une charge, une obligation de faire ou de ne pas faire à une personne, contraignant celle-ci à accomplir une action qu'elle n'a pas faite et, dans certains cas, qu'elle ne voulait pas faire. Son but est d'assurer l'exécution d'une norme[1540].

[1539] Y. STRICKLER, ibid. A la note de bas de page 8, l'auteur cite les auteurs qui sont critiques à l'égard de la dénomination « *droit judiciaire privé* » à l'instar de S. GUINCHARD. V. S.GUINCHARD, F. FERRAND et C. CHAINAIS, *Procédure civile*, Précis Dalloz, 29e éd., 2008, n°13-14.

[1540] TWENGEMBO, *Injonctions de payer, de délivrer ou de restituer, in Encyclopédie du droit OHADA*, op.cit., p.1013.

Le législateur OHADA dissocie les procédures simplifiées de recouvrement des voies d'exécution. Les premières sont par moment un préalable aux secondes qui ne peuvent être mises en œuvre qu'avec un titre exécutoire qui peut être une ordonnance d'injonction de payer ou délivrer et/ou de restituer. Pour illustrer le fait que les procédures simplifiées sont des préalables aux saisies, nous pouvons citer l'article 218 AUPSRVE en vertu duquel les biens meubles corporels qui doivent être délivrés ou restitués ne peuvent être appréhendés qu'en vertu d'un titre exécutoire constitué, le cas échéant, d'une injonction de la juridiction compétente devenue exécutoire. En effet, là où la procédure d'injonction de payer vise au recouvrement d'une créance, la procédure d'injonction de faire poursuit l'exécution en nature d'une obligation[1541]. Dans le cadre de l'AUPSRVE, il s'agit de la délivrance des biens meubles corporels dont les marchandises. De l'examen de l'article 2 de l'Acte uniforme du 22 mars 2003 relatif aux contrats de transport de marchandises par route, il s'infère que les marchandises représentent tout bien mobilier. On peut se demander si les biens mobiliers incorporels seront pris en compte dans la définition des marchandises. Nous pensons que rien ne devrait pouvoir l'exclure en nous en tenant au fait qu'il ne faut pas distinguer là où la loi ne distingue pas. Il ne faudrait cependant pas se méprendre car trouver un bien mobilier incorporel que l'on doit qualifier de marchandises est d'une rareté avérée et cela pour deux raisons au moins. Lorsqu'on consulte les ouvrages de droit commercial[1542], on s'aperçoit que parmi les éléments corporels du fonds de commerce il y a les marchandises que l'on peine d'ailleurs à distinguer du matériel. La deuxième raison est liée au fait qu'on voit mal un juge qualifier les titres sociaux, biens meubles de marchandises[1543]. Dans l'AUDCG, les marchandises en stock font partie des éléments facultatifs du fonds de commerce. On se rend compte que le législateur cite au rang des éléments facultatifs aussi bien les éléments mobiliers corporels qu'incorporels. Mais le fait d'utiliser l'expression « marchandises en stock » nous facilite la tâche. En effet, il ne peut s'agir que des biens mobiliers corporels. Toujours dans le même Acte uniforme, le fait que le Livre VIII intitulé « La vente commerciale » s'applique aux contrats de fourniture de marchandises destinées à des activités de fabrication ou de production nous permet de

---

[1541] Y. STRICKLER, *Procédure civile*, Paradigme, 2010, p.178, n°343.

[1542] V. Y.REINHARD, *Droit commercial*, op.cit., p.370, n°601 ; G. DECOQ, A.BALLOT-LENA, Droit commercial, Dalloz, 5e édition, 2011, p.234, n°439.

[1543] V. L'article 52 AUSCGIE.

conclure que les marchandises sont des biens meubles corporels. Nous examinerons d'abord la procédure d'injonction de payer (PARAGRAPHE 1) avant celle de délivrer et /ou de restituer (PARAGRAPHE 2).

§1. L'injonction de payer

L'injonction de payer est soumise à des conditions (A) et obéit à une procédure bien déterminée (B).

A- Les conditions

Il y a des conditions tenant à la nature (1) et source de la créance (2)

1- La nature de la créance

Lorsque la créance est certaine, liquide et exigible, le recouvrement peut être demandé en utilisant la procédure d'injonction de payer. Une créance est certaine lorsque son existence ne fait l'objet d'aucun doute. Elle est liquide lorsque son montant est déterminé ou déterminable, exigible quand on peut exiger son exécution.

2-L'origine de la créance

Lorsque la créance a une cause contractuelle et que l'engagement résulte de l'émission ou de l'acceptation de tout effet de commerce, d'un chèque dont la provision s'est révélée inexistante ou insuffisante, la procédure d'injonction de payer peut être introduire. Ces deux conditions sont loin d'être cumulatives.

Le législateur de l'OHADA ne tient pas compte de la nature du contrat. Celui-ci peut être civil ou commercial.

B- La procédure

Le respect de la procédure suppose l'introduction d'une requête (1), une décision du Président de la juridiction compétente (2) et une réaction du débiteur (3).

1- L'introduction d'une requête

300. Le juge compétent est celui du domicile ou du licu où demeure effectivement le débiteur ou l'un d'entre eux en cas de pluralités de débiteurs est celui où la requête aux fins d'injonction de payer doit être déposée. Le constat est que l'article 3 de l'AUPSRVE ne fait mention que de la compétence territoriale. Ainsi, pour ce qui est de la compétence d'attribution, renvoi est fait au juge national compétent en matière civile et commerciale. Pour le cas du Sénégal, ce peut être le tribunal d'instance, de grande instance ainsi que les tribunaux de commerce[1544]. Dans tous les cas, il faut faire remarquer que le tribunal de grande instance est une juridiction de droit commun et ce, en vertu de l'article 7 de la loi n°2014-26 du 03 novembre 2014 abrogeant et remplaçant la loi n°84-19 du 02 février 1984 fixant l'organisation judiciaire. Si la compétence d'attribution est d'ordre public, tel n'est pas le cas de la compétence territoriale. C'est ainsi que les parties peuvent déroger à cette règle au moyen d'une élection de domicile prévue au contrat.

Seule la juridiction saisie de la requête peut soulever l'exception d'incompétence territoriale. Ce pouvoir appartient également au débiteur lors de l'instance introduite par son opposition.

301. La requête aux fins d'injonction de payer est déposée au greffe de la juridiction compétente par le demandeur ou son représentant légal. Elle contient à peine d'irrecevabilité, un certain nombre d'informations. La requête est accompagnée de documents justificatifs en originaux ou en copies certifiées conformes.

2- La décision du Président de la juridiction compétente

302. Le Président peut accueillir (a) ou rejeter la requête aux fins d'injonction de payer (b).

a- L'accueil de la requête

Le président de la juridiction se base sur les documents produits par le demandeur pour rendre une décision portant injonction de payer. Ce faisant, il fixe la somme à payer. Il faut faire remarquer que la demande peut être fondée en tout ou partie.

La requête et la décision portant injonction de payer sont conservées à titre de minute entre les mains du greffier. Celui-ci en délivre une expédition au demandeur.

[1544] Aux termes de l'article 33 de la loi n°2017-24 du 28 juin 2017 portant création, organisation et fonctionnement des tribunaux de commerce et des chambres commerciales d'appel, « dans les limites de la compétence du tribunal de commerce, le Président de ladite juridiction prend les ordonnances sur requête, notamment les ordonnances relatives aux procédures simplifiées de recouvrement de créance ».

Mais il peut arriver que le Président rejette en tout ou partie la requête.

b- Le rejet de la requête

Tout ou partie de la requête peut être rejeté. Dans ce cas, la décision du Président de la juridiction compétente est sans recours et le créancier est obligé de procéder selon les voies de droit commun. De même la requête et les documents produits sont restitués au requérant.

3- La réaction du débiteur

Lorsqu'une ordonnance d'injonction de payer lui a été signifiée, le débiteur peut payer (a), former opposition (b) ou laisser s'écouler le délai d'opposition ou se désister (c). Dans ces trois cas, il faut un préalable à savoir la signification. Pour permettre au débiteur de se déterminer, il importe de porter l'ordonnance d'injonction de payer rendue par le juge à sa connaissance[1545].

Le créancier signifie une copie certifiée conforme de l'expédition de la requête et de la décision d'injonction de payer à chacun des débiteurs par acte extrajudiciaire. Si dans les trois mois de sa date elle n'a pas été signifiée, la décision portant injonction de payer est non avenue. L'exploit de signification a un contenu prévu à l'article 8 de l'AUPSRVE à peine de nullité.

a- Le paiement

Lorsque le débiteur paie, le contentieux s'épuise et s'éteint[1546].

b- L'opposition

C'est, d'après l'article 9 de l'AUPSRVE, le recours ordinaire contre la décision d'injonction de payer. Elle est portée devant la juridiction compétente dont le président a rendu la décision d'injonction de payer

L'opposition est formée dans les quinze jours à compter de la signification de la décision portant injonction de payer.

L'opposant est tenu de respecter un certain nombre d'obligations à savoir :

[1545] TWENGEMBO, *Injonctions de payer, de délivrer ou de restituer, Encyclopédie du droit OHADA*, op.cit., p.1030, n°103.

[1546] Y. STRICKLER, *Procédure civile*, 2010, Paradigme, p.186, n°356.

-Signifier son recours à toutes les parties et au greffe de la juridiction ayant rendu la décision d'injonction de payer ;

-Servir assignation à comparaître devant la juridiction compétente à une date fixe qui ne saurait excéder le délai de 30 jours à compter de l'opposition.

303. La juridiction saisie sur opposition procède à une tentative de conciliation. De deux choses l'une : soit la tentative de conciliation aboutit et dans ce cas, le président dresse un procès-verbal de conciliation signé par les parties, soit la tentative échoue et la juridiction statue immédiatement sur la demande en recouvrement. Cette décision aura les effets d'une décision contradictoire et ce, même si le débiteur qui a formé opposition a été absent. Faisons remarquer que la décision de la juridiction saisie sur opposition se substitue à celle portant injonction de payer. Elle est susceptible d'appel dans les conditions du droit national de chaque Etat partie ;

L'expression « *conditions du droit national* » renvoie aux jugements susceptibles d'être portés devant la juridiction d'appel. Le législateur OHADA a néanmoins précisé que le délai d'appel est de trente jours à compter de la date de la décision rendue sur opposition.

c- Le défaut d'opposition dans les délais ou le désistement du débiteur ayant formé opposition

Si le débiteur ne forme pas opposition dans le délai de quinze jours à compter de la signification de la décision portant injonction de payer ou s'il se désiste après avoir formé opposition, le créancier peut demander l'apposition de la formule exécutoire sur cette décision. Celle-ci produit les effets d'une décision contradictoire. En outre, elle n'est pas susceptible d'appel.

La forme de la demande tendant à l'apposition de la formule exécutoire est précisée par le législateur de l'OHADA. Il s'agit d'une simple déclaration écrite ou verbale. Mais si le créancier ne présente pas de demande dans les deux mois suivant le délai d'opposition ou le désistement du débiteur, sa décision est non avenue

304. A l'injonction de faire, le législateur OHADA a préféré l'injonction de délivrer ou de restituer. (…) En d'autres termes alors que dans le droit français l'injonction de faire constitue une exception à l'article 1142 du Code civil, le législateur OHADA fait de sa procédure un mécanisme de mise en œuvre de l'une des obligations principales qui pèse sur le vendeur, à savoir celle de délivrer. Elle n'est que l'une des composantes de l'autre obligation principale du vendeur à savoir la restitution suite à l'action rédhibitoire[1547].

§2. L'injonction de délivrer et/ou de restituer

L'injonction de délivrer n'est pas la seule procédure simplifiée ; à côté, il y a celle de restituer un bien meuble corporel. Le contrat concerné peut être le contrat de dépôt[1548] et non celui de prêt d'argent puisqu'à ce niveau on rembourse, mais on ne restitue pas. L'arrêt de la Chambre civile et commerciale de la Cour d'appel de Daloa en est une illustration. Pour le juge d'appel la procédure simplifiée tendant à la délivrance ou à la restitution d'un meuble corporel n'est pas applicable lorsqu'il s'agit de réclamation portant sur une somme d'argent, de telle sorte que doit être déclarée irrecevable la demande tendant à obtenir la restitution d'une somme d'argent déposée dans un compte et fondée sur l'article 19[1549].

Il en est de même du contrat de vente et plus particulièrement de l'obligation de délivrance d'un bien meuble corporel déterminé. On peut citer l'article 250 ou 297 AUDCG.

A- La requête de délivrance ou de restitution

Elle est déposée ou adressée au greffe de la juridiction compétente du domicile ou du lieu où demeure effectivement le débiteur de l'obligation de délivrance ou de restitution. Cette règle de compétence territoriale est supplétive puisque les parties peuvent déroger à cette règle au moyen d'une élection de domicile prévue au contrat. L'article 20 AUPSRVE fait-il allusion à la compétence d'attribution ? Un auteur répond par l'affirmative d'autant qu'à son avis les parties à un contrat peuvent convenir de modifier, par voie de convention, les règles de compétences établies, qu'il s'agisse des règles relatives à la compétence

---

[1547] TWENGEMBO, *Injonctions de payer, de délivrer ou de restitue*r, in Encyclopédie du droit OHADA, op.cit., p.1013, n°6.

[1548] Aux termes de l'article 503 du COCC le dépositaire doit rendre la chose même qu'il a reçue, dans l'état où elle se trouve lors de la restitution, mais avec ses accroissements, ses produits et les fruits qu'il aperçus.

[1549] N. DIOUF, Acte uniforme du 10 avril 1998 portant organisation des procédures simplifiées de recouvrement et des voies d'exécution, OHADA, Traité et actes uniformes commentés et annotés, Juriscope, 2016, p.999.

territoriale ou des règles relatives à la compétence d'attribution[1550]. A notre avis, seule la compétence territoriale est visée, les règles de compétence d'attribution étant d'ordre public. Renvoi est fait à la loi nationale pour connaître le juge matériellement compétent.

L'article 20 AUPSRVE peut donner lieu à interpréter en raison des expressions utilisées à savoir celle de domicile ou du lieu où demeure.

La requête a un contenu visé à l'article 21 AUPSRVE à peine d'irrecevabilité.

B- La décision du juge

1. La décision de la « juridiction compétente »

L'article 22 AUPSRVE prévoit la possibilité pour la juridiction compétente de rejeter la requête. Dans ce cas, sa décision est sans recours pour le créancier. Cependant, ce dernier peut procéder selon les voies de droit commun en assignant par exemple le débiteur. Dans tous les cas, les documents produits sont restitués au requérant.

Est-ce une maladresse de la part du législateur OHADA que de préciser que la juridiction saisie rejette la requête ? Nous pensons qu'il aurait pu tout simplement préciser que c'est le président de la juridiction compétente qui peut rejeter la requête.

2- La décision du Président de la juridiction compétente : l'accueil

Le Président de la juridiction compétente rend une décision au pied de la requête portant injonction de délivrer ou de restituer le bien litigieux. Le fait que le législateur de l'OHADA utilise l'expression « décision au pied de la requête », ne doit pas nous faire perdre de vue qu'il s'agit bien d'une ordonnance sur pied de requête.

C- Les suites de l'ordonnance

Il s'agit de la signification de la décision portant injonction de délivrer ou de restituer et de l'option du débiteur.

En effet, l'ordonnance est signifiée à l'initiative du créancier. Elle doit être signifiée dans les trois mois de sa date sinon elle est non avenue.

1550 TWENGEMBO, *Injonctions de payer, de délivrer ou de restituer*, in Encyclopédie du droit OHADA, Lamy, 2011, p.1024.

Quant au débiteur, il peut opter pour l'exécution spontanée ou pas. Dans la seconde hypothèse, il peut faire opposition. Ce faisant, les dispositions des articles 9 à 15 de l'AUPSRVE s'appliquent.

Si le débiteur ne s'oppose pas dans les délais prescrits, le requérant peut demander au président de la juridiction compétente d'apposer la formule exécutoire sur la décision.

SECTION 2 : LES VOIES D'EXÉCUTION

305. Le droit de l'exécution forcée entretient un lien avec le droit des obligations et des sûretés, des procédures collectives et de la procédure civile.

Le droit de l'exécution forcée est un droit sanctionnateur tandis que le droit des obligations[1551] et des sûretés constituent des droits déterminateurs. Ce faisant, il assure la sanction de ceux-ci[1552]. Si le droit de l'exécution forcée et des sûretés assure le paiement effectif des créances, ils se distinguent par le fait que le premier droit est régi par l'adage selon lequel le paiement est le prix de la course tandis que le second droit rompt l'égalité entre les créanciers. Au même titre que la procédure civile, le droit de l'exécution forcée est un droit sanctionnateur. Mais la revalorisation du titre exécutoire permet de

---

[1551] V. J. CARBONNIER, *Flexible droit, pour une sociologie du droit sans rigueur*, op.cit., p.326.L'auteur met en évidence la distinction faite entre le *débitum* et l'*obligatio*. Le *débitum* renvoie au rapport du débiteur aux créanciers, envisagé en lui-même, à l'état pacifique alors que l'*obligatio*, plus dramatiquement, l'assujettissement du débiteur à ses créanciers, au pouvoir qu'ils ont de le harponner, de le saisir. En droit allemand, on parle respectivement de *schuld* et de *Haftung*. Toujours selon CARBONNIER, dans les facultés de droit, il est légitime que l'exposé didactique de la matière des obligations développe *Schuld* à titre principal et ne traite de *haftung* qu'en bref épilogue. Ce n'est pas à dire que la perspective de l'exécution forcée ne se projette pas déjà sur l'état apparemment paisible, du créancier et du débiteur. Pendant qu'elle maintient le créancier dans une sécurité, justifiée ou illusoire, elle plonge le débiteur dans l'anxiété-pour peu que sa trésorerie soit à l'étroit-ou (soyons optimistes), elle lui communique le minimum de stimulant qui fait que la plupart des obligations s'exécutent spontanément. Alors même que l'exécution forcée n'aura pas eu à jouer effectivement, elle a déjà été force exécutoire par sa seule présence de vigile dans la loi. La force inhérente aux procédures civiles d'exécution apparaît ainsi comme une pièce capitale du droit des obligations. De même que la violence inhérente au droit de punir est une pièce capitale de tout le système juridique.

[1552] F. VINCKEL, *Droit de l'exécution forcée*, Gualino, 2008, p.76, n°91.

constater un recul du juge notamment dans les saisies mobilières. Néanmoins certaines procédures sont marquées par l'intervention du juge. Dans tous les cas, le droit de l'exécution forcée regroupe l'ensemble des règles juridiques qui permettent aux créanciers de vaincre la défaillance de leurs débiteurs par la contrainte ou de préparer l'exercice de celle-ci[1553].

306. Le droit des voies d'exécution est un droit d'équilibre et la maxime *summum jus, summa injuria* y est d'actualité. En effet, du point de vue social, l'exécution forcée représente la dernière phase du conflit entre créancier et débiteur[1554]. Après le jugement qui le condamne, le débiteur est un vaincu, le créancier ne discute plus avec lui, il l'exécute[1555]. Il faut dire que la présentation de cette situation par des auteurs français met en évidence l'idée d'équilibre qui anime les voies d'exécution. Si pour TOULEMON P. CUCHE ainsi que d'autres auteurs le souci de la paix publique, une évidente préoccupation d'humanité, imposaient que la procédure d'exécution fût aménagée de telle sorte que le débiteur exécuté ne se transformât immédiatement en un indigent à la charge de la société[1556], en revanche, ces mêmes auteurs mettent en garde contre toute diabolisation du créancier qui n'est pas forcément un « mauvais riche houspillant un pauvre diable[1557] ».

307. Les procédures collectives peuvent constituer un obstacle aux voies d'exécution. A titre d'exemple, l'article 9 AUPCAP qui dispose que la décision d'ouverture du règlement préventif suspend ou interdit les voies d'exécution, les mesures conservatoires y compris toute mesure d'exécution extrajudiciaire. Cette dernière mesure renvoie au pacte commissoire par exemple. Les limites à la mise en œuvre des voies d'exécution par les règles des procédures collectives sont entre autres la nullité de la période suspecte, l'arrêt du cours des inscriptions, la suspension des poursuites individuelles.

En outre, l'article 150 AUPCAP n'exclut pas la vente d'immeubles suivant les règles de la saisie immobilière sauf dans le cas où ladite

---

1553 F. VINCKEL, *Droit de l'exécution forcée*, Gualino, 2008, p.15, n°1.

1554 Y. NDIAYE, *Les voies d'exécution*, in Encyclopédie juridique de l'Afrique, Organisation judiciaire, procédures et voies d'exécution, N.E.A, 1982, p.229.

1555 Y. NDIAYE, ibid.

1556 V. P. TOULEMON, *La responsabilité du plaideur triomphant et téméraire*, J.C.P. 1968, I, 2182 ; P. CUCHE, J. VINCENT, *Voies d'exécution et procédures de distribution*, Précis Dalloz, 10e édition, p.3.

1557 P. CUCHE, J. VINCENT, Ibid.

saisie est soumise à une clause d'exclusion extrajudiciaire conformément à l'AUS. Par conséquent, l'AUPCAP tolère l'AUPSRVE.

308. Le législateur sénégalais a prévu deux sortes d'exécution de l'obligation : une exécution volontaire[1558] et une exécution forcée[1559]. L'exécution forcée suppose l'absence d'exécution volontaire ; mais on ne peut pas dire qu'elle la remplace, car elle ne procure pas toujours au créancier une satisfaction aussi complète que l'exécution volontaire[1560]

L'exécution volontaire de l'obligation renvoie au paiement défini dans le COCC notamment à l'article 162 comme l'exécution volontaire d'une obligation antérieure. De la lecture de cette disposition, s'évince l'idée selon laquelle le domaine de l'exécution volontaire est l'obligation antérieure. Dans la logique du législateur donc, on ne peut payer une dette virtuelle, fictive, qui n'est pas encore née. Cela se comprend dans la mesure où l'adage connu de tous est « qui doit à terme ne doit rien », *a fortiori* celui qui n'a pas encore contracté de dette. Pourtant, le législateur OHADA prévoit l'existence d'une sûreté sur une dette qui est future ou conditionnelle[1561]. Il en est de même des saisies qui peuvent porter sur des créances conditionnelles[1562]

309. L'exécution forcée prévue par les articles 194 à 209 est abrogée par l'Acte uniforme du 10 avril 1998 portant organisation des procédures simplifiées de recouvrement et des voies d'exécution[1563] sauf pour ce qui concerne le régime juridique de l'astreinte, l'action directe, paulienne et oblique qui sont des mesures de conservation qui permettent aux créanciers de se protéger contre un débiteur négligent ou peu scrupuleux, voire malhonnête[1564]. Mais l'action directe, paulienne et oblique ne sont pas les seules mesures de conservation ; au-delà, il y a les mesures conservatoires telles que l'inventaire, les scellés[1565],

1558 Chapitre 1e du Titre 1e du livre 2e du COCC intitulé respectivement « l'exécution volontaire », « l'extinction de l'obligation » et les « effets des obligations ».

1559 Chapitre 2 du titre 1e du livre 2e du COCC intitulé « l'exécution forcée ».

1560 Y. NDIAYE, op.cit., p.228.

1561 Article 1er de l'Acte uniforme du 15 décembre 2010 portant organisation des sûretés (J.O. OHADA, n°22, 15/02/11).

1562 Article 50 AUPSRVE.

1563 J.O. OHADA n°6, 01/06/98, p.1 et s.

1564 P. DELEBECQUE, F.-J. PANSIER, *Droit des obligations, régime général*, LITEC, 2002, 2e édition, p.57, n°65.

1565 Article 635 Code de la famille.

séquestre, saisie conservatoire et l'inscription hypothécaire[1566].Aux termes de l'article 336 AUPSRVE, Il faut relever que l'AUPSRVE comprend deux livres, un premier relatif aux procédures simplifiées de recouvrement, et un second afférents aux voies d'exécution. C'est dire que les techniques de recouvrement sont nombreuses.

§1. Dispositions générales

Elles sont relatives au pouvoir de contrainte du créancier, au rôle des différents acteurs, le tout, sur fond d'équilibre. Ainsi, si le débiteur ne s'exécute pas volontairement, le créancier peut le contraindre à exécuter ses obligations à son égard ou à pratiquer une mesure conservatoire pour assurer la sauvegarde de ses droits. Il faut relever que la nature de la créance ainsi que celle des obligations importe peu. L'exécution forcée est néanmoins conditionnée par les caractères de la créance (Article 31 AUPSRVE). Elle peut être poursuivie à l'aide d'un titre exécutoire par provision, l'extension de l'assiette de la saisie (article 50 AUPSRVE). On parlera des objectifs des voies d'exécution d'une part (A) et des acteurs de celles-ci d'autre part (B).

A- Les objectifs des voies d'exécution

310. Le législateur a souhaité faciliter l'action du créancier, lequel a souvent préalablement suivi un parcours judiciaire afin d'obtenir une condamnation du débiteur sur le fond. Son droit de créance doit être effectif. La revalorisation du titre exécutoire traduit cette volonté. Dès lors que le créancier est titulaire de l'un des titres énumérés par la loi, il peut entreprendre directement une procédure d'exécution sans qu'il soit nécessaire de saisir à nouveau le juge[1567].Les différents titres exécutoires sont prévus à l'article 33 de l'AUPSRVE.

Le titre exécutoire constitue un préalable à l'exécution forcée. Au même titre que les mesures conservatoires, il consiste en la préparation de l'exécution.

Un autre objectif réside dans l'humanisation des voies d'exécution. C'est la raison pour laquelle, la juridiction compétente, compte tenu de la situation du débiteur et en considération des besoins du créancier,

[1566] Article 213 et s Acte uniforme portant organisation des sûretés.
[1567] C. ROBIN, op.cit., p.5.

peut, reporter ou échelonner le paiement des sommes dues[1568]. Il convient de relever que les textes nationaux qui prévoyaient le délai de grâce ne trouveront plus à s'appliquer en raison de la portée abrogatoire de l'AUPSRVE. De même, l'octroi du délai de grâce est limité à une année et ne concerne guère les dettes d'aliments et les dettes cambiaires. L'exclusion des premières catégories de dettes de l'emprise du juge s'explique par le besoin de survie du créancier. Quant aux secondes, les raisons tiennent entre autres à l'autonomie du droit cambiaire par rapport aux voies d'exécution. Ce droit est celui de la rigueur.

L'honneur et la vie privée du débiteur sont saufs vu qu'aucune saisie ne peut être effectué un dimanche ou un jour férié sauf en cas de nécessité et en vertu d'une autorisation spéciale du président de la juridiction dans le ressort de laquelle se poursuit l'exécution. De même, avant huit heures ou après dix-heures, aucune mesure d'exécution ne peut être commencée sauf en cas de nécessité. Ici également, il faudra l'autorisation de la juridiction compétente et seulement dans les lieux qui ne servent pas à l'habitation. Mais on pourrait se demander si dans cette dernière hypothèse, l'autorisation doit être spéciale et à quoi tient cette spécialité.

Pour récapituler, nous dirons que la protection du débiteur est multiforme : le principe de subsidiarité (article 28. Comme le dit un auteur, le législateur a instauré le recours préalable à certaines procédures d'exécution avant d'en entamer d'autres afin de protéger le créancier saisissant lui-même, les autres créanciers ou le débiteur saisi[1569]), l'immunité d'exécution, sa qualité de gardien (article 36), l'obtention de délai de grâce (article 39), la protection de sa vie privée (article 46), l'insaisissabilité de ses biens et droits (Article 51), information avant toute saisie, principe du contradictoire (article 35 AUPSRVE). Néanmoins, cette protection n'est pas exclusive de toute obligation (article 39 alinéa 1), les frais d'exécution qui sont en principe à sa charge sauf s'ils n'étaient pas nécessaires au moment où ils ont été exposés (Article 47), responsabilisation en fournissant des informations,

---

[1568] V.R. BEMBELLY, *L'application de l'article 39 de l'acte uniforme portant organisation des procédures simplifiées de recouvrement et des voies d'exécution par le juge congolais* , *Revue de l'ERSUMA :: Droit des affaires - Pratique Professionnelle*, N° 2 - Mars 2013, *Jurisprudence*.

[1569] C. ROBIN, *Procédures civiles d'exécution*, Vuibert, 2004, p.18.

en vendant à l'amiable ses biens[1570].Ces principes directeurs mettent en évidence l'importance des voies d'exécution sur le plan juridique, social[1571].

On aura remarqué que l'existence de notion à contenu variable donne du pouvoir à la juridiction compétente qui se trouve être un acteur des voies d'exécution

B- Les acteurs des voies d'exécution

Les dispositions générales de l'AUPSRVE comportent les règles relatives aux différents acteurs des voies d'exécution

Il s'agit du débiteur, du créancier, du tiers, de l'Etat et du Ministère public. Certains auteurs distinguent les sujets à savoir le saisissant, le saisi et les tiers, des autorités que sont les autorités d'exécution et judiciaires[1572]

Afin de rendre effectif le droit à l'exécution forcée, la coopération des tiers, l'assistance de l'Etat, du juge et de l'huissier demeurent nécessaire. Le fait également que les frais de l'exécution forcée soit à la charge du débiteur concoure à rendre effectif ce droit (Article 47 AUPSRVE). Dans le cadre des voies d'exécution, la situation de l'Etat varie. On peut être en présence d'une situation où l'Etat exerce les voies d'exécution[1573], celles-ci s'exécute contre l'Etat[1574] ou que celui-ci vient en aide aux titulaires d'un titre exécutoire[1575].

311. L'huissier ou l'agent d'exécution peut pénétrer dans les locaux servant ou non d'habitation si les conditions légales sont remplies. Il peut procéder à l'ouverture des portes et meubles. Si l'occupant ne se trouve pas dans le local ou si ce dernier en refuse l'accès, l'huissier ou l'agent d'exécution peut établir un gardien aux portes.

1570 V.B. NICOD, *La réforme des procédures civiles d'exécution* (loi n° 91-650 du 9 juillet 1991)
Recueil Dalloz, 1994, p.15.

1571 Encyclopédie juridique de l'Afrique, p.229.

1572 PH. HOONAKKER, *Procédures civiles d'exécution, Voies d'exécution, procédures de distribution*, Larcier, 2e édition, 2013, Paradigme, pp.15-98 ; R. PERROT, PH. THERY, Procédures civiles d'exécution, Dalloz, 2005, pp.126 et s.

1573 P. ANCEL, *L'exécution par la puissance publique*, RTD civ. 1993. 135

1574 P. DELVOLVE, *L'exécution contre l'administration*, RTD civ. 1993. 151

1575 J.-B. AUBY, *L'exécution avec le concours de la puissance publique*, RTD civ. 1993. 123.

Si l'huissier ou l'agent d'exécution rencontre une difficulté dans l'exécution d'un titre exécutoire, il peut saisir la juridiction compétente. Mais quel est ce juge ?

La réponse figure à l'article 49 AUPSRVE. En effet, le juge compétent en matière de voie d'exécution est le président de la juridiction statuant en matière d'urgence ou le magistrat délégué par lui. Le juge de l'exécution est-il autonome ou s'agit-il simplement d'une dévolution de nouvelle fonction au président de la juridiction compétente ? Est-ce un juge du fond ? L'article 49 AUPSRVE ne traite que de la compétence matérielle. La réponse à cette question est très controversée. A notre avis, le mode de saisine du juge constitue un critère d'identification de celui-ci. Ainsi, la remarque qui s'impose est que le juge peut être saisi soit par requête ou assignation (Article 170 AUPSRVE). L'article 31 de la loi n°2017 sur les tribunaux de commerce et les chambres commerciales d'appel dispose que c'est le président du tribunal de commerce ou le magistrat délégué par lui qui est compétent pour statuer sur toute demande relative à une mesure d'exécution forcée ou saisie conservatoire.

L'article 248 donne plénitude de compétence au juge des criées (rejet de la compétence du juge du fond et des référés au Sénégal). Pour le juge des référés de Nkongsamba au Cameroun, l'article 49 AUPSRVE ne s'applique pas en matière de saisie immobilière et seul le Tribunal de Grande instance est compétent[1576]. Au Sénégal, la juridiction de fond de droit commun est le tribunal de grande instance[1577].

312. Les tiers ne peuvent pas faire obstacles aux mesures d'exécution forcée ou conservatoires. C'est pourquoi, ils doivent y apporter leur concours sous peine de voir leur responsabilité civile engagée ou d'être condamné au paiement des causes de la saisie. En effet, la saisie est opposable aux tiers. Les tiers sont toutes les personnes autres que le créancier, le débiteur, l'huissier de justice et l'Etat titulaire du pouvoir de contrainte[1578]. Il existe plusieurs catégories de tiers : les tiers impliqués dans le processus d'exécution notamment lorsqu'ils sont

[1576] Tribunal de première instance de Nkongsamba, ordonnance de référé n°18/ Référé du 08 février 2000, et n°40/ Référé du 13 septembre 2000, Juridis périodique, n°51, p.48, obs. F. TEPPI KOLLOKO cité par J. FOMETEU, *Théorie générale des voies d'exécution OHADA*, in Encyclopédie du droit OHADA, op.cit., p.2085.

[1577] S.I.SOW, op.cit., p.51, n°46.

[1578] F. VINCKEL, op.cit., p.129, n°178.

appelés à prêter leur concours à un acte d'exécution, les tiers saisis qui sont les débiteurs du saisi et les tiers détenteurs, distincts des tiers saisis et qui désignent l'acquéreur d'un immeuble grevé par son auteur d'une sûreté réelle, qui s'expose à subir les poursuites du créancier titulaire de la sûreté[1579]. Mais leurs droits sont protégés dans les saisies conservatoires des meubles corporels et saisie vente car le tiers peut être un revendiquant (distraction) et son domicile est protégé des pénétrations de l'huissier.

313. Des principes sous-tendent les saisies. Il s'agit de la proportionnalité et de la subsidiarité. Le principe de proportionnalité est consacré aux articles 47, 177, 188 de l'Acte uniforme. Le principe posé à l'article 47 est que les frais de l'exécution forcée sont à la charge du débiteur sauf si, au moment où ils ont été exposés, il est manifeste qu'ils n'étaient pas nécessaires. A l'article 177 AUPSRVE, on se rend compte que tout le salaire du travailleur n'est ni saisissable, ni cessible. Il revient à chaque Etat partie de fixer un seuil que ni le total des saisies, ni la cession volontaire ne peut excéder.

Quant au principe de subsidiarité, on le retrouve à l'article 28 alinéa 2 de l'AUPSRVE. C'est ainsi que l'exécution est poursuivie en premier lieu sur les biens meubles et en cas d'insuffisance de ceux-ci, sur les immeubles. L'une des philosophies de cette règle demeure la protection du bien immobilier dont sont fortement attachés les êtres humains. La règle de la subsidiarité ne s'applique qu'en présence d'un créancier chirographaire.

§2. Les saisies

314. La saisie-exécution est la saisie pratiquée par un créancier, muni d'un titre exécutoire, sur les corporels appartenant à son débiteur et détenus par lui, pour se faire payer sur le prix de vente[1580]. Très souvent cependant, le créancier désire simplement mettre sous main de justice certains éléments de l'actif de son débiteur afin d'éviter que celui-ci ne les aliène ou ne s'en dessaisisse. Il veut garantir l'exercice de son droit de gage général qui porte sur les biens de son débiteur[1581]. Les saisies conservatoires sont des mesures conservatoires au même titre

[1579] F. VINCKEL, op.cit., p.130, n°179.

[1580] Y.NDIAYE, *Les saisies mobilières*, in Encyclopédie Juridique de l'Afrique, op.cit., p.241.

[1581] Y.NDIAYE, op.cit., p.250.

que les sûretés conservatoires qui visent à accorder au créancier un droit de préférence sur les biens qu'elles grèvent

Nous étudierons d'abord les saisies-conservatoires[1582] (A), ensuite les saisies à fin d'exécution (B).

A- Les saisies ayant pour objet de rendre indisponibles les biens du débiteur

Le créancier peut chercher à mettre un droit réel sur les biens du débiteur. Il peut donc passer par la voie des saisies conservatoires ou des sûretés judiciaires conservatoires telles que le nantissement du fonds de commerce, le nantissement des droits d'associés et valeurs mobilières, de comptes titres et l'inscription provisoire d'hypothèque. Mais ici, nous n'examinerons que la saisie conservatoire de droit commun (1), les saisies conservatoires spécifiques (2)

1- La saisie conservatoire de droit commun

Les saisies conservatoires tendent uniquement à rendre indisponibles certains biens mobiliers appartenant au débiteur[1583]

a- Les conditions de fond

315. Elles sont relatives à la créance d'autant que le créancier doit justifier d'une créance paraît fondée en son principe. Ainsi, à la différence de la saisie-exécution, le créancier n'a pas besoin de disposer d'une créance liquide, exigible et certaine au sens habituel de ce terme[1584]. Le créancier doit justifier de circonstances de nature à en menacer le recouvrement. L'article 401 CPC précisa ceci « *en cas d'urgence et si le recouvrement de la créance semble en péril* ». Cette disposition était inspirée de l'article 48 de l'ancien Code de procédure civile. Lorsqu'en droit français il a été admis qu'il ne s'agissait pas de

---

[1582] La notion de conservation est liée à la sauvegarde de certains biens. On retrouve les mesures conservatoires en droit civil et voies d'exécution. V. J.R. MIRBEAU-GAUVIN, *Réflexions sur les mesures conservatoires*, Recueil Dalloz, 1989, p.39.

[1583] N. DIOUF, commentaire du Titre 2 intitulé « Les saisies conservatoires »OHADA, Traité et actes uniformes commentés et annotés, Juriscope, 2016, p.1019.

[1584] Y.NDIAYE, op.cit., p.251.

n'importe quelle urgence et que celle-ci doit résulter d'un péril dans le recouvrement de la créance[1585].

La notion de « menace dans le recouvrement » est extrêmement fluide, d'autant que pour un créancier chirographaire, l'insolvabilité de son débiteur est une menace permanente[1586]. Pour la jurisprudence, il n'y a menace dans le recouvrement que s'il est fait état « d'éléments particuliers de nature à laisser supposer une insolvabilité imminente ou dont la survenance est à craindre[1587] ».

En outre, lorsque la créance est d'ores et déjà exigible, le défaut de paiement après mise en demeure peut laisser suspecter une menace dans le recouvrement[1588].

b- Les conditions de forme

Il s'agit en réalité de la description de la procédure. Le juge compétent est saisi par requête. C'est la juridiction du domicile ou du lieu où demeure le débiteur.

Parmi les conditions de forme, on peut ajouter l'autorisation de la saisie par la juridiction compétente. Mais celle-ci n'est pas nécessaire lorsque le créancier se prévaut d'un titre exécutoire. C'est le cas lorsqu'une lettre de change, un billet à ordre ou un chèque est dûment accepté certes, mais pas payé. L'autorisation n'est pas nécessaire lorsqu'un loyer dû en vertu d'un contrat de bail d'immeuble écrit est demeuré impayé après commandement.

L'article 59 AUPSRVE précise le contenu de la décision autorisant la saisie conservatoire. Il s'agit du montant des sommes pour la garantie desquelles la mesure conservatoire est autorisée et de la nature des biens

c- Le domaine de la saisie-conservatoire

La saisie-conservatoire porte sur des biens meubles corporels ou incorporels qui appartiennent au débiteur. Elle peut porter sur une créance ayant pour objet une somme d'argent

---

1585 CA Douai, 9 juill.1963, RTDCiv, 1964, p.184, obs. P. RAYNAUD ; RTDCiv 1967, p.887, obs. P. RAYNAUD; RTDCiv 1974, p.468, obs. R.PERROT.

1586 R. PERROT, PH. THERY, op.cit., p.695, n°778.

1587 CA Paris, 30 mai 1973 cité par R. PERROT, PH. THERY, op.cit. p.696, n°778 ; Cass.civ., 26 nov. 1998, Juris-Data,n°98-004653.

1588 Cass.civ., 6 déc. 1989, D.1990, IR p.4.

d- Les effets de la saisie-conservatoire

La saisie conservatoire rend les biens indisponibles. Lorsqu'elle porte sur une créance ayant pour objet une somme d'argent, l'acte de saisie la rend indisponible à concurrence du montant autorisé par la juridiction compétente lorsque cette autorisation n'est pas nécessaire, à concurrence du montant pour lequel la saisie est pratiquée

e- Les suites de l'autorisation de la saisie conservatoire

Il s'agit de l'obligation de pratiquer la saisie conservatoire d'une part et de l'introduction d'une procédure en vue de l'obtention d'un titre exécutoire. On peut y ajouter les incidents de la saisie conservatoire.

Si la saisie conservatoire n'est pas pratiquée dans un délai de trois mois à compter de la décision autorisant la saisie, l'autorisation de la juridiction compétente est caduque.

Le créancier est tenu dans le mois qui suit la saisie, à peine de caducité, d'introduire une procédure ou accomplir les formalités nécessaires à l'obtention d'un titre exécutoire. Ces formalités ne sont pas exigées si le créancier à procéder à la saisie conservatoire avec un titre exécutoire. Ces dispositions permettent de comprendre qu'il n'est pas question que la mesure conservatoire s'éternise, d'autant qu'elles emportent indisponibilité des biens du débiteur ou de certains d'entre eux. S'agissant de l'exigence de mettre en œuvre une procédure ou d'accomplir les formalités nécessaires à l'obtention d'un titre exécutoire, il faut bien comprendre que ce qui est attendu du créancier c'est qu'il accomplisse, dans le délai imparti, les formalités qui lui permettront d'obtenir le titre exécutoire qui lui fait défaut. En conséquence, il ne lui est pas demandé d'obtenir ce titre dans le délai d'un mois[1589].

L'article 62 AUPSRVE prévoit les cas de contestations possibles notamment lorsque le saisissant ne rapporte pas la preuve que les conditions prescrites par les articles 54, 55, 60 et 61. Les autres contestations sont portées devant la juridiction du lieu où sont situés les biens saisis. Il s'agit de celles qui sont relatives à l'exécution de la mesure.

1589 R. N. TEMGWA, *Saisies conservatoires*,in Encyclopédie du droit OHADA, op.cit., p.1751.

Après ces dispositions générales, il y a celles qui sont spécifiques. C'est l'exemple de la saisie conservatoire des biens meubles corporels, des créances, des droits d'associés et des valeurs mobilières.

2- Les saisies conservatoires spécifiques

Nous allons voir les saisies-conservatoires des meubles corporels (a) et incorporels (b).

a- La saisie conservatoire des biens meubles corporels

Lorsqu'on examine les dispositions relatives à la saisie conservatoire des biens meubles corporels, on voit que le législateur de l'OHADA commence par parler d'opérations de saisie d'abord, ensuite de conversion en saisie-vente. Mais qu'est-ce qu'une opération de saisie ? En l'absence de définition connue de nous de la part de la doctrine Ohadienne, nous nous sommes référé à celle française. Encore qu'à ce niveau, il faut relever que certains auteurs ne prennent même pas la peine de déterminer le sens de cette notion. Pour PH. HOONAKKER en revanche, les opérations d'exécution sont les actes juridiques ou matériels de mise en œuvre de la contrainte sur la personne ou les biens du débiteur. Elles s'inscrivent dans les mesures provisoires lorsqu'il s'agit de garantir les droits du créancier et dans les mesures d'exécution forcée lorsqu'il s'agit de lui effectivement satisfaction[1590]. La saisie conservatoire peut être faite entre les mains du débiteur ou d'un tiers. Dans le premier cas, les opérations de saisie peuvent être accomplies en présence ou en l'absence du débiteur.

Il arrive que les règles de la saisie-vente s'appliquent à la saisie-conservatoire de biens meubles corporels notamment lorsque la saisie conservatoire est pratiquée entre les mains du débiteur (Article 66, 68 à 72 AUPSRVE)

a-1-La saisie-revendication

L'objectif recherché dans la saisie-revendication c'est de rendre indisponible un bien que le créancier souhaite se voir restituer, éviter que le bien ne soit cédé à un tiers qui pourrait lui opposer la règle en fait de meuble possession vaut titre. Donc en attendant la remise du bien meuble corporel, la personne apparemment fondée à requérir sa délivrance ou restitution va le rendre indisponible au moyen d'une saisie-revendication.

1590 PH. HOONAKKER, op.cit., p.87, n°171.

Ce faisant, elle va introduire une requête auprès de la juridiction compétente pour une autorisation préalable, sauf si le créancier se prévaut d'un titre exécutoire ou d'une décision de justice qui n'a pas encore force exécutoire. L'autorisation est opposable à tout détenteur du bien désigné. Le juge compétent est celui du domicile du défendeur.

La saisie-revendication peut se faire entre les mains de tout détenteur du bien ou du tiers détenteur.

La saisie-revendication peut faire l'objet d'une contestation. C'est ainsi que le détenteur peut se prévaloir d'un droit propre sur le bien saisi, qu'une mainlevée peut être ordonnée lorsque les conditions de l'article 60 et 61 ne sont pas réunies.

a-2-La saisie foraine

316. Le débiteur peut ne pas avoir de domicile fixe ou son domicile ou son établissement se trouver dans un pays étranger. Dans cette occurrence, la juridiction compétente pour autoriser et trancher les litiges relatifs à la saisie de ses biens est celle du domicile du créancier. Il s'agit bien en l'espèce d'une mesure réaliste et protectrice du créancier.

Si les biens saisis se trouvent entre les mains du saisissant, il en assure la garde ; à défaut, un gardien sera établi.

La procédure applicable en la matière est celle en vigueur dans les saisies conservatoires.

b- Les saisies conservatoires de meubles incorporels

Les saisies conservatoires de meubles incorporels concernent la saisie-conservatoire des créances (b-1) et la saisie-conservatoire des droits d'associés et valeurs mobilières (b-2).

b-1-saisie-conservatoire des créances

Aux termes de l'article 57 AUPSRVE, lorsque la saisie porte sur une créance ayant pour objet une somme d'argent, l'acte de saisie la rend indisponible. La saisie conservatoire des créances se présente comme un prélude à la nouvelle saisie-attribution[1591]

Le créancier procède à la saisie au moyen d'un acte d'huissier ou d'agent d'exécution. Cet acte est signifié au tiers. Les articles 54 et 55 sont respectés. La saisie conservatoire des créances est une saisie

---

[1591] R. N. TEMGWA, op.cit., p.1763.

tripartite qui met en présence le créancier saisissant, le débiteur saisi et le tiers saisi, débiteur du débiteur saisi[1592]. Le tiers saisi est tenu de fournir des renseignements à l'huissier ou l'agent d'exécution sinon il s'expose à payer les sommes pour lesquelles la saisie a été pratiquée si celle-ci est convertie en saisie-attribution ou à être condamné à des dommages et intérêts.

Après la saisie entre les mains du tiers saisi, celle-ci est dénoncée dans un délai de huit jours, à peine de caducité, au débiteur ;

La saisie conservatoire des créances peut être convertie en saisie-attribution.

b-2-La saisie conservatoire des droits d'associés et des valeurs mobilières

317. Les droits d'associé et les valeurs mobilières étant toujours émis par un tiers, leur saisie conservatoire est tripartite et se réalise donc en deux temps, qui conditionnent ses effets : l'acte de saisie entre les mains du tiers et sa dénonciation au débiteur saisi[1593]. Les droits d'associé renvoient aux parts sociales attribuées en rémunération des apports ou droits accordés aux membres des GIE, associations.

B- Les saisies à fin d'exécution

Les objectifs visés par ces différentes saisies c'est de liquider les biens du débiteur ou d'affecter des sommes dues au débiteur au paiement de sa dette. Comme le dit si bien un auteur, les mesures d'exécution forcée sans vente tendant au recouvrement de créances monétaires sont celles qui portent sur une créance de même nature que le débiteur détient contre un tiers appelé le tiers saisi. L'absence de vente se justifie alors par la nature des biens saisis et non par celle de l'obligation à exécuter[1594]

Nous allons distinguer la saisie mobilière dc la saisie immobilière.

1- La saisie mobilière

La saisie mobilière porte sur des biens meubles, qui sont soient incorporels, soit corporels.

1592 PH. HOONAKKER, op.cit., p.414, n°873.

1593 PH. HOONAKKER, op.cit., p.422.

1594 PH. HOONAKKER, *Procédures civiles d'exécution, Voies d'exécution*, Procédures de distribution, Larcier, 2012, p.155.

a- Les saisies portant sur des meubles incorporels

Les meubles incorporels sont les créances de somme d'argent et les autres droits incorporels du débiteur. La saisie de meubles incorporels s'opère nécessairement entre les mains d'un tiers. Le créancier saisissant fait défense à un tiers saisi qui doit des sommes d'argent au débiteur ou qui détient de valeurs pour son compte de lui remettre ce qui lui est dû. Le créancier s'adresse ainsi au débiteur de son débiteur. Le mécanisme est toujours triangulaire[1595]. Il s'agit du tiers saisi, du débiteur saisi et du créancier. Au rang des créances de somme d'argent ou monétaires nous avons la saisie-attribution, la saisie des rémunérations. Il y a également l'avis à tiers détenteur. En effet, toutes les saisies de créances sont à réalisation immédiate, puisqu'elles portent sur un objet susceptible de satisfaire directement le créancier qui poursuit le paiement d'une somme d'argent[1596]. L'attribution immédiate fait aujourd'hui figure de principe, et l'on peut y trouver la manifestation la plus éclatante du souci de revalorisation du titre exécutoire. En revanche, parce que le crédit du salarié était en jeu, l'attribution immédiate a été exclue pour la saisie des rémunérations[1597].

318. La saisie-attribution des créances est prévue à l'article 153 et suivant de l'AUPSRVE. Cette procédure ouverte au créancier titulaire d'un titre exécutoire, se déroule en dehors de toute intervention judiciaire et, surtout, produit un effet attributif immédiat de la créance, ce qui fait disparaître tout concours entre créanciers[1598]. La saisie-attribution classique est complétée par la saisie-attribution de créances à exécution successive et la saisie-attribution des comptes bancaires.

De façon sommaire, nous allons évoquer les conditions de la saisie-attribution de droit commun, sa procédure et ses effets.

Les conditions tiennent aux personnes et à la créance. Les personnes sont le saisissant, le débiteur saisi et le tiers saisi. Pour les premiers, un renvoi doit être fait aux dispositions générales notamment le Titre I du Livre II intitulé « Voies d'exécution ». Il faut rappeler que la personne centrale dans cette procédure est le tiers saisi. C'est le débiteur du débiteur saisi, la personne entre les mains de laquelle est opérée la

---

[1595] C. ROBIN, *Procédures civiles d'exécution*, op.cit., p.43.

[1596] R. PERROT, PH. THERY, *Procédures civiles d'exécution*, Dalloz, 2005, p.361, n°342.

[1597] R.PERROT, PH. THERY, Ibid.

[1598] C.ROBIN, *Procédures civiles d'exécution,* op.cit., p.44.

saisie[1599]. Pour la jurisprudence française, le tiers saisi doit avoir un pouvoir propre et indépendant sur les biens objet de la saisie. C'est le cas du dépositaire, du représentant légal. C'est la raison pour laquelle la saisie-attribution est exclue s'il existe un lien de subordination à l'égard du débiteur saisi. Elle ne peut donc être pratiquée entre les mains du salarié du débiteur, tel un caissier. Dans cette hypothèse, les fonds détenus devront faire l'objet d'une saisie-vente[1600].

Le tiers saisi peut être le créancier saisissant. On parle dans ce cas de saisie-attribution sur soi-même. Par cette saisie pratiquée par le créancier saisissant entre ses propres mains, ce dernier bloque entre ses mains une somme d'argent dont il est redevable envers le saisi. Il faut supposer que créancier saisissant et débiteur saisi sont réciproquement créancier et débiteur l'un de l'autre[1601].

Il existe deux sortes de créances : la créance cause et objet de la saisie. La créance cause de la saisie est celle du créancier saisissant envers le débiteur saisi. Elle doit être certaine, liquide et exigible. Ces caractères ne sont pas exigés concernant la créance objet de la saisie. Celle-ci doit être obligatoirement une créance monétaire. Un auteur assimile la créance à la monnaie en ces termes : « *la solvabilité du banquier confère à la créance que constitue un solde créditeur une sécurité telle qu'elle est assimilée à son objet même, aux fonds auxquels elle donne droit*[1602] ». Mais pour d'autres, la saisie-attribution porte sur des créances et non sur des sommes d'argent d'autant que le tiers saisi peut ne pas détenir matériellement des fonds, voire être insolvable ; la saisie n'en est pas moins valable[1603].

319. Nous allons à présent évoquer la procédure de saisie-attribution qui se déroule en trois temps. D'abord l'acte de saisie, ensuite la déclaration du tiers saisi et enfin la dénonciation au tiers saisi.

320. Aux termes de l'article 157 AUPSRVE, le créancier procède à la saisie par un acte signifié au tiers par l'huissier ou l'agent d'exécution. L'acte doit, à peine de nullité avoir un certain contenu.

[1599] C.ROBIN, op.cit., p.44.

[1600] PH.HOONAKKER, op.cit., p.157, n°320.

[1601] C. ROBIN, op.cit., p.45.

[1602] M.RIVES-LANGE, *La monnaie scripturale (contribution à une étude juridique)*, in Etudes de droit commercial en l'honneur d'Henri Cabrillac, LITEC, 1968, p.405, note 2.

[1603] R. PERROT, PH. THERY, op.cit., p.353, n°353.

Après la signification de l'acte de saisie, il y a des obligations qui pèsent tant sur le tiers saisi que sur le créancier saisissant.

Ainsi, le tiers saisi est tenu de déclarer au créancier l'étendue de ses obligations à l'égard du débiteur ainsi que les modalités qui pourraient les affecter et, s'il y a lieu, les cessions de créance, délégations ou saisies antérieures. La déclaration et communication doivent être faites sur le champ dans l'acte de saisie ou si l'acte n'est pas signifié à personne, au plus tard dans les cinq jours. La déclaration du tiers saisi peut être contestée par le créancier saisissant qui peut intenter une action en responsabilité civile pour déclaration inexacte, incomplète ou tardive. Le tiers saisi peut-il justifier d'un motif légitime pour ne pas respecter ses obligations ? Le législateur de l'OHADA est muet sur la question. En droit français, la jurisprudence exige que le motif soit subjectif et non objectif.

321. Dans un délai de huit jours, à peine de caducité, la saisie est dénoncée au débiteur par acte d'huissier ou d'agent d'exécution. Comme l'écrit un auteur, dans la première phase de la procédure, tout se passe entre le créancier et le tiers saisi, sans que le débiteur saisi n'en soit informé. La raison est simple, il faut éviter toute manœuvre frauduleuse. Mais une fois la saisie réalisée, ce risque n'existe plus et il faut alors en informer le débiteur dans les meilleurs délais, afin qu'il puisse préserver ses droits[1604].L'information du débiteur de l'existence d'une procédure d'exécution intentée contre lui s'effectue par un acte de dénonciation de la saisie[1605].

L'acte de saisie rend le tiers personnellement débiteur des causes de la saisie. Il emporte attribution immédiate au profit du saisissant de la créance saisie, disponible entre les mains du tiers. Ainsi, le créancier saisissant a un droit exclusif sur la créance saisie[1606] et cela, en atteste l'article 155 alinéa 2 AUPSRVE. Le jugement d'ouverture d'une procédure collective remet-il en cause la saisie-attribution faite antérieurement ? En droit français, la réponse est négative. En droit OHADA, même si nous optons pour cette réponse, nous pensons que l'expression « sans préjudice des dispositions organisant les procédures collectives » suscite interrogation.

[1604] PH. HOONAKKER, op.cit., p.163, n°332.
[1605] C. ROBIN, op.cit., p.48,n°77.
[1606] C. ROBIN, op.cit., p.49.

Le législateur de l'OHADA ne s'est pas prononcé sur l'objet des contestations mais plutôt sur le juge compétent pour se prononcer, la forme de l'acte de saisie.

Si aucune contestation n'a été formée dans le mois qui suit la dénonciation de la saisie ou sur présentation de la décision exécutoire de la juridiction rejetant la contestation, le tiers saisi procède au paiement.

A côté de ces règles, il y a celles de la saisie des créances à exécution successive et des comptes bancaires.

322. Le revenu est souvent une ressource exclusive et à vocation alimentaire, devait être, pour partie, protégé des créanciers[1607]. Il n'est pas question plus grave que celle se rapportant aux atteintes à la rémunération d'une personne. A lui tout seul, ce détail peut expliquer ou justifier qu'un titre entier, le cinquième du livre 2 de l'Acte uniforme portant organisation des procédures simplifiées de recouvrement et des voies d'exécution, y ait été spécifiquement consacré[1608]

323. Les autres droits incorporels sont les droits d'associés et valeurs mobilières. Le créancier peut faire procéder à la saisie et à la vente des droits incorporels autres que les créances de sommes d'argent, dont son débiteur est titulaire[1609]. Au niveau du Titre VII de l'AUPSRVE, il est prévu des dispositions particulières à la saisie des droits d'associés et des valeurs mobilières. Il s'agit d'une application des articles 85 à 90 AUPSRVE. La saisie s'effectue auprès de la société ou de la personne morale émettrice soit auprès du mandataire chargé de conserver ou de gérer les titres. On voit que le lien est vite établi entre les voies d'exécution et le droit des marchés financiers. La saisie est opérée huit jours après un commandement de payer demeuré infructueux. L'acte de saisie contient à peine de nullité. Dans un délai de huit jours, la saisie est portée à la connaissance du débiteur par la signification d'un acte dont le contenu est prévu à l'article 238 AUPSRVE. L'acte de saisie entraine un certain nombre d'effets dont l'indisponibilité des droits pécuniaires du débiteur. Si le débiteur consigne une somme suffisante pour désintéresser le créancier, il peut obtenir la mainlevée.

Deux types de vente peuvent être effectués : la vente amiable selon les dispositions des articles 115 à 119 et la vente forcée sous forme

---

1607 C. ROBIN, *op.cit.*, p.57.

1608 S. S. K. TAMEGHE, *Saisie des rémunérations*, Encyclopédie du droit OHADA, op.cit., p.1631.

1609 C. ROBIN, *op.cit.*, p.71.

d'adjudication. L'un des obstacles possibles demeurent la mise en œuvre d'une clause d'agrément.

b- Les saisies portant sur des meubles corporels

Les mesures d'exécution forcée peuvent porter sur des biens meubles corporels. C'est l'exemple de la saisie-vente, la saisie-appréhension, de la saisie des véhicules terrestres à moteur et de la saisie des récoltes sur pied.

Il faut dire que le législateur OHADA, en matière de saisie-vente, a prévu les étapes suivantes : signification du commandement, saisie, vente. Ensuite, il envisage la problématique des incidents de saisie. Lorsque la saisie-vente est possible, elle se réalise toujours en deux étapes successives : la saisie et la vente. Mais ce déroulement normal de la saisie peut être perturbé par des incidents[1610]. En principe, et dans un souci de simplicité, la procédure se déroule en dehors de toute intervention judiciaire. Néanmoins, la procédure devient judiciaire en présence d'incidents[1611].

324. Le chapitre II du Titre III portant sur la saisie-vente comporte trois sections, l'une relative aux dispositions communes, les autres aux opérations de saisie entre les mains du débiteur et des tiers.

Au niveau de la Section 1, le législateur de l'OHADA rappelle que tous les biens meubles corporels du débiteur qui sont saisissables peuvent faire l'objet d'une saisie-vente et ce, même s'ils ont fait antérieurement l'objet d'une saisie-conservatoire. Dans ce cas, il y aura conversion de la saisie conservatoire en saisie-vente. L'huissier ou l'agent d'exécution dresse un procès-verbal de carence sauf si le créancier requiert la continuation de l'exécution si aucun bien ne peut faire l'objet de saisie ou n'a manifestement pas de valeur marchande.

Les biens saisis sont indisponibles. En effet, il est clair que la procédure se complique, par la nécessité où l'on se trouve d'organiser la vente des biens saisis ; et comme, par la force des choses, cette mise en vente exige un certain temps, le problème de l'indisponibilité des biens saisis jusqu'au jour où ils seront enlevés pour être vendus, revêt une importance particulière[1612]. Le législateur OHADA précise néanmoins qu'une cause légitime peut rendre le déplacement des biens nécessaire.

[1610] PH. HOONAKKER, op.cit., p.242, n°499.
[1611] C. ROBIN, op.cit., p.76, n°136.
[1612] R. PERROT, PH. THERY, op.cit., p. 571.

Dans ce cas, le gardien est tenu d'informer préalablement le créancier, sauf en cas d'urgence absolue. Dans tous les cas, il indiquera au créancier le lieu où les biens seront placés.

Huit jours après commandement de payer resté sans effet, l'huissier ou l'agent d'exécution peut, sur justification du titre exécutoire, pénétrer dans un lieu servant ou non à l'habitation.

Dans la procédure de saisie-vente, il y a le commandement de payer, les opérations de saisie et la vente des biens saisis[1613].

Le commandement de payer est un exploit d'huissier au moyen duquel le créancier met le débiteur en demeure de payer. C'est un « ordre de payer[1614] ».

Au regard de l'article 91 AUPSRVE, on constate que la saisie-vente est précédée de la signification d'un commandement. L'objectif recherché dans la saisie-vente, c'est non seulement la saisie, mais également la vente des biens meubles corporels appartenant au débiteur, pour se faire payer sur le prix de celle-ci. Ces biens peuvent être détenus ou non par le débiteur. Dans tous les cas, le créancier doit être muni d'un titre exécutoire constatant une créance liquide et exigible.

Ce commandement préalable est signifié au débiteur au moins huit jours avant la saisie. Il contient les mentions prévues à l'article 92 AUPSRVE, à peine de nullité.

Le commandement contient élection de domicile dans le ressort territorial juridictionnel où l'exécution est poursuivie, si le créancier n'y demeure pas et ce, jusqu'à la fin de la poursuite.

Il est signifié à personne ou à domicile, mais jamais à domicile élu. Une lecture combinée des articles 93 et 94 risque de nous faire croire qu'il y a comme une sorte de contradiction entre ces deux dispositions.

325. La saisie peut s'opérer entre les mains du débiteur ou d'un tiers. Dans le premier cas, si le débiteur est présent, l'huissier ou l'agent d'exécution réitère verbalement la demande de paiement et informe le débiteur qu'il est tenu de faire connaître les biens qui auraient fait l'objet d'une saisie antérieure. Après quoi, l'huissier ou l'agent d'exécution dresse un inventaire des biens. Si le débiteur n'a pas assisté aux opérations de saisie, une copie du procès-verbal de saisie lui est signifiée.

[1613] C. ROBIN, op.cit., p.76, n°137.
[1614] C. ROBIN, op.cit., p.77.

La saisie produit les effets suivants : indisponibilité des biens, le débiteur est gardien à moins que les biens soient remis à un séquestre. En effet, le débiteur peut certes continuer à se servir de ses biens sauf s'il s'agit de biens consomptibles, mais il ne peut ni les déplacer, ni en disposer. Le fait que le débiteur soit gardien découle de l'article 100, 6°. Ainsi, l'acte de saisie contient à peine de nullité, la mention en caractères très apparents, que les biens saisis sont placés sous la garde du débiteur.

La saisie peut s'opérer entre les mains d'un tiers. Celui-ci n'est pas tenu de la dette du débiteur saisi. C'est pourquoi sa vie privée doit être protégée. Lorsqu'aux termes de l'article 105 AUPSRVE la saisie porte sur des biens qui sont détenus par un tiers et dans les locaux d'habitation de ce dernier, elle doit être autorisée par la juridiction du lieu où sont situés les biens. En outre, le commandement de payer signifié au débiteur doit être présenté au tiers détenteur. Celui-ci peut soit déclarer ne détenir aucun bien appartenant au débiteur, soit déclarer détenir des biens pour le compte du débiteur.

Le tiers saisi peut être titulaire d'un droit d'usage sur les biens saisis. Il peut se prévaloir d'un droit de rétention.

Le législateur OHADA a prévu deux types de vente : amiable et forcée.

La vente amiable est l'illustration parfaite de l'objectif de civilisation poursuivi par le législateur. Elle a été instituée dans un souci d'humanisation pour éviter au débiteur des traumatismes d'une vente forcée, mais sans sacrifier les intérêts de ses créanciers[1615]. En droit OHADA c'est une exigence préalable à la vente forcée[1616].En permettant au débiteur de vendre amiablement ses biens, le législateur de l'OHADA prend ce faisant en considération la volonté de celui-ci dans les procédures d'exécution[1617].

La vente forcée se fait aux enchères publiques. Elle doit cependant être préparée. Ce faisant, il faut une publicité en vue de la vente forcée et une vérification des biens saisis.

La saisie-vente peut être émaillée d'incidents. C'est ainsi que des créanciers peuvent s'opposer à une première saisie déjà engagée.

[1615] PH. HOONNAKKER, op.cit., p.252, n°515.

[1616] J.P. TCHOU-BAYO, *Saisie-vente*, in Encyclopédie du droit OHADA, op.cit., p.1789.

[1617] F. VINCKEL, op.cit.,p.79, n°97.

Autrement appelé concours de saisies, l'opposition est le fait pour le créancier d'un débiteur dont les biens ont déjà fait l'objet d'une première saisie-vente d'intervenir dans cette procédure à défaut de saisir de nouveau les mêmes biens car selon un adage bien établi « saisie sur saisie ne vaut[1618] ». Il s'agit de l'opposition-adjonction, de la saisie complémentaire ou de la subrogation.

Le débiteur saisi peut soulever des contestations notamment lorsque tous les biens ne sont pas saisissables ou pour rejeter la validité de la saisie.

Enfin, les tiers peuvent élever des contestations. Il s'agit de l'action en distraction.

326. Les autres saisies de meubles corporels sont la saisie-appréhension (le créancier d'une obligation de livraison ou de restitution d'un bien meuble), la saisie des récoltes sur pied.

Le créancier d'une obligation de délivrer ou de restituer un meuble corporel dispose désormais d'une voie d'exécution appropriée pour obtenir l'exécution en nature de sa créance ; c'est l'objet de la saisie-appréhension[1619].

La procédure de la saisie des récoltes sur pied n'est pas très différente de celle de la saisie-vente. Elle se déroule en trois phases à savoir le commandement de payer, le procès-verbal de saisie et la garde des récoltes saisies. La vente est soumise à la publicité[1620].

2- La saisie immobilière

327. La saisie immobilière est une procédure d'exécution ayant pour objet la vente forcée des immeubles saisis. C'est une voie d'exécution par laquelle un créancier fait placer sous main de justice un immeuble afin de le faire vendre et de se payer sur le prix[1621] Pour en avoir une connaissance parfaite, nous recommandons l'ouvrage du professeur N. DIOUF et de S.I.SOW. L'une des remarques qui s'impose demeure l'existence d'un formalisme en matière de saisie immobilière. En effet, la vente de l'immeuble saisi est un acte particulièrement grave pour l'adjudicataire et les personnes qui ont des droits sur cet immeuble.

1618 J.P. TCHOU-BAYO, op.cit., p.1793.

1619 D. NGANKO, *Saisie-appréhension*, in Encyclopédie du droit OHADA, op.cit., p.1719, n°1.

1620 J.-P. TCHOU-BAYO, *Saisie-vente*, in Encyclopédie du droit OHADA, op.cit., p.1802.

1621 C. ROBIN, op.cit., p.93.

Aussi est-elle précédée de formalités minutieuses qui sont censés concilier les intérêts en présence. Les unes consistent à fixer précisément les conditions et modalités de la vente: c'est l'objet de l'établissement du cahier des charges. Les autres sont destinées à attirer les éventuels acquéreurs pour que la vente soit faite au meilleur prix) : ce sont les formalités de publicité[1622].

La saisie immobilière est soumise à des conditions qui sont relatives à la nature des biens à savoir la part indivise d'un immeuble, l'immeuble commun et l'immatriculation préalable de l'immeuble si la législation nationale le requiert. Remarquons que la créance doit être certaine, liquide et exigible. Mais la poursuite de la vente peut se faire en vertu d'un titre exécutoire par provision ou pour une créance en espèce non liquidée sauf l'adjudication.

328. Les acteurs de la saisie immobilière sont le créancier poursuivant, sujet actif et le débiteur tenu personnellement de la dette ou le tiers détenteur. Le créancier peut être hypothécaire, privilégié ou chirographaire. Ce créancier doit impérativement respecter les formalités de la saisie immobilière. Il faut dire toutefois que la réforme de l'acte uniforme sur les sûretés tel qu'adopté le 14 décembre 2010 à LOME a remis en cause les principes jusque-là chers au droit des voies d'exécution. Désormais, il est possible pour le créancier hypothécaire de se faire attribuer l'immeuble en propriété ou de se le faire attribuer en justice sans avoir besoin de procéder par la saisie immobilière[1623].

Le débiteur est celui qui est tenu personnellement ou solidairement de la dette[1624].

La procédure de la saisie immobilière est composée de ces différentes phases : la phase conservatoire (commandement), la phase exécutoire (les formalités préparatoires à savoir la rédaction et le dépôt d'un cahier de charges, la sommation de prendre communication du cahier des charges, ensuite il y a l'audience éventuelle (les dires et

[1622] G. KERE KERE, *La saisie immobilière d'après le droit OHADA*, Revue africaine des sciences juridiques, Vol. 6, n°1, 2009, pp.149-150. *Adde*Guy Saturnin TSETSA, « Le formalisme de la saisie immobilière en droit OHADA », *Revue de l'ERSUMA :: Droit des affaires - Pratique Professionnelle*, N° 6 - Janvier 2016, *Doctrine*.

[1623] P.G. POUGOUE, F. TEPPI KOLLOKO, *Saisie immobilière*, in Encyclopédie du droit OHADA, op.cit., p.1648.

[1624] P.G. POUGOUE, F. TEPPI KOLLOKO, op.cit., p.1649.

observations) enfin la publicité en vue de la vente (276),la vente étant l'aboutissement.

Le chapitre 2 est consacré à la mise de l'immeuble sous main de justice. Ainsi, le législateur précise que la poursuite en vente forcée d'immeubles doit être précédée d'un commandement aux fins de saisie, à peine de nullité. Ce commandement doit, à peine de nullité être signifié au débiteur et le cas échéant au tiers détenteur. Son contenu est prévu à l'article 254 AUPSRVE. Pour rédiger le commandement, l'huissier ou l'agent d'exécution peut pénétrer dans les immeubles sur lesquels doit porter la saisie et se faire assister au besoin par la force publique.

L'original du commandement est visé par le conservateur de la propriété foncière. Une copie est remise à ce dernier pour la publication.

Le commandement produit des effets. C'est ainsi que si le débiteur ne paie pas le commandement vaut saisie à compter de son inscription. En outre, l'immeuble et ses revenus sont immobilisés

Le chapitre 3 est réservé à la préparation de la vente.

Les formalités qui préparent la vente sont le dépôt du cahier de charges, la sommation de prendre communication, l'audience éventuelle et la publicité.

Le chapitre IV est consacré à la vente de l'immeuble. On s'intéressera à la question du moment, du lieu de l'adjudication.

329. La procédure de saisie immobilière peut se dérouler normalement ou être émaillée d'incidents. Qu'est-ce qu'un incident de la saisie immobilière ? Dans le droit commun, on entend par incident de saisie tout débat qui a pour cause la saisie, qui s'y réfère directement en mettant en lutte le saisi et le poursuivant et qui doit exercer une influence nécessaire sur la marche de la procédure[1625].Il faut dire qu'en droit français, il y a eu une conception extensive et restrictive de la notion d'incident. En vertu de la conception extensive, les incidents de la saisie immobilière renvoient à toutes demandes formulées à la suite du déclenchement d'une procédure de saisie immobilière et qui est de nature à l'influencer[1626]. En revanche, pour la deuxième chambre civile de la cour de cassation française, les incidents de saisie immobilière

1625 Cour de cassation française civile, 21 mars 1892, Penant, 1892, 1, p.178.

1626 V. P.G.POUGOUE, T. KOLOKO, Saisie immobilière, in Encyclopédie du droit OHADA, op.cit., p.1689, n°88.

sont toutes contestations nées de la procédure de saisie ou s'y référant directement et qui sont de nature à exercer une influence immédiate et directe sur cette procédure[1627].

Qu'en est-il du législateur de l'OHADA ? Selon un auteur, par son silence sur la notion d'incident, le législateur laisse au juge le soin de déterminer les contestations ou demandes qui entrent dans cette catégorie[1628]. Pour conforter son propos, il cite R. ASSONTSA qui a écrit ceci : *« il (le juge) règle les incidents, expressément prévus ou non, qui naissent éventuellement à l'occasion de l'exécution forcée et ce, suivant une procédure contentieuse qui reste à définir ou à clarifier[1629]* ». Nous pensons au regard de l'article 298 AUPSRVE en vertu duquel toute contestation ou demande incidente relative à une poursuite de saisie immobilière formulée postérieurement à la signification du commandement est formulée par simple acte d'avocat, que le législateur a bel et bien défini les incidents de la saisie immobilière. D'ailleurs, le juge S.I. SOW cite un jugement rendu par le Tribunal régional hors classe de Dakar qui a indiqué que les incidents de saisie visent les contestations et demandes qui naissent au cours d'une procédure de saisie ou s'y réfèrent et qui sont formulées après la signification du commandement[1630].

Le constat est qu'il y a deux sortes d'incidents : nommés et innommés. Les incidents nommés sont au nombre de quatre tandis que les incidents innommés visent à anéantir la procédure ou à la différer. Selon leur objet, certaines contestations portent sur le fond du droit (principe même de la créance à savoir son existence, celle du titre qui la constate, sa validité), alors que d'autres portent sur la régularité de la procédure (nullités ou déchéances)[1631].

Il faudra examiner la procédure sur incident (article 298 à 301 AUPSRVE) d'abord, ensuite les règles propres à chaque incident.

Une lecture de l'article 298 AUPCAP permet de déceler les modes de saisine du juge selon que l'incident est formé contre une partie qui a

---

[1627] P.G.POUGOUE,T.KOLOKO, Ibid.

[1628] S.I. SOW, op.cit., p.29.

[1629] R. ASSONTSA, *Le juge et les voies d'exécution depuis la réforme de l'OHADA*, Thèse, Université de Strasbourg, 2009, 517 pages.

[1630] TRHCDK, jugement n°132 du 2 février 1999,Issa SALL c/SGBS, in N. DIOUF (dir),*Répertoire de jurisprudence : Procédures simplifiées de recouvrement et voies d'exécution- Recueil des décisions des juridictions sénégalaises 1998-2004*, collection du CREDILA, p.119.

[1631] S.I. SOW, op.cit., p.31.

constitué avocat ou pas. Si une partie n'a pas constitué avocat, la contestation ou demande incidente est formée par requête avec assignation. On peut s'étonner de l'emploi par législateur OHADA de deux termes différents et n'ayant pas le même sens. La requête contrairement à l'assignation suppose l'effet de surprise et négation dans un premier temps du contradictoire. Dans l'encyclopédie du droit OHADA, les auteurs se sont plus intéressés au sens de l'acte d'avocat lorsque toutes les partes ont constitué avocat[1632]. Il s'agit d'un acte de procédure rédigé par un avocat et qui est signifié à son confrère au palais par un huissier audiencier[1633]

Il peut arriver que le débiteur subisse plusieurs saisies à la fois. Pour régler les incidents nés de cette pluralité de saisies, il est mis à la charge des poursuivants l'accomplissement de formalités en vue de la réorganisation des poursuites et de leur conduite par un seul saisissant qui, en cas de défaillance, peut être substitué par un autre saisissant[1634]. Aux termes de l'article 302 AUPSRVE, (...) on voit que le législateur n'a prévu que la situation où le débiteur a plusieurs immeubles et non un seul[1635]. Ainsi, si une partie le demande, il y aura jonction des saisies ou poursuites.

La subrogation dans les poursuites peut s'envisager dans l'hypothèse où le premier saisissant à qui est dénoncée une seconde saisie est inactif, en cas de fraude, collusion, négligence ou tout autre cause de retard imputable au saisissant. On remarque que seule la négligence a fait l'objet d'une définition et ni la collusion et la fraude

Lorsque le tiers prétend être propriétaire de l'immeuble saisi, il peut intenter une demande en distraction.

Il y a des incidents liés aux vices de forme notamment les demandes en annulation et au transfert de la propriété. Dans ce dernier cas, on parle de folle enchère.

En matière de saisie immobilière, les délais de procédure sont prévus aux articles 299 et 311.Une distinction est opérée selon que l'incident

---

1632 P.G.POUGOUE, F. T. KOLLOKO,*Saisie immobilière*, in Encyclopédie du droit OHADA, p.1699, n°117.

1633 Lexique des termes juridiques, Dalloz, 1981, BD, n°4.

1634 S.I.SOW, op.cit., p.430,n°428.

1635 Pour certains auteurs néanmoins cette situation est réglée à l'article 260 AUPSRVE, le législateur n'a pas souhaité se répéter. V. P.G.POUGOUE ET T.KOLOKO, Saisie immobilière, op.cit., p.1691.

est antérieur à l'audience éventuelle, concomitant et postérieur à celle-ci.

La sanction de l'inobservation des délais est tantôt la déchéance (299, 311), tantôt la nullité (faut-il prouver l'existence d'un grief ?)

Relativement aux voies de recours, il faut relever qu'il y a des voies de recours fermées et celles qui sont ouvertes telles que l'appel, la tierce opposition et le recours en cassation.

Les cas d'appel sont le fait que le jugement déféré ait statué sur le principe même de la créance ou sur des moyens de fond axés sur l'incapacité d'une des parties

L'appel est interjeté dans les conditions de droit commun. Mais qu'entendre par cette expression ? S'agit-il d'un renvoi à la loi nationale des Etats partie ?

§3. La distribution du prix

Les procédures de distribution assurent la répartition du produit de l'exécution entre les créanciers[1636]. Elles mettent en exergue la situation où le débiteur a généralement plusieurs créanciers. Pourtant, l'article 324 AUPSRVE prévoit l'hypothèse où il n'y a qu'un seul créancier. Dans cette occurrence, le produit de la vente est remis à celui-ci jusqu'à concurrence du montant de sa créance, en principal, intérêts et frais, dans un délai de quinze jours au plus tard, à compter du versement du prix de la vente. Le solde est remis au débiteur dans le même délai.

S'il y a plusieurs créanciers en matière mobilière ou immobilière, ils peuvent s'entendre sur une répartition consensuelle du prix de la vente. Cette entente est matérialisée par une convention ayant la forme d'un acte sous seing privé ou authentique.

La répartition peut également être judiciaire

Dans le cadre d'une procédure collective, les deniers provenant de la réalisation de l'immeuble sont répartis sur la base de l'article 166 AUPCAP. Ceux provenant de la réalisation d'un bien immeuble le sont sur la base de l'article 166

[1636] F. VINCKEL, op.cit., p.16.

TITRE 2

LES ORGANES DE MISE EN ŒUVRE DU DROIT

À une excellente connaissance des données factuelles de l'entreprise s'ajoute donc la nécessité d'une parfaite maîtrise des mécanismes du monde judiciaire[1637]. C'est dire que l'organisation judiciaire d'un Etat, les principes directeurs et les règles techniques du procès doivent être connus de l'homme d'affaires. La justice indépendante fait partie des indicateurs de classement du rapport *Doing business*[1638]. Ce n'est pas étonnant de constater les nombreuses réformes qui interviennent dans le secteur de la justice. A défaut, il aura recours à l'homme de l'art pour défendre ses droits devant le juge. Seront étudiés les organes chargés de rendre la justice d'abord (**Chapitre 1**) ensuite les auxiliaires de justice (**Chapitre 2**).

1637 G. DEHARO, *op.cit.*

1638 V. Néanmoins I. FEVILIYE, *Le rapport Doing business 2010 de la Banque Mondiale sur l'environnement des affaires : « réformer en période difficile »*, Revue congolaise de droit et des affaires, n°1, Octobre-Décembre 2009, p.41. Les réglementations visées par le *Doing business* sont celles qui ont une incidence sur les dix stades suivants de la vie d'une entreprise :
1-La création d'entreprise ;
2-L'octroi de permis de construire ;
3-L'embauche des travailleurs ;
4-Le transfert de propriété ;
5-L'obtention de prêts ;
6-La protection des investisseurs ;
7-Le paiement des taxes et impôts ;
8-Le commerce frontalier ;
9-L'exécution des contrats ;
10-La fermeture des entreprises.

CHAPITRE 1

LES ORGANES CHARGÉS DE RENDRE LA JUSTICE

330. Le législateur sénégalais a révisé la loi n°84-19 du 2 février 1984 fixant l'organisation judiciaire par la loi n°2014-26 du 3 novembre 2014[1639]. Cette révision se particularise par le changement des dénominations des juridictions et de leurs compétences. Parmi les réformes majeures qu'a connues l'organisation judiciaire, figure celle de 1984 avec le décret n°84-1194 du 22 octobre 1984 fixant la composition et la compétence des cours d'appel, des tribunaux régionaux et des tribunaux départementaux[1640] et de 1992. La justice est soit imposée, soit négociée. C'est pourquoi, les organes qui sont chargés de la rendre ou de l'incarner sont différents. Ce faisant, nous verrons d'abord les organes chargés de rendre une justice imposée (Section 1) et ceux qui symbolisent une justice négociée (Section 2)

SECTION 1 : LES ORGANES CHARGÉS DE RENDRE UNE JUSTICE IMPOSÉE

Dans la loi 2014-26 du 3 novembre 2014 abrogeant et remplaçant la loi n°84-19 du 02 février 1984 fixant l'organisation judiciaire, les principes d'une justice de qualité ont été réaffirmés. Il s'agit de l'impartialité, du délai raisonnable, du principe du contradictoire, de l'obligation de motivation des décisions, de la publicité de la justice et de la collégialité. En matière pénale, des innovations importantes sont notées à travers la loi n°2016-30 du 08 novembre 2016[1641]. Cette loi a un domaine plus spécifique : terrorisme, financement de terrorisme, cybercriminalité, la présence de l'avocat dès l'interpellation, la tenue

[1639] Numéro spécial, lundi 10 novembre 2014, 159e année, n°6818.
[1640] J.O. n°5031 du 23 octobre 1984, pp.687-691.
[1641] J.O.R.S, du 26 Novembre 2016, p.1628.

permanente des audiences des chambres criminelles, l'institution d'un privilège de juridictions au profit des greffiers, greffiers en chefs et administrateurs de greffes. Nous allons examiner d'abord les juridictions de droit commun (Paragraphe 1), ensuite les juridictions spécialisées (Paragraphe 2) et enfin les juridictions suprêmes (Paragraphe 3).

§1. Les juridictions de droit commun

Il peut paraître surprenant de parler de «*juridictions*» de droit commun d'autant que l'article 7 de la loi organique n°2014-26 du 3 novembre 2014 dispose que les tribunaux de grande instance sont des juridictions de droit commun. Pourtant, les juridictions de droit commun ont plénitude de juridiction. Elles ont une aptitude de principe à connaître de tout procès, alors que les juridictions spécialisées ne connaissent que des litiges qui leur sont expressément confiés par la loi[1642]. On peut également voir la terminologie utilisée dans le code de la famille

L'accent sera mis sur les juridictions de premier degré (A) et de second degré (B).

A- Les juridictions de premier degré

Il s'agit du Tribunal de grande instance et du Tribunal d'Instance.

La loi 84-19 du 2 février 1984 fixant l'organisation judiciaire avait prévu l'installation d'un Tribunal Régional dans chaque région. Ce Tribunal Régional a une compétence exclusive en matière d'action en recherche de paternité, adoption, action en contestation et établissement d'état. Dans l'arrêt Coumba Djimby NDIAYE contre Société ASCOMA, la Cour d'appel que le tribunal régional est la juridiction de droit commun, autrement dit il est compétent en premier ressort toutes les fois qu'une matière n'est pas expressément réservée à la connaissance d'une autre juridiction[1643]. Le Décret 2015-1143 a réaménagé les compétences du TGI. En effet, lorsque le montant du

[1642] K. MBAYE, *L'organisation judiciaire actuelle*, in Encyclopédie juridique de l'Afrique, Les nouvelles éditions africaines, 1982, p.46. Adde S.BISSARDON, *Guide du langage juridique, Vocabulaire, pièges et difficultés,* Lexisnexis, 2013, p.417.

[1643] CA Dakar, Arrêt n°269 du 01/04/2011, CoumbaDjimby NDIAYE c/ Société ASCOMA, Bulletin des arrêts de la Cour d'Appel de Dakar rendus en matière civile et commerciale, 2013, n°01, p.43.

loyer mensuel du bail à usage professionnel est supérieur à cent mille (100.000), le TGI est compétent.

Avec le décret 2015-1143, on assiste à une extension des compétences du tribunal d'instance. Le tribunal d'instance est juge en premier ressort des contentieux relatifs :

-aux baux à usage d'habitation

-aux baux à usage commercial quelque soit l'objet du litige et lorsque le montant du loyer mensuel est inférieur ou égal à cent mille francs (100.000)[1644].

En matière civile et commerciale, le tribunal d'instance statue en premier et dernier ressort lorsque le montant du litige atteint 300.000 et à charge d'appel jusqu'au montant de 2.000.000. On peut s'étonner que le législateur sénégalais continue toujours d'utiliser l'expression « bail commercial » alors que depuis la révision de l'AUDCG, on parle de « bail à usage professionnel ». Dans les limites de ces compétences, le Tribunal d'Instance connaît des causes de la saisie. Le tribunal d'instance connaît de tout incident ou difficulté de procédure ou d'exécution lorsque l'objet du litige entre dans sa compétence et n'excède pas 2.000.000.

Le tribunal d'instance est également compétent en matière de *statut personnel* et ce, quelque soit la valeur du litige sauf pour l'adoption, l'action en recherche de paternité (cette action n'appartient qu'à un enfant légitime), établissement ou contestation de filiation.

La compétence du tribunal de grande instance s'apprécie dans les cas où le tribunal d'instance ne l'est pas.

B- Les juridictions du second degré

Au Sénégal, le TGI est compétent pour connaître de l'appel des décisions rendues par le Tribunal d'instance en matière de contraventions. En revanche, dans les affaires correctionnelles relevant de leur compétence et sur l'action civile engagée conjointement à l'action publique, l'appel est porté devant la Cour d'appel[1645]. Le TGI est également compétent pour connaître de l'appel en matière civile et commerciale.

[1644] L'institution des tribunaux de commerce et chambres commerciales d'appel neutralise la compétence du tribunal d'instance dans ce domaine.

[1645] V. La loi n°84-20 du 2 février 1984 fixant les attributions des tribunaux départementaux en matière correctionnelle.

Désormais nous avons au Sénégal six (6) Cours d'appel puisqu'au Cours d'appel de Dakar, Saint-Louis, Ziguinchor et Kaolack, viennent s'ajouter celles de Thiès et Tambacounda. La Cour d'appel connaît de l'appel des jugements rendus en premier ressort par les tribunaux de grande instance en matière civile, commerciale, correctionnelle, administrative et fiscale. Il faut juste préciser qu'en matière administrative, la compétence du TGI n'est limitée qu'au recours de plein contentieux. Les jugements rendus en premier ressort par le TGI en matière criminelle sont portés devant la Cour d'appel.

§2. Les juridictions spécialisées

Le Juge Kéba Mbaye écrivait qu'il préfère utiliser l'expression « juridictions spécialisées » à cause du caractère amphibologique de la notion de « juridictions d'exception[1646] ». Il existe trois groupe de juridictions spécialisées : celles qui sont instituées en raison de la matière à connaître, du degré d'importance de la matière à traiter et de la qualité des justiciables.

Il sera successivement examiné le tribunal du travail (A) et les tribunaux de commerce et chambres commerciales d'Appel (B).

A- Le Tribunal du travail

Le tribunal du travail est compétent pour connaître des litiges individuels survenus entre travailleurs et employeurs dans le cadre d'un contrat de travail, d'apprentissage. Le litige peut aussi survenir dans le cadre d'une application de convention collective, du respect des conditions de travail, d'hygiène et de sécurité.

La compétence du tribunal du travail est prévue par la loi n°97-17 du 1er décembre 1997 portant code du travail.

331. Le tribunal du travail hors classe de Dakar, dans l'arrêt Radio NOSTALGIE c/ Paul SAVIOTE a donné une définition de la notion d'emploi effectif après avoir rappelé, qu'eu égard aux articles 426 et 489 de l'Acte uniforme relatif au droit des sociétés commerciales et GIE, le cumul des statuts de directeur général de société et de travailleur

[1646] K. MBAYE, *L'organisation judiciaire actuelle,* in Les nouvelles éditions africaines, 1982, p.46.

de la même société est admis. Pour le tribunal, l'emploi effectif est une fonction technique différente de celle découlant du mandat social[1647].

B- Les tribunaux de commerce et les chambres commerciales d'appel

Le Gouvernement du Sénégal, avec la loi n°2017-24 du 28 juin 2017 portant création, organisation et fonctionnement des tribunaux de commerce et des chambres commerciales d'appel a créé des tribunaux de commerce et des chambres commerciales d'appel. Dans l'exposé des motifs de la loi n°2014-26 du 3 novembre 2014 fixant l'organisation judiciaire, il est prévu la création au niveau du Tribunal d'instance, de grande instance et de la Cour d'appel, des chambres spécialisées en matière civile, commerciale et pénale. Dans l'exposé des motifs de la loi précitée, le législateur précise que les tribunaux de commerce sont des juridictions spécialisées. En premier ressort, ils sont compétents pour juger les affaires commerciales. Par affaires commerciales, le législateur sénégalais entend les litiges relatifs aux actes de commerce. Les tribunaux de commerce sont également compétents pour les litiges concernant les sociétés commerciales notamment les incidents relatifs à la cessation des paiements, de redressement judiciaire et liquidation des biens[1648]. L'une des originalités des tribunaux de commerce et des chambres commerciales d'appel c'est d'être composé à la fois de magistrats professionnels et non professionnels à savoir des juges consulaires. Les juges consulaires sont des commerçants choisis, par la Chambre nationale de Commerce, d'Industrie et de Services, les chambres régionales de Commerce, d'industrie et de services. Il faut faire remarquer que l'implantation des tribunaux de commerce n'est pas fonction du découpage administratif mais de l'activité commerciale dans chaque région. Les tribunaux de commerce connaissent en premier

---

[1647] Arrêt n°491 du 01 Décembre 2010, Radio NOSTALGIE C/ Paul SAVIOTE, in Bulletin des arrêts de la Cour d'appel de Dakar rendus en matière sociale, 2013, n°01, pp.16-21. Pour être plus exact, c'est la RADIO NOSTALGIE SENEGAL qui dans ses conclusions a donné cette définition, le tribunal du travail a simplement décidé que Paul SAVIOTE n'est pas un employé de radio nostalgie Sénégal et par conséquent la théorie des employeurs conjoints ne saurait prospérer. Le silence du juge sur la définition proposée permet de démonter son adhésion à celle-ci.

[1648] Une erreur de plume s'est glissée dans l'exposé des motifs d'autant que le législateur y parle de « liquidation judiciaire » alors que cette expression n'est plus d'actualité.

ressort de toute demande dont le taux est supérieur à vingt-cinq millions ou indéterminé. En premier et dernier ressort, de toute demande dont le taux n'excède pas vingt-cinq millions. Les tribunaux de commerce sont saisis par assignation, sauf comparution volontaire. L'assignation est notifiée dans les conditions du droit commun. Mais lorsque la procédure est urgente, le tribunal peut être saisi par requête, au-delà bien sûr de l'assignation.

Les contestations relatives aux engagements et transactions entre commerçants, les contestations entre associés d'une société commerciale ou GIE, les contestations relatives aux actes de commerce entre toutes personnes relèvent de la compétence des tribunaux de commerce. Mais le législateur précise qu'en cas d'acte mixte, le non-commerçant peut saisir les tribunaux de droit commun. Les tribunaux de commerce sont également compétents en matière de procédures collectives d'apurement du passif. Il faut juste faire remarquer que l'article 7 de la loi n°2017-24 pour ce qui concerne les conflits sociaux, ne vise que ceux entre associés. Qu'en est-il alors des conflits entre les associés et la société commerciale mentionnés à l'article 147 de l'AUSCGIE ? D'autres questions qui dénotent d'un défaut de cohérence noté dans la loi n°2017-24 peuvent être soulevées. C'est l'exemple de l'article 33 qui dispose que le président du tribunal de commerce prend des ordonnances de requête notamment les ordonnances relatives aux procédures simplifiées de recouvrement de créances. Pourtant, l'article 7 ne vise pas expressément les procédures simplifiées de recouvrement.

332. Aux termes de l'article 2 de la loi n°2017-24, les tribunaux de commerce et les chambres commerciales d'Appel sont des juridictions spécialisées de premier et second degré. L'appel contre les jugements rendus par les tribunaux de commerce est porté devant la ou les chambres commerciales d'appel instituées au sein de chaque Cour d'Appel

Les tribunaux de commerce ainsi que les chambres commerciales de la Cour d'appel font l'objet d'un contrôle de la part du Conseil de surveillance dont les membres sont nommés par arrêté du Ministre en charge de la Justice.

Dans tous les cas, l'objectif de célérité apparaît de façon claire à l'examen de cette loi. On peut citer l'article 22 de la loi. On peut relever également cette volonté de régler à l'amiable les litiges (22 de la loi)

333. Les tribunaux de commerce sont-ils des juridictions professionnelles au regard de l'article 11 de l'AUDCG ? Rien ne semble transparaitre de la loi qui les institue qui se contente de préciser que ce sont des juridictions spécialisées.

§3. Les juridictions suprêmes

Il s'agit de la Cour suprême (A) et de la Cour Commune de justice et d'arbitrage (B).

A- La Cour suprême

334. En 2008, le Conseil d'Etat et la Cour de cassation ont été fusionnés pour donner naissance à la Cour suprême. Un auteur a parlé de renaissance de la Cour suprême.

Un décret n° 2009-367 du 20 avril 2009 portant application de la loi organique n° 2008-35 du 8 août 2008 sur la Cour Suprême assure la coordination dynamique des fonctions juridictionnelle et dynamique de la Cour suprême. Il précise les caractéristiques du dispositif légal rénové concernant, notamment, l'accès au droit et à la justice, la sécurité juridique, les modalités d'organisation et de fonctionnement de la Cour suprême, ses formations et leur composition, la simplification et l'accélération des procédures.

Plus de sept ans après la création de la Cour suprême, l'application de la loi organique n°2008-35 du 8 août 2008 a révélé des difficultés et des insuffisances qui justifient sa refonte. C'est ce que l'on peut lire dans l'exposé des motifs de la loi organique n°2017-09 du 17 janvier 2017 abrogeant et remplaçant la loi organique n°2008-35 du 08 août 2008 sur la Cour suprême. Nous allons dans la présente étude examiner le mode de saisine de la Cour suprême. Aux termes de l'article 32 de loi organique, la Cour suprême est saisie par requête écrite. Le contenu de cette requête, à peine d'irrecevabilité est mentionné à l'article 33.

La procédure devant la Cour suprême n'est pas gratuite d'autant que le demandeur doit consigner une somme suffisante pour garantir les droits de timbre (article 34-2).La requête doit être signifiée par acte extrajudiciaire contenant élection de domicile à la partie adverse dans les deux mois. Le défaut de signification dans les délais entraîne la déchéance. La partie adverse a deux mois à compter de la signification de la requête pour produire sa défense.

Une lecture de l'article 53 de la loi organique permet de constater que l'incompétence est un cas d'ouverture à cassation. Il en est de même de la violation de la loi ou de la coutume. En effet, on ne peut que regretter le défaut de systématisation des cas d'ouverture à cassation contrairement au législateur de l'OHADA. Ainsi par exemple, l'article 58 de la loi organique sur la Cour suprême définit l'excès de pouvoir qui est un cas d'ouverture à cassation.

B- La Cour Commune de Justice et d'arbitrage

Depuis l'avènement de l'OHADA nous avons au Sénégal une seule juridiction suprême en droit du contentieux des affaires : la CCJA. Le constat qui est fait c'est que cette juridiction est seule compétente en cassation du contentieux de l'application des actes uniformes sauf en matière pénale. Cette compétence est prévue à l'article 14 traité OHADA. D'apparence simple, l'article 14 suscite pourtant beaucoup d'interrogation[1649]

Devant la CCJA, le ministère d'avocat est obligatoire[1650]. Bien avant ce règlement, il y a le Traité de l'OHADA de 1993 modifié en 2008 qui procède au partage de compétence en matière de contentieux d'application des actes uniformes et de leur interprétation. A l'article 20 dudit traité on peut constater que le législateur OHADA assimile les arrêts de la CCJA aux décisions des juridictions nationales. La procédure prévue par ledit règlement est certes essentiellement écrite, mais une partie peut demander à la Cour qu'elle soit orale. Afin de permettre une meilleure connaissance de la jurisprudence CCJA, il est prévu la publication par les soins du Greffier en chef sous le contrôle du Président ou du juge qu'il a délégué à cet effet, un recueil.

Il faut tout de même préciser que l'arrêt de la CCJA est exécutoire dès son prononcé. En outre, renvoi est fait aux règles de procédure civile nationale pour l'exécution forcée des arrêts de la Cour commune de justice et d'arbitrage. Ce faisant, les articles 353 à 361 du Code de procédure civile sénégalais sont applicables. Ici c'est juste un contrôle d'authenticité du titre et donc pas d'*exequatur*. Ce renvoi aux règles de procédure civile des Etats parties est problématique car elle risque de poser un problème de diversité de solutions, au-delà de celui de la carence de l'autorité en question chargée du contrôle[1651].

[1649] Voir Communication de N. DIOUF sur « *Le pourvoi en Cassation dans l'espace OHADA* » Conférence du LEJPO 2008.

[1650] Article 23 du Règlement de procédure de la CCJA.

[1651] V. A. De Saba, *Un nouveau droit pour attirer les investisseurs en Afrique. Est-ce suffisant* ? Finance et bien commun, 2007/3, n°28-29, pp.96-100.

Les décisions de la CCJA peuvent faire l'objet d'un recours en interprétation, d'une tierce opposition, d'un recours en révision. Enfin, il faut rappeler que la CCJA a des compétences consultatives. Cette consultation peut émaner de tout Etat Partie ou du Conseil des ministres et des juridictions nationales.

La CCJA a également des compétences en matière d'arbitrage.

335. Les rapports entre la CCJA et les juridictions nationales posent le problème de la réception du droit OHADA au niveau national. On peut la relater à travers certaines décisions de justice. Ainsi, la réception est par moment paisible et tumultueuse. L'application du droit OHADA par les juridictions nationales traduirait le progrès de ce droit[1652]. Toujours est-il que lorsque l'on examine la jurisprudence, on se rend compte que le juge national applique par moment de façon pertinente ou discutable le droit OHADA.

Relativement à l'application pertinente, nous pouvons citer certaines décisions de justice :

-Le juge national est amené à dire dans quelle mesure les différents Actes uniformes sont applicables. C'est l'exemple de l'AUPSRVE. Ainsi, l'AUPSRVE est inapplicable à une saisie qui est antérieure à son entrée en vigueur (TRHC Dakar, ord.référé.n°1305bis, 7-10-2002 : Abdou Gueye c/Crédit Lyonnais du Sénégal, www.ohada.com, Ohadata J-03-97).

Et cela se justifie par le contenu de l'article 337 AUPSRVE : « le présent Acte uniforme sera applicables aux mesures conservatoires, mesures d'exécution forcée et procédures de recouvrement engagées après son entrée en vigueur ».

-L'AUPSRVE est directement applicable après son entrée en vigueur. Cela, le TGI Wouri (n°01, 4-10-2001 : Sté AIH c/Sté CAC et autres, www.ohada.com, Ohadata J-04-219) l'a rappelé. Dans cette affaire, une ordonnance d'injonction de payer a été rendue le 30 juillet 1998 sur la base d'une loi antérieure alors que l'AUPSRVE est entré en vigueur le 10 juillet 1998 soit 90 jours après son adoption.

-Quel est le juge compétent en matière de mesure d'exécution ? Pour rappel, faisons remarquer que la Cour d'appel d'Abidjan a précisé que

1652 V. TH. A. NDIOGOU, La responsabilité pénale des dirigeants de sociétés commerciales dans l'espace et OHADA, thèse UCAD, 2016, p.309, n°608. Citant N. DIOUF, *Quel avenir pour les droits communautaires africains,* Revue sénégalaise de droit, 2011, n°36, janvier-juin, p.103.

ce n'est pas le Président de la Cour suprême, mais le président du tribunal[1653]

-doit être déclaré irrecevable comme tardive, l'opposition contre une décision d'injonction de payer formée plus de 15 jours après la notification, alors que le délai prescrit par l'AU est de 15 jours à compter de la notification de la décision[1654]

-Cour d'appel d'Abidjan, arrêt n°683 du 30 mai 2000, affaire Abidjanaise d'Assurances c/ Société Afrique Energies industries : la société débitrice ne pouvant de bonne foi faire face à ses obligations à l'égard de son créancier, eu égard à sa situation difficile de trésorerie, il y a lieu de lui accorder un délai de grâce, conformément à l'article 39 de l'AUPSRVE. Pour la Cour, la bonne foi signifie le défaut de réception par l'Abidjanaise d'un paiement de 30 millions de la Présidence de la République qui l'empêche de faire face à ses obligations

-dans les règles matérielles

Le juge gabonais a eu à dire que les baux conclus avant le 1er janvier 1998 sont régis par l'AUDCG (CA Port-Gentil, 9-12-1999 : Sté KOSSI c/Paroisse Saint-Paul Des bois, Penant, n°837, sept.-déc.2001, p.345). Il s'est basé sur l'article 10 du Traité OHADA

-le juge national complète le législateur OHADA. C'est ainsi que la cour d'appel de Bobo Dioulasso, se référant à une jurisprudence française (civ.22 Octobre 1974, Bull III, P.279) a défini la clientèle comme étant l'ensemble des personnes qui sont disposées à entretenir des relations contractuelles avec un commerçant à condition que cette clientèle soit propre au commerçant et qu'elle lui soit personnellement attachée.

-le juge rappelle dans une décision que la caution solidaire n'a pas le bénéfice de discussion en application de l'article 16 AUS devenu article 27 (Cour d'appel de Daloa, 2e chambre civile et commerciale, arrêt n°32 du 05 février 2003

-la Cour d'appel d'Abidjan, arrêt n°1155 du 15 décembre 2000, affaire Société L.M.C/Société J.B, se basant sur l'ancien article 285 qui dispose que le transfert de propriété entraine le transfert des risques et l'article 286 qui précise que la remise des marchandises à un

---

[1653] CA, Abidjan, n°226, 15-2-2000 : MLBYJ c/ BIAO, SGBCI et PARIBAS, www.ohada.com, Ohadata J-02-128.

[1654] Cour d'appel de Bouaké, arrêt n°97 du 27 juin 2001, affaire J.D.A c/l

transporteur opère transfert des risques, a estimé que la société J.B a exécuté son obligation de livraison. Par conséquent, la société de transport ne peut se prévaloir du principe de l'exception d'inexécution pour refuser de payer le prix des marchandises.

En revanche, l'application est par moment problématique d'autant que nous avons des :

1°Des décisions rendues avec une incertitude du fondement juridique

-Le TPI de Niamey, n°027, 20-1-1999 : Moutari Malam Souley c/ S.E.E.E Niger, www.ohada.com, Ohadata J-04-07. Dans cette décision le juge cite l'article 200, 3e et 6e du Traité de l'OHADA pour dissoudre une société commerciale

-un tribunal cite l'article 95 du Traité OHADA pour traiter de quand l''indemnité d'éviction n'est pas due (Trib. Toumodi, n°09, 18-1-2001 : Dame K. c/ B, www.ohada.com, Ohadata J-04-391.

-TPI Abidjan, n°327 CIV7, 25-4-2001 : SITBAI c/CFCD-CI, www.ohada.com, Ohadata J-02-111. Le juge cite l'article 268 AUDCG alors que celui-ci traite de l'inexécution par l'une des parties de son obligation contractuelle. C'est plutôt l'article 286 AUDCG ancien

2-Des hypothèses où le juge entretient le flou. Par exemple pour parler de l'AUPSRVE, il utilise l'expression 5e AU. Si on prend en compte la date d'adoption, l'AUPSRVE vient en seconde position

3. des hypothèses où il fait des confusions. La Cour d'appel de Dakar, n°282, 23-6-2000 : Sté E.Beti c/SETI, www.ohada.com, Ohadata J-03-163, obs. Ndiaw Diouf. Dans cet arrêt, le juge confond clause compromissoire et clause attributive de compétence. Le professeur N. Diouf a estimé que la clause attributive de compétence est une prorogation conventionnelle de compétence d'une juridiction. En l'espèce il s'agissait d'une prorogation conventionnelle de compétence internationale. En effet, l'une des clauses du contrat est ainsi libellé : « tous différends résultant du présent contrat que les parties n'arrivent pas à résoudre à l'amiable seront soumis aux tribunaux compétents de Paris ». Dans sa décision, la Cour d'appel a parlé de « clause compromissoire ».

-4.Un refus d'application des Actes Uniformes. Ainsi, un TR Niamey, n°435, 3-10-2001 : HamaniYaye c/ Boukary Maiga Adamou, www.ohada.com, Ohadata J-02-70, a refusé d'appliquer l'article 64 AUPSRVE qui cite le contenu du procès-verbal de l'huissier à peine de nullité, au motif que le débiteur n'apporte pas la preuve d'un grief alors que la règle en la matière est l'automaticité de la nullité

5-des décisions qui utilisent l'expression saisie-arrêt au lieu de saisie-attribution (Ohadata J-02-150, ObsJ.I.Sayegh)

La CCJA joue un rôle non négligeable dans l'application du droit OHADA car par moment elle donne une orientation à suivre, rappelle des principes et interprète le sens d'un acte uniforme. On peut prendre l'exemple des voies d'exécution[1655]. Parfois également, elle est fairplay en se déclarant incompétente surtout lorsque le litige ne relève pas de sa compétence du fait de l'absence d'un acte uniforme sur une matière bien déterminée[1656].

336. Le législateur sénégalais à l'article 6 de la loi n°2017 règle le problème en ce sens qu'il dispose que le pourvoi en cassation est porté devant la juridiction suprême compétente. Ainsi, en fonction de la nature du litige prévue à l'article 7, ce sera soit la chambre civile et commerciale de la Cour suprême, soit la CCJA qui sera compétent.

Quoiqu'il en soit rappelons que la justice civile fonctionne en respect de trois phases : l'accès (l'introduction de la demande), le déroulement (l'instruction (prétentions ou objet du litige, collaboration du juge et des parties notamment l'accomplissement d'actes de procédures, preuve, faits) (principes directeurs) et le jugement

337. On a évoqué en droit français la problématique de la crise de la justice civile. Elle serait due au caractère élevé de son coût financier, à l'augmentation du contentieux et à la lenteur avec laquelle les décisions sont rendues[1657]

Il ne fait l'ombre d'aucun doute que la saisine du juge entraîne des frais. Pour y remédier, il a été institué un système d'assistance judiciaire. Ainsi, un protocole a été signé en 2005 entre le Barreau et le Ministère du Budget et des Finances. L'augmentation du contentieux est également une réalité dans la mesure où les réformes intervenues dans le secteur de la justice ont pour objectif de remédier à la lenteur du procès. En effet, la Cour européenne des droits de l'homme a retenu trois critères d'un délai raisonnable. Il s'agit du comportement du juge, des parties ou de leurs avocats et de la complexité de l'affaire. Des

---

[1655] Voir F. O. ETUNDI et J. M. M. BIUMLA, OHADA, Cinq ans de jurisprudence de la CCJA (CCJA 1999-2004), UNIDA, pp.303 et s.

[1656] V. Affaire Société FUMOA c/ Monsieur Sultanali ESMAIL, 28 avril 2016,

[1657] Y.-M. LAITHIER, op.cit., p.50, n°34.

mécanismes visant à remédier à ces lenteurs ont été mis en place. C'est l'exemple des procédures simplifiées de recouvrement des créances, de référés, de la technique de la passerelle etc. Le recours à une justice négociée n'est pas en reste.

Au-delà des organes chargés de rendre une justice imposée, nous avons des organes qui symbolisent la justice négociée.

SECTION 2 : LES ORGANES SYMBOLISANT LA JUSTICE NÉGOCIÉE

338. En matière économique, le juge est comme ailleurs, mais peut-être plus qu'ailleurs, un maillon dans une chaîne, c'est-à-dire que son intervention ne peut se comprendre sans un amont et un aval. Le juge étatique n'est qu'une pièce dans des systèmes complexes de règlement des différends[1658]. Il existe même des auteurs qui préconisent la saisine du juge comme un dernier recours[1659]. C'est dire que les acteurs économiques privilégient les modes alternatifs de règlement des différends. En effet, le meilleur moyen de gérer le recours au juge est alors de l'éviter en usant de modes amiables de résolution des litiges qui peuvent être anticipés dès la rédaction du contrat ou après la naissance du litige[1660]. Les organes précités sont les arbitres (**Paragraphe 1**), les médiateurs et les conciliateurs (**Paragraphe 2**).

1658 M.-C. RIVIER, *Le procès judiciaire*, RIDE 1997, p.265.

1659 C'est l'exemple de L. CADIET (*Pour une théorie générale du droit*). Pour cet auteur : « le procès contemporain s'inscrit lui-même dans un système de justice plurielle. J'entends par là que le droit du règlement des différends ne se limite pas à la solution des conflits par une juridiction instituée à cet effet. Le juge ne doit pas être conçu comme un premier recours mais comme un dernier recours qui doit être saisi seulement lorsqu'il n'a pas été possible de régler autrement le conflit. Il faut avoir épuisé les voies du dialogue entre soi avant de requérir la tierce parole du juge ».

1660 S.A. MEKKI, Contentieux commercial et réforme des contrats. Nouveau droit, nouveaux risques, La semaine juridique Entreprise et Affaires n°25, 23 juin 2016, 1372.

§1. Les arbitres

339. Même si le législateur OHADA accorde la primeur à l'arbitrage, il n'a pas pris le soin de le définir[1661]. Celui-ci a une double nature : juridictionnelle et contractuelle. La nature juridictionnelle a été rappelée par la Cour d'appel de Paris« l'arbitre choisi est, dès sa désignation, pleinement investi du pouvoir de juger, échappant ainsi au domaine contractuel pour accéder au statut de juge, exclusif par nature de toute dépendance à l'égard des parties, et dont l'indépendance constitue la garantie de la stricte égalité des parties dans le déroulement du procès[1662]».

Les qualités que doit revêtir l'arbitre sont précisées par l'avocat général Flipo sous l'arrêt DUTCO : « l'arbitre n'est pas et ne peut être le mandataire de la partie qui l'a nommé (...) la qualité fondamentale de l'arbitre, outre sa compétence, est son impartialité, sa neutralité à l'égard de toutes les parties. C'est pourquoi, l'arbitre peut et doit prendre en considération dans son examen les intérêts distincts ou opposés qui lui sont soumis. Dès lors, aucun préjudice, dont l'existence serait nécessaire pour justifier une demande de choix d'un arbitre séparé, ne peut naître du choix conjoint d'un arbitre par deux litigants d'un même camp procédural même si leurs intérêts sont distincts, séparés, voire même opposés[1663]».

L'arbitrage et la publicité. «La renonciation à la publicité des débats devant les arbitres ne heurte aucun principe fondamental ni aucun intérêt public important. Elle est, par ailleurs, non équivoque, la discrétion des procédures d'arbitrage étant vantée comme un de ses avantages pour remédier aux inconvénients des audiences publiques[1664]»

L'arbitrage peut être mondial, c'est l'exemple de la Convention de New York, régional, l'exemple de l'ALENA ou du droit OHADA et spécialisé comme l'arbitrage du Centre international de règlements des

---

1661 V. D.R.S. FOGNO, *Le contentieux de l'annulation des sentences issues de l'arbitrage traditionnel dans l'espace de l'OHADA*, Revue camerounaise de l'arbitrage, n°23, Octobre-Novembre-Décembre 2003, p.4.

1662 Citée par E. LOQUIN, *A la recherche du principe de l'égalité des parties dans le droit de l'arbitrage*, Gazette du Palais, 02 juillet 2008 n° 184, p. 5

1663 JDI 1992, 724.

1664 Christophe Lambert cité par A. MOURRE, *Le droit français de l'arbitrage international face à la Convention européenne des droits de l'homme,* Gazette du Palais, 02 décembre 2000 n° 337, p. 16

différends relatifs aux investissements. Comme on peut s'en douter, l'accent sera mis sur l'arbitrage OHADA. Convaincus que la justice de qualité passe par les modes alternatifs de règlement des différends, les pères fondateurs de l'OHADA ont promu l'arbitrage[1665].

Pour rappel, celui-ci a pour source le Traité de l'OHADA, le Règlement d'arbitrage de la CCJA et l'Acte uniforme relatif à l'arbitrage.

340. Le 23 novembre 2017 à Conakry, le législateur de l'OHADA a adopté l'Acte uniforme relatif à l'arbitrage. On peut noter quelques innovations dont les sources de l'arbitrage (article 3), la définition des différentes conventions d'arbitrage (article 3-1) entre autres.

D'emblée, on peut se demander pourquoi parlant de la capacité des Etats, des autres collectivités publiques territoriales, des établissements publics et toute autre personne morale de droit public à compromettre, le législateur de l'OHADA utilise l'expression « différend » à la place de celle de « litige[1666] ». Une chose demeure certaine, c'est l'élargissement du cercle des personnes morales de droit public capable de compromettre.

L'arbitrage peut être fondé sur une convention d'arbitrage, un code des investissements ou un traité bilatéral ou multilatéral relatif aux investissements. La liste des instruments relatif aux investissements est loin d'être exhaustive vu que l'adverbe notamment. Si l'on peut être sûr au regard du Code des investissements de l'OHADA que le droit de l'arbitrage de l'OHADA s'applique dans un litige entre un investisseur étranger et l'Etat du Sénégal, tel n'est pas le cas lorsque le recours à l'arbitrage est envisagé en présence d'un traité bilatéral d'investissement à moins de faire jouer le critère du siège du tribunal arbitral[1667].

[1665] P.-G. POUGOUE, *L'arbitrage dans l'espace OHADA*, RCADI 2016, vol. 380.

[1666] V. Par exemple L. RICHER, « *Le règlement des différends par la commission de régulation de l'énergie* », *Mélanges Moderne*, 2004, p. 394 « Faut-il estimer que le choix du mot « différend », de préférence à « litige », indique que « les conflits concernés ne sont pas vraiment graves et n'ont rien d'irréductible » cité par TH. PEZ, *Le règlement des différends et la fonction de régulation*, RFDA 2017. 643

[1667] Sur l'ambiguïté de la notion de siège, V. Commentaire de P. MEYER, in OHADA, Traité et actes uniformes commentés et annotés, Juriscope 2016, p. 147. L'auteur relève l'existence de la conception territorialiste (lieu de déroulement de l'arbitrage) et volontariste ou autonomiste (droit choisi par les parties pour régir leur arbitrage).

A l'article 3-1 de l'Acte uniforme relatif au droit de l'arbitrage, le législateur de l'OHADA précise les différentes formes de l'arbitrage à savoir la clause compromissoire et le compromis. Il en donne même une définition par souci de clarté. Celui-ci a même poussé le législateur à faire savoir que seule une personne physique peut revêtir la qualité d'arbitre. Désormais, si les parties ne s'accordent pas sur le nombre des arbitres composant le tribunal arbitral, celui-ci sera constitué d'un arbitre unique.

On donne la possibilité aux deux arbitres choisis par les parties contrairement à l'article 5 alinéa 2 qui fixe le nombre du tribunal arbitral de compléter celui-ci par un troisième en l'absence d'accord. La juridiction compétente dans l'Etat partie peut intervenir à cet effet. La décision de nomination par la juridiction compétente intervient dans un délai de quinze jours à compter de sa saisine. Cependant, la législation de l'Etat partie peut prévoir un délai plus court. Cette décision n'est susceptible d'aucun recours.

Une étape de résolution du différend préalable à l'arbitrage peut être prévue par les parties dans une convention. Dans ce cas, le tribunal examine la question du respect de cette étape préalable à la demande d'une des parties et renvoie le cas échéant, à l'accomplissement de l'étape préalable.

En lisant l'AUA, on se rend compte que le juge n'est pas totalement exclu de la procédure arbitrale. C'est ainsi que lorsque la convention d'arbitrage est manifestement nulle ou manifestement inapplicable à l'espèce, la juridiction étatique compétente. C'est l'exemple aussi des voies de recours contre la sentence arbitrale. En effet, trois voies de recours sont neutralisées et trois ouvertes : le recours en annulation, en révision et la tierce-opposition.

Au Sénégal, le Décret n° 2016-1192portant désignation de la juridiction nationale compétente en matière de coopération étatique dans le cadre de l'arbitrage pris en application de l'Acte uniforme relatif au droit de l'arbitrage, un juge d'appui a été publié. Ce juge est soit le Président du Tribunal de Grande Instance, soit la Cour d'appel ou le tribunal d'instance.

Le juge d'appui traduit l'idée de collaboration entre le juge étatique et l'arbitre. En effet, parfois, grâce à son pouvoir d'interprétation, le juge étatique précise le sens d'une disposition relative à l'arbitrage. C'est le cas dans l'arrêt Fatou Mor GUEYE contre Mouhamadou Moustapha DIOP où le juge d'appel a décidé que la nullité manifeste de la convention d'arbitrage se caractérise par l'existence d'un doute sur la commune volonté des parties[1668]. Certains auteurs considèrent que ce juge est différent du juge de contrôle qui intervient après que la sentence arbitrale ne soit rendue[1669]. Nous respectons certes ce point, mais nous ne le partageons pas car pour nous le juge d'appui est le juge qui permet à l'arbitrage d'être efficace et ce, avant, au moment de la constitution, pendant le déroulement de l'instance jusqu'au prononcé de la sentence. La question à se poser est celle de savoir si de l'article 13 AUA, il s'évince l'idée selon laquelle l'arbitre peut prendre des mesures conservatoires comme cela est prévu à l'article 10 alinéa 5-3 du RACCJA.

341. Le Règlement d'arbitrage de la CCJA révisé et adopté le 23 novembre 2017. Les acteurs de cet arbitrage institutionnel sont la CCJA, le Secrétaire Général, le tribunal arbitral et les parties. L'article 1.1 met en évidence les attributions de la CCJA en matière arbitrale. Ainsi, celle-ci administre l'arbitrage dans le domaine qui lui est dévolu par l'article 21 du Traité relatif à l'harmonisation du droit des affaires en Afrique. Le domaine dont il est question c'est le différend d'ordre contractuel. Il s'agit également de la nomination, confirmation, de l'information sur le déroulement de la procédure et de l'examen des projets de sentences.

La CCJA a des compétences juridictionnelles en matière d'arbitrage prévues par l'article 25 du Traité, le chapitre III du Règlement d'arbitrage de la CCJA et le Règlement de procédure de la CCJA.

Au niveau du chapitre III du Règlement d'arbitrage, l'exequatur, le recours en annulation, en révision et la tierce opposition sont prévus.

342. Si l'arbitrage présente des avantages, il ne faudrait pas non plus ignorer les risques qu'il fait courir aux parties car dans le procès arbitral, les intervenants sont souvent, pour reprendre la terminologie de M. GALANTE, de JR- joueurs récurrents- et non des JO- joueurs occasionnels[1670]. Forts de cette maîtrise, ils peuvent multiplier les

---

[1668] CA Dakar, Arrêt n°419 du 27/06/2013, Fatou Mor GUEYE c/Mouhamadou Moustapha DIOP, Bulletin des arrêts rendus en matière civile et commerciale par la Cour d'appel de Dakar, p.351 et s.

[1669] G. K. DOUAJNI, *Le juge et l'arbitrage en droit camerounais après la loi n°2003/009 du 10 juillet 2003*, Revue camerounaise de l'arbitrage, n°21 Avril-Mai-Juin, 2003, pp.3 et s.

[1670] M. GALANTE, « *Pourquoi les « nantis » réussissent mieux, spéculations sur les limites du changement juridique* », Law and Society Review 1974, 9, 1, P.95, cité par M.-C. RIVIER, *Justice étatique, justice arbitrale, l'exigence de loyauté*

manœuvres dilatoires et faire de la procédure, non un outil, mais une arme ou un piège[1671]. C'est la raison pour laquelle, la jurisprudence fait souvent recours à la bonne foi, à l'*estoppel*. Dans l'Acte uniforme relatif à l'arbitrage révisé, le législateur, à l'article 14 impose aux parties d'agir avec célérité, loyauté dans la conduite de la procédure et d'éviter les mesures dilatoires[1672].

Ces différentes exigences sont la preuve d'un rapprochement entre la justice étatique et arbitrale[1673]. Dans cet arrêt le juge a également précisé qu'il n'y a aucun formalisme de validité prévu par la loi relativement à la convention d'arbitrage. Dans l'arrêt Michel MANGEOT c/ SCI Point de Rencontre, la Cour d'appel a décidé qu'une clause compromissoire instituant une faculté pour les parties de recourir à l'arbitrage n'exclut pas la compétence du juge des référés[1674]. Retenons tout de même que dans ce même contrat de bail commercial, les parties avaient inséré une clause résolutoire de plein droit devant être constatée par le juge.

Les inconvénients[1675] de l'arbitrage sont certainement l'une des raisons qui poussent les parties à recourir aux modes alternatifs amiables de règlement des différends.

§2. Les conciliateurs et médiateurs

343. La conciliation constitue un mode alternatif de règlement des différends qui, dit-on, a la faveur des législateurs africains parce que conforme à l'esprit de dialogue ou de convivialité qui sévit en Afrique. C'est certainement la raison pour laquelle dans le décret 64

Le conciliateur et le médiateur jouent-ils le même rôle ? Un examen de l'article 22 du Décret 2007-1253 du 23 octobre 2007 permet de

---

procédurale, entre diligence, cohérence et compétence, Mélanges S. GUINCHARD, P.839.

1671 M.-C. RIVIER, op.cit., p.840.

1672 La pratique des opinions dissidentes est consacrée à l'article 21 AUA.

1673 V. Par exemple P. FOUCHARD, *« L'arbitrage judiciaire »*, in Etudes offertes à P. BELLET, Litec, 1991, p.167.

1674 CA Dakar, arrêt n°189 du 18 février 2010, Michel MANGEOT c/ SCI Point de Rencontre, Bulletin des arrêts de la Cour d'appel de Dakar rendus en matière civile et commerciale, 2011, n°1, p.4 et s.

1675 V.M.AKAKPO, *La protection de la partie faible dans l'arbitrage OHADA*, Université Côte d'Azur, thèse 2017, 449 p.www.theses.fr/2017AZUR0006.pdf, consulté le 18-12-2017.

répondre par l'affirmative[1676]. En effet, aux termes de cette disposition, la médiation peut intervenir en matière civile dans les conditions prévues par le code de procédure civile. Or ce que le code de procédure civile a prévu c'est bien la conciliation. L'article 23 du Décret précité dispose que le conciliateur, saisi d'un différend, prend l'initiative de proposer une solution pour régler le litige. Il est curieux de constater que les règles du code de procédure civile s'appliquent uniquement lorsque le juge saisit le conciliateur.

Que l'on ne se méprenne pas néanmoins car le juge, organe étatique peut jouer le rôle de conciliateur. En outre, afin que ce qui a été décidé dans le cadre de la justice négociée puisque avoir force exécutoire, il faut recourir au juge. Enfin, les conciliateurs-médiateurs des maisons de la justice et du droit sont soumis à l'autorité du Procureur de la République.

344. L'examen du Décret n°2014-1654 relatif à la médiation et à la conciliation permet de se rendre compte que le pouvoir réglementaire cherche à désengorger les juridictions et à réduire les délais de traitement du contentieux commercial, objectifs que n'a pas atteint le Décret 2013-1071 et ce, en privilégiant les modes alternatifs de règlement des différends. Les litiges en vue sont les litiges civils, commerciaux et financiers. Le législateur sénégalais a également précisé que le Décret 2014-1654 a pour ambition de compléter les règles du Code de procédure civile relatives à la conciliation et à la médiation. Il compte se référer à l'analyse économique du droit.

Le médiateur aide les parties, le conciliateur assiste les parties, peut donner son avis ou proposer une solution aux parties. Des principes généraux sont prévus

Seulement des changements ont été opérés avec l'avènement de l'Acte uniforme sur la médiation. En effet, le 23 novembre 2017, l'Acte uniforme sur la médiation a été adopté à Conakry. A l'article 1e dc cet Acte uniforme, il est précisé ceci : « le terme« médiation» désigne tout processus, quelle que soit son appellation, dans lequel les parties demandent à un tiers de les aider à parvenir à un règlement amiable d'un litige, d'un rapport conflictuel ou d'un désaccord (ci-après le « différend ») découlant d'un rapport juridique, contractuel ou autre ou lié à un tel rapport, impliquant des personnes physiques ou morales, y compris des entités publiques ou des Etats ».

1676 JO N°6385 du Samedi 12 janvier 2008.

Au regard de cette disposition, on peut arriver à la conclusion selon laquelle le médiateur aide les parties à parvenir à un règlement amiable. En outre, cette aide peut intervenir pour le règlement d'un litige, rapport conflictuel ou d'un désaccord provenant d'un rapport juridique, contractuel ou autre ou lié à un tel rapport.

Enfin, le législateur de l'OHADA prévoit les personnes qui peuvent avoir recours à la médiation. Il s'agit des personnes physiques ou morales et même les entités publiques ou les Etats.

Nous nous interrogeons d'abord sur les rapports entre l'Acte uniforme relatif à la médiation et le Décret n°2014 sur la médiation et la conciliation.

Ensuite, on peut se demander si le législateur de l'OHADA tient pour synonymes les mots suivants : litige, conflit et différend.

En tout cas, il existe un lien entre l'arbitrage et la médiation, lequel est perceptible à l'article 1e qui informe sur les différents types de médiation. Pour Jarosson, l'arbitrage est une institution par laquelle un tiers, règle le différend qui oppose deux ou plusieurs parties, en exerçant la mission juridictionnelle qui lui a été confiée par celle-ci[1677]. L'arbitrage et la médiation relèvent d'une justice alternative, mais ne sont ni entièrement substituables, ni directement concurrents. Les avantages de l'arbitrage sont bien connus : sa confidentialité, sa souplesse, sa relative rapidité, le choix des arbitres par les parties. A l'inverse on peut lui reprocher son coût (notamment pour l'arbitrage institutionnel), le risque de partialité des arbitres, et les difficultés de l'arbitrage multipartite. La médiation a des avantages comparables mais parait plus attractive en termes de coût, durée et souplesse. Ses atouts majeurs sont de permettre d'éviter l'aléa judiciaire, et de préserver la relation d'affaire tout en favorisant les accords « gagnants-gagnants[1678] ».

1677 C. JAROSSON cité par A. ADELINE, H. HAUSMANN, *Arbitrage et médiation : la thébaïde ou les frères ennemis ?* Revue des Juristes de Sciences Po, n°2, Avril 2010, p.24.

1678 A. ADELINE, H. HAUSMANN, Ibid.

CHAPITRE 2

LES AUXILIAIRES DE JUSTICE

345. Parler des organes chargés de rendre la justice ne signifie guère l'absence d'importance d'autres qui, même s'ils ne jouent pas le même rôle, n'en sont pas moins indispensables dans le monde des affaires : il s'agit des avocats, huissiers, notaires, greffiers. Pour ces derniers, quelqu'un disait qu'ils sont les interfaces entre le monde des affaires et celui judiciaire[1679]. Tour à tour nous allons étudier les différents auxiliaires de justice (Section 1) avant de nous poser la question de savoir si ce statut est menacé (Section 2).

SECTION 1 : LES DIFFÉRENTS AUXILIAIRES DE JUSTICE

Il s'agit des officiers ministériels (PARAGRAPHE 1) et des autres auxiliaires de justice (PARAGRAPHE 2).

§1. Les officiers ministériels

Grande fut notre surprise lorsque dans l'encyclopédie juridique de l'Afrique Tome 4, les auteurs ont cité les greffiers parmi les officiers ministériels. Pourtant, les greffiers sont des fonctionnaires de justice. C'est pourquoi nous préférons les exclure et nous en tenir à la classification opérée par certains auteurs[1680]. Ce faisant, nous avons les notaires, huissiers, commissaires-priseurs.

346. Le notaire est un officier public titulaire d'une charge dont le rôle consiste à conseiller les familles, les entreprises, à authentifier les actes qu'il reçoit, à dresser copies exécutoires des actes, qui, une fois

---

[1679] P. DANIEL, « *Les greffiers sont l'interface entre le monde économique et le monde judiciaire* », Petites affiches, 26 mai 2005 n° 104, P. 25

[1680] V. D. NDOYE, *Les officiers ministériels au Sénégal, Notaires-huissiers et commissaires-priseurs, Les textes annotés,* EDJA, 2005, 2010 pages.

revêtues de la formule exécutoire, ont la même valeur qu'un jugement[1681].

Au départ, le statut des notaires est régi par le décret n° 79-1029 du 5 novembre 1979. Ensuite, il a été remplacé par le décret n° 2002-1032 du 15 octobre 2002, lui-même abrogé et modifié par le décret n° 2009-328 du 8 avril 2009.

L'article 1 du Décret n°2002-1032 du 15 octobre 2002 modifiant le décret n°79-1029 du 5 novembre 1979 fixant le statut des notaires indique que les notaires sont des officiers publics institués pour recevoir les actes et contrats auxquels les parties veulent donner ou doivent donner le caractère de l'authenticité attaché aux actes de l'autorité publique pour en assurer la date, en conserver le dépôt, en délivrer des grosses, expéditions et extraits. Ils assurent le service public de la preuve et de l'authenticité.

Ils doivent conseiller leurs clients quel que soit l'acte qu'on leur demande de recevoir et quelle que soit l'étendue de leur intervention. Ils doivent s'assurer de la validité et de l'efficacité des actes qu'ils rédigent. Ils sont tenus de prêter leur ministère lorsqu'ils en sont légalement requis.

Un examen approfondi permet de déceler les différentes finalités de la réception par le notaire des actes et contrats. Il s'agit d'assurer date certaine, de la conservation et de la délivrance de ceux-ci. En parlant de date certaine, on peut consulter l'article 24 du COCC qui dispose que l'acte sous seing privé acquiert date certaine à l'égard des tiers du jour où il a été enregistré, du jour du décès d'une des parties ou du jour ou l'acte a été mentionné dans un acte dressé par un officier public.

En vue de rénover les conditions d'accès et d'exercice de la profession notariale, le Décret n°2002-1032 du 15 octobre 2002 a été abrogé et modifié dans certaines de ses dispositions par le DECRET n° 2009-328 du 8 avril 2009 abrogeant et modifiant certaines dispositions du décret n° 2002-1032 du 15 octobre 2002 fixant le statut des notaires.

L'article 6 du Décret n°2002-803 du 09 aout 2002 modifiant le décret n°89-690 du 15 juin 1989 portant statut des huissiers de justice dispose que les huissiers de justice sont des officiers ministériels chargés de toutes les citations, assignations, procès-verbaux de constat,

---

[1681] S. CONVERS, *Le notaire, vecteur de sécurité juridique dans son environnement économique*, Procédures n° 8-9, Août 2008, dossier 6.

notifications, significations judiciaires et extrajudiciaires ainsi que tous actes ou exploits nécessaires à l'exécution forcée des actes publics, des ordonnances, jugements et arrêts. Ils peuvent procéder au recouvrement de toutes créances, sauf interdiction expresse de la loi.

Le commissaire-priseur est un officier ministériel, auxiliaire de justice qui a pour missions essentielles d'organiser et de diriger les ventes publiques judiciaires ou volontaires, de procéder aux recollements, aux enlèvements, aux transports, au gardiennage et à la vente des objets saisis par les huissiers de justices et autres agents de poursuites habilités et des biens provenant des liquidations et succession. C'est l'article 1er du Décret n° 2008-827 du 31 juillet 2008 remplaçant le décret n° 89-1574 du 27 septembre 1989 fixant le statut des commissaires priseurs qui contient cette définition.

§2. Les autres auxiliaires de justice

Ce sont les fonctionnaires de justice d'une part, les avocats, experts, mandataires judiciaires d'autre part.

347. Le renforcement des capacités des magistrats n'est possible que grâce à la formation continue et initiale. Pourtant, il était devenu impérieux de se tourner vers d'autres formations, d'où la raison du DECRET n° 2010-707 du 10 juin 2010 portant organisation et fixant les règles de fonctionnement du Centre de Formation judiciaire (CFJ).

Les fonctionnaires de la justice sont soumis à un statut particulier. Il s'agit des administrateurs de greffe, du corps des inspecteurs de l'éducation surveillée et de la protection sociale du corps des greffiers, du corps des interprètes judiciaires.

L'AUPCAP révisé recommande aux Etats partie d'édicter des règles relatives au statut des mandataires judiciaire. Le Sénégal s'est conformé à cette exigence à travers le Décret n° 2016-570 du 27 avril 2016 relatif au statut des mandataires judiciaires pris en application de l'Acte uniforme portant organisation des procédures collectives d'apurement du passif.

348. Le Barreau Sénégalais est conscient des enjeux suscités par la mondialisation. C'est pourquoi, par la loi n° 2009-25 du 8 juillet 2009 portant modification de la loi n° 84-09 du 4 janvier 1984 complétée par la loi n° 87-30 du 28 décembre 1987 relative à l'Ordre des Avocats, il entend se conformer aux principes directeurs des Traités de l'UEMOA et de l'OHADA. Le ministère d'avocat est obligatoire lorsqu'une personne morale est demanderesse ou défenderesse.

SECTION 2 : DES PROFESSIONS MENACÉES ?

Malgré la tentative de revalorisation du statut des auxiliaires de justice (Paragraphe 1), il ne faut pas douter que la menace existe (Paragraphe 2). Cependant, certains auxiliaires sont plus exposés que d'autres.

§1. Tentatives de valorisation

On pourrait s'en étonner dans la mesure où les émoluments de plusieurs professions ont été revus à la hausse, l'UEMOA a consacré l'acte d'avocat.

A- La revue à la hausse des frais occasionnés par le recours aux auxiliaires de justice

Les émoluments dus aux notaires dans le cadre de leur ministère étaient régis par un décret de 1988. Depuis la promulgation de ce Décret, les notaires ont toujours sollicité le relèvement de leur tarif. Cette doléance a été satisfaite par le DECRET n° 2006-1366 du 8 décembre 2006 fixant le tarif des notaires. Ledit Décret a été modifié en 2007.

Les huissiers ne sont pas en reste puisqu'en 2009, une majoration substantielle de leurs émoluments a été enregistrée par le DECRET n° 2009-503 du 29 mai 2009 abrogeant et remplaçant le décret 84-1239 du 29 octobre 1984 portant tarif des huissiers de justice en matière civile et commerciale. Pour les avocats et les commissaires priseurs, voir respectivement l'arrêté fixant le barème des honoraires d'avocats à partir du 1er novembre 2008 et DECRET n° 2015-387 du 20 mars 2015 fixant le tarif des commissaires-priseurs. Toutefois, le Décret n°2013-279 du 24 avril 2013 portant tarification des émoluments et frais de justice en matière civile, commerciale et administrative qui s'applique aux avocats, notaires, greffiers, huissiers et commissaires-priseurs ne doit pas être omis.

B- La consécration de l'acte d'avocat

Le Règlement n°05 du Conseil des Ministres de l'UEMOA relatif à l'harmonisation des règles régissant la profession d'avocat dans l'espace UEMOA prévoit en son article 4 l'acte d'avocat. C'est un acte sous seing rédigé par un avocat et contresigné par lui. Par ce contreseing, l'avocat atteste avoir éclairé pleinement la ou les parties qu'il conseille sur les conséquences juridiques de cet acte.

Le fait que l'acte d'avocat, acte sous seing privé soit soumis à la procédure d'inscription de faux permet de s'interroger sur sa vrai nature car c'est l'un des critères de distinction de l'acte sous seing privé et authentique qui vole en éclat. L'acte d'avocat n'est pas néanmoins doté de la force exécutoire contrairement à l'acte notarié.

L'utilité de ce Règlement ne saurait être niée puisqu'il constitue un dépassement du Règlement n°10 relatif à la libre circulation et à l'établissement des avocats ressortissants de l'Union au sein de l'espace UEMOA, mais il peut susciter quelques interrogations notamment relativement à la réticence de certains avocats à admettre l'inscription des professeurs Agrégés au Barreau.

§2. Les menaces pesant sur les professions citées

Le constat qui est fait est que toutes ces professions ou presque sont menacées. A preuve, la révision de l'Acte uniforme relatif au droit des sociétés commerciales et du GIE pour permettre aux Etats membres de ne pas rendre obligatoire l'acte authentique relativement à la forme des statuts. Dans cette occurrence, le Président de la République du Sénégal a pris un Décret n°2014-1569 fixant les émoluments des notaires en matière de constitution des SARL pour déroger au régime du Décret 2006-1366 du 8 Décembre 2006 fixant les émoluments des notaires. Dans le rapport de présentation on voit que l'objectif visé est la facilitation de la création des entreprises puisque le Sénégal demeure convaincu que certaines dispositions du Décret 2006-1366 sont inadaptées au capital social minimum.

Par loi n°2014-20 du 14 avril 2014 le capital social minimum d'une SARL était de 100.000 francs. Cette loi a été abrogée par la loi n°2015-07 du 09 avril 22015 qui permet aux associés, dans les statuts de fixer le capital social minimum.

Le Décret n°2015-690 du 27 mai 2015 fixant les émoluments des notaires en matière de constitution de la société à responsabilité limitée (SARL) à l'instar de celui de 2014, tend à instaurer un régime dérogatoire au Décret de 2006.

349. Depuis 2008, on songe à instituer en France une grande profession du droit à savoir entre les avocats et les notaires. C'est que le président Sarkozy, convaincu que les avocats sont soumis à une concurrence internationale a demandé à une commission présidée par J. Michel Darrois de proposer des solutions pour y faire face, améliorer l'accès au droit, simplifier l'organisation des professions juridiques[1682]. C'est dire que ces différentes professions évoluent dans un marché, celui du droit, où règne la concurrence[1683]. Plus récemment, suite à une collaboration entre l'Institut des hautes études sur la justice (IEHEJ) et le Centre de recherche et d'étude des avocats (CREA), un rapport intitulé « Les quatre défis de l'avocat français du XXIe siècle » a été publié en Octobre 2017. Le contexte (marché du droit, révolution technologique, recul de l'Etat) et les propositions du rapport nous sont présentés par G. PILLET[1684].

1682 O. DUFOUR, *Rapport Darois : les professions du droit appelées à travailler ensemble*, Petites affiches - 15/04/2009 - n° 75 - page 3.

1683 V.F. AUQUE-WAREMBOURG, *L'entreprise notariale et le marché du droit*, Defrénois - 15/03/1993 - n° 5 - page 257 ; Cl. MICHEL, Les avocats demain, marchands de droit ou défenseurs ? Gazette du Palais - 13/11/2007 - n° 317 - page 2.

1684 G. PILLET, *Avocats-Profession d'avocat, A propos du rapport Les quatre défis de l'avocat français du XXI siècle »- Aperçu rapide*, La semaine juridique Edition Générale, n°48, 27 novembre 2017, 1247.

CONCLUSION

Pour parler en langage imagé, nous dirons que le droit est un arbre à plusieurs branches

S'il fut un temps où il était mal perçu, celui-ci est derrière nous car le Droit est devenu aujourd'hui un outil indispensable pour la pérennité de l'entreprise. De même, l'analyse économique du droit n'épargne aucune branche du droit. Le droit des contrats et le droit des procédures collectives peuvent être cités en référence[1685]. Il en est de même de la procédure civile.

Il est question dans la première partie d'innovation, de nouvelle façon d'appréhender le droit. En effet, le Professeur Bergel écrit qu'en droit aussi, l'innovation vaut mieux que la routine. A son avis, on ne peut se contenter de ce que l'on connaît fort bien en droit positif et qui risque de ne pas suffire pour répondre à de nouvelles situations et à de nouveaux besoins[1686].

L'étude aura permis de mettre en évidence la guerre des modèles juridiques[1687]. Ce qui demeure constant est que le droit français est en train de subir les assauts du modèle anglo-saxon considéré comme plus efficace[1688]. Les réactions ne se sont pas fait attendre. C'est l'exemple de la mise en place de la Fondation droit continental qui vise à faire de l'exportation du droit romano-germanique un enjeu de stratégie économique[1689]. On peut le remarquer à travers les titres dont on

---

1685 V. D.C. SOSSA, *Pour une harmonisation du droit des contrats dans les pays membres de l'OHADA*, La Semaine Juridique Edition Générale n° 4, 25 Janvier 2016, doctr. 101.

1686 J.-L. BERGEL, *A la recherche de concepts émergents en droit*, Recueil Dalloz 2012, p.1567.

1687 V.P. de MONTALIVET, *La « marketisation » du droit, Réflexions sur la concurrence des droits*, Recueil Dalloz 2013 p.2923

1688 E. SERRURIER, *Déclin, résistance et perspectives du droit français dans la compétition juridique mondiale*, Journal du droit continental (Clunet) n°4, Octobre 2015, Var. 5.

1689 Entretien avec J.-M. BAISSUS, « *N'avons pas à craindre la compétition des systèmes juridiques* », La semaine Juridique Edition Générale n°24, 13 juin 2007, Doctrine 162.

affabule l'analyse économique du droit ainsi que les langages que l'on pourrait qualifier de « guerrier[1690] ». Il semble d'ailleurs qu'un nivellement des positions est en train d'être accepté[1691]. La question qui se pose est celle de savoir que peuvent proposer les législateurs africains dans ce contexte. Vont-ils se contenter de suivre un système au détriment d'un autre ou adopter une position éclectique ? Visiblement, la deuxième démarche est privilégiée d'autant que l'avant-projet d'Acte uniforme présenté par Marcel FONTAINE a suscité une levée de bouclier parce qu'il faisait fi de la « tradition juridique française », au-delà des spécificités africaines. C'est pourquoi, le texte préparé par la Fondation de droit continental est remis le 9 Octobre 2015 au Secrétariat permanent a paru plus pertinent dans la mesure où il s'appuie sur les actes uniformes existants pour proposer la trame d'un droit commun des contrats d'affaires[1692]. D'un autre côté, l'OHADA cherche à légiférer sur certains contrats d'affaires tels que l'affacturage, le crédit-bail, la franchise, la sous-traitance et les contrats de partenariat public-privé[1693].

Quel juriste pour demain ? Cette question est posée en parodie à celle qui l'a été concernant le droit des affaires[1694]. Libre aux universités de former des juristes techniciens, théoriciens, philosophes[1695] ou ingénieurs. L'idéal serait d'avoir des juristes qui

---

[1690] Entretien avec J.-M. BAISSUS, « *N'avons pas à craindre la compétition des systèmes juridiques* », La semaine Juridique Edition Générale n°24, 13 juin 2007, Doctrine 162.

[1691] L. USUNIER, *L'attractivité internationale du droit français au lendemain de la réforme du droit des contrats, ou le législateur français à la poursuite d'une chimère (Doing Business 2017, Égalité des chances pour tous, Rapport de la Banque mondiale, 14e éd., 25 oct. 2016*), RTD Civ. 2017 p.343. L'auteur range l'attractivité internationale du droit des contrats français dans la catégorie des obsessions contemporaines. Il précise que le rapport *Doing business* classe la France à la 29e place mondiale des Etats où il est facile de faire des affaires.

[1692] D.C. SOSSA, *Pour une harmonisation du droit des contrats dans les pays membres de l'OHADA*, La semaine juridique Edition générale n°4, 25 janvier 2016, Doctrine 101.

[1693] D.C.SOSSA, *Pour une harmonisation du droit des contrats dans les pays membres de l'OHADA*, Ibid.

[1694] Le droit des affaires demain.-Réunion-débat du Centre de recherche sur le droit des affaires de la chambre de commerce et d'industrie de Paris (CREDA), La Semaine Juridique Entreprise et Affaires n°2, 9 Janvier 1986, 14637.

[1695] Georges RIPERT a été présenté par B. OPPETIT (*Philosophie du droit*, p.74) comme un brillant civiliste et commercialiste, mais également comme un juriste philosophe.

réunissent toutes ces qualités. Il faut rappeler que tout amoureux du droit soucieux de participer au développement de son pays doit se former aux disciplines nouvelles que nous n'avons pas la prétention de maîtriser[1696], aux mécanismes de négociations des contrats internationaux[1697].

Autant il faut un peu de tout pour faire tout un monde, autant cette démarche s'impose quand il s'agit de former les produits de demain. On devient juriste lorsque cent fois sur le métier, on remet l'ouvrage. Qui oserait d'ailleurs nier que l'inconstance est de l'essence du droit, au même titre que la stabilité et la sécurité[1698] ? Ceci n'est pas une pipe, disait André Malraux.

[1696] V.B. MONTEMBAULT, *La stabilisation des contrats d'Etat à travers l'exemple des contrats pétroliers, Le retour des dieux sur l'Olympe ?* RDAI/IBLJ, n°6, 2003, pp.593 et s. L'auteur se demande s'il faut contractualiser les principes de droit administratif de l'Etat-hôte à défaut de clause de stabilisation ? Adde C. TITI, *Les clauses de stabilisation dans les contrats d'investissement : une entrave au pouvoir normatif de l'Etat d'accueil* ? Journal du droit international (Clunet) n°2, Avril 2014, Doctrine 6.

[1697] L. VANDOMME, *La négociation des contrats internationaux*, RDAI/IBLJ, n°5, 2003, pp.487 et s.

[1698] F. ZENATI, *Du droit de reproduire les biens*, D. 2004. 962.

BIBLIOGRAPHIE

Ouvrages généraux

BOCQUILLON (J.-F), MARIAGE (M), *Introduction au droit de l'entreprise*, 2e édition, DUNOD, 2000, 458 pages.

BRUGUIERE (J.-M), *Droit des propriétés intellectuelles*, 2e édition, Ellipses, collection « Mise au point », 180 pages.

CABRILLAC (M), MOULY (C), *Droit des sûretés*, 5e édition, LITEC, 1999, 771 pages.

COULOMBEL (P), *Introduction à l'étude du droit et du droit civil*, Paris, L.G.D.J, 1969, 256 pages.

COURET (A), *Droit financier*, 2e édition, Dalloz, 1307 pages.

DECOCQ (G), BALLOT-LENA (A), *Droit commercial*, 5e édition, Dalloz, 2011, Collection « Hypercours », 413 pages.

FASQUELLE (D), FASQUELLE-LEONETTI (M.-A), *Droit des personnes et droit des biens*, 2e édition, Vuibert, 159 pages.

GJIDARA-DECAIX (S), *Précis de droit civil*, PUF, 2007, collection Major, 568 pages.

GUERY (G), *L'essentiel du droit des affaires*, 7e édition, DUNOD, 1997, 533 pages

HESS-FALLON, SIMON (A.-M), *Droit civil*, 8e édition, Dalloz, 2005, Aide-mémoire, 414 pages.

ISSA-SAYEGH (J), LOHOUES-OBLE (J), OHADA, *Harmonisation du droit des affaires*, Bruylant, Bruxelles, 2002, 245 pages.

REBOUL-MAUPIN (N), *Droit des biens*, 4e édition, Dalloz, 2012, Collection « Hypercours », 608 pages.

SIMON (P), *Droit civil*, 2e édition, Vuibert, 2005, 191 pages.

TERRE (F), SIMLER (PH), *Droit civil, Les biens*, 7e édition, Dalloz, 852 pages.

Ouvrages specialises

AMRANI-MEKKI (S), *Le temps et le procès civil*, Dalloz, 2002, 589 pages.

BOBBIO (N), *De la structure à la fonction, nouveaux essais de théorie du droit*, Dalloz, 2012, 186 pages.

BOLZE (A), *Procédures collectives et sûretés*, Vuibert, 2006, 267 pages.

CARBONNIER (J), *Flexible droit, Pour une sociologie du droit sans rigueur*, 10e édition, L.G.D.J, 2001, 493 pages

COLLART DUTILLEUL (F), *Les contrats préparatoires à la vente d'immeuble*, 1988, Sirey

COMMAILLE (J), *A quoi nous sert le droit ?* Gallimard, 2015, 522 pages.

DEGNI-SEGUI, (R), *Les droits de l'Homme en Afrique Noire Francophone, Théories et réalités*, CEDA, 2e édition, 2001, 343 pages.

DE LEYSSAC (C.L), PARLEANI (G), *Droit du marché*, PUF, 2002, 1033 pages.

DIJON (X), *Méthodologie juridique, L'application de la norme*, Kluwer Editions Juridiques Belgique, 1996, 169 pages.

DOM (J.-PH), *Les montages en droit des sociétés*, Joly, 1998, 576 pages.

FARJAT (G), *Pour un droit économique*, PUF, 2004, 209 pages.

FASSI-FEHRI (J), *Guide juridique du capital-investissement, Droit marocain, droit français,* Lexis-nexis, 2014, 318 pages.

FLEURIET (M), *Pouvoir et finance d'entreprise, droit et pratique*, Dalloz, 1977, 207 pages.

HOONAKKER (PH), *Procédures civiles d'exécution*, Larcier, 2012, 451 pages.

LECOURT (A), *Fiches de droit des obligations*, 5e édition, Ellipses, 2016, 463 pages.

MIAILLE (M), *Une introduction critique au droit*, François Maspero, 1982, 277 pages.

MOULIN (J.-M), *Le droit de l'ingénierie financière*, 4e édition, Gualino, 2013, 576 pages.

PERROT (R), THERY (PH), *Procédures civiles d'exécution*, 2e édition, Dalloz, 2005, 879 pages.

PUIG (P), *Contrats spéciaux*, 3e édition, Dalloz, 2009, 626 pages.

RAYNAUD (B), *Droit de l'ingénierie sociétaire*, Joly édition, 2014, 399 pages.

REIHARD (Y), THOMASSET-PIERRE (S), NOURISSAT (C), *Droit commercial, Actes de commerce-Commerçants-Fonds de commerce-Concurrence-Consommation,* LexisNexis, 8e édition, 2012, 482 pages.

VALETTE (J.-P), *Régulation des marchés financiers*, Ellipses, 2013, 239 pages.

VINCKEL (F), *Droit de l'exécution forcée*, Gualino, 2008, 458 pages.

Articles

AKOUN (E), *Roger Bonnard, directeur de la Revue du droit public,* RFDA 2015. 202

BAKANG (B), *Réflexions sur les conventions de portage*, Petites affiches - 19/01/2001 - n° 14 - page 4

BARTHELEMY (J), *L'ingénierie juridique : un concept*, Petites affiches - 05/01/2005 - n° 3 - page 8;

BERLIOZ, *L'affectation au cœur du patrimoine*, RTD civ. 2011. 635

BERNARD (A), *Law and Economics, une science idiote ?,* D. 2008. 2806.

BIARD (A), *Ce que l'économie comportementale peut apporter aux juristes : illustrations européennes,* RTD eur. 2015. 715.

BONNEAU (T), *Les fonds communs de placement, les fonds communs de créances, et le droit civil*, RTD civ. 1991.

BORGHETTI (J-S),

-*La responsabilité du fait des choses, un régime qui a fait son temps*, RTD civ. 2010. 1

-*L'avant-projet de réforme de la responsabilité civile*, D. 2016. 1442.

BOULOC (B), *La place du droit pénal dans le droit des sociétés*, RSC 2000. 17

BOURSIER(M-E*), Le fait justificatif de groupe de sociétés dans l'abus de biens sociaux : entre efficacité et clandestinité*, Rev. sociétés 2005. 273

BRISSY (S) *L'application du droit du travail aux travailleurs indépendants : un régime juridique cohérent ?* Etude par La Semaine Juridique Social n° 5, 31 Janvier 2006, 1093

BRUN(B) *La prise en compte toujours accrue des groupes de sociétés en droit de la concurrence*, Droit des sociétés n° 6, Juin 2006, étude 13, La Semaine Juridique Entreprise et Affaires n° 20, 19 Mai 2005, 721Metaleurop

BRUN (P), *De l'intemporalité du principe de responsabilité du fait des choses*, RTD civ. 2010. 487.

CHAGNY (M), *Responsabilité concurrentielle et civile de l'entreprise*, Contrats Concurrence Consommation n° 7, Juillet 2017, dossier 6.

CHILSTEIN, *Les biens à valeur négative*, RTD civ. 2006. 663

GHESTIN (J) , *Les données positives du droit*, RTD civ. 2002. 11.

DANGLEHANT (C), *Le nouveau statut des minoritaires dans les sociétés anonymes cotées : l'application du principe de l'équité*, Rev. sociétés 1996. 217

DENIZOT, *L'étonnant destin de la théorie du patrimoine*, RTD civ. 2014. 547.

DIENER (P), *Pathologie juridique et doctrine universitaire en droit des affaires*, Recueil Dalloz 1997 p.147.

DOCKES (E), *Essai sur la notion d'usufruit*, RTD civ. 1995. 479.

ELKIND (D), *La théorie des valeurs chez Roger Bonnard ou les mésaventures du positivisme sociologique*, RFDA 2015. 183.

FIORINA (D),

-*L'usufruit d'un portefeuille de valeurs mobilières,* RTD civ. 1995. 43.

-*Les droits du nu-propriétaire : de l'information au contrôle*, Recueil Dalloz (36), (2003) p. 2495-2500

-*Les pouvoirs et les obligations de l'usufruitier d'un portefeuille de valeurs mobilières*, Recueil Dalloz Sirey n°40, 1999, pp. 633-638

FRIEDEL (E), WESSING (T), ET TOULOUSE (G), *Information précontractuelle : la Cour de cassation adopte une interprétation extensive de la loi Doubin*, et Affaires n° 15, La Semaine Juridique Entreprise, 15 Avril 2010, 1348

GAHDOUN (P.-Y), *Les apports de la théorie réaliste de l'interprétation à la notion de contrat*, D. 2005. 1517.

GIACUZZO (J-F), *L'individualisme dans l'œuvre de Roger Bonnard*, RFDA 2015. 193.

GUYON (Y), *Faut-il des associations d'actionnaires et d'investisseurs* ?, Rev. sociétés 1995. 207.

JACQUES (P), *Départ de M. Canivet et installation de M. Lamanda à la présidence de la Cour de cassation : l'heure d'un bilan sans heure*, RTD civ. 2007. 514

JESTAZ (PH), C. JAMIN, *Doctrine et jurisprudence : cent ans après*, RTD civ. 2002. 1.

LARDEUX (G), *Qu'est-ce que la propriété* ?, RTD civ. 2013. 741

LE CANNU (P), *Attributions et responsabilités des associations de défense des actionnaires et des investisseurs*, Rev. sociétés 1995. 239

LE CANNU (P), *Responsabilité du dirigeant social et faute séparable des fonctions (Com.26 juin 2007, pourvoi n°06-13.566, inédit)*, RTDCom, 2008, pp.128 et s

LEMAIRE (C), *Responsabilité concurrentielle des groupes de sociétés*, Contrats Concurrence Consommation n° 7, Juillet 2017, dossier 5

LEQUETTE (S), *Réflexions sur la durée du pacte de préférence*, RTD civ. 2013. 491.

LEVENEUR (L), *Où le franchisé obtient l'application du Code du travail à l'encontre du franchiseur sans qu'il soit besoin d'établir un lien de subordination commentaires*), Revue Contrats Concurrence Consommation n° 4, Avril 2002, comm. 55, p 25.

LIKILLIMBA (G-A), *L'agent des sûretés en droit OHADA*, RTD com. 2012. 475.

MALECKI (C), *Le PACS et le droit des sociétés*, Rev. sociétés 2000. 653.

MEILLER, *L'universalité de fait*, RTD civ. 2012. 651.

MOULY (J), *L'abandon de la théorie de l'acceptation des risques en matière de responsabilité civile du fait des choses. Enjeux et perspectives*, Recueil Dalloz 2011, p. 680.

NAJJAR (I), *La potestativité*, RTD civ. 2012. 601.

PAILLUSSEAU (J), *Les contrats d'affaires*, La semaine Juridique Entreprise et Affaires n°11, 12 Mars 1987, 14893.

PIAZZON TH, *Retour sur la violation des pactes de préférence*, RTD civ. 2009. 433.

POMART-NOMDEDEO (C), *Le régime juridique des droits potestatifs en matière contractuelle, entre unité et diversité*, RTD civ. 2010. 209.

RODA (J-C), *Le contrat, instrument de sécurisation d'une opération de concentration*, RTD com. 2013. 439.

ROLLAND (B), *Les poursuites à l'égard de la société mère en cas d'atteinte à l'environnement causée par une filiale*, Environnement n° 8, Août 2003, chron. 20

SÉRIAUX (A)

- *Heurs et malheurs de l'esprit de système : la théorie du patrimoine d'Aubry et Rau*, RRJ 2007. 89.

-*La notion juridique de patrimoine. Brèves notations civilistes sur le verbe avoir*, RTD civ. 1994. 801, n° 1.

SOINNE (B), *La responsabilité des dirigeants d'une personne morale en cas de redressement ou de liquidation judiciaire : une évolution jurisprudentielle préoccupante*, Petites affiches n° 5, 2 août 1995, p. 12,

THERON (J), *De la « communauté d'intérêts »*, RTD civ. 2009. 19

URBAN (Q), *La « communauté d'intérêts », un outil de régulation du fonctionnement du groupe de sociétés*, RTD com. 2000. 1.

VINGIANO-VIRICEL (I), *La faute lucrative : une notion en construction en droit français*, RTD Com, 2017, pp. 19 et s.

VOGEL (L), Le nouveau droit des contrats : obsolète et contre-productif, AJCA 2016, p.309.

WESTER-OUISSE (V), *Responsabilité délictuelle et responsabilité contractuelle : fusion des régimes à l'heure internationale*, RTD civ. 2010. 419.

ZÉNATI, *Mise en perspective et perspectives de la théorie du patrimoine*, RTD civ. 2003. 667

Notes de jurisprudence, dictionnaire, colloques

Les tendances jurisprudentielles de la CCJA en matière d'interprétation et d'application du Traité OHADA et des Actes uniformes, Colloque international d'évaluation de la CCJA, Les 24 et 25 Septembre 2010 à Lomé-TOGO, Revue uniforme de droit africain, 2010, 120 pages

PEYRARD (J. et M), *Dictionnaire de finance*, 2e édition, Vuibert, 2001, 305 pages.

TABLE DES MATIÈRES

DEUXIÈME PARTIE

DE QUELQUES NOTIONS DE DROIT PRIVÉ

Le Sénégal
aux éditions L'Harmattan

Dernières parutions

L'ESTHÉTIQUE SOCIALE DES PULAAR
Socioanalyse d'un groupe ethnolinguistique
Sy Harouna
L'esthétique sociale pulaar est une mise en ordre éthique de la vie sociale. Elle est l'inventaire systématique de ce qu'il y a de beau et de laid dans le social relativement à ses valeurs, à ses normes, à ses règles et à ses codes qui commandent des postures, des relations, des rapports et des qualités appropriés. L'analyse des contradictions de la société pulaar du Fuuta Tooro a révélé des logiques et des stratégies fondées sur des rapports de castes et sur les représentations sociales que ces rapports produisent.
(31.00 euros, 304 p.)
ISBN : 978-2-343-11189-6, ISBN EBOOK : 978-2-14-002810-6

LE BAYNUNK GUNAAMOLO, UNE LANGUE DU SUD DU SÉNÉGAL
Analyse phonologique, morphologique et syntaxique
Diop Sokhna Bao - Préface de Denis Creissels
Le Sénégal est un pays multilingue avec des langues majoritaires et des langues minoritaires, de par le nombre de leurs locuteurs, mais également de par la quantité de travaux dont chacune dispose. Les langues majoritaires ont fait l'objet de nombreuses recherches, à la différences des langues minoritaires. Ce constat est à l'origine du choix porté sur la description de la variante gunaamolo du baynunk (parlé au sud du Sénégal, plus précisément à Niamone, dans la région de Ziguinchor) qui est une langue en danger très peu décrite. L'utilité et l'intérêt de ce travail résident dans la sauvegarde et la connaissance de cette langue et sa communauté. Elle peut servir aussi de référence à des recherches futures.
(Coll. Études africaines, 38.50 euros, 392 p.)
ISBN : 978-2-343-09614-8, ISBN EBOOK : 978-2-14-002913-4

DE L'HÉRITAGE ARABO-ISLAMIQUE SAINT-LOUISIEN
Une illustration par les œuvres d'Abbas Sall et d'Abdoulaye Fall Magatte
Fall Cheikh Tidiane - Préface de Samba Dieng et Postface de Mouhamed Habib Kébé
Cet ouvrage porte sur la réhabilitation du legs culturel arabo-islamique ouest-africain en général et saint-louisien en particulier. Revaloriser un pan du patrimoine culturel par l'entremise de l'imagination poétique locale de deux intellectuels demeure l'objectif principal de cette étude. Une partie descriptive constituée de la traduction d'une cinquantaine de poèmes suivie d'un volet analytique constitue la méthodologie de ce travail de recherche. La moisson tirée de ce travail préliminaire apporte quelques éclairages sur l'intérêt de la traduction de manuscrits arabes, notamment ceux produits par d'éminents ulémas du Sénégal, tels les deux poètes faisant l'objet de cette étude.
(Harmattan Sénégal, 35.00 euros, 340 p.)
ISBN : 978-2-343-11306-7, ISBN EBOOK : 978-2-14-003014-7

L'AGRICULTURE DU SÉNÉGAL SOUS LA COLONISATION

Diop Ismaïla

L'introduction de l'arachide au Sénégal au début du XXe siècle révolutionne le paysage agricole. La France décide alors de faire du Sénégal une colonie arachidière. Le Sénégal devient la troisième puissance arachidière du monde après les États-Unis et l'Inde. Cette monoculture extensive aboutit à un déficit vivrier chronique, une dégradation des sols, une dépendance vis-à-vis des importations de riz en provenance d'Asie. Pour y remédier, le rapport de la mission Roland Portères de 1952 recommande des mesures d'aménagement du territoire, de restauration des sols, de promotion de l'agriculture intégrée sérère.

(Harmattan Sénégal, 23.50 euros, 218 p.)

ISBN : 978-2-343-11129-2, ISBN EBOOK : 978-978-2-14-002836-6

CASAMANCE

À quand la paix ?

Bassène René Capain - Préface du père Nazaire Diatta

Malgré leur volonté et leur engagement affichés d'aller vers la fin du conflit armé en Casamance, la position des parties en guerre n'a jamais réellement évolué. L'État du Sénégal se dit prêt à négocier sur tous les points, sauf sur ceux relatifs à l'intégrité territoriale et l'unité nationale, alors que, de son côté, le MFDC soutient une position contraire en déclarant être disposé à ne négocier que sur la question se rapportant à l'indépendance totale de la Casamance. Cette situation montre que le conflit armé est encore loin de finir en Casamance.

(28.50 euros, 276 p.)

ISBN : 978-2-343-10426-3, ISBN EBOOK : 978-2-14-002593-8

PARCOURS D'UN JOURNALISTE AUTODIDACTE

Ndiaye Pape Ngagne - Préface de Mamoudou Ibra Kane

Pape Ngagne Ndiaye, par son style, est devenu un rendez-vous incontournable de l'espace audiovisuel sénégalais. L'émission « Faram Faccce » qu'il anime présentement sur TFM est très courue des hommes et femmes politiques pressés de se soumettre au feu roulant et nourri des questions du redoutable interviewer, unique dans son genre. Ce livre n'est pas seulement une autobiographie, mais aussi une réflexion thématique et une sélection rigoureuse de certains numéros de la célèbre émission qui se veut « un décryptage des questions majeures de l'actualité nationale ».

(37.00 euros, 360 p.) ISBN : 978-2-343-09916-3, ISBN EBOOK : 978-978-2-14-002822-9

DES FRANCENABE AUX MODOU-MODOU

L'émigration sénégalaise contemporaine

Fall Papa Demba - Préface du Professeur Abdoulaye Bara Diop

Principalement centré sur la France et ses anciennes colonies d'Afrique, le champ migratoire sénégalais s'est, de manière originale, progressivement étendu à des destinations naguère méconnues ou peu fréquentées (comme les États-Unis, l'Italie, l'Espagne, l'Afrique du Sud ou le Brésil). Peu à peu, les migrants sont devenus des acteurs incontournables du développement. La prise en compte de ces populations, et de leurs mouvements, devient donc nécessaire aux programmes et politiques de développement durable.

(Harmattan Sénégal, 40.00 euros, 559 p., Illustré en noir et blanc)

ISBN : 978-2-343-10796-7, ISBN EBOOK : 978-2-14-002539-6

« DOYEN » AMADY ALY DIENG, LE TRANSMETTEUR INTÉGRAL (1932-2015)

Économie biographique ou sémio-Histoire

Ngaïdé Abdarahmane

Amady Ali Dieng nous a quittés il y a un an. Pour lui rendre hommage et s'en rappeler les enseignements, l'auteur de cet ouvrage a décidé de compiler ses nombreux écrits ou interventions. Les quatorze textes qui composent cette anthologie sont représentatifs et significatifs de la personnalité, du style et des préoccupations d'Amady Ali Dieng. On y retrouve son style, son humour et son esprit critique.

(Harmattan Sénégal, 23.50 euros, 228 p., Illustré en noir et blanc)

ISBN : 978-2-343-10855-1, ISBN EBOOK : 978-2-14-002561-7

41 RULES TO BE HAPPY
Kane Babaly
Seeing that happiness is the goal towards which all men strive for, the author wrote this book to help the reader in treasuring the joyous of life and realizing his desires in entirety, to be fulfilled, to claw his way to the top and to assure him it will turn out well in the end. Moreover, this book intends to give the keys us to get the secret for reaching we want in this life. 41 rules to be happy is a little self help book which has 41 rules that are meant to allow every reader to live life in full potential.
(Harmattan Sénégal, 14.50 euros, 138 p.)
ISBN : 978-2-343-10904-6, ISBN EBOOK : 978-2-14-002583-9

SÉNÉGAL
Les limites du Plan Sénégal Émergent
Mansour Samb El Hadji
Cet ouvrage présente une analyse profonde des politiques publiques en décortiquant le Plan Sénégal Émergent (PSE) qui jusque-là n'a fait l'objet d'aucune analyse critique sérieuse. Le Sénégal est face à un défi, le défi de son émergence, un défi qu'il compte relever avec tous ses fils. Ce défi qui mobilise aujourd'hui tout le monde doit nous pousser à proposer de nouveaux chemins et à animer un débat nécessaire et incontournable dans tout processus d'émergence.
(Harmattan Sénégal, 27.00 euros, 276 p.)
ISBN : 978-2-343-09721-3, ISBN EBOOK : 978-2-14-002372-9

SÉNÉGAL
Dynamiques paysannes et souveraineté alimentaire
Le procès de production, la tenue foncère et la naissance d'un mouvement paysan
Diop Amadou Makhouredia - Préface d'Yves Guillermou ; Postface de Fodé Niang
Le présent ouvrage contribue à la compréhension des stratégies développées par la petite paysannerie et les dynamiques qui animent les exploitations agricoles familiales permettant la production de biens nécessaires à l'alimentation et l'entretien des familles. La capacité des paysans à prendre en main leurs propres préoccupations a été mise en évidence par l'émergence d'organisations, de groupements, d'associations et d'unions dans tout l'espace rural sénégalais.
(Harmattan Sénégal, 26.00 euros, 256 p.)
ISBN : 978-2-343-10852-0, ISBN EBOOK : 978-2-14-002457-3

HISTOIRE ET SOCIOLOGIE DES RELIGIONS AU SÉNÉGAL
Tamba Moustapha
Le Sénégal reste une exception dans le domaine religieux : 90 % de musulmans, 5 % de chrétiens et 5 % d'adeptes de l'animisme. C'est aussi le pays où les musulmans et les catholiques partagent le même cimetière, où les conjoints partagent des religions différentes, où les écoles privées catholiques comptent 60 à 70 % d'élèves de confession musulmane, etc. Ce phénomène n'est pas dû au hasard. L'histoire et la sociologie des religions permettent de l'expliquer amplement. Cet ouvrage souligne cette exception sénégalaise pour montrer qu'au moment où notre monde est en proie au fanatisme, à l'intolérance et au terrorisme religieux, le Sénégal propose un autre « modèle ».
(Coll. Études africaines, série Economie, 41.00 euros, 426 p.)
ISBN : 978-2-343-10424-9, ISBN EBOOK : 978-2-14-002506-8

FIGURES DU POLITIQUE ET DE L'INTELLECTUEL AU SÉNÉGAL
L.S. Senghor - M. Dia - A. Ly - CH. A. Diop A. Diouf & F. Mitterrand - J.R. De Benoist - A. Seck - TH. Fall - A. M. Samb - A.M. Samb JR - TH. Monod - H. Bocoum - G. R. Thilmans
Samb Djibril
Cet ouvrage réunit des personnalités politiques et/ou intellectuelles très diverses : Léopold Sédar Senghor, l'Immortel Noir ; Mamadou Dia, le brillant économiste ; François Mitterrand et Abdou Diouf, deux experts politiques, ou encore Théodore Monod, le savant probe. Ces figures sont autant de coryphées auxquels l'auteur a voulu rendre hommage, afin de rappeler que la terre africaine du Sénégal ne manque pas de princes de l'esprit ni de nourriture intellectuelle.
(26.00 euros, 266 p.)
ISBN : 978-2-343-10731-8, ISBN EBOOK : 978-2-14-002513-6

TÉLÉVISIONS AU SÉNÉGAL
Entre désert de contenu et sécheresse intellectuelle
Djimbira Cheikh Mouhamadou
« Il faut lire ce livre en considérant qu'il a été sciemment écrit dans l'intention de nuire à la société spectaculaire. Il n'a jamais rien d'outrancier. » Cette pensée de Guy Debord nous permet de comprendre à bien des égards, l'ouvrage de Cheikh Mouhamadou Djimbira qui est un plaidoyer pour la création de programmes audiovisuels de qualité.
(11.50 euros, 80 p.)
ISBN : 978-978-2-343-10790-5, ISBN EBOOK : 978-978-2-14-002528-0

UN SCOUT SÉNÉGALAIS
L'aventure citoyenne (deuxième édition)
Ndene Pascal - Préface de Jacques Moreillon
Lorsque nous parlons de l'adolescence, nous évoquons l'autonomie, la responsabilisation, la citoyenneté, le jeu, les relations avec les parents et avec les pairs. Toutes ces questions sont abordées dans ce livre qui montre avec humour le parcours éducatif d'un adolescent dans le scoutisme. Ce livre s'adresse à tous les jeunes, garçons et filles, aux parents et éducateurs de tout milieu social et culturel, ainsi qu'à tous les scouts et guides du monde.
(14.00 euros, 124 p.)
ISBN : 978-2-343-10965-7, ISBN EBOOK : 978-2-14-002526-6

LA PENSÉE DE CHEIKH AHMADOU BAMBA FACE AUX DÉFIS AFRICAINS
Sow Cheikh Mar
Cheikh Ahmadou Bamba Mbacké a su déterminer une nouvelle vision aux yeux de ses contemporains en formulant d'une façon très claire des idées novatrices capables de faire bouger le peuple. Cette conception de la société dans sa globalité a permis «à chaque individu de devenir un centre d'initiative, de création et de responsabilité à tous les niveaux : celui de l'économie, de la politique, de la culture ; une conception qui ne soit ni individualiste, ni totalitaire mais fondée sur les communautés de base».
(Harmattan Sénégal, 24.00 euros, 238 p.)
ISBN : 978-2-343-10021-0, ISBN EBOOK : 978-2-14-002284-5

LE MODERNISME EN ISLAM
Introduction à la pensée de Sayyid Amir Ali
Diagne Mbengue Ramatoulaye
« Les thèmes abordés par le Professeur Ramatoulaye Diagne dans sa lecture de la pensée d'Amir Ali ont tous un lien indéfectible avec le pluralisme et la paix. (...) Dans la lecture de son ouvrage, on arrive à comprendre que le modernisme d'Amir Ali est une sorte de renouveau dans la pensée islamique. C'est un mouvement d'intellection qui intègre, dans une cohérence architecturale, l'usage de la raison, l'esprit du soufisme pratique ghazalien et la finalité de la prière qui concilie l'ascèse de l'âme à la transformation positive des sociétés. » Abdoul Aziz Kebe, Ancien Chef du Département d'Arabe UCAD-DAKAR.
(Harmattan Sénégal, 15.00 euros, 144 p.)
ISBN : 978-2-343-09977-4, ISBN EBOOK : 978-2-14-002211-1

MA RENCONTRE AVEC ALLAH
De l'obscurité à la lumière
Mbengue Adama Ousmane
Cet ouvrage traite surtout de la question essentielle du Mahdi qui vient pour apporter les solutions idoines en s'appuyant sur la Sharia mouhammadiya et la Tariqah ahmadiya afin d'offrir à tout individu le meilleur profil dans la société idéale qu'il compte établir.
(Harmattan Sénégal, 14.50 euros, 134 p.)
ISBN : 978-2-343-10299-3, ISBN EBOOK : 978-2-14-002277-7

Structures éditoriales du groupe L'Harmattan

L'Harmattan Italie
Via degli Artisti, 15
10124 Torino
harmattan.italia@gmail.com

L'Harmattan Hongrie
Kossuth l. u. 14-16.
1053 Budapest
harmattan@harmattan.hu

L'Harmattan Sénégal
10 VDN en face Mermoz
BP 45034 Dakar-Fann
senharmattan@gmail.com

L'Harmattan Cameroun
TSINGA/FECAFOOT
BP 11486 Yaoundé
inkoukam@gmail.com

L'Harmattan Burkina Faso
Achille Somé – tengnule@hotmail.fr

L'Harmattan Guinée
Almamya, rue KA 028 OKB Agency
BP 3470 Conakry
harmattanguinee@yahoo.fr

L'Harmattan RDC
185, avenue Nyangwe
Commune de Lingwala – Kinshasa
matangilamusadila@yahoo.fr

L'Harmattan Congo
67, boulevard Denis-Sassou-N'Guesso
BP 2874 Brazzaville
harmattan.congo@yahoo.fr

L'Harmattan Mali
Sirakoro-Meguetana V31
Bamako
syllaka@yahoo.fr

L'Harmattan Togo
Djidjole – Lomé
Maison Amela
face EPP BATOME
ddamela@aol.com

L'Harmattan Côte d'Ivoire
Résidence Karl – Cité des Arts
Abidjan-Cocody
03 BP 1588 Abidjan
espace_harmattan.ci@hotmail.fr

L'Harmattan Algérie
22, rue Moulay-Mohamed
31000 Oran
info2@harmattan-algerie.com

L'Harmattan Maroc
5, rue Ferrane-Kouicha, Talaâ-Elkbira
Chrableyine, Fès-Médine
30000 Fès
harmattan.maroc@gmail.com

Nos librairies en France

Librairie internationale
16, rue des Écoles – 75005 Paris
librairie.internationale@harmattan.fr
01 40 46 79 11
www.librairieharmattan.com

Librairie l'Espace Harmattan
21 bis, rue des Écoles – 75005 paris
librairie.espace@harmattan.fr
01 43 29 49 42

Lib. sciences humaines & histoire
21, rue des Écoles – 75005 paris
librairie.sh@harmattan.fr
01 46 34 13 71
www.librairieharmattansh.com

Lib. Méditerranée & Moyen-Orient
7, rue des Carmes – 75005 Paris
librairie.mediterranee@harmattan.fr
01 43 29 71 15

Librairie Le Lucernaire
53, rue Notre-Dame-des-Champs – 75006 Paris
librairie@lucernaire.fr
01 42 22 67 13

www.ingramcontent.com/pod-product-compliance
Lightning Source LLC
LaVergne TN
LVHW021131061026
849535LV00002B/203
9782343145556